Windows 10
Passo a Passo

Os autores

JOAN LAMBERT trabalha com tecnologias da Microsoft desde 1986 e com treinamento e certificação desde 1997. É autora ou coautora de mais de 35 livros sobre o Windows e o Office, de cursos sobre SharePoint e OneNote e de guias de estudo para a certificação MOS. Presidente e CEO da Online Training Solutions, Inc., presta consultoria e treinamento em desenvolvimento de certificações. É MCP, MOSM, MCTS, MCTA, MDS e MCT.

STEVE LAMBERT começou a trabalhar com computadores na década de 1970. À medida que os computadores evoluíram, ele também evoluiu de fanático por hardware a programador e escritor. É autor e coautor de mais de 20 livros sobre tecnologias avançadas e um grande defensor do uso de VBA para facilitar a conversão, montagem, formatação e validação de conteúdos para entrega em formato impresso, livro eletrônico ou Web.

L222w Lambert, Joan.
    Windows 10 passo a passo / Joan Lambert, Steve Lambert ; tradução: Francisco Araújo da Costa, Francine Facchin Esteves, Patrícia Helena Freitag ; revisão técnica: Luciana Monteiro Michel. – Porto Alegre : Bookman, 2016.
    xvi, 592 p. : il. ; 25 cm.

    ISBN 978-85-8260-413-7

    1. Computação. 2. Sistema operacional – Windows 10. I. Lambert, Steve. II. Título.

    CDU 004.451.9Windows

Catalogação na publicação: Poliana Sanchez de Araujo – CRB 10/2094

Microsoft

Joan Lambert
Steve Lambert

Windows 10
Passo a Passo

Tradução:
Francisco Araújo da Costa
Francine Facchin Esteves
Patrícia Helena Freitag

Revisão técnica:
Luciana Monteiro Michel
Profissional com certificações MCSA, MCSE, MCTS, MCITP, MCT

bookman

2016

Obra originalmente publicada sob o título *Microsoft Windows 10 Step by Step, 1st edition*
ISBN 978-0-7356-9795-9

Copyright © 2015, de Joan Lambert

Tradução autorizada a partir do original em língua inglesa da obra intitulada MICROSOFT WINDOWS 10 STEP BY STEP, 1ª Edição, autoria de JOAN LAMBERT; STEVE LAMBERT, publicado por Pearson Education, Inc., sob o selo Microsoft Press. Todos os direitos reservados. Este livro não poderá ser reproduzido nem em parte nem na íntegra, nem ter partes ou sua íntegra armazenado em qualquer meio, seja mecânico ou eletrônico, inclusive fotocópia, sem permissão da Pearson Education,Inc.

A edição em língua portuguesa desta obra é publicada por Bookman Companhia Editora Ltda., uma empresa Grupo A Educação SA, Copyright © 2016.

Gerente editorial: *Arysinha Jacques Affonso*

Colaboraram nesta edição:

Editora: *Mariana Belloli*

Leitura final: *Miriam Cristina Machado*

Capa: *Kaéle Finalizando Ideias*, arte sobre capa original

Editoração: *Techbooks*

Reservados todos os direitos de publicação, em língua portuguesa, à
BOOKMAN EDITORA LTDA., uma empresa do GRUPO A EDUCAÇÃO S.A.
Av. Jerônimo de Ornelas, 670 – Santana
90040-340 – Porto Alegre – RS
Fone: (51) 3027-7000   Fax: (51) 3027-7070

Unidade São Paulo
Rua Doutor Cesário Mota Jr., 63 – Vila Buarque
01221-020 São Paulo SP
Fone: (11) 3221-9033

SAC 0800 703-3444 – www.grupoa.com.br

É proibida a duplicação ou reprodução deste volume, no todo ou em parte, sob quaisquer formas ou por quaisquer meios (eletrônico, mecânico, gravação, fotocópia, distribuição na Web e outros), sem permissão expressa da Editora.

IMPRESSO NO BRASIL
PRINTED IN BRAZIL

Sumário

Introdução xi
A quem se destina este livro xi
Sobre o que este livro é (e não é) xi
A abordagem *Passo a Passo* xii
Como baixar os arquivos de prática xii
Suporte técnico xiv
Adapte os procedimentos ao seu ambiente xv

Parte I O ambiente do Windows 10

1 Introdução ao Windows 10 3
Inicie uma sessão 4
Explore a área de trabalho 9
Explore a barra de tarefas 12
Explore a Tela inicial e o menu Iniciar 21
Explore as configurações do computador 27
Atualize os arquivos do sistema do Windows 35
Gerencie as janelas de conteúdo e de aplicativos 37
    Redimensione, oculte e feche janelas 37
    Mover e organizar janelas 40
Finalize uma sessão 44
Revisão 46
Tarefas práticas 47

2 Personalização do ambiente de trabalho 50

Configure a Tela inicial e o menu Iniciar 51
    Definição do tamanho da Tela inicial 52
    Configuração do conteúdo do menu Iniciar 54
Gerencie blocos da Tela inicial...........................57
Configure a tela de fundo da área de trabalho e as
cores do sistema..63
    Configuração da tela de fundo da área de trabalho 64
    Definição da cor de destaque 68
Configure a barra de tarefas 72
    Alteração da aparência da barra de tarefas................72
    Alteração do comportamento da barra de tarefas..........77
    Exibição e gerenciamento de barras de ferramentas
    na barra de tarefas...................................79
Aplique e gerencie temas................................83
Revisão 90
Tarefas práticas...91

3 Gerenciamento de pastas e arquivos. 95

Entenda os arquivos, as pastas e as bibliotecas................96
    Pastas..96
    Bibliotecas..98
Conheça o Explorador de Arquivos 100
    Guias padrão da faixa de opções.......................103
    Guias de ferramenta 107
    Barra de navegação e de pesquisa 109
    Bibliotecas...110
Altere as opções de exibição do Explorador de Arquivos.......115
    Como exibir e ocultar painéis 115
    Como exibir diferentes visualizações de pastas e arquivos...116
    Conteúdo da pasta de grupo..........................120
    Como classificar e filtrar o conteúdo da pasta 122
    Alteração das opções de pasta 124
Crie e renomeie pastas e arquivos 127
Compacte arquivos e pastas 128
Mova e copie pastas e arquivos...........................130
Exclua e recupere pastas e arquivos 133
Trabalhe com propriedades de pasta e arquivo 136
    Como exibir as propriedades de pasta...................136
    Como remover as propriedades de arquivo 139

Encontre arquivos específicos 140
    Windows Search. 141
    Pesquisa do Explorador de Arquivos. 142
Revisão 143
Tarefas práticas. 144

4 Trabalho com aplicativos e notificações 148

Localize e inicie aplicativos. 149
Explore aplicativos nativos 154
    Aplicativos de produtividade e gestão de informações. 154
    Navegadores Web 155
    Aplicativos de gestão de mídia 155
    Aplicativos de informação ao vivo 157
    Acessórios 158
    Utilitários para geeks. 159
Instale aplicativos da Loja. 160
    Como comprar na Loja do Windows (Windows Store) 160
    Gerenciamento de sua conta e configurações da Loja 163
    Instalação, reinstalação e desinstalação de aplicativos 168
Gerencie atalhos de aplicativos. 172
    Gerenciamento de atalhos da Tela inicial. 172
    Gerenciamento de atalhos da barra de tarefas. 177
    Gerenciamento de atalhos da área de trabalho 178
Gerencie a inicialização de aplicativos 185
Gerencie notificações de aplicativo 187
Revisão 192
Tarefas práticas. 193

5 Navegação na Internet com segurança e eficiência 197

Exiba sites no Edge 199
Localize, salve e compartilhe informações. 203
Gerencie as configurações do Edge 210
Ajuste as configurações de segurança do navegador 224
    Como proteger-se contra sites de phishing e outros
    sites mal-intencionados 225
    Bloqueio de janelas pop-up. 227
Gerencie a privacidade da navegação 229
Solucione problemas de navegação. 231
Revisão 235
Tarefas práticas. 236

Parte II Dispositivos e recursos

6 Gerenciamento de dispositivos periféricos 243

Entenda os dispositivos periféricos............................244
    Terminologia dos dispositivos periféricos 244
    Instale dispositivos periféricos............................245
Localize as informações do dispositivo 246
Exiba sua área de trabalho em múltiplos vídeos................250
Configure dispositivos de áudio 257
Altere o modo como o seu mouse funciona..................264
Altere o modo como o seu teclado funciona 271
Gerencie conexões de impressoras..........................273
Revisão 280
Tarefas práticas...282

7 Gerenciamento de recursos de rede e de armazenamento 285

Gerencie conexões de rede 286
    Conecte-se a uma rede.................................286
    Exiba informações sobre redes e conexões 292
    Configure a segurança da conexão de rede 297
    Solucione problemas das conexões de rede 304
Gerencie conexões de um grupo doméstico..................308
Compartilhe arquivos na sua rede 317
Revisão 330
Tarefas práticas...332

Parte III Nos bastidores

8 Gerenciamento de contas de usuário e configurações. . 337

Entenda contas de usuário e permissões.....................338
    Perfis de usuário.......................................339
    Permissões de conta de usuário.........................340
    Contas familiares 341
    Controle de Conta de Usuário...........................342

Crie e gerencie contas de usuário 345
    Crie e gerencie contas de usuário familiar 349
    Crie e gerencie contas de usuário que não são
    parte da família 354
    Gerencie configurações para qualquer conta de usuário 357
Gerencie imagens e senhas de conta 361
Personalize suas opções de entrada 367
Revisão 374
Tarefas práticas. 375

9 Gerenciamento das configurações do computador 377

Gerencie configurações de data e hora 378
Gerencie configurações regionais e de idioma 388
Gerencie configurações de fala 399
Personalize as configurações de exibição do dispositivo 405
Revisão 413
Tarefas práticas. 414

10 Gerenciamento de opções de acesso e energia. 416

Configure as opções de energia 417
Personalize a tela de bloqueio. 427
    Defina o fundo da tela de bloqueio 427
    Exiba informações de status do aplicativo na
    tela de bloqueio. 432
Configure os recursos de acessibilidade do Windows 435
    Configurações de alto-contraste 438
    Configurações da Lupa 440
    Configurações de narrador e descrição de áudio 444
    Configurações de teclado e mouse. 446
Revisão 449
Tarefas práticas. 450

11 Trabalho com mais eficiência 453

Configure os botões de Ação Rápida 454
Obtenha assistência da Cortana 459
    Inicialize a Cortana. 460
    Defina as configurações da Cortana 464
Pesquise em seu computador e na Web .469
    Pesquise em locais de armazenamento e na Web 470
    Gerencie filtros de conteúdo do Bing .474
    Gerencie os processos de pesquisa do
    Explorador de Arquivos. 475

Especifique aplicativos padrão 479
Organize aplicativos em múltiplas áreas de trabalho 487
Monitore tarefas do sistema 491
Revisão 496
Tarefas práticas. 497

12 Proteção do computador e de dados 500
Configure as opções de atualização. 501
Defina as configurações de privacidade .504
Restaure a funcionalidade do computador. 508
    Configure e use pontos de restauração 508
    Restaurar ou reiniciar seu computador 511
Faça backup dos dados para o OneDrive. 513
Faça backup dos dados usando o Histórico de Arquivos 519
Faça backup e restaure seu sistema 524
Revisão 531
Tarefas práticas. 533

Apêndice A: Instalação ou atualização para o Windows 10 535
Apêndice B: Atalhos de teclado e dicas para uso de
tela sensível ao toque 549

Glossário 557
Índice. 573

Introdução

Bem-vindo ao maravilhoso mundo do Windows 10! Este livro da série *Passo a Passo* foi feito para que você possa usá-lo da maneira que preferir. Ao lê-lo do início ao fim, seguindo a ordem dos capítulos, você conhecerá o Windows 10 e desenvolverá habilidades à medida que aprender a executar procedimentos cada vez mais especializados. Você também pode ir direto àqueles capítulos que vão lhe dar a orientação necessária para realizar tarefas específicas. As instruções passo a passo foram distribuídas de forma clara e concisa – o foco são os fatos. Capturas de tela, dicas e alertas complementam o conteúdo.

A quem se destina este livro

O *Windows 10 Passo a Passo* foi feito para ser usado como recurso de aprendizado e referência para usuários que usem computadores desktop e portáteis e dispositivos com o Windows 10 Home ou Windows 10 Pro. O conteúdo do livro foi planejado para ajudar leitores que já usam versões anteriores do Windows e também aqueles que estão começando agora.

Sobre o que este livro é (e não é)

Este livro é sobre o sistema operacional Windows 10. O sistema operacional do seu computador é a interface entre você e todos os aplicativos que você deseja executar, ou que executem automaticamente em segundo plano para que você possa se comunicar com outros computadores ao redor do mundo e para protegê-lo desses mesmos computadores.

Neste livro, explicaremos como você pode usar o sistema operacional e as ferramentas que o acompanham, como o Explorador de Arquivos, para acessar e gerenciar aplicativos e arquivos de dados que você utiliza para trabalhar e se divertir. Muitos aplicativos úteis vêm com o Windows ou fazem parte da "família" Windows, como Mapas, Fotos, Email, Calendário, Groove Música e Windows DVD Player. Este livro não é sobre esses aplicativos, embora mencionemos e interajamos com alguns deles ao demonstrar como usar recursos do sistema operacional Windows 10.

> **CONSULTE TAMBÉM** Para obter informações sobre como trabalhar com aplicativos, consulte o Capítulo 4.

A abordagem *Passo a Passo*

O conteúdo do livro foi dividido em partes que representam o uso geral do computador e conjuntos de habilidades de gerenciamento. Cada parte está dividida em capítulos que representam áreas dos conjuntos de habilidades, e cada capítulo se divide em tópicos que agrupam habilidades relacionadas. Cada tópico inclui informações explicativas seguidas por procedimentos gerais. No fim do capítulo, você encontrará uma série de tarefas práticas, que poderá executar. por conta própria usando as habilidades ensinadas. Você pode usar os arquivos de prática disponíveis no site da editora do livro para fazer os exercícios, ou pode usar seus próprios arquivos.

Como baixar os arquivos de prática

Embora você possa fazer as tarefas práticas deste livro usando seus próprios arquivos, também fornecemos arquivos de prática para muitas das tarefas. Você pode fazer download desses arquivos seguindo estes passos:

1. Acesse o nosso site, www.grupoa.com.br.
2. Cadastre-se gratuitamente, caso ainda não seja cadastrado.
3. Encontre a página do livro por meio do campo de busca do site.
4. Na página do livro, clique no link Conteúdo Online para fazer download dos arquivos.

> ⚠️ **IMPORTANTE** O Windows 10 não está disponível no site. Você deve instalar esse sistema operacional antes de trabalhar nas tarefas práticas. Para obter informações sobre como instalar o Windows 10, consulte o Apêndice A, "Instalação ou atualização para o Windows 10".

Você pode usar os arquivos fornecidos para as tarefas práticas e, se houver alterações, pode salvar as versões finalizadas de cada arquivo. Se quiser repetir as tarefas práticas, você pode baixar os arquivos originais novamente.

> **CONSULTE TAMBÉM** Para obter informações sobre como trabalhar com arquivos, consulte o Capítulo 3.

A tabela a seguir lista os arquivos de prática deste livro.

Capítulo	Pasta	Arquivo
1: Introdução ao Windows 10	Win10PAP\Cap01	Nenhum
2: Personalização do ambiente de trabalho	Win10PAP\Cap02	TelaFundo01.jpg até TelaFundo08.jpg
3: Gerenciamento de pastas e arquivos	Win10PAP\Cap03	Arquivos\Folder.pptx Fotos\TelasFundo\TelaFundo.jpg Fotos\TelasFundo\TelaFundo03.jpg Fotos\TelasFundo\TelaFundo08.jpg Fotos\Lucy.jpg Fotos\Lucy2.jpg Eventos.docx Despesas.xlsx ListaMalaViagem.docx Senha01.jpg até Senha03.jpg Pesquisa.docx ChecklistViagem.xlsx
4: Trabalho com aplicativos e notificações	Win10PAP\Cap04	Nenhum
5: Navegação na Internet com segurança e eficiência	Win10PAP\Cap05	Nenhum
6: Gerenciamento de dispositivos periféricos	Win10PAP\Cap06	Nenhum
7: Gerenciamento de recursos de rede e de armazenamento	Win10PAP\Cap07	Apenas pasta
8: Gerenciamento de contas de usuário e configurações	Win10PAP\Cap08	Conta01.jpg até Conta05.jpg Senha01.jpg até Senha03.jpg
9: Gerenciamento das configurações do computador	Win10PAP\Cap09	Nenhum

Capítulo	Pasta	Arquivo
10: Gerenciamento de opções de acesso e energia	Win10PAP\Cap10	TelaBloqueio01.jpg até TelaBloqueio13.jpg
11: Trabalho com mais eficiência	Win10PAP\Cap11	Nenhum
12: Proteção do computador e de dados	Win10PAP\Cap12	Nenhum

Suporte técnico

Todos os esforços foram feitos para garantir a exatidão deste livro e do conteúdo que o acompanha. Caso sejam detectados erros após sua publicação, uma errata (em inglês) poderá ser encontrada no site *http://aka.ms/Windows 10SBS/errata*.

Se quiser reportar algum erro diretamente para a Microsoft Press, você poderá fazê-lo pela mesma página (em inglês).

Para obter ajuda relativa a software e hardware da Microsoft, acesse *http://support.microsoft.com/pt-br*.

Para fazer comentários, dar sugestões, tirar dúvidas ou reportar erros à editora brasileira deste livro, escreva para *secretariaeditorial@grupoa.com.br*.

Adapte os procedimentos ao seu ambiente

As instruções deste livro partem do princípio de que você esteja interagindo com elementos da tela do seu computador por meio de cliques (com mouse, touchpad ou outros dispositivos de hardware). Se você estiver usando um método diferente – por exemplo, se seu computador tiver uma interface touchscreen e você estiver tocando a tela (com seu dedo ou uma caneta stylus) – use a ação de toque aplicável ao interagir com um elemento de interface de usuário.

> **CONSULTE TAMBÉM** Para obter informações sobre a interação com tela sensível ao toque, consulte o Apêndice B, "Atalhos de teclado e dicas para tela sensível ao toque".

As instruções do livro usam o termo botões para os elementos de interface de usuário acionados por um clique ou um toque na tela e o termo teclas para os botões físicos pressionados em um teclado, estando de acordo com a terminologia padrão usada na documentação desses produtos.

Instruções de procedimentos de várias etapas usam este formato:

1. Para selecionar o parágrafo que você deseja formatar nas colunas, clique três vezes no parágrafo.
2. Na guia **Layout**, no grupo **Configuração de página**, clique no botão **Colunas** para exibir um menu das opções de layout da coluna.
3. No menu **Colunas**, clique em **Três**.

Em ocorrências subsequentes de instruções que demandem que você siga o mesmo processo, as instruções podem ser simplificadas para o formato a seguir, porque o local da operação já foi estabelecido:

1. Selecione o parágrafo que você deseja formatar nas colunas.
2. No menu **Colunas**, clique em **Três**.

Quando as instruções solicitarem a inserção de informações, você pode fazer isso digitando em um teclado externo conectado, tocando em um teclado virtual na tela, ou até mesmo falando em voz alta, dependendo da configuração do seu computador e de suas preferências pessoais.

Agradecimentos

Somos extremamente gratos pelo apoio de muitas pessoas sem as quais este livro não existiria, especialmente os membros talentosos da melhor equipe editorial do país, da OTSI:

- **Angela Martin**, por indexar completa e eficientemente este livro para que os leitores possam encontrar as informações que desejam
- **Jaime Odell**, pela revisão, apoio à passagem de texto e serviços de "dicionário de sinônimos ambulante" durante a madrugada
- **Jean Trenary**, por criar o modelo de produção e fazer o layout do livro
- **Jeanne Craver**, por processar e pixelar os gráficos
- **Kathy Krause**, pela edição de desenvolvimento, apoio à passagem de texto e revisão do produto final
- **Susie Carr**, por guiar o projeto até o final, com sugestões ao mesmo tempo firmes e sutis, e pelo apoio na indexação
- **Val Serdy**, pela passagem de texto inteligente e completa e o auxílio valiosíssimo na estruturação do conteúdo

A OTSI é especializada no design e criação de soluções de treinamento em Microsoft Office, SharePoint e Windows e na produção de recursos de treinamento online e impressos. Para mais informações sobre a OTSI, visite *www.otsi.com* ou nos siga no Facebook em *www.facebook.com/Online.Training.Solutions.Inc* para as últimas informações sobre recursos de treinamento futuros e dicas sobre tecnologia e edição.

Esperamos que você tenha gostado deste livro e que ele tenha sido útil para você, Enquanto trabalhávamos nele, fomos guiados pelos comentários dos leitores dos volumes anteriores da série *Windows Passo a Passo*. Se encontrar algum erro ou omissão neste livro, ou tiver algo positivo a dizer sobre ele, você pode usar o processo de comentários descrito na introdução.

PARTE I

O ambiente do Windows 10

CAPÍTULO 1
Introdução ao Windows 10. 3

CAPÍTULO 2
Personalização do ambiente de trabalho. 50

CAPÍTULO 3
Gerenciamento de pastas e arquivos 95

CAPÍTULO 4
Trabalho com aplicativos e notificações. 148

CAPÍTULO 5
Navegação na Internet com segurança e eficiência. 197

Introdução ao Windows 10

1

Se você está lendo este livro, presumimos que já tenha um computador com Windows 10 instalado ou planeja adquirir um e quer saber o que esperar. Este capítulo o ajudará a entender rapidamente os elementos básicos da experiência de usuário e do ambiente do Windows 10.

Alguns conceitos conhecidos mudaram. Destacamos algumas das mudanças em relação às versões anteriores do Windows, mas nos concentramos em descrever como as coisas estão agora.

> ✓ **CONSULTE TAMBÉM** Se você ainda não instalou o Windows 10, consulte o Apêndice A, "Instalação ou atualização para o Windows 10", para obter as informações pertinentes.

O Windows 10 combina elementos conhecidos do Windows 7 e do Windows 8 com uma nova e impressionante tecnologia. O Windows 10 foi projetado para funcionar não apenas em computadores de mesa e portáteis, mas também em dispositivos móveis menores, como *tablets* e telefones celulares. A interface do usuário é limpa e simples. Se você for um usuário experiente do Windows, muitas partes serão familiares para você. As mudanças técnicas implementadas nesta versão do Windows são significativas, mas no momento que você entender os conceitos que regem a estrutura e a navegação do sistema operacional, acreditamos que o achará poderoso e simples de usar.

Este capítulo apresenta os procedimentos de entrar no Windows, explorar a interface de usuário e a nova janela de Configurações, atualizar arquivos do sistema, gerenciar janelas e finalizar uma sessão.

Neste capítulo

- Inicie uma sessão
- Explore a área de trabalho
- Explore a barra de tarefas
- Explore a Tela inicial e o menu Iniciar
- Explore as configurações do computador
- Atualize os arquivos do sistema do Windows
- Gerencie as janelas de conteúdo e de aplicativos
- Finalize uma sessão

Arquivos de prática

Nenhum arquivo de prática será necessário para concluir as tarefas práticas deste capítulo.

Inicie uma sessão

Para iniciar uma sessão no Windows 10, você deve entrar no Windows com uma conta de usuário que esteja registrada no computador. Sua conta de usuário pode ser uma *conta Microsoft* a qual conecta a todos os recursos associados a essa conta, ou pode ser uma *conta local* que existe apenas no seu computador e fornece acesso a arquivos compartilhados e privados neste computador.

Durante o processo de instalação do Windows 10 ou na primeira vez que entrar em um novo computador com Windows 10, uma ferramenta de configuração de usuário orienta você pelo processo de criação de uma conta de usuário no computador. Esta conta de usuário pode ser conectada a uma conta Microsoft preexistente ou você pode criar uma nova conta Microsoft como parte do processo de configuração de conta de usuário, ou ainda pode ser uma conta de usuário local que exista apenas neste único computador.

Utilize uma conta Microsoft ou uma conta local

Você pode escolher um dos dois tipos de conta ao entrar no Windows 10: uma conta Microsoft ou uma conta local. A seguir, uma visão geral e rápida dos dois tipos de conta.

Contas Microsoft

As contas Microsoft são a encarnação atual das contas centralmente registradas que são utilizadas para se conectar aos vários serviços da Microsoft no passado (como contas do Windows Live e Passaport). Uma conta Microsoft é uma conta de logon único (SSO, single sign-on) que você pode usar para efetuar logon em qualquer serviço da Microsoft, para serviços prestados por outras empresas que adotaram contas Microsoft como credenciais padrão, ou para um computador rodando o Windows 10, Windows 8.1 ou Windows 8. Para entrar com uma conta Microsoft, você pode usar qualquer endereço seu de e-mail válido já existente, designado como uma conta Microsoft e a senha definida para esta conta.

DICA O *logon único* não é exclusivo da Microsoft: Google, Facebook e muitas outras organizações o utilizam. Muitos serviços Web permitem que você se conecte usando uma conta principal configurada para SSO, em vez de exigir que você crie novas contas em seus sites.

Você pode configurar qualquer endereço de email válido que você já tenha como uma conta Microsoft ou criar uma nova conta de email usando um dos domínios de serviço de webmail da Microsoft (por exemplo, hotmail.com, live.com, msn.com, passport.com, outlook.com ou qualquer variante para um país específico). Durante o processo, você criará sua própria senha. Se você não tem uma conta Microsoft e quer criar uma, pode criá-la em *https://signup.live.com/signup.aspx*.

IMPORTANTE Se você estiver usando qualquer conta Microsoft, você deve se desconectar dessa conta antes para poder criar uma nova conta para o computador.

Contas locais

Uma conta local é exatamente o que parece: uma conta de usuário que existe apenas no seu computador. Você (ou alguém com privilégios administrativos) pode criar múltiplas contas locais em um computador, e cada conta pode entrar nesse computador e acessar uma combinação de informações privadas e compartilhadas.

Contas locais são boas para crianças. (Você pode designar uma conta local como conta de criança para adicionar controle dos pais.) Contas locais também são uma boa escolha para quando você não quiser conectar o computador a outros computadores que você tiver entrado com a sua conta Microsoft. Uma conta local não requer uma senha, não tem uma pasta associada de armazenamento no Microsoft OneDrive e pode ter acesso limitado em aplicativos do Windows e em ferramentas do Microsoft Office 365.

Se você criar uma conta local, mas decidir posteriormente que prefere entrar usando uma conta Microsoft, você pode facilmente criar um novo perfil de usuário no computador para a conta Microsoft ou conectar uma conta Microsoft a uma conta local existente.

CONSULTE TAMBÉM Para obter mais informações sobre como configurar contas e sobre controle dos pais, consulte o Capítulo 8.

A Microsoft incentiva você a usar uma conta Microsoft em vez de uma conta local para se conectar. As vantagens de entrar no Windows 10 usando uma conta Microsoft incluem o seguinte:

- Você pode facilmente compartilhar arquivos entre outros computadores que você entrar usando essa conta, porque os computadores terão as mesmas credenciais de entrada.

- Você pode seletivamente sincronizar configurações como o tema do computador, configurações do navegador Web, senhas, preferências de idioma e configurações de facilidade de acesso entre os computadores que você entrar usando a mesma conta.

- Você pode acessar outros serviços da Microsoft que requerem que você efetue logon (sign in).

- Você terá acesso a 15 gigabytes (GB) ou mais de armazenamento online gratuito no OneDrive e 30 GB ou mais com a assinatura do Office 365.

Quando seu computador iniciar ou depois de ter ficado ocioso por algum tempo, a tela de bloqueio será exibida. Como o nome indica, a tela de bloqueio é uma camada de segurança entre o mundo fora do computador e as informações contidas no computador. A tela de bloqueio exibirá uma imagem de fundo (ou uma apresentação de slides de imagens), e pode exibir informações de alguns dos aplicativos principais do Windows 10, incluindo Alarmes e Relógio, Clima, Loja, Xbox, Pessoas, Email e Calendário. A tela de bloqueio não exibirá informações da conta de usuário ou conteúdo específico de mensagem que você pode não querer compartilhar com pessoas que eventualmente passem pelo computador.

A tela de bloqueio exibe informações atuais dos aplicativos do Windows 10

O Windows 10 vem com um conjunto de belas imagens relacionadas à água para a tela de bloqueio. Você pode escolher um fundo entre essas imagens ou escolher qualquer imagem ou conjunto de imagens armazenadas no computador que você deseja exibir nesta tela específica.

> **CONSULTE TAMBÉM** Para obter informações sobre como especificar a imagem e quais aplicativos aparecem na tela de bloqueio, consulte "Personalize a tela de bloqueio" no Capítulo 10.

A tela de bloqueio permanecerá até que você a remova (ou que o computador suspenda a sessão). Quando você remover a tela de bloqueio, a tela de boas-vindas será exibida. A tela de boas-vindas exibirá uma lista das contas de usuário que estão registradas no computador no canto inferior esquerdo e a caixa de entrada de imagem e senha ou botão de Entrar para o usuário mais recente no centro.

A tela de boas-vindas exibe links para as contas de usuário que estão registradas no computador

> **DICA** Este livro contém muitas imagens dos elementos da interface de usuário do Windows 10 (como a tela de bloqueio, tela de boas-vindas, área de trabalho, barra de tarefas, menu Iniciar e janela de Configurações) com a qual você trabalhará durante as tarefas em um computador com o Windows 10. A menos que estejamos demonstrando uma visão alternativa do conteúdo, as figuras com as telas exibidas neste livro foram capturadas com o vídeo orientado horizontalmente e uma resolução de tela configurada para 1920 × 1080 e usando ampliação de 100%. Se suas configurações forem diferentes, os elementos da interface de usuário na sua tela podem não ser idênticos aos exibidos neste livro.

Na tela de boas-vindas, entre no Windows com sua conta de usuário para iniciar ou retornar para sua sessão.

Na primeira vez que entrar em um computador usando uma nova conta de usuário, o Windows ajustará as pastas e configurações específicas para esta conta de usuário e sincronizará as configurações com outros computadores nos quais sua conta Microsoft estiver configurada, caso tenha escolhido essa opção. Enquanto o Windows passa por esse processo (que leva cerca de dois minutos), uma série de mensagens tranquilizadoras são exibidas na tela. No fim desse processo de configuração inicial, sua área de trabalho pessoal do Windows será exibida.

> **CONSULTE TAMBÉM** Para obter informações sobre como sincronizar as configurações de sistema em vários computadores, consulte "Personalize suas opções de entrada" no Capítulo 8.

Dependendo dos processos que estão configurados para serem executados ao entrar, pode haver alguma atividade, como janelas abrindo e fechando, uma vez que vários aplicativos podem estar sendo iniciados. Alguns deles serão aplicativos que você quer interagir – por exemplo, você pode querer que um aplicativo de comunicação como o Skype ou Skype for Business inicie automaticamente. Outros serão utilitários que oferecem suporte aos aplicativos que estão instalados no seu computador. Por exemplo, instalar um aplicativo como o Adobe Acrobat ou o Apple iTunes também instala um utilitário que verifica na Internet atualizações para o aplicativo cada vez que você iniciar uma nova sessão. (Geralmente com a finalidade de aumentar a segurança do aplicativo e não a de adicionar novas funcionalidades.)

> **DICA** Alguns aplicativos, utilitários e serviços iniciam automaticamente quando qualquer usuário entra no Windows, e outros executam especificamente quando você entra. Você pode rever uma lista de aplicativos que iniciam automaticamente e remover aplicativos dessa lista para conservar os recursos de inicialização. Para obter mais informações, consulte "Gerencie a inicialização do aplicativo" no Capítulo 4.

Para remover a tela de bloqueio

1 Use um destes métodos:

- Clique em uma área em branco da tela.
- Mova a tela para cima usando seu dedo.
- Pressione qualquer tecla do teclado.

Para entrar no Windows 10

1. Remova a tela de bloqueio.

    Se o computador tiver várias contas de usuário, a tela exibirá um link para cada conta no canto inferior esquerdo.

2. Se sua conta não estiver selecionada, clique no canto inferior esquerdo da tela de boas-vindas para exibir sua imagem e seu nome de usuário no centro da tela.

3. Siga um destes passos:

    - Se sua conta não tiver uma senha, clique no botão **Entrar** abaixo do nome da sua conta.

    - Se sua conta tiver uma senha, digite a senha na caixa abaixo do seu nome de conta e pressione **Enter** ou clique no botão **Enviar**.

> **CONSULTE TAMBÉM** Para obter informações sobre como entrar no Windows a partir de uma sessão existente do Windows, consulte "Explore a Tela inicial e o menu Iniciar" mais adiante neste capítulo. Para obter informações sobre como configurar e entrar usando PINs, senhas com imagens e reconhecimento biométrico, consulte "Personalize suas opções de entrada" no Capítulo 8.

Explore a área de trabalho

Cada vez que você entrar no Windows, uma das duas interfaces de usuário será exibida: a área de trabalho ou a Tela inicial. A interface de usuário iniciada por padrão no Windows 10 é a área de trabalho, a qual discutiremos aqui.

> **DICA** Muitos usuários do Windows 8 se acostumaram com a interface *clean* da Tela inicial usada naquela versão de Windows. Você pode alterar suas configurações para exibir a versão do Windows 10 da Tela inicial em tela cheia, em vez da área de trabalho ao entrar no Windows. Para obter mais informações, consulte "Configure a Tela inicial e o menu Iniciar" no Capítulo 2.

A área de trabalho do Windows 10 é semelhante à área de trabalho das versões anteriores do Windows: tem um fundo que preenche sua tela, hospeda utilitários do Windows, como a Lixeira, e pode ter atalhos para aplicativos, pastas e arquivos. A tela de fundo padrão da área de trabalho do Windows

10 retrata a mesma interpretação dramática do logotipo familiar do Windows que está na Tela de boas-vindas.

A área de trabalho consiste em uma tela de fundo para pastas, arquivos e aplicativos, atalhos e uma barra de tarefas que fornece acesso ao conteúdo e funcionalidade do computador

> **DICA** Quando você comprar um novo computador, você pode ser surpreendido pela desorganização da sua nova área de trabalho. Você pode excluir os atalhos da área de trabalho para arrumar isso, mas isso não desinstalará os aplicativos vinculados a esses atalhos. Fabricantes ou revendedores de computadores frequentemente instalam versões de teste de aplicativos em um computador na esperança de que você achará que tem que usar aqueles aplicativos em vez de outros que estão disponíveis para você. O mais preocupante deles é o conhecido aplicativo de antivírus que fornece uma avaliação gratuita por um curto período e solicita que você pague por uma assinatura. Esse aplicativo pode, na verdade, interferir no sistema de segurança do Windows Defender que está embutido no Windows 10 (gratuitamente). Para obter informações sobre a limpeza de atalhos da área de trabalho e a desinstalação de aplicativos, consulte o Capítulo 2, "Personalização do ambiente de trabalho" e o Capítulo 4, "Trabalho com aplicativos e notificações".

A imagem inicial da tela de fundo da área de trabalho é definida ao instalar o Windows. Se você atualizar a partir de outra versão do Windows e optar por manter suas configurações pessoais, sua tela de fundo da área de trabalho não mudará. Se você comprar um computador com o Windows 10 pré-instalado, provavelmente contará com uma tela de fundo específica do modelo ou do fabricante do computador.

CAPÍTULO 1   Introdução ao Windows 10   **11**

O único ícone que normalmente é exibido por padrão com uma instalação limpa é o da Lixeira, que geralmente aparece no canto superior esquerdo. Os aplicativos que você instalar posteriormente podem colocar (ou oferecer para colocar) atalhos na área de trabalho, como uma forma de iniciá-los mais rapidamente. Você também pode colocar atalhos de aplicativo na área de trabalho. A maioria dos fabricantes de computadores também pré-instala aplicativos de empresas com quem têm alianças e coloca atalhos para esses aplicativos na área de trabalho. A aparência da sua área de trabalho pode ser diferente da exibida no livro, mas a funcionalidade será a mesma.

A Lixeira é uma pasta de armazenamento temporária para arquivos excluídos

> **CONSULTE TAMBÉM**   Para obter informações sobre como criar atalhos na área de trabalho, Tela inicial e barra de tarefas, consulte o Capítulo 4.

A própria área de trabalho é apenas uma tela de fundo para a exibição de itens armazenados em uma pasta (chamada Área de trabalho) que é parte da sua conta de usuário ou em uma pasta Área de trabalho pública que é compartilhada por todos os usuários que entram no computador. Algumas pessoas gostam de salvar arquivos ou pastas em suas áreas de trabalho para ter fácil acesso.

> **CONSULTE TAMBÉM**   Para obter informações sobre como configurar o Windows para exibir o conteúdo em duas (ou mais) telas, consulte "Exiba sua área de trabalho em múltiplos vídeos" no Capítulo 6.

Explore a barra de tarefas

A barra na parte inferior da área de trabalho é a *Barra de tarefas do Windows*. A barra de tarefas oferece acesso a todos os aplicativos, arquivos, configurações e informações do computador. As ferramentas fixas ficam nas extremidades esquerda e direita da barra de tarefas.

A barra de tarefas padrão do Windows 10

> **DICA** Por padrão, a barra de tarefas é exibida na parte inferior da tela principal, mas você pode movê-la para o topo ou um dos lados, ou escondê-la até que você precise dela a fim de fornecer espaço adicional à tela. Para obter mais informações, consulte o Capítulo 2.

A barra de tarefas do Windows 10 é muito parecida com a barra de tarefas de versões anteriores do Windows, mas há algumas surpresas agradáveis.

botão Iniciar — botão Visão de tarefas — caixa de pesquisa

Você pode pesquisar informações, configurações, aplicativos e arquivos na caixa de pesquisa

O botão Iniciar, a caixa de pesquisa e o botão da Visão de tarefas estão localizados na extremidade esquerda da barra de tarefas. Cada um deles tem uma função importante, conforme descrito a seguir:

- Clicar no botão Iniciar exibirá o menu Iniciar e a Tela inicial, os principais locais, onde você acessa aplicativos e configurações. O menu Iniciar e a Tela inicial têm uma nova funcionalidade no Windows 10. Iremos discutir detalhadamente no próximo tópico.

- Clicar com o botão direito do mouse no botão Iniciar exibirá o menu de Link rápido, com comandos e funções de administração do computador frequentemente acessados.

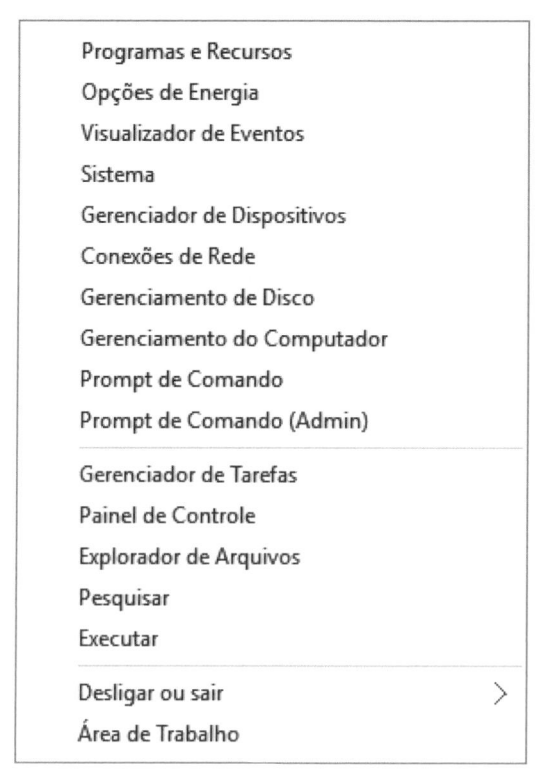

> Programas e Recursos
> Opções de Energia
> Visualizador de Eventos
> Sistema
> Gerenciador de Dispositivos
> Conexões de Rede
> Gerenciamento de Disco
> Gerenciamento do Computador
> Prompt de Comando
> Prompt de Comando (Admin)
>
> Gerenciador de Tarefas
> Painel de Controle
> Explorador de Arquivos
> Pesquisar
> Executar
>
> Desligar ou sair >
> Área de Trabalho

O menu de Link rápido é o caminho mais rápido para muitas das ferramentas de gerenciamento de computador frequentemente usadas

> **DICA** Um menu que aparece ao clicar com o botão direito do mouse em um botão, arquivo, pasta ou outro item é referido como um *menu de atalho*. A maioria dos menus de atalho não tem nomes, mas este é chamado de menu de Link rápido. Você pode exibi-lo clicando com o botão direito do mouse no botão Iniciar ou pressionando Win+X.

- Digitar um termo na caixa de pesquisa exibirá aplicativos, arquivos e configurações relevantes armazenados em seu computador e, quando você tem uma conexão de Internet ativa, informações relevantes online.

Os resultados da pesquisa são categorizados por tipo; clicar em um título exibirá todos os resultados desse tipo

Os ícones à esquerda dos resultados da pesquisa representam o aplicativo ou a área do sistema de cada resultado. Um ícone de aplicativo indica o aplicativo padrão para aquele tipo de arquivo; uma pasta indica uma pasta; uma engrenagem indica uma página, um painel ou uma configuração da janela de Configurações, painel ou configuração; e um painel de controle indica uma configuração do Painel de controle.

> **DICA** A caixa de pesquisa também é seu ponto de interação com a Cortana, seu "assistente pessoal" em qualquer dispositivo Windows ainda não disponível em língua portuguesa. Depois que você configurar inicialmente a Cortana, o serviço irá alertá-lo para compromissos futuros; ajudá-lo a fazer o check-in de voos ou rastrear pacotes; fornecer informações sobre restaurantes locais, condições de tráfego e desempenho de investimento; e muito mais.

CAPÍTULO 1   Introdução ao Windows 10   **15**

■ O botão Visão de tarefas é novo no Windows 10. Ele fornece uma visualização em miniaturas maiores de todas as janelas abertas e aplicativos em execução na sua área de trabalho para que você possa facilmente alternar entre eles.

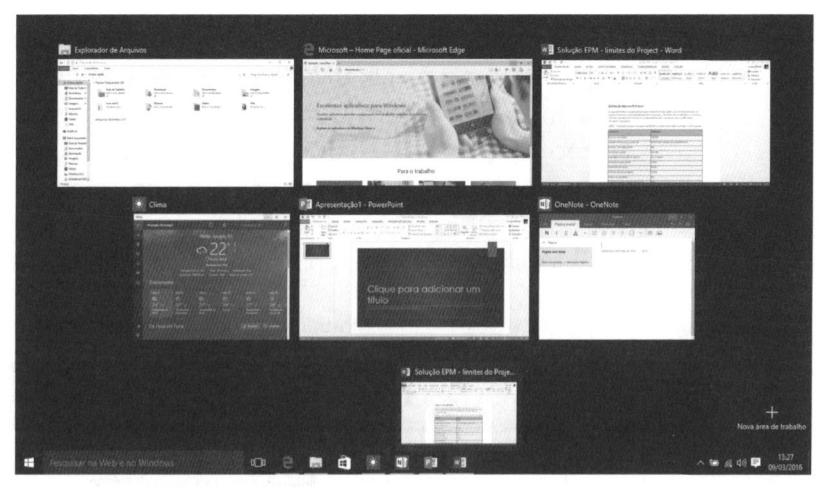

Você pode alternar para ou fechar janelas na Visão de tarefas

Na Visão de tarefas, você também pode criar áreas de trabalho virtuais, que são instâncias secundárias da Área de trabalho do Windows. Ao criar uma ou mais áreas de trabalho virtuais, você pode organizar as janelas dos aplicativos, arquivos e pastas em execução.

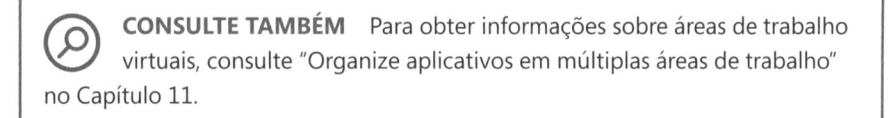

> **CONSULTE TAMBÉM**   Para obter informações sobre áreas de trabalho virtuais, consulte "Organize aplicativos em múltiplas áreas de trabalho" no Capítulo 11.

A área central da barra de tarefas entre o botão Visão de tarefas e o botão Mostrar ícones ocultos exibe botões de atalho e barras de ferramentas. Em uma instalação padrão do Windows 10, atalhos para o navegador Web Microsoft Edge, o Explorador de arquivos e a loja do Windows estão fixados aqui. Você pode movê-los ou excluí-los e fixar itens adicionais que você deseja ter acesso rápido.

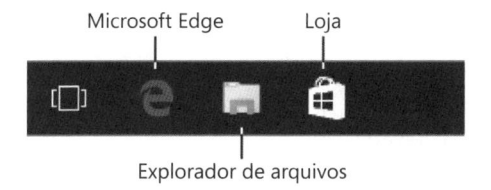

Você pode facilmente adicionar e remover botões da barra de tarefas

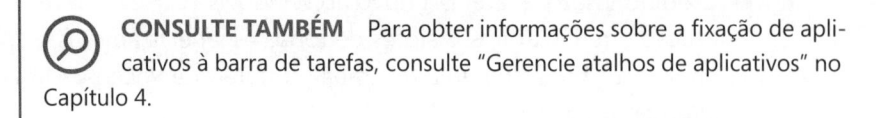

> **CONSULTE TAMBÉM** Para obter informações sobre a fixação de aplicativos à barra de tarefas, consulte "Gerencie atalhos de aplicativos" no Capítulo 4.

A extremidade direita da barra de tarefas é a *área de notificação*. Os ícones exibidos aqui representam aplicativos que são executados em seu computador que podem precisar notificá-lo de eventos. Você pode escolher quais aplicativos aparecem na área de notificação e configurá-los para sempre serem exibidos ou para apenas exibir em um alerta se algo acontecer. Você também pode clicar ou clicar com o botão direito do mouse em ícones da área de notificação para interagir com os aplicativos subjacentes de várias maneiras.

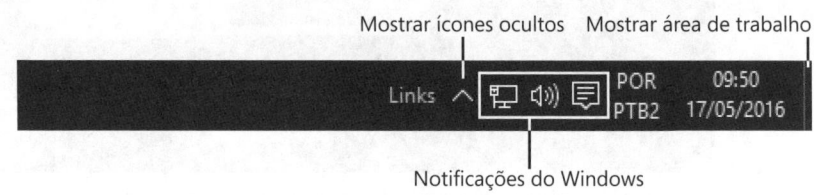

A extremidade direita da barra de tarefas fornece acesso a notificações e informações sobre o status do sistema

A área de notificação contém os seguintes itens:

- O botão Mostrar ícones ocultos exibe um painel de ícones de notificação que são aplicativos em vez de funções do Windows. Você pode acessar comandos de gerenciamento de aplicativos por esses ícones.

- Os ícones padrão de notificação do Windows fornecem acesso às configurações de rede e de som, notificações de aplicativos e do sistema operacional e outras ferramentas. Os ícones específicos dependem da configuração do seu computador.

O ícone da Central de ações é novo no Windows 10. Quando você tem comunicações não lidas de aplicativos (como Microsoft Mail ou Outlook), do Windows e de outras fontes, o ícone está preenchido, e, quando você não tem notificações não lidas, está transparente.

O ícone Central de ações fica branco quando você tem novas notificações

CAPÍTULO 1   Introdução ao Windows 10   **17**

O ícone Central de ações fornece acesso rápido à Central de ações. Você pode acessar as mensagens diretamente desse painel e também acessar muitas configurações interessantes, algumas das quais são novas no Windows 10.

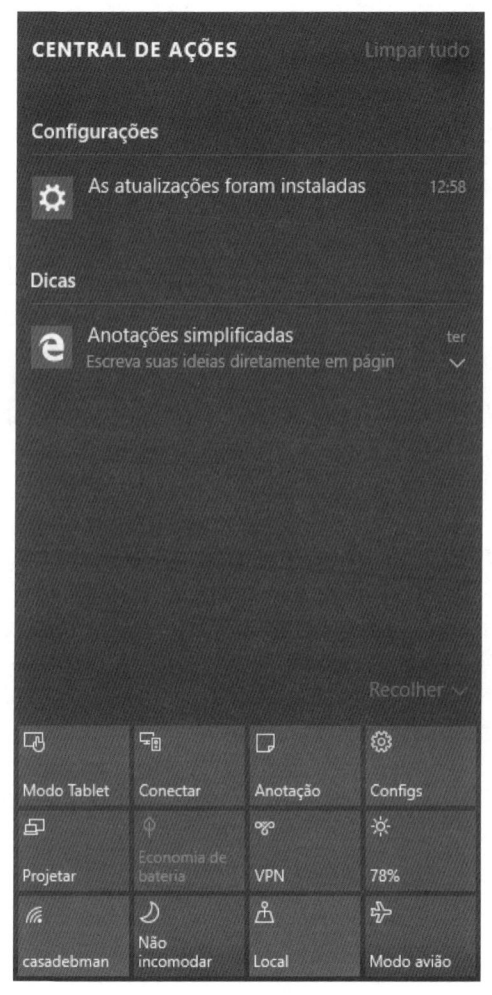

A Central de Ações dá acesso direto a vários aplicativos de comunicação e configurações

- A hora e a data exibida na barra de tarefas também fornecem acesso para definir as configurações de data e hora em seu computador.
- Na barra estreita situada na extremidade mais à direita da barra de tarefas está o botão Mostrar área de trabalho, que você pode usar para esconder ou minimizar todas as janelas abertas (e, assim, exibir a área de trabalho).

Hey, Cortana!

A Cortana é a nova tecnologia da Microsoft, por enquanto ainda não disponível em língua portuguesa. Ela é descrita como um "assistente pessoal", mas é, na verdade, uma ferramenta complexa de análise de informações que monitora suas atividades e comunicações e proativamente fornece informações relevantes sobre elas. Você pode interagir com a Cortana pela caixa de pesquisa da barra de tarefas ou, se o seu computador ou dispositivo tiver uma entrada de microfone, você pode definir suas configurações de modo que possa ativá-la, dizendo "Hey, Cortana". Configurar a Cortana altera o aviso da caixa de pesquisa da barra de tarefas de "Pesquisar na Web e no Windows" para "Ask me anything", precedido pelo símbolo da Cortana.

Um microfone na caixa de pesquisa indica que a Cortana está configurada para entrada verbal

A Cortana pode fornecer informações sobre restaurantes locais e eventos, estoques específicos que você queira rastrear, tráfego, opções de transporte público, compromissos e reuniões, filmes, programas de televisão, notícias, esportes e clima – e a lista com certeza aumentará. Você pode indicar os tipos de informações que você quer que a Cortana forneça.

Pode levar algum tempo até você se acostumar com a ideia de ser monitorado, mas, em troca, você receberá lembretes proativos e informações relevantes que a Cortana localiza especialmente para você. Você pode pedir que a Cortana grave notas e crie lembretes (ou pode fazer isso sozinho digitando e clicando na interface).

A mesma funcionalidade está disponível em telefones Windows (Windows phone) e os dados estão disponíveis para você em qualquer dispositivo em que você acessar com sua conta Microsoft.

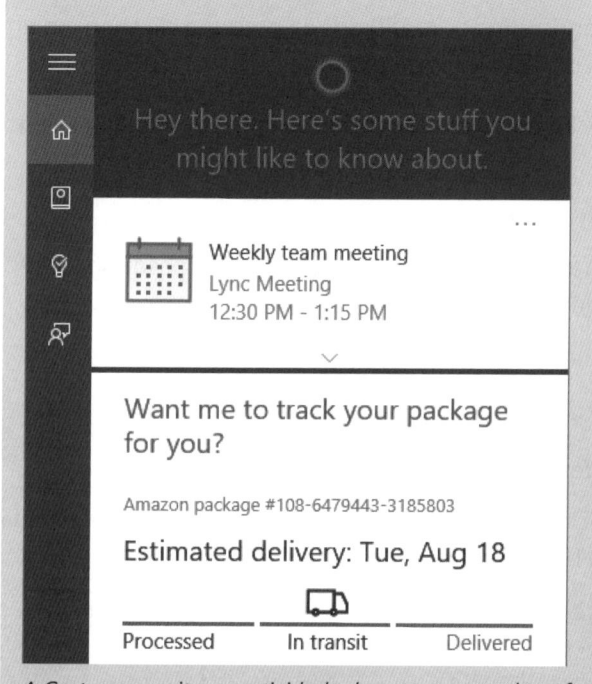

A Cortana monitora a atividade do seu computador e fornece informações úteis

CONSULTE TAMBÉM Para obter mais informações, consulte "Obtenha assistência da Cortana" no Capítulo 11.

Para pesquisar conteúdo no computador ou Internet

1 Ative a caixa de pesquisa da barra de tarefas, fazendo o seguinte:

- Clique na caixa de pesquisa.
- Pressione **Win+S**.

> **DICA** Nós abreviamos o nome da tecla com o logotipo do Windows para "Win", quando nos referimos a atalhos de teclado, para que seja mais fácil de ler.

- Se a pesquisa da Cortana tiver sido configurada (se o aviso da caixa de pesquisa disser "Ask me anything"), pressione **Win+Q**.

2 Digite o termo a ser pesquisado.

3 Se necessário, refine os resultados da pesquisa clicando em uma categoria na lista de resultados da pesquisa.

Para exibir a Visão de tarefas de todos os aplicativos e áreas de trabalho ativos

1 Siga um destes passos:

- Na barra de tarefas, à direita da caixa de pesquisa, clique no botão **Visão de tarefas**.

- Pressione **Win+Tab**.

Para gerenciar janelas na Visão de tarefas

1 Siga um destes passos:

- Para fechar um arquivo ou aplicativo, aponte para a miniatura e clique no botão **Fechar** (X) no canto superior direito.

- Para alternar para uma janela específica, clique na miniatura da janela (não no título da janela).

- Em um dispositivo touchscreen, deslize o dedo a partir da borda esquerda da tela.

Para exibir os comandos e ícones de gerenciamento de aplicativos

1 Na extremidade esquerda da área de notificação da barra de tarefas, clique no botão **Mostrar ícones ocultos**.

2 No painel de ícones, clique com o botão direito do mouse no ícone do aplicativo para o qual você deseja exibir comandos.

Para exibir mensagens não lidas recentes do Windows e aplicativos de comunicação

1. Perto da extremidade direita da barra de tarefas, clique no ícone da **Central de ações**.

Para gerenciar mensagens na Central de ações

1 Siga um destes passos:

- Para visualizar o conteúdo da mensagem, clique na seta à direita do assunto da mensagem.

- Para remover uma mensagem da Central de ações (mas não do aplicativo de mensagens), aponte para o cabeçalho da mensagem e clique no X que aparece no canto superior direito.

- Para abrir uma mensagem no seu aplicativo, clique no cabeçalho da mensagem.

> **CONSULTE TAMBÉM** Para obter informações sobre como gerenciar configurações da Central de ações, consulte "Gerencie notificações de aplicativo" no Capítulo 4.

Para ocultar todas as janelas abertas

1 Siga um destes passos:

- Para ocultar temporariamente todas as janelas, aponte para o botão **Exibir área de trabalho**.

- Para minimizar todas as janelas, clique no botão **Exibir área de trabalho** ou pressione **Win+D**. Utilize a mesma técnica para restaurar as janelas minimizadas.

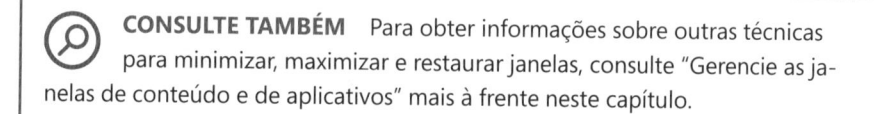

> **CONSULTE TAMBÉM** Para obter informações sobre outras técnicas para minimizar, maximizar e restaurar janelas, consulte "Gerencie as janelas de conteúdo e de aplicativos" mais à frente neste capítulo.

Explore a Tela inicial e o menu Iniciar

O Windows 8 substituiu o menu Iniciar anterior pela Tela inicial que tinha blocos de aplicativos, incluindo "blocos dinâmicos" que exibem informações atualizadas de aplicativos. Blocos dinâmicos são um bom recurso, mas a remoção do menu Iniciar foi uma mudança muito grande. Embora essa alteração tenha sido feita com a melhor das intenções e tenha sido bem recebida por algumas pessoas, houve uma grande desaprovação por outras pessoas. O Windows 10 oferece uma solução melhor – uma combinação do menu Iniciar tradicional com a Tela inicial com blocos.

Tela inicial padrão, com o menu Iniciar no lado esquerdo

> **CONSULTE TAMBÉM** Para obter informações sobre blocos dinâmicos, consulte o Capítulo 4.

Você pode configurar o conteúdo da Tela inicial do modo que quiser, adicionando, removendo, redimensionando e agrupando blocos. Como mencionado anteriormente, você pode optar por exibir uma Tela inicial em tela cheia em vez da Tela inicial parcial. Na Tela inicial em tela cheia, o menu Iniciar é minimizado, mas você pode abri-lo sempre que quiser acessar seu conteúdo.

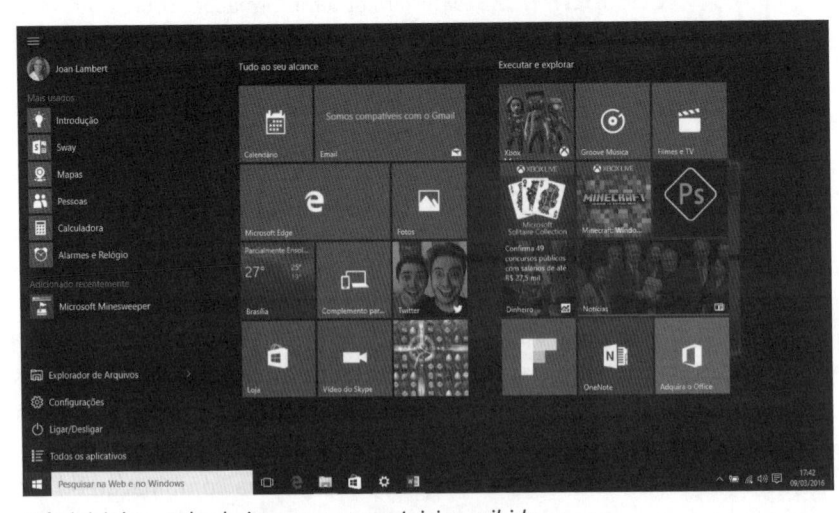

Tela inicial em tela cheia com o menu Iniciar exibido

> **CONSULTE TAMBÉM** Para obter informações sobre como adicionar conteúdo à Tela inicial e alternar para a Tela inicial em tela cheia, consulte "Configure a Tela inicial e o menu Iniciar" no Capítulo 2.

Independentemente da configuração da Tela inicial, o menu Iniciar está localizado no lado esquerdo e contém seções de conteúdo específicas. Como acontece com quase todas as áreas do Windows 10, você tem controle sobre o conteúdo que aparece na Tela inicial. Por padrão, as categorias são Aplicativos mais usados, Aplicativos adicionados recentemente e pastas da conta de usuário. O botão Configurações e o botão Todos os aplicativos ficam na parte inferior do menu Iniciar (e também estão disponíveis diretamente na Tela inicial em tela cheia).

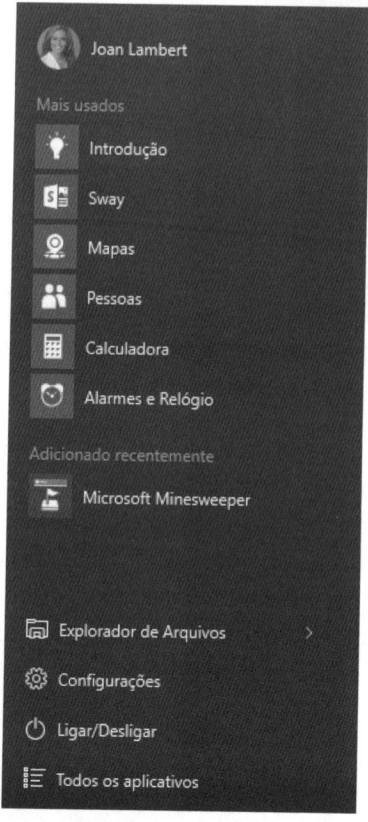

Menu Iniciar com categorias e pastas padrão

Suas informações de conta de usuário ficam na parte superior do menu Iniciar e são, na verdade, o rótulo de um botão. Clicar no botão de conta de usuário exibe uma lista de opções. Você pode acessar suas configurações de conta de usuário, bloquear o computador ou sair do Windows a partir deste menu. (Você também pode fazer todas essas coisas a partir de outros lugares.) Se múltiplas contas de usuário estiverem configuradas em seu computador, elas aparecerão na parte inferior deste menu, e você pode alternar para essas contas sem sair de sua sessão atual do Windows. (Por exemplo, se seu computador tiver contas de usuário configuradas nele para outros membros da família ou convidados e você quiser deixar uma dessas pessoas usar o computador sem encerrar sua sessão no computador, ou se você tiver uma conta de usuário ligada à sua conta Microsoft e uma conta de usuário local que não é.)

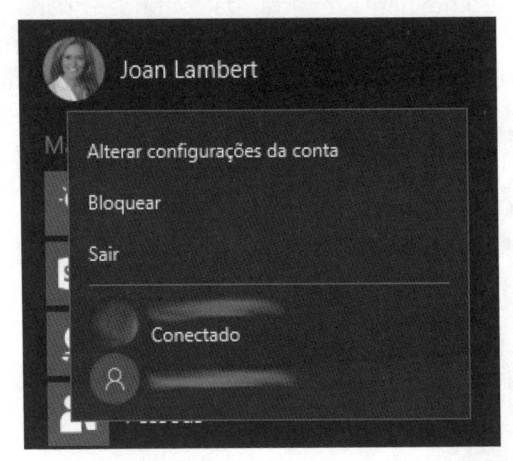

Você pode rapidamente bloquear o computador, sair ou alternar para outra conta de usuário

Se a outra conta de usuário já estiver aberta no Windows, isso é indicado pela palavra "Conectado" abaixo do nome da conta de usuário. Trocar para uma conta que tenha uma sessão ativa do Windows reinicia essa sessão do Windows; caso contrário, trocar para a conta inicia uma nova sessão do Windows. De qualquer forma, quando você troca de conta, o Windows exibe a Tela de boas-vindas, e então você pode entrar no Windows com a outra credencial de conta de usuário (incluindo a senha da conta, se houver uma) ou entrar em uma sessão existente do Windows.

Você pode escolher se deseja exibir as seções de Mais usados e Adicionado recentemente no menu Iniciar, mas o Windows preenche essas seções automaticamente com base no uso do computador e exibe os títulos de seção somente quando também exibe aplicativos nessas seções. Os aplicativos que você usar mais ficam na lista dos Mais usados até outros substituí-los. Aplicativos recém-instalados ficam na lista de Adicionado recentemente por cerca de um dia.

> **IMPORTANTE** O propósito das seções Mais usados e Adicionado recentemente parece ser o de tornar sua vida mais fácil, fornecendo acesso rápido aos aplicativos que você usa com frequência ou que você acabou de instalar. No momento da redação deste texto, infelizmente, essa finalidade não era atendida porque as seções exibiam apenas os aplicativos que *não* estavam fixados à Tela inicial. (Aplicativos que estão fixados na barra de tarefas ficam na lista.) Esperamos que isso seja reparado em um futuro próximo, talvez mesmo antes de você comprar este livro.

Uma boa razão para exibir a seção de Mais usados do menu Iniciar é porque fornece acesso às listas de atalhos. As listas de atalhos são um recurso de economia de tempo maravilhoso introduzido em uma versão anterior do Windows e, felizmente, estão de volta, no menu Iniciar do Windows 10.

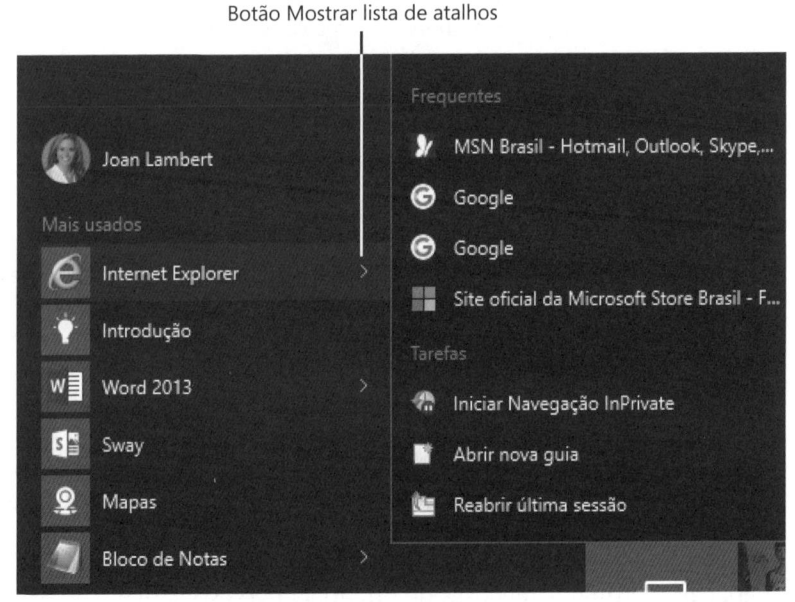

As listas de atalhos exibem arquivos acessados frequentemente ou locais e tarefas comuns

Listas de atalhos diferentes exibem entradas diferentes. A maioria exibe arquivos ou locais recentes. A lista de atalhos do Explorador de Arquivos exibe as entradas que estão fixadas na seção de Acesso rápido do Painel de navegação do Explorador de arquivos, o qual investigaremos no Capítulo 3. Você pode desafixar itens de qualquer localização.

Para exibir o menu Iniciar e a Tela inicial (configuração padrão)

1 Siga um destes passos:

- Clique no botão **Iniciar**.
- Pressione a **tecla com o logotipo do Windows**.
- Pressione **Ctrl+Esc**.

Para exibir o menu Iniciar na Tela inicial em tela cheia

1. No canto superior esquerdo da **Tela inicial**, clique no botão de menu.

Botão de menu, por vezes referido como "menu hambúrguer"

Para exibir os controles de conta de usuário

1. No topo do menu **Iniciar**, clique no botão de conta de usuário.

Para alternar para outra conta de usuário

1 No menu **Iniciar**, clique no botão de conta de usuário e clique na conta para a qual você deseja alternar.

2 Na tela de boas-vindas, siga um destes passos:

- Se a conta tiver uma senha, digite a senha na caixa abaixo do nome da conta e pressione **Enter** ou clique no botão **Enviar**.
- Se a conta não tiver uma senha, clique no botão **Entrar** abaixo do nome da conta.

Para exibir arquivos recentes de um aplicativo específico

1. No menu **Iniciar**, clique no botão **Mostrar lista de atalhos** à direita do nome do aplicativo na lista de aplicativos mais usados.

Para exibir os itens que você selecionou para acesso rápido

1. No menu **Iniciar**, clique no botão **Mostrar lista de atalhos** à direita do **Explorador de Arquivos**.

> **CONSULTE TAMBÉM** Para obter informações sobre o menu de Acesso rápido no Explorador de arquivos, consulte o Capítulo 3.

Explore as configurações do computador

Em versões anteriores do Windows, as várias configurações que controlavam o comportamento do computador estavam disponíveis em uma interface denominada Painel de controle. Navegar pelas telas do Painel de controle era um pouco complicado. O Painel de controle ainda existe no Windows 10, mas muitas configurações foram movidas do Painel de controle para uma interface muito mais simples: a janela de Configurações. (Supomos que futuras atualizações do Windows 10 resultarão na migração de mais conteúdo do Painel de controle para Configurações.)

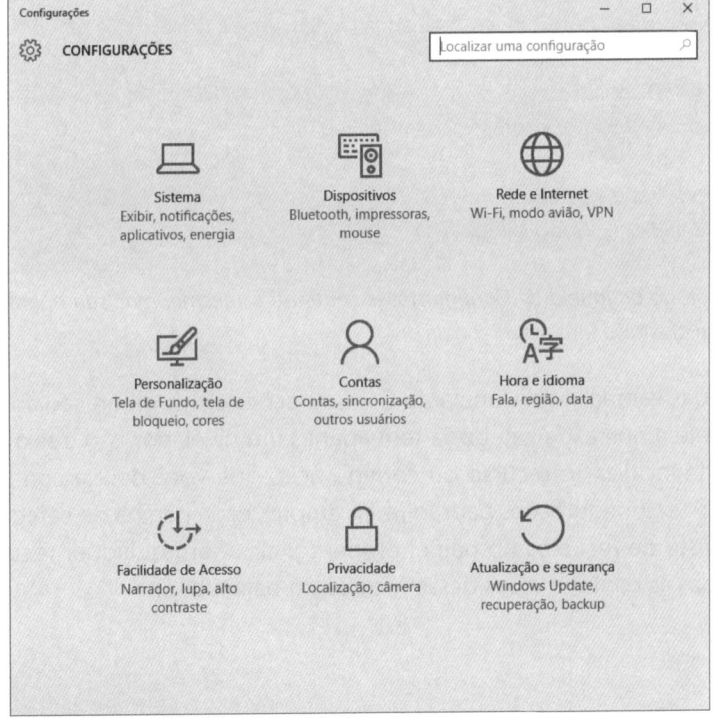

Na configuração padrão, a janela de Configurações exibe representações com ícones das categorias de configuração

A janela de Configurações é um exemplo do tipo de mudanças que a Microsoft fez no Windows 10 para que o sistema operacional possa rodar em dispositivos de qualquer tamanho, de computadores desktop a smartphones. (Na verdade, o conteúdo da janela de Configurações estreita será familiar aos usuários do Windows Phone.) À medida que a largura da janela diminui, os ícones tornam-se menores e mudam para um formato de lista. Independentemente do formato, cada ícone e nome de categoria é acompanhado por uma lista curta (e de forma alguma completa) das configurações disponíveis nessa categoria.

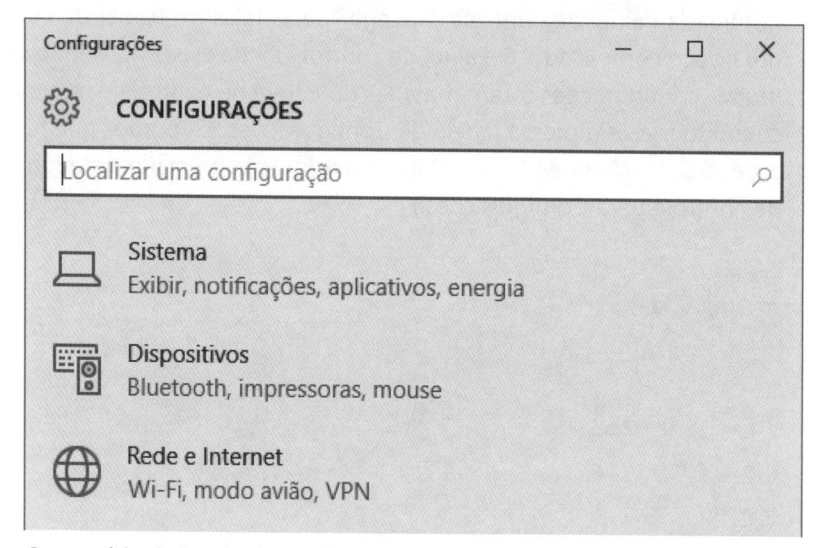

```
Configurações                                    —   □   ×

    ⚙  CONFIGURAÇÕES

    ┌─────────────────────────────────────────────────┐
    │ Localizar uma configuração                   ⌕  │
    └─────────────────────────────────────────────────┘

        ▭   Sistema
            Exibir, notificações, aplicativos, energia

        ▭   Dispositivos
            Bluetooth, impressoras, mouse

        ⊕   Rede e Internet
            Wi-Fi, modo avião, VPN
```

O conteúdo da janela de Configurações continua o mesmo, mas sua aparência muda para se ajustar à largura da janela

Uma das vantagens da janela de Configurações em comparação ao Painel de controle é que cada categoria tem apenas um nível, por isso é relativamente fácil de localizar o recurso ou configuração que você deseja configurar. Na janela de Configurações padrão (mais ampla), cada página de categoria exibe uma lista de recursos no painel esquerdo; clicar em qualquer recurso serão exibidas as configurações desse recurso no painel direito.

CAPÍTULO 1   Introdução ao Windows 10   **29**

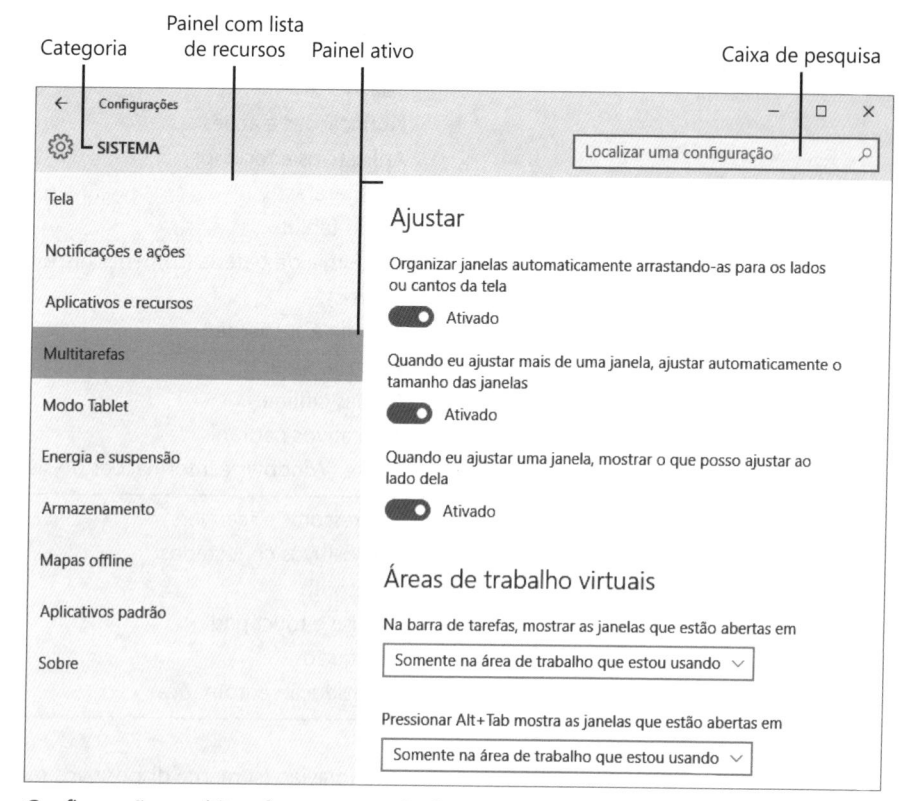

Configurações multitarefas na categoria de sistema

Quando a Janela de configurações é mais estreita, clicar em um nome de categoria exibe apenas a lista de recursos. Clicar em um recurso exibe o painel de configurações.

A tabela a seguir lista os recursos que você pode definir configurações para cada uma das nove categorias. Assim, você não precisa adivinhar.

Categoria de configurações	Recursos incluídos na categoria
Sistema	Tela
	Notificações e ações
	Aplicativos e recursos
	Multitarefas
	Modo tablet
	Economia de bateria (somente dispositivos móveis)
	Energia e suspensão
	Armazenamento
	Mapas Offline
	Aplicativos padrão
	Sobre (Windows e informações do sistema)
Dispositivos	Impressoras e scanners
	Dispositivos conectados
	Bluetooth
	Mouse e touchpad
	Digitação
	Reprodução automática
Rede e Internet	Wi-Fi
	Modo avião (somente dispositivos móveis)
	Uso de dados
	VPN
	Conexão discada
	Ethernet
	Proxy
Personalização	Tela de fundo
	Cores
	Tela de bloqueio
	Temas
	Iniciar
Contas	Seu email e contas
	Opções de entrada
	Acesso corporativo
	Família e outros usuários
	Sincronizar configurações
Hora e idioma	Data e hora
	Região e idioma
	Fala

Categoria de configurações	Recursos incluídos na categoria
Facilidade de acesso	Narrador
	Lupa
	Alto contraste
	Legendas ocultas
	Teclado
	Mouse
	Outras opções
Privacidade	Geral
	Localização
	Câmera
	Microfone
	Fala, escrita à tinta e digitação
	Informações da conta
	Contatos
	Calendário
	Sistema de Mensagens
	Rádios
	Outros dispositivos
	Comentários e diagnóstico
	Aplicativos em segundo plano
Atualização e segurança	Windows Update
	Windows Defender
	Backup
	Recuperação
	Ativação
	Para desenvolvedores

Você pode localizar as opções de configuração para um recurso específico clicando na categoria e no recurso ou pesquisando na caixa de pesquisa da janela de Configurações, ou na caixa de pesquisa da barra de tarefas.

> **IMPORTANTE** No momento da redação deste texto, a caixa de pesquisa da janela de Configurações estava retornando alguns resultados falsos que não levavam a lugar algum; achamos que são espaços reservados para opções de configuração que serão migradas para a janela de Configurações em futuras atualizações do Windows. Por enquanto, se você não gosta de navegar pelas categorias, você pode obter resultados mais confiáveis usando a caixa de pesquisa da barra de tarefas.

Quando você define as configurações na janela de Configurações, as alterações são implementadas assim que você as configura; não é necessário salvar as alterações e não é possível desfazer suas ações a não ser redefinindo cada alteração manualmente. Se você precisar identificar as configurações padrão de um recurso, uma das possibilidades é criar uma nova conta de usuário, alternar para esta conta e verificar as configurações neste perfil.

> **CONSULTE TAMBÉM** Para obter informações sobre como criar novas contas de usuário, consulte "Crie e gerencie contas de usuário" no Capítulo 8. Para obter informações sobre como alternar entre contas, consulte "Explore a Tela inicial e o menu Iniciar" anteriormente neste capítulo.

Como anteriormente mencionado, o Painel de controle ainda existe e você pode definir muitas das configurações usadas menos frequentemente, lá. A configuração padrão do Painel de controle exibe nomes de categorias, seguidos de tarefas que você pode executar nas categorias.

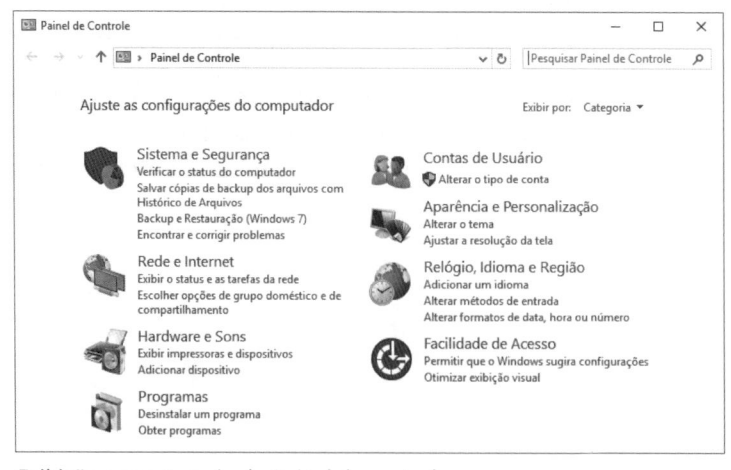

Exibição por categoria do Painel de controle

Como alternativa, você pode exibir recursos em vez de categorias, alternando para o Modo de exibição de ícones, onde você terá a opção de exibir ícones grandes ou pequenos. O conteúdo nos dois modos de exibição é o mesmo, mas pode ser muito mais simples navegar pelo Painel de controle no modo de exibição de ícones do que na exibição por categoria. Em qualquer modo de exibição, uma caixa de pesquisa está localizada no canto superior direito da janela. Pesquisar nessa caixa retorna resultados apenas do Painel de controle.

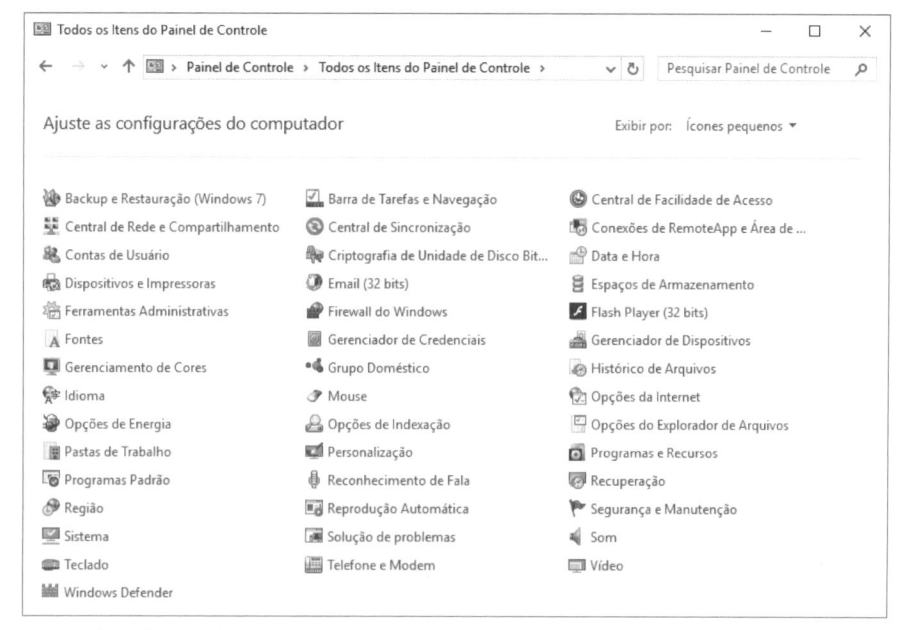

Modo de exibição de ícones pequenos do Painel de controle

Você pode acessar as configurações no Painel de controle diretamente (navegando ou pesquisando no Painel de controle ou na lista de resultados da pesquisa da barra de tarefas), clicando nos links no menu de Link rápido e também clicando em links dos painéis de configuração de um recurso. Links que redirecionam dos painéis da janela de Configurações para o Painel de Controle estão localizados na parte inferior dos painéis após as configurações que você pode ajustar neste painel e, muitas vezes, são rotulados como configurações avançadas ou adicionais. (Por exemplo, "Configurações de vídeo avançadas" e "Configurações de energia adicionais".)

Trabalharemos com as configurações individualmente em capítulos posteriores deste livro. Neste primeiro capítulo, estamos apenas tendo uma visão geral dos recursos caso você queira investigá-los por conta própria ou precise configurar alguma coisa antes de chegar aos tópicos relevantes.

Para abrir a Janela de configurações

1 Siga um destes passos:

- Próximo da parte inferior do menu **Iniciar**, clique em **Configurações**.
- Pressione **Win+I**.
- Na caixa de pesquisa da barra de tarefas, digite configurações e, na lista dos resultados da pesquisa, clique em **Configurações**.
- Perto da extremidade direita da barra de tarefas, clique no ícone da **Central de ações** e, próximo da parte inferior do painel da **Central de ações,** clique no botão **Todas as configurações**.

Para exibir uma categoria de configurações

1. Na janela de **Configurações**, clique na categoria que você deseja exibir.

Para exibir as configurações para um recurso específico

1 Da janela de **Configurações**, exiba a página da categoria.

2 Na página da categoria, clique no recurso que você deseja configurar.

> **DICA** Se a página da categoria tiver duas colunas, os recursos estarão listados na coluna da esquerda e as configurações, na direita.

Para exibir o menu de Link rápido

1 Siga um destes passos:

- Clique com o botão direito do mouse no botão **Iniciar**.
- Pressione **Win+X**.

Para exibir a página inicial do Painel de controle

1 Siga um destes passos:

- No menu de **Link rápido**, clique em **Painel de controle**.
- Na caixa de pesquisa da barra de tarefas, digite controle e, na lista dos resultados de pesquisa, clique no **Painel de controle**.
- No menu **Todos os aplicativos**, clique em qualquer letra do índice. No índice alfabético, clique em **S**, expanda a pasta do **Sistema do Windows** e clique em **Painel de controle**.

Atualize os arquivos do sistema do Windows

O código por trás dos sistemas operacionais está geralmente em constante mudança. Pode ser que seja para resolver problemas internos ou externos – por exemplo, ameaças contra novos vírus ou a necessidade de melhorar os drivers dos dispositivos que você conecta ao computador. A Microsoft afirmou que o Windows 10 será a última versão do Windows (uma grande razão para comprar este livro!), mas o real significado dessa afirmação é que a empresa planeja manter e atualizar esta versão do Windows no futuro em vez de imediatamente começar o desenvolvimento de uma nova versão. Em parte, é um reflexo da metodologia de desenvolvimento de software ágil que a Microsoft tem abraçado, que envolve várias equipes de função específica, completando ciclos de desenvolvimento colaborativos e rápidos, além de continuamente refinar processos, em vez de um processo de desenvolvimento em longo prazo, impulsionado pela gestão.

O Windows 10 verifica se há atualizações durante o processo de instalação, mas pode passar algum tempo entre a instalação do sistema operacional no seu computador e a primeira utilização. Portanto, é uma boa ideia verificar se há atualizações depois de instalar ou ativar o sistema operacional.

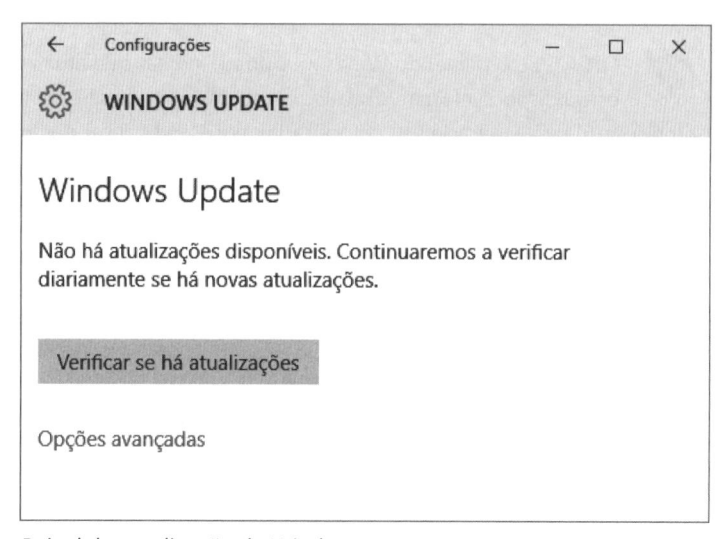

Painel de atualização do Windows

O Windows Update é parte da categoria das configurações de Atualização e segurança. O Windows Update automaticamente verifica, faz o download e instala as atualizações para o sistema operacional (incluindo o software interno de segurança Windows Defender) e arquivos relacionados, como drivers de dispositivo, regularmente. Se seu computador estiver desligado ou offline no momento da verificação, é possível que você não obtenha uma atualização quando ficar disponível, mas você pode verificar as atualizações manualmente. Se o Windows Update localizar atualizações disponíveis, ele começa o processo de download e de instalação. O Windows Update às vezes atrasa certos processos de atualização até que você não esteja usando seu computador. Você pode optar por executar os processos imediatamente se quiser.

Você tem algumas opções sobre os tipos de atualizações e como serão entregues ao seu computador. Por exemplo, o Windows Update também pode verificar atualizações para outros produtos da Microsoft (como o Word, Outlook e Skype) que estejam instalados no seu computador e pode otimizar a entrega de atualizações com o download no seu computador por meio de outros computadores aos quais seu computador esteja conectado, por uma rede local ou conexão de Internet. Iremos aprofundar essas opções no Capítulo 12.

Para verificar se há atualizações para o Windows

1 Abra a janela de **Configurações** e clique em **Atualização e segurança**.

2 Clique em **Windows Update** para exibir esse painel.

3 No painel do **Windows Update**, clique em **Verificar se há atualizações**.

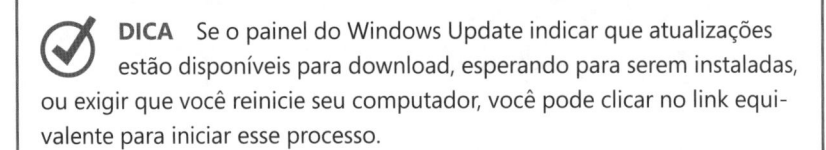

> **DICA** Se o painel do Windows Update indicar que atualizações estão disponíveis para download, esperando para serem instaladas, ou exigir que você reinicie seu computador, você pode clicar no link equivalente para iniciar esse processo.

Para ver o histórico de atualizações

1 Exiba a categoria de configurações **Atualização e segurança**.

2 Exiba o painel **Windows Update**.

3 Na parte inferior do painel do **Windows Update**, clique em **Opções avançadas**.

4 No painel **Opções avançadas**, clique em **Exibir histórico de atualizações**.

Gerencie as janelas de conteúdo e de aplicativos

Como indica o nome do sistema operacional Windows 10, a maioria das informações que você visualizar no seu computador será exibida em uma *janela* – um quadro retangular contendo conteúdo. (Uma óbvia exceção são os blocos da Tela inicial). Os arquivos abrem na janela de aplicativos, as pastas abrem nas janelas do Explorador de arquivos, e elementos do sistema operacional abrem nas janelas do sistema. Independentemente do conteúdo que exibirem, todas as janelas compartilham certos recursos comuns e podem ser manipulados da mesma forma.

Neste tópico, discutiremos o gerenciamento de janelas na área de trabalho.

Redimensione, oculte e feche janelas

Uma janela pode preencher toda a tela ou ocupar apenas uma parte dela. Você pode abrir e fechar, mover e alterar o tamanho de uma janela. (Esses recursos ajudam a diferenciar uma janela de outros elementos da interface de usuário, como um painel ou uma caixa de diálogo.)

As janelas têm características comuns. Dependendo de qual sistema ou aplicativo gerar a janela, seus controles podem ser ou parecer um pouco diferentes. Porém, em geral, uma janela tem uma barra de título na parte superior, na qual existe um título no meio e botões de dimensionamento da janela no canto direito.

Os três botões na extremidade direita da barra de título são:

- **Minimizar** Minimizar uma janela não fecha o arquivo ou aplicativo na janela, mas fecha a janela na tela. Você pode reabrir a janela clicando no botão correspondente na barra de tarefas.

- **Maximizar/restaurar** Quando uma janela preenche apenas uma parte da tela, maximizá-la aumenta para o tamanho de tela cheia. Quando uma janela está maximizada, restaurá-la a retorna ao tamanho prévio de tela parcial.

- **Fechar** Fechar uma janela também fecha o arquivo ou aplicativo que estiver contido na janela.

Apontar para (focalizar) os controles exibe Dicas de tela para ajudá-lo a identificá-los.

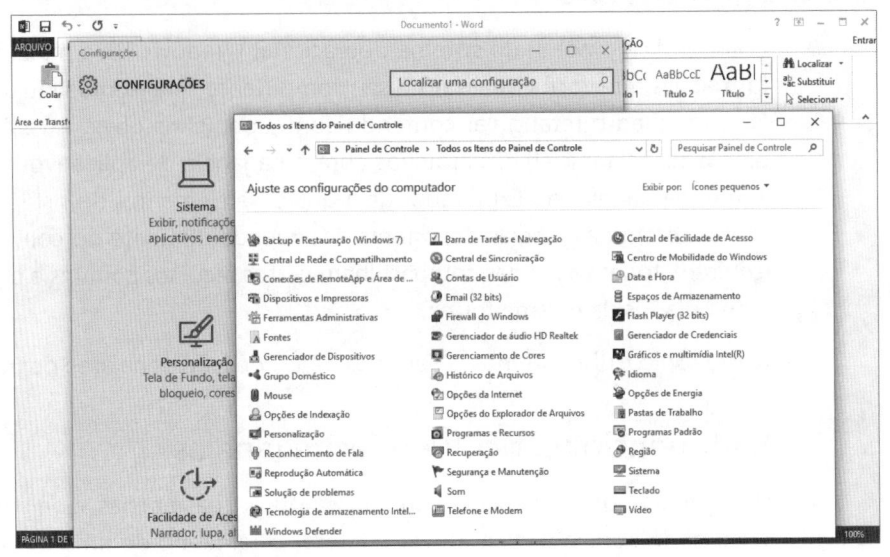

Janelas do Word, de Configurações e do Painel de Controle apresentam os mesmos controles básicos no canto superior direito

Você pode usar a barra de título na parte superior de uma janela ou quadro de janela para gerenciar o tamanho da janela.

Para redimensionar uma janela

1 Siga um destes passos:

- Para alterar apenas a altura da janela, dê duplo clique ou clique, segure e arraste a borda superior ou inferior da borda da janela.

- Para alterar apenas a largura da janela, clique, segure e arraste a borda do lado esquerdo ou direito da janela.

- Para alterar o tamanho da janela em qualquer direção, aponte para um canto da borda da janela e, quando o ponteiro mudar para uma seta diagonal, clique, segure e arraste a seta.

> **DICA** Você não pode redimensionar uma janela maximizada arrastando sua borda; você deve primeiro restaurar a janela para um estado não maximizado.

Para maximizar uma janela

1 Siga um destes passos:
- Dê duplo clique na barra de título da janela.
- Na extremidade direita da barra de título, clique no botão **Maximizar**.
- Clique, segure e arraste a janela pela sua barra de título para o topo da tela e, então, a solte.
- Pressione **Win+Seta para cima** para maximizar a janela ativa.

> **CONSULTE TAMBÉM** Para obter mais informações sobre ajustar janelas, consulte a seção "Mover e organizar janelas" deste tópico.

Para restaurar uma janela maximizada

1 Siga um destes passos:
- Clique duas vezes na barra de título da janela.
- Na extremidade direita da barra de título, clique no botão **Restaurar**.
- Clique, segure e arraste a janela pela sua barra de título para longe da parte superior da tela e, então, a solte.
- Pressione **Win+Seta para baixo** para restaurar uma janela maximizada.

Para minimizar a janela ativa

1 Siga um destes passos:
- Na extremidade direita da barra de título, clique no botão **Minimizar**.
- Pressione **Win+Seta para baixo** para minimizar uma janela restaurada.

Para minimizar todas as janelas que não sejam a janela ativa

1 Siga um destes passos:

- Pressione **Win+Home**.

- Balance (clique, segure e mova rapidamente) a janela ativa usando sua barra de título.

Para minimizar todas as janelas

1. Pressione **Win+M**.

Para restaurar as janelas minimizadas

1 Siga um destes passos:

- Pressione **Win+Shift+M**.

- Pressione **Alt+Tab** para percorrer as miniaturas das janelas; libere a tecla **Alt** para abrir a janela da miniatura selecionada.

- Pressione **Win+[um número de 0 a 9]** para abrir a primeira instância do primeiro até o décimo aplicativo ativo na barra de tarefas. (O primeiro aplicativo é aquele que estiver à direita do botão **Visão de tarefas**.)

Para fechar uma janela

1. Na extremidade direita da barra de título, clique no botão **Fechar**.

Mover e organizar janelas

Algumas pessoas nunca abrem mais de uma janela de cada vez. Mas a maioria tem pelo menos algumas janelas abertas ao mesmo tempo, e um usuário de computador corporativo pode facilmente ter dezenas de janelas abertas em uma única tela, vários monitores ou várias áreas de trabalho.

Anteriormente neste capítulo, falamos sobre a Visão de tarefas, na qual você pode ter um modo de exibição em blocos de miniaturas de todas as janelas abertas ao mesmo tempo e alternar para ou fechar janelas individuais. Nesta seção, discutiremos o gerenciamento de janelas na área de trabalho.

Você pode mover e organizar janelas arrastando-as em torno da tela, usando atalhos de teclado ou usando comandos no menu de atalho da barra de tarefas.

CAPÍTULO 1   Introdução ao Windows 10

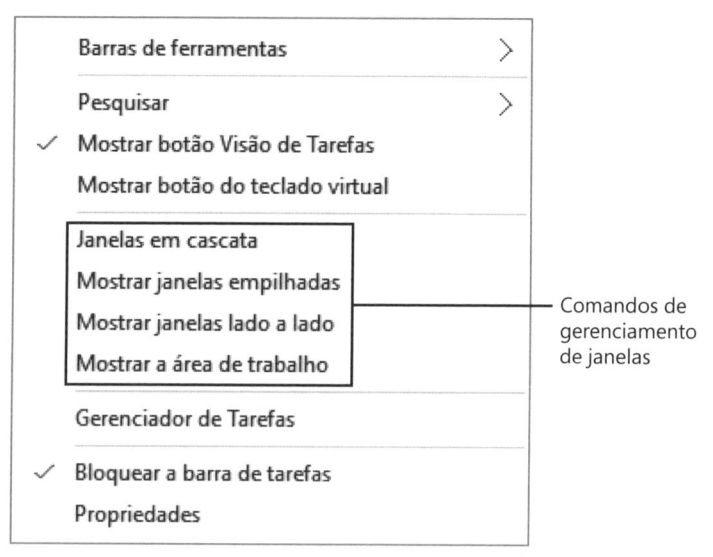

Barras de ferramentas	>
Pesquisar	>
✓ Mostrar botão Visão de Tarefas	
Mostrar botão do teclado virtual	
Janelas em cascata	⎤
Mostrar janelas empilhadas	⎥ — Comandos de gerenciamento de janelas
Mostrar janelas lado a lado	⎥
Mostrar a área de trabalho	⎦
Gerenciador de Tarefas	
✓ Bloquear a barra de tarefas	
Propriedades	

Clique com o botão direito do mouse na barra de tarefas para exibir esses comandos

Você pode organizar as janelas abertas nos modos tradicionais de cascata, empilhadas, lado a lado ou ajustando-as no meio ou em um quarto da tela. Janelas quando organizadas em cascata ou ajustadas normalmente mudam seu tamanho.

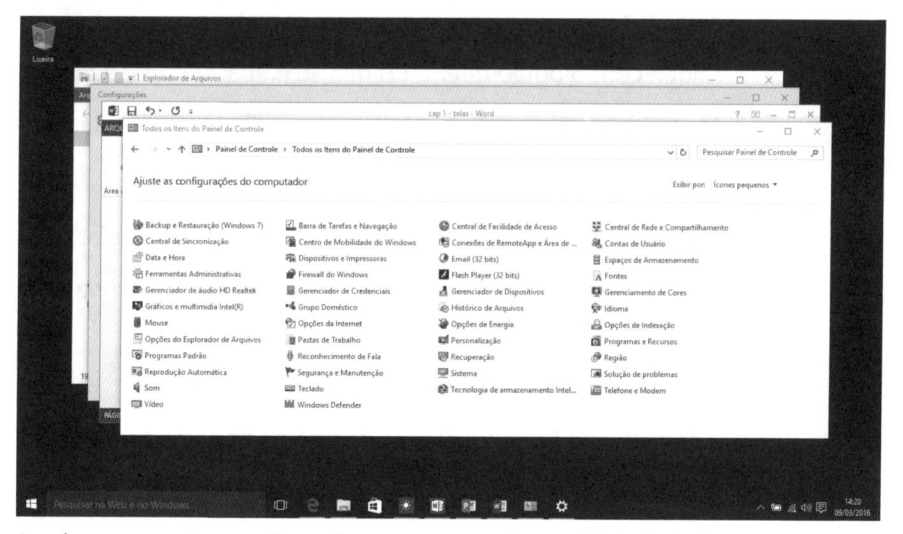

Janelas em cascata as redimensionam e as organizam ordenadamente na área de trabalho

Ajustar uma janela (Snap) é uma técnica que dimensiona e posiciona uma janela para ocupar a parte esquerda ou direita da tela, ou um canto da tela. Arrastar uma janela para o lado esquerdo ou direito da tela no Windows 10 não a redimensiona automaticamente em metade da largura – se outra janela com sua altura máxima estiver ajustada em uma borda da tela, arrastar para ajustar outra janela para o lado oposto desta borda a ajustará para preencher o espaço restante disponível.

Para arrastar uma janela

1 Clique, segure e arraste a barra de título da janela usando o botão principal do mouse, seu dedo ou uma caneta.

2 Mova o dispositivo apontador até que o ponto de contato chegue no local pretendido.

Para mover uma janela

1 Siga um destes passos:

- Arraste a janela pela barra de título para a nova posição.

- Pressione **Win+Seta para esquerda** ou **Win+Seta para direita** para alternar a janela para a esquerda, direita e o centro de cada tela.

Para colocar todas as janelas abertas em cascata

1 Clique com o botão direito do mouse na barra de tarefas.

2 No menu de atalho da barra de tarefas, clique em **Janelas em cascata**.

Para organizar todas as janelas abertas em uma grade.

1 Clique com o botão direito do mouse na barra de tarefas.

2 No menu de atalho da barra de tarefas, clique em **Mostrar janelas empilhadas** ou **Mostrar janelas lado a lado**.

Restaurar janelas em cascata, empilhadas ou lado a lado

1 Clique com o botão direito do mouse na barra de tarefas.

2 No menu de atalho da barra de tarefas, clique no comando **Desfazer** equivalente.

Para ajustar uma janela na parte esquerda ou direita de uma tela

1 Siga um destes passos:

- Arraste a janela até o ponteiro tocar a borda esquerda ou direita da área de exibição (o ponto de contato piscará brevemente) e a solte.

- Ative a janela e pressione **Win+Seta para esquerda** ou **Win+Seta para direita** para alternar a janela entre a parte esquerda, direita e o centro da tela.

> **DICA** Se você tiver vários monitores (em oposição a áreas de trabalho virtuais), pressionar o atalho de teclado de seta para direita ou esquerda repetidamente executa a ação na janela no monitor atual e depois move o foco de exibição para o próximo monitor, percorrendo as possibilidades lá. Isso ocorre independentemente de os monitores serem organizados horizontal ou verticalmente.

2 Clique na miniatura da janela que você deseja exibir no espaço restante, ou pressione **Esc** ou clique na barra de tarefas para fechar a visualização de miniaturas.

Para ajustar uma janela em um quarto de tela

1 Siga um destes passos:

- Arraste a janela até o ponteiro tocar um canto da área de exibição e a solte.

- Pressione **Win+Seta para cima** ou **Win+Seta para baixo** para ajustar uma janela em meia-tela no canto superior ou inferior.

- Pressione **Win+Seta para esquerda** ou **Win+Seta para direita** para mover uma janela que esteja em um quarto de tela para outro canto.

2 Clique na miniatura da janela que você deseja exibir no espaço restante, ou pressione **Esc** ou clique na barra de tarefas para fechar a visualização de miniaturas.

Finalize uma sessão

Se você for parar de trabalhar com seu computador por qualquer período de tempo, você pode usar uma dessas quatro opções para sair da sessão do Windows:

- **Bloquear o computador** Bloquear deixa a sessão do Windows ativa, salva o estado de qualquer aplicativo em execução e arquivo aberto e exibe a Tela de bloqueio. Entrar no Windows reinicia sua sessão.

- **Sair do Windows** Sai de qualquer aplicativo em execução, termina a sessão no Windows e exibe a Tela de bloqueio. Entrar no Windows inicia uma nova sessão.

- **Suspender o computador** Deixa a sessão do Windows ativa, salva o estado de qualquer aplicativo em execução e arquivo aberto, desliga o monitor e coloca o computador em um modo de economia de energia. Quando você acordar o computador, o monitor liga, a Tela de bloqueio é exibida, e entrar no Windows reinicia sua sessão.

- **Desligar o computador** Finaliza a sessão de todos os usuários ativos no Windows, desliga os processos do computador de forma ordenada e desliga o computador.

Você pode executar esses processos no botão de Energia no menu Iniciar, ou na Tela inicial em tela cheia ou no menu de Link rápido.

Você pode identificar o botão de Energia em qualquer lugar pelo seu ícone

A outra opção disponível é reiniciar o computador. Ao fazer isso, o Windows desliga o computador e o reinicia. Reiniciar é eventualmente necessário após instalar uma atualização que precisa atualizar os arquivos que o sistema está usando. Também pode magicamente resolver certos problemas caso seu computador esteja sobrecarregado com muitos processos e começar a rodar de forma lenta.

Se aplicativos estiverem sendo executados quando você sair do Windows ou desligar ou reiniciar o computador, o Windows gerencia o procedimento de sair dos aplicativos. Se arquivos que estiverem abertos tiverem alterações não salvas, o Windows interrompe o processo de saída e solicita que você salve os arquivos. Nesse ponto, você tem a opção de cancelar o processo de saída e retornar à sua sessão do Windows.

Para bloquear o computador

1 Exiba o menu **Iniciar**

2 Na parte superior do menu **Iniciar**, clique no botão de conta de usuário e clique em **Bloquear**.

Ou

1. Pressione **Win+L**.

Para sair do Windows

1 Siga um destes passos:

- Exiba o menu **Iniciar**, clique no botão de conta de usuário e clique em **Sair**.

- Exiba o menu de **Link rápido**, clique em **Desligar ou sair** e clique em **Sair**.

2 Responda se o Windows perguntar se deseja salvar as alterações não salvas de arquivos ou aplicativos específicos.

> ✓ **DICA** Veja se há botões piscando na barra de tarefas, indicando que um aplicativo precisa de atenção. Clique no botão para ativar o aplicativo e forneça o feedback necessário. Às vezes, as notificações são sobrepostas por outros processos na tela.

Para suspender o computador

1 Em uma sessão ativa, faça o seguinte:

- Exiba o menu **Iniciar** ou **Tela inicial** em tela cheia. Na parte inferior esquerda do menu ou da tela, clique no botão de **Energia** e clique em **Suspender**.

- No menu de **Link rápido**, clique em **Desligar ou sair** e clique em **Suspender**.

Ou

1 No canto inferior direito da tela de boas-vindas, clique no botão de **Energia** e clique em **Suspender**.

Para desligar o computador

1 Em uma sessão ativa, execute uma das ações a seguir:

- Na parte inferior esquerda do menu **Iniciar** ou **Tela inicial** em tela cheia, clique no botão de **Energia** e clique em **Desligar**.
- No menu de **Link rápido**, clique em **Desligar ou sair** e clique em **Desligar**.

Ou

1. No canto inferior direito da tela de boas-vindas, clique no botão de **Energia** e clique em **Desligar**.

Para reiniciar o computador

1 Em uma sessão ativa, faça o seguinte:

- Na parte inferior esquerda do menu **Iniciar** ou da **Tela inicial** em tela cheia, clique no botão de **Energia** e clique em **Reiniciar**.
- No menu de **Link rápido**, clique em **Desligar ou sair** e clique em **Reiniciar**.

Ou

1. No canto inferior direito da tela de boas-vindas, clique no botão de **Energia** e clique em **Reiniciar**.

Revisão

Neste capítulo, você aprendeu a:

- Iniciar uma sessão
- Explorar a área de trabalho
- Explorar a barra de tarefas
- Explorar a Tela inicial e o menu Iniciar
- Explorar configurações do computador
- Atualizar os arquivos do sistema do Windows
- Gerenciar as janelas de conteúdo e de aplicativos
- Finalizar uma sessão

Tarefas práticas

Não há arquivos de prática necessários para completar as tarefas práticas neste capítulo.

Inicie uma sessão

Realize as seguintes tarefas:

1. Inicie o computador com Windows 10.
2. Remova a Tela de bloqueio e entre no Windows 10.

Explore a área de trabalho

Não há tarefas práticas para este tópico.

Explore a barra de tarefas

Entre no Windows e realize as seguintes tarefas:

1. Usando a caixa de pesquisa da barra de tarefas, pesquise área de trabalho. Filtre a lista de resultados da pesquisa para exibir apenas pastas e abra a pasta **Área de trabalho** da sua conta de usuário.
2. Pesquise **barra de tarefas**. Filtre a lista de resultados da pesquisa para exibir somente as configurações. Exiba o painel da janela de **Configurações** no qual você pode selecionar quais ícones aparecerão na barra de tarefas.
3. Exiba a Visão de tarefas de todos os aplicativos e áreas de trabalho ativos na sua sessão. Na Visão de tarefas, feche a janela da pasta **Área de trabalho** e abra a janela de **Configurações**.
4. Exiba os ícones ocultos na área de notificação da barra de tarefas. Aponte para cada ícone na janela para exibir uma Dica de tela que identifique o aplicativo. Clique com o botão direito em qualquer ícone para exibir comandos disponíveis para esse aplicativo.
5. Usando a área de notificação da barra de tarefas, exiba a Central de ações.
6. Se a Central de ações contiver mensagens, pré-visualize o conteúdo de uma mensagem e remova essa mensagem da Central de ações.
7. Oculte todas as janelas abertas.

Explore a Tela inicial e o menu Iniciar

Realize as seguintes tarefas:

1. Exiba o menu **Iniciar** e exiba o menu de conta de usuário.

2. Do menu de conta de usuário, bloqueie o computador. Entre no Windows novamente.

3. Exiba o menu **Iniciar**. Examine a lista de aplicativos **Mais usados** que têm botões de **Mostrar lista de atalhos**. Clique em cada botão para exibir arquivos recentes e ações comuns para o aplicativo.

4. Próximo da parte inferior do menu **Iniciar**, clique no botão **Mostrar lista de atalhos** do Explorador de arquivos para exibir as pastas, locais e itens que estão atualmente na lista de **Acesso rápido** do Explorador de Arquivos.

Explore as configurações do computador

Realize as seguintes tarefas:

1. Abra a janela de **Configurações** e exiba a página inicial.

2. Exiba qualquer categoria de configurações de seu interesse.

3. Na categoria selecionada, exiba as configurações para um recurso específico.

4. Exiba a página inicial do Painel de controle.

5. Deixe a janela de **Configurações** e o Painel de controle abertos para uso posterior.

Atualize os arquivos do sistema do Windows

Realize as seguintes tarefas:

1. Exiba a categoria de configurações **Atualização e segurança**.

2. No painel **Windows Update**, verifique se há atualizações do Windows.

3. Se você tiver atualizações pendentes, veja os detalhes e instale as atualizações.

4. Veja o histórico de atualizações.

Gerencie as janelas de conteúdo e de aplicativos do Windows

Certifique-se de que a janela de Configurações e o Painel de controle estão abertos e realize as seguintes tarefas:

1. Ative a janela de **Configurações**. Altere apenas a largura da janela para que fique aproximadamente na metade da largura da tela. Arraste a janela para o centro aproximado da tela.

2. Use o mouse ou ponteiro para redimensionar a janela de **Configurações** das seguintes maneiras:

    a. Maximize a altura da janela sem alterar sua largura.

    b. Maximize a janela para preencher toda a tela.

    c. Ajuste a janela do lado esquerdo da tela e selecione Painel de controle para preencher o lado direito da tela.

3. Ative o painel de controle e use os atalhos de teclado para redimensioná-lo das seguintes maneiras:

    a. Ajuste a janela no quadrante superior direito da tela.

    b. Mova a janela para o lado esquerdo da tela.

4. Esconda temporariamente todas as janelas abertas para exibir a área de trabalho.

5. Empilhe as janelas abertas.

6. Minimize todas as janelas ativas e as restaure.

7. Ative a janela de **Configurações** e minimize todas as janelas, menos a que está ativa.

8. Feche a janela de **Configurações**. Ative e feche o Painel de controle.

Finalize uma sessão

Entre no Windows e realize as seguintes tarefas:

1. Do menu de conta de usuário no topo do menu **Iniciar**, bloqueie o computador. Entre no Windows novamente.

2. No botão de **Energia**, na parte inferior do menu **Iniciar**, suspenda o computador. Entre no Windows novamente.

3. Do menu de atalho **Iniciar**, saia do Windows para finalizar sua sessão.

4. Da tela de boas-vindas, reinicie o computador.

2 Personalização do ambiente de trabalho

Neste capítulo

- Configure a Tela inicial e o menu Iniciar
- Gerencie blocos da Tela inicial
- Configure a tela de fundo da área de trabalho e as cores do sistema
- Configure a barra de tarefas
- Aplique e gerencie temas

Arquivos de prática

Para este capítulo, use os arquivos de prática da pasta Win10PAP\Cap02. Para obter instruções sobre como baixar arquivos de prática, consulte a introdução.

No Capítulo 1, abordamos os elementos da interface do usuário do Windows encontrados em todas as sessões do Windows: a tela de bloqueio, a tela de boas-vindas, a área de trabalho, a barra de tarefas, a Tela inicial e o menu Iniciar. Provavelmente você também passará bastante tempo no Explorador de Arquivos, o qual será abordado no Capítulo 3.

Alguns dos elementos da interface do usuário podem ter aparência diferente em seu computador se comparado às imagens neste livro, pois as cores e as imagens podem ter sido configuradas pelo fabricante do computador, não sendo mais as configurações padrão. Uma das coisas que as pessoas gostam de fazer com seus computadores com Windows é personalizar a interface do usuário de modo que possam encontrar facilmente o que gostam e desejam, e não o que outras pessoas decidiram que elas devem ver. Esse é o assunto deste capítulo!

Ele apresenta os procedimentos necessários para modificar a Tela inicial e o menu Iniciar, gerenciar blocos da Tela inicial, configurar a tela de fundo da área de trabalho e as cores do sistema, configurar a barra de tarefas e aplicar e gerenciar temas.

CAPÍTULO 2   Personalização do ambiente de trabalho   51

Configure a Tela inicial e o menu Iniciar

Como mencionado no Capítulo 1, a Tela inicial, introduzida no Windows 8, e o menu Iniciar, presente no Windows 7 e em versões anteriores do Windows, agora estão ambos disponíveis, o tempo todo, no Windows 10. É possível escolher entre duas configurações da Tela inicial:

- Tela inicial em tela inteira com o menu Iniciar recolhido na lateral esquerda.

- Tela inicial em tela parcial com o menu Iniciar sempre visível na lateral esquerda.

A configuração com tela parcial é a padrão.

A configuração padrão da Tela inicial sempre exibe o menu Iniciar

Nas duas configurações, o menu Iniciar exibe conteúdos predefinidos e a Tela inicial exibe blocos. Diferente das versões anteriores do Windows, nas quais era possível adicionar ao menu Iniciar atalhos para aplicativos específicos, agora você apenas escolhe os tipos de conteúdo a serem exibidos pelo Windows no menu Iniciar e adiciona conteúdo personalizado apenas à Tela inicial.

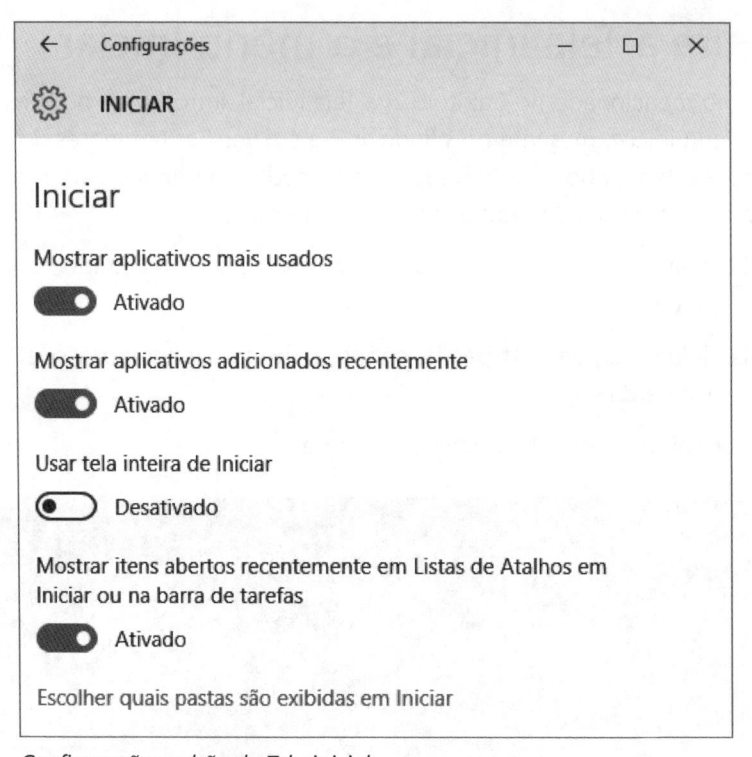

Configuração padrão da Tela inicial

> **DICA** Na interface do usuário do Windows, a junção da Tela inicial e do menu Iniciar muitas vezes é chamada simplesmente de *Iniciar*. Algumas instruções em documentação usam apenas *clique em Iniciar* para se referir ao clique no botão Iniciar. Como o Windows 10 tem três elementos Iniciar distintos (o botão Iniciar, o menu Iniciar e a Tela inicial), nos referimos a cada um desses elementos separadamente neste livro.

Definição do tamanho da Tela inicial

A configuração ideal do menu Iniciar depende da forma como você trabalha. Você deve levar em conta se interage com o Windows por meio de cliques com o mouse ou de toques na tela, seu método preferido para iniciar aplicativos, se você depende de blocos dinâmicos para obter informações, se faz uso de listas de atalhos e o tamanho da sua tela. Você pode fazer sua escolha inicial simplesmente com base no que está acostumado e o deixa confortável. Também pode testar com facilidade as duas configurações para identificar qual é a mais eficiente para o seu modo de trabalho.

O processo para alterar a configuração do menu Iniciar é bem simples e requer apenas um clique. Ao ativar ou desativar a tela inteira, a alteração ocorre imediatamente. Não é necessário sair do Windows nem reiniciar o computador para que a alteração seja aplicada.

É possível ajustar a altura e a largura da tela parcial da Tela inicial. Ao tornar a Tela inicial mais larga ou mais estreita, a largura dos grupos de blocos pode passar de três blocos médios mais estreitos para quatro blocos médios mais largos.

> **CONSULTE TAMBÉM** Para obter informações sobre como dispor blocos e grupos de blocos na Tela inicial, consulte o tópico "Gerencie blocos da Tela inicial" mais adiante neste capítulo.

Para alternar entre a Tela inicial padrão e a Tela inicial em tela inteira

1 Abra a janela **Configurações**.

2 Clique em **Personalização** e, na página **Personalização**, clique em **Iniciar**.

3 No painel **Iniciar**, localize a opção **Usar tela inteira de Iniciar**. Depois, defina como **Ativado** o botão deslizante para implementar esta configuração.

Para redimensionar a Tela inicial em tela parcial

1 Siga um destes passos:
   - Arraste a borda superior da **Tela inicial** para cima ou para baixo para aumentar ou diminuir sua altura.
   - Arraste a borda direita da **Tela inicial** para a direita ou para a esquerda para aumentar ou diminuir sua largura.

Para exibir os blocos da Tela inicial que não cabem na Tela inicial parcial

1 Passe o mouse sobre a **Tela inicial** para exibir a barra de rolagem vertical na borda da lateral direita.

> **DICA** A barra de rolagem é exibida apenas quando há uma quantidade maior de blocos do que a que cabe na Tela inicial em seu tamanho atual.

2 Arraste a caixa de rolagem ou clique na barra de rolagem para rolar o conteúdo da **Tela inicial**.

Configuração do conteúdo do menu Iniciar

Na lateral esquerda da Tela inicial, o menu Iniciar exibe informações relacionadas a usuários e aplicativos. Ele exibe, no mínimo, o botão da sua conta de usuário na parte superior e os botões de Energia e Todos os aplicativos na parte inferior. (O botão de energia e o botão Todos os aplicativos também estão disponíveis diretamente na Tela inicial na configuração de tela inteira.)

O menu Iniciar também pode exibir as seguintes listas:

- **Lista de aplicativos Mais usados** Em uma instalação nova do Windows 10, esta lista contém links para alguns utilitários padrão do Windows ou dos aplicativos que foram selecionados pelo fabricante do computador. Conforme você usar o Windows, os aplicativos que usar com mais frequência e que não estiverem fixados na Tela inicial aparecerão nessa lista.

- **Lista de aplicativos Adicionados recentemente** Esta lista exibe aplicativos por um breve período de tempo após sua instalação. Se nenhum aplicativo tiver sido instalado recentemente, o menu Iniciar não exibe o cabeçalho da lista Adicionados recentemente.

- **Itens abertos recentemente** Quando esta configuração está ativada, é possível acessar rapidamente os arquivos que foram abertos com aplicativos com suporte a esse recurso (como aplicativos do Microsoft Office) a partir do menu Iniciar ou da barra de tarefas.

O menu Iniciar no Windows 10 *não* tem uma área para a fixação de atalhos, em vez disso, eles devem ser fixados na Tela inicial.

Na parte inferior do menu Iniciar, logo acima do botão de energia, é possível exibir links para os seguintes itens:

- Explorador de Arquivos
- Janela Configurações
- Pastas Documentos, Downloads, Música, Imagens e Vídeos
- Janelas Grupo Doméstico e Rede
- Sua Pasta Pessoal, a partir da qual pode acessar todas as pastas e configurações específicas da sua conta de usuário

Por padrão, o menu Iniciar exibe apenas o Explorador de Arquivos e a janela Configurações; é preciso ativar quaisquer outras pastas ou janelas específicas desejadas.

CAPÍTULO 2   Personalização do ambiente de trabalho   55

```
Documentos
Downloads
Grupo doméstico
Rede
Pasta Pessoal
Explorador de Arquivos    >
Configurações
Ligar/Desligar
Todos os aplicativos    Novo
```

As pastas selecionadas sempre são exibidas na mesma ordem

Para exibir ou ocultar listas de aplicativos no menu Iniciar

1 Abra a janela **Configurações**.

2 Clique em **Personalização** e, na página **Personalização**, clique em **Iniciar**.

3 No painel **Iniciar**, siga um destes passos:

- Defina como **Ativado** ou **Desativado** o botão deslizante do item **Mostrar aplicativos mais usados** para ativar ou desativar a lista Mais usados.

- Defina como **Ativado** ou **Desativado** o botão deslizante do item **Mostrar aplicativos adicionados recentemente** para ativar ou desativar a lista Adicionados recentemente.

> **DICA** Essas duas listas vêm ativadas por padrão.

4 Clique no botão **Iniciar** para testar a configuração.

> **DICA** O Windows 10 não tem uma opção para especificar o número de itens nas listas do menu Iniciar.

Para exibir ou ocultar listas de atalhos no menu Iniciar e na barra de tarefas

1 Na página **Personalização** da janela **Configurações**, clique em **Iniciar**.

2 No painel **Iniciar**, defina como **Ativado** ou **Desativado** o botão deslizante do item **Mostrar itens abertos recentemente em Listas de Atalhos em Iniciar ou na barra de tarefas** para ativar ou desativar as listas de atalhos.

Para adicionar ou remover pastas no menu Iniciar

1 Na página **Personalização** da janela **Configurações**, clique em **Iniciar**.

2 Na parte inferior do painel **Iniciar**, clique em **Escolher quais pastas são exibidas em Iniciar** para exibir uma lista de opções, cada uma com um botão de alternância.

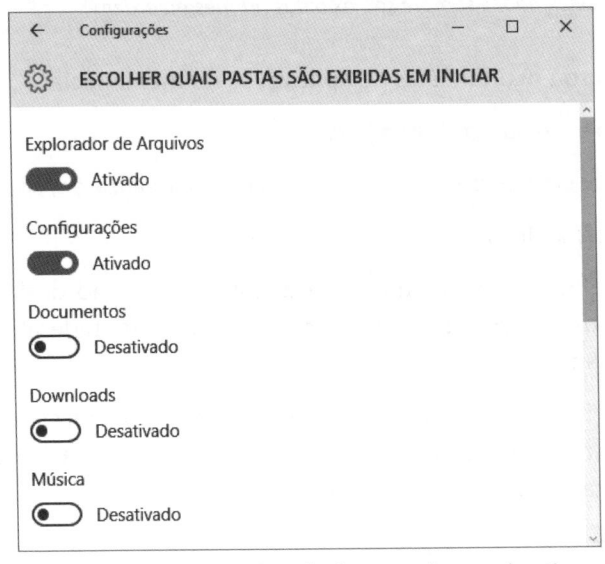

Clique em um botão de alternância para ativar ou desativar a exibição de uma pasta

3 Na página **Escolher quais pastas são exibidas em Iniciar**, defina como **Ativado** os botões de alternância para as pastas que você deseja que apareçam no menu Iniciar, e defina os botões de alternância das outras como **Desativado**.

Gerencie blocos da Tela inicial

O conteúdo da Tela inicial (diferente do conteúdo do menu Iniciar), é exibido no formato de *blocos*. Cada bloco é um atalho para algo, geralmente um aplicativo, mas também pode vincular a outros elementos, como pastas no Explorador de Arquivos ou músicas individuais em sua biblioteca Groove Música. É possível adicionar blocos à Tela inicial do Windows 10 fixando atalhos a ela, inclusive atalhos para aplicativos, arquivos, pastas, links Web, cartões de visita, músicas, filmes e imagens – praticamente qualquer coisa que você queira acessar rapidamente.

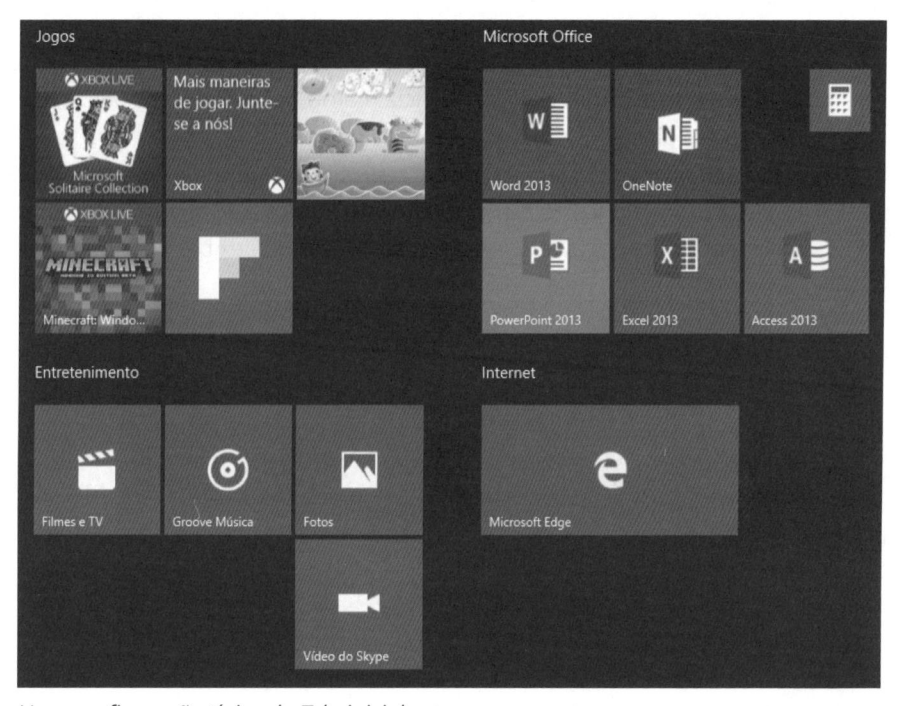

Uma configuração típica da Tela inicial

Os blocos podem ser quadrados ou retangulares, e podem ser de quatro tamanhos: Pequeno, Médio, Grande e Largo. Qualquer tipo de bloco pode ser definido como Pequeno ou Médio. Blocos de aplicativos também podem ser definidos como Largo ou Grande, que são tamanhos mais adequados para aplicativos que exibem informações além do nome e/ou do ícone do aplicativo. É claro que você também pode usar esses tamanhos se simplesmente desejar ter um alvo grande para facilitar o clique. Ao fixar um item à Tela inicial, por padrão, o novo bloco de aplicativo é definido como Médio e é exibido na parte inferior direita da Tela inicial.

Os quatro tamanhos de blocos da Tela inicial

Os blocos de alguns aplicativos da Windows Store que fornecem acesso a informações atualizadas com frequência (como aplicativos de notícias, clima, trânsito, bolsa de valores, mensagens, atualizações de redes de mídia social e eventos do calendário) podem exibir e atualizar conteúdo diretamente na Tela inicial. Eles são chamados de *blocos dinâmicos*. Alguns aplicativos permitem até mesmo fixar à Tela inicial diversos blocos dinâmicos que exibem dados diferentes.

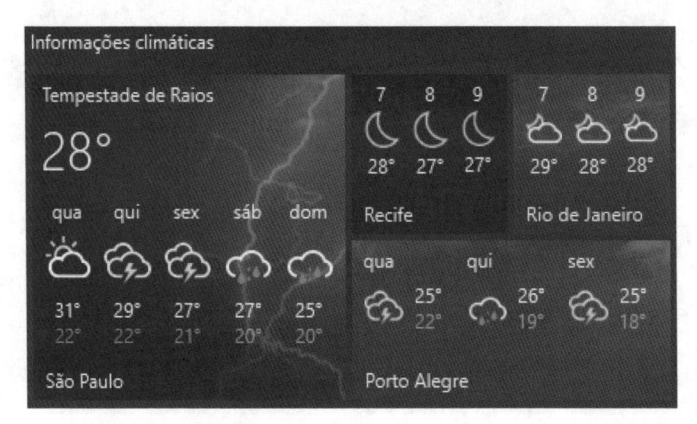

Blocos dinâmicos de diferentes tamanhos exibem quantidades diferentes de informações

O conteúdo exibido em um bloco dinâmico pode vir de uma fonte online, como um serviço de notícias, ou de uma fonte local, como a pasta Imagens. Apenas os blocos de tamanho Médio, Grande e Largo exibem conteúdo dinâmico, isso não é possível nos blocos de tamanho Pequeno. Se o movimento na tela o incomodar, você pode desativar o conteúdo dinâmico para qualquer bloco. Quando o conteúdo dinâmico está desativado, o bloco exibe o ícone e o nome do aplicativo.

Os blocos sempre se alinham na Tela inicial em formato de grade. Ao posicionar blocos um ao lado do outro, eles formam um grupo, e uma barra de título é exibida para esse grupo. Também é possível atribuir um nome ao grupo de blocos. Você pode criar grupos adicionais de blocos ao soltar blocos a uma certa distância de um grupo existente. Depois de criar um grupo, você pode mover blocos para dentro e para fora do grupo com facilidade, ou pode mover o grupo inteiro de blocos para um local diferente da Tela inicial. Também pode organizar os blocos em grupos na Tela inicial usando a maneira que achar mais lógica e conveniente: por tipo, finalidade, projeto, ordem alfabética. Não existe uma fórmula mágica que agrade a todos. Felizmente, é fácil personalizar o conteúdo da Tela inicial.

> **DICA** A estrutura da Tela inicial é uma das configurações do Windows que pode ser sincronizada entre os computadores em que você entra usando sua conta da Microsoft. Para obter informações sobre como sincronizar configurações, consulte "Personalize suas opções de entrada", no Capítulo 8.

Os fabricantes de computadores posicionam blocos na Tela inicial para ajudar você a localizar aplicativos e ferramentas que deseja, por exemplo, um link para o departamento de suporte do fabricante do computador ou um aplicativo gratuito que já vem com o computador. Você pode remover os blocos que não vai usar ou simplesmente movê-los para um canto e deixá-los no formato Pequeno. A remoção dos blocos não desinstala aplicativos, nem exclui pastas ou afeta o item ao qual o bloco vincula. É possível iniciar aplicativos a partir da lista Todos os aplicativos ou localizar as pastas adequadas no Explorador de Arquivos.

> **CONSULTE TAMBÉM** Para obter mais informações sobre arquivos e pastas, consulte o Capítulo 3. Para obter informações sobre como fixar aplicativos à Tela inicial e como iniciá-los, consulte o Capítulo 4.

Os procedimentos neste tópico tratam do funcionamento da Tela inicial, e não do seu conteúdo. Para obter informações sobre o gerenciamento do conteúdo da Tela inicial, consulte o tópico "Configure a Tela inicial e o menu Iniciar" anteriormente neste capítulo.

Para mover um bloco na Tela inicial

1 Clique e segure o bloco que deseja mover; em seguida, arraste-o para a sua nova localização.

> **DICA** A tela fica sombreada para indicar a alteração quando o bloco é movido, mas até esse momento não há nada indicando que a tela está sendo editada.

Ou

1. Em um dispositivo com tela sensível, toque e segure o bloco para ativar os elementos da Tela inicial a serem editados. A tela adquire uma cor sombreada e as caixas de título do grupo de blocos ficam visíveis.

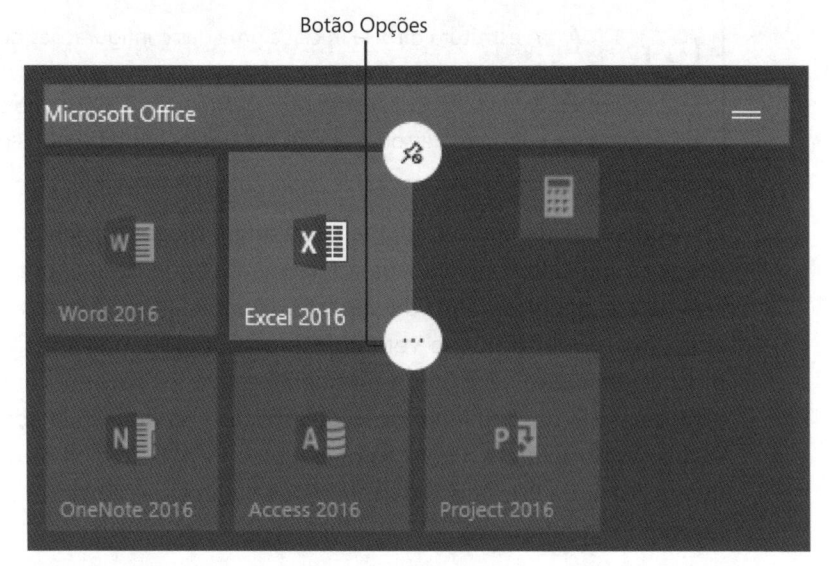

Tela inicial ativada para edição em um dispositivo com tela sensível ao toque

2. Arraste o bloco para a sua nova localização.
3. Faça quaisquer alterações adicionais à **Tela inicial** e toque em uma área vazia da **Tela inicial** para retornar ao estado normal.

Para redimensionar um bloco na Tela inicial

1. Siga um destes passos:
   - Clique com o botão direito do mouse no bloco e clique em **Redimensionar**.
   - Toque no bloco e o segure; em seguida, toque no botão **Opções** que será exibido no canto inferior direito.
2. Clique no tamanho de bloco desejado (**Pequeno**, **Médio**, **Grande** ou **Largo**).

CAPÍTULO 2   Personalização do ambiente de trabalho   61

> ✓ **DICA** A movimentação ou o redimensionamento de um bloco pode resultar na alteração de layout dos blocos ao redor.

Para adicionar um bloco a um grupo de blocos existente

1   Arraste o bloco de modo que fique ligeiramente sobreposto a um bloco existente no grupo em que você deseja adicioná-lo e, então, solte-o.

Para criar um novo grupo de blocos

1   Arraste um bloco para um espaço vazio acima, abaixo ou ao lado de um grupo existente.

2   Quando uma barra sombreada (uma barra de título de grupo de blocos em branco) for exibida, solte o bloco para criar um grupo de blocos.

Criação de um novo grupo de blocos ao arrastar um ícone de previsão de tempo

Para nomear um grupo de blocos

1   Se você criar um grupo de blocos tocando e arrastando um bloco em um dispositivo com tela sensível ao toque, a barra de título do grupo de blocos ficará ativa para edição quando você soltar o bloco. Toque em **Nomear grupo** e insira o título que deseja atribuir ao grupo de blocos.

Criação de um grupo de blocos em um dispositivo com tela sensível ao toque

Ou

1. Aponte para a área acima do bloco em um novo grupo ou acima da linha superior de blocos em um grupo existente.

2. Quando a caixa **Nomear grupo** for exibida, clique nela para ativá-la para edição.

3. Insira o título que deseja atribuir ao grupo de blocos.

Para renomear um grupo de blocos

1. Aponte para o título do grupo de blocos e clique na barra de título ou na alça (botão) exibida na lateral direita para ativar a barra de título para edição.

Barra de título de um grupo de blocos ativada para edição

2. Edite o título existente ou clique no **X** na extremidade direita da caixa de título para excluir o conteúdo existente; em seguida, insira o novo título.

3. Pressione **Enter** ou clique/toque em uma área fora da caixa de título para retornar a Tela inicial ao seu estado normal.

Para mover um grupo de blocos

1. Clique e segure (ou toque e segure) a barra de título do grupo de blocos e arraste o grupo para a sua nova localização.

   Conforme você arrasta o grupo, os blocos do grupo são recolhidos para a barra de título, e outros grupos se movem para abrir espaço para o grupo que está sendo arrastado.

2. Quando o grupo estiver na localização desejada, solte a barra de título.

Configure a tela de fundo da área de trabalho e as cores do sistema

É possível usar as opções na categoria Personalização da janela Configurações para definir a tela de fundo da área de trabalho e a cor de destaque, a qual é usada em vários elementos do sistema operacional, como no menu Iniciar, nas barras de tarefas, na Central de Ações e nas barras de título de janelas.

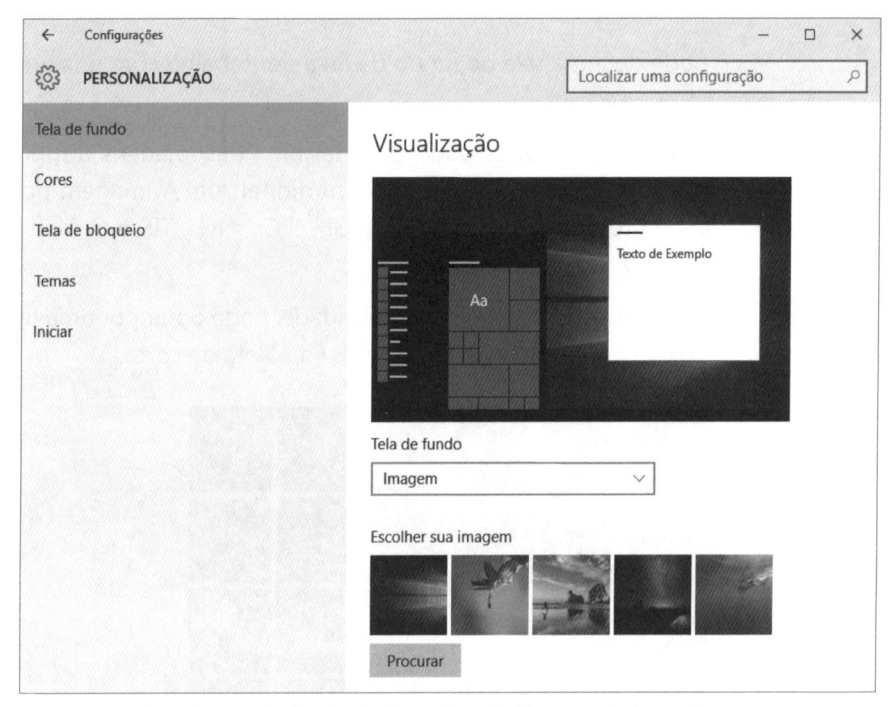

Imagens padrão de tela de fundo da área de trabalho no Windows 10

> ✓ **DICA** Além das alterações descritas neste tópico, é possível aplicar um tema personalizado, que define a tela de fundo, o esquema de cores e outras propriedades de uma só vez. Para obter mais informações, consulte "Aplique e gerencie temas" mais adiante neste capítulo.

Configuração da tela de fundo da área de trabalho

A escolha da tela de fundo da área de trabalho costuma refletir o gosto pessoal do usuário, apresentando o que ele gosta de ver ao minimizar ou fechar as janelas dos aplicativos. Alguns preferem usar telas de fundo simples que não atrapalhem a visualização dos ícones da área de trabalho, outros preferem usar fotos que reflitam um tema específico, e outros, ainda, preferem usar fotos pessoais de membros da família, animais de estimação ou seus lugares favoritos.

Você pode definir a tela de fundo da área de trabalho com qualquer um dos elementos a seguir.

- **Uma imagem** Você pode escolher uma das imagens disponibilizadas com o Windows ou uma imagem digital sua. A imagem pode ser de diferentes formatos, como BMP, GIF, JPG, PNG e TIF, e os menos comuns DIB, JFIF, JPE, JPEG e WDP.

- **Uma cor sólida** Se quiser simplicidade, pode optar por uma tela de fundo com uma só cor. Há 24 opções na paleta de cores.

A paleta de cores para a tela de fundo da área de trabalho aparece nesta disposição

- **Uma apresentação de slides** Você pode exibir o conteúdo de qualquer pasta que desejar, e pode definir que a imagem da tela de fundo seja alterada a cada um minuto, 10 minutos, 30 minutos, uma hora, seis horas ou um dia, por exemplo. É possível definir que as imagens sejam exibidas na ordem em que estão organizadas na pasta ou aleatoriamente.

Ao selecionar uma opção para a tela de fundo, uma visualização da opção é exibida na parte superior do painel Tela de Fundo.

Ao exibir uma imagem ou uma apresentação de slides como sua tela de fundo da área de trabalho, você pode especificar a posição da imagem das seguintes formas:

- **Preencher** A imagem é centralizada na tela. A imagem preenche a tela horizontalmente e verticalmente, e sua taxa de proporção é mantida. Algumas partes da imagem podem ultrapassar a lateral direita e a esquerda ou a margem superior e a inferior (mas não ambos os pares).

- **Ajustar** A imagem é centralizada na tela. A imagem preenche a tela horizontalmente ou verticalmente, e sua taxa de proporção é mantida. Algumas partes da imagem podem não tocar a lateral direita e a esquerda ou a margem superior e a inferior.

- **Ampliar** A imagem é centralizada na tela. A imagem preenche a tela horizontalmente e verticalmente, mas sua taxa de proporção não é mantida. Nenhuma parte da imagem ultrapassa as bordas da tela.

- **Lado a lado** A imagem é ancorada no canto superior esquerdo da tela em seu tamanho original, seguida de quantas cópias forem necessárias para preencher a tela. É possível que parte da lateral direita das cópias mais à direita e parte da borda inferior das cópias mais abaixo ultrapassem as margens da tela.

- **Centralizar** A imagem é centralizada na tela e mantém seu tamanho original.

- **Estender** Quando há mais de um monitor conectado a um computador, esta opção estende a imagem por todos os monitores.

Ao selecionar uma posição de imagem que não preenche toda a tela (como Ajustar ou Centralizado), o restante da área de trabalho é preenchido com a cor da tela de fundo da área de trabalho atualmente selecionada.

> ⚠ **IMPORTANTE** No momento da finalização deste livro, a pré-visualização da tela de fundo da área de trabalho não era exibida imediatamente ao selecionar uma nova imagem; há um tempo de retardo de alguns segundos. Isso pode vir a ser melhorado em compilações futuras do Windows 10.

Para definir uma imagem para a tela de fundo da área de trabalho

1. Abra a janela **Configurações**.

2. Clique em **Personalização** e, na página **Personalização**, clique em **Tela de fundo**.

3 No painel **Tela de fundo**, clique em **Imagem** na lista **Tela de fundo**.

4 Na área **Escolha sua imagem**, siga um destes passos:

- Clique em uma miniatura para selecionar uma imagem do Windows 10 ou uma imagem selecionada anteriormente.

- Clique no botão **Procurar**. Na caixa de diálogo **Abrir**, procure e clique na imagem que deseja utilizar. Em seguida, clique no botão **Escolher imagem**.

5 Na lista **Escolher um ajuste**, clique em **Preencher**, **Ajustar**, **Ampliar**, **Lado a lado**, **Centralizar** ou **Estender** para indicar a forma que deseja posicionar a imagem.

6 Quando a imagem da visualização for atualizada de modo a refletir suas configurações, faça quaisquer modificações para configurar a tela de fundo da área de trabalho do modo que desejar.

> ⚠ **IMPORTANTE** Se você escolher a opção Ajustar ou a opção Centralizar, a imagem terá, no fundo, a cor da tela de fundo da área de trabalho atualmente selecionada. Se não gostar da cor da tela de fundo da área de trabalho, altere-a e selecione novamente a imagem da tela de fundo da área de trabalho.

Para exibir uma seleção de imagens na tela de fundo da área de trabalho

1 Coloque em uma pasta as imagens que deseja exibir.

2 Abra a janela **Configurações**.

3 Clique em **Personalização** e, na página **Personalização**, clique em **Tela de fundo**.

4 No painel **Tela de fundo**, expanda a lista **Tela de fundo** e, na lista, clique em **Apresentação de slides**.

5 Se desejar utilizar uma pasta que não seja a pasta exibida na área **Escolha álbuns para sua apresentação de slides** (por padrão, é a sua pasta Imagens), clique no botão **Procurar**. Na caixa de diálogo **Selecionar pasta**, procure a pasta de imagens que deseja utilizar e clique nela. Em seguida, clique no botão **Escolher esta pasta**.

> ✓ **DICA** Embora o nome da área seja *Escolha álbuns...*, é possível selecionar apenas uma pasta na caixa de diálogo Selecionar pasta.

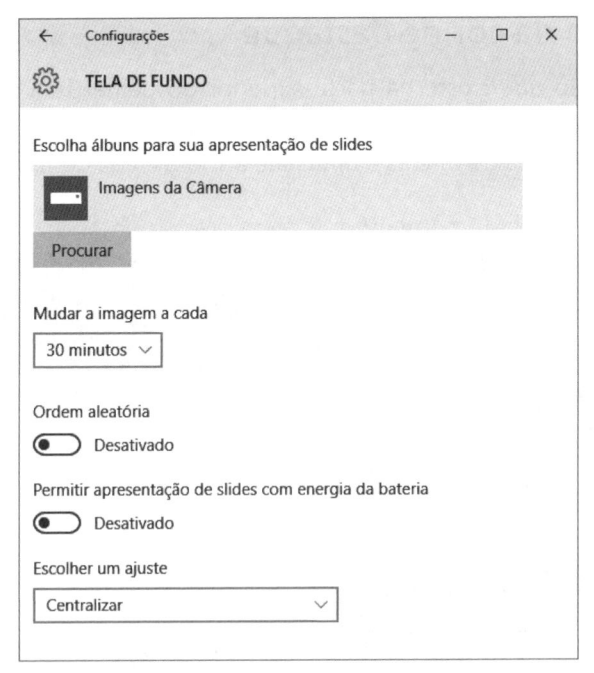

CAPÍTULO 2 Personalização do ambiente de trabalho

Opções de apresentação de slides para a área de trabalho

6 Se desejar exibir o conteúdo da pasta em uma ordem aleatória, defina o botão de alternância **Ordem aleatória** como **Ativado**.

7 Na lista **Escolher um ajuste**, clique em **Preencher**, **Ajustar**, **Ampliar**, **Lado a lado**, **Centralizar** ou **Estender** para indicar a forma que deseja posicionar as imagens. Leve em conta que, na apresentação de slides, os tamanhos das imagens podem variar.

8 Quando a imagem da visualização for atualizada de modo a refletir suas configurações, faça quaisquer modificações para configurar a tela de fundo da área de trabalho do modo que desejar.

Para definir uma cor para a tela de fundo da área de trabalho

1 Na janela **Configurações**, clique em **Personalização** e, na página **Personalização**, clique em **Tela de fundo**.

2 No painel **Tela de fundo**, clique em **Cor sólida** na lista **Tela de fundo** para exibir a grade de cores. A cor contornada é a cor atual.

3 Na grade de cores, clique na amostra de cor que deseja utilizar.

4 Quando a imagem da visualização for atualizada de modo a refletir suas configurações, faça quaisquer modificações para configurar a tela de fundo da área de trabalho do modo que desejar.

Definição da cor de destaque

A visualização que existe na parte superior do painel Tela de fundo e na parte superior do painel Cores exibe a mesma imagem: uma Tela inicial em tela parcial, a barra de tarefas e uma janela sobre a tela de fundo atualmente selecionada.

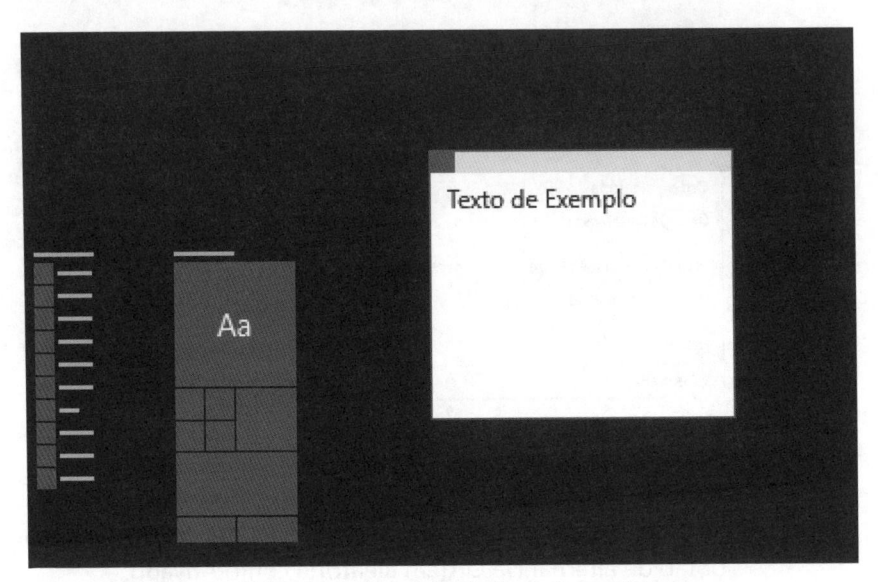

Visualização da tela de fundo da área de trabalho e da cor de destaque

As cores exibidas na Tela inicial, barra de tarefas e janela são controladas pelas configurações da cor de destaque. Ao selecionar uma cor de destaque, você pode escolher as configurações com base em duas combinações de configurações:

- A Tela inicial, a barra de tarefas e os destaques dos blocos e das janelas podem ser pretos ou tons da cor de destaque. Se forem controlados pela cor de destaque, os destaques dos blocos (na Tela inicial e na Central de Ações) e das janelas (como em botões de alternância) são da cor de destaque, a Tela inicial apresenta um tom médio da cor de destaque e a barra de tarefas apresenta um tom escuro da cor de destaque.

- O Windows pode selecionar uma cor de destaque com base na tela de fundo da área de trabalho, ou você mesmo pode selecioná-la. Quando a tela de fundo da área de trabalho é uma cor sólida, o Windows seleciona o cinza como a cor de destaque. Quando a tela de fundo da área de trabalho é uma imagem, o Windows seleciona uma cor da imagem.

As opções padrão de Cores selecionam automaticamente uma cor de destaque e definem que determinadas telas sejam transparentes

Se *você* desejar selecionar uma cor de destaque, pode escolher a partir de uma paleta de 48 cores padrão.

> **DICA** Quando o Windows seleciona uma cor de destaque a partir de uma imagem da tela de fundo, a grade de cor de destaque é ampliada de modo a adicionar essa cor ao conjunto de 48 cores padrão, assim, sua paleta de cores de destaque pode conter mais cores do que as exibidas neste livro.

A paleta de cores de destaque aparece nesta disposição

A última opção no painel Cores não está relacionada à cor de destaque, mas afeta os mesmos elementos que a cor de destaque. A opção, que está ativada por padrão, torna transparentes a Tela inicial, a barra de tarefas e a Central de Ações de modo que é possível ver a área de trabalho e abrir janelas que estejam atrás desses elementos. O recurso Windows Aero foi introduzido no Windows 7 para painéis de janelas e para a barra de tarefas, foi restringido apenas para a barra de tarefas no Windows 8 e foi restaurado totalmente no Windows 10. Não é possível controlar a percentagem de transparência (ou, melhor dizendo, a opacidade) dos elementos da interface do usuário (ou eles ficam transparentes, ou ficam opacos), mas o nível de transparência parece ser um pouco menor no Windows 10 do que em versões anteriores do Windows e, portanto, causa um pouco menos de distração. Desativamos a transparência para capturar as imagens deste livro. Teste esse recurso para descobrir se ele o agrada.

Para definir uma cor de destaque com base na tela de fundo da área de trabalho

1. Abra a janela **Configurações**.

2. Clique em **Personalização** e, na página **Personalização**, clique em **Cores**.

3. No painel **Cores**, defina o botão de alternância **Escolher automaticamente uma cor de destaque...** como **Ativado**.

> **DICA** Se sua tela de fundo da área de trabalho estiver definida como Apresentação de slides e você ativar a configuração Escolher automaticamente uma cor de destaque..., a cor de destaque será alterada quando a tela de fundo da área de trabalho for alterada. Se você gosta de mudanças, gostará dessa combinação. E, se não gosta, talvez ache que ela causa muita distração.

Para definir uma cor de destaque específica

1. Na janela **Configurações**, clique em **Personalização** e, na página **Personalização**, clique em **Cores**.

2. No painel **Cores**, defina o botão de alternância **Escolher automaticamente uma cor de destaque...** como **Desativado** para exibir a grade de cores. A cor contornada é a cor atual.

3. Na grade de cores, clique na amostra de cor que deseja utilizar. O Windows implementa a alteração e atualiza a imagem de visualização.

Para exibir o menu Iniciar e a barra de tarefas em cores

1. Na janela **Configurações**, clique em **Personalização** e, na página **Personalização**, clique em **Cores**.

2. No painel **Cores**, defina o botão de alternância **Exibir cores em Iniciar, na barra de tarefas, na central de ações e na barra de título** como **Ativado** para implementar a alteração e atualizar a imagem de visualização.

Para alternar entre elementos da interface do usuário transparentes e opacos

1. Na janela **Configurações**, clique em **Personalização** e, na página **Personalização**, clique em **Cores**.

2. No painel **Cores**, siga um destes passos:

    - Se desejar que a Tela inicial, a barra de tarefas e a Central de Ações fiquem transparentes, defina o botão de alternância **Deixar o menu Iniciar, a Barra de Tarefas e a Central de Ações transparentes** como **Ativado**.

    - Se desejar que a Tela inicial, a barra de tarefas e a Central de Ações fiquem opacas, defina o botão de alternância **Deixar o menu Iniciar, a Barra de Tarefas e a Central de Ações transparentes** como **Desativado**.

    O Windows implementa a alteração. Essa configuração não afeta a imagem de visualização, mas se sua tela de fundo da área de trabalho tiver conteúdo na parte inferior da tela, o efeito pode ficar aparente em sua barra de tarefas.

3 Para verificar o efeito da configuração, exiba a **Tela inicial** ou a **Central de Ações**.

Configure a barra de tarefas

No Capítulo 1, revisamos as funcionalidades disponíveis na barra de tarefas. Neste tópico, abordaremos as alterações que podem ser feitas na barra de tarefas para personalizá-la de modo que você possa trabalhar com mais eficiência.

> **DICA** A personalização mais comum da barra de tarefas consiste na adição de atalhos para aplicativos. Neste tópico, discutiremos as funcionalidades presentes na barra de tarefas. Para obter informações sobre como criar atalhos na barra de tarefas para aplicativos, pastas, sites e outros itens, consulte o Capítulo 4.

Alteração da aparência da barra de tarefas

Como mencionado previamente, é possível mover a barra de tarefas de sua localização padrão na parte inferior da tela para qualquer outra borda da tela. Talvez seja mais fácil para você mover o ponteiro até a barra de tarefas quando ela está em uma das laterais ou no topo da tela em comparação a quando ela está na parte inferior da tela. Se estiver trabalhando em uma tela pequena, talvez seja de seu interesse ter espaço vertical adicional obtido ao mover a barra de tarefas para a lateral esquerda ou direita da tela.

Em qualquer posição em que a barra de tarefas é colocada, a Tela inicial se expande a partir do botão Iniciar

CAPÍTULO 2   Personalização do ambiente de trabalho

Ao mover a barra de tarefas para a lateral esquerda ou direita, ela muda da seguinte forma:

- A largura muda de modo a acomodar a data e a hora, as quais estão na parte inferior da barra de tarefas vertical.

- O botão Iniciar encontra-se na parte superior da barra de tarefas vertical, e o botão Mostrar área de trabalho encontra-se na parte inferior. O clique no botão Iniciar expande a Tela inicial a partir daquele local.

- A caixa de pesquisa muda para um botão de pesquisa. O clique no botão de pesquisa expande o painel de pesquisa padrão.

- Botões, ícones e barras de ferramentas da barra de tarefas giram para manter uma orientação horizontal, assim você não precisa inclinar a cabeça para o lado a fim de lê-los.

- Ícones pequenos da área de notificação se movem lado a lado.

Independentemente da localização da barra de tarefas, você pode alterar a altura (quando horizontal) ou a largura (quando vertical) para acomodar mais botões e barras de tarefas. Veja a seguir outras maneiras de ajustar mais itens na barra de tarefas.

- É possível mudar para "botões pequenos da barra de tarefas". Essa alteração não apenas afeta o tamanho dos botões, mas também interfere na interface de pesquisa, ocultando a caixa retangular de entrada de dados e substituindo-a por um botão, no qual é preciso clicar para exibir a caixa; isso resulta em espaço significativamente maior para botões e barras de ferramentas.

- Se você não usa a Visão de tarefas, ou se usa um atalho de teclado para acessá-la, pode remover o botão da Visão de tarefas da barra de tarefas.

- Se não pretende usar o teclado virtual, pode remover o botão do teclado virtual da área de notificação da barra de tarefas.

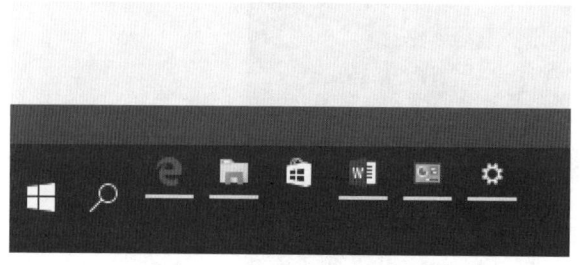

Barra de tarefas com altura dupla, sem a Visão de tarefas, exibindo botões pequenos da barra de tarefas

> **DICA** O clique ou toque no botão de teclado virtual exibe um teclado virtual. Você pode clicar ou tocar em teclas deste teclado para inserir textos da mesma forma que faria usando um teclado externo.

Por padrão, você pode mover e redimensionar a barra de tarefas livremente, mas, se preferir, pode bloquear a barra de tarefas para evitar arrastar acidentalmente a barra de tarefas ou sua borda. É possível fazer alterações na barra de tarefas somente quando ela não está bloqueada.

Ao trabalhar com a barra de tarefas, você pode gerenciar alguns de seus recursos usando o menu de atalho que é exibido ao clicar com o botão direito do mouse em uma área vazia da barra de tarefas, e alguns recursos podem ser gerenciados através da caixa de diálogo Propriedades da Barra de Tarefas e do Menu Iniciar, sendo que alguns recursos podem ser gerenciados nos dois lugares.

Para exibir o menu de atalho da barra de tarefas

1. Clique com o botão direito do mouse em uma área vazia da barra de tarefas.

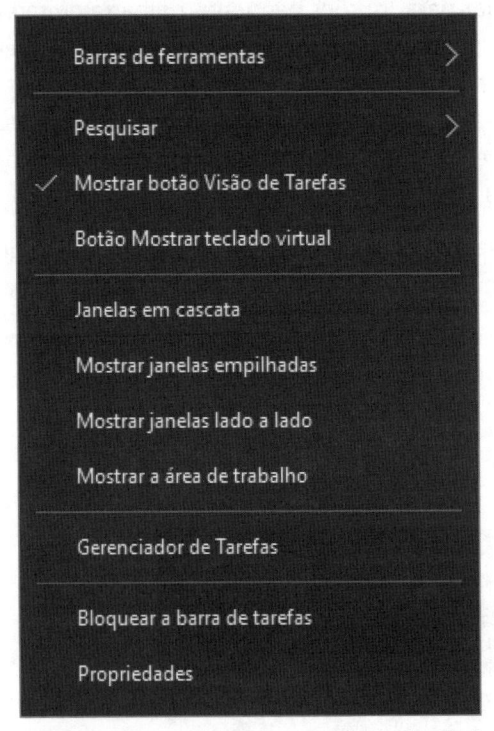

Configurações padrão no menu de atalho da barra de tarefas

Para abrir a caixa de diálogo Propriedades da Barra de Tarefas e do Menu Iniciar

1. Clique com o botão direito do mouse em uma área vazia da barra de tarefas e, depois, em **Propriedades**.

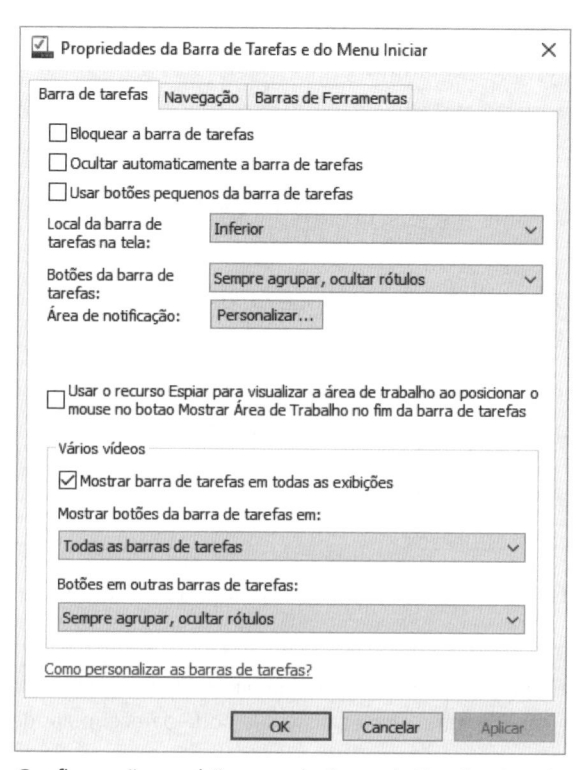

Configurações padrão na guia Barra de Tarefas da caixa de diálogo

A guia Barra de Tarefas inclui as configurações de Múltiplas Telas somente quando seu computador tem mais de uma tela (monitor) conectada. Discutiremos as configurações para múltiplas telas no Capítulo 6, "Gerenciamento de dispositivos periféricos".

> ⚠ **IMPORTANTE** O nome da caixa de diálogo Propriedades da Barra de Tarefas e do Menu Iniciar é remanescente de versões anteriores do Windows, nas quais a caixa de diálogo também continha uma guia do menu Iniciar, a partir da qual era possível gerenciar as configurações do menu Iniciar. No Windows 10, as configurações do menu Iniciar e da Tela inicial são gerenciadas na janela Configurações. É possível que em uma versão posterior do sistema operacional o nome dessa caixa de diálogo seja alterado de modo a refletir com maior precisão seu conteúdo atual.

Para evitar ou permitir alterações da barra de tarefas

1. No menu de atalho da barra de tarefas, clique em **Bloquear a barra de tarefas**.

> ✓ **DICA** Uma marca de seleção indica que uma opção do menu de atalho está ativada.

Ou

1. Abra a caixa de diálogo **Propriedades da Barra de Tarefas e do Menu Iniciar**.

2. Na guia **Barra de Tarefas**, marque ou desmarque a caixa de seleção **Bloquear a barra de tarefas**.

3. Clique em **Aplicar** para implementar a alteração ou em **OK** para implementar a alteração e fechar a caixa de diálogo.

Para mover a barra de tarefas

1. Siga um destes passos:

   - Arraste a barra de tarefas para qualquer borda da tela.

   > ✓ **DICA** A movimentação da barra de tarefas pela tela pode não ficar aparente; em vez disso, ela pode parecer pular de local a local.

   - Clique com o botão direito do mouse na barra de tarefas e, então, clique em **Propriedades**. Na guia **Barra de Tarefas** da caixa de diálogo **Propriedades**, na lista **Local da barra de tarefas na tela**, clique em **Esquerda**, **Direita** ou **Superior** (ou clique em **Inferior** para fazer com que a barra de tarefas retorne à localização padrão).

Para alterar a altura da barra de tarefas

1. Aponte para a borda interna da barra de tarefas.

2. Quando o ponteiro se transformar em uma seta de duas pontas, arraste a borda interna da barra de tarefas para alterar sua altura (ou largura, quando vertical) de modo que fique do tamanho que você deseja. A altura ou a largura podem ter até 50% da altura ou da largura da tela.

Só porque você pode fazer algo, não quer dizer que deve fazer...

Para exibir botões pequenos da barra de tarefas

1 Na guia **Barra de Tarefas** da caixa de diálogo **Propriedades da Barra de Tarefas e do Menu Iniciar**, marque a caixa de seleção **Usar ícones pequenos da barra de tarefas**.

2 Clique em **Aplicar** ou em **OK**.

Para ocultar ou exibir o botão Visão de tarefas

1 No menu de atalho da barra de tarefas, clique em **Mostrar botão Visão de Tarefas**.

Para ocultar ou exibir o botão do teclado virtual

1 No menu de atalho da barra de tarefas, clique em **Botão Mostrar teclado virtual**.

Alteração do comportamento da barra de tarefas

Há algumas outras alterações possíveis para a forma como a barra de tarefas funciona, e elas podem ser configuradas a partir da caixa de diálogo Propriedades da Barra de Tarefas e do Menu Iniciar.

Por padrão, cada aplicativo (ou cada instância de um aplicativo) que é aberto exibe um botão na barra de tarefas. Os botões de aplicativos ativos são diferenciados de atalhos de aplicativos por uma barra colorida abaixo do botão. Por padrão, múltiplos botões para o mesmo aplicativo se empilham um sobre o outro de modo que cada aplicativo tenha apenas um botão. O clique nesse botão exibe miniaturas de cada instância do aplicativo. Se você preferir, pode exibir botões individuais para cada instância de um aplicativo, ou exibir botões individuais até que sua barra de tarefas esteja cheia, e só então combiná-los.

Se preferir que a barra de tarefas não ocupe espaço de sua tela, pode ocultá-la (em qualquer borda da tela) para que apareça somente quando você apontar para ela. Isso pode ser conveniente se você tem uma tela pequena ou caso simplesmente se distraia com a barra.

Se notar que você acidentalmente invoca a função Espiar ao passar o ponteiro do mouse pelo canto da tela acima do botão Mostrar área de trabalho, pode desativar essa função. A desativação da função Espiar não afeta a função Mostrar área de trabalho.

Para ocultar a barra de tarefas quando ela não está ativa

1 Abra a caixa de diálogo **Propriedades da Barra de Tarefas e do Menu Iniciar**.

2 Na guia **Barra de Tarefas**, marque ou desmarque a caixa de seleção **Ocultar automaticamente a barra de tarefas**.

3 Clique em **Aplicar** para implementar a alteração ou em **OK** para implementar a alteração e fechar a caixa de diálogo.

Para alterar a exibição dos botões da barra de tarefas de aplicativos múltiplos

1 Na guia **Barra de Tarefas** da caixa de diálogo **Propriedades da Barra de Tarefas e do Menu Iniciar**, clique na lista **Botões da barra de tarefas** para expandi-la e, em seguida, clique em uma destas opções:

- **Sempre agrupar, ocultar rótulos** (o padrão)
- **Agrupar quando a barra de tarefas estiver cheia**
- **Nunca agrupar**

2 Clique em **Aplicar** ou em **OK**.

Para ativar ou desativar a função Espiar

1 Na guia **Barra de Tarefas** da caixa de diálogo **Propriedades da Barra de Tarefas e do Menu Iniciar**, desmarque a caixa de seleção **Usar o recurso Espiar...** para desativar o recurso ou marque a caixa de seleção para ativá-lo.

2 Clique em **Aplicar** ou em **OK**.

Exibição e gerenciamento de barras de ferramentas na barra de tarefas

O Windows fornece três "barras de ferramentas" que podem ser exibidas na barra de tarefas para servir de acesso facilitado a informações para as quais, de outra forma, você teria que abrir um aplicativo separado para usar. As três barras de ferramentas internas são:

- **Endereço** A barra de ferramentas Endereço exibe uma barra de endereços de navegação na barra de tarefas. É possível realizar três operações a partir daqui:

    - Para iniciar seu navegador padrão e exibir um site, insira uma URL na barra de endereços e pressione a tecla Enter ou clique no botão Ir.

    - Para realizar uma pesquisa na Web usando o mecanismo de pesquisa padrão, insira um termo para pesquisa na barra de endereços.

    - Para iniciar um aplicativo instalado, insira o nome executável do aplicativo (por exemplo, *calc* para iniciar a Calculadora, *excel* para iniciar o Microsoft Excel ou *cmd* para exibir a janela do prompt de comando).

A lista Endereço contém uma lista das entradas recentes. Para reabrir um site ou um aplicativo recente, ou para atualizar uma pesquisa recente, clique na seta na extremidade direita da barra de endereços e depois na entrada desejada.

A barra de ferramentas Endereço fornece acesso rápido a sites, aplicativos e pesquisas

> **DICA** Perceba a alça de linha dupla à esquerda da barra de ferramentas. Você pode arrastar essa alça para alterar o espaço alocado para a barra de ferramentas na barra de tarefas.

- **Links** A barra de ferramentas Links exibe informações da mesma origem que a sua barra de Favoritos do Internet Explorer. Você pode adicionar e remover links (para sites, arquivos, pastas e aplicativos) em qualquer uma das barras e compartilhar estas alterações entre a barra Favoritos e a barra de ferramentas Links em todos os computadores com os quais você entrar usando sua conta Microsoft. No momento da finalização deste livro, a barra de ferramentas Links era conectada ao Internet Explorer e não ainda ao Edge, mas isso pode mudar em versões futuras.

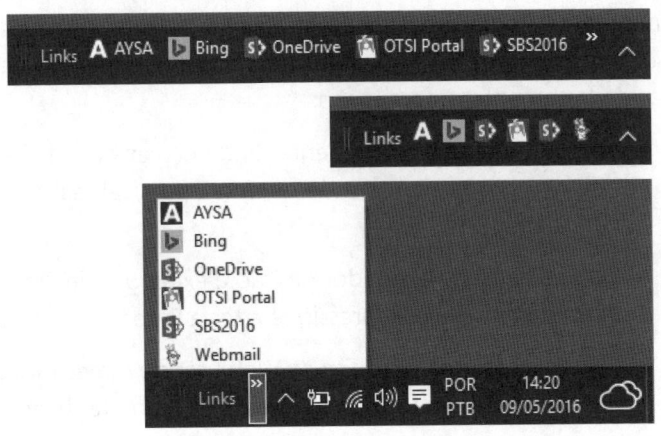

As barras de ferramentas podem exibir nomes e ícones na barra de tarefas ou em um menu

> ⚠ **IMPORTANTE** Esperamos que em uma versão futura do Windows, o menu Links exiba os favoritos do navegador Microsoft Edge ou uma lista compartilhada de favoritos do Internet Explorer e do Edge.

- **Área de Trabalho** A barra de ferramentas Área de Trabalho fornece acesso rápido aos locais de armazenamento disponíveis no painel de navegação do Explorador de Arquivos e na sua área de trabalho.

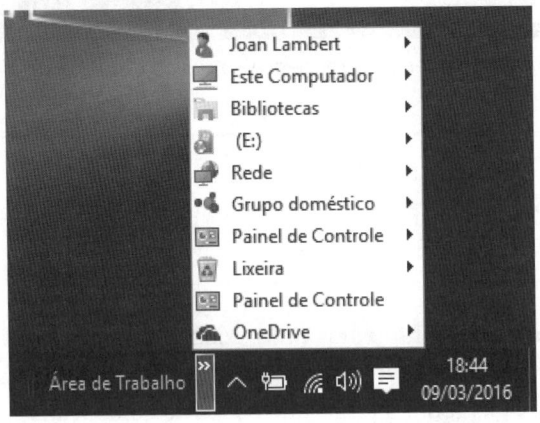

A barra de ferramentas Área de Trabalho fornece acesso fácil a atalhos para aplicativos, arquivos e pastas

> **DICA** Você pode alterar a largura de uma barra de ferramentas na barra de tarefas ao arrastar sua alça. Se nem todos os links da barra de ferramentas couberem na barra de tarefas, um botão de divisa fica disponível na extremidade direita. Um clique neste botão exibe um menu com os links ocultos.

Ao adicionar uma barra de ferramentas à barra de tarefas, o nome da barra de ferramentas é exibido na extremidade esquerda da barra de ferramentas, próximo à sua alça. É possível remover o nome da barra de tarefas para economizar espaço.

Além de exibir barras de ferramentas internas, você pode criar barras de ferramentas personalizadas. Uma barra de ferramentas personalizada aponta para uma pasta, a qual pode conter atalhos para arquivos, aplicativos e outras pastas. Você pode usar essa técnica para acessar rapidamente arquivos de um projeto, cliente ou processo específico.

Para exibir ou ocultar uma barra de ferramentas interna na barra de tarefas

1. No menu de atalho da barra de tarefas, clique em **Barras de ferramentas** e, em seguida, na barra de ferramentas que deseja exibir ou ocultar.

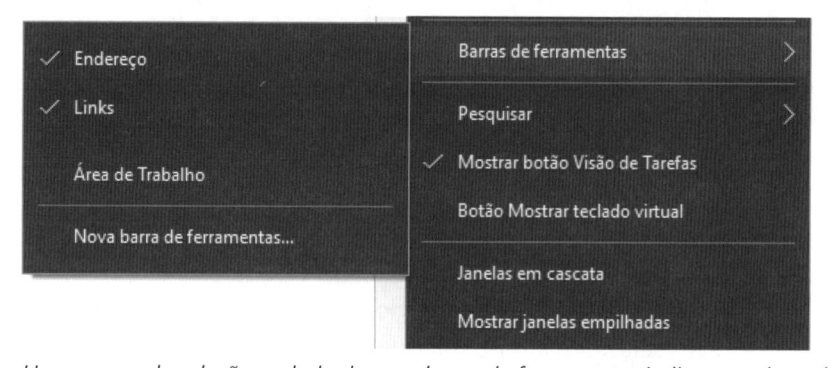

Uma marca de seleção ao lado de uma barra de ferramentas indica que ela está na barra de tarefas

Ou

1. Abra a caixa de diálogo **Propriedades da Barra de Tarefas e do Menu Iniciar** e clique na guia **Barras de ferramentas**.

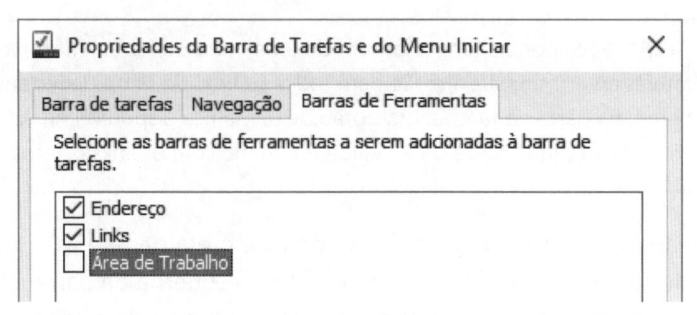

As barras de ferramentas ativas também aparecem nesta lista

2 Marque a caixa de seleção de cada barra de ferramentas que deseja exibir e desmarque as caixas de seleção das barras de ferramentas que deseja ocultar.

3 Clique em **Aplicar** para implementar a alteração ou em **OK** para implementar a alteração e fechar a caixa de diálogo.

Para exibir ou ocultar uma barra de ferramentas personalizada na barra de tarefas

1 Coloque em uma pasta os arquivos e os atalhos a serem exibidos na barra de ferramentas personalizada.

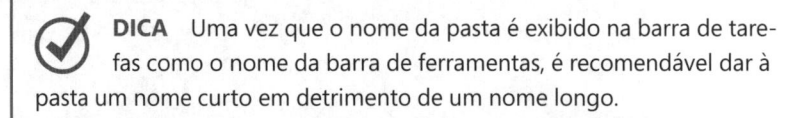

> **DICA** Uma vez que o nome da pasta é exibido na barra de tarefas como o nome da barra de ferramentas, é recomendável dar à pasta um nome curto em detrimento de um nome longo.

2 No menu de atalho da barra de tarefas, clique em **Barras de ferramentas** e, depois, em **Nova barra de ferramentas**.

3 Na janela **Nova barra de ferramentas – Escolha uma pasta**, procure e selecione a pasta na qual trabalhou na etapa 1. Em seguida, clique no botão **Selecionar pasta**.

Para alterar a largura de uma barra de ferramentas na barra de tarefas

1 Arraste a alça da barra de ferramentas (a linha dupla à esquerda da barra de ferramentas) para alterar o espaço alocado da barra de tarefas.

Para alterar ou exibir o nome de uma barra de ferramentas na barra de tarefas

1 Clique com o botão direito do mouse na barra de ferramentas e, em seguida, no menu de atalho estendido da barra de tarefas, clique em **Mostrar título**.

Para ocultar ou exibir nomes de itens em uma barra de ferramentas interna ou personalizada na barra de tarefas

1 Clique com o botão direito do mouse na barra de ferramentas e, em seguida, no menu de atalho estendido da barra de tarefas, clique em **Mostrar texto**.

Para remover uma barra de ferramentas da barra de tarefas

1 Siga um destes passos:

- No menu de atalho da barra de tarefas, aponte para **Barras de ferramentas** e, em seguida, clique na barra de ferramentas que deseja remover.

- Clique com o botão direito do mouse na barra de ferramentas e, em seguida, no menu de atalho estendido da barra de tarefas, clique em **Fechar barra de ferramentas**.

> **DICA** A remoção de uma barra de ferramentas personalizada da barra de tarefas resulta na remoção dessa pasta tanto da barra de tarefas quanto da lista Barras de ferramentas. A pasta permanece no Explorador de Arquivos e você pode exibi-la novamente como uma barra de ferramentas se desejar.

Aplique e gerencie temas

Anteriormente neste capítulo, trabalhamos com a tela de fundo da área de trabalho e com as cores do sistema. Você pode configurar esses elementos por meio das configurações de Personalização do Windows 10 ou, se preferir, pode aplicar um pacote inteiro de elementos de personalização de uma só vez por meio de um *tema*. Os elementos mais comuns de um tema são uma ou mais imagens de tela de fundo da área de trabalho e uma cor do sistema correspondente (ou cores que mudam de acordo com a imagem da tela de fundo). São os mesmos elementos com os quais trabalhamos em "Configuração da tela de fundo da área de trabalho e das cores do sistema" anteriormente neste capítulo. Um tema também pode incluir sons de notificação disparados para avisá-lo de eventos do Windows (como de bateria fraca ou de solicitação de Controle de Conta de Usuário para a aprovação de Administrador referente a uma alteração) e de eventos de aplicativos (como uma mensagem instantânea recebida, uma janela pop-up bloqueada ou uma transação concluída).

Três temas coloridos (Windows, Windows 10 e Flores) e quatro temas com contraste (Nº 1, Nº 2, Preto e Branco) vêm com o Windows 10. A maioria das imagens neste livro mostram o tema "Windows" para a tela de fundo da área de trabalho.

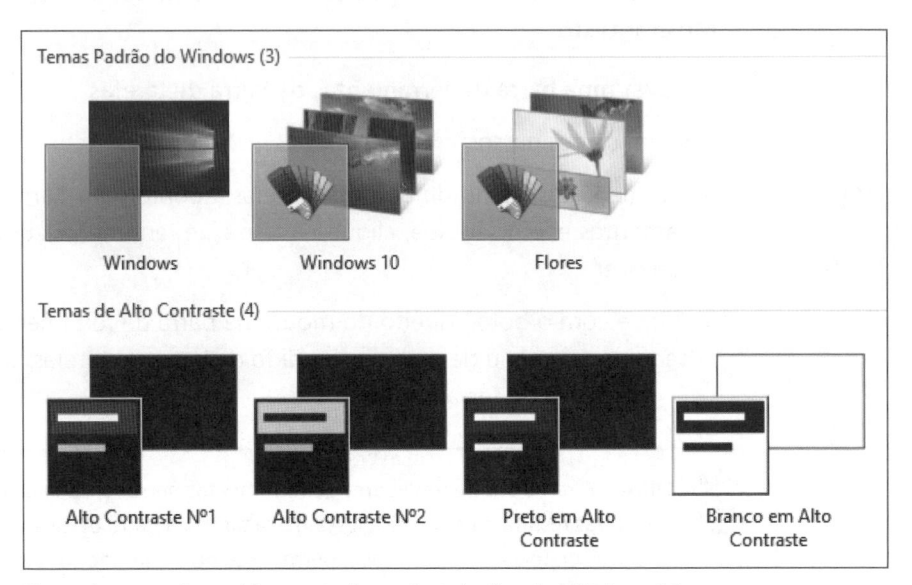

Temas internos fornecidos em todas as instalações do Windows 10

Os temas de alto-contraste aumentam o contraste de cores em textos, bordas de janelas e imagens em sua tela de modo que fiquem mais visíveis e mais fáceis de ler e identificar.

> **DICA** Se você usar suas próprias imagens como tela de fundo da área de trabalho e mais tarde decidir ter acesso novamente às imagens originais dos temas "Windows" ou "Windows 10", pode fazer isso aplicando o tema desejado.

O fabricante de seu computador também pode instalar um tema específico da marca do seu computador. Se você trabalha em um ambiente com computadores gerenciados, é possível que sua empresa tenha um tema corporativo que é instalado por padrão com a imagem base do computador.

Além dessas opções de tema, há milhares de temas disponíveis online na página Temas do site do Windows. Você pode acessar a página Temas diretamente em *windows.microsoft.com/pt-br/windows/themes* ou a partir do painel Personalização, o qual exibe os temas já instalados em seu computador. As telas de fundo da área de trabalho desses temas contêm fotos de tirar o fôlego e ilustrações criativas organizadas em diversas categorias de assuntos que incluem desde fotografia em geral (paisagens, animais, plantas, pessoas e lugares) até temas que fazem referência a filmes ou jogos específicos. É possível passar horas navegando pelas opções.

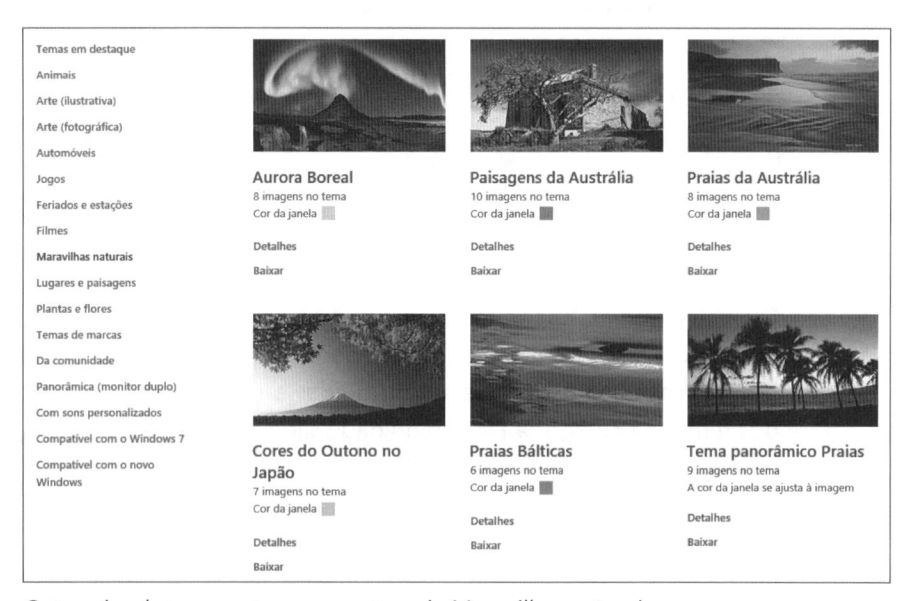

Categorias de temas e temas na categoria Maravilhas naturais

> **DICA** Temas que incluem sons personalizados são fáceis de localizar, basta clicar em Com sons personalizados na lista de categorias.

Os temas na categoria Panorâmica são projetados para se estender por duas telas, o que é ideal para pessoas que trabalham com um segundo monitor conectado a seu sistema de computador. Para que os temas panorâmicos funcionem como pretendido, as duas telas precisam ter a mesma resolução.

> **CONSULTE TAMBÉM** Para obter informações sobre resolução da tela, consulte "Exiba sua área de trabalho em múltiplos vídeos" no Capítulo 6.

Imagens panorâmicas se estendem pelos monitores

O clique na miniatura de qualquer tema exibe informações sobre esse tema, incluindo a seleção completa de imagens de tela de fundo e o nome do fotógrafo caso as imagens sejam atribuídas a uma pessoa específica. Muitos dos temas na categoria Da comunidade são contribuições de fotógrafos que desejam mostrar o seu trabalho.

Você pode visualizar as imagens de tela de fundo antes de baixar um tema

Você pode baixar qualquer tema online para o seu computador e, em seguida, abrir o arquivo baixado para descompactar os elementos do tema e aplicar o tema. Os elementos de tema são salvos na pasta oculta AppData\Local\Microsoft\Windows\Themes na sua pasta de conta de usuário. Você pode acessá-los nesse local para personalizar os temas ou copiá-los para um local mais conveniente.

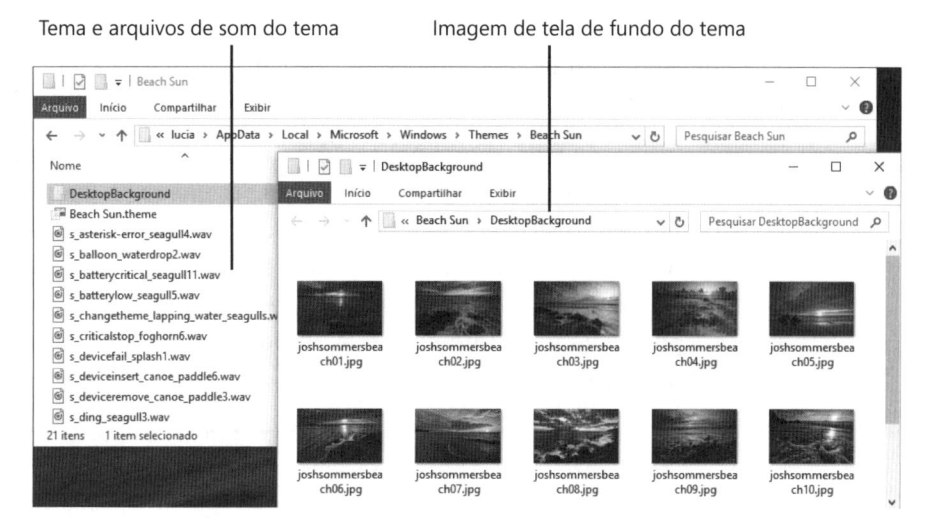

CAPÍTULO 2   Personalização do ambiente de trabalho

Tema e arquivos de som do tema | Imagem de tela de fundo do tema

Arquivos descompactados de um tema

> **CONSULTE TAMBÉM**   Para obter mais informações sobre como exibir pastas e arquivos ocultos, consulte "Altere as opções de exibição do Explorador de Arquivos" no Capítulo 3.

Depois de aplicar um tema, é possível personalizar os elementos a seu gosto. Por exemplo, muitos temas vêm com diversas imagens para a tela de fundo da área de trabalho, e você pode escolher a que preferir, ou pode escolher mais de uma para exibi-las como uma apresentação de slides. Se você utiliza as credenciais da sua conta da Microsoft para entrar em mais de um computador, pode optar por sincronizar um tema personalizado em todas as suas contas.

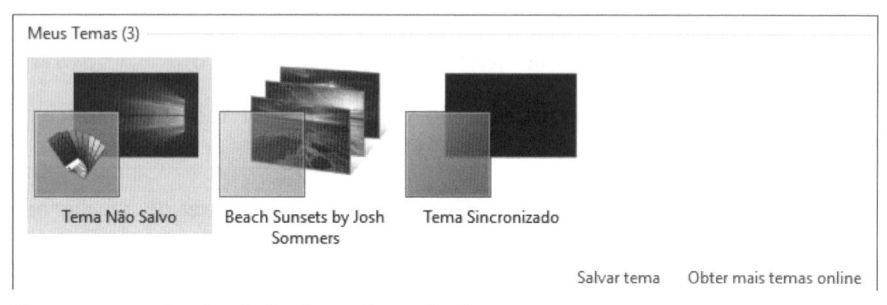

Temas personalizados, baixados e sincronizados

No momento da finalização deste livro, os temas eram gerenciados por meio do Painel de Controle, mas também é possível chegar às configurações de tema por meio da categoria Personalização na janela Configurações.

Qualquer alteração feita após a aplicação de um tema resulta na criação de uma versão personalizada desse tema, a qual é designada no painel Personalização como Tema Não Salvo. Por exemplo, você pode alterar a cor do sistema ou selecionar uma única imagem de tela de fundo dentre as várias opções fornecidas no tema. Se gostar das alterações feitas ao tema, pode salvá-las em um tema personalizado, tanto para o seu próprio uso quanto para distribuição para outras pessoas.

> **IMPORTANTE** Só é possível ter um tema não salvo por vez. Até que você o salve, quaisquer alterações adicionais feitas removerão aquela combinação específica de tela de fundo, cor e sons de seus temas.

Para exibir os temas instalados

1 Na janela **Configurações**, clique em **Personalização** e, depois, em **Temas**.

2 No painel **Temas**, clique em **Configurações de tema** para abrir o painel **Personalização**.

Ou

1 Abra o Painel de Controle e siga um destes passos:

- Na exibição Categoria do Painel de Controle, em **Aparência e Personalização**, clique em **Alterar o tema**.

- No modo de exibição de Ícones grandes ou no de Ícones pequenos do Painel de Controle, clique em Personalização.

Para aplicar um tema instalado

1 No painel **Personalização**, clique no tema que deseja aplicar.

> **DICA** Você pode exibir a tela de fundo da área de trabalho apontando ou clicando no botão Mostrar área de trabalho na extremidade direita da barra de tarefas ou pressionando Win+D.

Para aplicar um tema do site do Windows

1. Na seção **Meus Temas** do painel **Personalização**, clique em **Obter mais temas online** para exibir a página Web de **Temas** em seu navegador padrão.

2. Na página Web de **Temas**, localize o tema que deseja aplicar.

3. Clique na miniatura do tema para exibir a descrição.

4. Na página de descrição do tema, clique no botão **Baixar tema** para baixar o arquivo que contém os elementos do tema para a sua pasta Downloads. Uma caixa de notificação exibe o status do download.

| JoshSommersBeaches.themepack download(s) concluído(s). | Abrir | Abrir pasta | Exibir downloads | X |

Abra o arquivo para instalar o tema

5. Quando o download for concluído, clique em **Abrir** na caixa de notificação para descompactar o arquivo do tema, adicionar o tema à seção **Meus Temas** do painel Personalização e, por fim, aplicar o tema.

> ✓ **DICA** Se você fechar a janela de notificação sem instalar o tema e, mais tarde, decidir que deseja instalá-lo, poderá abrir o arquivo a partir da sua pasta Downloads. Após a instalação do tema, o arquivo de download pode ser excluído.

Para salvar um tema personalizado

1. Na seção **Meus Temas** do painel **Personalização**, clique com o botão direito do mouse na miniatura do **Tema Não Salvo** e, em seguida, siga um destes passos:

   - Se desejar salvar o tema selecionado com um nome específico na seção **Meus Temas** do painel **Personalização**, clique em **Salvar tema**.

   - Se desejar salvar o tema selecionado como um arquivo a ser enviado para outras pessoas, clique com o botão direito do mouse no tema e, depois, clique **Salvar tema para compartilhamento**. Em seguida, na janela **Salvar Pacote de Tema Como**, procure a pasta na qual deseja salvar o arquivo de Pacote de Tema da Área de Trabalho (.desktheme-pack), insira um nome descritivo na caixa **Nome do arquivo** e clique no botão **Salvar**.

Para remover um tema

1 Na seção **Meus Temas** do painel **Personalização**, clique com o botão direito do mouse no tema que deseja remover; em seguida, clique em **Excluir tema**.

> **DICA** A exclusão de um tema resulta na sua remoção do painel Personalização, mas não na exclusão do arquivo do tema que se encontra na pasta Downloads. Você pode excluir os arquivos de temas baixados a qualquer momento a partir do Explorador de Arquivos.

> **CONSULTE TAMBÉM** Para obter mais informações sobre como sincronizar seu tema em todos os computadores associados à sua conta Microsoft, consulte "Personalize suas opções de entrada" no Capítulo 8.

Revisão

Neste capítulo, você aprendeu a:

- Configurar a Tela inicial e o menu Iniciar
- Gerenciar blocos da Tela inicial
- Configurar a tela de fundo da área de trabalho e as cores do sistema
- Configurar a barra de tarefas
- Aplicar e gerenciar e temas

Tarefas práticas

Os arquivos de prática para estas tarefas se encontram na pasta Win10PAP\Cap02.

Configure a Tela inicial e o menu Iniciar

Faça as seguintes tarefas:

1. Abra a janela **Configurações**, exiba as configurações de personalização da Tela inicial e localize o botão de alternância para a **Tela inicial em tela inteira**. Defina o botão de alternância como **Ativado** (ou deixe em Ativado se ele já estiver neste modo).

2. Exiba a **Tela inicial** e observe a organização dos blocos e dos grupos de blocos na tela.

3. Exiba o menu **Iniciar** na Tela inicial em tela inteira e observe a configuração dos itens de menu.

4. A partir do menu **Iniciar**, retorne às configurações de personalização da Tela inicial. Defina como **Desativado** o botão de alternância da lista de aplicativos **Mais usados**, o botão de alternância da lista de aplicativos **Adicionados recentemente** e o botão de alternância das Listas de Atalhos.

5. Configure o menu **Iniciar** para exibir apenas estas pastas:
   - Explorador de Arquivos
   - Configurações
   - Documentos
   - Downloads
   - Imagens
   - Rede

6. Exiba o menu Iniciar para observar os resultados das alterações.

7. A partir do menu **Iniciar**, retorne às configurações de personalização da Tela inicial. Desative a **Tela inicial em tela inteira**.

8. Exiba a **Tela inicial** em tela parcial e arraste o canto da tela até que ela atinja seu menor tamanho possível.

9. Se aparecer uma barra de rolagem vertical, role para baixo para exibir os blocos ocultos.

10. Retorne às configurações de personalização da Tela inicial e implemente as configurações da Tela inicial, listas e pastas que preferir.

Gerencie blocos da Tela inicial

Faça as seguintes tarefas:

1. Exiba o menu **Iniciar** e observe a configuração dos blocos existentes.

2. Mova um bloco da Tela inicial de um grupo existente de blocos e use-o para criar um novo grupo de blocos. Defina o tamanho do bloco como o maior tamanho possível.

3. Mova outro bloco para o novo grupo e defina seu tamanho como **Pequeno**.

4. Nomeie o novo grupo de blocos como **Blocos da prática**.

5. Mova o grupo **Blocos da prática** para o canto superior esquerdo da **Tela inicial**.

6. Renomeie o grupo **Blocos da prática** como **Aplicativos favoritos**.

7. Organize e redimensione os blocos em sua Tela inicial do modo que julgar mais adequado para você.

> **DICA** No Capítulo 4, "Como trabalhar com aplicativos e notificações", você adicionará mais blocos à Tela inicial.

Configure a tela de fundo da área de trabalho e as cores do sistema

Faça as seguintes tarefas:

1. Abra a janela **Configurações** e exiba as configurações de personalização de cores.

2. Na seção **Escolher uma cor**, defina como **Ativado** os três botões de alternância.

3. Retorne à janela **Configurações** e exiba as configurações de personalização da tela de fundo.

4. Configure a tela de fundo da área de trabalho com uma cor sólida à sua escolha. Em seguida, para a tela de fundo da área de trabalho, aplique a imagem **TelaFundo01**, localizada na pasta de arquivos de prática. Ajuste as configurações de tela de fundo de modo a exibir a imagem no centro da tela.

5. Minimize todas as janelas abertas para mostrar a área de trabalho e visualizar as alterações. Observe que a cor da tela de fundo definida na etapa 4 rodeia a imagem.

6. Retorne às configurações de personalização da tela de fundo. Defina as configurações da tela de fundo da seguinte maneira:

   - Exiba uma apresentação de slides das imagens na pasta de arquivos de prática.

- Exiba as imagens em ordem aleatória, sendo que a imagem deve ser alterada a cada minuto.
- Escolha a opção de ajuste adequada para exibir todas as imagens em tela inteira sem afetar a taxa de proporção das imagens.

7. Minimize todas as janelas abertas para mostrar a área de trabalho e observar as alterações.

8. Expanda a **Tela inicial**. Observe que a tela de fundo da área de trabalho fica visível através da Tela inicial e da barra de tarefas.

9. Aguarde a tela de fundo da área de trabalho ser alterada. Observe a alteração da cor de destaque na barra de tarefas e de outros elementos da interface juntamente com a imagem da tela de fundo. Localize a origem da cor de destaque para cada imagem nova da tela de fundo.

10. Retorne à janela **Configurações**. Configure a tela de fundo da área de trabalho e a cor de destaque como desejar.

Configure a barra de tarefas

Faça as seguintes tarefas:

1. Verifique se a barra de tarefas está bloqueada. Se estiver, realize o desbloqueio.

2. Mova a barra de tarefas para a borda esquerda da tela.

3. Configure a barra de tarefas de modo a exibir botões pequenos quando estiver ativa e de modo a ser ocultada quando não estiver ativa.

4. Quando a barra de tarefas estiver oculta, aponte para a borda da tela para exibi-la. Em seguida, amplie-a até duplicar sua largura.

5. Oculte os botões **Visão de Tarefas** e **Teclado virtual**.

6. Mova a barra de tarefas para a borda superior da tela.

7. Exiba a barra de ferramentas **Área de Trabalho** na barra de tarefas. Oculte o nome da barra de ferramentas e as etiquetas de links. Em seguida, dimensione a barra de ferramentas de modo que três ícones apareçam na barra de ferramentas e o restante fique disponível apenas em um menu na extremidade direita da barra de ferramentas.

8. Configure a barra de tarefas de modo a exibir botões grandes e a nunca agrupar botões da barra de tarefas.

9. Crie uma barra de ferramentas personalizada que vincule ao conteúdo da pasta de arquivos de prática **Cap02**. A partir da barra de ferramentas, abra a imagem **TelaFundo05**. Em seguida, abra a imagem **TelaFundo07**. Observe que um novo botão da barra de tarefas aparece para cada imagem.

10 Feche a barra de ferramentas **Área de Trabalho** e remova a barra de ferramentas personalizada da barra de tarefas.

11 Configure o conteúdo da barra de tarefas como desejar e, em seguida, bloqueie a barra de tarefas.

Aplique e gerencie temas

Realize as seguintes tarefas:

1 A partir da janela **Configurações** ou do Painel de Controle, exiba todos os temas instalados em seu computador.

2 Aplique o tema interno **Flores**.

3 Conecte-se à página Web de **Temas** e localize um tema que desejar. Baixe e aplique o tema.

4 No painel **Cores** da página de configurações **Personalização**, altere a cor do sistema. Em seguida, retorne ao painel **Personalização** e observe que o tema não salvo reflete as suas alterações.

5 Salve o tema personalizado na seção **Meus Temas** do painel **Personalização** como MeuTemaPersonalizado.

6 Remova um tema (o tema baixado ou o tema personalizado) da seção **Meus Temas** do painel **Personalização**.

Gerenciamento de pastas e arquivos 3

O conceito de pastas é uma das coisas mais básicas e importantes que você pode aprender. Pastas estão em todo lugar na computação: você pode organizar arquivos em pastas no computador, mensagens em pastas no aplicativo de email e sites favoritos em pastas no navegador de Internet.

Você pode usar o Explorador de Arquivos para gerenciar e trabalhar com pastas e arquivos armazenados no computador. Para simplificar a maneira que você trabalha com arquivos, o Windows apresenta os arquivos no Explorador de Arquivos, como se eles estivessem organizados em um sistema de armazenamento hierárquico de pastas e subpastas. Na realidade, os arquivos são armazenados no disco rígido do computador e em outros locais (como o OneDrive) enquanto houver espaço, e a estrutura de armazenamento que o Explorador de Arquivos exibe é apenas uma série de ponteiros para os arquivos. Isso permite que você acesse facilmente os arquivos, mantendo ainda um sistema organizacional.

Você pode organizar arquivos em pastas e criar bibliotecas virtuais de pastas para que possa acessar arquivos de várias formas. Se você se esquecer de onde armazenou um arquivo, pode utilizar os recursos simples, mas muito úteis, de pesquisa do Windows 10 para localizar rapidamente arquivos e outras informações do computador, com base no nome, conteúdo ou tipo de arquivo.

Este capítulo apresenta os procedimentos relacionados a conhecer o Explorador de Arquivos, alterar as opções de exibição do Explorador de Arquivos, gerenciar pastas e arquivos, trabalhar com propriedades de arquivo e pasta, e pesquisar arquivos.

Neste capítulo

- Entenda os arquivos, as pastas e as bibliotecas
- Conheça o Explorador de Arquivos
- Altere as opções de exibição do Explorador de Arquivos
- Crie e renomeie pastas e arquivos
- Compacte arquivos e pastas
- Mova e copie pastas e arquivos
- Exclua e recupere pastas e arquivos
- Trabalhe com propriedades de arquivo e pasta
- Encontre arquivos específicos

Arquivos de prática

Para este capítulo, utilize os arquivos de prática da pasta Win10PAP\Cap03. Para obter instruções sobre como baixar arquivos de prática, consulte a introdução.

Entenda os arquivos, as pastas e as bibliotecas

Existem muitos tipos diferentes de arquivos, mas todos se encaixam nestas duas categorias básicas:

- **Arquivos usados ou criados por aplicativos** Incluem arquivos executáveis (como arquivos de aplicativo do Microsoft Office) e bibliotecas de vínculo dinâmico (DLLs) (arquivos utilizados por aplicativos para fornecer funcionalidade). Alguns desses arquivos podem ser ocultos (não apresentados em uma janela padrão de exibição de pasta) para protegê-los de serem inadvertidamente alterados ou excluídos.

> **DICA** Você não pode selecionar ou excluir arquivos ocultos de sistema ou a estrutura de pasta onde eles se encontram. Você pode escolher exibir e trabalhar com arquivos, pastas e unidades ocultos clicando nessa opção na caixa de diálogo Opções de pasta, que será discutida em "Como exibir diferentes visualizações de pastas e arquivos" mais à frente neste capítulo.

- **Arquivos criados por você** Incluem documentos, planilhas, gráficos, arquivos de texto, apresentações, clipes de áudio, videoclipes e outras coisas que você pode abrir, olhar e alterar usando um ou mais aplicativos.

Os arquivos instalados com um aplicativo e aqueles que ele cria para seu próprio uso estão organizados da maneira que o aplicativo espera encontrá-los, e você não deve movê-los ou removê-los. No entanto, você tem controle total sobre a organização dos arquivos que você criar (como documentos e planilhas), e saber como gerenciar esses arquivos é essencial se você quiser usar seu computador de forma eficiente.

Pastas

Como com arquivos, há também muitos tipos diferentes de pastas, mas elas geralmente se encaixam em duas categorias: pastas criadas pelo Windows ou aplicativos e pastas criadas por você para organizar seus arquivos. A criação de pastas será tratada em "Crie e renomeie pastas e arquivos" mais adiante neste capítulo.

Quando o Windows 10 foi instalado em seu computador, pastas de sistema foram criadas, incluindo estas:

- **Pasta Arquivos de programa** Muitos aplicativos instalam arquivos que eles precisam em subpastas da pasta Arquivos de programa. Você pode ter a opção de escolher uma pasta diferente, mas raramente há alguma razão para isso. Depois de instalar um aplicativo, você não deve mover, copiar, renomear ou excluir suas pastas e arquivos; se fizer isso, você provavelmente não poderá mais executar ou mesmo desinstalar o aplicativo.

- **Pasta Usuários** Para cada conta de usuário do computador, o Windows também cria uma pasta para a conta do usuário na pasta Usuários. A pasta da conta de usuário contém várias subpastas, que referimos neste livro como suas pastas pessoais. Algumas das suas pastas pessoais são visíveis na sua pasta de conta de usuário; elas podem incluir Contatos, Área de Trabalho, Documentos, Downloads, Favoritos, Links, Músicas, Imagens, Jogos Salvos, Pesquisas e Vídeos. Há também uma pasta oculta chamada AppData que contém informações sobre as configurações para sua conta de usuário para o Windows e para os aplicativos que você utilizar. O Windows cria a pasta da conta do usuário e suas subpastas na primeira vez em que um usuário entra no sistema. À medida que você trabalha no computador e personaliza o Windows, o Windows salva informações e configurações específicas para seu perfil de usuário nestas pastas.

> ✓ **DICA** Se outras pessoas tiverem contas de usuário no computador, elas não terão acesso aos arquivos em sua pasta de Documentos, a menos que elas tenham direitos administrativos ou saibam a sua senha.

Além da pasta específica da conta para cada conta de usuário que estiver ativa no computador, a pasta Usuários também contém uma pasta Público, cujo conteúdo estará acessível a qualquer pessoa que esteja conectada ao computador. A pasta Público contém subpastas. Algumas delas são visíveis, como Documentos, Downloads, Músicas, Imagens e Vídeos. Outras subpastas ocultas contêm informações sobre configurações comuns a todas as contas de usuário no computador.

Se você deseja disponibilizar arquivos para qualquer pessoa que acessar o computador, você pode armazená-los na pasta Público em vez de em pastas pessoais.

> ✓ **DICA** Para diferenciar claramente suas pastas pessoais das pastas públicas, o Windows 10 refere-se às suas pastas pessoais como Meus documentos, Minhas músicas, Minhas imagens e Meus vídeos e, para as pastas públicas, como Documentos públicos, Músicas Públicas, Imagens Públicas e Vídeos públicos. Os Documentos, bem como as bibliotecas de Músicas, Imagens e Vídeos padrão incluem as pastas correspondentes pessoais e públicas. (Bibliotecas são pastas virtuais que discutiremos neste tópico mais adiante).

■ **Pasta Windows** A maioria dos arquivos críticos do sistema operacional é armazenada nesta pasta. Você pode olhar, mas a menos que você realmente saiba o que está fazendo, não toque! A maioria dos usuários do Windows 10 nunca precisará acessar os arquivos na pasta Windows.

Bibliotecas

Você pode exibir uma coleção de pastas que você deseja acessar facilmente em uma *biblioteca*. As bibliotecas são pastas virtuais que não estão fisicamente presentes no disco rígido, mas que exibem o conteúdo de várias pastas, como se os arquivos estivessem armazenados juntos em um local.

A instalação padrão do Windows 10 inclui seis bibliotecas padrão: Imagens da câmera, Documentos, Músicas, Imagens, Imagens salvas e Vídeos. Nas versões anteriores do Windows, as bibliotecas incluíam pastas da conta de usuário e suas pastas públicas correspondentes, mas, no Windows 10, o conteúdo inicial padrão é o da pasta da conta do usuário.

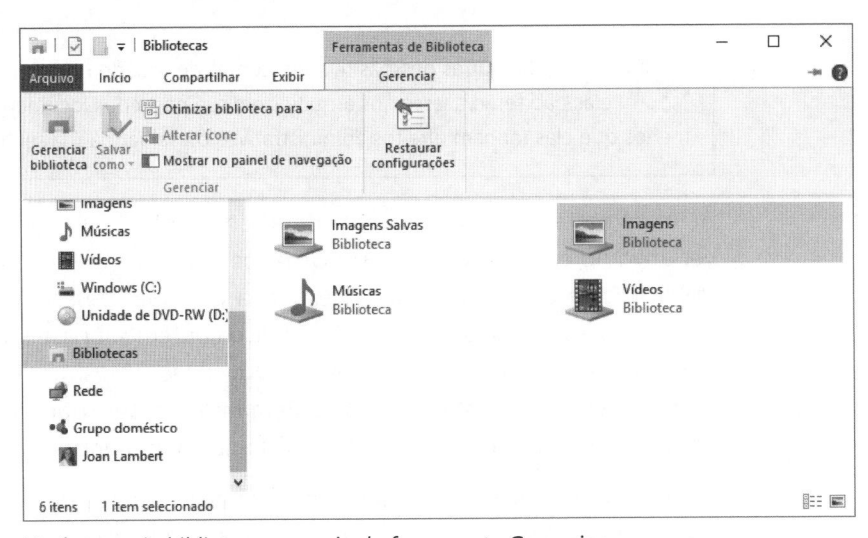

Você gerencia bibliotecas na guia da ferramenta Gerenciar

Você pode adicionar pastas a bibliotecas, e alguns aplicativos adicionam pastas a bibliotecas se você fizer esta seleção. Além das bibliotecas padrão, você pode criar suas próprias bibliotecas, e uma pasta pode pertencer a mais de uma biblioteca. Por exemplo, imagine que você esteja trabalhando em um projeto chamado Promoção de outono para um cliente, a Contoso Pharmaceuticals. Se você criar uma biblioteca que mostra todas as pastas do projeto atual e outra biblioteca que mostra todas as pastas associadas a Contoso, você pode incluir a pasta Promoção de outono em ambas as bibliotecas.

CAPÍTULO 3 Gerenciamento de pastas e arquivos

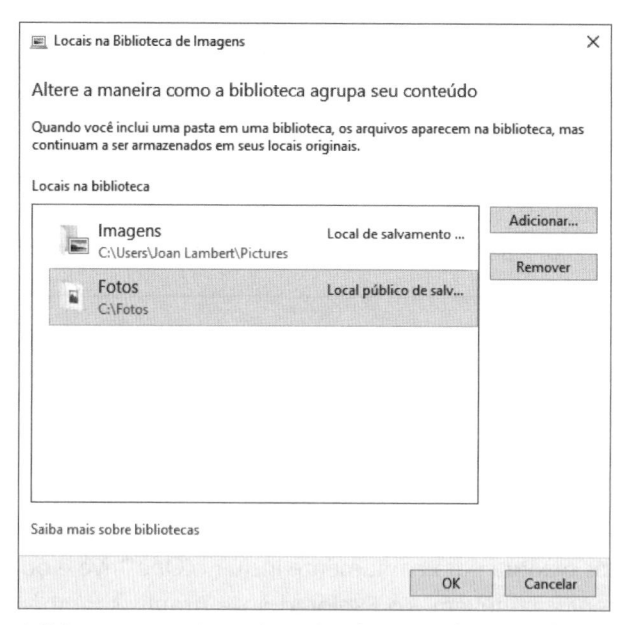

Adicionar pastas de qualquer local conectado a uma biblioteca

Se você não usar bibliotecas, você pode optar por não exibir o nó Bibliotecas na raiz do Painel de navegação.

> **DICA** Se você armazenar arquivos localmente no computador em vez de um local de armazenamento na nuvem, como o OneDrive, recomendamos que você armazene seus documentos, planilhas, bancos de dados particulares e arquivos semelhantes em subpastas da pasta Meus documentos, e quaisquer arquivos que você deseja compartilhar com outros usuários, em subpastas da pasta Documentos públicos. Da mesma forma, armazene todas as suas imagens privadas em Minhas imagens e aquelas que você deseja compartilhar, em Imagens públicas; e assim por diante para arquivos de música e vídeo. Em seguida, inclua as pastas públicas nas bibliotecas. Seguindo esse processo, fazer backup do seu trabalho é apenas uma questão de fazer backup somente das bibliotecas.

> **CONSULTE TAMBÉM** Para obter mais informações sobre como disponibilizar qualquer biblioteca padrão ou personalizada a outros usuários ou computadores na rede, consulte "Gerencie conexões de um grupo doméstico" e "Compartilhe arquivos na sua rede", ambos no Capítulo 7.

Conheça o Explorador de Arquivos

Você exibe todas as unidades, pastas e arquivos que fazem parte do sistema de armazenamento do computador e aqueles em qualquer computador que você esteja conectado via uma rede ou Internet, no Explorador de Arquivos. O Explorador de Arquivos pode exibir o conteúdo de uma pasta, uma biblioteca de pastas ou uma coleção virtual de itens (como a lista de Acesso rápido).

> **DICA** O Explorador de Arquivos é a versão atual da ferramenta, que em versões anteriores do Windows 8 era chamado de Windows Explorer.

As primeiras versões do Windows exibiam discos rígidos físicos na raiz da estrutura de armazenamento de arquivos. Como as práticas de gerenciamento e armazenamento de arquivos evoluíram – primeiro para incluir bibliotecas virtuais de pastas e agora para comumente incluir o OneDrive e outros locais de armazenamento na nuvem – o Explorador de Arquivos também evoluiu. Na raiz da estrutura de armazenamento, o Explorador de Arquivos exibe uma série de sistemas organizacionais concentuais, incluindo os seguintes nós:

- **Acesso rápido** Contém links para pastas e arquivos que você acessa frequentemente ou fixa aqui para facilitar o acesso

- **Este Computador** Contém links para as pastas da sua conta de usuário específico e para os locais de armazenamento físico instalados ou conectados ao computador

- **Bibliotecas** Contêm links para coleções virtuais de pastas, que, por padrão, são compostas por pastas específicas da conta de usuário e suas pastas públicas correspondentes

- **Rede** Exibe uma representação de outros computadores na rede local

- **Grupo doméstico** Exibe uma representação de outros computadores na rede local, que se conectam à rede de um grupo doméstico

> **CONSULTE TAMBÉM** Para obter informações sobre como conectar a computadores em rede e membros do grupo doméstico, consulte o Capítulo 7.

> **DICA** Além de locais de armazenamento, o Explorador de Arquivos exibe os dispositivos de hardware (como monitores, impressoras e câmeras) conectados ao computador – diretamente e via uma rede. Para obter informações sobre como trabalhar com hardware, consulte o Capítulo 6.

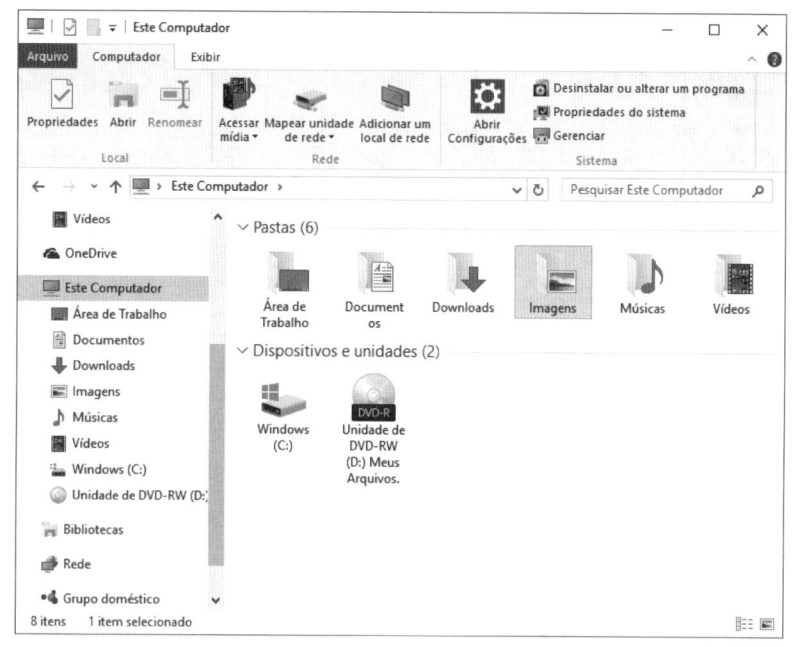

Locais de armazenamento são gerenciados indiretamente

Ao conectar o computador com Windows 10 a unidades de armazenamento na nuvem do OneDrive ou do OneDrive for Business, eles também aparecem na raiz da estrutura de armazenamento.

No nó Este Computador, o Explorador de Arquivos exibe as pastas de armazenamento de arquivo específicas do usuário e os dispositivos de armazenamento conectados ao computador. Locais de armazenamento em Este Computador incluem unidades de disco rígido instaladas no computador e em dispositivos de armazenamento (como CDs, DVDs, unidade flash USB e discos rígidos externos) fisicamente conectados ao computador. Cada unidade de armazenamento fisicamente conectada ao computador é identificada por uma letra e, em alguns casos, por uma descrição. O disco rígido primário do computador (aquele em que o sistema operacional está instalado) é quase sempre identificado pela letra C. (Por tradição, as letras *A* e *B* são reservadas para unidades de disquete, que foram substituídas por mídias de maior capacidade de armazenamento.) Se o computador tiver discos rígidos internos adicionais, eles são atribuídos às próximas letras, seguidos por qualquer unidade de mídia removível.

> **DICA** Não é possível atribuir uma letra da unidade específica para uma unidade local no Explorador de Arquivos, mas você pode nomear cada unidade. Para obter informações, consulte o quadro "Altere o nome do computador" no Capítulo 7.

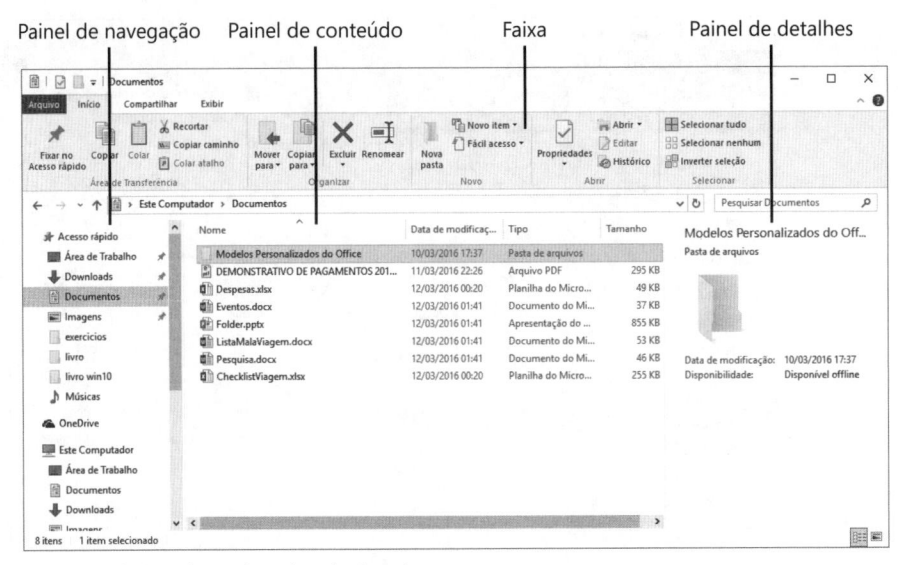

O layout da janela Explorador de Arquivos

Para explorar o sistema de armazenamento do computador, você pode usar a janela Este Computador como um ponto de entrada conveniente. Os dispositivos representados em Este Computador dividem-se em grupos. Unidades de disco rígido internas (aquelas fisicamente instaladas no computador) e unidades de disco rígido externas (aquelas conectados ao computador por um cabo) são mostradas primeiro, seguidas de unidades de armazenamento removíveis internas (disquete, CD e DVD) e dispositivos de armazenamento removíveis externos (como unidades flash USB) e locais de armazenamento que você acessar via conexão de rede. Para cada unidade ou dispositivo, o espaço total de armazenamento e o espaço disponível de armazenamento são mostrados, tanto por meio de informações reais quanto visualmente, como uma barra de progresso colorida. O comprimento da barra de progresso indica a parte em uso do espaço total de armazenamento. A cor da barra padrão é azul-piscina; quando menos de 10% do espaço de armazenamento em um disco ou dispositivo estiver disponível, a cor da barra muda para vermelho.

O layout da janela do Explorador de Arquivos inclui os seguintes elementos:

- **A faixa de opções** Essa interface de comando tem comandos organizados em grupos nas guias. Discutiremos as abas da faixa de opções e do menu Arquivo neste tópico mais adiante.

- **Painel de navegação** Esse painel vertical é aberto por padrão no lado esquerdo da janela. Ele exibe uma visualização hierárquica das estruturas físicas e virtuais de armazenamento disponíveis para o computador.

CAPÍTULO 3   Gerenciamento de pastas e arquivos   103

Você pode navegar para pastas e arquivos no computador ou na rede clicando em locais neste painel.

- **Painel de conteúdo** Esse painel principal exibe o conteúdo da pasta selecionada como uma lista textual ou icônica. Você não pode fechar o Painel de conteúdo.

- **Painel de detalhes** Esse painel exibe informações sobre o arquivo ou pasta selecionada.

- **Painel de visualização** Esse painel exibe uma visualização do arquivo selecionado no painel de conteúdo. O Painel de visualização pode exibir o conteúdo de arquivos de imagem, documentos do Microsoft Word, pastas de trabalho do Excel, apresentações do PowerPoint, arquivos PDF e outros tipos de arquivos comuns.

Você pode exibir o Painel de detalhes ou o Painel de visualização no lado direito da janela ou você pode fechar os dois. Para obter mais informações, consulte "Altere as opções de exibição do Explorador de Arquivos" mais adiante neste capítulo.

Guias padrão da faixa de opções

A faixa de opções do Explorador de Arquivos inclui o menu Arquivo, um conjunto de guias padrão, abas exibidas para pastas específicas e guias que aparecem apenas quando tipos específicos de itens estão selecionados. Essas guias contextuais, também chamadas de guias de ferramenta, hospedam comandos que você precisa somente quando você seleciona um item desse tipo. As guias de ferramenta são abordadas na seção "Guias de ferramenta" neste tópico.

Os elementos da faixa de opções padrão são:

- **Menu Arquivo** O menu Arquivo exibe comandos no painel esquerdo e uma lista de pastas recentemente ou frequentemente exibidas à direita.

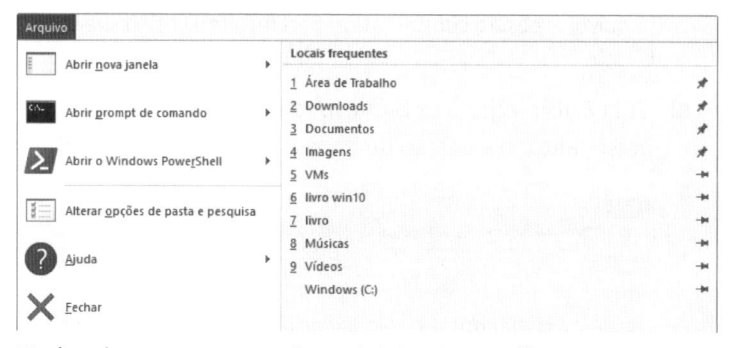

Você pode executar comandos e abrir locais específicos no menu Arquivo

> **DICA** O mais útil dos comandos disponíveis é Alterar opções de pasta e pesquisa, que veremos mais adiante neste capítulo.

Você pode fixar locais à lista de locais frequentes clicando no ícone do "pin". Locais fixados ficam no topo da lista.

- **Guia Início** A guia Início está disponível quando o Explorador de Arquivos exibe outra coisa além de Este Computador, Rede e nós do Grupo Doméstico.

Comandos comumente usados são agrupados na guia Início

- **Guia Compartilhar** A guia Compartilhar fornece várias maneiras de compartilhar uma pasta ou arquivo com outras pessoas. Essas opções incluem enviar cópia de um arquivo para outras pessoas ou compartilhar sua localização com outras pessoas que estão na rede.

Além das opções de compartilhamento, a guia Compartilhar fornece comandos de impressão, gravação de um arquivo em disco e compactação de um arquivo

> **DICA** A lista Compartilhar com está ativa somente quando uma pasta é selecionada. Você não pode optar por compartilhar somente um arquivo. Para obter mais informações sobre o compartilhamento de arquivos e pastas, consulte "Compartilhe arquivos na sua rede" no capítulo 7.

- **Guia Exibir** A guia Exibir hospeda os comandos que você pode usar para personalizar a exibição de itens na janela do Explorador de Arquivos.

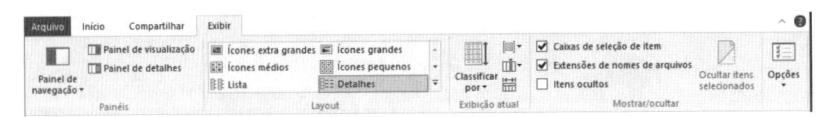

Utilize os comandos da guia Exibir para personalizar a janela do Explorador de arquivos conforme suas preferências de trabalho

A guia Início fornece acesso aos comandos mais comumente utilizados no Explorador de Arquivos. Muitos deles são tratados com mais profundidade ainda neste capítulo, mas alguns merecem uma menção rápida, como os seguintes:

- **Fixar no acesso rápido** Adiciona a pasta selecionada à lista de acesso rápido na parte superior do Painel de navegação. Essa lista está disponível nos aplicativos e no Explorador de Arquivos.

- **Fácil acesso** Esse comando exibe um menu que oferece várias formas de tornar a localização atual mais facilmente acessível.

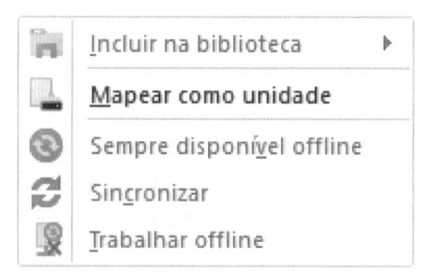

Menu Fácil acesso

- **Abrir e editar** Quando uma pasta é selecionada no Painel de conteúdo, clicar no botão Abrir expande a pasta. O botão Editar é desabilitado. Quando um arquivo editável (como um documento do Word) é selecionado no Painel de conteúdo, ambos os botões Abrir e Editar abrem o arquivo no programa de origem (Word, nesse caso). A diferença é que quando você clica na *seta* ao lado de Abrir, você obtém uma lista de todos os programas conhecidos do Explorador de Arquivos que podem abrir esse tipo de arquivo e uma opção para escolher um como padrão.

- **Histórico** Exibe o arquivo atual no visualizador do Histórico de Arquivos.

> **CONSULTE TAMBÉM** Para obter informações sobre o histórico de versões de arquivos, consulte "Faça backup dos dados usando o Histórico de Arquivos", no Capítulo 12.

A guia Exibir fornece acesso a vários comandos que você pode usar para personalizar o Explorador de Arquivos para atender às suas preferências. Muitas dessas guias são tratadas em maior detalhe em "Altere as opções de exibição do Explorador de Arquivos" mais adiante neste capítulo.

Os comandos a seguir são os mais utilizados:

- **Painel de navegação** Clique aqui para exibir uma lista de recursos do painel de navegação que você pode ativar ou desativar, incluindo a própria exibição do painel.

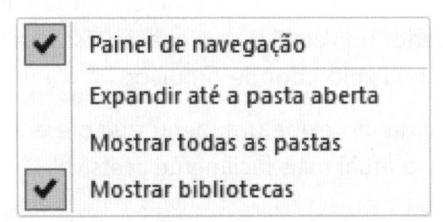

Opções do painel de navegação

- **Painéis de visualização e de detalhes** Você pode exibir qualquer um deles, mas somente um de cada vez. O painel ativo é exibido no lado direito do Explorador de Arquivos. Quando o Painel de visualização está ativo, clicar em um arquivo exibe o conteúdo do arquivo no painel de visualização. Se o painel de detalhes estiver ativo, clicar em um arquivo exibe seu ícone e informações do arquivo, como o tamanho dele.

- **Comandos de layout** Esses comandos determinam se os arquivos são exibidos como ícones de vários tamanhos ou um dos dois tipos de lista.

> **DICA** Você pode alternar rapidamente entre uma lista detalhada e uma visualização de ícones grandes usando os ícones no canto inferior direito da janela do Explorador de Arquivos.

- **Comandos da exibição atual** Classificar por permite que você selecione a coluna de classificação. Você também pode fazer isso clicando no título de uma coluna. Clique novamente para inverter a classificação. Clique em Agrupar por e Adicionar colunas para ver as opções para cada uma.

- **Comandos de Mostrar/ocultar** As três caixas de seleção em Mostrar/Ocultar ativam e desativam a exibição dos respectivos itens. Você pode selecionar um ou mais itens (arquivos ou pastas) e clicar em Ocultar itens selecionados para marcá-los como ocultos. Marque ou desmarque a caixa de seleção Itens ocultos para exibir ou ocultar no Painel de conteúdo. Para remover a opção de ocultar um item, primeiro exiba todos os itens ocultos, a seguir selecione o item oculto a ser reconfigurado e clique em Ocultar itens selecionados para desmarcar.

CAPÍTULO 3   Gerenciamento de pastas e arquivos   107

> ✓ **DICA**   Quando itens ocultos são exibidos no Painel de conteúdo, os ícones dos itens ocultos ficam um pouco esmaecidos para diferenciá-los dos itens que não estão ocultos. O botão Ocultar itens selecionados está ativo quando arquivos ocultos estão selecionados.

- **Opções**   O comando Opções exibe a caixa de diálogo Opções de pasta, que discutiremos em "Altere as opções de exibição do Explorador de Arquivos" mais adiante neste capítulo.

Guias de ferramenta

As guias de ferramenta aparecem na faixa de opções quando locais específicos de armazenamento são exibidos ou tipos específicos de arquivos são selecionados. Guias de ferramenta são mostradas em grupos nomeados de uma ou mais guias. (No Windows, muitos grupos contêm apenas uma guia.) Uma guia colorida na barra de título exibe o nome do grupo da guia de ferramentas (Tool tab). A guia ou guias de ferramenta estão abaixo da guia do grupo e à direita das guias padrão. Por exemplo, quando você seleciona um arquivo de imagem, a guia de ferramentas Gerenciar do grupo Ferramentas de imagem é exibida; quando você seleciona um arquivo de áudio, a guia de ferramentas Reproduzir do grupo Ferramentas de Música é exibida; e quando você seleciona uma pasta compactada (um arquivo .zip), a guia de ferramentas Extrair do grupo Ferramentas de pasta compactada é exibida.

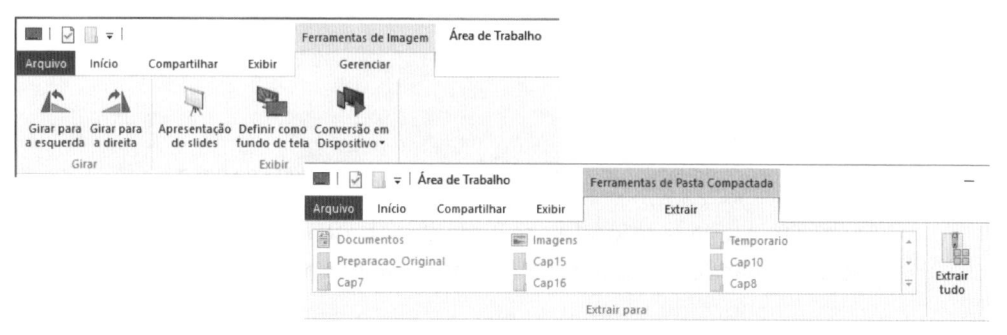

As guias de ferramenta hospedam comandos que são específicos para trabalhar com o tipo de arquivo selecionado

> ✓ **DICA**   As guias de ferramenta aparecem ao selecionar vários arquivos do mesmo tipo, mas não quando você seleciona vários tipos de arquivos.

Teoricamente, existem mais de 200 guias de ferramenta, cada uma com sua própria combinação de comandos. Os locais de armazenamento que têm suas próprias guias incluem Este Computador, Unidade, Rede, Grupo doméstico, Pesquisa, Bibliotecas e Lixeira. Os tipos de arquivo que exibem guias de ferramenta quando você seleciona-os incluem arquivos ISO, ZIP, Imagem, Áudio, Vídeo e Atalho.

Por exemplo, ao clicar em Este Computador no Explorador de Arquivos, as guias Início e Compartilhar são substituídas pela guia Computador. Essa guia contém links para funções comuns e utilitários que você pode usar para gerenciar o computador. Você pode apontar para cada comando na guia Computador para exibir uma dica de tela explicando a finalidade.

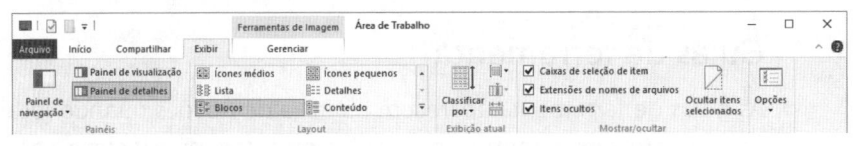

Faixa de Opções do Explorador de Arquivos para Este Computador

> **DICA** Alguns desses comandos abrem em uma nova janela e substituem o conteúdo do Explorador de Arquivos. Pode ser confuso. Procure pelo botão Voltar na janela antes de clicar em Fechar; caso contrário, você pode fechar o Explorador de Arquivos.

Quando você clica em uma unidade de disco rígido no Painel de navegação, a guia de ferramentas Gerenciar do grupo Ferramentas de Unidade é exibida.

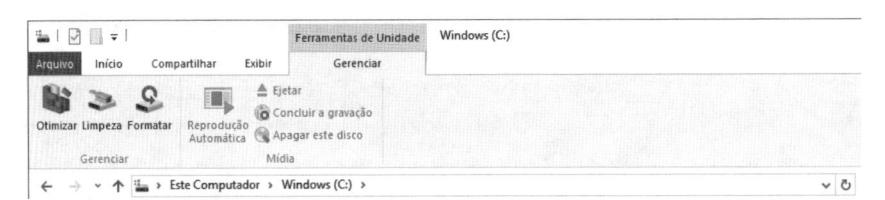

Faixa de opções do Explorador de Arquivos para uma unidade de disco

Se você tem uma rede local, você pode clicar no ícone dela no Painel de navegação. Comandos adequados à rede são exibidos na guia Rede.

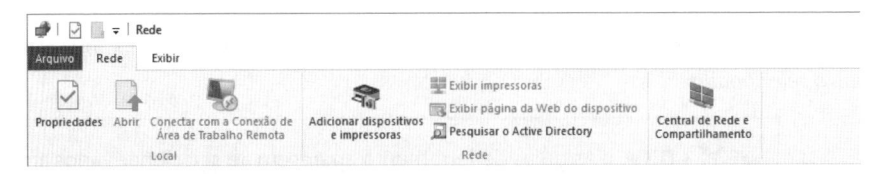

Faixa de Opções do Explorador de Arquivos para uma rede

Até mesmo a Lixeira tem sua própria guia de ferramentas. Quando você clicar duas vezes no ícone da Área de trabalho para a Lixeira, a guia Gerenciar do grupo Ferramentas de Lixeira é exibida na faixa de opções.

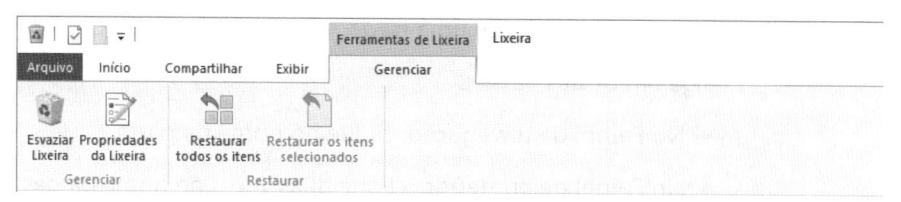

A faixa de opções Explorador de Arquivos para a Lixeira

Dessa guia de ferramentas, você pode esvaziar a Lixeira ou restaurar itens excluídos.

Barra de navegação e de pesquisa

A barra de navegação e pesquisa é exibida logo abaixo da faixa de opções.

Clique no ícone de pasta para exibir o caminho exato

Você pode usar os comandos na barra para navegar rapidamente pela estrutura da pasta.

À direita, logo após as setas de navegação de pasta fica a barra de endereços. A barra de endereços exibe um ícone e o caminho completo para a pasta atual. Cada item no caminho tem uma "seta para o lado" depois dele. Se você clicar em uma seta, as pastas dentro desse item são exibidas, e você pode clicar em uma para abri-la. Você pode arrastar o ícone para outro local, como a área de trabalho, para criar um atalho para essa pasta no local. Você pode clicar com o botão direito do mouse em qualquer lugar na barra de endereços para exibir o menu de atalho.

À direita da barra de endereços está o botão Atualizar e a caixa de pesquisa. Clicar no botão Atualizar é o mesmo que pressionar F5: ele atualiza a exibição. A caixa de pesquisa é um dos locais especiais que produz uma guia de ferramentas. A pesquisa é discutida em mais detalhes em "Encontre arquivos específicos", mais adiante neste capítulo.

Para iniciar o Explorador de Arquivos

1. Siga um destes passos:

    - No menu **Início**, clique em **Explorador de Arquivos**.
    - Na barra de tarefas, clique no botão **Explorador de Arquivos**.
    - Pressione **Win+E**.

Para exibir o conteúdo de uma pasta no Explorador de Arquivos

1. Siga um destes passos:
   - No **Painel de navegação**, clique no nome da pasta.
   - No **Painel de conteúdo**, clique duas vezes no nome da pasta.

Para expandir ou recolher uma pasta no Painel de navegação

1. Clique duas vezes na pasta ou clique no símbolo à esquerda do nome da pasta.

Para se mover dentro uma lista de locais recentes

1. Na extremidade esquerda da barra de **navegação e pesquisa**, clique nos botões **Voltar** e **Avançar**.

Para se mover diretamente para um local

1. No **Explorador de Arquivos**, na barra de **navegação e pesquisa**, siga um destes passos:
   - Clique no botão **locais recentes** (a seta para baixo na extremidade esquerda da barra, entre os botões Avançar e Para cima) para exibir um menu de locais recentes.
   - Clique no botão **Locais anteriores** (a seta para baixo na extremidade direita da caixa de endereço) para exibir um menu de locais anteriores.
2. Clique no local que você deseja se mover para.

> **DICA** Você pode colar ou digitar um caminho de pasta diretamente na barra de endereços em uma caixa de diálogo para exibir aquele local.

Para se mover para uma pasta acima do caminho atual

1. No Explorador de Arquivos, na barra de **navegação e pesquisa**, clique no botão **Para cima** (a seta para cima à esquerda da caixa de endereço).

Bibliotecas

A pasta Bibliotecas que, opcionalmente, é exibida no painel de navegação do Explorador de Arquivos é mais conceitual do que a maioria das outras pastas. Em vez de conter arquivos e pastas, aponta para pastas que podem existir no disco rígido, em uma unidade USB, ou até mesmo em um disco rígido no computador de outra pessoa em uma rede que você pode acessar.

> **DICA** Você pode controlar a exibição das bibliotecas indo para a guia Exibir do Explorador de Arquivos, clicando em Painel de navegação e marcando ou desmarcando a caixa de seleção Mostrar bibliotecas.

As bibliotecas são atalhos para pastas que você pode navegar individualmente, mas para as quais você quer ter acesso mais rápido. Por exemplo, a Biblioteca de documentos pode incluir ponteiros para sua pasta de documentos particulares, para a pasta de documentos públicos e para a pasta de documentos do OneDrive. Quando você adiciona um arquivo a uma dessas pastas, e ele é indexado, é exibido na biblioteca de documentos.

> **CONSULTE TAMBÉM** Para obter informações sobre índices de pesquisa, consulte "Encontre arquivos específicos" mais adiante neste capítulo, e "Pesquise seu computador e a Web" no Capítulo 11.

Uma das vantagens de adicionar pastas para suas bibliotecas é que a pasta Bibliotecas e todas as pastas para as quais ela aponta são incluídas por padrão nos backups do Histórico de arquivos.

> **CONSULTE TAMBÉM** Para obter informações sobre o Histórico de arquivo, consulte "Faça backup dos dados usando o Histórico de Arquivos" no Capítulo 12.

Você pode adicionar novas pastas a bibliotecas existentes e criar novas bibliotecas.

> **DICA** Para ver o que está atualmente incluído em uma biblioteca, clique duas vezes no nome da biblioteca. Isso abre uma lista de locais no Painel de conteúdo.

Se você deseja armazenar uma pasta em uma biblioteca, para que ela tenha backup regularmente, mas não precisa acessá-la com frequência, você pode ocultar a pasta na biblioteca.

Para exibir ou ocultar as bibliotecas no Painel de navegação

1. No Explorador de Arquivos, na guia **Exibir**, no grupo **Painéis**, clique no botão **Painel de navegação** e clique em **Mostrar bibliotecas**.

Para criar uma biblioteca

1. No Explorador de Arquivos, exiba o nó **Bibliotecas**.

2. Clique com o botão direito do mouse no nó **Bibliotecas** ou em uma área vazia do **Painel de conteúdo**, e clique em **Nova Biblioteca** para criar a biblioteca com o nome selecionado para a edição.

3. Digite um nome para a nova biblioteca e pressione **Enter**.

O ícone permanece neutro até você escolher um tipo de conteúdo

Para adicionar uma pasta em uma biblioteca

1. No Explorador de Arquivos, abra a biblioteca. Se a biblioteca não contém pelo menos uma pasta, ela exibe um botão rotulado como Incluir uma pasta.

2. Clique no botão **Incluir uma pasta** para abrir a caixa de diálogo Incluir pasta para a biblioteca. Pesquise e selecione a pasta que você deseja incluir e clique no botão **Incluir pasta** para adicionar a pasta na biblioteca.

Ou

1. No Explorador de Arquivos, exiba o nó **Bibliotecas**.

2. No **Painel de conteúdo**, selecione a biblioteca para a qual você deseja adicionar uma pasta.

3. Na guia de ferramentas **Gerenciar**, no grupo **Gerenciar**, clique em **Gerenciar biblioteca** para abrir a caixa de diálogo Locais na biblioteca específica para esta biblioteca.

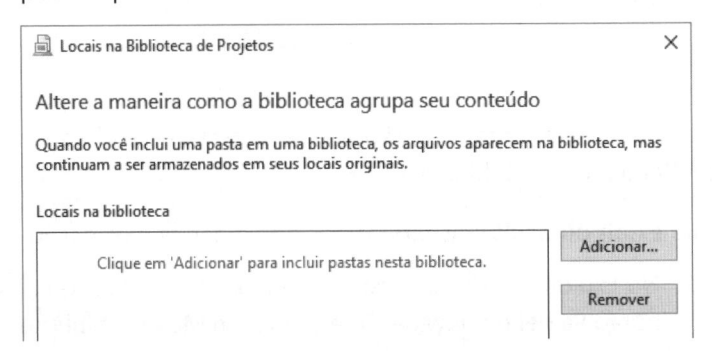

Você pode adicionar pastas de qualquer local conectado

4. Clique no botão **Adicionar** para abrir a caixa de diálogo Incluir pasta na biblioteca. Pesquise e selecione a pasta que você deseja incluir e clique no botão **Incluir pasta** para adicionar a pasta na biblioteca. Depois clique em **Ok** para fechar a caixa de diálogo.

Ou

1. No Explorador de Arquivos, clique com o botão direito do mouse na biblioteca e clique em **Propriedades** para exibir a caixa de diálogo Propriedades da biblioteca.

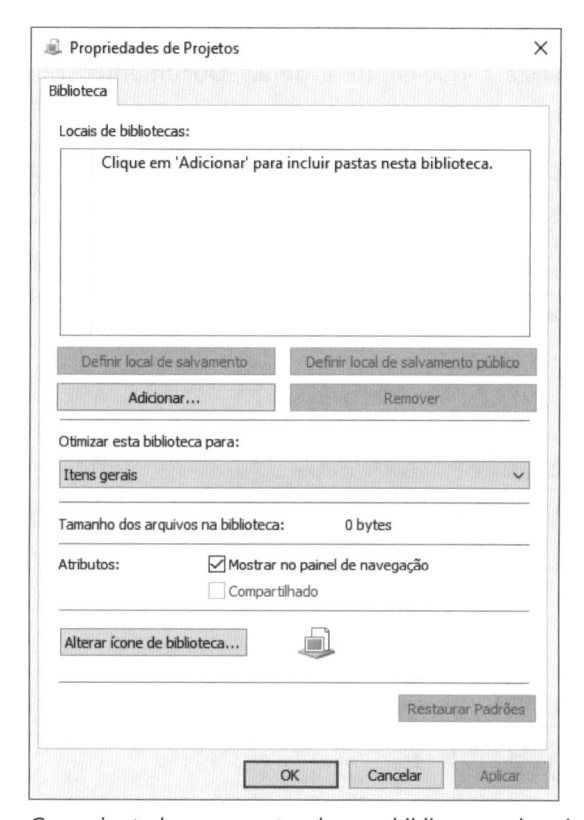

Gerenciar todos os aspectos de uma biblioteca pela caixa de diálogo Propriedades

2. Sob **Locais de bibliotecas**, clique no botão **Adicionar** para abrir a caixa de diálogo Incluir pasta na biblioteca. Pesquise e selecione a pasta que você deseja incluir e clique no botão **Incluir pasta** para adicionar a pasta na biblioteca.

3. Faça outras alterações que você desejar na caixa de diálogo e clique em **Aplicar** ou **Ok**.

Para otimizar uma pasta para um tipo de arquivo

1. Abra a caixa de diálogo **Propriedades** da biblioteca.
2. Na lista **Otimizar esta biblioteca para**, clique em **Itens gerais**, **Documentos**, **Música**, **Fotos** ou **Vídeos**. Clique depois em **Aplicar** ou **Ok**.

Ou

1. No Explorador de Arquivos, exiba o nó **Bibliotecas**.
2. Selecione a biblioteca que você deseja otimizar.
3. Na guia de ferramentas **Gerenciar**, clique em **Otimizar biblioteca para** e, depois, na lista, clique em **Itens gerais**, **Documentos**, **Músicas**, **Imagens** ou **Vídeos**.

Para alterar o ícone da pasta de uma biblioteca personalizada

1. Abra a caixa de diálogo **Propriedades** da biblioteca.
2. Clique no botão **Alterar ícone de biblioteca** para abrir a caixa de diálogo Alterar ícone.

Escolha entre quase 400 ícones

3. Role o painel de ícones, clique no ícone que você deseja usar e clique em **OK**. Na caixa de diálogo **Propriedades**, clique em **Aplicar** ou **OK**.

Ou

1. No Explorador de Arquivos, selecione a biblioteca que você deseja otimizar.

2. Na guia de ferramentas **Gerenciar**, clique em **Alterar ícone**.

3. Na caixa de diálogo **Alterar ícone**, role o painel de ícones, clique no ícone que deseja usar e, em seguida, clique em **OK**.

Para remover uma pasta de uma biblioteca

1. Siga um destes passos:
   - Abra a caixa de diálogo **Propriedades** da biblioteca, clique na pasta e clique em **Remover**. Clique depois em **Aplicar** ou **OK**.
   - Abra a caixa de diálogo **Locais na biblioteca** da biblioteca, clique na pasta e em **Remover**. Em seguida, clique em **OK**.

Para ocultar uma biblioteca no painel de navegação

1. Na caixa de diálogo **Propriedades** da biblioteca, desmarque a caixa de seleção **Mostrar no painel de navegação**. Clique depois em **Aplicar** ou **OK**.

> ✓ **DICA** Você pode ocultar uma pasta que está em uma biblioteca criada pelo sistema para que a pasta apareça no painel de conteúdo, mas não no painel de navegação. Para ocultar uma pasta de uma biblioteca apenas do painel de navegação, expanda a biblioteca e clique com o botão direito do mouse na pasta no painel de navegação e, em seguida, clique em Não mostrar no painel de navegação. Para não ocultar mais a pasta, exibi-a no Painel de conteúdo, clique nela e depois em Mostrar no painel de navegação.

Altere as opções de exibição do Explorador de Arquivos

O Windows 10 oferece várias maneiras de personalizar a exibição do Explorador de Arquivos para adequar a maneira com a qual você trabalha.

Como exibir e ocultar painéis

Cada painel da janela do Explorador de Arquivos exibe um tipo específico de informação. Você pode exibir e ocultar alguns painéis para exibir ou ocultar informações, ou para alterar o espaço disponível para o painel de conteúdo. Por exemplo, se suas pastas normalmente contêm muitos arquivos e você é adepto da navegação usando a barra de endereço, você pode querer ocultar os painéis de navegação, de detalhe e de visualização para que o painel de conteúdo ocupe toda a janela da pasta.

Para exibir ou ocultar o painel de navegação

1. No Explorador de Arquivos, na guia **Exibir**, no grupo **Painéis**, clique no botão **Painel de navegação**.

2. Marque ou desmarque a caixa de seleção do **Painel de navegação** para exibir ou ocultar o painel.

Para exibir ou ocultar o Painel de visualização

1. Siga um destes passos no Explorador de Arquivos:

   - Pressione **Alt+P**.
   - Na guia **Exibir**, clique no botão **Painel de visualização**.

Para exibir ou ocultar o Painel de detalhes

1. Siga um destes passos no Explorador de Arquivos:

   - Pressione **Alt+Shift+P**.
   - Na guia **Exibir**, clique no botão **Painel de detalhes**.

> ✓ **DICA** Você pode alterar a largura de um painel, apontando para sua margem e, quando o ponteiro muda para uma seta com duas pontas, arrastando na direção que você quer para aumentar ou diminuir o tamanho. Essa técnica é útil se você deseja exibir mais informações em um painel sem fechar os outros painéis.

Como exibir diferentes visualizações de pastas e arquivos

Você usa comandos na guia Exibir para definir o layout, a ordem de classificação, agrupamento e colunas que são exibidas no painel de conteúdo. Você pode optar por exibir uma coluna de caixa de seleção (as caixas aparecem somente quando você aponta para ou seleciona itens), extensões de nome de arquivo e arquivos ocultos.

> ✓ **DICA** As opções de layout que você definir se aplicam somente à pasta atual. As definições de exibir/ocultar se aplicam a todas as pastas. Você pode aplicar algumas configurações a todas as pastas do mesmo tipo na caixa de diálogo Opções que é exibida quando você clica no comando Opções na extremidade direita da guia Exibir

Quando o Painel de detalhes está aberto, ele exibe informações detalhadas ao selecionar um único arquivo. Ao selecionar mais arquivos, o Painel de detalhes exibe o número de itens selecionados, o tamanho total dos arquivos e outros tipos de informações.

```
4 itens selecionados

[imagem de cachorro]

Tirada Em:        15/04/2016 10:31
Marcas:           Adicionar uma ...
Classificação:    ☆ ☆ ☆ ☆ ☆
Dimensões:        (diversos valores)
```

Detalhes de imagens selecionadas

Se você adicionar uma pasta à seleção, a visualização muda para apenas o número de itens selecionados (a pasta é contabilizada como um item, independentemente do número de subpastas e arquivos nela) e uma pilha de ícones.

Diferentes visualizações são adequadas para diferentes tarefas. Por exemplo, quando você está procurando um gráfico específico entre aqueles armazenados em uma pasta, pode ser útil ser capaz de ver miniaturas gráficas no Painel de conteúdo.

Os modos de visualização disponíveis incluem o seguinte:

- **Ícones** Os quatro modos de exibição de ícones (Extra grandes, grandes, médios e pequenos) mostram um ícone e o nome de cada pasta ou arquivo na pasta atual. Em todos, menos no modo de exibição Pequenos, os ícones exibem o tipo de arquivo ou, no caso de arquivos gráficos (incluindo apresentações em PowerPoint), uma representação do conteúdo do arquivo.

- **Lista** Este modo de exibição é similar ao modo de exibição de ícones pequenos, em que mostra os nomes dos arquivos e pastas, acompanhados por um pequeno ícone que representa o tipo de arquivo. A única diferença é que os itens são organizados em colunas em vez de linhas.

- **Detalhes** Este modo exibe uma lista de arquivos e pastas, cada uma acompanhada de um ícone pequeno que representa o tipo de item e suas propriedades, dispostas em um formato tabular, com títulos de coluna. As propriedades exibidas por padrão para cada arquivo ou pasta são o Nome, Data de modificação, Tipo e Tamanho. Você pode ocultar qualquer uma dessas propriedades e exibir uma variedade de outras propriedades que podem ser pertinentes a tipos específicos de arquivos, incluindo o Autor e o Título.

- **Blocos** Para pastas, este modo exibe um ícone de tamanho médio e o nome e tipo da pasta. Para arquivos, o ícone indica o tipo de arquivo e é acompanhado pelo nome do arquivo, tipo e tamanho do arquivo.

- **Conteúdo** Para pastas, este modo exibe um ícone, o nome da pasta e os dados. Para arquivos, o ícone indica o tipo de arquivo e é acompanhado pelo nome, tipo, tamanho e data do arquivo.

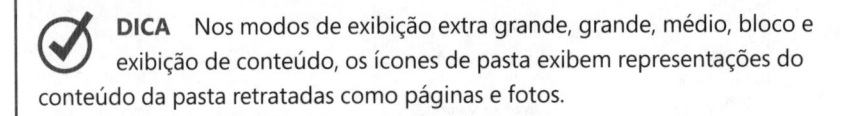

> ✓ **DICA** Nos modos de exibição extra grande, grande, médio, bloco e exibição de conteúdo, os ícones de pasta exibem representações do conteúdo da pasta retratadas como páginas e fotos.

Para alterar o modo de exibição da pasta

1. Siga um destes passos no Explorador de Arquivos:

    - Na guia **Exibir**, no grupo **Layout**, clique em uma opção de layout.

    > ✓ **DICA** Se você apontar para um dos layouts de exibição, o painel de conteúdo exibe temporariamente esse layout.

    - Clique com o botão direito do mouse em um local vazio no painel de conteúdo, aponte para **Exibir** e selecione um modo de exibição na lista.

    - No canto inferior direito do painel de conteúdo, clique em **Detalhes** ou no botão **Ícones grandes**.

> ✓ **DICA** Você pode otimizar uma pasta para um modo de exibição específico na guia Personalizar da caixa de diálogo das propriedades da pasta. Assim, você define a exibição padrão para a pasta. Você pode selecionar um modo de exibição diferente a qualquer momento, usando uma das técnicas listadas aqui.

Para exibir o conteúdo da pasta como ícones

1. Na guia **Exibir**, no grupo **Layout**, clique em **Ícones extra grandes, Ícones grandes, Ícones médios** ou **Ícones pequenos**.

Para exibir o conteúdo da pasta como uma lista de itens e suas propriedades

1. Na guia **Exibir**, no grupo **Layout**, clique em **Detalhes**.

Para adicionar, remover ou reorganizar as colunas no modo de exibição de detalhes

1. No Explorador de Arquivos, exiba o conteúdo da pasta como uma lista detalhada.
2. Na guia **Exibir**, no grupo **Exibição atual**, clique em **Adicionar colunas**.

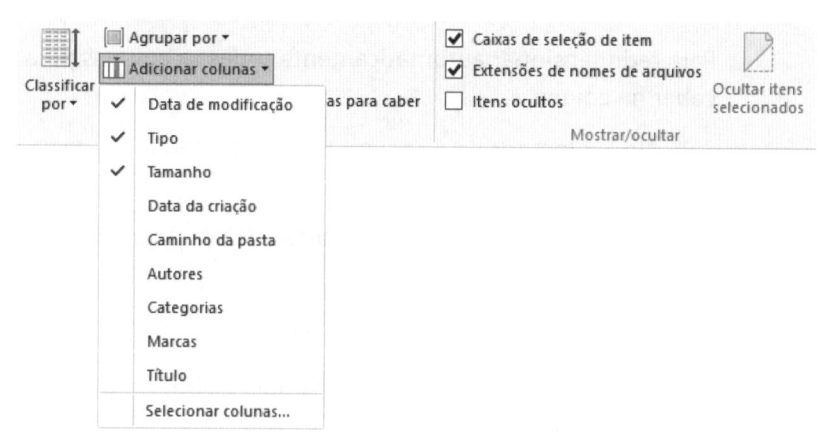

Uma marca de seleção indica que a coluna já é exibida no painel de conteúdo

3. Clique em **Selecionar colunas...** na parte inferior da lista para abrir a caixa de diálogo Escolher Detalhes. Se um nome de coluna tem uma marca de seleção à esquerda de seu nome, ele já está sendo exibido no Painel de conteúdo.
4. Siga um destes passos:
   - Clique no nome de uma coluna para adicionar ou remover a marca de seleção, que adiciona ou remove a coluna do Painel de conteúdo.
   - Selecione o nome de uma coluna e clique no botão **Mostrar** ou **Ocultar** para exibir ou ocultar a coluna no Painel de conteúdo.
   - Selecione um nome de coluna e use o botão **Mover para cima** ou **Mover para baixo** para mover a coluna mais para cima ou para baixo da lista, que também moverá a coluna à esquerda ou à direita no Painel de conteúdo.

Para redimensionar uma coluna no modo de exibição de detalhes

1. No Explorador de Arquivos, aponte para a linha entre os títulos das colunas e, quando o ponteiro do mouse mudar para uma seta de duas pontas, siga um destes passos:

    - Arraste para a esquerda para estreitar a coluna.
    - Arraste para a direita para alargar a coluna.
    - Clique duas vezes para redimensionar a coluna, para o maior item caber na coluna.

Para redimensionar automaticamente todas as colunas para o maior item caber na coluna

1. No Explorador de Arquivos, exiba o conteúdo da pasta como uma lista detalhada.
2. Na guia **Exibir**, no grupo **Exibição atual**, clique em **Dimensionar todas as colunas para caber**.

Para mostrar ou ocultar itens ocultos

1. No Explorador de Arquivos, na guia **Exibir**, no grupo **Mostrar/ocultar**, Siga um destes passos:

    - Marque ou desmarque **Caixa de seleção de item** para ativar ou desativar a exibição de caixas de seleção quando você apontar para ou selecionar um item.
    - Marque ou desmarque a caixa de seleção **Extensões de nomes de arquivos** para exibir ou ocultar cada extensão de nome de arquivo (por exemplo: .doc).
    - Marque ou desmarque a caixa de seleção **Itens ocultos** para mostrar ou não os itens ocultos.

Conteúdo da pasta de grupo

Por padrão, as pastas e arquivos no Painel de conteúdo não são agrupados. Eles são exibidos como itens individuais que são exibidos em ordem alfabética pelo nome, com as subpastas listadas na parte superior e os arquivos logo abaixo. Você pode agrupar itens em qualquer modo de exibição, por qualquer atributo disponível, e também pode alterar o modo de exibição de uma pasta que atualmente está com seus itens agrupados. Em uma janela da biblioteca, você pode agrupar itens por autor, data de modificação, marca, tipo de arquivo ou nome do arquivo.

O menu Agrupar por da guia Exibir mostra as opções de agrupamento disponíveis.

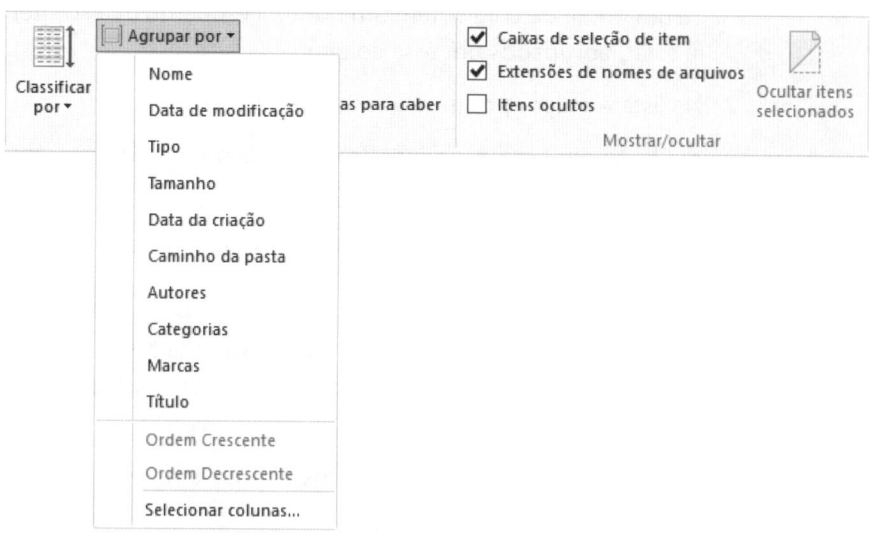

Você pode agrupar por qualquer atributo, independentemente de ele estar exibido na janela

As opções básicas incluem Nome, Data de modificação, Tipo, Tamanho, Data da criação, Autores, Marcas, Título e Selecionar colunas. Você pode clicar em Selecionar colunas para especificar as colunas que são exibidas no Painel de conteúdo e selecionar uma destas para agrupar por ela.

> **DICA** Alterar o layout, tipo, agrupamento ou outros atributos de uma pasta não afeta sua aparência em uma biblioteca. Bibliotecas controlam de forma independente a aparência do conteúdo da pasta.

Para agrupar arquivos

1. Na guia **Exibir**, no grupo **Exibição atual**, clique no botão **Agrupar por**. Se um nome de coluna tem um ponto à esquerda dele, os itens na pasta já estão agrupados por essa coluna.

2. Na lista **Agrupar por**, siga um destes passos:

    - Clique em uma propriedade de arquivo para agrupar itens por essa propriedade.

    - Clique em **Selecionar colunas** e em uma propriedade de arquivo.

Ou

1. Clique com o botão direito do mouse em uma área vazia do **Painel de Conteúdo** e aponte para **Agrupar por** e clique em **Mais...**

2. Na caixa de diálogo **Escolher detalhes**, selecione a propriedade pela qual você quer agrupar os arquivos e clique em **OK**.

Para remover um agrupamento de arquivo

1. Na guia **Exibir**, no grupo **Exibição atual**, clique no botão **Agrupar por** e em **(Nenhum)** na parte inferior da lista.

Como classificar e filtrar o conteúdo da pasta

Se você agrupar pastas e arquivos, sua disposição geral muda, mas dentro de cada grupo a ordem de classificação permanece a mesma. Você pode alterar a ordem dos itens no painel de conteúdo, classificando-os por uma das propriedades exibidas no Modo de exibição de detalhes.

> **DICA** Se você escolher classificar o conteúdo em ordem crescente ou decrescente, os arquivos e pastas são classificados dentro do grupo.

O processo e as opções de classificação são semelhantes aos de agrupamento: você pode clicar no comando Classificar por no grupo Exibição atual na guia Exibir, ou você pode clicar com o botão direito do mouse em uma área em branco no Painel de conteúdo e selecionar Classificar por. Embora as duas opções sejam muito semelhantes, o comando da faixa de opções exibe mais algumas opções.

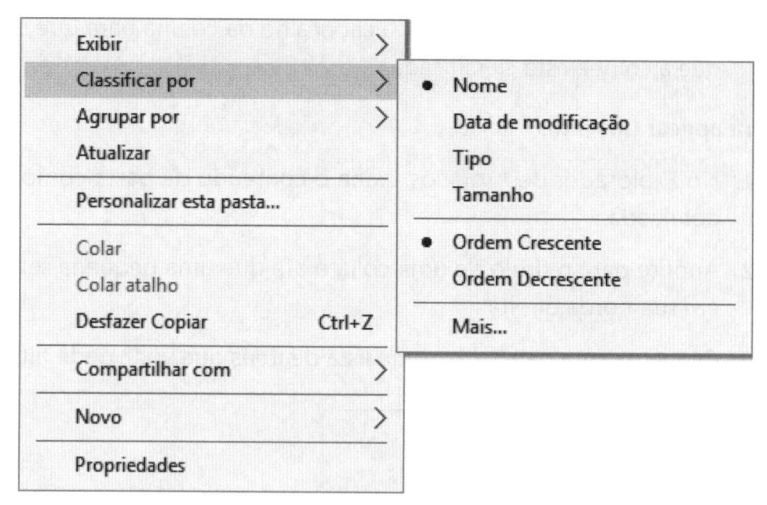

Você pode classificar os arquivos facilmente no Modo de exibição de detalhes

Se você estiver exibindo a pasta no Modo de exibição de detalhes, você pode clicar em qualquer título de coluna para classificar o conteúdo dessa coluna. Clique novamente para reverter a ordem de classificação. Você também pode aplicar filtros para limitar a lista para apenas os itens que satisfaçam um ou mais critérios.

Para classificar arquivos

1. Na guia **Exibir**, no grupo **Exibição atual**, clique no botão **Classificar por** e Siga um destes passos:

    - Clique em **Nome** para classificar os itens em ordem alfabética pelo nome.

    - Clique em **Tipo** para classificar os itens em ordem alfabética pelo tipo de arquivo, como *Documento do Microsoft Word* ou *Arquivo jpg*.

    - Clique em **Data** para classificar os itens em ordem cronológica pela data de criação.

    - Clique em **Decrescente** para classificar os itens em ordem alfabética inversa ou em ordem numérica decrescente.

Para classificar itens na exibição de detalhes

1. Clique no nome da coluna pela qual você quer classificar.

    - Clicar no nome da coluna uma vez a classifica em ordem alfabética ou em ordem numérica crescente.

    - Clicar no nome da coluna uma segunda vez a classifica em ordem alfabética inversa ou em ordem numérica decrescente.

Uma seta aparece no meio do cabeçalho da coluna para que você saiba que a coluna está classificada.

Para aplicar um filtro

1. No Explorador de Arquivos, exiba o conteúdo da pasta como uma lista detalhada.
2. Aponte para o título de uma coluna até que uma pequena seta apareça em sua borda direita.
3. Clique na seta para exibir uma lista de itens que você pode filtrar.

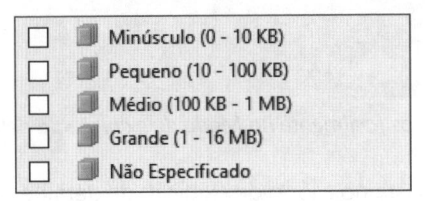

```
☐ 🗐 Minúsculo (0 - 10 KB)
☐ 🗐 Pequeno (10 - 100 KB)
☐ 🗐 Médio (100 KB - 1 MB)
☐ 🗐 Grande (1 - 16 MB)
☐ 🗐 Não Especificado
```

Opções de filtro para o tamanho da coluna

4. Marque uma caixa de seleção para mostrar apenas os itens na lista que correspondem ao filtro. Cada filtro é aplicado quando você clica, assim você pode imediatamente ver o impacto.

> **DICA** Você pode repetir a etapa 3 para aplicar filtros de outras colunas para o painel de conteúdo.

5. Clique fora da lista para fechá-la.

Alteração das opções de pasta

A maioria das opções de pasta comum que você pode querer alterar está incluída na faixa de opções do Explorador de Arquivos. No entanto, algumas menos comuns estão disponíveis quando você clica no comando Opções na extremidade direita da guia Exibir.

Na caixa de diálogo Opções de pasta, você pode personalizar as janelas de pastas mudando as configurações nestas duas guias:

- **Geral** Nesta guia, você pode alterar como você navega nas pastas, se clica uma ou duas vezes para abrir itens e como o painel de navegação comporta-se.

CAPÍTULO 3 Gerenciamento de pastas e arquivos

■ **Modo de Exibição** Nesta guia, você pode alterar o modo de exibição padrão para todas as pastas e alterar as configurações específicas de Mostrar/Ocultar. Por exemplo, na guia Modo de Exibição, você pode especificar se deseja mostrar a barra de tarefas na janela do Explorador de Arquivos.

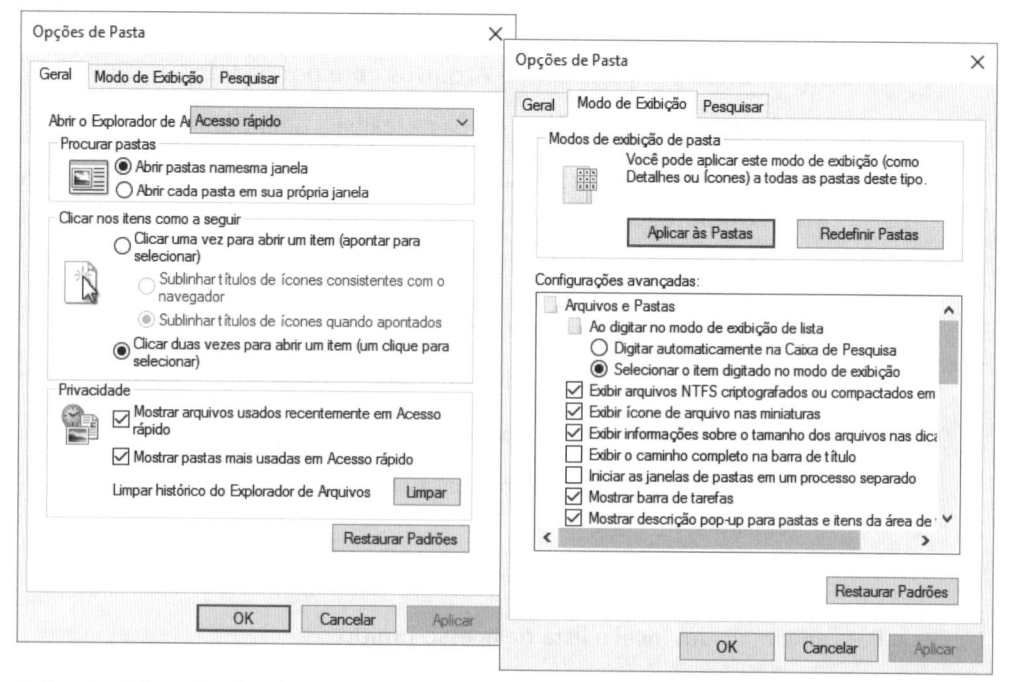

Caixa de diálogo Opções de pasta

> ✓ **DICA** Quando você começar a trabalhar no Windows 10, o modo de exibição padrão para cada pasta é determinado pelo seu tipo. Se você aplicar o modo de exibição de pasta atual para todas as pastas de um determinado tipo e depois mudar de ideia, você pode clicar em Redefinir pastas na guia Modo de exibição da caixa de diálogo Opções de pasta para restaurar os modos de exibição padrão conforme o tipo. Para obter informações sobre tipos de pasta, consulte "Trabalhe com propriedades de pasta e arquivo" mais adiante neste capítulo.

> ✓ **DICA** No Windows 10, um novo grupo chamado Acesso rápido foi adicionado na parte superior do Painel de navegação. Quando esta opção estiver selecionada, o Painel de conteúdo à direita exibe uma coleção de pastas frequentemente usadas e arquivos recentes para que você possa retornar rapidamente aos programas, arquivos ou locais que você costuma acessar com frequência. Podem ser pastas no computador, em uma rede de computadores ou em discos rígidos externos.

Para exibir a caixa de diálogo Opções de pasta

1. No Explorador de Arquivos, siga um destes passos:

    - No menu **Arquivo**, clique em **Alterar opções de pasta e pesquisa**.
    - Na guia **Exibir**, clique no botão **Opções**.

Para alterar onde o Explorador de Arquivos abre por padrão

1. Na caixa de diálogo **Opções de pasta**, exiba a guia **Geral**.
2. Clique na lista **Abrir Explorador para** e clique em **Acesso rápido** ou em **Meu Computador**.
3. Clique em **OK**.

Para alterar como você clica para abrir um item

1. Na caixa de diálogo **Opções de pasta**, na guia **Geral**, siga um destes passos:

    - Clique em **Clicar uma vez para abrir um item (apontar para selecionar)**.
    - Clique em **Clicar duas vezes para abrir um item (um clique para selecionar)**.

2. Clique em **OK**.

Para adicionar um local à lista de acesso rápido

1. Selecione a pasta no Explorador de Arquivos e siga um destes passos:

    - Na guia **Início**, no grupo **Área de transferência**, clique em **Fixar no Acesso rápido**.
    - No **Painel de Conteúdo**, clique com o botão direito do mouse na pasta e em **Fixar no Acesso rápido**.

Para ocultar itens na lista de acesso rápido

1. Na caixa de diálogo **Opções de pasta**, na guia **Geral**, siga um destes passos:

    - Desmarque a caixa de seleção **Mostrar arquivos usados recentemente em Acesso rápido**.
    - Desmarque a caixa de seleção **Mostrar pastas mais usadas em Acesso rápido**.

2. Clique em **OK**.

Crie e renomeie pastas e arquivos

Aplicativos como leitores de email e navegadores Web automaticamente armazenam arquivos em um local padrão, mas a maioria dos aplicativos permite que você especifique um local de armazenamento. Você poderia salvar tudo na pasta Documentos, mas logo ficaria difícil de manejar. O ideal é você usar um sistema lógico para nomear e organizar pastas e arquivos, de forma que possa sempre encontrar o que precisa.

Uma abordagem comum é armazenar todos seus arquivos privados em subpastas da pasta Documentos e armazenar todos os arquivos que você pretende compartilhar com outros em subpastas da pasta Documentos públicos. Uma vantagem dessa abordagem é que o Windows automaticamente pode fazer backup desses locais para o OneDrive ou para um disco rígido externo.

Será muito mais fácil localizar arquivos no computador, se eles estiverem organizados de forma lógica e com nomes que de forma breve, mas clara, descrevem o conteúdo.

Para criar uma pasta

1. No **Painel de Conteúdo** do Explorador de Arquivos, navegue até o local onde você deseja adicionar a nova pasta e na guia **Início**, clique em **Nova pasta**.

   Ou

   No **Painel de Navegação**, clique com o botão direito do mouse no local onde você deseja adicionar a nova pasta, aponte para **Novo** e clique em **Pasta**.

   Uma nova pasta é adicionada ao local atual, com o nome padrão *Nova pasta* selecionado.

2. Digite o nome que você pretende atribuir à pasta para substituir o texto selecionado.

Para renomear um arquivo ou pasta

1. No **Painel de Conteúdo**, clique na pasta que você deseja renomear e clique em **Renomear** na guia **Início**

   > ✓ **DICA** Isso não funciona no Painel de navegação. Para renomear uma pasta lá, você precisa clicar nela e clicar em Renomear.

2. Digite o novo nome e pressione **Enter**.

> **DICA** A antiga abordagem manual para renomear uma pasta ou arquivo no Painel de conteúdo ainda funciona: clique no arquivo ou na pasta para selecioná-lo e, após uma breve pausa, clique novamente. Assim, o nome é selecionado para que você possa inserir um novo.

Compacte arquivos e pastas

Quando você compra um computador hoje em dia, ele provavelmente vem com um disco rígido que armazenará centenas, senão milhares de gigabytes (GB) de informação. Um gigabyte é 1 bilhão de bytes, e um byte é uma unidade de informação que é equivalente a um caractere. Alguns arquivos serão muito pequenos – 1 a 2 quilobytes (KB), ou 1000 a 2000 caracteres – e outros podem ser muito grandes – vários megabytes (MB), ou vários milhões de caracteres. Os pequenos são fáceis de copiar e mover, mas os arquivos grandes ou grupos grandes de arquivos são mais fáceis de copiar e mover de um lugar para outro, ou enviar por email, se você comprimi-los.

Você pode compactar arquivos individuais ou pastas inteiras. O resultado é uma pasta comprimida que é identificada por um zíper no ícone.

Uma pasta compactada

A redução de tamanho quando você compactar um arquivo depende do método de compressão e do tipo de arquivo. Muitos tipos de arquivo modernos, independentemente da extensão, já estão compactados. Arquivos do Microsoft Office (formatos padrão de arquivo desde a versão 2007) são na verdade uma coleção de arquivos de texto (e talvez imagens) que foram comprimidos e têm uma extensão diferente. Muitos formatos de arquivo de imagem já estão altamente comprimidos. Portanto, compactar uma pasta que contém documentos do Word ou imagens pode ter pouco efeito no tamanho da pasta.

> **DICA** Compactar frequentemente é referido como *zipar*. O termo *arquivo zip* é baseado em tecnologia e dispositivos que são propriedades da Iomega Corporation. O nome *Zip* é uma marca registrada da Iomega Corporation.

Para exibir o conteúdo de uma pasta compactada, você pode clicar no Painel de navegação ou clicar duas vezes no Painel de conteúdo, assim como para qualquer outra pasta. O Painel de conteúdo exibe então os arquivos que foram comprimidos na pasta zipada. O botão Extrair tudo na barra de ferramentas e o ícone de pasta zipada no Painel de detalhes indicam que você está visualizando uma pasta compactada, em vez de uma pasta padrão.

Para compactar um arquivo ou pasta

1. No **Painel de Conteúdo**, selecione o arquivo ou pasta que você deseja compactar.

2. Na guia **Compartilhar**, clique em **Zip**.

   Ou

   Clique com o botão direito do mouse em qualquer arquivo selecionado, clique em **Enviar para** e em **Pasta compactada** para criar uma pasta compactada com o mesmo nome do arquivo em que você clicou.

3. O nome da pasta é selecionado para que você possa mudá-lo. Edite o nome conforme necessário e pressione **Enter**.

Para extrair os arquivos de uma pasta compactada

1. Clique com o botão direito do mouse na pasta compactada e clique em **Extrair tudo**.

   Ou

   Clique na pasta compactada para exibir o conteúdo no Painel de conteúdo e, na guia de ferramentas **Extrair**, clique em **Extrair tudo**.

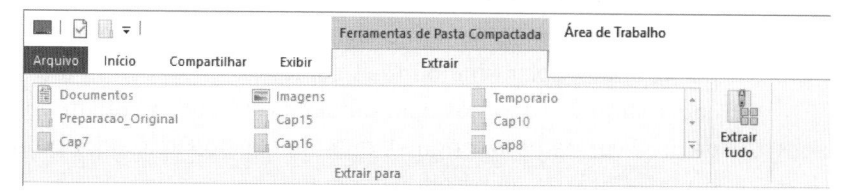

Gerenciar pastas compactadas na guia ferramenta

O local de extração padrão é uma nova pasta com o mesmo nome que a pasta compactada, criada na pasta que contém a pasta compactada.

2. Se você deseja extrair os arquivos para uma pasta diferente daquela indicada na caixa Os Arquivos serão extraídos para esta pasta, clique em **Procurar** e, na caixa de diálogo **Selecionar um destino**, navegue até a pasta desejada.

3. Na caixa de diálogo **Extrair pastas compactadas (zipadas)**, clique em **Extrair**.

> **DICA** A integração da compactação no Explorador de Arquivos é muito útil, mas há muitos programas de compactação de terceiros disponíveis, que têm características adicionais e oferecem vários outros tipos de compactação.

Mova e copie pastas e arquivos

Muitas vezes é necessário mover ou copiar arquivos e pastas de um local para outro. Quando você mover algo para um novo local, ele é essencialmente excluído do local original e copiado para o novo local. Quando você copia algo para um novo local, uma cópia permanece em cada local.

Antes de mover um ou mais itens, você precisa selecioná-los. Há várias maneiras de selecionar um único arquivo ou vários arquivos no Painel de conteúdo do Explorador de Arquivos. Quando vários arquivos são selecionados, o Painel de detalhes indica o número de itens e o tamanho da seleção total. (Como os tamanhos de arquivo no Painel de conteúdo são arredondados, o total no Painel de detalhes será mais preciso.) Se ambos arquivos e pastas forem incluídos na seleção, o Painel de detalhes indicará o número de itens, mas não o tamanho cumulativo.

Quando você recorta ou copia um arquivo ou pasta, o item é armazenado em uma área de armazenamento chamada Área de transferência para que você possa, então, colar uma ou mais cópias do mesmo em outro lugar. Além de copiar arquivos e pastas para outros locais, você também pode fazer cópias de arquivos na pasta original; quando fizer, o Explorador de Arquivos acrescenta – *Cópia* ao nome original do arquivo.

Quando você move uma pasta ou um arquivo arrastando-o, o item não é armazenado na Área de transferência.

Para selecionar todos os itens em uma pasta

1. Siga um destes passos:

    - Na guia **Início**, no grupo **Selecionar**, clique em **Selecionar tudo**.
    - Pressione **Ctrl + A**.
    - Quando as caixas de seleção de itens são exibidas, marque a caixa de seleção do cabeçalho da coluna.

Para selecionar vários itens contíguos

1. Clique no primeiro item para selecioná-lo e, em seguida, mantenha pressionada a tecla **Shift** e clique no último item do grupo que você deseja selecionar.

> **DICA** Às vezes ajuda agrupar ou classificar os itens para reunir os que você quer selecionar.

Para selecionar vários itens não contíguos

1. Siga um destes passos:

    - Clique no primeiro item para selecioná-lo, mantenha pressionada a tecla **Ctrl** e clique em cada item adicional.
    - Quando as caixas de seleção de item são exibidas, marque a caixa de seleção ao lado de cada item que você deseja selecionar.

Para copiar os itens selecionados para a Área de transferência

1. Siga um destes passos:

    - Na guia **Início**, no grupo **Área de transferência**, clique em **Copiar**.
    - Clique com o botão direito do mouse na seleção e clique em **Copiar**.
    - Pressione **Ctrl+C**.

Para recortar os itens selecionados para a Área de transferência

1. Siga um destes passos:

    - Na guia **Início**, no grupo **Área de transferência**, clique em **Recortar**.
    - Clique com o botão direito do mouse na seleção e clique em **Recortar**.
    - Pressione **Ctrl+X**.

Para colar os itens da Área de transferência

1. Siga um destes passos:

   - Na guia **Início**, no grupo **Área de Transferência**, clique em **Colar**.
   - Clique com o botão direito do mouse em uma área vazia na pasta e clique em **Colar**.
   - Pressione **Ctrl+V**.

Para mover itens selecionados para uma pasta diferente

1. Siga um destes passos:

   - Na guia **Início**, no grupo **Organizar**, clique em **Mover para** e então clique na pasta de destino ou clique em **Escolher local** e navegue até a pasta de destino.
   - Recorte os arquivos para a Área de transferência, navegue até a pasta nova e cole os arquivos na pasta.
   - Exiba a pasta original e a nova pasta em duas janelas do Explorador de Arquivos. Utilize o botão esquerdo do mouse para arrastar os itens selecionados para o novo local.
   - Exiba a pasta original e a nova pasta. Utilize o botão direito do mouse para arrastar os itens selecionados para o novo local. Em seguida, clique em **Mover para cá** no menu que aparece quando você liberar o botão do mouse.

Para copiar os itens selecionados para uma pasta diferente

1. Siga um destes passos:

   - Na guia **Início**, na pasta **Organizar**, clique em **Copiar para** e então clique na pasta de destino ou clique em **Escolher local** e navegue até a pasta de destino.
   - Copie os arquivos para a Área de transferência, navegue até a pasta nova e cole os arquivos na pasta.
   - Exiba a pasta original e a nova pasta. Mantenha pressionada a tecla **Ctrl** e use o botão esquerdo do mouse para arrastar os itens selecionados para o novo local. Libere o botão do mouse e libere a tecla **Ctrl**.
   - Exiba a pasta original e a nova pasta. Utilize o botão direito do mouse para arrastar os itens selecionados para o novo local. Em seguida, clique em **Copiar aqui** no menu que aparece quando você liberar o botão do mouse.

/ CAPÍTULO 3   Gerenciamento de pastas e arquivos   133

Exclua e recupere pastas e arquivos

Remover um arquivo do computador é um processo de duas etapas: Você primeiro exclui o arquivo, que o move para a Lixeira – uma área de espera no disco rígido da qual é possível restaurar um item, se você perceber que precisa dele. Então você esvazia a Lixeira, o que apaga permanentemente o conteúdo. Por padrão, o Windows solicita que você confirme a exclusão de arquivos e pastas. Se você preferir, você pode desativar essa configuração.

> ✓ **DICA**   Se você não tem certeza se você vai precisar de alguns arquivos, considere a possibilidade de fazer backup deles em um DVD, disco rígido externo ou serviço de armazenamento de baixo custo baseado na nuvem, como o OneDrive.

Há algumas situações em que apagar algo não o envia para a Lixeira. As mais comuns são a exclusão em uma unidade de rede compartilhada ou em uma unidade externa USB.

Você geralmente pode recuperar um arquivo ou pasta excluída, abrindo a Lixeira, localizando o item e restaurando ele. Você pode recuperar um arquivo excluído que está na Lixeira a qualquer momento até você esvaziar a Lixeira. Você não pode abrir e trabalhar diretamente com arquivos da Lixeira.

Você pode pesquisar o conteúdo dos arquivos na Lixeira, assim como você pode pesquisar o conteúdo de arquivos em outras pastas. Se você clicar na Caixa de pesquisa quando a Lixeira está selecionada, as guias contextuais de Pesquisa e Lixeira são exibidas. Supondo que você excluiu arquivos listados no Painel de conteúdo, você pode pesquisar por qualquer um que coincida com o texto que você digitar na Caixa de pesquisa.

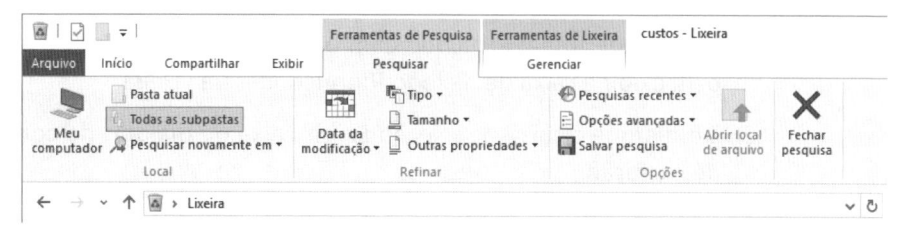

Você pode pesquisar a Lixeira

Para excluir um item

1. No **Painel de Conteúdo**, selecione o arquivo ou pasta.

2. Siga um destes passos:

    - Pressione a tecla **Delete**.
    - Na guia **Início**, no grupo **Organizar**, clique no botão **Excluir**.

3. Na caixa de diálogo **Excluir arquivo** que abre, clique em **Sim** para confirmar a exclusão e enviar o arquivo para a Lixeira.

> **DICA** Não é possível excluir um arquivo pressionando a tecla Backspace.

Para restaurar um item excluído

1. Na área de trabalho, clique duas vezes na **Lixeira**.

2. Localize o arquivo que você deseja restaurar. Se ele não estiver no topo da lista, há alguns truques:

    - Classifique por Nome, Local original, Data de exclusão ou outra coluna, se você souber algumas dessas informações.
    - Se você se lembra de parte do nome, digite na Caixa de pesquisa. Outra guia de ferramentas é aberta para Ferramentas de pesquisa.

3. Quando você tiver selecionado os arquivos que deseja recuperar, clique em **Restaurar os itens selecionados** na guia **Ferramentas da Lixeira**.

    Os itens devem retornar para o local do qual foram excluídos.

Para desativar a confirmação ao excluir itens

1. Na área de trabalho, clique com o botão direito do mouse em **Lixeira** para exibir a caixa de diálogo Propriedades da Lixeira.

2. Desmarque a caixa de seleção **Exibir caixa de diálogo de confirmação de exclusão**.

3. Clique em **OK** para aplicar as alterações.

Tamanho da Lixeira

A Lixeira é para ser um local de armazenamento temporário de arquivos que você acha que não precisa mais. Tenha em mente, no entanto, que o conteúdo da Lixeira ocupa espaço do disco rígido. Por padrão, 10% de um disco até 40 GB são alocados para a Lixeira, mais 5% do espaço acima de 40 GB. Se o disco rígido é dividido em partições, a Lixeira pode rapidamente ficar cheia. Por exemplo, se a Lixeira estiver em uma partição de 10 GB, somente 1 GB está disponível para arquivos excluídos.

Ao excluir um arquivo muito grande, o Windows pode informar que o arquivo é muito grande para armazenar na Lixeira e que o excluirá permanentemente. Se você tiver certeza de que não precisará recuperar o arquivo, você pode permitir que o Windows exclua o arquivo; se não, você pode cancelar a exclusão. Em um disco rígido pequeno ou partição de unidade, você pode ver esta mensagem "muito grande" muitas vezes.

Talvez seja necessário restringir a quantidade de espaço usada pela Lixeira, ou você pode querer instruir o Windows para ignorar a Lixeira completamente. As duas opções estão disponíveis na caixa de diálogo Propriedades da Lixeira.

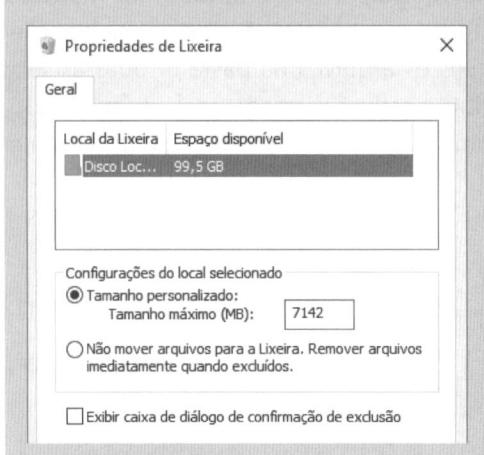

Propriedades da Lixeira

Para gerenciar ações da Lixeira, localize a Lixeira na área de trabalho, clique com o botão direito do mouse e em Propriedades. Defina o tamanho máximo que você julga caber e clique em OK para aplicar suas alterações.

DICA Se você quiser ignorar ocasionalmente a Lixeira, você pode manter pressionada a tecla Shift ao clicar em Excluir.

Trabalhe com propriedades de pasta e arquivo

Todas as pastas e arquivos têm certas propriedades que os descrevem ou determinam como podem ser utilizados. Embora você possa ver algumas dessas propriedades no modo de exibição de detalhes no Explorador de Arquivos, você pode ver o conjunto completo, selecionando o arquivo ou pasta no Explorador de Arquivos e clicando no botão Propriedades na guia Início.

As caixas de diálogo de propriedades para pastas e arquivos são semelhantes, mas não idênticas.

Como exibir as propriedades de pasta

A caixa de diálogo de propriedades para uma pasta normalmente tem quatro guias; cinco, se o histórico de versões estiver habilitado. As guias são:

- **Geral** A guia Geral exibe o nome da pasta, algumas estatísticas sobre ela e alguns atributos. Você pode editar o nome e os atributos, embora seja mais fácil editar o nome no Explorador de Arquivos.

    O atributo somente leitura é o que você vai mudar mais frequentemente. O atributo somente leitura pode ser selecionado, desmarcado ou marcado na caixinha equivalente. Se o atributo for marcado, todos os arquivos na pasta e todas as subpastas são somente leitura. Se o atributo for desmarcado, todos os arquivos na pasta e todas as subpastas são editáveis. E se o atributo estiver marcado com um quadrado, a pasta e subpastas contêm uma mistura de arquivos somente leitura e editáveis.

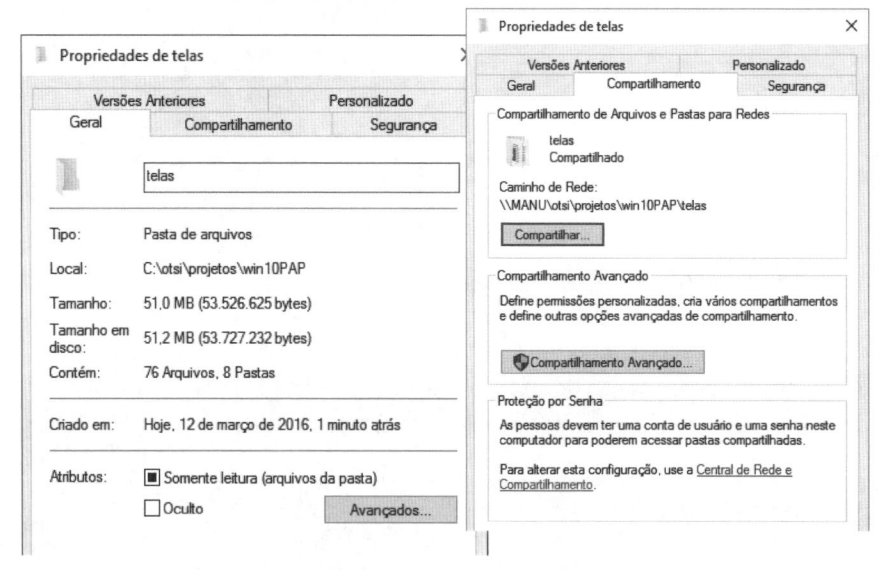

As guias Geral e Compartilhamento de uma caixa de diálogo de propriedades da pasta

CAPÍTULO 3 Gerenciamento de pastas e arquivos 137

- **Compartilhamento** Opções nessa guia controlam se uma pasta é compartilhada.

- **Segurança** Você pode usar as opções desta guia para atribuir a uma pasta permissões de acesso para usuários ou grupos específicos.

- **Versões anteriores** Se você tiver habilitado o Histórico de arquivos no Painel de controle ou configurações do PC, todos os arquivos em pastas específicas sofrerão backups periódicos. Cada backup é separado, então, você pode visualizar e restaurar uma versão específica. Você pode utilizar esta guia para revisar o conteúdo da pasta após cada backup.

> **CONSULTE TAMBÉM** Para obter informações sobre versões de arquivos e histórico de versões, consulte "Faça backup dos dados usando o Histórico de Arquivos" no Capítulo 12.

- **Personalizado** A caixa de diálogo Propriedades de alguns tipos de pasta incluem uma guia Personalizado, que tem algumas opções interessantes que você pode definir.

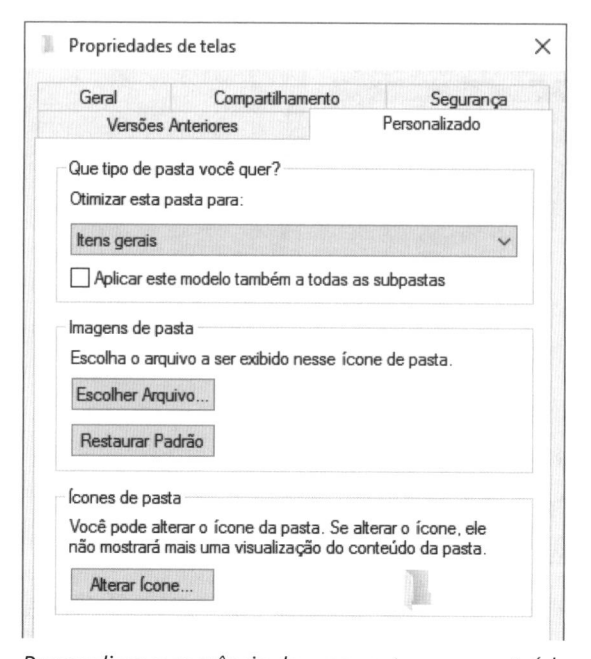

Personalizar a aparência de uma pasta e seu conteúdo

- **Otimizar essa pasta para** Neste menu, você pode definir a pasta para um dos cinco tipos: Itens gerais, Documentos, Imagens, Músicas ou Vídeos. Essa configuração determina o layout do arquivo quando você abre a pasta e se uma guia de ferramentas é exibida na faixa de opções do Explorador de Arquivos quando você selecionar a pasta.

- **Imagens de pasta** Utilize essa configuração para atribuir uma imagem a ser exibida para a pasta no Painel de detalhes, ou quando a pasta é exibida em um modo de exibição de ícones que é maior do que ícones pequenos.

- **Ícones de pasta** Utilize essa configuração para substituir o ícone padrão por um que você escolher.

Caixas de diálogo de propriedades de arquivo são muito semelhantes a de pastas. Como acontece com as caixas de diálogo de propriedades da pasta, o conteúdo depende do tipo de arquivo que você tiver selecionado. A caixa de diálogo Propriedades de um arquivo inclui uma guia Detalhes, que não está presente nas caixas de diálogo de pasta. A informação nesta guia varia conforme o tipo de arquivo.

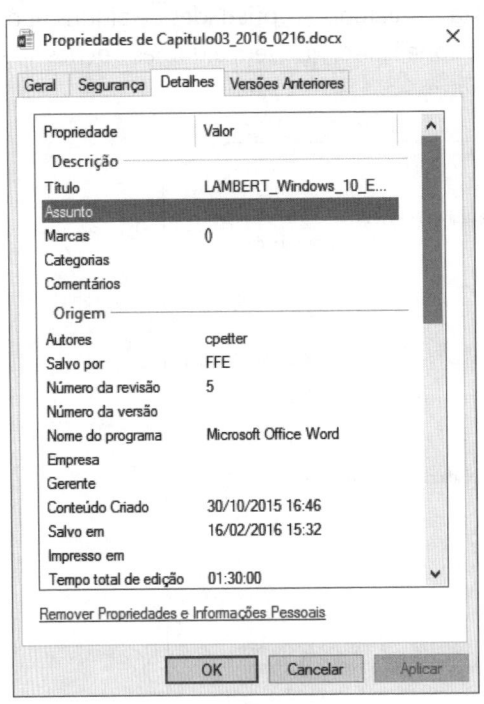

Você pode remover informações pessoais usando a caixa de diálogo Propriedades de arquivo

Como remover as propriedades de arquivo

Clicar no botão Propriedades na guia Início abre a caixa de diálogo Propriedades para o item selecionado. Se você clicar na seta abaixo do botão Propriedades em vez de no próprio botão Propriedades, serão apresentadas duas opções (se você tiver selecionado uma pasta, apenas a primeira opção é habilitada):

- **Propriedades** Clicar nessa opção exibe a caixa Propriedades para o item selecionado e é o mesmo que clicar no botão Propriedades.

- **Remover propriedades** Clicar nessa opção exibe uma caixa de diálogo na qual você pode optar por remover todas as propriedades possíveis ou apenas aquelas selecionadas. Uma razão para fazer isso é remover informações pessoais armazenadas com alguns tipos de arquivo.

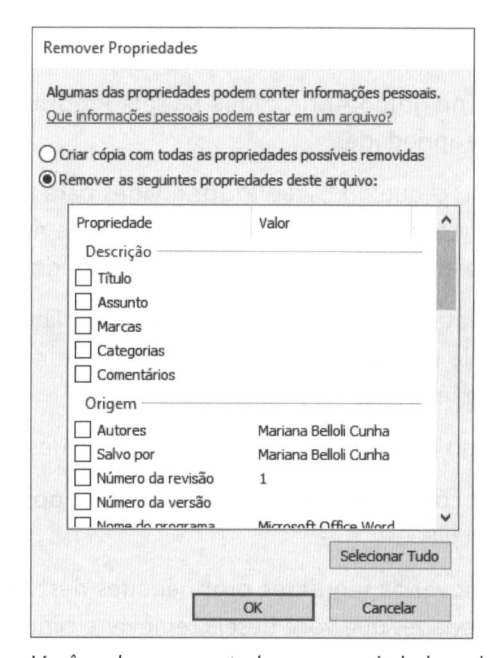

Você pode remover todas ou propriedades selecionadas

Alguns tipos de arquivo não contêm propriedades que podem ser removidas. Outros, como documentos do Word, contêm uma longa lista.

> **DICA** Informações exibidas na caixa de diálogo Remover propriedades também variam dependendo do tipo de arquivo selecionado quando você executar o comando.

Para exibir a caixa de diálogo Propriedades de um arquivo ou pasta

1. No Explorador de Arquivos, selecione a pasta ou arquivo que você deseja exibir as propriedades.

2. Siga um destes passos:

    - Clique com o botão direito do mouse no arquivo ou pasta e, no menu de atalho, clique em **Propriedades**.

    - Na guia **Início**, no grupo **Abrir**, clique no botão **Propriedades**.

    - Na guia **Início**, clique na seta **Propriedades** e em **Propriedades**.

Para remover informações pessoais de um arquivo

1. No Explorador de Arquivos, selecione o arquivo do qual você deseja remover informações pessoais.

2. Siga um destes passos:

    - Na guia **Início**, no grupo **Abrir**, clique na seta **Propriedades** e clique em **Remover propriedades**.

    - No grupo **Abrir**, clique no botão **Propriedades** para abrir a caixa de propriedades do arquivo e, na guia **Detalhes**, clique no link **Remover propriedades e informações pessoais** na parte inferior.

    - Clique com o botão direito do mouse no arquivo, clique em **Propriedades** e, na guia **Detalhes**, clique no link na parte inferior **Remover propriedades e informações pessoais**.

3. Na caixa de diálogo **Remover propriedades**, siga um destes passos:

    - Selecione **Criar cópia com todas as propriedades possíveis removidas** e clique em **OK**.

    - Clique em **Remover as seguintes propriedades deste arquivo**, selecione as propriedades que você deseja remover e clique em **OK**.

Encontre arquivos específicos

O Windows 10 fornece várias maneiras de pesquisar desde uma pasta no computador até a World Wide Web, tudo a partir da caixa de pesquisa da Barra de tarefas. O Explorador de Arquivos fornece um recurso adicional de pesquisa que é limitado a apenas arquivos (ou seja, não retorna aplicativos e pesquisas na Web). O mecanismo de pesquisa (Bing) subjacente é o mesmo de todos esses locais, mas o foco das pesquisas e a maneira com que os resultados são retornados variam.

Windows Search

Avanços recentes na tecnologia de pesquisa online e no computador tornaram a localização instantânea de informações e arquivos tão simples que é fácil esquecer o quão tedioso seria rastrear os mesmos itens no passado. A tecnologia de pesquisa do Windows 10 é excelente.

Usando o Windows Search, você pode encontrar aplicativos, arquivos, mensagens e anexos de mensagem no computador. Você não precisa saber o nome ou a localização do arquivo ou item que você deseja encontrar; simplesmente digite uma palavra ou frase na caixa de pesquisa do menu Iniciar para exibir uma lista de itens correspondentes, organizados por tipo.

Como o Windows Search encontra itens tão rapidamente? Nos bastidores, o Windows Search mantém um índice de todas as palavras-chave associadas com os arquivos armazenados no computador – nomes de aplicativos, tarefas comuns e nomes de arquivo e conteúdo (quando possível) de documentos, gravações de áudio e vídeo, imagens, mensagens de email, páginas Web e outros arquivos de dados. O Windows Search indexa automaticamente os tipos de arquivo mais comuns (como documentos, arquivos de texto e mensagens de email) e não indexa os tipos de arquivo que têm menos chances de serem pesquisados (como arquivos do sistema operacional). Não inclui arquivos de sistema; tal índice seria enorme e tornaria mais lento o processo de pesquisa.

Quando você digitar um termo de pesquisa, o Windows pesquisa o termo no índice em vez de buscar arquivos reais no disco rígido.

> **DICA** Por padrão, o Windows não indexa arquivos criptografados, pois uma pesquisa por outro usuário de computador poderia revelar dados criptografados. Você pode adicionar arquivos criptografados ao índice de pesquisa se você primeiro colocar em execução uma solução de criptografia total de volumes de dados, como a Criptografia de Unidade de Disco BitLocker do Windows.

> **CONSULTE TAMBÉM** Para obter informações sobre como alterar os locais de armazenamento de arquivos que são indexados, consulte "Pesquise seu computador e a Web" no Capítulo 11.

Pesquisa do Explorador de Arquivos

A pesquisa do Explorador de Arquivos difere do Windows Search, pois se limita à pesquisa de arquivos e à exibição deles na sua própria interface familiar. Então, quando você obtém uma lista de resultados, você pode usar todos os comandos comuns na guia Exibir para refinar a exibição.

Você inicia uma pesquisa no Explorador de Arquivos na caixa de pesquisa na extremidade direita da barra de navegação e pesquisa. Quando você clica nesta caixa para digitar um termo de pesquisa, a guia Ferramentas de pesquisa é exibida, fornecendo ferramentas que você pode usar para refinar a pesquisa.

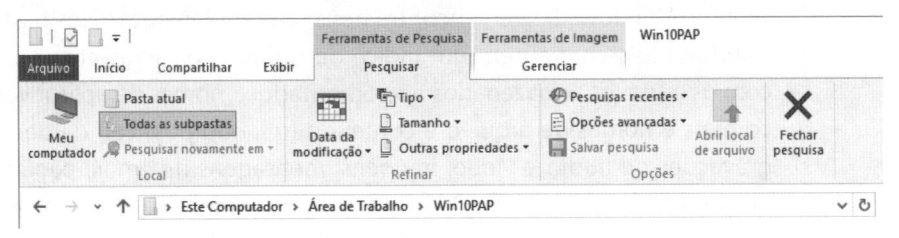

Guia de pesquisa do Explorador de Arquivos

Você pode salvar um conjunto de parâmetros de pesquisa para que possa exibir resultados atualizados a qualquer momento. Pesquisas salvas são adicionadas ao grupo Favoritos no Explorador de Arquivos e também são disponibilizadas na pasta pessoal Pesquisas.

Pesquisar um arquivo no Explorador de Arquivos

1. No canto superior direito da janela do Explorador de Arquivos, digite um termo de pesquisa na **Caixa de pesquisa**. Ao digitar o termo a ser pesquisado, o Windows filtra arquivos de programa, pastas e mensagens de email armazenadas no computador.

Para refinar uma pesquisa no Explorador de Arquivos

1. Na guia de ferramentas **Pesquisar**, no grupo **Refinar**, clique na propriedade pela qual você deseja filtrar os resultados da pesquisa e insira os critérios para o filtro.

Para salvar uma pesquisa para referência posterior

1. Na guia de ferramentas **Pesquisar**, no grupo **Opções**, clique no botão **Salvar pesquisa**. A caixa de diálogo Salvar como exibe o conteúdo da pasta Pesquisas pessoal.

CAPÍTULO 3   Gerenciamento de pastas e arquivos   **143**

2. Na caixa de diálogo **Salvar como**, clique em **Salvar** para aceitar o nome padrão e salve a pesquisa na pasta de Pesquisas.

Para retornar da pasta Resultados da pesquisa para a pasta original

1. Na janela **Resultados da pesquisa**, na extremidade direita da barra **Endereço**, clique no botão **Fechar (X)**.

Revisão

Neste capítulo, você aprendeu a:

- Entender arquivos, pastas e bibliotecas
- Conhecer o Explorador de Arquivos
- Alterar as opções de exibição do Explorador de Arquivos
- Criar e renomear arquivos e pastas
- Compactar arquivos e pastas
- Mover e copiar pastas e arquivos
- Excluir e recuperar pastas e arquivos
- Trabalhar com propriedades de pasta e arquivo
- Encontrar arquivos específicos

Tarefas práticas

Os arquivos de prática para essas tarefas estão localizados na pasta Win10PAP\Cap03. Você pode salvar os resultados das tarefas na mesma pasta.

Entenda os arquivos, as pastas e as bibliotecas

Não há tarefas práticas para este tópico.

Conheça o Explorador de Arquivos

Faça as seguintes tarefas:

1. Inicie o Explorador de Arquivos e navegue até a pasta de arquivos de prática.
2. Abra a pasta **Cap03**, abra a pasta **Fotos** e abra a pasta **Tela de fundo**.
3. Use as ferramentas na barra **Navegação e pesquisa** para chegar na pasta **Cap03**.
4. No **Painel de Navegação**, *recolha* todos os nós de armazenamento expandidos. Reveja os locais no Painel de navegação e familiarize-se com cada um deles.
5. No **Painel de Navegação**, clique duas vezes em **Este Computador**. Reveja os locais de armazenamento de arquivo conectados ao computador.
6. Na guia **Exibir**, exiba o menu do **Painel de navegação**. Se o Painel de navegação já não estiver configurado para exibir bibliotecas, exibi-as agora.
7. Expanda o nó **Bibliotecas**. Crie uma nova biblioteca chamada **Win10PAP** e certifique-se de que apareça no Painel de navegação.
8. Adicione a subpasta **Tela de fundo** da pasta **Cap03\Fotos** para a nova biblioteca **Win10PAP**.
9. Otimize a biblioteca **Win10PAP** para exibir fotos. Atribua o ícone que quiser para a pasta Biblioteca.
10. Oculte a biblioteca **Win10PAP** no Painel de navegação e então reexiba.

Altere as opções de exibição do Explorador de Arquivos

Inicie o Explorador de Arquivos e faça as seguintes tarefas:

1. Navegue até a pasta de arquivos de prática e expanda o conteúdo no **Painel de Conteúdo**.
2. Experimente as configurações do grupo **Painéis** na guia **Exibir** para ocultar e reexibir o Painel de navegação.

3. Exiba o **Painel de Detalhes**. Selecione um arquivo no **Painel de Conteúdo** e repare nos detalhes disponíveis. Selecione um tipo diferente de arquivo e depois selecione vários arquivos, reparando nos detalhes disponíveis em cada situação.

4. Exiba o **Painel de Visualização** e repita o processo da etapa 3. Para cada arquivo que exibe uma visualização, observe o conteúdo da visualização e repare nos controles disponíveis no Painel de visualização para rolar ou mover através da visualização.

5. Redimensione o **Painel de Visualização**, arrastando sua borda.

6. Experimente as configurações do grupo **Layout** na guia **Exibir**. Exiba o conteúdo da pasta de arquivos de prática em cada um dos oito layouts disponíveis. Considere as informações fornecidas para cada layout e quando cada uma seria mais ou menos útil.

7. Mostre o Modo de exibição de detalhes do conteúdo da pasta de arquivos de prática.

8. Na lista **Adicionar colunas**, navegue na longa lista de colunas e clique em **Dimensões** para adicionar essa coluna ao Modo de exibição de detalhes.

9. Reorganize as colunas no **Painel de Conteúdo** para que a coluna **Dimensões** fique imediatamente à direita da coluna **Nome**.

10. Redimensione todas as colunas para ajustar ao maior item na coluna.

11. Remova as colunas **Data de criação** e **Dimensões** da exibição de detalhes.

12. Exiba as caixas de seleção de itens, as extensões de nome de arquivo e os itens ocultos.

13. Agrupe os itens por tipo.

14. Classifique os itens agrupados em ordem alfabética por nome. Inverta a ordem de classificação.

15. Filtre os itens usando o filtro **Tamanho** para exibir somente os itens grandes (1-16 MB).

16. Remova o filtro, restaure a ordem de classificação padrão e remova o agrupamento de arquivo.

17. Adicione a pasta **Fotos** na lista de Acesso rápido.

Crie e renomeie arquivos e pastas

Exiba a pasta de arquivos de prática no Explorador de Arquivos e realize as seguintes tarefas:

1. Na pasta de arquivos de prática, crie uma subpasta e a nomeie como **MeusArquivos**.
2. Renomeie a pasta **MeusArquivos** como MeusArquivosPAP.
3. Renomeie o documento **Eventos** como **Boletim Informativo**.

Compacte arquivos e pastas

Exiba a pasta de arquivos de prática no Explorador de Arquivos e realize as seguintes tarefas:

1. No **Painel de Conteúdo**, selecione os três arquivos de **Senha**.
2. Salve os arquivos selecionados em uma pasta compactada e a nomeie como FotosSenhas.
3. Extraia os arquivos da pasta compactada **FotosSenhas** para a pasta **Fotos**.

Mova e copie pastas e arquivos

Exiba a pasta de arquivos de prática no Explorador de Arquivos e faça as seguintes tarefas:

1. Selecione todos os itens na pasta e libere a seleção.
2. Selecione três itens que estão próximos (listados de forma contígua) na pasta e libere a seleção.
3. Selecione três itens que não estão próximos na pasta e libere a seleção.
4. Copie o arquivo **Despesas** para a área de transferência. Abra a pasta **Relatórios** e cole uma cópia do arquivo **Despesas** naquela pasta.
5. Retorne para a pasta **Cap03**. Recorte o arquivo **Pesquisa** para a área de transferência e a cole na subpasta **Arquivos**.

Exclua e recupere pastas e arquivos

Exiba a pasta de arquivos de prática no Explorador de Arquivos e realize as seguintes tarefas:

1. Exclua a pasta **Fotos** e todo seu conteúdo.
2. Navegue até a Lixeira. Restaure a pasta **Fotos** e todo seu conteúdo.

Trabalhe com propriedades de pasta e arquivo

Exiba a pasta de arquivos de prática no Explorador de Arquivos e realize as seguintes tarefas:

1. Exiba as propriedades da pasta **Fotos**.
2. Exiba as propriedades de um dos arquivos **Senha**.
3. Exiba as propriedades do arquivo **Despesas**. Determine se o arquivo é somente leitura. Se for, altere essa propriedade.
4. Adicione seu nome como uma das proprietárias do arquivo **Despesas**. Use os comandos na caixa de diálogo **Remover propriedades** para remover essa propriedade do arquivo.

Encontre arquivos específicos

Exiba a pasta de arquivos de prática no Explorador de Arquivos e realize as seguintes tarefas:

1. Localize um arquivo através da caixa de pesquisa do Explorador de Arquivos usando o termo de pesquisa viagem.
2. Refine a busca restringindo os resultados a itens que são pequenos (entre 10 e 100 KB).
3. Salve a pesquisa para referência posterior.
4. Retorne da pasta **Resultados da pesquisa** para a pasta original.

4 Trabalho com aplicativos e notificações

Neste capítulo

- Localize e inicie aplicativos
- Explore aplicativos nativos
- Instale aplicativos da Loja
- Gerencie atalhos de aplicativos
- Gerencie a inicialização de aplicativos
- Gerencie notificações de aplicativo

Arquivos de prática

Arquivos de prática não são necessários para concluir as tarefas práticas neste capítulo.

O sistema operacional Windows 10 fornece a interface pela qual você se comunica com o computador. Quando faz ou cria algo no computador, você está usando um software que funciona no Windows para realizar essa tarefa.

Há muitos tipos de aplicativos, e você pode obtê-los de muitas fontes. Independentemente da fonte dos aplicativos, depois de instalá-los no computador com Windows 10, você pode executá-los e gerenciar o acesso a eles da mesma forma.

Muitos aplicativos comunicam status, atividade nova e outras informações na forma de *notificações*. Elas podem aparecer no canto da tela – para avisar sobre uma mensagem que chegou ou uma atualização que está disponível. Quando essas janelas pop-up (às vezes chamadas de *pop-ups de notificação do sistema*) aparecem, você pode clicar nelas para abrir ou ignorá-las. No Windows 10, notificações recentes estão disponíveis a partir de ícones na área de notificação da barra de tarefas e na Central de Ações que é aberta a partir dessa área.

Este capítulo apresenta os procedimentos relacionados a localizar e iniciar aplicativos instalados, explorando aplicativos nativos e acessórios, instalando aplicativos da Windows Store e gerenciando atalhos de aplicativos, opções de inicialização e notificações.

Localize e inicie aplicativos

No momento da redação deste livro, programas de software que instalam componentes em um computador ou dispositivo móvel com o Windows estavam divididos em dois grupos: aplicativos de área de trabalho e aplicativos (apps) da Loja. Aplicativos da Loja são aqueles que você baixa e instala no computador, telefone ou dispositivo móvel com Windows 10 pela Windows Store, que é chamada simplesmente de Loja. (De forma um pouco confusa, a Loja em si é um app.) Em geral, aplicativos da Loja têm um peso de instalação menor do que aplicativos de área de trabalho e não têm tanta capacidade.

Quando você compra um computador novo, é provável que o computador tenha diversos aplicativos instalados pelo fabricante do computador. Esses aplicativos geralmente se encaixam nas seguintes categorias:

- Aplicativos fornecidos pela Microsoft com o sistema operacional Windows. Eles são instalados com o Windows 10, independentemente se você atualizar para essa versão do sistema operacional ou executar uma instalação limpa.

- Aplicativos que são específicos para a gestão dos elementos de hardware do computador. Geralmente estão relacionados com o suporte de hardware e função de atualização de firmware.

- Versões de avaliação ou completas de aplicativos de terceiros. Empresas de software muitas vezes permitem que os fabricantes de computadores forneçam versões completas ou de uso limitado de aplicativos com seus computadores, como uma forma de agregar valor ao pacote. Você geralmente precisa registrar suas informações com a empresa de software para usar o aplicativo, e eles, então, podem oferecer atualizações e upgrades com o tempo. É uma situação boa para os fabricantes de hardware e software, e às vezes para você.

Você pode iniciar um aplicativo clicando-o no menu Todos os aplicativos, ou clicando em um atalho para o aplicativo que está em outro local. Mais comumente, os atalhos ficam na Tela inicial, área de trabalho ou na barra de tarefas.

> **DICA** Você também pode iniciar um aplicativo localizando e rodando o arquivo executável do aplicativo, mas essa não é a interface pretendida para a maioria dos aplicativos com que você trabalhará.

O menu Todos os aplicativos fornece acesso à maioria dos aplicativos e utilitários instalados no computador. Eles incluem aplicativos instalados como parte do Windows 10, pelo fabricante do computador e por você. O menu Todos os aplicativos é integrado ao menu Iniciar e também está disponível diretamente a partir da Tela inicial em tela cheia.

O menu Todos os aplicativos exibe aplicativos em ordem alfabética

CAPÍTULO 4 Trabalho com aplicativos e notificações **151**

O menu Todos os aplicativos abre no espaço ocupado pelo menu Iniciar. Ele fornece uma listagem alfabética de aplicativos, separada por letras de índice. Você pode rolar pelo menu manualmente ou clicar em qualquer letra de índice para exibir um menu do qual você pode saltar diretamente para aplicativos recentemente adicionados; aplicativos com nomes que começam com um símbolo, um número ou uma letra específica; ou utilitários do Windows. É uma boa melhoria com relação ao menu Todos os programas, que estava disponível em versões anteriores do Windows.

Letras de índice esmaecidas não têm entradas no menu

A maioria dos aplicativos está listada no menu Todos os aplicativos pelo nome, mas alguns estão em pastas e, portanto, não aparecem no menu onde você espera que apareçam. É uma razão por que é quase sempre mais rápido localizar um aplicativo digitando as primeiras letras do nome dele na caixa de pesquisa e iniciá-lo pela lista de resultados da pesquisa.

Alguns aplicativos são organizados no menu Todos os aplicativos em pastas

Para exibir o menu Todos os aplicativos

1. Siga um destes passos:
   - No canto inferior esquerdo do menu **Iniciar** ou da **Tela inicial**, clique no botão **Todos os aplicativos**.
   - Exiba o menu **Iniciar** e pressione **Seta para cima, Enter**.

> **DICA** Não há atalho de teclado para abrir diretamente o menu Todos os aplicativos, mas você pode se movimentar no menu Iniciar pressionando as teclas de seta.de direção.

Para retornar do menu Todos os aplicativos para o menu Iniciar

1. Na parte inferior do menu **Todos os aplicativos**, clique no botão **Voltar**.

Para rolar o menu Todos os aplicativos para aplicativos que começam com uma letra específica

1. No menu **Todos os aplicativos**, clique em qualquer letra do índice para exibir o índice alfanumérico.
2. No índice, clique em qualquer letra ou símbolo para saltar para as entradas equivalentes no menu.

> ✓ **DICA** O símbolo do relógio representa aplicativos instalados recentemente. O símbolo do globo representa utilitários do Windows.

Para localizar e iniciar um aplicativo específico

1. Digite o nome do aplicativo na caixa de pesquisa da barra de tarefas.
2. Nos resultados da pesquisa, clique no nome do aplicativo ou clique no título **Aplicativos** e clique no nome do aplicativo no painel de resultados filtrados.

Para iniciar um aplicativo

1. Siga um destes passos:
   - No menu **Todos os aplicativos** ou no menu **Iniciar**, clique no nome do aplicativo.
   - Na **Tela inicial**, clique no bloco do aplicativo.
   - Na barra de tarefas, clique no botão de aplicativo, ou clique com o botão direito do mouse no botão e depois clique no nome do aplicativo.

> ✓ **DICA** Em um dispositivo com tela sensível ao toque, pressione e libere em vez de clicar com o botão direito do mouse. Para obter mais informações sobre a interação com tela sensível ao toque, consulte o Apêndice B, "Atalhos de teclado e dicas para uso de tela sensível ao toque".

> ✓ **DICA** Se você tiver problemas com um aplicativo de área de trabalho, pode ser necessário executar o aplicativo com permissões elevadas, para que você possa resolver o problema. Para isso, clique com o botão direito do mouse no aplicativo e clique em Executar como administrador. O comando Executar como administrador está disponível apenas para aplicativos de área de trabalho. Não está disponível para aplicativos (apps) da Loja.

Explore aplicativos nativos

O Windows 10 inclui muitos aplicativos funcionais e divertidos. Alguns deles fazem parte do Windows, e outros são da plataforma MSN ou Bing. Não é o propósito deste livro ensinar como usar esses aplicativos. Visualizaremos alguns dos aplicativos mais úteis e trabalharemos com eles nas tarefas práticas, mas você definitivamente deveria explorar todos esses aplicativos por conta própria.

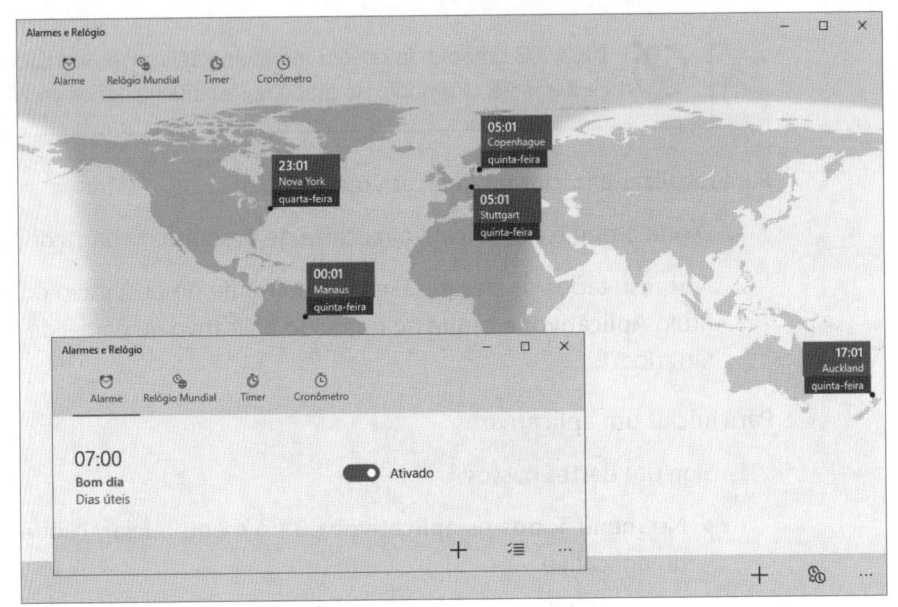

O aplicativo Alarmes e Relógio inclui um mapa de horário do mundo, cronômetro e temporizador

Aplicativos de produtividade e gestão de informações

Os muitos e variados aplicativos da Microsoft que você pode usar no dia a dia para realizar tarefas foram reunidos no Windows. Embora tenham nomes simples e sejam gratuitos, eles são bastante completos e são atualizados regularmente. Esses aplicativos incluem Alarmes e Relógio, Calculadora, Calendário, Email e Mapas.

Outros aplicativos que não se enquadram totalmente na categoria de produtividade, mas têm fins mais especializados incluem Scanner e Gravador de voz.

Os aplicativos retiram informações de muitas fontes e são concebidos para serem úteis na área de trabalho e em qualquer lugar.

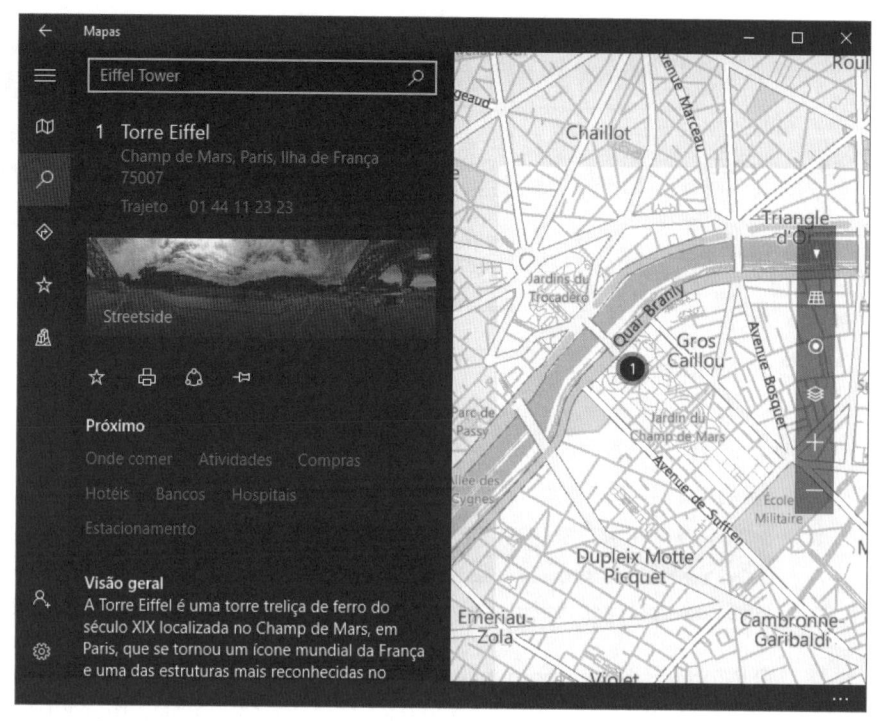

O aplicativo Mapas se coordena com todos os dispositivos aos quais você se conecta usando sua conta da Microsoft

Navegadores Web

O Microsoft Edge e o Internet Explorer estão instalados no Windows 10. Discutiremos como trabalhar nesses navegadores (principalmente o Edge, porque é novo no Windows 10) em mais detalhes no Capítulo 5.

Aplicativos de gestão de mídia

Os aplicativos Filmes e TV e Música fornecem acesso à mídia online. A identidade visual do site por trás desses aplicativos mudou várias vezes ao longo dos anos. O aplicativo Filmes e TV fornece acesso a conteúdo de vídeo que você comprou ou alugou na Loja ou de uma das lojas recentes da Microsoft, como do Xbox, e a arquivos de vídeo armazenados no computador ou em um local de armazenamento online. Da mesma forma, o aplicativo Música (oficialmente *Groove Música*) fornece acesso às músicas que você possui ou tenha licenciado os direitos pela Loja ou em um de seus predecessores (Xbox Music e Zune). Você pode configurar esses aplicativos para interligar vários locais de armazenamento de mídia.

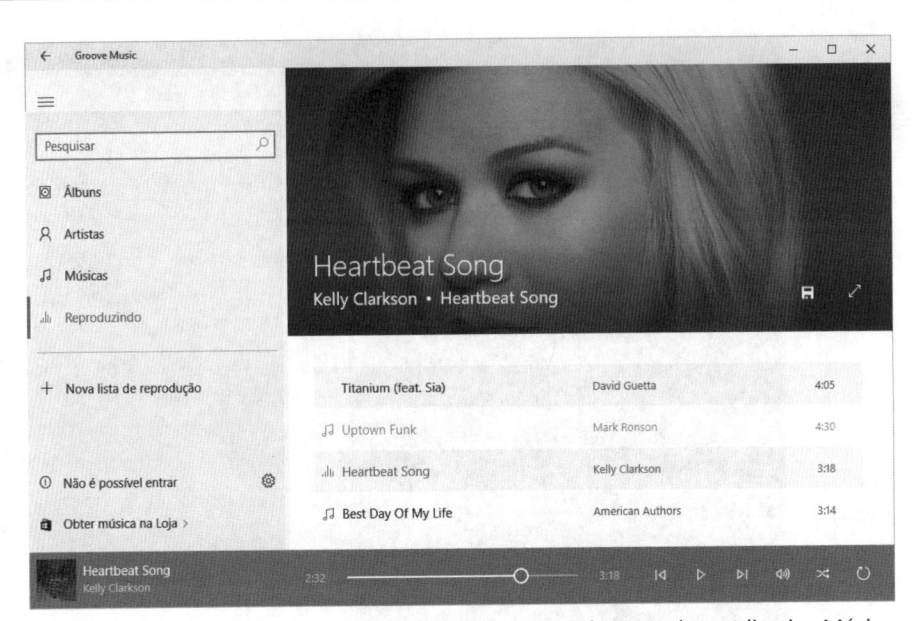

Você pode localizar, executar e gerenciar músicas gravadas usando o aplicativo Música

O Windows 10 também inclui o Windows Media Player, que está no mercado há um bom tempo. Você pode usar esse aplicativo para reproduzir e gerenciar arquivos de mídia e gerenciar a transferência de mídia para discos. Ele não tem uma interface direta com a Loja, mas é um gerenciador de mídia confiável.

O aplicativo completo Windows Media Center não faz parte da versão inicial do Windows 10, mas a Microsoft diz que fornecerá um aplicativo de reprodução de DVD chamado DVD Player do Windows após a primeira atualização oficial do Windows 10. Será bastante conveniente para os consumidores que geralmente dependem de aplicativos de terceiros instalados pelos fabricantes do equipamento original (OEMs) ou da Web para essa finalidade.

Se o computador ou dispositivo tiver uma câmera integrada, você poderá tirar fotos usando o aplicativo Câmera.

O aplicativo Fotos é um aplicativo conveniente e fácil de usar, no qual você pode gerenciar e aprimorar fotos de forma eficiente. O aplicativo rastreia fotos armazenadas em vários locais (incluindo o OneDrive) e cataloga automaticamente as fotos pela data. Você pode organizar as fotos em álbuns, editar e aprimorá-las de várias maneiras e compartilhá-las com aplicativos que fornecem essa funcionalidade. O aplicativo Fotos também fornece um atalho para definir uma foto como a imagem de tela de fundo da área de trabalho ou da tela de bloqueio.

Aplicativos de informação ao vivo

Os aplicativos de informações frequentemente são destaques nos blocos da Tela inicial em instalações novas ou upgrades do Windows. Todos têm funcionalidade de bloco dinâmico, embora possam não mostrar nada específico ou pertinente até você configurá-los. Quando seus blocos dinâmicos estão ativados (como são por padrão), esses aplicativos podem fornecer atualizações interessantes e oportunas sobre coisas que estão acontecendo no mundo ao seu redor, uma cortesia do Bing ou do MSN. Os aplicativos incluem Dinheiro, Notícias, Esportes e Clima.

> ✓ **DICA** Ter as últimas manchetes constantemente disponíveis pode ser bastante distrativo. Se você não quer ver as manchetes, mas ainda quer ter acesso fácil às informações, você pode desativar o conteúdo dinâmico do bloco para aplicativos individuais.

Os aplicativos de informações fornecem informações gerais, mas também permitem que você identifique informações específicas e fixe essa informação na Tela inicial. Por exemplo, você pode controlar um estoque específico em Dinheiro ou fixar as informações de contato de uma pessoa específica em Pessoas.

Informação ao seu alcance na tela inicial

Acessórios

Junto com os novos aplicativos da Loja, O Windows 10 vem com vários aplicativos úteis da área de trabalho que estão no mercado há bastante tempo e realizam funções muito úteis. (Por essa razão, eles são frequentemente referidos como *utilitários*.) Esses aplicativos (e outros) estão disponíveis na pasta Acessórios do Windows no menu Todos os aplicativos:

- **Painel de Entrada de Expressões Matemáticas** Você pode usar o Painel de entrada de expressões, que foi originalmente concebido para usuários de tablet, para converter equações matemáticas simples e complexas.

- **Bloco de Notas** Você pode usar este editor de texto simples para editar documentos não formatados ou arquivos HTML.

- **Paint** Você pode usar este aplicativo gráficos simples (mas recentemente atualizado) para produzir desenhos em uma variedade de formatos gráficos (incluindo .bmp, .gif, .jpg, .png e .tif) e salvar imagens de tela capturadas usando o utilitário Ferramenta de captura.

- **Notas Autoadesivas** Você pode usar este aplicativo para anexar notas eletrônicas na área de trabalho do computador da mesma forma que você fixaria a versão de papel no seu local físico de trabalho.

- **Ferramenta de Captura** Você pode usar esta ferramenta para capturar uma imagem de uma área da tela, criar anotações referentes a esta tela usando notas manuscritas, salvá-la como arquivo .html, .png, .gif ou .jpg e enviá-la por email.

- **Windows Fax and Scan (Fax e Scanner do Windows)** Você pode usar este aplicativo de área de trabalho para enviar e receber faxes por uma linha de telefone analógica e um modem ou via um servidor de fax. Se um scanner estiver conectado ao computador, você também pode usar o Windows Fax and Scan para digitalizar documentos de texto e gráficos para o computador como arquivos digitais que você pode enviar como fax ou anexos de mensagem de email. O aplicativo Scanner Windows que também está disponível para o Windows 10 é um aplicativo mais moderno da Loja que faz a mesma coisa.

- **Diário do Windows** Você pode usar esta ferramenta, que foi originalmente concebida para tablets, para gravar notas manuscritas, informações digitadas e fotos.

- **WordPad** Você pode usar este aplicativo de processamento de texto para trabalhar com documentos que inclui estilo de parágrafo e de caractere e formato rich text.

Outros acessórios testados e aprovados incluem o Mapa de Caracteres, Conexão de Área de Trabalho Remota, Gravador de Passos e Visualizador XPS.

> **DICA** Como o Portable Document Format (PDF), o formato XML Paper Specification (XPS) permite que um arquivo seja salvo de tal forma que possa ser visualizado, mas não alterado sem o uso de um software especial. O Windows 10 vem com o Visualizador XPS, no qual você pode visualizar os arquivos XPS e, com o software que é necessário para criar arquivos XPS de qualquer aplicativo do qual você pode imprimir. Simplesmente abra o arquivo no aplicativo de origem, exiba a caixa de diálogo Imprimir, especifique o Microsoft XPS Document Writer como a impressora e clique em Imprimir Quando solicitado, salve o arquivo com o nome e o local que você desejar.

Utilitários para geeks

Usuários de computador experientes que queiram executar aplicativos e gerenciar os computadores de forma mais tradicional podem achar úteis os seguintes utilitários:

- **Windows PowerShell** Com uma interface baseada em texto, semelhante a do Prompt de Comando, o Windows PowerShell fornece ferramentas de linha de comando que podem ser usadas para automatizar tarefas administrativas. O Windows 10 também inclui o PowerShell ISE (Integrated Scripting Environment), que estende substancialmente a interface de usuário do Windows PowerShell.

- **Prompt de Comando** O Prompt de Comando do Windows 10 (cmd.exe) é o mais recente em uma progressão de interpretadores de linhas de comando do MS-DOS tradicional e do command.com. Você pode usá-lo para executar muitos utilitários de linha de comando DOS e Windows. O Windows 10 melhorou a interface de usuário de diversas maneiras, incluindo a capacidade de usar os atalhos de teclado padrão para copiar e colar texto.

> **DICA** Como os modelos de desenvolvimento de software e instalação mudaram, a terminologia também mudou. Em um momento, havia somente aplicativos de software, que foram chamados *programas*. Com o desenvolvimento da tecnologia móvel compacta vieram os aplicativos. Ao longo do tempo, diferentes tipos de aplicativos foram referenciados como aplicativos da área de trabalho, aplicativos (apps) do Windows, aplicativos modernos, gadgets e outros termos. Neste livro, a menos que haja um motivo específico para diferenciar os tipos de aplicativo, simplesmente referimos a programas de todas estas categorias como *aplicativos*.

Instale aplicativos da Loja

O Windows 10 funciona em várias plataformas (desktop, notebook, tablet e telefone), que acaba por ter dois efeitos notáveis. Primeiro, a interface de usuário simplificada do Windows adapta-se facilmente a tamanhos diferentes de tela; segundo, os desenvolvedores podem criar (e dar suporte) mais facilmente aplicativos que ofereçam a mesma experiência de usuário em vários dispositivos. Como continua a corrida implacável para ficar constantemente conectado, mais móvel e menos ligado a computadores desktop, essas mudanças beneficiam tanto as empresas de software e quanto os usuários de software.

Você pode instalar um software em um computador com Windows 10 a partir de vários locais. No passado, a fonte de instalação mais comum era um CD ou DVD, mas a distribuição de software rapidamente evoluiu para um modelo de instalação online. Você pode comprar ou assinar um software e instalá-lo no computador ou dispositivo imediatamente.

Milhares de aplicativos (e jogos, músicas, filmes e programas de TV) que foram especificamente concebidos e otimizados para uso no Windows 10 estão disponíveis na Loja, muitos deles gratuitamente. Você também pode comprar e instalar aplicativos de sites ou usar o antigo método e instalá-los usando CDs ou DVDs.

Como comprar na Loja do Windows (Windows Store)

A Loja foi introduzida pela primeira vez no Windows 8. Foi atualizada substancialmente no Windows 10 e é modificada com frequência. Este capítulo inclui algumas imagens para orientação, mas é bem possível que ao ler este livro, a interface da Loja esteja diferente da que retratamos aqui neste livro. Nesta seção, damos uma visão geral da Loja e descrevemos as funcionalidades da Loja que achamos que sejam prováveis de permanecer com o tempo.

Você pode acessar a Loja, iniciando o aplicativo Loja, que é instalado por padrão e não pode ser desinstalado (embora possa ser desafixado do menu Iniciar, se você não o quiser lá).

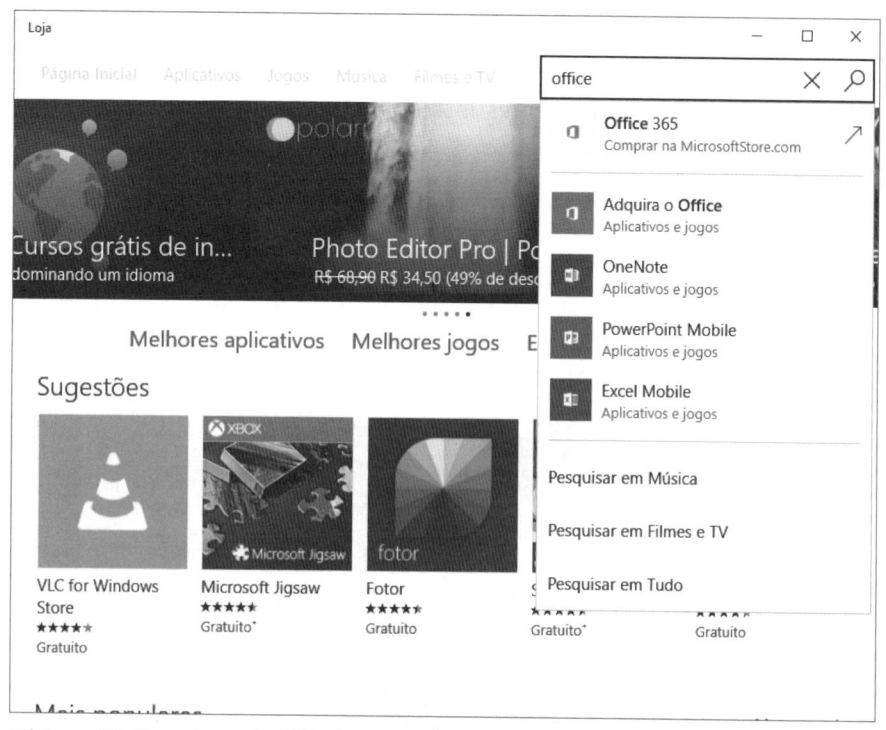

Obter aplicativos de produtividade e entretenimento na Loja

Na página inicial da Loja, você pode pesquisar aplicativos específicos, pesquisar por categoria ou navegar por coleções de aplicativos, como os aplicativos ou jogos mais populares gratuitos ou pagos, novas músicas ou filmes, programas de TV mais vendidos ou várias coleções de aplicativos que estão relacionados por uma característica comum (como música, zumbis ou produtividade).

Se você conhece o aplicativo ou o tipo de aplicativo que você está procurando, o método mais simples de encontrá-lo é digitar o nome ou informações descritivas na caixa de pesquisa localizada no canto superior direito da janela da Loja. Geralmente, quanto mais texto que você digitar na caixa de pesquisa, mais você limitará os resultados da pesquisa. Por exemplo, no momento da redação deste livro, o termo de pesquisa *cartões* retornou 26 aplicativos, 5 jogos, 2.000 álbuns, 2.000 músicas e 16 artistas. O termo de pesquisa *cartões flash* retorna apenas 8 resultados, 2 aplicativos, 2 álbuns e 4 músicas.

> **DICA** No momento da redação deste livro, o mecanismo de busca da Loja não suportava restrições de pesquisa booliana, como AND, OR ou curingas.

Independentemente da escolha do método de navegação, a Loja apresenta informações consistentes, incluindo bloco do aplicativo, nome, classificação e valor para cada aplicativo.

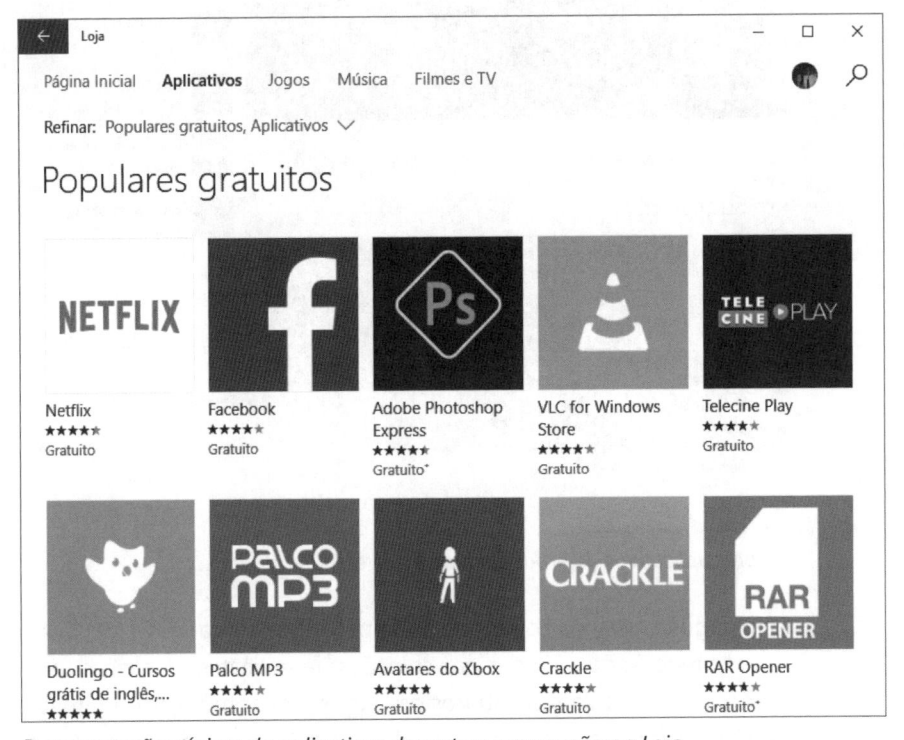

Representações típicas de aplicativos durante a navegação na Loja

A maioria dos aplicativos do Windows é classificada como gratuita, e muitos deles são. Alguns desenvolvedores de aplicativo aceitam doações. Alguns aplicativos são gratuitos apenas por um período de avaliação ou exigem que você compre uma atualização ou serviço associado para desbloquear a funcionalidade realmente útil. Como há variações de "gratuito", é uma boa ideia ler as informações antes de instalar um aplicativo. Você pode clicar em qualquer bloco de aplicativo para obter mais informações.

Algumas informações úteis fornecidas pelos aplicativos na Loja incluem:

- Capturas de tela da interface do usuário do aplicativo
- Classificações e opiniões que podem ser filtradas pelo tipo de dispositivo
- Listas de recursos
- Nome do desenvolvedor (ou fabricante), site, site de suporte e política de privacidade
- Requisitos de espaço de armazenamento e hardware
- Categoria e classificação etária
- Idiomas e processadores suportados
- Número de dispositivos em que você pode instalar o aplicativo
- As permissões de acesso que o aplicativo requer, que podem incluir permissão para usar sua localização, acessar conexão com a Internet, acesso à rede local, atuar como servidor, ler dados de outros aplicativos, usar a câmera do dispositivo, gravar áudio, e mais

Para iniciar a Loja dos aplicativos

1. No menu **Iniciar**, clique em **Todos os aplicativos**.
2. No menu **Todos os aplicativos**, clique em qualquer letra do índice e clique em **L**.
3. Na lista de aplicativos que têm nomes que começam com *L*, clique em **Loja**.

Gerenciamento de sua conta e configurações da Loja

A Loja está ligada à sua conta da Microsoft. Informações sobre empresas que você já fez alguma transação quando conectado a um site ou serviço com essa conta são armazenadas com suas informações de conta. As transações incluem aplicativos gratuitos e pagos, serviços e assinaturas em entidades como o aplicativo Loja, a Microsoft Store online, Xbox Live, Groove Music, Office 365 e OneDrive.

Você pode gerenciar as configurações da Loja dentro do aplicativo Loja, e também pode ligar o menu da conta da Loja diretamente a áreas específicas das informações da conta Microsoft online.

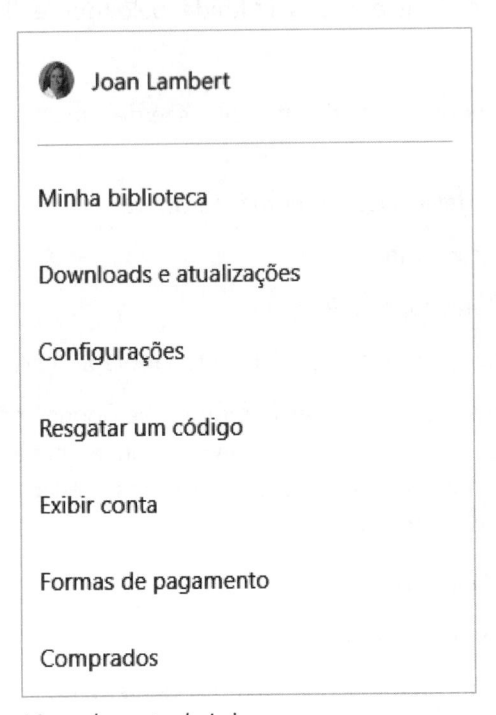

```
Joan Lambert

Minha biblioteca

Downloads e atualizações

Configurações

Resgatar um código

Exibir conta

Formas de pagamento

Comprados
```

Menu de conta da Loja

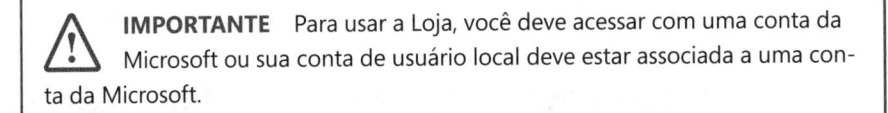

> ⚠️ **IMPORTANTE** Para usar a Loja, você deve acessar com uma conta da Microsoft ou sua conta de usuário local deve estar associada a uma conta da Microsoft.

No momento da redação deste livro, as únicas configurações que você podia definir eram se você desejava atualizar automaticamente aplicativos e ativar blocos dinâmicos. A janela Configurações na Loja é similar às páginas da janela Configurações no Windows 10. Um botão de alternância controla cada uma das configurações.

Quando a janela é estreitada, o botão de menu aparece

> ✓ **DICA** Quando você estreita a janela do aplicativo Loja, um botão de menu aparece no canto superior esquerdo. Clicar no botão de menu exibe todos os itens de menu que geralmente aparecem na barra de menu da Loja e todos os itens que geralmente aparecem no menu da conta da Loja.

Clicar em qualquer link diferente de Configurações, Minha biblioteca ou Downloads e atualizações no menu da conta da Loja inicia ou abre seu navegador padrão e exibe informações da sua conta da Microsoft. Você deve entrar na sua conta (se você já não tiver feito isso) e reconfirmar suas credenciais ao acessar as páginas que contêm informações financeiras. A tabela a seguir descreve as ações que você pode tomar nestas páginas que são relevantes para compras na Loja.

Item de menu (página)	Descrição
Exibir conta (Conta)	Rever compras recentes e seus dispositivos. Navegar daqui para qualquer outra informação de conta.
Formas de pagamento (Opções de pagamento)	Adicionar, editar e remover opções de pagamento que estão ligadas à sua conta. Formas válidas de pagamento incluem contas PayPal, cartões de crédito (Visa, MasterCard, American Express) e cartões de presente físicos e digitais. Você pode remover apenas as opções de pagamento que não estão associadas a uma assinatura ativa. (Se você quiser remover uma opção de pagamento que é atribuída a uma assinatura, você deve primeiro atribuir uma forma diferente de pagamento para a assinatura.)
Comprados (Histórico de compras)	Exibir a data, a descrição, a forma de pagamento e a quantia para transações associadas a uma conta Microsoft. Você pode exibir até um ano de compras de cada vez.
Comprados (Histórico de compras)	Digitar um número de cartão presente ou código promocional nesta página para adicionar crédito à sua conta da Microsoft. Se sua conta da Microsoft tiver um saldo de crédito, compras da Loja usam os créditos primeiro e, depois, cobram apenas a diferença na sua opção de pagamento selecionada.

> **CONSULTE TAMBÉM** Para obter mais informações sobre contas da Microsoft, consulte o quadro "Utilize uma conta Microsoft ou uma conta local" no Capítulo 1.

Você pode ir diretamente para uma página específica de informações do menu da conta da Loja ou navegar entre as páginas na janela do navegador. Quando você instalar um aplicativo ou jogo pela Loja em qualquer dispositivo com Windows 10, você será proprietário desse aplicativo e poderá instalá-lo em até 10 dispositivos. Se você deseja instalar o mesmo aplicativo em outro dispositivo, poderá localizar o aplicativo na lista de aplicativos e instalá-lo de lá.

CAPÍTULO 4 Trabalho com aplicativos e notificações 167

Para desativar atualizações automáticas de aplicativo

1. Inicie o aplicativo Loja.

2. Na barra de menus, clique na foto de conta de usuário para exibir um menu de opções.

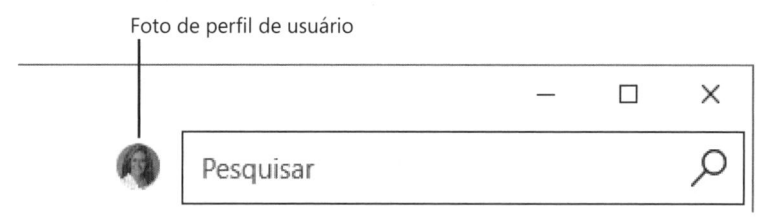

Acesse as configurações de conta da Loja e da Microsoft pela Loja

3. No menu da conta, clique em **Configurações** para exibir o painel Configurações do aplicativo Loja.

4. No painel **Configurações**, desative o botão de alternância **Atualizar aplicativos automaticamente** para imediatamente implementar a mudança.

Para acessar as configurações da conta da Microsoft pela Loja

1. Na barra de menus da Loja, exiba o menu da conta de usuário e siga um destes passos:

   - Para exibir a página inicial da sua conta da Microsoft, clique em **Exibir conta**.

   - Para exibir a página Opções de pagamento, clique em **Formas de pagamento**.

   - Para exibir a página Histórico de compras, clique em **Comprados**.

   - Para exibir a interface de entrada de código promocional/cartão presente, clique em **Resgatar um código**.

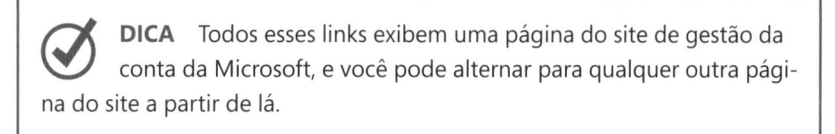

   > **DICA** Todos esses links exibem uma página do site de gestão da conta da Microsoft, e você pode alternar para qualquer outra página do site a partir de lá.

Instalação, reinstalação e desinstalação de aplicativos

A maioria dos aplicativos é gratuita. Quando você compra um aplicativo que não é gratuito e não inclui uma versão gratuita, você seleciona um método de pagamento na seção Pagamento e Cobrança da sua conta da Microsoft. A maioria requer apenas um único pagamento, mas alguns são geridos com base em assinatura, e até que você cancele a assinatura, a opção de pagamento que você selecionar é cobrada a cada mês.

A Loja rastreia todos os aplicativos, jogos, músicas, filmes e episódios de TV que você comprar. Da sua biblioteca, você pode exibir informações sobre os itens que você comprou, e você pode instalar, reinstalar e compartilhar esses itens.

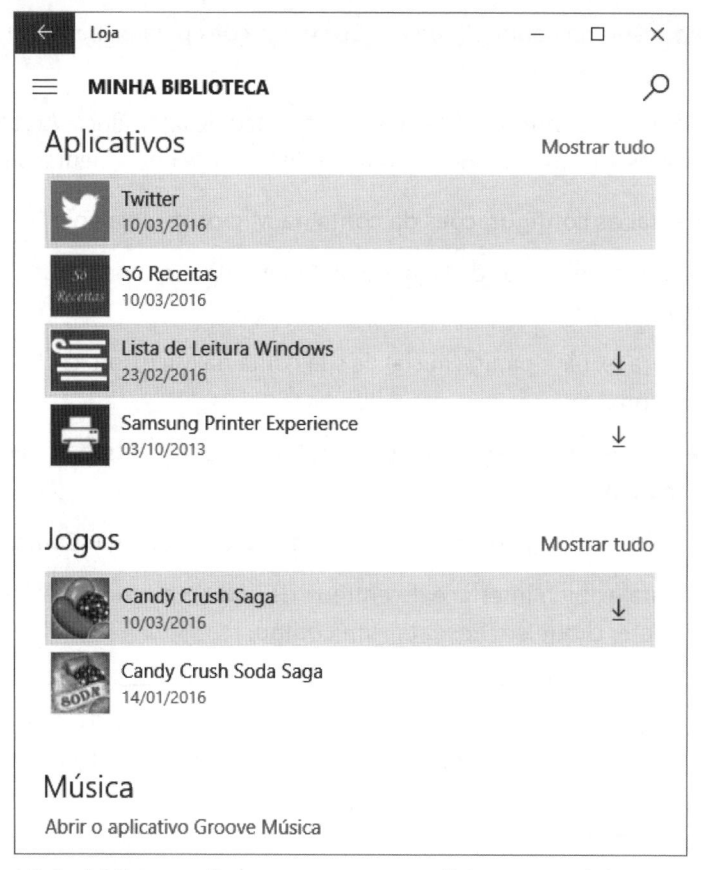

Minha biblioteca exibe compras recentes e links para a página com seus aplicativos ou seus jogos

A página Minha biblioteca exibe compras recentes que você fez enquanto estava acessando com sua conta da Microsoft, em qualquer dispositivo, na ordem do mais recente ao menos recente. Clicar no link Mostrar tudo, adjacente a qualquer título de categoria, exibe todos os itens desse tipo que estão instalados em qualquer dispositivo associado à sua conta da Microsoft. Dependendo do seu histórico de instalação, as entradas nas seções Seus aplicativos e Seus jogos podem ser divididas em partes intituladas "Funciona neste dispositivo" e "Não funciona neste dispositivo". Por exemplo, quando você está na Loja em um computador com Windows 10, os aplicativos do Windows Phone que foram desenvolvidos para versões do Windows Mobile anteriores ao Windows 10 aparecem na lista "Não funciona" porque eles não funcionarão no computador com Windows 10.

Você pode iniciar um aplicativo ou jogo da sua biblioteca, se ele já estiver instalado no computador. Aplicativos e jogos que funcionam no computador com Windows 10 e ainda não estão instalados nele apresentam um ícone de instalação no lado direito.

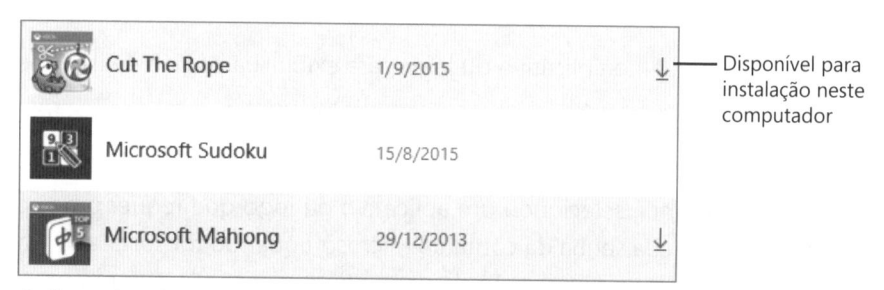

As listas de aplicativos e jogos indicam se você pode instalar cada um deles no computador

Quando você clica no ícone, o aplicativo da Loja verifica suas instalações atuais para garantir que você não tenha excedido o limite de 10 dispositivos. Ele então atribui uma das suas 10 licenças de dispositivo para o aplicativo, baixa o aplicativo e o instala. Durante esse processo, o aplicativo aparece na página Downloads e Atualizações, que é um local de preparo provisório para aplicativos e atualizações que têm instalação pendente no computador. Por padrão, o aplicativo da Loja baixa e instala atualizações automaticamente. Se você prefere aprovar atualizações, você pode desativar a opção de atualização automática e gerenciar as atualizações nesta página. Quando um aplicativo ou atualização está pronto para instalação, o ícone de instalação aparece na barra de menu da Loja, ao lado do ícone da conta de usuário.

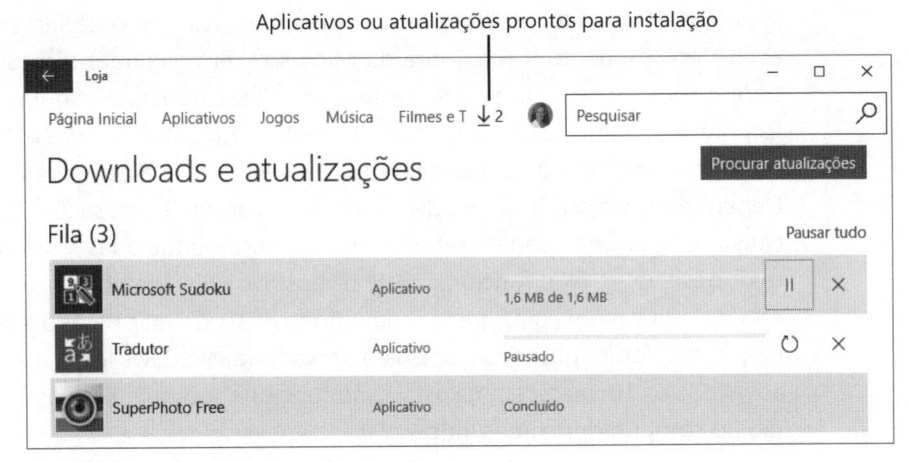

Aplicativos ou atualizações prontos para instalação

Você pode monitorar e gerenciar downloads

Para instalar um aplicativo ou jogo pela primeira vez

1. Na Loja, pesquise ou navegue até o aplicativo ou jogo que você deseja instalar.

2. Clique no aplicativo ou jogo para exibir sua página de informações.

3. Na página de informações, abaixo da descrição, clique no botão rotulado como **Gratuito** ou com o preço do jogo ou aplicativo.

4. Se você selecionou um aplicativo ou jogo que requer uma compra, digite sua senha da conta da Microsoft quando for solicitado. Em seguida, selecione uma opção de pagamento e aprove a compra para instalar o aplicativo e adicioná-lo ao menu Todos os aplicativos.

Para exibir jogos e aplicativos comprados e instalados

1. Na barra de menu da Loja, exiba o menu da conta de usuário e clique em **Minha Biblioteca**.

2. Por padrão, o painel Minha biblioteca exibe aplicativos e jogos instalados recentemente. Para exibir *todos* os aplicativos ou jogos, siga um destes passos:

    - Clique no link **Mostrar tudo** à direita do título **Aplicativos** para exibir o painel Seus aplicativos.

    - Clique no link **Mostrar tudo** à direita do título **Jogos** para exibir o painel Seus jogos.

Para instalar um aplicativo comprado ou jogo em um computador diferente

1. No computador onde você deseja instalar o aplicativo ou jogo, inicie o aplicativo da Loja.

2. Da barra de menu, exiba o menu da conta de usuário e clique em **Minha biblioteca**.

3. Se o aplicativo ou jogo que você deseja instalar não aparecer neste painel, exiba o painel **Seus aplicativos** ou **Seus jogos**.

4. Localize o aplicativo ou jogo e clique no ícone **Instalar** no lado direito da entrada.

> ⚠ **IMPORTANTE** Se não houver ícone de instalação, o aplicativo já está instalado ou é incompatível com o dispositivo atual.

Você pode monitorar o processo de instalação no painel de Downloads e Atualizações.

Para gerenciar os downloads e atualizações

1. Da barra de menu da Loja, exiba o menu da conta de usuário e clique em **Downloads e Atualizações**.

2. Na área de Atualizações do painel **Downloads e Atualizações**, siga um destes passos:

   - Clique no botão **Procurar atualizações** para pesquisar atualizações disponíveis que ainda não foram executadas no computador.
   - Clique em uma atualização disponível para baixá-la e instalá-la.
   - Clique no botão **Pausar** ou **Reiniciar** perto da extremidade direita de uma atualização em andamento para pausar ou reiniciar o processo.
   - Clique no botão **Fechar** na extremidade direita de uma atualização em andamento para remover a atualização da fila.

Para desinstalar um aplicativo da Loja

1. Localize o aplicativo no menu **Todos os aplicativos**.

2. Clique com o botão direito do mouse no aplicativo e clique em **Desinstalar**.

> ⚠ **IMPORTANTE** Alguns aplicativos (como Calculadora, Calendário e Câmera) não podem ser desinstalados, e a opção de desinstalação não aparece no menu de atalho.

Gerencie atalhos de aplicativos

Instalar um aplicativo da Loja ou um aplicativo de área de trabalho o adiciona ao menu Todos os aplicativos, e você pode iniciar o aplicativo, localizando-o no menu e clicando nele. Se você planeja usar o aplicativo muitas vezes, você pode economizar tempo criando um atalho para o aplicativo em uma localização mais conveniente. Você pode criar atalhos de aplicativo nestes locais:

- Na Tela inicial, onde o atalho é um bloco
- Na barra de tarefas, onde o atalho é um botão
- Na área de trabalho, onde o atalho é indicado por uma seta no ícone
- Em uma pasta, onde o atalho é indicado por uma seta no item

Gerenciamento de atalhos da Tela inicial

Como mencionamos no Capítulo 2, todos os blocos da Tela inicial são na verdade atalhos para arquivos e pastas armazenados em outro lugar. Você pode fixar qualquer aplicativo da Loja ou aplicativo de área de trabalho na Tela inicial. Para iniciar um aplicativo a partir do seu atalho na Tela inicial, basta clicar no bloco.

Todos os blocos da Tela inicial são na verdade atalhos

Por padrão, fixar um aplicativo na Tela inicial cria um bloco médio. Blocos da Tela inicial que são atalhos para aplicativos de área de trabalho podem ser pequenos ou médios; Blocos da Tela inicial que são atalhos para aplicativos da Loja podem ser pequenos, médios, largos ou grandes.

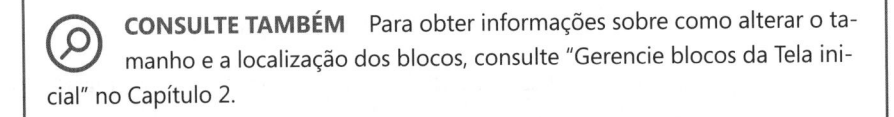

> **CONSULTE TAMBÉM** Para obter informações sobre como alterar o tamanho e a localização dos blocos, consulte "Gerencie blocos da Tela inicial" no Capítulo 2.

CAPÍTULO 4 Trabalho com aplicativos e notificações   173

Muitos aplicativos da Loja são configurados para exibir bloco de conteúdo dinâmico (mas nem todos os aplicativos que são configurados para isso têm conteúdo dinâmico disponível neste momento). Se um bloco da Tela inicial é um atalho para um aplicativo que está configurado para mostrar bloco de conteúdo dinâmico, o menu de atalho do bloco inclui o comando Ligar bloco dinâmico ou Desligar bloco dinâmico, dependendo da configuração atual. Você pode ativar o bloco de conteúdo dinâmico para um aplicativo em qualquer tamanho de bloco, mas apenas os blocos médios, largos e grandes podem exibir conteúdo dinâmico.

Gestão de bloco da tela sensível ao toque

Se você estiver trabalhando em um dispositivo com tela sensível ao toque, você pode exibir o equivalente de comandos do menu de atalho do bloco, pressionando e segurando um bloco até que os botões de Desafixar e Opções sejam exibidos.

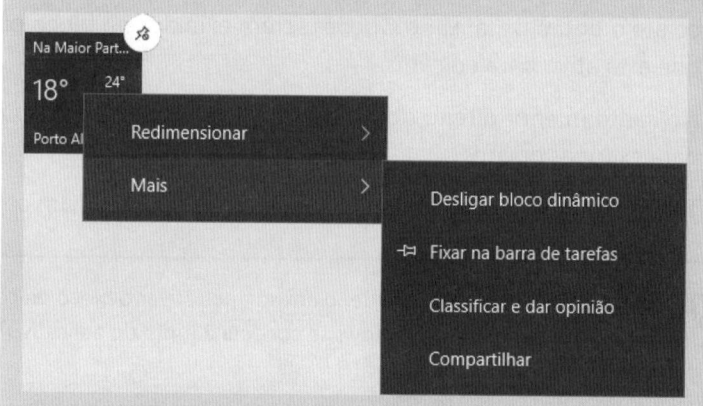

Pressione e segure um bloco para ativar seus comandos

Tocar no botão Opções (...) exibirá os itens Redimensionar e Mais. Para escolher entre os tamanhos de bloco disponíveis use o item Redimensionar. Tocar em Mais exibirá os comandos disponíveis de gerenciamento de bloco e as opções de conteúdo dinâmico para o bloco ativo. Os comandos disponíveis para um bloco dependem do aplicativo a que ele se refere e o estado atual do bloco.

Para criar um atalho de aplicativo na Tela inicial

1. Siga um destes passos:

   - Localize o aplicativo no menu **Todos os aplicativos** ou no menu **Iniciar**.

   - No Explorador de Arquivos, navegue até o arquivo executável do aplicativo.

2. No menu ou no Explorador de Arquivos, clique com o botão direito do mouse no aplicativo ou no arquivo executável e clique em **Fixar na Tela inicial**.

Para exibir ou ocultar conteúdo dinâmico em um bloco do aplicativo

1. Na **Tela inicial**, clique com o botão direito no bloco, clique em **Mais** e clique em **Ligar bloco dinâmico** ou **Desligar bloco dinâmico**.

Ou

1. Em um dispositivo com tela sensível ao toque, pressione e segure o bloco até o botão Desafixar e Opções serem exibidos no bloco para indicar que está ativo para edição.

2. No canto inferior direito do bloco, toque no botão Opções **Opções (...)** para exibir as opções.

3. Toque em Ativar bloco dinâmico ou Desativar bloco dinâmico.

> ✓ **DICA** Pode haver um pequeno atraso após ativar o bloco de conteúdo dinâmico enquanto o Windows se conecta à fonte do aplicativo para buscar e exibir o conteúdo atual.

Para remover um atalho de aplicativo da Tela inicial

1. Siga um destes passos:

   - Na **Tela inicial**, clique com o botão direito do mouse no bloco de aplicativo e clique em **Desafixar do Início**.

   - No menu **Todos os aplicativos** ou na **Tela inicial**, clique com o botão direito do mouse no aplicativo e clique em **Desafixar do Início**.

Ou

1. Em um dispositivo com tela sensível ao toque, pressione e segure o bloco até que ele fique ativo para edição.

2. No canto superior direito do bloco, toque no botão **Desafixar**.

Gerenciamento de aplicativos da barra de tarefas

Você pode iniciar ou alternar para um aplicativo fixado ou em execução, clicando no botão da barra de tarefas. Se você preferir usar um atalho de teclado, você pode iniciar ou alternar para qualquer um dos 10 primeiros aplicativos localizados na barra de tarefas, pressionando Win+*n*, onde *n* é um número de 0 a 9 (com o 0 representando 10).

Quando um aplicativo está em execução, um sublinhado grosso aparece abaixo do ícone do aplicativo. A variação de cor na barra indica quando várias instâncias de um aplicativo estão em execução.

Apontar para (parar o mouse em cima de) um botão da barra de tarefas ativo exibe miniaturas de cada instância do aplicativo. Você pode alternar para uma janela específica de um aplicativo clicando em sua miniatura. Você pode fechar uma janela de aplicativo, apontando para sua miniatura e clicando no botão Fechar (o X) que aparece no canto superior direito.

Gerenciar aplicativos em execução na barra de tarefas

Clicar com o botão direito do mouse em um botão da barra de tarefas (ou arrastar o botão para cima ligeiramente acima da barra de tarefas) exibe uma lista de atalhos e um menu de atalho. Dependendo do aplicativo, a lista de atalhos exibe as tarefas que estão relacionadas com o aplicativo ou arquivos que foram recentemente abertos usando aquele aplicativo.

Você pode clicar com o botão direito do mouse em arquivos na lista de atalhos para exibir comandos adicionais. O menu de atalho do botão da barra de tarefas normalmente exibe comandos para iniciar ou parar o aplicativo e fixar ou desafixar o aplicativo.

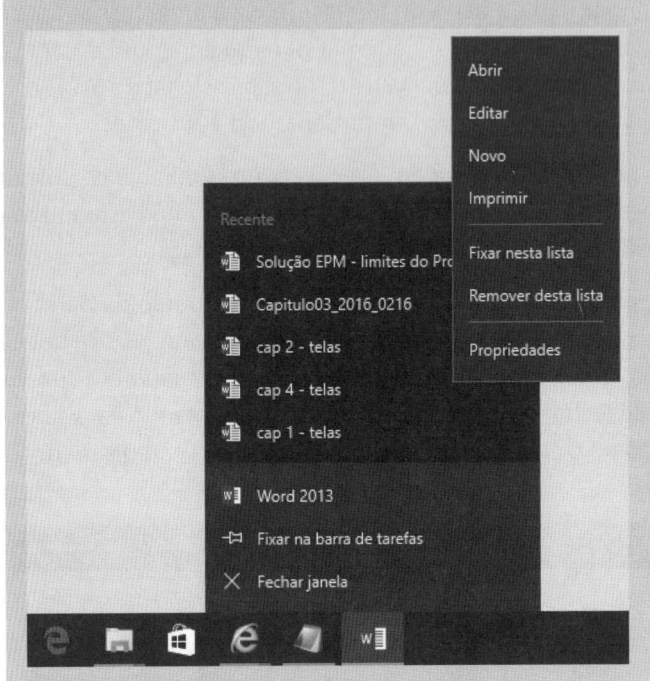

Uma lista de atalhos e menu de atalho do arquivo

Você pode fixar manualmente itens em uma lista de atalhos, arrastando arquivos ou pastas do tipo apropriado para o botão da barra de tarefas. Por exemplo, você pode soltar um documento do Word no ícone do Word, ou soltar uma pasta no ícone do Explorador de Arquivos, para fixar o documento ou a pasta à lista de atalhos equivalente.

Gerenciamento de atalhos da barra de tarefas

Como a barra de tarefas está sempre disponível da área de trabalho, pode ser muito mais rápido acessar os atalhos de aplicativo, arquivo e pasta que estão na barra de tarefas do que acessá-los na Tela inicial. Você pode fixar qualquer aplicativo da Loja ou aplicativo de área de trabalho à barra de tarefas. Atalhos da barra de tarefas parecem botões. Para iniciar um aplicativo a partir do atalho da barra de tarefas, basta clicar no botão.

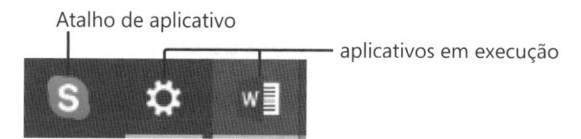

Atalho de aplicativo

aplicativos em execução

Atalhos de aplicativo exibem apenas ícones até que o aplicativo esteja ativo

Na barra de tarefas, você pode organizar os atalhos e botões de aplicativos ativos arrastando-os na ordem que você quer. Você pode alterar o tamanho de todos os botões da barra de tarefas de uma vez, mas você não pode alterar o tamanho dos botões individuais da barra de tarefas.

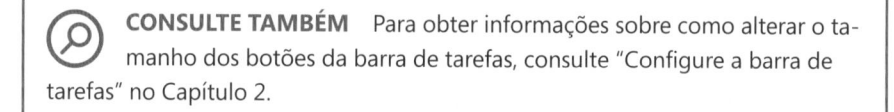

> **CONSULTE TAMBÉM** Para obter informações sobre como alterar o tamanho dos botões da barra de tarefas, consulte "Configure a barra de tarefas" no Capítulo 2.

Para criar um atalho de aplicativo na barra de tarefas

1. Siga um destes passos:
   - Localize o aplicativo no menu **Todos os aplicativos**, no menu **Iniciar** ou na **Tela inicial**.
   - No Explorador de Arquivos, navegue até o arquivo executável do aplicativo.
2. Clique com o botão direito do mouse no aplicativo, no bloco do aplicativo ou no arquivo executável do aplicativo, clique em **Mais** e clique em **Fixar na barra de tarefas**.

Ou

1. Em um dispositivo com tela sensível ao toque, pressione e segure o bloco da Tela inicial até que fique ativo para edição.
2. No canto inferior direito do bloco, toque no botão **Opções**, toque em **Mais opções** e toque em **Fixar na barra de tarefas**.

Para criar um atalho na barra de tarefas para um aplicativo atualmente em execução

1. Na barra de tarefas, clique com o botão direito do mouse no botão do aplicativo e clique em **Fixar na barra de tarefas**.

Para mover um atalho de aplicativo na barra de tarefas

1. Arraste o botão da barra de tarefas para a esquerda ou direita, de acordo com a sua nova localização.

Para remover um atalho de aplicativo na barra de tarefas

1. Clique com o botão direito do mouse no botão da barra de tarefas e clique em **Desafixar da barra de tarefas**.

Gerenciamento de atalhos da área de trabalho

Tradicionalmente, muitos processos de instalação de aplicativo de área de trabalho criam atalhos de aplicativo na área de trabalho. Não há nenhuma interface para "fixar" um aplicativo na área de trabalho, mas você pode facilmente criar um atalho de área de trabalho para qualquer aplicativo. Você também pode criar atalhos para páginas Web, arquivos e pastas, ou salvar arquivos e pastas diretamente na área de trabalho. Itens na área de trabalho são representados por ícones, geralmente do aplicativo que é aberto. Um atalho é diferenciado de um item que é armazenado diretamente na área de trabalho por uma seta no canto inferior esquerdo do ícone.

As setas indicam atalhos na área de trabalho

Por padrão, os ícones da área de trabalho são criados em um tamanho médio e alinhados a uma grade que ajuda a manter um pouco de ordem. Você pode alterar o tamanho do ícone para pequeno ou grande.

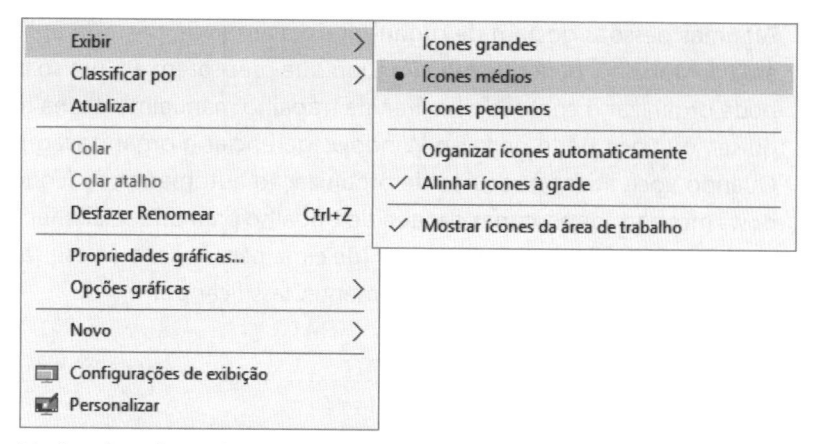

CAPÍTULO 4   Trabalho com aplicativos e notificações   **179**

Você pode redimensionar e organizar os ícones da área de trabalho automaticamente

Se você quiser organizar (ou desorganizar) ícones sem usar a grade, você pode desativar o alinhamento de grade e arrastar itens para qualquer posição que você quiser na área de trabalho.

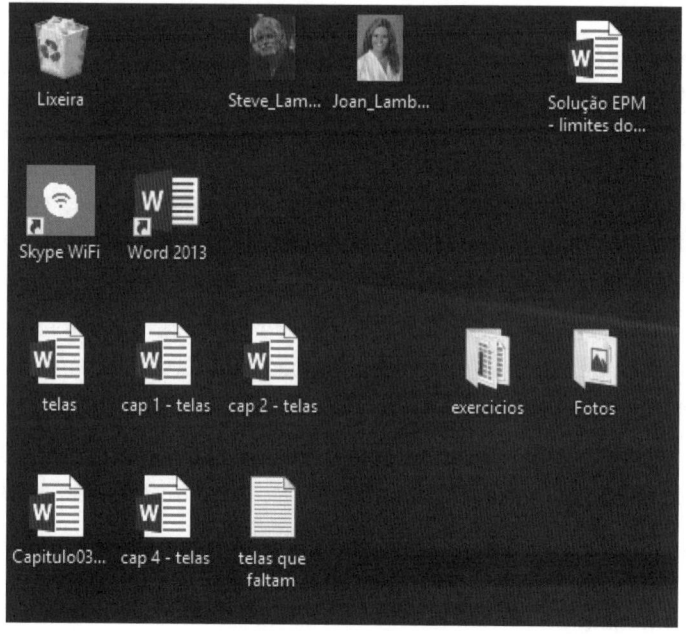

Armazenar arquivos, pastas e atalhos diretamente na área de trabalho

Algumas pessoas gostam de organizar seus arquivos, pastas e aplicativos na área de trabalho, para que tenham tudo que precisarem em um só lugar. Você pode organizar o conteúdo na área de trabalho manualmente, na ordem que quiser, ou você pode deixar o Windows gerenciar a organização para você. Quando você ativar o recurso de organização automática de ícones, o Windows move todos os ícones da área de trabalho para que se alinhem do canto superior esquerdo da tela na ordem (de cima para baixo e da esquerda para a direita) que você especificar no submenu Classificar por.

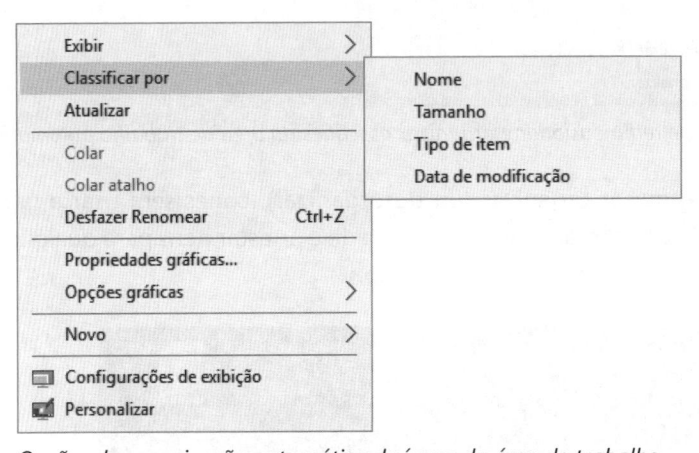

```
Exibir                          >
Classificar por                 >    Nome
Atualizar                            Tamanho
                                     Tipo de item
Colar                                Data de modificação
Colar atalho
Desfazer Renomear     Ctrl+Z
Propriedades gráficas...
Opções gráficas                 >
Novo                            >
Configurações de exibição
Personalizar
```

Opções de organização automática de ícone da área de trabalho

O conteúdo da área de trabalho é na verdade armazenado em uma pasta – ou melhor, em duas pastas. Além de ícones do sistema (como a Lixeira), sua área de trabalho exibe o conteúdo de dois locais:

- Conteúdo que é específico à sua conta de usuário e exibido apenas na *sua* área de trabalho é armazenado na pasta C:*Usuários\[nome da conta de usuário]\Área de Trabalho*.

- O conteúdo que é exibido para todos os usuários do computador é armazenado na pasta C:*Usuários\Público\Área de Trabalho Pública*.

Se você quiser que a área de trabalho apareça totalmente limpa, você pode ocultar os ícones da área de trabalho sem afetar o conteúdo das pastas da área de trabalho.

Você pode abrir qualquer uma destas pastas no Explorador de Arquivos para alterar a visualização de atalhos, pastas e arquivos na área de trabalho.

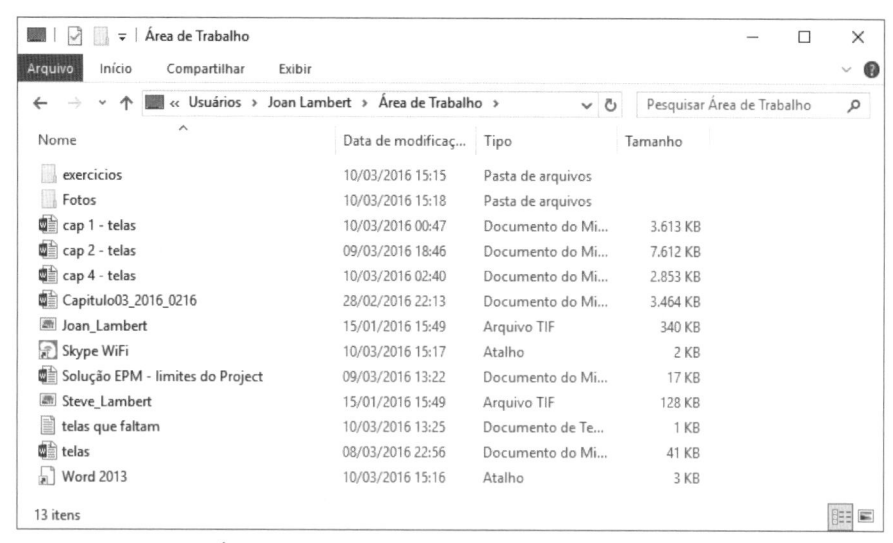

Conteúdo da pasta Área de trabalho exibido no Explorador de Arquivos

Para criar um atalho do aplicativo na área de trabalho

> **DICA** A primeira opção de procedimento funciona somente para aplicativos de área de trabalho; a segunda opção de procedimento funciona para qualquer aplicativo.

1. Clique com o botão direito do mouse no aplicativo no menu **Todos os aplicativos** ou no menu **Iniciar**, ou no bloco do aplicativo na **Tela Inicial** e clique em **Abrir local do arquivo** para abrir a pasta Start Menu\Programs. Esta pasta contém atalhos para todos os aplicativos instalados que estão disponíveis nesse computador.

2. Siga um destes passos para criar o atalho na área de trabalho:

- Clique com botão direito do mouse e arraste o atalho da pasta **Start Menu\Programs** para a área de trabalho e clique em **Copiar** no menu que aparece após liberar o atalho.

- Clique com o botão direito do mouse no aplicativo, clique em **Criar atalho** e na caixa de diálogo **Atalho** que é exibida, clique em **Sim**.

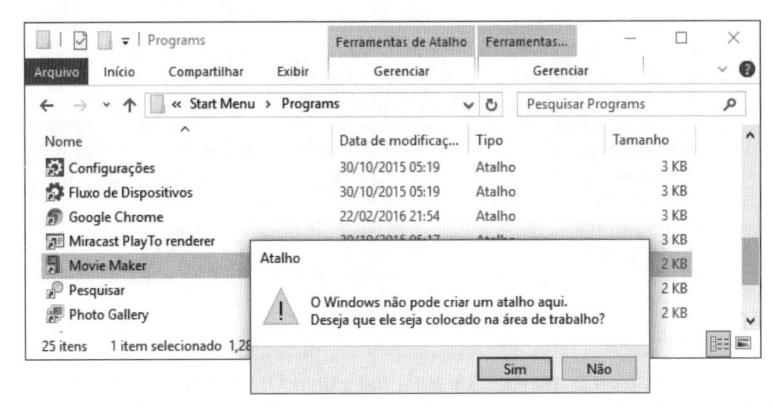

Use este método para evitar remover acidentalmente o atalho do menu Iniciar

Ou

1. Clique com o botão direito do mouse em uma área vazia da área de trabalho, clique em **Novo** e clique em **Atalho**.

2. Na caixa de diálogo **Criar atalho**, digite ou navegue até o local do arquivo executável do aplicativo. Em seguida, clique em **Próximo**. Depois digite um nome para o atalho e clique em **Concluir**.

> **DICA** Use os mesmos procedimentos para criar atalhos de aplicativo no Explorador de Arquivos que você fizer para criar atalhos de aplicativo na área de trabalho.

Para organizar os ícones da área de trabalho

1. Siga um destes passos:

   - Arraste o ícone para qualquer local na área de trabalho para ajustá-lo na posição de grade mais próxima.

   - Se você quiser forçar o posicionamento dos ícones nas posições de grade de cima para baixo e da esquerda para a direita, clique com o botão direito na área de trabalho, clique em **Exibir** e clique em **Organizar ícones automaticamente**.

   - Se você quiser permitir uma organização menos precisa, clique com o botão direito na área de trabalho, clique em **Visualizar** e depois desative as opções **Organizar ícones automaticamente** e **Alinhar ícones à grade**.

   - Se você deseja que o Windows defina a ordem para você, clique com o botão direito na área de trabalho, clique em **Classificar por** e clique na ordem desejada: **Nome**, **Tamanho**, **Tipo de item** ou **Data de modificação**.

Para definir o tamanho dos ícones da área de trabalho

1. Clique com o botão direito do mouse na área de trabalho, clique em **Exibir** e clique em **Ícones grandes**, **Ícones médios** ou **Ícones pequenos**.

Para ocultar ou exibir ícones da área de trabalho

1. Clique com o botão direito do mouse na área de trabalho, clique em **Exibir** e clique em **Mostrar ícones da área de trabalho**.

Para remover um atalho de aplicativo de área de trabalho

1. Clique com o botão direito do mouse no atalho e clique em **Excluir**.

> ⚠️ **IMPORTANTE** Uma seta no canto inferior esquerdo do ícone indica que o ícone representa um atalho para um arquivo ou pasta em vez de um arquivo ou pasta real. Excluir um atalho não exclui o arquivo ou a pasta a que se refere o atalho. Excluir um ícone de arquivo ou pasta que não tem uma seta de atalho exclui o arquivo ou pasta. Se você fizer isso acidentalmente, você pode recuperar o arquivo ou pasta usando a Lixeira.

Configuração dos ícones do sistema da área de trabalho

A área de trabalho padrão exibe a Lixeira. Você pode configurar a exibição deste e de outros quatro ícones do sistema – Computador, Painel de controle, Rede e a pasta da sua conta de usuário – na janela Configurações de ícone da área de trabalho. Se você quiser ser criativo, você pode personalizar as pastas do sistema atribuindo ícones diferentes do padrão para eles.

Exibir ou alterar a aparência dos Ícones do sistema da área de trabalho

Para acessar as configurações de ícone na área de trabalho, abra a janela Configurações, clique em Personalização e clique em Temas. Em seguida, na área de Configurações relacionadas do painel Temas, clique em configurações de ícones da área de trabalho.

Gerencie a inicialização de aplicativos

Muitos aplicativos e serviços iniciam automaticamente quando o Windows inicia. Isso pode ser muito útil, mas também pode adicionar sobrecarga desnecessária nas tarefas de inicialização do computador e tornar mais lento o processo. Nem todos os processos em segundo plano que os aplicativos executam são necessários que sejam executados cada vez que você iniciar o computador. Vale a pena dedicar seu tempo periodicamente para rever e refinar os itens que iniciam automaticamente. Você pode identificar e gerenciar a inicialização de muitos desses aplicativos no Gerenciador de tarefas.

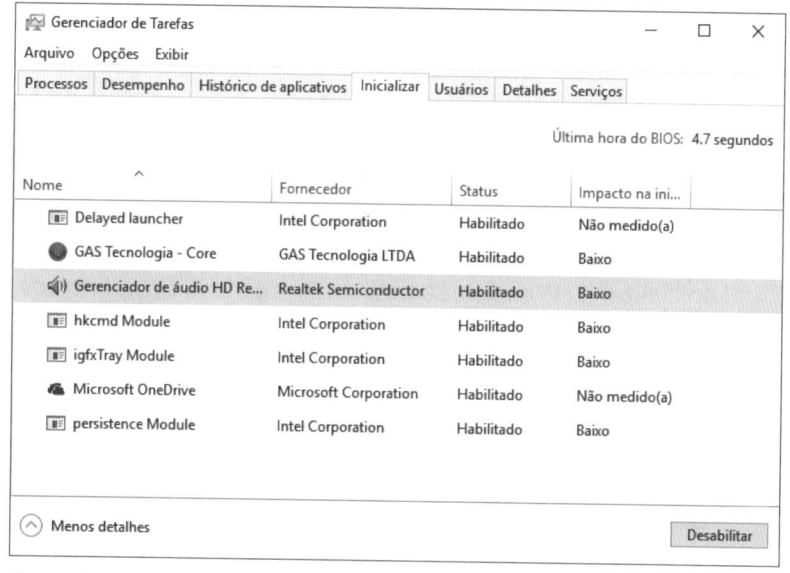

Gerenciar a inicialização de processos no Gerenciador de tarefas

Você pode classificar itens na guia Inicializar por qualquer coluna. A coluna Impacto na inicialização indica o nível de atraso causado por cada item.

> **CONSULTE TAMBÉM** Para obter mais informações sobre o Gerenciador de tarefas, consulte "Monitore tarefas do sistema" no Capítulo 11.

Há dois grupos de aplicativos que o Gerenciador de tarefas não controla a inicialização – aplicativos da Loja e aplicativos que iniciam automaticamente porque eles estão identificados na pasta Inicialização que é específica para sua conta de usuário. Se você sempre usar um aplicativo específico e quiser que ele inicie automaticamente junto com o Windows, pode colocar um atalho para ele nesta pasta.

Para identificar aplicativos e serviços que iniciam automaticamente

1. Inicie o Gerenciador de tarefas usando uma das opções a seguir:
   - Clique com o botão direito do mouse em uma área em branco da barra de tarefas e clique em **Gerenciador de tarefas**.
   - Pressione **Ctrl+Shift+Esc**.

2. Se **Mais detalhes** for exibido no canto inferior esquerdo do Gerenciador de tarefas, clique nele para exibir uma janela com guias e clique na guia **Inicializar**.

Para impedir que um aplicativo ou serviço inicie automaticamente

1. Na guia **Inicializar** do Gerenciador de tarefas, clique no aplicativo ou serviço e clique no botão **Desabilitar**.

Para iniciar automaticamente um aplicativo quando o Windows inicia

1. No Explorador de Arquivos, navegue para **C:\Users\[seu nome da conta]\AppData\Roaming\Microsoft\Windows\Menu Iniciar\Programas\Inicializar**. O Windows 10 automaticamente inicia aplicativos usando os atalhos nesta pasta.

> **DICA** Um caminho mais rápido para abrir a pasta Inicializar no Explorador de Arquivos é pressionar Win+R para abrir a caixa Executar, digitar *shell:startup* e pressionar Enter.

2. Arraste o aplicativo do menu **Todos os aplicativos** ou do menu **Iniciar** para a pasta **Inicializar**. Libere o aplicativo após a palavra *Vincular* aparecer ao lado do ícone do aplicativo.

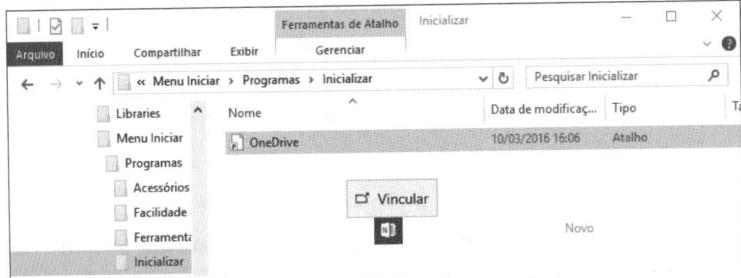

Arraste um aplicativo do menu Todos os aplicativos para a pasta Inicializar para iniciar o aplicativo automaticamente

Da próxima vez que você reiniciar o Windows, o aplicativo será iniciado automaticamente.

> ✓ **DICA** Como os aplicativos que você adiciona na pasta Inicializar não aparecem na guia Inicializar do Gerenciador de tarefas, então você não pode desativá-los lá.

Gerencie notificações de aplicativo

Uma notificação é uma mensagem curta gerada quando um evento acontece em um aplicativo instalado. Nem todos os aplicativos geram notificações; o desenvolvedor do aplicativo determina se as notificações serão emitidas e para quais eventos.

Quando um evento emitir uma notificação, ele pode tocar um som e exibir brevemente uma barra no canto inferior direito da tela. Você pode apontar para a barra de notificação para mantê-la visível, clicar na barra para exibir informações pertinentes (se disponível) no aplicativo que a gerou, ou clicar no botão Fechar que aparece no canto superior direito para ignorá-la. A notificação também é armazenada na Central de Ações.

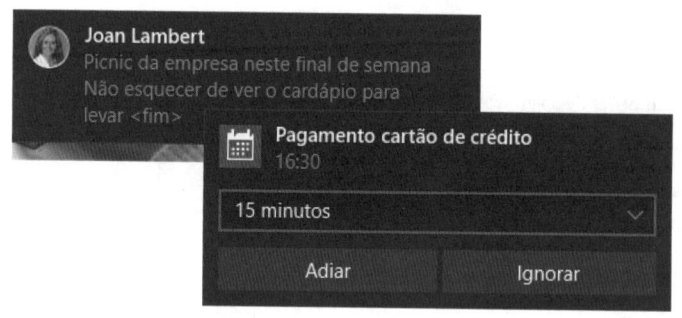

Barras de notificação típicas

Você pode ou não notar as notificações quando elas aparecerem, mas o ícone da Central de Ações na barra de tarefas muda de cor para indicar que você tem notificações não lidas. Você pode abrir a Central de Ações para exibir e processar as notificações.

> 🔎 **CONSULTE TAMBÉM** Para obter mais informações sobre a Central de Ações, consulte "Explore a barra de tarefas" no Capítulo 1.

Você gerencia esses três aspectos de notificações no painel Notificações e Ações da janela de Configurações:

- O comportamento geral das notificações
- Quais aplicativos geram notificações
- Os tipos específicos de notificações que cada aplicativo gera

Você gerencia o comportamento geral das notificações na seção Notificações do painel Notificações e Ações. Nesta seção, você pode ativar ou desativar a exibição de notificações do sistema operacional Windows e de aplicativos; a exibição de notificações, alarmes, lembretes e chamadas de entrada na tela de bloqueio; e se o Windows oculta automaticamente notificações quando você está compartilhando sua tela em uma apresentação online.

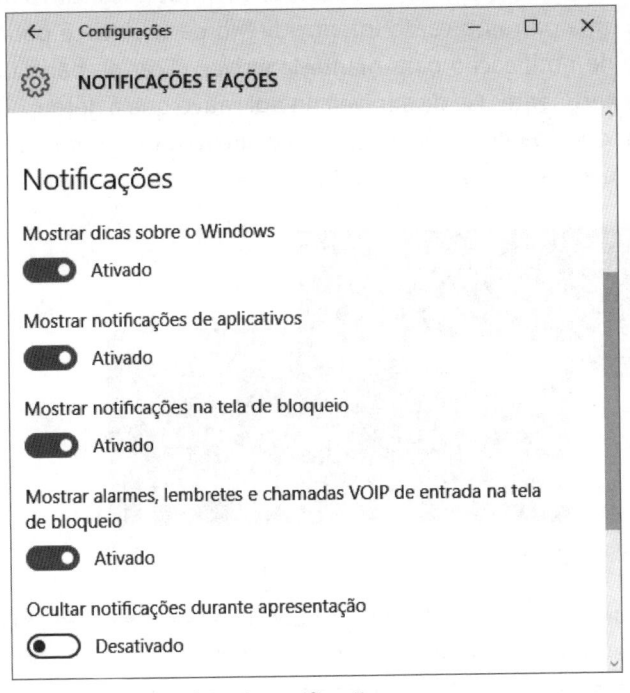

Configurações padrão de notificação

As opções para exibir as notificações do Windows e notificações de aplicativos são bastante gerais. Nas primeiras compilações do Windows 10, muitos usuários observaram que ativar dicas do Windows fazia com que o Windows proativamente verificasse as configurações do sistema tantas vezes que tornava os sistemas mais lentos. O problema parece ter sido resolvido no momento da redação deste texto, porém, se o computador parecer lento, você pode experimentar essa configuração.

Depois das configurações de notificação, há uma lista de todos os aplicativos instalados no computador que estão configurados para gerar notificações.

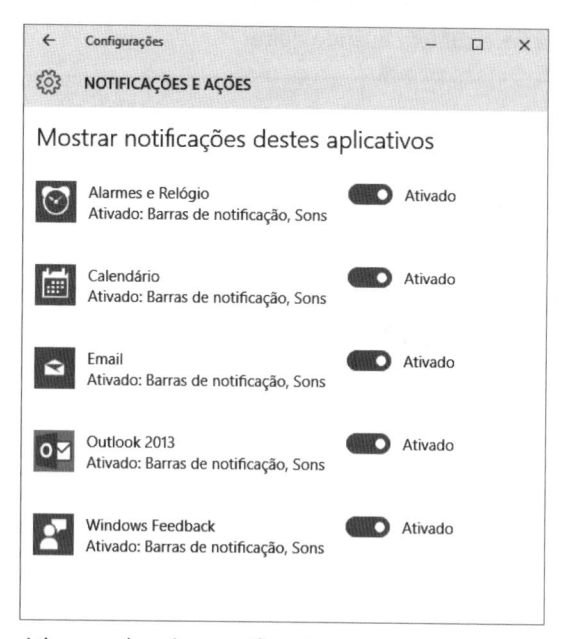

Ativar ou desativar notificações para aplicativos individuais

Você pode ativar ou desativar notificações para cada aplicativo. Clicar no nome do aplicativo exibe os botões de alternância para os dois tipos de notificações que o aplicativo pode gerar – barras e sons. Por padrão, ambos estão ativos para todos os aplicativos, mas se você quiser desativar individualmente o som ou barras para aplicativos específicos, você pode fazer isso.

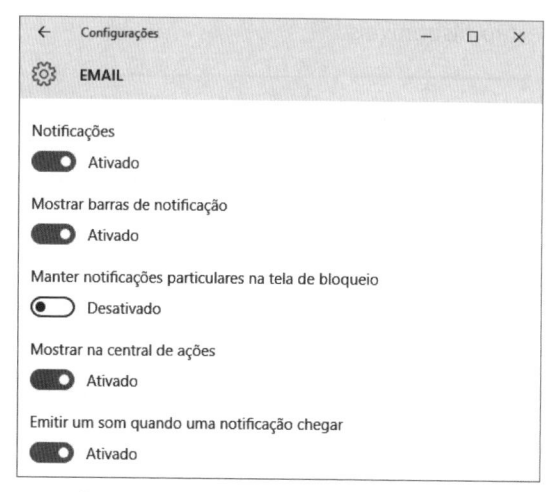

Especificar os tipos de notificações que cada aplicativo gera

> ✓ **DICA** Se você deixar o botão de alternância Notificações ativo e desativar as barras e sons, o aplicativo gera notificações e as envia para a Central de Ações para você conferir quando quiser.

Você pode desativar temporariamente todas as barras e sons usando o recurso *Período de silêncio* ou *Não incomodar*. Quando o Não incomodar está ativado, o ícone Central de Ações muda para indicar que as notificações não estão ativas.

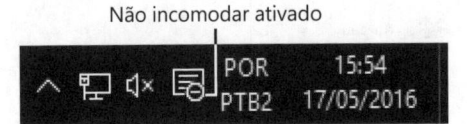

Um símbolo de Não incomodar indica Período de silêncio

> ⚠ **IMPORTANTE** Quando o recurso Período de silêncio estreou, você podia configurá-lo para ligar e desligar automaticamente em horários específicos. Por exemplo, você podia definir seu período de silêncio das 22h às 06h para que não fosse perturbado por notificações de um computador ou dispositivo com o Windows 10 durante a noite. No momento da redação deste livro, as opções do período de silêncio foram reduzidas para ativar e desativar, então é basicamente apenas uma maneira rápida de desativar notificações. Esperamos que o ajuste de horário desse recurso seja restaurado em versões posteriores do Windows. As notificações ainda estão disponíveis na Central de Ações quando o período de silêncio está ativo.

O ícone da Central de Ações muda para um ícone preenchido de branco quando notificações estão disponíveis.

> ✓ **DICA** Você também pode adicionar alguns aplicativos à tela de bloqueio e eles exibirão notificações bem básicas. Para obter mais informações sobre isso, consulte "Personalize a tela de bloqueio" no Capítulo 10.

Para abrir a Central de Ações

1. Siga um destes passos:
   - Na área de notificação da barra de tarefas, clique no ícone **Central de Ações**.
   - Pressione **Win+A**.

Para limitar as notificações do sistema

1. Na janela **Configurações**, clique em **Sistema** e clique em **Notificações e ações**.
2. Na área de **Notificações** do painel **Notificações e ações**, desative o botão de alternância **Mostrar dicas sobre o Windows**.

Para desativar todas as notificações de um aplicativo

1. Exiba o painel **Notificações e ações**.
2. Na lista **Mostar notificações destes aplicativos**, localize o aplicativo e depois desative o botão de alternância para o aplicativo.

Para desativar barras ou notificações de áudio para um aplicativo

1. Exiba o painel **Notificações e ações**.
2. Na lista **Exibir notificações destes aplicativos**, clique no aplicativo para o qual você deseja configurar as notificações.
3. No painel específico para o aplicativo, siga um destes passos:
   - Para desativar as barras de notificação, desative o botão de alternância **Mostrar barras de notificação**.
   - Para desativar notificações de áudio, desative o botão de alternância **Emitir um som quando uma notificação chegar**.
4. No canto superior esquerdo do painel, clique na seta **Voltar** para retornar à lista de aplicativos e verifique as configurações.

Você pode configurar aplicativos para enviar notificações diretamente para a Central de Ações

Para temporariamente desativar notificações de barra e áudio

1. Siga um destes passos:
   - Na área de notificação da barra de tarefas, clique com o botão direito no ícone **Central de Ações** e clique em **Ativar não incomodar**.
   - Abra a Central de Ações, expanda a seção **Ações rápidas**, se necessário, e clique no botão **Não incomodar**.

Revisão

Neste capítulo, você aprendeu a:

- Localizar e iniciar aplicativos
- Explorar aplicativos nativos
- Instalar aplicativos da Loja
- Gerenciar atalhos de aplicativos
- Gerenciar a inicialização do aplicativo
- Gerenciar notificações de aplicativo

Tarefas práticas

Não há arquivos de prática necessários para completar as tarefas práticas neste capítulo.

Localize e inicie aplicativos

Faça as seguintes tarefas:

1. Da **Tela Inicial**, exiba o menu **Todos os aplicativos**.

2. Manualmente role o menu para exibir aplicativos que começam com a letra **G**. Ao longo do caminho, observe os aplicativos instalados no computador.

3. Exiba o índice alfabético do menu **Todos os aplicativos**. Do índice, salte para os aplicativos que começam com a letra **M**.

4. Do menu **Todos os aplicativos**, inicie o aplicativo Mapas.

5. Na caixa de pesquisa da barra de tarefas, digite clima. Localize e inicie o aplicativo Clima.

6. Deixe os dois aplicativos em execução para a próxima tarefa.

Explore aplicativos nativos

Inicie os aplicativos Mapas e Clima e realize as seguintes tarefas:

1. Alterne para o aplicativo Mapas.

2. Digite seu endereço na caixa de pesquisa. Se o aplicativo localizar uma correspondência de endereço, clique no endereço para exibi-lo no mapa.

3. Na barra de botões no painel direito, clique no botão **Exibição** para mostrar a visualização disponível do local.

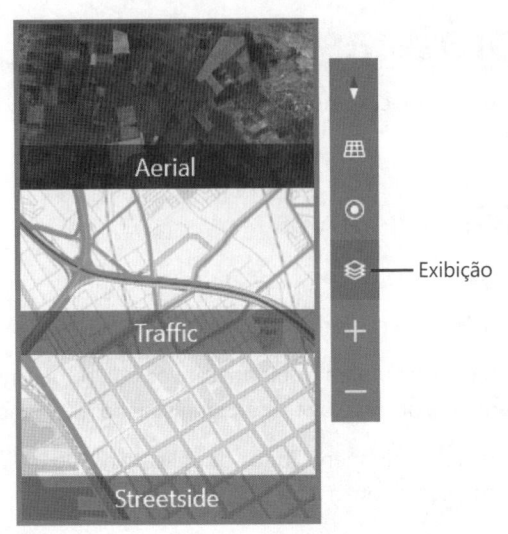

Exiba aspectos diferentes de mapa da localização para fornecer informações úteis

4. Exiba cada um dos modos de exibição disponíveis do mapa. Experimente dar zoom em cada modo de exibição e observe os detalhes que estão disponíveis em cada modo.

5. Alterne para o aplicativo Clima. Na caixa de pesquisa, digite o nome da cidade grande mais próxima de você. Experimente descobrir quais tipos de informações estão disponíveis neste aplicativo.

6. No menu **Todos os aplicativos**, vá até a seção **W**. Abra e pesquise o conteúdo das pastas nessa seção para se familiarizar com os aplicativos, acessórios e utilitários que estão disponíveis.

7. Saia de todos os aplicativos em execução.

Instale aplicativos da Loja

Faça as seguintes tarefas:

1. Inicie o aplicativo Loja.

2. Localize um aplicativo gratuito de seu interesse e o instale. Em seguida, localize outro aplicativo gratuito que você não deseja manter e o instale também.

3. Exiba sua biblioteca de jogos e aplicativos recentes e exiba a lista de aplicativos associados à sua conta.

4. No painel **Seus aplicativos**, pesquise um aplicativo que tenha um ícone Instalar. Se você encontrar um, instale o aplicativo no computador.

5. Da Loja, exiba suas informações de conta da Microsoft. Localize sua lista de compras e identifique os aplicativos que você instalou nas etapas 2 e 4.

CAPÍTULO 4 Trabalho com aplicativos e notificações 195

6. Se você já teve uma conta Microsoft por um tempo, identifique o primeiro ano de registro de transações da sua conta.

7. No menu **Todos os aplicativos**, localize os aplicativos que você instalou na etapa 2. Desinstale um ou ambos os aplicativos.

Gerencie atalhos de aplicativos

Faça as seguintes tarefas:

1. No menu **Todos os aplicativos**, identifique dois aplicativos que ainda não foram fixados na Tela inicial ou na barra de tarefas.

2. Fixe o primeiro aplicativo na **Tela Inicial** e localize seu bloco na Tela inicial. Clique com o botão direito do mouse no bloco e examine o menu de atalho para determinar se o aplicativo oferece suporte a bloco de conteúdo dinâmico. Em seguida, inicie o primeiro aplicativo a partir da **Tela inicial**.

3. Fixe o segundo aplicativo na barra de tarefas e localize o botão da barra de tarefas. Clique com o botão direito do mouse no botão da barra de tarefas para examinar as opções do menu de atalho para o aplicativo. Inicie o aplicativo a partir da barra de tarefas.

4. Na barra de tarefas, localize o botão do primeiro aplicativo. Mova o botão para a extremidade direita da área de botões da barra de tarefas. Fixe o aplicativo em execução na barra de tarefas.

5. Do menu **Todos os aplicativos**, abra a pasta **Start Menu\Programs**. Da pasta, crie um atalho na área de trabalho para qualquer aplicativo.

6. Experimente organizar e ordenar os ícones na área de trabalho.

7. Abra a pasta **Área de trabalho** associada à sua conta de usuário e localize o atalho que você criou na etapa 5. Inicie o aplicativo da pasta **Área de trabalho**.

8. Saia de todos os aplicativos em execução.

9. Exclua todos os atalhos que você criou neste exercício que você acha que não usará no futuro.

Gerencie a inicialização do aplicativo

Faça as seguintes tarefas:

1. Inicie o **Gerenciador de tarefas** e exiba a guia **Inicializar**

2. Classifique os aplicativos e serviços por seu impacto no tempo de inicialização do computador.

3. Para cada item que tem um impacto na inicialização **Alto**, veja as informações disponíveis para determinar o que o item faz.

4. Classifique os aplicativos e serviços pelo fornecedor.

5. Identifique quais fornecedores de aplicativo na lista você não está familiarizado. Examine o impacto na inicialização dos itens associados a cada fornecedor desconhecido.

6. Classifique a lista por status. Procure todos os itens que já estão com a inicialização automática desabilitada.

7. Selecione um aplicativo que inicia automaticamente e anote seu nome. Desabilite o aplicativo e espere que ele mude de status. Habilite-o para inicializar automaticamente novamente.

8. Abra a pasta **Inicializar** associada com sua conta de usuário. Adicione um atalho para o aplicativo Mapas na pasta, de forma que Mapas inicie automaticamente na próxima vez você iniciar o computador.

Gerencie notificações de aplicativo

Faça as seguintes tarefas:

1. Abra a Central de Ações e examine as notificações atuais.

2. Na janela **Configurações**, exiba o painel **Notificações e ações**. Reveja suas configurações atuais de notificação.

3. Examine a lista de aplicativos instalados no computador que podem gerar notificações.

4. Exiba as opções de notificação para o aplicativo Calendário. Desligue as notificações de áudio do Calendário. Em seguida, retorne à lista de aplicativos e observe a mudança.

5. Reveja e modifique as configurações de notificação para atender às suas necessidades.

6. Ative o recurso **Não incomodar** e observe que o ícone da Central de Ações muda. Em seguida, desative o **Não incomodar**.

Navegação na Internet com segurança e eficiência 5

Há empresas e agências governamentais que isolam completamente seus computadores de qualquer conexão direta à Internet pública, por razões de segurança e de privacidade. Mas para as pessoas comuns, o acesso à Internet é uma das principais razões para se ter um computador.

Muitos aplicativos se conectam à Internet sem nenhuma entrada externa, mas o método principal de as pessoas interagirem na Internet é por meio de um navegador da Internet.

O Microsoft Edge, lançado com o Windows 10, é um novo navegador desenvolvido para fornecer velocidade e agilidade. Ele oferece muitos recursos interessantes e úteis, e a Microsoft anunciou (ou sugeriu) que muitas melhorias serão lançadas em atualizações futuras.

O Internet Explorer também é fornecido com o Windows 10, e o Edge o ajuda no trabalho pesado sempre que necessário. A Microsoft lançou a primeira versão do Internet Explorer em 1995, e por muitos anos ele foi o navegador mais utilizado do mercado. Independentemente do navegador usado, há muitas experiências em comum ao navegar na Internet.

Este capítulo apresenta os procedimentos para exibir sites no Edge; localizar, salvar e compartilhar informações; gerenciar configurações do Edge; ajustar configurações de segurança do navegador; gerenciar a privacidade da navegação; e solucionar problemas de navegação.

Neste capítulo

- Exiba sites no Edge
- Localize, salve e compartilhe informações
- Gerencie as configurações do Edge
- Ajuste as configurações de segurança do navegador
- Gerencie a privacidade da navegação
- Solucione problemas de navegação

Arquivos de prática

Não há arquivos de prática necessários para completar as tarefas práticas neste capítulo.

Sobre o Microsoft Edge

O Microsoft Edge é um *aplicativo universal*, isso significa que ele pode ser executado em diversos dispositivos diferentes, não apenas no seu computador, mas também em tablets, smartphones, sistemas de jogos Xbox, fones de ouvido HoloLens e dispositivos Surface Hub. Esse avanço é mais importante do que talvez pareça, já que aplicativos universais se tornaram uma realidade alcançável apenas recentemente. O benefício para os desenvolvedores de aplicativos é que eles precisam saber apenas um sistema de códigos, criar apenas uma versão de cada aplicativo, vendê-la para consumidores em múltiplas plataformas e dar suporte para somente um projeto de código-fonte. O benefício para os consumidores é que eles podem comprar apenas um aplicativo, de alta qualidade, e usá-lo em múltiplas plataformas. (Imagine precisar comprar um jogo do Angry Birds apenas uma vez e poder jogá-lo tanto em seu computador quanto em seu smartphone e tablet, sendo que seu progresso é salvo ao mesmo tempo em todos os dispositivos.) Aplicativos universais são uma situação vantajosa para todos.

O Edge vem instalado como parte do sistema operacional do Windows 10 e é configurado automaticamente como o navegador padrão. Isso quer dizer que você pode usar o navegador que desejar, mas, ao clicar em um link em um aplicativo, ele será aberto automaticamente no Edge. Com base no que vimos até o momento, o Edge se tornará um navegador muito bom. Ele é bastante rápido e seguro e tem uma interface elegante e ferramentas interessantes. A versão lançada com o Windows 10 ainda precisa de melhorias, mas já conquista por vários motivos.

Se você tiver atualizado o seu computador para o Windows 10 a partir de outra versão do Windows, todos os navegadores que estavam instalados em seu sistema terão permanecido instalados e disponíveis para uso. O Internet Explorer também está disponível; ele está oculto na pasta Acessórios do Windows do menu Todos os aplicativos; porém, se você desejar usá-lo (ou qualquer outro navegador), pode criar um atalho para ele no menu Iniciar ou na barra de tarefas.

CONSULTE TAMBÉM Para obter informações sobre como criar atalhos de aplicativos, consulte "Gerencie atalhos de aplicativos" no Capítulo 4.

> ⚠ **IMPORTANTE** No momento da finalização deste livro, alguns recursos do Edge ainda estavam em desenvolvimento, então fornecemos informações gerais sobre esse novo navegador e informações mais específicas sobre o uso da Internet com segurança.

Exiba sites no Edge

A interface do usuário do Edge é simples e *clean*. O navegador foi projetado para fornecer segurança e uma interface minimalista com poucas distrações.

O site do Windows 10 exibido no Edge

O Edge apresenta uma interface de navegador com guias para permitir a exibição de múltiplas páginas Web em uma janela. Quando o Edge é iniciado, ele exibe a Página inicial, uma nova guia, o conjunto mais recente de guias ou uma ou mais páginas iniciais especificadas por você. Novas guias exibem, a seu critério, uma página em branco, links para os sites que você visita com frequência ou links para determinados sites ou conteúdos de notícias.

Os controles do Edge ficam em uma barra de ferramentas simples abaixo das guias das páginas.

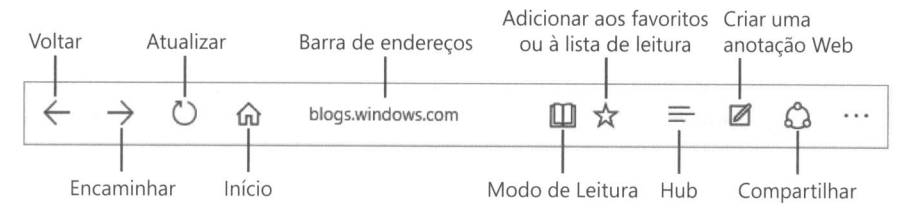

A barra de endereços fica visível apenas quando o usuário aponta para ela ou clica nela

Além da experiência padrão de visualização de navegador, o Edge é compatível com a reprodução de áudio em páginas Web (por exemplo, o som de pássaros reproduzido na imagem de fundo do Bing) e tem um modo de leitura que oculta os elementos que causam distração e exibe a página Web atual como ela seria exibida em um leitor de livros eletrônicos.

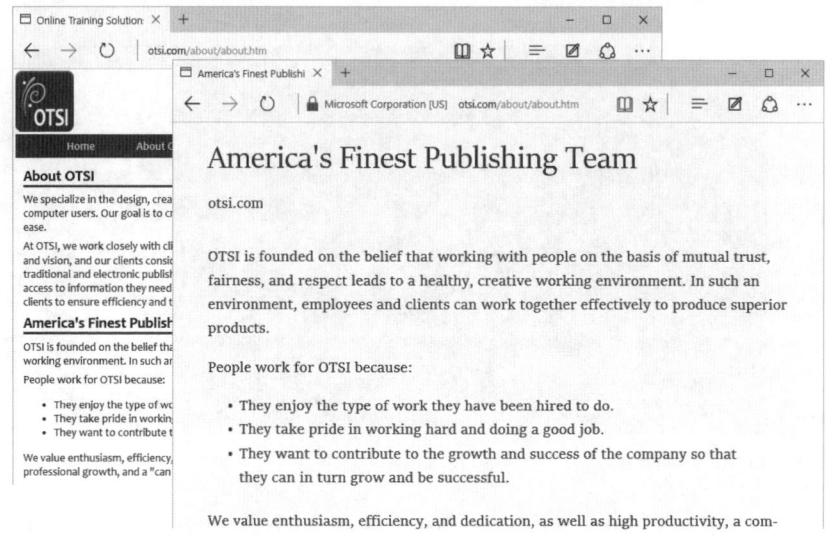

Modo de Navegador e modo de leitura da mesma página Web

> **DICA** Quando o Edge exibe uma página Web não compatível com o modo de leitura, o botão da barra de ferramentas do modo de leitura aparece esmaecido.

O modo de leitura se torna disponível apenas depois que o Edge carrega todo o conteúdo da página Web, inclusive anúncios. O modo de leitura está disponível apenas para algumas páginas Web porque exibe basicamente conteúdo de texto. Ele não exibe todo o conteúdo da página, e os padrões usados para escolher o conteúdo não são totalmente claros. Ele não está disponível para páginas iniciais de sites (home pages), sites de comércio eletrônico e páginas Web que não contenham muito texto.

> **DICA** Se você for proprietário de um site que não é exibido adequadamente no modo de leitura, consulte a seguinte página Web para identificar possíveis causas ou para saber como impedir que o site seja aberto no modo de leitura: *msdn.microsoft.com/en-us/library/Mt203633(v=VS.85).aspx*.

Para iniciar o Edge

1. Siga um destes passos:

   - Na barra de tarefas, clique no botão do **Edge** (rotulado com um **e**).

   O Windows 10 instala o botão do Edge na barra de tarefas à direita do botão da Visão de tarefas

   - No menu **Iniciar**, clique em **Todos os aplicativos**. No menu **Todos os aplicativos**, role até **Microsoft Edge** e clique nessa opção.

Para abrir uma nova guia no navegador

1. Siga um destes passos:

   - Na parte superior da janela do Edge, à direita da guia mais à direita, clique no botão **Nova guia** (+).

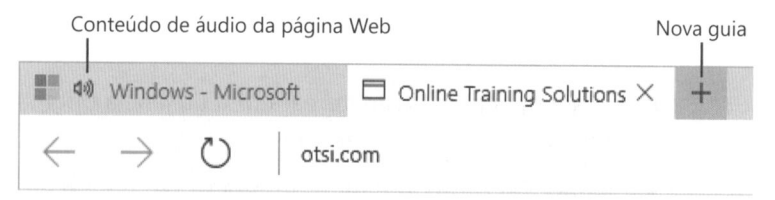

   O Edge é compatível com conteúdo de áudio em páginas Web

   - Pressione **Ctrl+T**.

Para exibir uma página Web

1. Siga um destes passos:

   - Na guia em branco, insira uma URL na caixa **Pesquisar ou inserir endereço Web**; em seguida, pressione **Enter** ou clique no botão **Ir** (a seta) na extremidade direita da caixa.

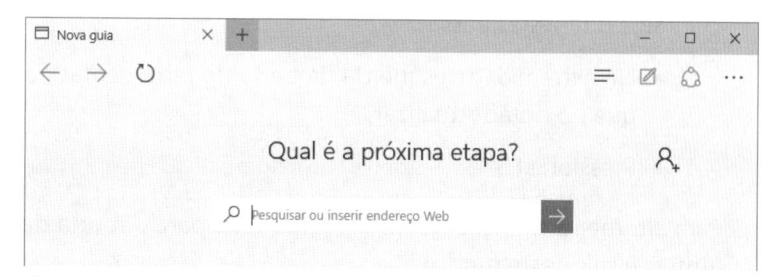

   É possível pesquisar uma página ou inserir uma URL

- Em uma guia que esteja exibindo uma página Web, clique na URL para ativar a Barra de endereços. Digite uma URL na **Barra de endereços** e pressione **Enter**.

- Insira um termo a ser pesquisado na caixa **Pesquisar ou inserir endereço Web** ou ative a **Barra de endereços** e insira o termo a ser pesquisado neste local; em seguida, pressione **Enter**. Na página de resultados da pesquisa, clique na página Web que você deseja exibir.

Para exibir páginas Web em guias separadas do Edge

1. Clique com o botão direito do mouse em um link e, em seguida, clique em **Abrir em uma nova guia**.

2. Clique com o botão direito do mouse em uma guia e, em seguida, clique em **Duplicar guia**.

Para exibir páginas Web em janelas separadas do Edge

1. Siga um destes passos:

    - Clique com o botão direito do mouse em um link e, em seguida, clique em **Abrir em uma nova janela**.

    - Arraste uma guia existente para fora da janela original do Edge para exibi-la em sua própria janela.

    - Clique com o botão direito do mouse em uma guia e, em seguida, clique em **Mover para a nova janela**.

    - No menu **Mais** (...), clique em **Nova janela**.

    - No menu **Mais**, clique em **Nova janela InPrivate**.

Para mover entre páginas Web visitadas em uma guia

1. Na extremidade esquerda da barra de ferramentas da guia ativa, clique no botão **Voltar** ou no botão **Encaminhar**.

Para atualizar a exibição de uma página Web

1. Siga um destes passos:

    - Na extremidade esquerda da barra de ferramentas da guia ativa, clique no botão **Atualizar**.

    - Pressione **F5**.

Para alternar a exibição de uma página Web para o modo de leitura (entrar e sair deste modo)

1. Quando o botão **Modo de leitura** estiver ativo, clique nele.

CAPÍTULO 5   Navegação na Internet com segurança e eficiência   203

> **DICA** Você pode configurar a cor da tela de fundo e o tamanho da fonte do modo de leitura. Para obter mais informações, consulte "Gerencie as configurações do Edge" mais adiante neste capítulo.

Localize, salve e compartilhe informações

Uma pesquisa na Web em busca de informações específicas por vezes leva a páginas com muito conteúdo. Nesses casos, pode ser difícil localizar na página as informações procuradas. Você pode destacar rapidamente na página atual todas as ocorrências de um termo pesquisado e rolar a tela para ver essas ocorrências destacadas ou percorrê-las em ordem.

Depois de encontrar as informações que está procurando, você pode fazer anotações (desenhar e escrever) em uma captura de tela (snapshot) da página Web usando a ferramenta Anotações Web e, em seguida, salvar ou compartilhar a página Web com as anotações.

É possível compartilhar páginas Web ou o conteúdo delas com outras pessoas, e também é possível salvá-las para você mesmo consultá-las mais tarde. Você pode monitorar sites do seu interesse para retornar a eles. Se você desejar voltar para um site com frequência, pode adicioná-lo à sua lista de favoritos. Se não tiver tempo de ler um site quando o abrir, mas desejar fazer isso mais tarde, pode adicioná-la à lista de leitura. O propósito principal da lista de leitura é o armazenamento de curto prazo de artigos, não o armazenamento de longo prazo de sites de recursos online.

O painel Compartilhar exibe os aplicativos que podem ser usados para compartilhar uma página Web

Você pode compartilhar uma captura de tela de uma página Web ou pode enviar, publicar ou salvar informações da página e seu respectivo link. Suas opções de compartilhamento dependem dos aplicativos instalados em seu computador e da conta de usuário usada para a conexão com o Windows. Algumas opções comuns incluem os aplicativos Email e Lista de Leitura.

> **DICA** O Aplicativo Lista de Leitura pode ser encontrado na Loja. Ele é usado para coletar conteúdo de múltiplas fontes para leitura posterior. O navegador Edge também apresenta uma lista de leitura na qual é possível armazenar links para páginas Web para leitura posterior.

Você pode fixar sites específicos à Tela inicial ou à barra de tarefas para acessá-los com facilidade.

Para encontrar texto em uma página Web

1. Exiba a página Web no Edge ou no Internet Explorer.
2. Pressione **Ctrl+F** para exibir a barra de ferramentas Localizar.

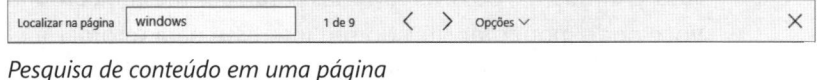

Pesquisa de conteúdo em uma página

3. Insira o termo a ser pesquisado na caixa de pesquisa.

   A medida que o texto a ser pesquisado vai sendo inserido, todas as ocorrências do texto são destacadas na página Web. O número de ocorrências encontrado na página aparece na lateral direita da caixa de pesquisa.

4. Depois de inserir o termo a ser pesquisado (ou o quanto for necessário para obter um número adequado de resultados), é possível rolar pelo conteúdo da página e ver as ocorrências destacadas do termo pesquisado ou pressionar os botões Próximo ou Anterior para percorrer os resultados.

5. Para restringir a pesquisa, clique no botão **Opções** na barra de ferramentas **Localizar na página** e, em seguida, clique em **Coincidir palavra inteira** ou em **Diferenciar maiúsculas de minúsculas**.

Para fazer anotações em uma página Web

1. Na barra de ferramentas do Edge, clique no botão **Criar uma Anotação Web**. O Edge converte a página em uma captura de tela e exibe uma barra de ferramentas de anotações na parte superior da página.

A barra de ferramentas Anotação Web

2. Clique nos botões na barra de ferramentas para ativar uma destas funções:
   - Arrastar a imagem
   - Desenhar com uma caneta
   - Destacar
   - Apagar
   - Adicionar uma anotação digitada
   - Recortar parte da imagem
   - Salvar
   - Compartilhar
   - Sair

Para compartilhar a página Web atual

1. Na barra de ferramentas do Edge, clique no botão **Compartilhar** para abrir o painel Compartilhar no lado direito da tela.
2. O nome da página que você está compartilhando aparece abaixo do título Compartilhar. Clique na seta para baixo ao lado do nome da página para exibir opções adicionais de compartilhamento.

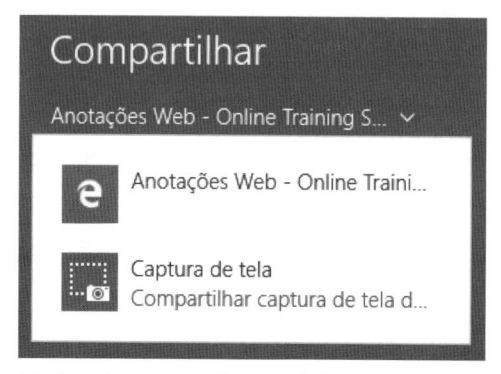

Você pode compartilhar a página ou uma captura de tela da página

3. Na lista, clique no método de compartilhamento que deseja usar. O painel é atualizado de modo a exibir os aplicativos que oferecem suporte a esse método.

4. No painel **Compartilhar**, clique no aplicativo que você deseja usar para compartilhar a página Web e, em seguida, forneça as informações específicas ao aplicativo.

Para salvar uma página Web no Aplicativo Lista de Leitura

1. Na barra de ferramentas do Edge, clique no botão **Compartilhar**.

2. No painel **Compartilhar**, clique no **Aplicativo Lista de Leitura** para abrir o painel Aplicativo Lista de Leitura contendo uma descrição do conteúdo da página Web.

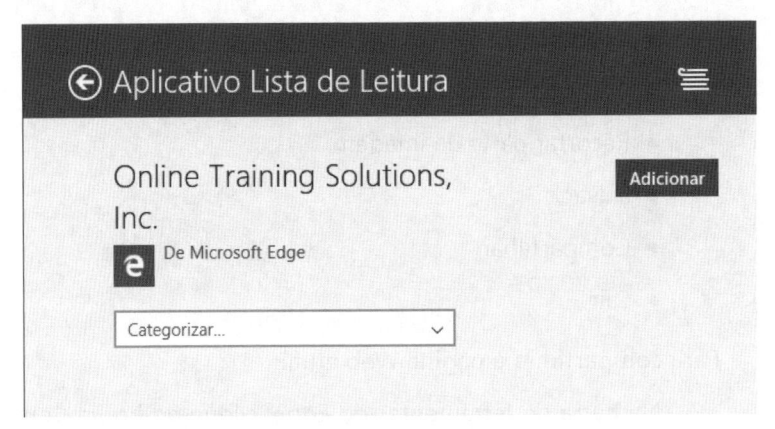

O Aplicativo Lista de Leitura salva páginas Web para você lê-las mais tarde

3. Na lista **Categorizar** abaixo do conteúdo da página Web, você pode selecionar uma categoria existente ou criar rapidamente uma nova categoria.

4. Clique no botão **Adicionar** para adicionar a página Web ao Aplicativo Lista de Leitura.

CAPÍTULO 5   Navegação na Internet com segurança e eficiência   207

Para salvar uma página Web na lista de favoritos ou na lista de leitura do Edge

1. Na janela do Edge, na extremidade à direita da **Barra de endereços**, clique no botão **Adicionar aos favoritos ou à lista de leitura** (a estrela) ou pressione **Ctrl+D**.

2. Na parte superior do painel, clique em **Favoritos** ou **Lista de leitura** para selecionar a lista na qual você deseja salvar a página Web.

3. Se desejar, edite o nome que será exibido na lista.

4. Se estiver salvando a página Web na sua lista de favoritos, selecione uma pasta de armazenamento.

5. Clique em **Adicionar** para salvar a página Web na lista selecionada.

Para exibir sua lista de favoritos, lista de leitura, histórico de navegação ou os downloads do Edge

1. Na barra de ferramentas do Edge, clique no botão **Hub** (marcado com as três linhas horizontais) para exibir o painel Hub.

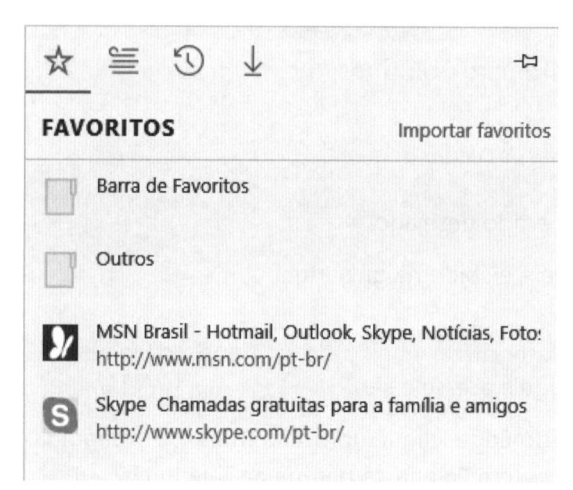

```
☆  ≣  ⏱  ↓                                    ⊣

FAVORITOS                           Importar favoritos

   □  Barra de Favoritos

   □  Outros

   🅜  MSN Brasil - Hotmail, Outlook, Skype, Notícias, Foto:
       http://www.msn.com/pt-br/

   🅢  Skype  Chamadas gratuitas para a família e amigos
       http://www.skype.com/pt-br/
```

O clique no ícone Hub exibe os botões de Favoritos, Lista de Leitura, Histórico e Downloads

2. Na parte superior do painel **Hub**, clique no ícone **Favoritos**, **Lista de Leitura**, **Histórico** ou **Downloads** para exibir a lista desejada.

> ✓ **DICA**   Você pode fixar o painel Hub na janela do navegador para que ele permaneça aberto, basta clicar no ícone de alfinete (pin) no canto superior direito do painel.

Para ler os artigos da lista de leitura

1. Clique no ícone **Hub** na barra de endereços.
2. Clique no ícone **Lista de Leitura**.

O painel Lista de Leitura

3. Clique no artigo desejado.

   O artigo será exibido na guia atual.

Para fixar um site na Tela inicial

1. Inicie o Edge e acesse o site.
2. Na janela do Edge, clique no botão **Mais** e, em seguida, no menu **Mais ações**, clique em **Fixar esta página na Tela Inicial**.

Para fixar um site na barra de tarefas

1. Inicie o Internet Explorer e acesse o site.

> ⚠️ **IMPORTANTE** No momento da finalização deste livro, não foi possível fixar atalhos do Edge na barra de tarefas.

2. Na extremidade esquerda da **Barra de endereços**, um ícone do site precede a URL. Arraste o ícone para a barra de tarefas para criar um atalho na barra de tarefas para o site.

Para imprimir a página Web atual

1. Na janela do Edge, no menu **Mais ações**, clique em **Imprimir** para visualizar a página na caixa de diálogo **Imprimir**.

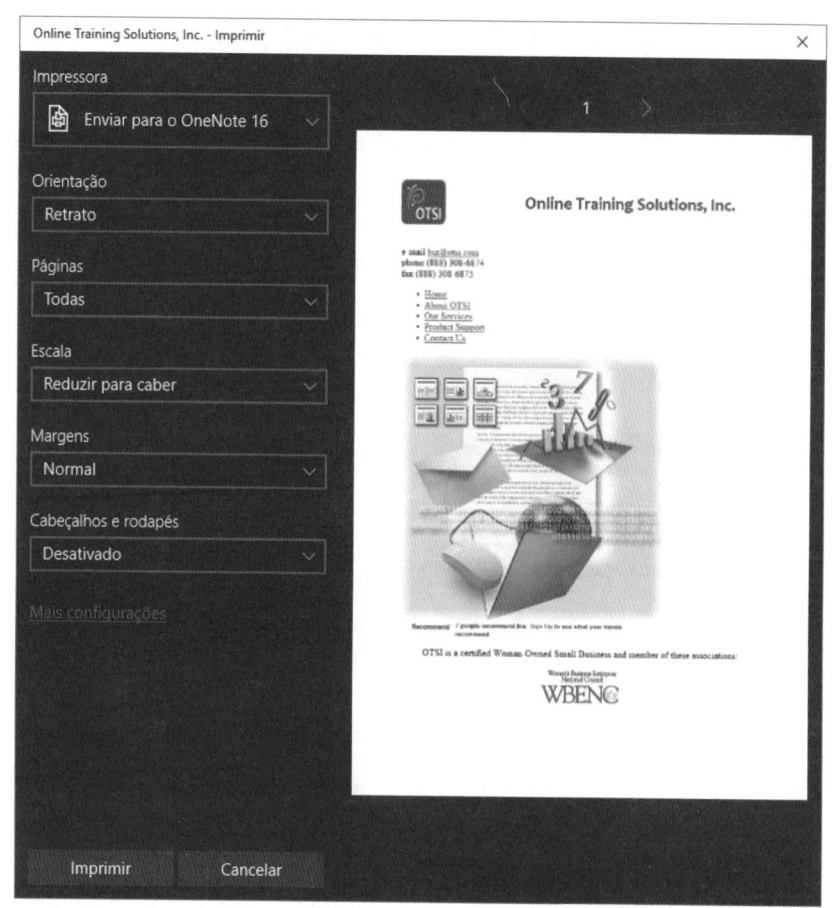

Visualize a página como ela será impressa e ajuste as configurações de impressão

2. Na lista **Impressora**, clique na impressora ou no aplicativo (app) com o qual deseja imprimir o documento.

3. Ajuste quaisquer configurações adicionais de impressão e clique em **Imprimir**.

Gerencie as configurações do Edge

Todos os navegadores fornecem uma maneira de definir opções e comportamentos padrão. As configurações no Edge são bem organizadas e, na maior parte, bastante simples. O gerenciamento das configurações do Edge é feito a partir do menu Mais ações, que se expande no canto superior direito da janela do navegador.

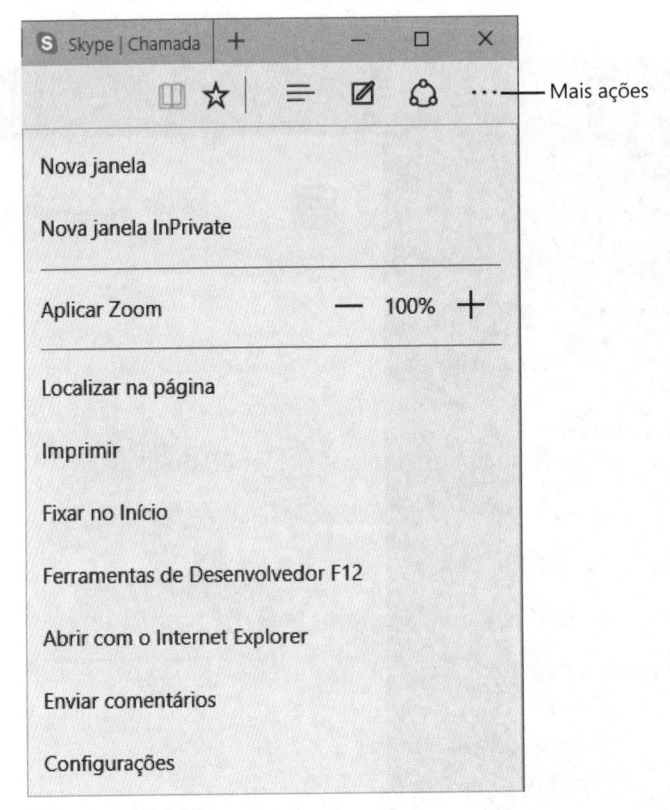

O menu Mais ações

O Edge tem menos configurações que o Internet Explorer. Isso o torna muito mais fácil de configurar. Os painéis de configurações são bem elementares e atualmente não têm ícones para diferenciar visualmente entre as configurações, por isso pode ser um pouco difícil de localizar configurações específicas.

A maioria das configurações do Edge são feitas no painel Configurações e no painel Configurações avançadas. Não abordamos os processos de ajuste para *todas* as configurações individuais nesta seção, mas as opções são fáceis de localizar, e a maioria tem botões de alternância simples para ativar ou desativar as configurações.

Você pode especificar a página ou as páginas que o Edge exibe quando é iniciado, e pode especificar, em certa medida, o conteúdo de novas guias abertas. As opções incluem:

- Uma página em branco, que exibe apenas uma caixa de pesquisa;
- Melhores sites, que exibe até oito blocos com links para sites que você visita com maior frequência;
- Melhores sites e conteúdo sugerido, que exibe blocos de sites e feeds de notícias.

Para exibir o menu Mais ações

1. No canto superior direito da janela do Edge, abaixo do botão **Fechar** (o X), clique no botão **Mais** (...).

Para definir ou alterar sua página inicial ou conteúdo inicial

1. Na janela do Edge, no menu **Mais ações**, clique em **Configurações**.
2. Na seção **Abrir com**, siga um destes passos:
   - Clique em **Home Page** para exibir feeds de notícias do MSN.
   - Clique em **Página de nova guia** para exibir uma nova guia mostrando uma página em branco, os sites que você visita com maior frequência ou sites e conteúdo sugerido.

> **CONSULTE TAMBÉM** Para obter informações sobre como definir o conteúdo de novas guias, consulte o procedimento "Para especificar o conteúdo de novas guias" posteriormente neste tópico.

   - Clique em **Páginas anteriores** para exibir as guias que estavam abertas quando você fechou o Edge pela última vez.
   - Clique em **Uma página ou mais páginas específicas** para especificar uma ou mais páginas iniciais.

3. Se você optar por especificar uma página ou mais páginas, clique na lista abaixo dessa opção de menu para exibir as opções de página inicial.

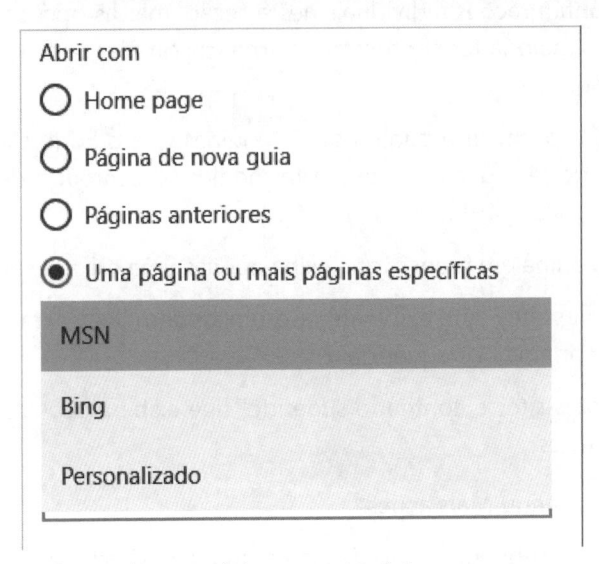

Abrir com
○ Home page
○ Página de nova guia
○ Páginas anteriores
◉ Uma página ou mais páginas específicas

MSN

Bing

Personalizado

Definição de uma página ou mais páginas

Na lista, clique em uma das opções disponíveis ou clique em **Personalizado** para exibir as opções atuais da página inicial. Em seguida, Siga um destes passos:

- Para remover uma página Web do conjunto de páginas iniciais, clique no **X** existente no lado direito do nome da página.

- Para adicionar uma página Web ao conjunto de páginas iniciais, insira a URL ou um dos itens a seguir na caixa. Em seguida, clique no botão **Adicionar**.

    - about:start para exibir a página inicial do Edge
    - about:blank para exibir uma página em branco

> **DICA** Se você definir uma página inicial ou mais páginas iniciais, exiba o botão Início na barra de ferramentas do Edge para poder retornar à sua página inicial clicando nesse botão. Para exibi-lo, defina como Ativado o botão de alternância Mostrar o botão da página inicial existente na parte superior do painel Configurações avançadas.

○ Uma página ou mais páginas específicas

Personalizado

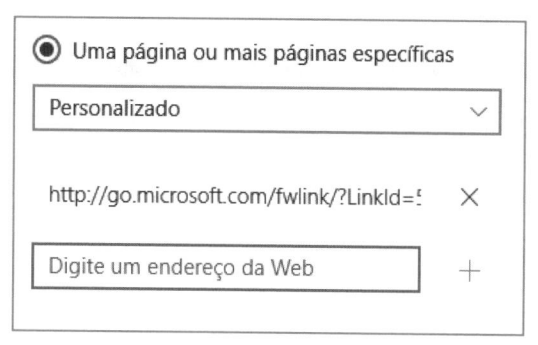

http://go.microsoft.com/fwlink/?LinkId=...

Digite um endereço da Web

As guias de páginas iniciais aparecem no Edge na mesma ordem que estão na lista

4. Quando terminar, feche e reabra o Edge para exibir sua configuração de inicialização.

Para especificar o conteúdo de novas guias

1. Na janela do Edge, no menu **Mais ações**, clique em **Configurações**.

2. No painel **Configurações**, clique na lista **Abrir novas guias com** para exibir as opções básicas.

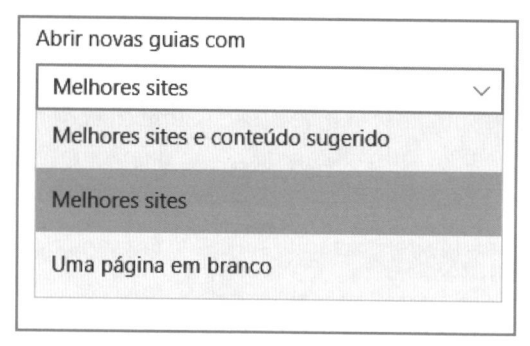

Abrir novas guias com

Melhores sites

Melhores sites e conteúdo sugerido

Melhores sites

Uma página em branco

O "conteúdo sugerido" é um feed de notícias

3. Na lista **Abrir novas guias com**, clique no conteúdo que você deseja que o Edge exiba em uma nova guia. Em seguida, teste a configuração abrindo uma nova guia.

Para personalizar seu conteúdo sugerido (feed de notícias)

1. Defina o conteúdo da nova guia como **Melhores sites e conteúdo sugerido** (referido em alguns lugares como **Sites principais e Meu feed de notícias**).

2. Abra uma nova guia no Edge.

3. Na extremidade direita do cabeçalho **Sites principais**, clique em **Personalizar** para exibir suas opções de personalização de sites sugeridos e feed de notícias.

4. Na seção de tópicos favoritos, clique em um ou mais dos tópicos para selecioná-los.

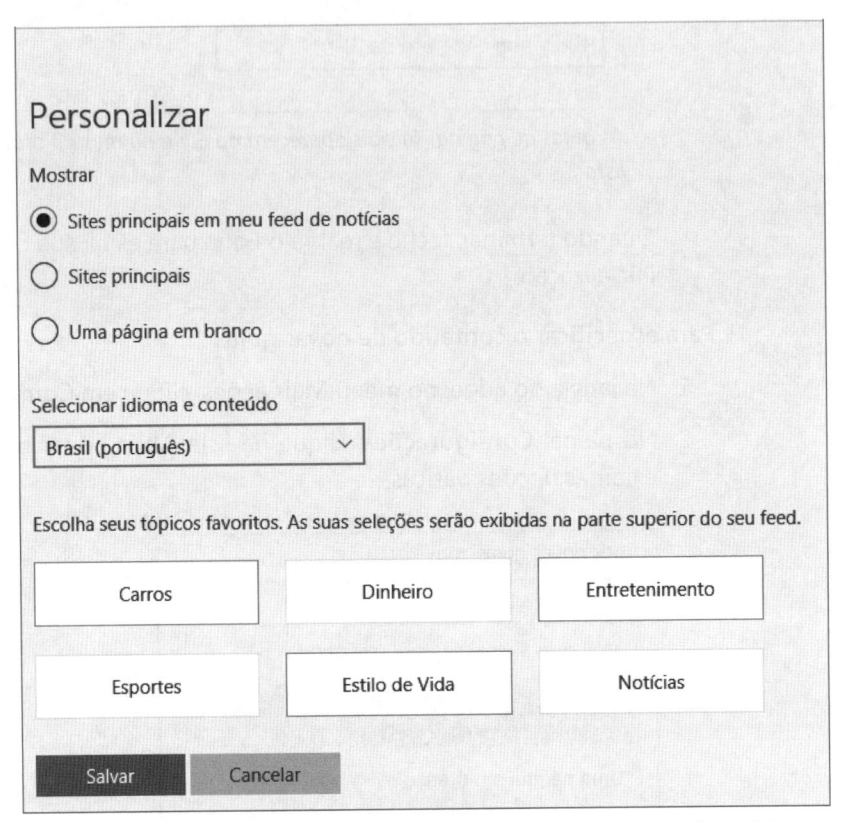

Você pode escolher os tópicos que aparecem primeiro em seu feed de notícias

5. Clique em **Salvar** para aplicar suas alterações.

Para alterar o mecanismo de pesquisa padrão no Edge

1. Na janela do Edge, no menu **Mais ações**, clique em **Configurações**.

2. No painel **Configurações**, clique no botão **Exibir configurações avançadas**.

3. No painel **Configurações avançadas**, clique no botão **Alterar da sessão Pesquisar na barra de endereços com** para exibir as opções de mecanismo de pesquisa.

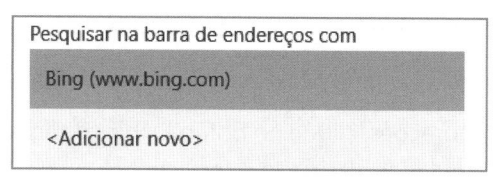

CAPÍTULO 5   Navegação na Internet com segurança e eficiência   **215**

A lista contém os mecanismos de pesquisa selecionados anteriormente

4 Siga um destes passos:

- Se a lista incluir o mecanismo de pesquisa que você deseja usar, clique neste mecanismo de pesquisa. Clique no botão **Definir como padrão** para selecionar este novo mecanismo de pesquisa.

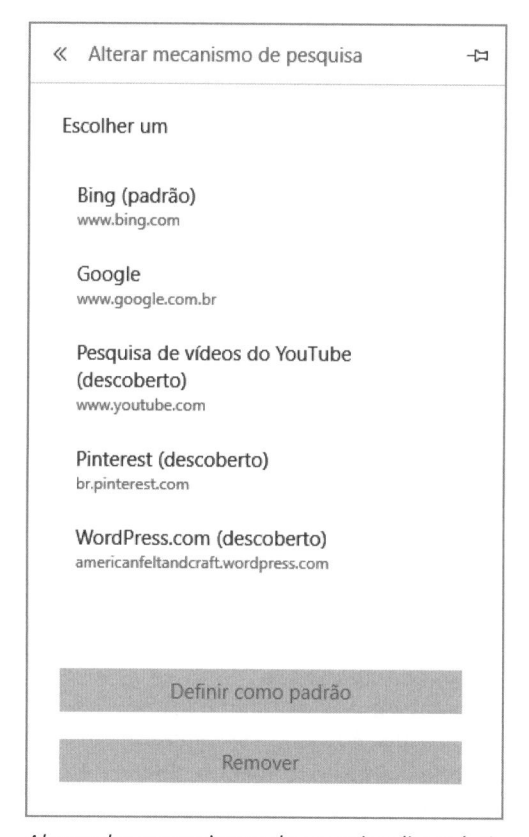

Alguns dos mecanismos de pesquisa disponíveis

- Se o painel **Alterar mecanismo de pesquisa** não incluir o mecanismo de pesquisa que você deseja usar, retorne para a janela do Edge, navegue até o site do mecanismo de pesquisa para torná-lo disponível no painel e, em seguida, recomece o procedimento a partir da primeira etapa.

Para salvar e gerenciar senhas e entradas de formulário

1. Na janela do Edge, no menu **Mais ações**, clique em **Configurações**.
2. No painel **Configurações**, clique no botão **Exibir configurações avançadas**. Role para a seção **Privacidade e serviços**.

> **Privacidade e serviços**
> Alguns recursos podem salvar dados no seu dispositivo ou enviá-los à Microsoft para melhorar sua experiência de navegação.
> Saiba mais
>
> Oferecer para salvar senhas
> ◉ Ativado
>
> Gerenciar minhas senhas salvas
>
> Salvar entradas de formulário
> ◉ Ativado
>
> Enviar solicitações Não Rastrear
> ◯ Desativado
>
> Permitir que a Cortana me auxilie no Microsoft Edge
> ◯ Desativado
> Você deve ativar o sistema Cortana para habilitar esta configuração.

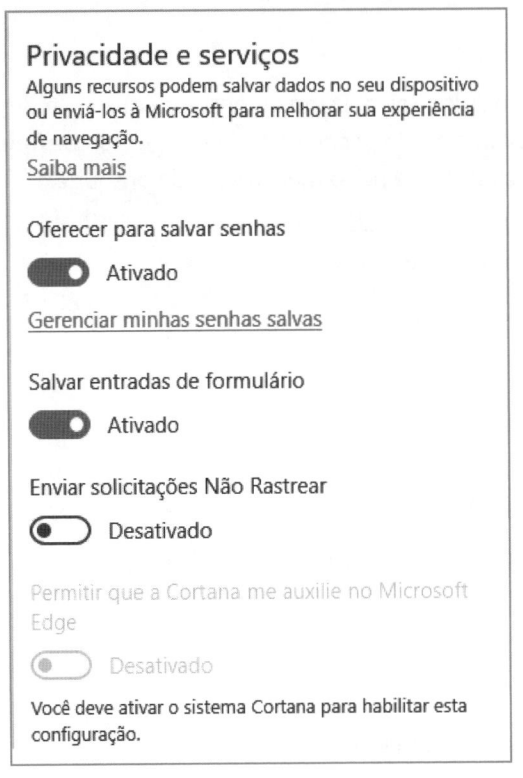

O Edge é capaz de salvar e preencher automaticamente senhas e entradas de formulário

3. Siga um destes passos:
   - Para salvar e preencher automaticamente as senhas que você digitar nas caixas de senha no navegador Edge, defina o botão de alternância **Oferecer para salvar senhas** como **Ativado**.

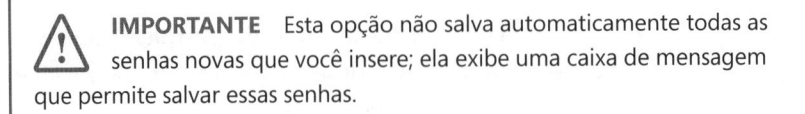

> ⚠️ **IMPORTANTE** Esta opção não salva automaticamente todas as senhas novas que você insere; ela exibe uma caixa de mensagem que permite salvar essas senhas.

- Para parar de salvar senhas, defina o botão de alternância **Oferecer para salvar senhas** como **Desativado**.

- Se desejar rever os sites para os quais você salvou senhas, clique em **Gerenciar minhas senhas salvas** para abrir o painel **Gerenciar senhas**.

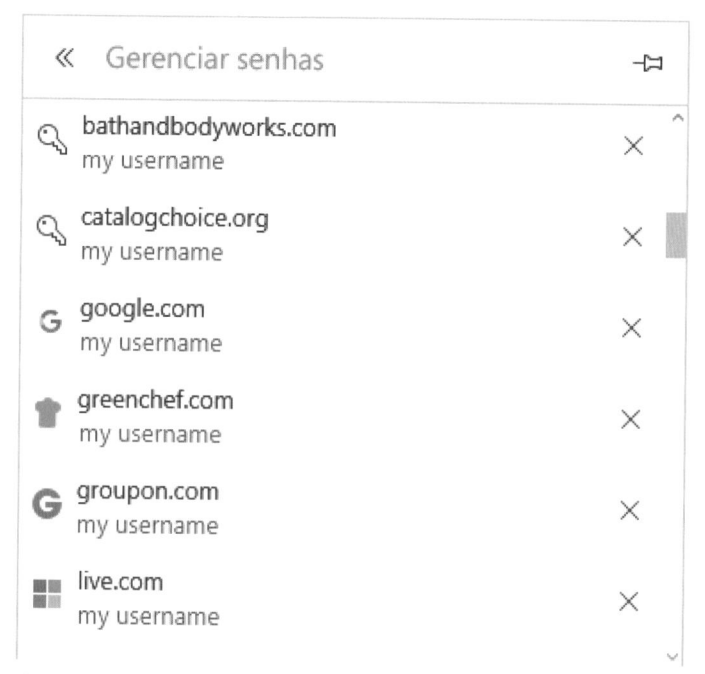

```
« Gerenciar senhas                    ⊣□

🗝  bathandbodyworks.com              ×
    my username

🗝  catalogchoice.org                 ×
    my username

G   google.com                        ×
    my username

👕  greenchef.com                     ×
    my username

G   groupon.com                       ×
    my username

▦   live.com                          ×
    my username
```

O painel Gerenciar senhas inclui todas as senhas que você salvou

Clique em qualquer site para exibir e editar a senha e o nome de usuário salvos, ou clique no X na extremidade direita de qualquer senha para excluí-la.

- Para salvar entradas de formulário inseridas no navegador Edge (para o navegador inseri-las automaticamente em outros formulários), defina o botão de alternância **Salvar entradas de formulário** como **Ativado**.

- Para parar de salvar entradas de formulário, defina o botão de alternância **Salvar entradas de formulário** como **Desativado**.

> ⚠ **IMPORTANTE** As informações salvas serão usadas para preencher automaticamente formulários no futuro. Isso é conveniente, mas também pode ser um risco de segurança. Alguns sites menos escrupulosos adicionam campos de formulário ocultos para coletar informações que você não sabe estar fornecendo.

Para excluir informações salvas

1. Na janela do Edge, no menu **Mais ações**, clique em **Configurações**.
2. Na seção **Limpar dados de navegação** do painel **Configurações**, clique no botão **Escolher o que limpar** para exibir os tipos de dados que você pode limpar.

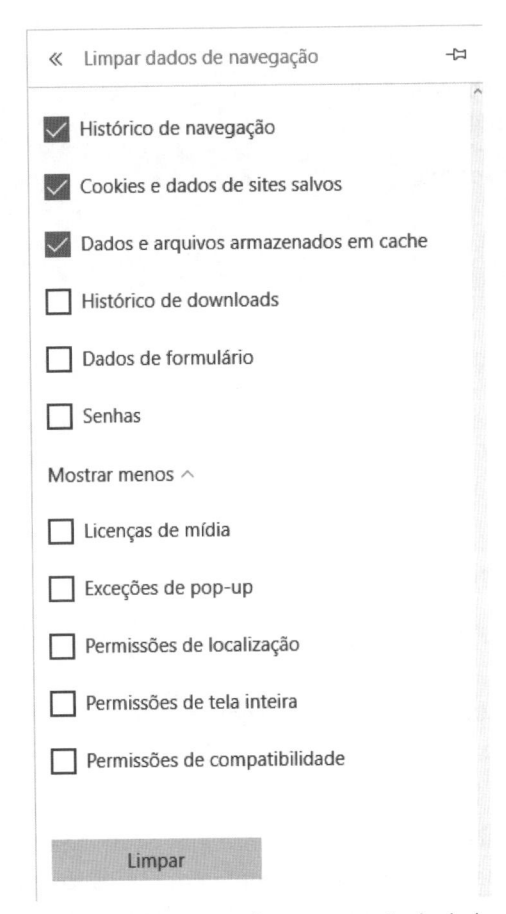

Você pode limpar qualquer categoria de dados de navegação

3. No painel **Limpar dados de navegação**, marque as caixas de seleção dos tipos de dados de navegação que você deseja limpar. Em seguida, clique no botão **Limpar**.

> ⚠️ **IMPORTANTE** Limpar uma categoria de dados de navegação não faz com que o Edge pare de coletar dados; para isso, você deve desativar a coleta de dados separadamente.

> **DICA** Outra ferramenta interessante de gerenciamento de senhas é o Gerenciador de Credenciais, que pode ser aberto a partir de um modo de exibição de Ícones do Painel de Controle.

Para definir as configurações do modo de leitura

1. Na janela do Edge, no menu **Mais ações**, clique em **Configurações**. As configurações do modo de leitura estão na seção **Leitura** na parte inferior do painel **Configurações**.

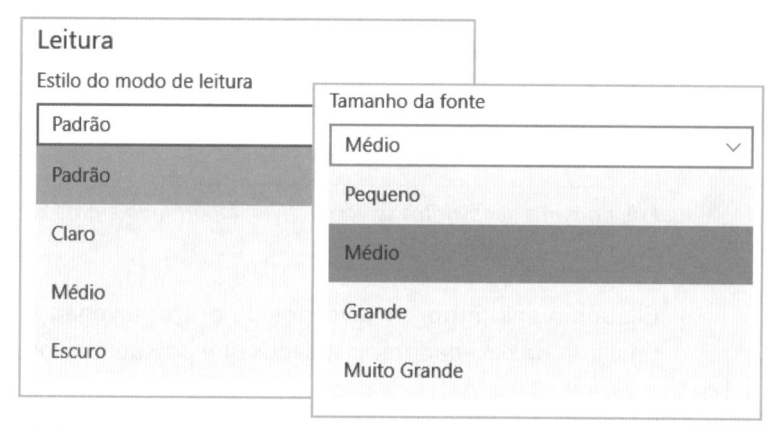

Você pode escolher o tamanho da fonte e o esquema de cores para seu modo de leitura

2. Na seção **Leitura**, clique na lista **Estilo do modo de leitura** e, em seguida, no estilo que desejar.

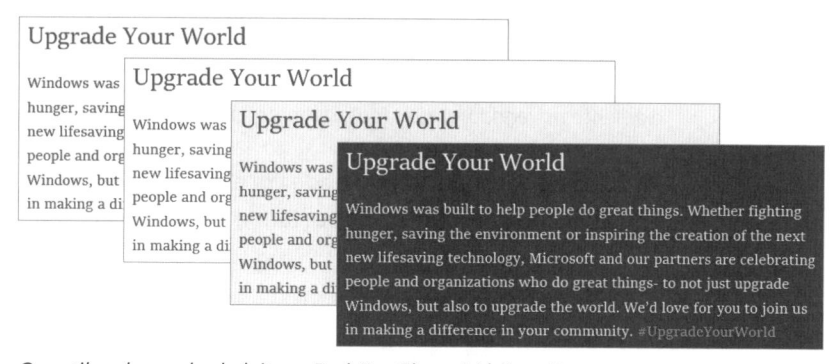

Os estilos de modo de leitura Padrão, Claro, Médio e Escuro

3. Clique na lista **Tamanho da fonte** e, em seguida, clique no tamanho da fonte que desejar. O tamanho real da fonte variará em cada monitor de acordo com a resolução da tela.

Para importar sua lista de Favoritos de outro navegador para o Edge

1. Na janela do Edge, no menu **Mais ações**, clique em **Configurações**.

2. No painel **Configurações**, defina o botão de alternância **Mostrar barra de favoritos** como **Ativado**.

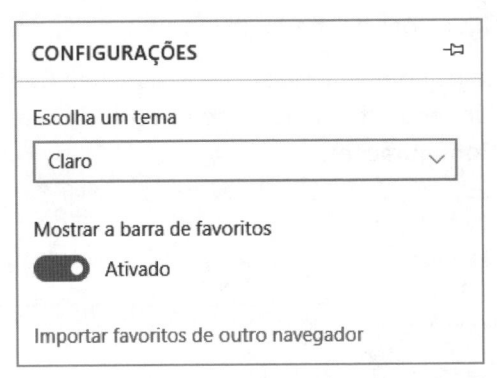

Exiba a barra de favoritos se você estiver importando entradas de barra de favoritos

3. Clique no link **Importar favoritos de outro navegador** para visualizar uma lista de navegadores instalados que possuem favoritos salvos.

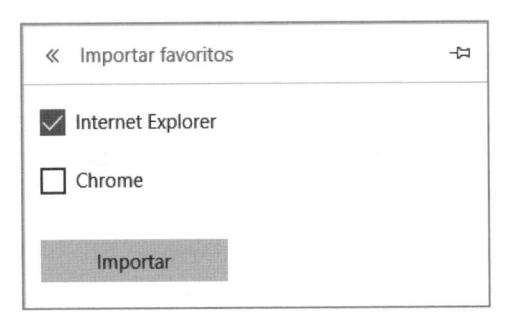

Somente navegadores que têm favoritos salvos estão disponíveis

4. Marque os navegadores de onde você deseja importar os favoritos e, em seguida, clique no botão **Importar**.

Gerenciamento de aplicativos padrão

Se você experimentar o Edge e achar que ele não é adequado para você, pode alterar o navegador padrão para qualquer outro que esteja instalado no seu computador ou que você possa instalar a partir da Loja. O Internet Explorer vem pré-instalado, e presumimos que você saiba onde encontrar e como instalar qualquer outro navegador de sua preferência.

O Windows já tem designados os aplicativos padrão de email, mapas, player de música, visualizador de fotos, player de vídeo e navegador Web. Os aplicativos padrão são gerenciados nas Configurações do Windows. Para alterar o navegador padrão (ou qualquer outro aplicativo padrão), siga estas etapas:

1. Se necessário, instale o navegador no seu computador. Se a janela de Configurações tiver ficado aberta durante a instalação, feche-a e reabra-a para ter certeza de que ela encontrará o navegador recém-instalado.

2. Na janela **Configurações**, clique em **Sistema** e, em seguida, clique em **Aplicativos padrão** para exibir os aplicativos padrão atuais.

3. Na seção **Navegador da Web**, clique no nome do navegador padrão atual para exibir uma lista de todos os navegadores instalados.

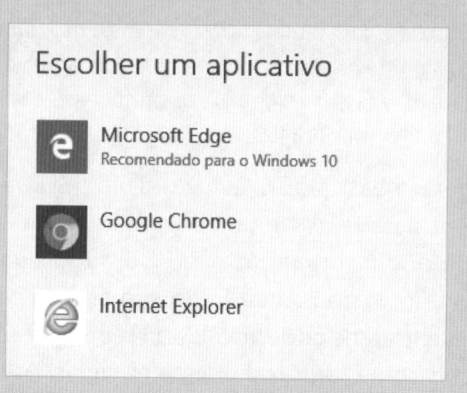

Você pode selecionar um navegador instalado ou instalar a partir da Loja

4. Na lista **Escolher um aplicativo**, clique no navegador que você deseja designar como padrão. O Windows implementa a alteração imediatamente.

Anatomia de um endereço de site

As palavras, as letras, os números e os símbolos que aparecem na barra de endereços da janela do navegador Web quando você se conecta a um site ou página formam um endereço que pode parecer lógico ou que pode parecer não fazer sentido. Mesmo quando você se conecta a um endereço de site simples, como *http://www.microsoft.com*, o conteúdo da caixa de endereços sofre alterações para incluir informações adicionais sobre a página que está sendo exibida. Cada caractere tem uma finalidade específica. Veja o detalhamento de um endereço típico de página Web com uma descrição da função de cada parte. O endereço da página Web é *http://movies.msn.com/showtimes/today.aspx?zip=76226*.

Protocolo	Sub-domínio	Nome do domínio	Pasta	Página	Consulta
http	movies	msn.com	showtimes	today.aspx	?zip='76226'

O *protocolo* informa a seu navegador o tipo de conexão a ser feito com o site de destino. O mais comum é *http* (Hypertext Transfer Protocol, o protocolo que fornece informações na World Wide Web). Outro protocolo comum é o *https* (HTTP sobre uma conexão segura). Em uma URL, o protocolo é seguido por um símbolo de dois-pontos e dois símbolos de barra (://).

DICA Existem dezenas de protocolos para muitos tipos diferentes de comunicação, incluindo conexões de Internet, envio de email, compartilhamento de arquivos, conexões de rede local e remota e uma infinidade de outros. Alguns dos protocolos mais conhecidos incluem ADSL, DHCP, DNS, FTP, HTTPS, IMAP, IP, ISDN, POP3, SMTP, SOAP, TCP e Telnet.

O *nome de domínio* é o endereço básico do site. O domínio de nível superior (TLD, top-level domain), como *.com*, é parte do nome de domínio. Cada nome de domínio é adquirido e registrado por uma organização ou indivíduo e é atribuído a um endereço IP que representa o local do conteúdo do site em um servidor. Nomes de domínio e endereços IP são gerenciados pela ICANN (Internet Corporation for Assigned Names and Numbers), uma corporação sem fins lucrativos baseada na Califórnia. Embora a ICANN seja uma corporação americana, ela gerencia tarefas relacionadas à Internet em todo o mundo em cooperação com agências internacionais.

Quando você acessa um site, seu computador se conecta à Internet para descobrir o endereço IP atualmente atribuído ao nome de domínio. Em seguida, ele se conecta ao servidor localizado no endereço IP e exibe o conteúdo localizado naquele servidor.

Devido ao fato que o nome de domínio alfabético conduz ao menos óbvio endereço IP, o nome de domínio é por vezes referido como *nome amigável*.

Se um endereço inclui um *subdomínio*, ele aponta para um site específico, geralmente um dos sites de um grupo de sites apresentados com o mesmo nome de domínio. Os sites representados pelos subdomínios não precisam ser do mesmo tipo e não precisam residir no mesmo local. Por exemplo, a Contoso Corporation pode ter registrado o nome de domínio contoso.com. O site dessa empresa pode ser localizado em http://www.contoso.com. A empresa também pode ter os seguintes subdomínios:

- *sharepoint* que se conecta ao seu site de colaboração em http://sharepoint.contoso.com

- *mail* que se conecta ao servidor de email da empresa em http://mail.contoso.com

- *shopping* que se conecta a um aplicativo seguro de carrinho compras online em https://shopping.contoso.com

Um *nome de pasta* indica o local na estrutura do site em que a página exibida na tela se encontra. Da mesma forma que você armazena arquivos em pastas no seu disco rígido usando uma estrutura lógica, um administrador de site pode organizar arquivos em uma estrutura lógica dentro do site. As barras simples (/) separam as pastas de outros elementos de endereço, da mesma maneira que as barras invertidas (\) separam as pastas na barra de endereços do Explorador de Arquivos.

O *nome da página* representa o arquivo específico que contém o conteúdo e o código que gera as informações exibidas na tela. O nome da página inclui uma extensão de nome de arquivo indicando o tipo de arquivo. Extensões comuns de nomes de páginas incluem .htm para arquivos HTML com conteúdo estático e .aspx para Active Server Pages (páginas ASP) com conteúdo dinâmico coletado de um banco de dados ou outra fonte em uma estrutura regida pelo código no arquivo.

Um nome de página HTML pode incluir um indicador, precedido por um sustenido (#), indicando um local específico em um arquivo. Um nome de página ASP pode incluir uma consulta, precedida por um ponto de interrogação (?), indicando o termo da busca que gerou o conteúdo da página. No exemplo dado no início deste artigo, a consulta *?zip=76226* destina-se a mostrar os horários de exibição dos filmes em cartaz na área geográfica identificada pelo CEP 76226.

Quando você se conecta a um endereço de site simples, o Internet Explorer usa o protocolo para estabelecer o método de comunicação, se conecta ao servidor host do domínio ou subdomínio e, por fim, exibe a página designada pelo administrador do site como a página inicial do site.

> **DICA** Domínios de nível superior (TLDs) são regidos por uma organização internacional. Cada TLD tem um significado específico: TLDs genéricos (como .com e .net) estão disponíveis para qualquer um, TLDs patrocinados (como .edu, .gov e .travel) pertencem a agências ou organizações privadas e TLDs de código de país com duas letras representam o país ou a região de origem ou o uso do conteúdo de um site. No entanto, TLDs de código de país são usados com frequência para outros fins; por exemplo, o TLD .am é atribuído à República da Armênia e .fm é atribuído aos Estados Federados da Micronésia, mas muitas estações de rádio têm endereços de sites que terminam com esses TLDs.

Ajuste as configurações de segurança do navegador

É difícil (pelo menos para algumas pessoas) imaginar como sobreviveríamos sem acesso constante à Internet. A Internet se tornou uma fonte primordial de informações e serviços. Mas muitas vezes é difícil saber se as informações são precisas e se os serviços são "benignos": há muitas pessoas que usam a Internet para tentar roubar informações de outras pessoas ou danificar seus computadores por meio de ataques mal-intencionados a sistemas de computador.

A segurança dos navegadores Edge e Internet Explorer é constantemente monitorada e gerenciada pela Microsoft. Atualizações do Windows Defender são lançadas com frequência para proteger seu computador contra ameaças recém-descobertas ou problemas de código-fonte por meio do qual alguém que realmente quisesse explorar seu navegador conseguiria. Há pessoas más que fazem ataques mal-intencionados, e há pessoas boas que corrigem problemas. Entre esses dois grupos, há pessoas que têm a função desafiadora de encontrar problemas potenciais antes que as pessoas más o façam, assim as pessoas boas podem corrigi-los. Todos esses grupos são espertos e dedicados a seus papéis no ciclo de vida de ameaças.

Um *malware* pode se apresentar de várias formas: você pode encontrá-lo ou pode ser encontrado por ele. Alguns dos problemas contra os quais o navegador pode proteger incluem:

- Sites não seguros, que são, na verdade, sites de phishing ou que contêm software mal-intencionado.

- Janelas pop-up que exibem informações falsas e links para software mal-intencionado. Essas mensagens frequentemente são criadas para se parecerem com mensagem de aviso do Windows.

Cuidar do Edge e do Internet Explorer é responsabilidade da Microsoft. A proteção geralmente tem um pequeno atraso em relação à ameaça, então não há nenhuma garantia de que a Microsoft ou qualquer outra empresa possa protegê-lo contra todas as ameaças. Estar consciente disso enquanto navega na Internet é responsabilidade de cada um. Neste tópico nós abordamos as medidas que você pode tomar para se manter seguro enquanto navega pela Internet.

Como proteger-se contra sites de phishing e outros sites mal-intencionados

Um dos recursos especiais de segurança do Edge e do Internet Explorer é o Filtro SmartScreen da Microsoft. Ele é executado em segundo plano durante sua sessão de navegação e monitora sites, páginas Web e downloads em busca de problemas conhecidos ou conteúdo suspeito. Se o Filtro SmartScreen identifica (ou suspeita de) um problema de segurança, ele atua em uma destas formas:

- Se você tentar visitar um site que tenha sido relatado como um site não seguro, o Filtro SmartScreen bloqueia o site e informa você.

- Se você tentar visitar uma página Web que tenha características que possam indicar um risco de segurança, o Filtro SmartScreen exibe uma página de aviso. Se você souber que o conteúdo da página é seguro, pode fornecer feedback e continuar acessando a página.

- Se você tentar baixar um aplicativo sabidamente inseguro, o Filtro SmartScreen bloqueia o download do arquivo e informa você.

- Se você tentar baixar um aplicativo que não é sabidamente inseguro, mas que também não tenha sido baixado por muitas pessoas, o Filtro SmartScreen exibe um aviso. Se você confiar no site e no distribuidor do aplicativo, pode continuar com o download.

O Filtro SmartScreen é ativado por padrão no Edge e no Internet Explorer. A única opção de gerenciamento no Edge é ativar ou desativar esse recurso. No Internet Explorer, você pode verificar manualmente se um site consta na lista atual de sites de phishing conhecidos e também pode relatar sites que você suspeita serem não seguros.

O gerenciamento das configurações do Filtro SmartScreen é feito separadamente em cada navegador. Você também pode ativar o Filtro SmartScreen para aplicativos da Loja que passem URLs, a partir da página Privacidade da janela Configurações.

Para ativar ou desativar o Filtro SmartScreen

1. Na janela do Edge, no menu **Mais ações**, clique em **Configurações**.
2. No painel **Configurações**, clique no botão **Exibir configurações avançadas**.
3. Na parte inferior do painel **Configurações avançadas**, defina o botão de alternância **Ajudar a proteger meu computador contra sites e downloads mal-intencionados com o Filtro SmartScreen** como **Ativado** ou **Desativado**.

Ou

1. Na janela do Internet Explorer, no menu **Ferramentas**, clique em **Segurança** e, em seguida, clique em **Ativar Filtro SmartScreen** ou **Desativar Filtro SmartScreen**.
2. Na caixa de diálogo **Filtro SmartScreen da Microsoft**, clique na opção desejada e, em seguida, clique em **OK**.

Para verificar manualmente se um site consta na lista de sites sabidamente inseguros

1. Na janela do Internet Explorer, no menu **Ferramentas**, clique em **Segurança** e, em seguida, clique em **Verificar o Site**.
2. Se a caixa de diálogo **Filtro SmartScreen** for exibida, clique em **OK**.

Para relatar um site não seguro para a Microsoft

1. Na janela do Internet Explorer, no menu **Ferramentas**, clique em **Segurança** e, em seguida, clique em **Relatar Site Não Seguro**.
2. Na página **Relatar o Site**, verifique se a URL mostrada na seção **Site que você está relatando** é a URL do site que você deseja relatar.
3. Marque uma destas caixas de seleção:
   - Creio que este seja um site de phishing
   - Creio que este site contenha software mal-intencionado
4. Na parte inferior da página, insira os caracteres da imagem na caixa para confirmar que você é uma pessoa, e não um computador. Em seguida, clique no botão **Enviar**.

Bloqueio de janelas pop-up

Janelas pop-up (ou simplesmente *pop-ups*) são janelas secundárias do navegador Web que abrem em frente à (ou às vezes atrás da) janela em que você está trabalhando quando você exibe um site ou clica em um link de anúncio. O conteúdo dessas janelas pode ser informativo (por exemplo, uma nova janela pode ser exibida quando você clica em um link para obter mais informações ou quando entra em um site seguro) ou, em alguns casos, pode ser irritante ou mal-intencionado (por exemplo, ao navegar pela Internet em busca de informações, você pode exibir uma página que faz com que vários anúncios apareçam por detrás dela).

No entanto, os pop-ups frequentemente exibem anúncios irritantes, adware (mensagens falsas de aviso que contêm links para sites de produtos), spyware (software mal-intencionado capaz de coletar informações pessoais do seu computador) ou outros tipos de conteúdo que você não solicitou e provavelmente não deseja ver.

Se um pop-up suspeito for aberto, é melhor não clicar em nenhum botão contido nele. Em vez disso, você geralmente consegue fechar a janela usando a Visão de tarefas, na barra de tarefas, ou usando o Gerenciador de Tarefas. Você também pode configurar seu navegador para que ele bloqueie a abertura de janelas pop-up. Quando um site tentar exibir um pop-up, o navegador alertará você, e você poderá optar por permitir uma exceção ocasional ou permanente para esse site. Se você mudar de ideia mais tarde, pode analisar e remover exceções específicas no Internet Explorer, ou pode limpar todas as exceções no Edge.

Para bloquear janelas pop-up

1. Na janela do Edge, no menu **Mais ações**, clique em **Configurações**.
2. No painel **Configurações**, clique no botão **Exibir configurações avançadas**.
3. No painel **Configurações avançadas**, defina o botão de alternância **Bloquear pop-ups** como **Ativado**.

Ou

1. Na janela do Internet Explorer, no menu **Ferramentas**, clique em **Opções da Internet**.
2. Na guia **Privacidade** da caixa de diálogo **Opções da Internet**, marque a caixa de seleção **Ativar Bloqueador de Pop-ups**. Clique em **OK** para aplicar a alteração.

Para limpar as exceções de janelas pop-up que você concedeu

1. Na janela do Edge, no menu **Mais ações**, clique em **Configurações**.
2. Na seção **Limpar dados de navegação** do painel **Configurações**, clique no botão **Escolher o que limpar**.
3. Exiba todas as opções no painel **Limpar dados de navegação** e marque a caixa de seleção **Exceções de pop-up**. Em seguida, clique no botão **Limpar**.

Ou

1. Na janela do Internet Explorer, no menu **Ferramentas**, clique em **Opções da Internet** e, em seguida, clique na guia **Privacidade**.
2. Na seção **Bloqueador de Pop-ups**, clique no botão **Configurações** para exibir a caixa de diálogo **Configurações do Bloqueador de Pop-ups**.

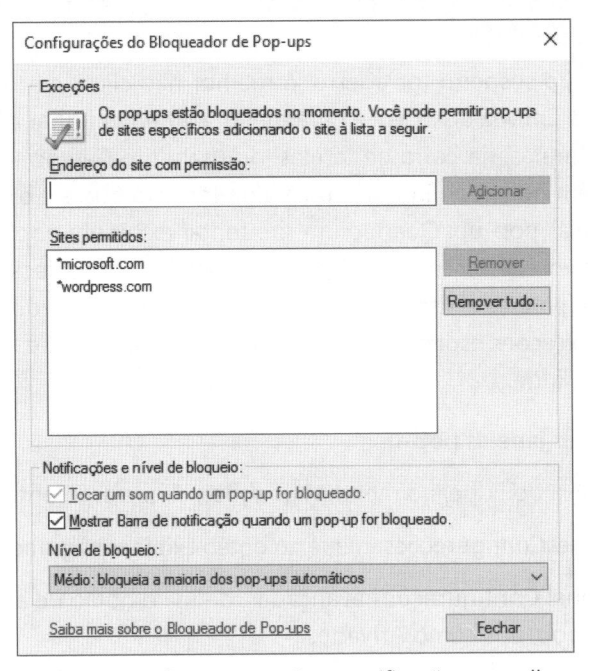

Você pode configurar exceções e notificações e escolher um nível de bloqueio

3. Siga um destes passos:
   - Para limpar todas as exceções, clique no botão **Remover tudo**.
   - Para limpar a exceção para um site específico, clique no site na lista **Sites permitidos** e, em seguida no botão **Remover**.
4. Clique em **Fechar** e, em seguida, clique em **OK** para aplicar a alteração.

> ### Eduque as crianças sobre segurança online
>
> Em novembro de 1998, o congresso americano aprovou a lei COPPA (Children's Online Privacy Protection Act), que exige que os operadores de sites ou serviços online norte-americanos obtenham consentimento dos pais antes de coletar, usar, divulgar ou exibir informações pessoais de crianças com menos de 13 anos de idade. A lei COPPA entrou em vigor em 21 de abril de 2000 e é regida pela regulamentação estabelecida pela Comissão Federal do Comércio dos EUA.
>
> Muitas crianças têm acesso à Internet em casa, na escola e na casa de amigos. Em seus próprios computadores, você pode proteger as crianças contra a exposição a conteúdo censurável, basta definir suas contas de usuário como conta de criança e ajustar as configurações de Proteção para a Família em níveis apropriados às idades. No entanto, é importante educar proativamente as crianças sobre segurança online e segurança do computador.
>
> A Comissão Federal do Comércio dos EUA fornece informações úteis para os pais e professores sobre segurança de computadores, telefones celulares, redes sociais, mundo virtual, mensagens de texto, videogames, controles dos pais e a lei COPPA em *consumer.ftc.gov/topics/kids-online-safety*.

Gerencie a privacidade da navegação

Os navegadores da Internet mantêm registros dos sites que você visita para que você possa retornar rapidamente a eles usando seu histórico de navegação. Eles também monitoram as credenciais que você usa para entrar em sites e serviços para que eles possam fornecer novamente essas informações aos sites sem perturbá-lo. Isso pode causar conflitos se você tiver vários nomes de usuário para um mesmo site; por exemplo, se tiver duas contas diferentes da Microsoft ou duas contas diferentes do Office 365.

Alguns sites salvam temporariamente as credenciais e outras informações que você fornece, em variáveis de sessão que expiram após um período de tempo. Para garantir que suas informações não fiquem disponíveis para outras pessoas que se conectam ao site usando o mesmo computador, não se esqueça de sair de sites seguros em vez de simplesmente fechar a janela do navegador.

Você pode restringir o rastreamento de sua navegação e credenciais no Edge ou no Internet Explorer usando uma sessão de navegação InPrivate. Esse modo abre uma janela de navegador separada que não leva adiante nenhuma credencial que esteja atualmente em uso. A navegação feita nesta janela não é monitorada, ou seja, as páginas e os sites não aparecerão em seu histórico de navegação, e os arquivos temporários e cookies não serão salvos em seu computador.

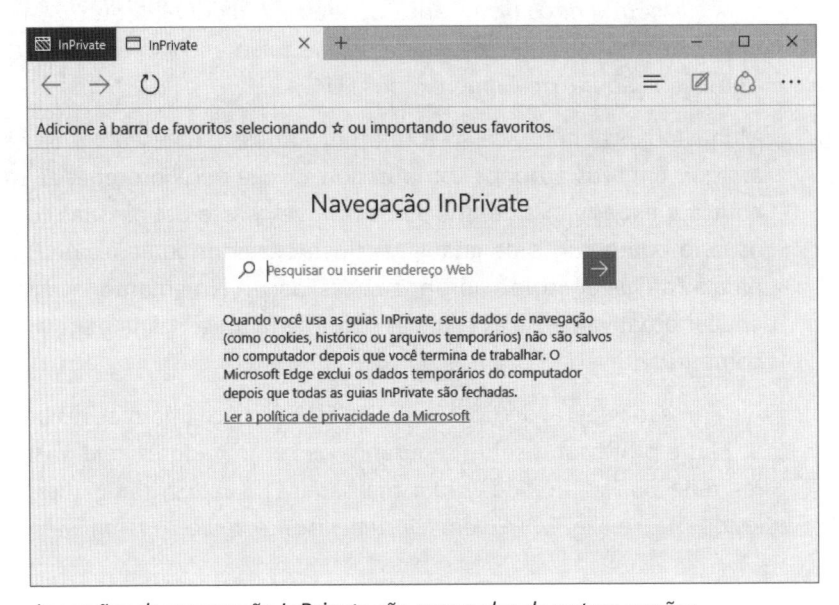

As sessões de navegação InPrivate são separadas de outras sessões

A sessão de navegação InPrivate dura apenas o período em que a janela estiver aberta. Qualquer navegação que você fizer em outras janelas do navegador será registrada normalmente.

Você pode aumentar a segurança de uma sessão de navegação InPrivate desabilitando as barras de ferramentas e as extensões nessas sessões. Essa configuração vem ativada por padrão no Edge e no Internet Explorer, mas pode ser modificada no Internet Explorer, então é uma boa ideia verificar se está ativada.

Para iniciar uma sessão de navegação InPrivate

1. Siga um destes passos:
   - Na janela do Edge, no menu **Mais ações**, clique em **Nova janela InPrivate**.
   - Na janela do Internet Explorer, no menu **Ferramentas**, clique em **Segurança** e, em seguida, clique em **Navegação InPrivate**.
   - Em qualquer um dos navegadores, pressione **Ctrl+Shift+P**.

Para desabilitar as barras de ferramentas e extensões em sessões de navegação InPrivate

1. Na janela do Internet Explorer, no menu **Ferramentas**, clique em **Opções da Internet** e, em seguida, clique na guia **Privacidade**.

2. Na seção **InPrivate**, marque a caixa de seleção **Desabilitar barras de ferramentas e extensões** quando a **Navegação InPrivate se iniciar**. Em seguida, clique em **OK**.

Solucione problemas de navegação

Quando o Edge não consegue atender aos requisitos de um site, ele exibe um link para que você possa mudar para o Internet Explorer. Se você achar que o Edge está tendo dificuldade com um site, pode mudar para outro navegador diretamente a partir do Edge, ou pode fazer com que o Edge aja como se fosse um navegador diferente (ou seja, com que emule outro navegador), até mesmo para um navegador que não costuma ser executado em seu computador ou dispositivo. O Edge e o Internet Explorer podem emular muitos navegadores diferentes, não somente aqueles instalados em seu computador.

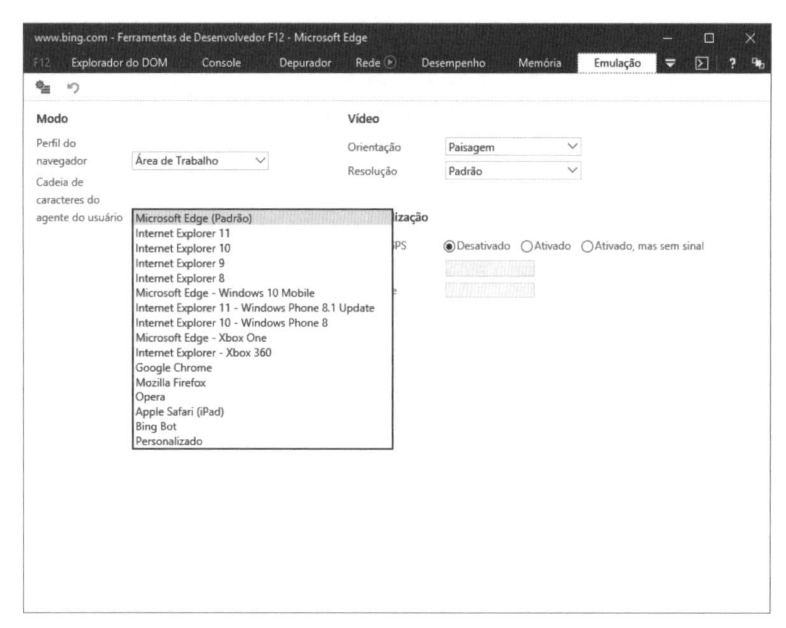

O Edge e o Internet Explorer podem emular muitos navegadores e plataformas

Alguns sites, particularmente aqueles que executam suplementos, ainda têm problemas de compatibilidade com o Internet Explorer 11 (a versão atual no momento da finalização deste livro). Se você tiver alguma dificuldade para exibir um site no Internet Explorer (por exemplo, se clicar em um botão em um site e nada acontecer), pode mudar para o Modo de Exibição de Compatibilidade, que muitas vezes corrigirá o problema.

Se você tiver dificuldade para navegar em uma página Web usando o mouse, pode usar a navegação por cursor em substituição. A navegação por cursor permite que você use as teclas de navegação padrão em seu teclado (Home, End, Page Up, Page Down e as teclas de seta) para selecionar textos e mover-se em uma página Web. O conceito de navegação por cursor está disponível há anos. Como muitos dos itens associados com acessibilidade, esse recurso pode ser útil para praticamente qualquer pessoa.

Você pode ativar a navegação por cursor para a guia atual do navegador ou pode simplesmente ativá-la no geral.

Para alternar a exibição de um site do Edge para o Internet Explorer

1. Na janela do Edge, no menu **Mais ações**, clique em **Abrir com o Internet Explorer**.

Para emular um navegador diferente

1. Na janela do Edge, no menu **Mais ações**, clique em **Ferramentas de Desenvolvedor F12**.

2. Na janela **Ferramentas de Desenvolvedor F12**, clique na guia **Emulação**.

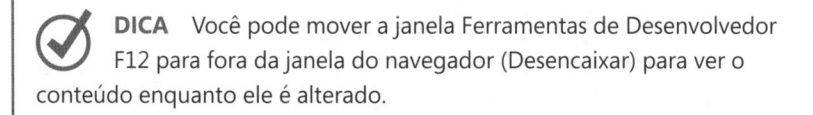

> **DICA** Você pode mover a janela Ferramentas de Desenvolvedor F12 para fora da janela do navegador (Desencaixar) para ver o conteúdo enquanto ele é alterado.

3. Na lista **Cadeia de caracteres do agente do usuário**, clique no navegador (ou no navegador e na plataforma, se apropriado) que você deseja que o Edge emule.

Ou

1. Na janela do Internet Explorer, no menu **Ferramentas**, clique em **Ferramentas para Desenvolvedores F12**.

2. No painel **Ferramentas de Desenvolvedor F12**, clique na guia **Emulação**.

3. Na lista **Cadeia de caracteres do agente do usuário**, clique no navegador (ou no navegador e na plataforma, se apropriado) que você deseja que o Internet Explorer emule.

> **DICA** Visualize a página Web enquanto seleciona um navegador para emular. A página será atualizada e pode adquirir uma aparência um pouco ou muito diferente, dependendo da sua seleção.

Para exibir um site no Modo de Exibição de Compatibilidade

1. Na janela do Internet Explorer, no menu **Ferramentas**, clique em **Configurações do Modo de Exibição de Compatibilidade**. A caixa de diálogo **Configurações do Modo de Exibição de Compatibilidade** é exibida com o site atual já preenchido na caixa **Adicionar este site**.

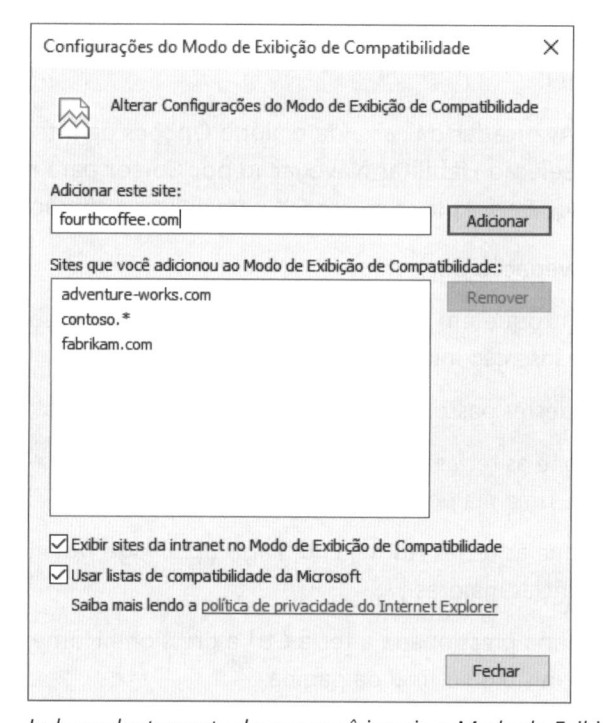

Independentemente do que você inserir, o Modo de Exibição de Compatibilidade mantém apenas o nome de domínio e a extensão

2. Para adicionar o site atual, clique no botão **Adicionar**.
3. Para adicionar outro site, insira o nome de domínio na caixa **Adicionar este site** e clique no botão **Adicionar**.

> **DICA** Você pode usar um asterisco (*) como um caractere curinga; por exemplo, para representar qualquer domínio de nível superior.

4. Quando terminar de adicionar sites, clique em **Fechar** para fechar a caixa de diálogo e implementar as alterações.

Para ativar a navegação por cursor para todas as guias

1. Na janela do Edge, pressione **F7**.
2. Na caixa de diálogo **Ativar a navegação por cursor**, clique no botão **Ativar** para ativar a navegação por cursor em todas as janelas e guias
3. Para desativar, pressione **F7**. Na caixa de diálogo **Desativar a navegação por cursor**, clique no botão **Sim**

Ou

1. Na janela do Internet Explorer, no menu **Ferramentas**, clique em **Opções da Internet**.
2. Na guia **Avançadas** da caixa de diálogo **Opções da Internet**, marque a caixa de seleção **Habilitar Navegação por Cursor para novas janelas e guias**. Clique em **Aplicar** ou em **OK** para aplicar a alteração.

Para usar a navegação por cursor

1. Clique ou toque em uma área de texto na página Web para definir o ponto de inserção inicial.
2. Siga um destes passos:
   - Pressione as teclas de seta para mover o ponto de inserção um caractere ou uma fila por vez.
   - Pressione as teclas **Home**, **End**, **Page Up** e **Page Down** para se mover a distâncias maiores.
   - Mantenha pressionada a tecla **Ctrl** e pressione **Home** ou **End** para ir para o início ou o final da página.
   - Mantenha pressionada a tecla **Shift** e pressione as teclas de navegação para selecionar um texto.

Para ativar ou desativar a navegação por cursor para a guia atual no Internet Explorer

1. Pressione **F7**.

> ✓ **DICA** Se a navegação por cursor for ativada para todas as guias nas configurações do navegador, você não pode desativá-la para uma guia em específico.

Revisão

Neste capítulo, você aprendeu a:

- Exibir sites no Edge
- Localizar, salvar e compartilhar informações
- Gerenciar as configurações do Edge
- Ajustar as configurações de segurança do navegador
- Gerenciar a privacidade da navegação
- Solucionar problemas de navegação

Tarefas práticas

Não há arquivos de prática necessários para completar as tarefas práticas neste capítulo.

Exiba sites no Edge

Realize as seguintes tarefas:

1. Inicie o Edge e exiba o site bing.com/news. Clique no título de um artigo da página para exibi-lo. Observe se o artigo é exibido na mesma guia ou em uma nova guia.

2. Se o artigo for exibido na mesma guia, o botão **Voltar** estará disponível. Clique no botão **Voltar** para retornar para a primeira página; depois disso, o botão **Avançar** ficará disponível. Clique no botão **Avançar** para voltar para o artigo.

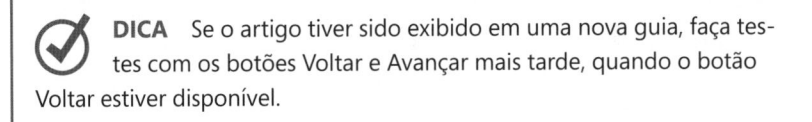

> **DICA** Se o artigo tiver sido exibido em uma nova guia, faça testes com os botões Voltar e Avançar mais tarde, quando o botão Voltar estiver disponível.

3. No artigo, clique com o botão direito do mouse em um link e, em seguida, clique em **Abrir em uma nova guia**. Clique com o botão direito do mouse em outro link e, em seguida, clique em **Abrir em uma nova janela**. Observe os diferentes resultados.

   Agora você tem duas janelas do Edge abertas. A primeira janela tem pelo menos duas guias de páginas, e a segunda janela tem uma guia de página.

4. Organize as janelas do Edge lado a lado e arraste uma guia da primeira janela para a segunda janela, movendo, assim, a página entre as janelas.

5. Em qualquer janela, à direita da guia mais à direita, clique no botão **Nova guia** para abrir uma nova guia. Observe o conteúdo da guia, que poderá ser:

   - Uma página em branco, exibindo apenas uma caixa de pesquisa;
   - Uma página exibindo oito quadrados, alguns deles ou todos eles contendo blocos que representam sites;
   - Uma página exibindo oito espaços para blocos de sites e reportagens.

   Em um exercício posterior, você configurará esta página de modo a exibir conteúdos diferentes.

6. Clique perto da parte superior da nova guia, entre o botão **Atualizar** e o botão **Modo de leitura** para ativar a barra de endereços.

7. Na barra de ferramentas do Edge, na **Barra de endereços**, insira windows 10 para exibir uma lista de sugestões de pesquisa (e possivelmente de sites, se você já tiver visitado algum site do Windows 10). Insira microsoft após o termo pesquisado existente para refinar ainda mais a lista de pesquisa do termo.

8. Clique no item de pesquisa destacado diretamente abaixo da barra de Endereços para pesquisar a expressão que você inseriu e para exibir uma página de resultados da pesquisa.

9. Na barra de ferramentas do Edge, à direita da barra de **Endereços**, observe o botão **Modo de leitura**. Verifique se o botão está ativo (com um contorno escuro) ou inativo (com um contorno esmaecido).

10. Na página de resultados da pesquisa, localize o resultado que representa a página do Windows do site da Microsoft. Clique no link para exibir a página inicial do Windows.

11. Na barra de ferramentas do Edge, observe se o botão **Modo de leitura** está ativo. Se o botão não estiver ativo, clique em um link para exibir outra página, até encontrar uma que seja compatível com o Modo de leitura.

12. Na barra de ferramentas do Edge, clique no botão **Modo de leitura** para exibir a página atual no modo de leitura. Observe a cor de fundo da página.

    Em um exercício posterior, você alterará o esquema de cores do modo de leitura.

13. Role a página para ver o conteúdo que é exibido no modo de leitura.

14. Clique no botão **Modo de leitura** novamente para retornar à visualização padrão da página. Localize as informações de exibição do modo de leitura na página e identifique os elementos da página que o modo de leitura não exibe.

15. Feche as janelas do navegador clicando na opção para fechar todas as guias quando solicitado.

Localize, salve e compartilhe informações

Realize as seguintes tarefas:

1. Inicie o navegador Edge e exiba o site da sua empresa, da sua escola, de uma organização à qual você pertence ou de outra organização cujo conteúdo do site você conheça. (Se você não conseguir pensar em outro site, exiba o site do Windows: windows.microsoft.com.)

2. Pressione **Ctrl+F** para exibir a barra de ferramentas **Localizar**. Na caixa de pesquisa, comece a digitar uma palavra ou expressão que apareça várias vezes na página. Conforme você vai digitando os caracteres, observe que o número de resultados muda.

3. No menu **Opções**, clique em **Coincidir palavra inteira** para incluir somente resultados de pesquisa que não sejam parte de outras palavras. Observe se o número de resultados muda. Em seguida, clique em **Coincidir palavra inteira** novamente para remover o filtro.

4. No menu **Opções**, clique em **Diferenciar maiúsculas de minúsculas** para incluir somente resultados de pesquisa que têm as mesmas letras maiúsculas e minúsculas que você inseriu. Observe se o número de resultados muda. Em seguida, clique em **Diferenciar maiúsculas de minúsculas** novamente para remover o filtro.

5. Na barra de ferramentas **Localizar**, clique no botão **Próximo resultado** (o símbolo de maior que) para exibir o primeiro resultado da pesquisa. Clique em **Próximo resultado** novamente para exibir o segundo resultado da pesquisa. Em seguida, role a página e observe que todos os resultados da pesquisa estão destacados.

6. Na barra de ferramentas do Edge, clique no botão **Criar uma Anotação Web** para exibir a barra de ferramentas de anotação. Aponte para cada um dos botões na barra de ferramentas para exibir o nome do botão.

7. Na barra de ferramentas de anotação, clique no botão **Caneta**. Use a ferramenta de caneta para circular algo na página e, em seguida, use-a para sublinhar algum texto.

8. Na barra de ferramentas de anotação, clique no botão **Adicionar uma anotação digitada**. Clique na página Web ao lado do círculo que você desenhou na etapa 7 e insira **Boa ideia!** na janela de anotação que aparece.

9. Na barra de ferramentas de anotação, clique no botão **Borracha**. Depois arraste a borracha por qualquer direção sobre o sublinhado que você desenhou na etapa 7 para apagá-lo. Observe que ao arrastar a borracha por qualquer direção sobre a linha faz com que toda a linha seja apagada.

10. Faça testes com outras técnicas de anotação. Quando terminar, clique no botão **Compartilhar Anotação Web** perto da extremidade direita da barra de ferramentas de anotação para exibir o painel **Compartilhar** e os aplicativos que você pode usar para compartilhar a página Web.

11. Perto da parte superior do painel **Compartilhar**, clique no nome da página Web e, depois, clique em **Captura de tela** para exibir os aplicativos que você pode usar para compartilhar uma captura de tela da página Web.

12. Compartilhe a página Web ou uma captura de tela da página Web usando uma das opções disponíveis.

13. Saia da barra de ferramentas de anotação.

14. Na barra de ferramentas do Edge, clique no botão **Adicionar aos favoritos ou à lista de leitura**. Salve a página atual na lista de leitura do Edge.

CAPÍTULO 5   Navegação na Internet com segurança e eficiência   **239**

15. Na barra de ferramentas do Edge, clique no botão **Hub**. No painel **Hub**, exiba sua lista de leitura e, em seguida, exiba seu histórico de navegação. Revise a lista **Hoje** em seu histórico de navegação.

16. No menu **Mais opções**, fixe a página Web atual na Tela Inicial. Em seguida, feche a janela do navegador e localize o bloco do menu Iniciar para a página Web.

Gerencie as configurações do Edge

Realize as seguintes tarefas:

1. Inicie o navegador Edge e exiba o painel **Configurações**.

2. No painel **Configurações**, defina sua página inicial como **MSN**, **Bing** ou **Personalizado**. Se você escolher **Personalizado**, especifique uma página Web de sua escolha.

3. Sem fechar o painel **Configurações**, exiba a lista **Abrir novas guias com** e clique em uma opção de conteúdo de guia. (Escolha um conteúdo diferente do que você observou na etapa 5 da primeira tarefa prática.)

4. Exiba o painel **Configurações avançadas**, ative a exibição do botão da página inicial e, em seguida, configure este botão de modo que exiba a mesma página que você designou como sua página inicial. (Use msn.com para o MSN ou bing.com para o Bing.)

5. Clique em qualquer lugar na página Web para fechar o painel **Configurações avançadas**. Em seguida, na barra de ferramentas do Edge, clique no botão **Atualizar** para atualizar as configurações do botão **Início**.

6. Clique no botão **Início** e verifique se ele exibe a página inicial que você escolheu na etapa 2.

7. Clique no botão **Nova guia** e verifique se ele exibe o conteúdo que você escolheu na etapa 3.

8. Exiba o painel **Configurações** e localize a seção **Leitura**. Na lista **Estilo do modo de leitura**, clique em uma opção de estilo. (Escolha um estilo diferente do que você observou na etapa 12 da primeira tarefa prática.)

9. Retorne para a página Web e a exiba no modo de leitura para verificar a alteração de estilo.

10. Siga o procedimento para importar para o Edge sua lista de Favoritos de outro navegador. Se outro navegador estiver disponível, importe os favoritos para o Edge. Em seguida, exiba o painel **Hub** e verifique se sua lista de favoritos do Edge agora inclui as entradas importadas.

11. Feche a janela do navegador.

Ajuste as configurações de segurança do navegador

Realize as seguintes tarefas:

1. Inicie o navegador Edge e exiba o painel **Configurações avançadas**.

2. Perto da parte superior do painel **Configurações avançadas**, verifique se a opção de bloqueio de pop-ups está ativada.

3. Localize a seção **Privacidade e serviços** no painel. Veja e considere as configurações que você pode ajustar. Na parte inferior da seção, certifique-se de que a opção de usar o filtro SmartScreen está ativada.

4. Execute quaisquer outros procedimentos do tópico "Ajuste das configurações de segurança do navegador" deste capítulo que você achar interessante. Quando terminar, feche as janelas do navegador.

Gerencie a privacidade da navegação

Realize as seguintes tarefas:

1. Inicie o navegador Edge e exiba qualquer site no qual você entra usando credenciais. (Se você não conseguir pensar em outro site, exiba o site do OneDrive: onedrive.live.com.) Entre no site com suas credenciais.

2. Abra uma nova guia e exiba o mesmo site que você escolheu na etapa 1. Observe que o navegador reconhece suas credenciais e faz o logon.

3. No menu **Mais ações**, abra uma nova janela de navegação InPrivate. Na nova janela InPrivate, exiba o mesmo site que você escolheu na etapa 1. Observe que o logon não é feito automaticamente.

4. Feche as janelas do navegador.

Solucione problemas de navegação

Realize as seguintes tarefas:

1. Inicie o navegador Edge e exiba qualquer site.

2. No menu **Mais ações**, exiba a janela **Ferramentas de Desenvolvedor F12**. Mova ou redimensione a janela de modo que você consiga ver o site.

3. Na guia **Emulação**, escolha um navegador diferente para emular. Observe as diferenças na exibição do site.

4. Escolha um navegador que esteja em uma plataforma diferente e observe as diferenças na exibição do site.

5. Feche a janela **Ferramentas de Desenvolvedor F12**; em seguida feche a janela do navegador.

PARTE II

Dispositivos e recursos

CAPÍTULO 6
Gerenciamento de dispositivos periféricos...................... 243

CAPÍTULO 7
Gerenciamento de recursos de rede e de armazenamento......... 285

Gerenciamento de dispositivos periféricos

6

Se utiliza um computador desktop, você precisa conectar alguns dispositivos de hardware periféricos (p. ex., monitor, teclado e mouse) antes de poder utilizá-lo. Outros dispositivos periféricos comuns incluem impressoras, alto-falantes, scanners, unidades de armazenamento e de mídia externas, como unidades de DVD. Dependendo dos seus interesses e do modo como usa seu computador, pode precisar também de outros dispositivos, como microfone, webcam, leitor de impressão digital, joystick, touchpad ou mesa digitalizadora. O objetivo de todos esses dispositivos é, obviamente, tornar sua experiência no computador mais produtiva, mais prazerosa e (com sorte) mais simples.

Hoje, muita gente usa um laptop como seu computador principal em casa ou no trabalho. Os laptops têm os periféricos básicos integrados, mas também permitem que você conecte um monitor, teclado ou mouse externo, ou outros periféricos, para que a experiência se aproxime mais do ambiente desktop.

Neste capítulo, você vai trabalhar com os dispositivos externos mais comuns dos computadores: monitor, mouse, teclado, impressora, alto-falantes e microfone. No processo, vai aprender mais sobre dispositivos Plug and Play, drivers de dispositivos e portas.

Este capítulo apresenta os procedimentos relativos à instalação de periféricos, localização de informações sobre periféricos, exibição da sua área de trabalho em múltiplos vídeos, configuração de dispositivos de áudio, alteração do modo como seu mouse e teclado funcionam, e ao gerenciamento das conexões de impressoras.

Neste capítulo

- Entenda os dispositivos periféricos
- Localize as informações do dispositivo
- Exiba sua área de trabalho em múltiplos vídeos
- Configure dispositivos de áudio
- Altere o modo como o seu mouse funciona
- Altere o modo como o seu teclado funciona
- Gerencie conexões de impressoras

Arquivos de prática

Nenhum arquivo de prática será necessário para concluir as tarefas práticas deste capítulo.

Entenda os dispositivos periféricos

Dispositivos periféricos são objetos que você pode adicionar ao seu computador para estender sua funcionalidade ou potência ou para atuar como interface entre ele e usuários "humanos". Existem dois tipos gerais de dispositivos periféricos:

- **Internos** Você instala esses dispositivos dentro do gabinete do computador e provavelmente os considera parte do computador. Dispositivos internos podem ser placas de expansão ou novas unidades de disco rígido ou de DVD. Por exemplo, você poderia instalar uma placa de vídeo adicional para melhorar a capacidade gráfica do computador ou oferecer suporte para múltiplos monitores.

- **Externos** Você liga esses dispositivos ao computador conectando-os a portas no lado externo do gabinete.

Terminologia dos dispositivos periféricos

As portas são entradas no gabinete do computador através das quais diversos tipos de informações podem ser passadas. As portas estão disponíveis em diversos tipos e tamanhos e cada uma foi projetada com um fim específico. Um computador moderno típico possui uma porta VGA ou HDMI para conectar um monitor, uma porta Ethernet para conectar um cabo de rede e diversas portas USB nas quais você pode conectar uma ampla variedade de dispositivos. O computador também pode suportar conexões sem fio através de Wi-Fi, Bluetooth e ondas de rádio (normalmente usadas para teclados e mouses sem fio).

Um computador mais antigo também pode possuir uma porta de monitor DVI, portas de mouse e teclado PS/2, uma porta paralela para uma impressora ou uma porta IEEE 1394 à qual você pode conectar dispositivos de alta velocidade, como câmeras de vídeo digital. Mas você provavelmente não vai estar rodando o Windows 10 em um computador desses.

Se descobrir que não tem portas suficientes para conectar todos os dispositivos que deseja usar com seu computador, você não precisa limitar suas opções. A seguir, apresentamos três opções para expandir sua capacidade de conexão:

- **Instale portas adicionais** Você pode comprar uma placa de expansão com mais portas. Depois de desligar seu computador desktop e remover sua tampa, insira a placa em um dos slots de expansão disponíveis. Quando você ligar a máquina de novo, o Windows 10 detecta e instala as novas portas.

- **Use um hub** Você pode conectar um hub multiportas ao computador e então conectar múltiplos dispositivos ao hub, permitindo que todos os dispositivos compartilhem a mesma conexão. Os hubs estão disponíveis para conexões de rede, USB e de outros tipos.

- **Use mais dispositivos sem fio** Hoje em dia, uma versão sem fio de praticamente todos os periféricos externos que você pode querer usar está disponível no mercado. Você pode se conectar a uma impressora, scanner, fax, teclado, mouse ou disco rígido sem usar cabos. Você pode escutar áudio e usar um microfone sem plugar nada no computador.

Instale dispositivos periféricos

Instalar um novo dispositivo periférico geralmente é fácil e intuitivo, pois a maior parte deles hoje é *Plug and Play*, ou seja, eles literalmente podem começar a ser usados imediatamente depois de conectados ao computador. Os dispositivos Plug and Play incluem impressoras, unidades de disco rígido externas, unidades flash, leitores de impressão digital, leitores de cartão inteligente e câmeras, entre muitos outros.

Quando você conecta um dispositivo ao computador, o Windows 10 identifica o dispositivo e busca em seu banco de dados de drivers de dispositivos o driver apropriado.

Os drivers de dispositivo são arquivos que permitem que o Windows se comunique com o seu dispositivo. Os drivers podem ser específicos a um dispositivo individual ou a uma família deles (por exemplo, todas as impressoras HP LaserJet) e muitas vezes, são específicos de uma determinada versão do Windows.

O Windows 10 não suporta automaticamente todos os dispositivos (sistema operacional nenhum faz isso). Às vezes, um hardware mais antigo simplesmente não é compatível, ou então o fabricante optou por não fornecer um driver para Windows 10 atualizado. Para confirmar a compatibilidade dos seus dispositivos atuais ou de um que está pensando em comprar, sempre consulte o fabricante *do dispositivo*.

Se o Windows 10 não possui o driver atual do dispositivo, ele pede que você forneça o driver, que pode estar contido em um disco de instalação fornecido pelo fabricante. O Windows também pode procurar o driver na Internet ou você pode visitar o site do fabricante do dispositivo.

> **DICA** Se o seu dispositivo é compatível com o Windows 10, permitir que o sistema operacional procure os drivers online é sempre a maneira mais rápida e mais fácil de obtê-los.

Alguns dispositivos são fornecidos com software que você pode instalar para aproveitar ao máximo suas capacidades. Por exemplo, você pode conectar uma impressora/scanner/copiadora all-in-one ao computador para poder imprimir, mandar faxes e fazer cópias sem instalar nenhum software adicional. Contudo, para escanear documentos e transformá-los em arquivos eletrônicos, pode ser necessário instalar o software fornecido junto com o dispositivo.

Localize as informações do dispositivo

Você pode exibir informações sobre os dispositivos conectados ao seu computador a partir da página Dispositivos da janela Configurações. Nessa página, o Windows 10 exibe informações sobre impressoras, scanners, projetores, mouse ou touchpad, teclado, dispositivos Bluetooth e USB e outros dispositivos conectados ao computador.

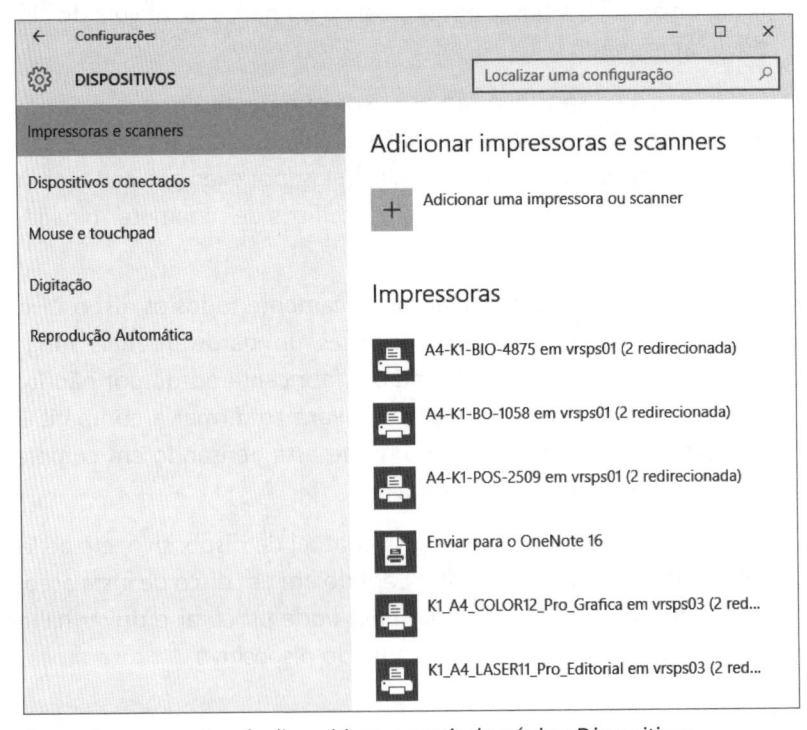

Gerencie as conexões de dispositivos a partir da página Dispositivos

As informações disponíveis nessa página são específicas ao hardware e aos periféricos conectados ao seu computador diretamente ou através de uma rede.

> **CONSULTE TAMBÉM** As conexões de monitores são administradas a partir da página Sistema da janela Configurações. Para informações sobre monitores, consulte "Personalize as configurações de exibição do dispositivo", no Capítulo 9, e "Exiba sua área de trabalho em múltiplos vídeos" posteriormente neste capítulo.

Aumente sua memória

Se deseja fazer um upgrade na memória do seu computador, você não precisa necessariamente instalar memória RAM adicional fisicamente no gabinete. O recurso Windows ReadyBoost permite que seu computador use uma unidade flash USB qualificada como dispositivo de expansão de memória.

Para otimizar o desempenho, utilize uma unidade USB (também chamada de pendrive) com espaço disponível igual a pelo menos o dobro da memória instalada no seu computador, mas preferencialmente quatro vezes mais. Você pode usar até oito dispositivos de memória flash sincronizados (totalizando 256 gigabytes [GB] de memória) em um computador, desde que tenha portas suficientes.

É fácil de usar o ReadyBoost. Insira a unidade USB em uma porta USB, clique com o botão direito do mouse no Explorador de Arquivos e clique em propriedades. Na guia ReadyBoost da caixa de diálogo Propriedades, o Windows sugere quanto da memória da unidade flash você pode dedicar ao ReadyBoost e então você seleciona a quantidade que deseja usar.

Quando o ReadyBoost está habilitado, o Windows 10 cria um arquivo chamado ReadyBoost.sfcache na raiz do dispositivo de memória flash.

DICA Para usar mais de 4 GB em uma única unidade flash, é preciso formatá-la com o sistema de arquivos NTFS.

Se uma ou mais unidades de estado sólido (SSDs) estiverem conectadas ao seu computador, o ReadyBoost pode estar indisponível, pois algumas unidades de estado sólido são mais rápidas do que os dispositivos de memória flash e provavelmente não conseguiriam se beneficiar do ReadyBoost.

Para adicionar dispositivos ao sistema, clique no botão Adicionar no topo do painel de configurações apropriado e siga os passos descritos no assistente para instalar os drivers de dispositivo compatíveis no seu computador. Para remover a conexão com o dispositivo, clique nele na lista e então clique em Remover Dispositivo. Essa ação não deleta os drivers do dispositivo do seu computador, então caso readicione o dispositivo posteriormente, o processo será um pouco mais simples.

Adicionar ou remover um dispositivo significa mais do que ele estar fisicamente conectado ou disponível por uma conexão sem fio; significa que o Windows confirmou que os drivers estão corretos e que é possível se comunicar com o dispositivo. Na verdade, você está adicionando-o a uma lista de dispositivos disponíveis exibidos quando escolhe fazer algo que exija aquele dispositivo. Por exemplo, quando a caixa de diálogo Imprimir é exibida, todas as impressoras disponíveis são listadas para que você escolha a que deseja. Quando remove o dispositivo, você está apenas removendo-o dessa lista.

Quando um dispositivo não está funcionando corretamente, é possível obter informações sobre ele e seus drivers, e muitas vezes solucionar o problema, na janela Gerenciador de Dispositivos.

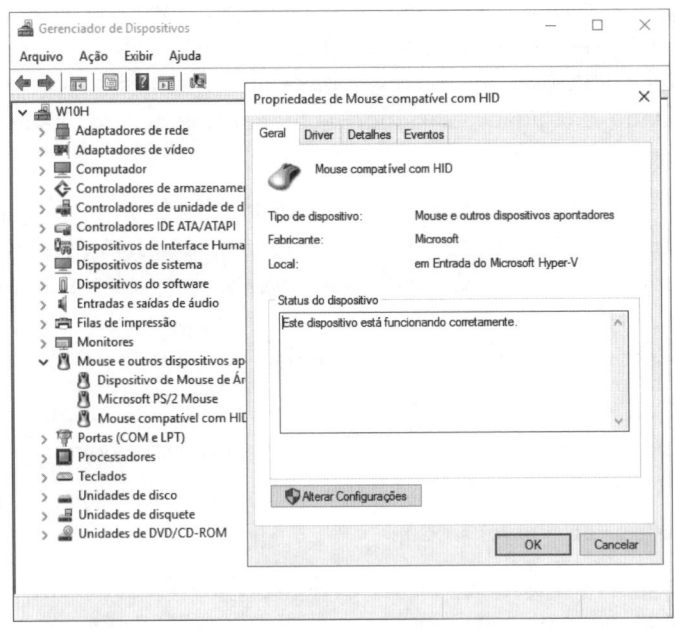

Informações sobre os dispositivos internos e externos instalados no seu computador estão disponíveis na janela Gerenciador de Dispositivos

Você pode clicar duas vezes em qualquer dispositivo para exibir sua caixa de diálogo Propriedades, na qual pode explorar informações detalhadas sobre qualquer dispositivo.

CAPÍTULO 6   Gerenciamento de dispositivos periféricos   **249**

Você também pode exibir informações sobre o hardware, software e componentes que formam o sistema do seu computador na janela Informações do Sistema.

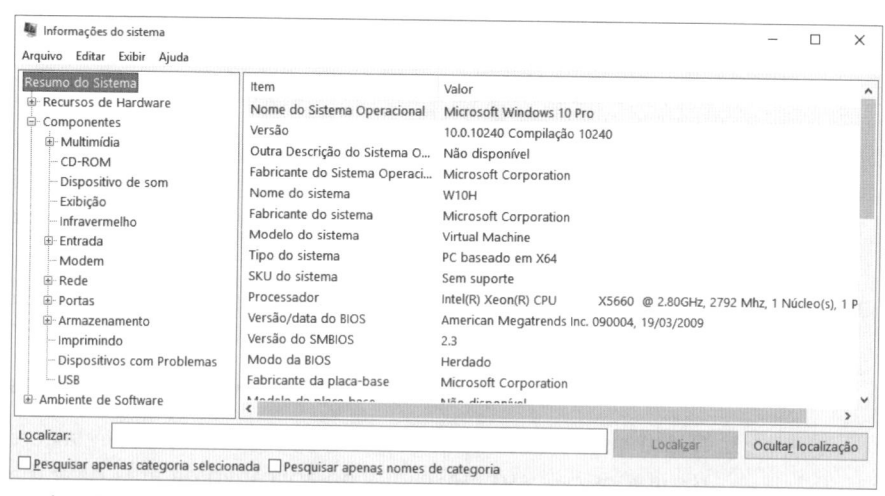

Você pode pesquisar Informações do Sistema sobre componentes específicos

Para exibir a janela Configurações

1. Clique no botão **Iniciar** e então clique em **Configurações** no menu.

> ✓ **DICA**   Quando a janela Configurações é aberta, seu ícone é exibido na barra de tarefas. Para que seja mais fácil abrir essa janela no futuro, você pode clicar com o botão direito do mouse no ícone, apontar para Mais e clicar em Fixar na barra de tarefas.

Para exibir informações sobre dispositivos instalados

1. Siga um dos passos a seguir para iniciar o Gerenciador de Dispositivos:

   - Clique com o botão direito do mouse no botão **Iniciar** e então, no menu **Link Rápido**, clique em **Gerenciador de Dispositivos**.

   - Na janela **Configurações**, clique em **Dispositivos**. Na parte inferior do painel **Impressoras e scanners**, clique em **Gerenciador de Dispositivos**.

> ✓ **DICA**   Existem várias maneiras de fazer quase qualquer coisa no Windows 10. Nestes procedimentos, tentamos apresentar diversas abordagens, mas você deve estar sempre livre para explorar cada abordagem ao máximo por conta própria.

2. Na janela **Gerenciador de Dispositivos**, expanda qualquer categoria para exibir os dispositivos daquela categoria que estão instalados no seu computador.

3. Para exibir informações sobre um dispositivo específico, clique duas vezes no dispositivo (ou clique com o botão direito do mouse e então clique em **Propriedades**).

> ⚠️ **IMPORTANTE** Não altere nenhuma dessas configurações a menos que tenha a experiência necessária para saber quais serão as consequências da mudança.

Para exibir informações sobre hardware, software e componentes

1. Digite sistema na caixa de pesquisa da barra de tarefas e então, nos resultados da pesquisa, clique no aplicativo da área de trabalho **Informações do Sistema**.

2. Na janela **Informações do Sistema**, expanda qualquer categoria para exibir informações sobre os componentes de sistema que estão instalados no seu computador.

Exiba sua área de trabalho em múltiplos vídeos

Um computador básico inclui um monitor que exibe sua área de trabalho do Windows, suficiente para muitas experiências de uso. Contudo, em algumas situações, pode ser conveniente, até necessário, estender sua área de trabalho para múltiplos monitores ou duplicá-la para um vídeo secundário (como um monitor ou projetor de vídeo). É fácil adicionar um, dois ou mais monitores ou outros dispositivos de vídeo ao seu computador.

Para conectar múltiplos dispositivos de vídeo ao seu computador com Windows 10, este deve possuir um número adequado de portas, o que é possível com o uso de múltiplas placas de vídeo, um placa de vídeo multiportas ou portas USB. O Windows 10 também suporta o Miracast, uma tecnologia sem fio com a qual você pode projetar a imagem da tela do seu dispositivo com Windows 10 para um monitor, projetor ou outro dispositivo que também suporte o Miracast. O Miracast utiliza uma conexão sem fio ponto a ponto baseada na tecnologia Wi-Fi Direct (WiDi). O Miracast não exige o uso de uma rede sem fio e não consome a largura de banda da sua rede.

> ⚠️ **IMPORTANTE** WiDi é um produto da Intel e exige placas de rede e de vídeo Intel ou compatíveis. Para verificar a compatibilidade do seu sistema, instale a ferramenta Intel WiDi Update a partir do endereço *supportkb.intel.com/wireless/wireless-display/templates/selfservice/intelwidi/#portal/1026/article/16168*.

Você pode conectar tantos dispositivos de vídeo quantas forem as portas que tiver disponíveis. Você pode conectar os vídeos ao computador usando um cabo com os conectores de porta apropriados ou, se estiver usando o Miracast, por uma conexão sem fio. Se não tiver um cabo com conectores que correspondam às portas, você pode usar um adaptador para conseguir usar o conector na porta desejada.

Quando conecta fisicamente um dispositivo de vídeo secundário ao computador, o Windows 10 detecta o dispositivo e, caso o seu computador já possua os drivers necessários, estende automaticamente a área de trabalho para o dispositivo de vídeo recém-conectado.

Após conectar o dispositivo de vídeo, você pode alterar o modo como o Windows exibe informações nos dispositivos. As opções incluem:

- **Duplicar os vídeos** O mesmo conteúdo aparece em ambos os vídeos, útil quando você está fazendo uma apresentação e não está olhando para a tela (por exemplo, quando está em um pódio, virado para a plateia) ou quer ver mais de perto o conteúdo que está apresentando.

- **Estender os vídeos** Sua área de trabalho se expande para abranger ambos os vídeos. A Barra de Tarefas do Windows aparece apenas na tela designada como vídeo primário.

- **Mostrar área de trabalho apenas em** O conteúdo aparece apenas no vídeo selecionado, útil caso esteja trabalhando em um computador portátil conectado a um vídeo secundário maior.

Quando está trabalhando em um computador conectado a dois dispositivos de vídeo, o Windows designa um deles como vídeo primário e o outro como vídeo secundário. A tela de boas-vindas e a barra de tarefas aparecem automaticamente no vídeo primário, assim como a maioria das janelas de aplicativos quando abertas pela primeira vez. Você pode configurar a barra de tarefas para aparecer em um ou todos os vídeos e arrastar as janelas selecionadas entre os vídeos. Essas configurações são definidas separadamente na caixa de diálogo Propriedades da Barra de Tarefas e do Menu Iniciar.

Por padrão, o Monitor 2 aparece à direita do Monitor 1. Quando move o ponteiro do mouse horizontalmente de uma tela para a outra, esta deve sair da borda direita da tela esquerda e entrar na borda esquerda da tela direita no mesmo ponto vertical. Se os monitores não forem fisicamente do mesmo tamanho, estiverem configurados com resoluções de tela diferentes ou não estão colocadas no mesmo nível, é possível alterar o alinhamento dos vídeos de modo que o ponteiro se mova harmonicamente entre eles.

Para exibir o painel Exibição

1. Siga um destes passos:
   - Na janela **Configurações**, clique em **Sistema** e então clique em **Tela**.
   - Clique com o botão direito do mouse em uma área vazia da área de trabalho e então clique em **Configurações de exibição**.

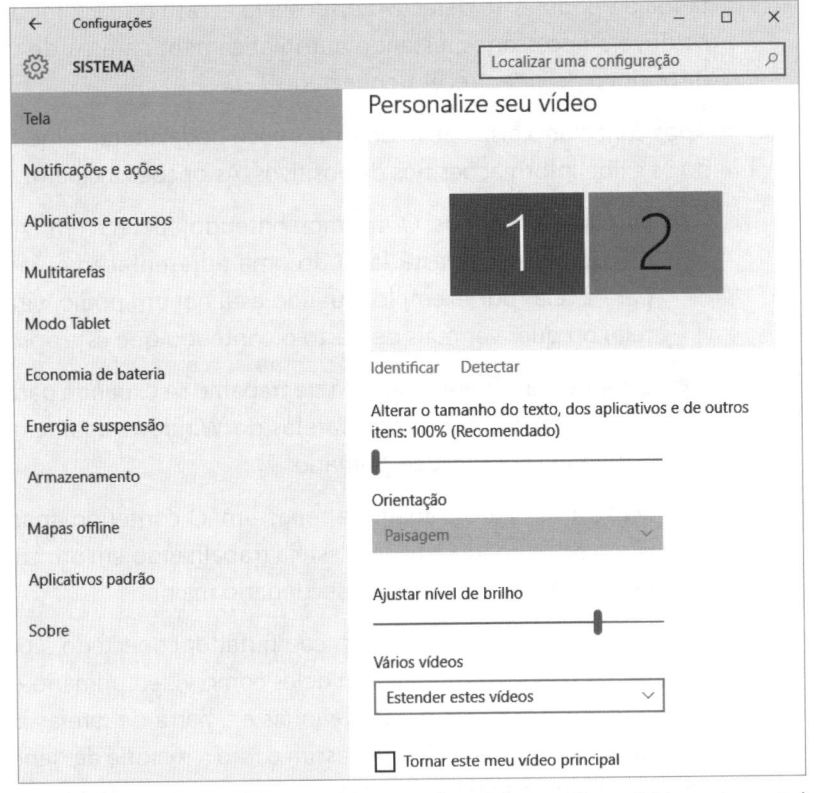

O painel Tela oferece opções para personalizar informações exibidas entre as telas

> **DICA** Se ocorre um problema técnico envolvendo a conexão entre seu computador e um monitor quando sua área de trabalho está estendida entre dois ou mais monitores, você pode se encontrar na situação de ter janelas abertas no monitor inativo. Para recuperar uma janela oculta, pressione Alt+Tab até a janela que deseja mover estar selecionada na tela exibida e então pressione Shift+Win+Seta para a Direita (ou Seta para a Esquerda) para mover a janela ativa até o próximo monitor.

Para estender ou duplicar sua área de trabalho entre múltiplos vídeos

1. No painel **Tela**, selecione uma opção da lista **Vários vídeos** (disponível apenas se um segundo vídeo está conectado) e então clique em **Aplicar**.

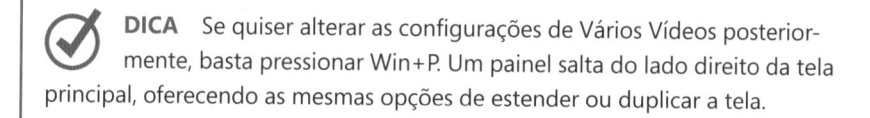

> **DICA** Se quiser alterar as configurações de Vários Vídeos posteriormente, basta pressionar Win+P. Um painel salta do lado direito da tela principal, oferecendo as mesmas opções de estender ou duplicar a tela.

Para determinar qual tela é o vídeo primário

1. Na janela **Configurações**, clique em **Sistema** e então clique em **Tela**.
2. Clique em **Identificar** para exibir ícones com o número do monitor nas telas que representam.

Para mudar qual tela é designada como sendo o vídeo primário

1. No painel **Tela**, clique no vídeo secundário.
2. Marque a caixa de seleção **Tornar este meu vídeo principal** e então clique em **Aplicar**.

Para ajustar a posição relativa dos vídeos

1. No painel **Tela**, arraste o retângulo que representa o Monitor 2 para o local que deseja em relação ao Monitor 1. Tente alinhar os retângulos dos monitores de modo que se pareçam com o alinhamento dos monitores físicos.

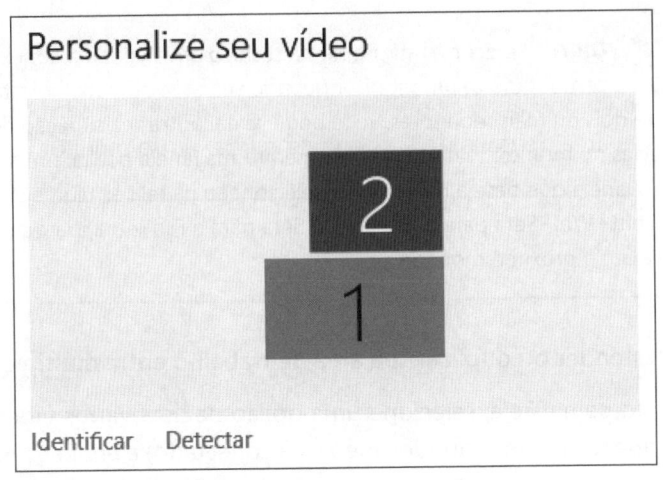

A área de visualização da janela Resolução da Tela

2. Clique em **Aplicar**.

> ✓ **DICA** Depois de reorganizar os ícones dos monitores, você pode mover o ponteiro entre as telas para decidir se os monitores estão corretamente alinhados. O ideal é que o ponteiro permaneça no mesmo plano horizontal ou vertical quando você faz isso.

> 🔍 **CONSULTE TAMBÉM** Para informações sobre como alterar a resolução do monitor e aumentar o tamanho dos elementos na tela, consulte o Capítulo 10.

Para estender sua tela para uma TV ou monitor usando uma conexão WiDi

1. Confirme que a tela remota está ligada e o *dongle* está conectado (se aplicável).
2. Na janela **Configurações**, clique em **Sistema** e então clique em **Tela**.
3. Abaixo da visualização do vídeo atual, clique em **Conectar a um vídeo sem fio**.
4. Um painel salta do lado direito da tela e exibe uma lista de dispositivos de áudio e vídeo sem fio dentro do alcance do computador. Clique duas vezes no dispositivo ao qual deseja se conectar.

5. Siga as instruções exibidas na sua tela ou na tela remota.

   A tela remota exibe uma mensagem informando que está se conectando ao computador. Depois de um tempo, a conexão sem fio é estabelecida e a área de trabalho é estendida para o outro monitor.

> **DICA** As extensões de tela sem fio não são feitas automaticamente, então é preciso um pouco mais de esforço do que de costume para estabelecê-las inicialmente e elas precisam ser restabelecidas todas as vezes que você reinicia o computador. (As conexões com fio são armazenadas com as configurações anteriores todas as vezes que você reinicia o computador.) Após configurar a conexão, você pode personalizar as configurações de vídeo.

Para especificar a posição da barra de tarefas em múltiplos vídeos

1. Clique com o botão direito do mouse em uma área vazia da barra de tarefas e então clique em **Propriedades**. Quando você tem múltiplos vídeos conectados ao computador, a guia Barra de Tarefas da caixa de diálogo Propriedades da Barra de Tarefas e do Menu Iniciar inclui uma seção Vários Vídeos.

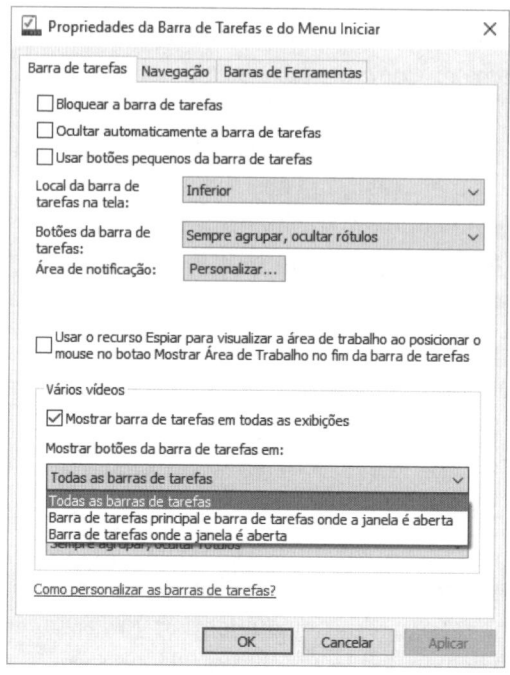

Você pode escolher onde exibir os botões da barra de tarefas quando usa múltiplos monitores

2. Na seção **Vários vídeos**, siga um destes passos:
   - Se deseja estender a barra de tarefas entre as telas, marque a caixa de seleção **Mostrar barra de tarefas em todas as exibições**.
   - Na lista **Mostrar botões da barra de tarefas em**, clique no local onde deseja exibir o conteúdo de trabalho da barra de tarefas.
3. Clique em **Aplicar** ou **OK** para implementar as mudanças.

Expanda seu computador portátil com dispositivos periféricos

Computadores portáteis (como laptops, notebooks e tablets), são úteis quando você quer ser capaz de ir de um lado para o outro com seu computador, seja de uma sala para a outra, de casa para o escritório ou de cidade em cidade.

Apesar de alguns computadores portáteis serem máquinas rápidas e terem discos rígidos de alta capacidade, pode ser preciso lidar com um monitor menor, um teclado menor e um touchpad ou caneta em vez de um mouse padrão. Muitos laptops "ultraportáteis" sequer têm unidades internas de CD ou DVD.

Carregar consigo um monitor normal, um teclado e um mouse quando está viajando com seu computador portátil não é sempre conveniente, mas adicionar periféricos de tamanho normal é uma excelente maneira de melhorar sua experiência quando está utilizando um computador portátil no escritório ou em casa. Se você usa um computador portátil para melhorar a transição entre o trabalho no escritório e em casa, você pode ter um monitor, teclado e mouse em cada local a um preço relativamente acessível. Com isso, você tem o melhor de dois mundos: computação móvel e um sistema do tamanho que deseja.

Em vez de conectar seus dispositivos de hardware ao computador portátil através de uma porta USB ou por uma conexão sem fio, você poderia conectar os dispositivos a uma base de encaixe ou hub USB e então conectar seu computador sempre que desejar utilizá-los.

Quando liga um monitor externo ao seu computador portátil, é possível que primeiro você veja o mesmo vídeo em ambos os monitores ou que o vídeo apareça apenas no monitor do computador portátil. Para alterar qual monitor exibe sua área de trabalho, use as técnicas descritas em "Para mudar qual tela é designada como sendo o vídeo primário" anteriormente neste capítulo.

Configure dispositivos de áudio

Os computadores não são mais dispositivos usados principalmente para produzir documentos comerciais tradicionais, como cartas, relatórios e planilhas. Computadores podem ser usados para atividades multimídia, como ouvir música, assistir filmes ou jogar, e também é possível criar documentos com sons, como vídeos e apresentações. Mesmo que você provavelmente não vá trabalhar com arquivos desse tipo, sua produtividade será prejudicada se não puder escutar os efeitos sonoros usados pelo Windows 10 para alertá-lo sobre eventos como a chegada de mensagens de email na sua caixa de entrada. E você vai precisar de alto-falantes e um microfone se quiser participar de videochamadas ou usar seu computador para fazer ligações telefônicas.

Em geral, os computadores estão equipados com placas de som e muitos possuem alto-falantes integrados para que você possa escutar música ou outros áudios, além de microfones para se comunicar através dele. Alguns monitores possuem alto-falantes integrados, mas também é possível instalar alto-falantes externos. Caso queira ouvir a saída de áudio em privacidade, você pode conectar fones de ouvido diretamente no computador.

Se deseja usar dispositivos de saída e entrada de áudio externos, você pode conectá-los ao computador através dos conectores de áudio, portas USB ou conexões Bluetooth ou sem fio. Os microfones USB normalmente produzem um áudio mais limpo, pois o processamento ocorre externamente ao PC, de modo que o som sofre menos interferência eletrônica. Isso é especialmente importante para a conversão de texto em fala.

Os computadores desktop têm conectores de saída de áudio (geralmente na traseira do gabinete) e também podem ter conectores exclusivos para fones de ouvido (na frente ou na traseira do gabinete). Os laptops têm conectores de fones de ouvido e de microfone ou, em casos raros, um único conector tanto para a entrada quanto para a saída.

> **DICA** O conector de saída de áudio pode ser indicado por um pequeno ícone de alto-falante, um símbolo de seta ou as palavras "Audio" ou "Audio/Out".
>
> Em gabinetes de computadores desktop com codificação por cores padrão para os componentes, o conector de saída de áudio é verde-claro, o conector de microfone é laranja-claro e o conector de entrada de áudio é rosa. Essa codificação simplifica o processo de identificar os conectores corretos. Alguns cabos de conexão de dispositivos de áudio são codificados da mesma maneira.

Com a evolução rápida da comunicação via Internet, do vídeo digital e das tecnologias de conversão de fala em texto, os microfones são cada vez mais usados em computadores domésticos e corporativos. Os microfones estão disponíveis em diversos tipos, incluindo:

- Microfones de pedestal
- Fones de ouvido com microfones embutidos que permitem uma comunicação mais privada e qualidade de gravação consistente
- Microfones boom com um único fone de ouvido

Se você vai gravar bastante áudio de fala ou vai usar o recurso de Reconhecimento de Fala do Windows (não disponível em português no momento da produção deste livro), considere investir em um microfone de alta qualidade. Para obter a melhor qualidade de som possível, é essencial que você escolha o tipo de microfone que melhor se adapta às suas necessidades. Os fones de ouvido e microfones boom mantêm uma distância constante entre o microfone e a sua boca, o que ajuda a manter um nível de som mais consistente do que os microfones fixos.

O recurso de Reconhecimento de Fala do Windows 10 inclui um mecanismo de reconhecimento de fala razoavelmente bom. Depois de configurar o reconhecimento de fala, você pode usá-lo para controlar seu computador e inserir texto na maioria dos aplicativos nos quais normalmente digitaria. O Windows 10 também utiliza a Cortana (não disponível em português no momento da produção deste livro), um serviço projetado para ser seu novo assistente digital e capaz de responder a instruções de voz.

> **CONSULTE TAMBÉM** Para informações sobre como configurar seu computador Windows 10 para reconhecimento de fala, consulte "Gerencie configurações de fala" no Capítulo 9.

Quando conecta um dispositivo de áudio ao seu computador Windows 10, pode aparecer uma notificação rápida que depois fica armazenada com as outras notificações na Central de Ações.

Pode aparecer uma notificação quando você conecta ou remove um dispositivo de áudio analógico

CAPÍTULO 6   Gerenciamento de dispositivos periféricos   259

Para alternar entre dispositivos de reprodução de áudio

1. Na área de notificação da barra de tarefas, clique com o botão direito do mouse no ícone **Som** (rotulado com um alto-falante) e então clique em **Dispositivos de reprodução** para exibir a guia Reprodução da caixa de diálogo Som.

Você pode acessar os alto-falantes para gerenciar suas configurações na guia Reprodução da caixa de diálogo Som

2. Clique nos alto-falantes, fones de ouvido ou outro dispositivo de reprodução que deseja usar e então clique em **Definir Padrão**.

Para gerenciar as configurações do dispositivo de reprodução de áudio

1. Na guia **Reprodução** da caixa de diálogo **Som**, clique no dispositivo que deseja gerenciar e então clique em **Propriedades** para exibir as configurações que deseja ajustar manualmente.

Ou

1. Na guia **Reprodução** da caixa de diálogo **Som**, clique no dispositivo que deseja gerenciar e então clique em **Configurar** para iniciar o assistente de Configuração do Alto-Falante.

> **DICA** Uma configuração aparece duas vezes na lista caso o canal de áudio possua múltiplas opções de ajuste dos alto-falantes.

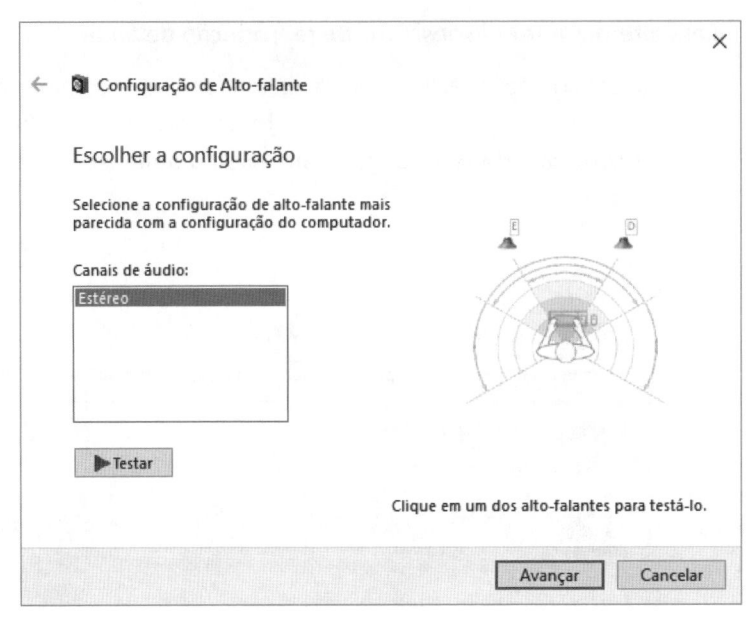

Escolha uma configuração de alto-falante e teste a saída

2. Na página **Escolher a configuração**, selecione o canal de áudio apropriado e clique em **Testar**. A seguir, clique em cada alto-falante no diagrama de configuração dos alto-falantes.

   Uma imagem representando ondas sonoras aparece ao lado de cada alto-falante enquanto o assistente reproduz um som através dele. Se o som não está audível cada vez que as ondas sonoras aparecem, ou se o som é reproduzido por um alto-falante que não aquele indicado pelo assistente, confirme que os alto-falantes estão conectados corretamente e teste mais uma vez.

3. Clique em **Avançar** para exibir a página **Selecionar alto-falantes de espectro total**.

4. Em algumas configurações, os alto-falantes frontais da esquerda e da direita, ou os alto-falantes surround, são alto-falantes de espectro total (ou alto-falantes full-range) que produzem todo o espectro de áudio e incluem uma unidade subwoofer para melhorar a saída dos graves. Se a sua configuração inclui alto-falantes de espectro total, marque a caixa de seleção referente a eles. A seguir, clique em **Avançar**.

5. Na página **Configuração concluída**, clique em **Concluir** e então clique em **OK** para fechar a caixa de diálogo **Som**.

CAPÍTULO 6 Gerenciamento de dispositivos periféricos   261

Para alternar entre dispositivos de gravação de áudio

1. Na área de notificação da barra de tarefas, clique com o botão direito do mouse no ícone **Som** e então clique em **Dispositivos de gravação** para exibir a guia Gravação da caixa de diálogo **Som**.

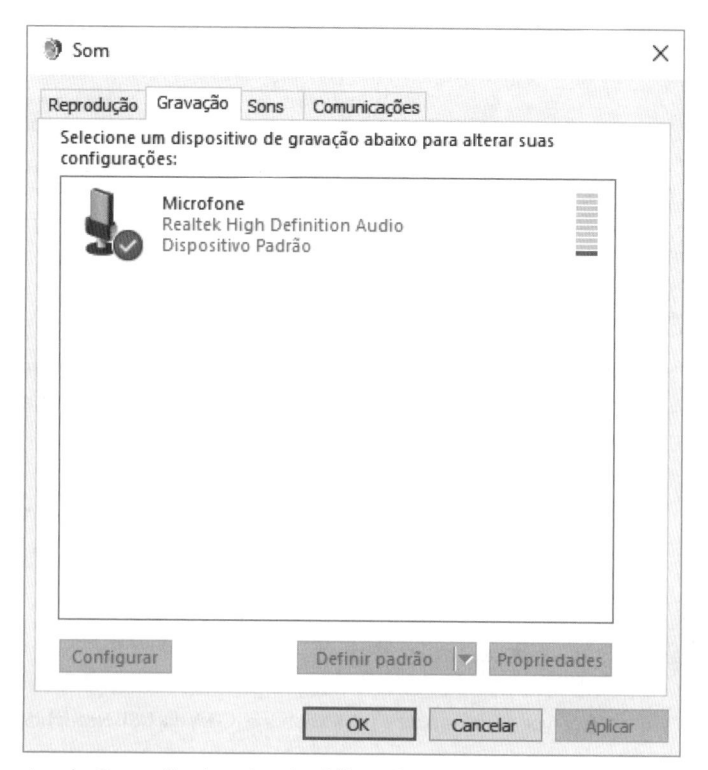

A guia Gravação da caixa de diálogo Som mostra todos os dispositivos de entrada de áudio que podem estar conectados ao computador.

2. Clique no microfone, fone de ouvido ou outro dispositivo de gravação que deseja usar e então clique em **Definir Padrão**.

Para gerenciar as configurações do dispositivo de reprodução de áudio

1. Na guia **Reprodução** da caixa de diálogo **Som**, clique no dispositivo que deseja gerenciar e então clique em **Propriedades** para exibir as configurações que deseja ajustar manualmente.

Ou

1. Na guia **Reprodução** da caixa de diálogo **Som**, clique no dispositivo que deseja gerenciar e então clique em **Configurar** para abrir a janela Reconhecimento de Fala do Painel de Controle. (Obs.: recurso não disponível em português no momento de produção deste livro.)

PARTE II Dispositivos e recursos

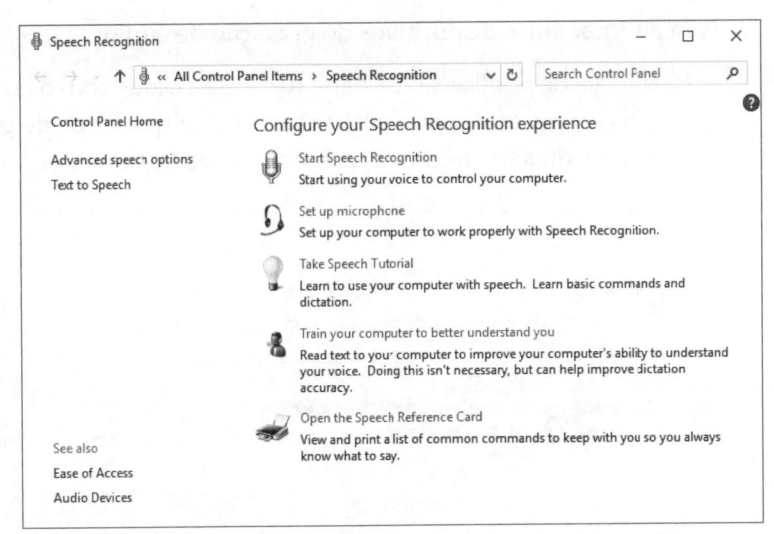

Na janela Reconhecimento de Fala, é possível configurar o Windows 10 para aceitar e reconhecer entradas de áudio. (Recurso não disponível em português no momento de produção deste livro.)

2. Na janela **Reconhecimento de Fala**, clique em **Configurar microfone** para iniciar o assistente de Configuração do Microfone.

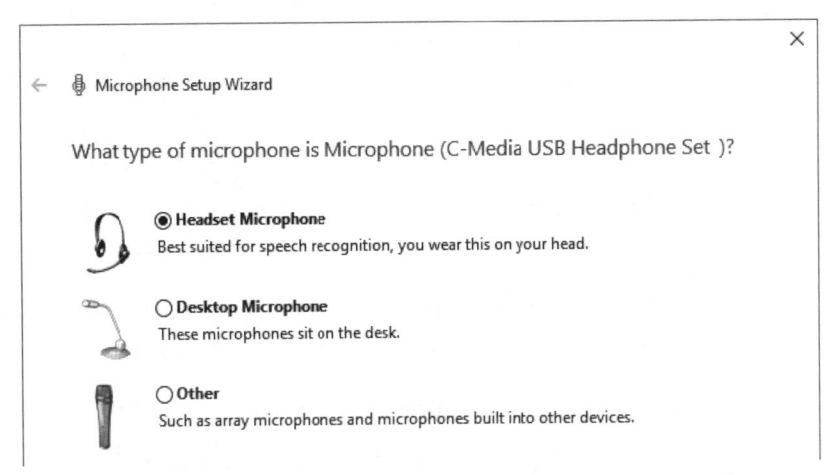

O assistente de configuração do microfone orienta o processo de configurar um microfone. (Recurso não disponível em português no momento de produção deste livro.)

CAPÍTULO 6   Gerenciamento de dispositivos periféricos   263

3. Selecione o tipo de microfone que está utilizando e então clique em **Avançar**.

4. Na página **Configure seu microfone**, siga as instruções para posicionar corretamente o microfone e então clique em **Avançar**.

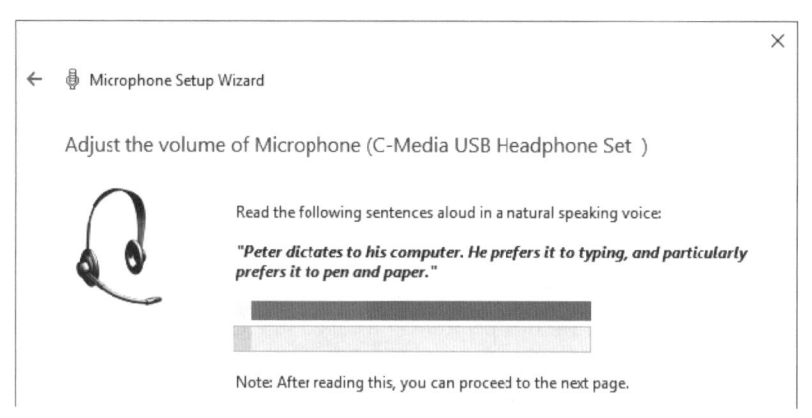

```
←  🎤  Microphone Setup Wizard

    Adjust the volume of Microphone (C-Media USB Headphone Set )

              Read the following sentences aloud in a natural speaking voice:

              "Peter dictates to his computer. He prefers it to typing, and particularly
              prefers it to pen and paper."


              Note: After reading this, you can proceed to the next page.
```

Você pode ditar uma passagem para ajustar as configurações do microfone ao seu volume de voz natural. (Recurso não disponível em português no momento de produção deste livro.)

5. Na página **Ajustar o volume**, leia o parágrafo de teste do microfone em voz alta, usando sua voz de fala normal. Se quiser se divertir, você pode tentar cantar um trechinho da sua canção favorita! Qualquer entrada de áudio produzida no volume que você normalmente usará com o microfone funciona.

   Enquanto fala (ou canta), o medidor de volume se move, respondendo à sua voz.

   > ✓ **DICA** Se o medidor de volume não se move, seu microfone pode estar conectado incorretamente, ter um defeito ou ser incompatível com seu computador. Se isso acontecer, aproxime o microfone da sua boca e fale bem alto. Se o medidor de gravação se mover um pouquinho, a conexão está boa e o problema é a compatibilidade entre o microfone e o computador. Pode ser possível resolver o problema com o download de novos drivers de dispositivo no site do fabricante do microfone, mas talvez seja mais simples substituir o microfone.

6. Quando terminar de ler o parágrafo, clique em **Avançar**.

Se o assistente não mediu a entrada como tendo a qualidade necessária para uso regular, ele exibe uma mensagem e lhe dá a oportunidade de voltar à página Ajustar o Volume e repetir a amostra de entrada.

7. Se parecer necessário repetir a amostra de entrada, é isso que você deve fazer. Quando estiver satisfeito com os resultados, clique em **Avançar** em cada página até o assistente confirmar que o microfone está configurado. Na última página do assistente, clique em **Concluir**.

Altere o modo como o seu mouse funciona

No início, o mouse era apenas uma casca com um botão clicável e uma bola de borracha na parte de baixo que correlacionava os movimentos do dispositivo com os de um ponteiro na tela. Hoje em dia, os mouses são vendidos em muitos tamanhos e formatos e empregam diversas funções, botões, rodas e métodos de conexão.

O Windows 10 oferece suporte de roda aprimorado que permite rolagem vertical suave e, em alguns mouses, rolagem horizontal. Consulte a documentação do fabricante para descobrir se o seu mouse consegue usufruir dessa tecnologia. Mesmo que não seja possível, você ainda pode personalizar as configurações do seu mouse de diversas maneiras para otimizar o modo como ele funciona no Windows.

> **DICA** Se você tem um mouse mais luxuoso, este pode ter vindo com software que você instala para estender sua funcionalidade além do que a janela Configurações e o Painel de Controle oferecem.

Você pode alterar a função realizada por cada um dos botões e da roda, caso seu mouse tenha uma, além da aparência do ponteiro em seus diversos estados e sua funcionalidade. Se quiser, você pode permitir que a aparência do ponteiro do mouse no Windows 10 seja controlada por um tema visual.

> **IMPORTANTE** Alguns mouses e teclados incluem interfaces de gerenciamento personalizadas que expandem ou substituem as configurações do Windows.

CAPÍTULO 6 Gerenciamento de dispositivos periféricos

Para configurações opções básicas de botão e roda

1. Na janela **Configurações**, clique em **Dispositivos** e então clique em **Mouse e touchpad**.

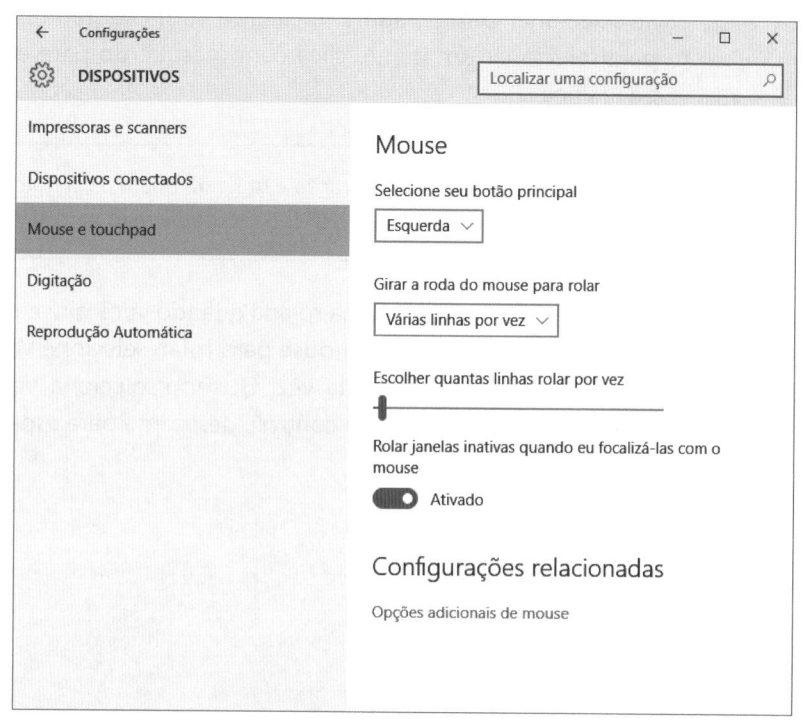

Você pode alterar o botão principal do mouse e a funcionalidade da roda

2. Defina qualquer uma das configurações a seguir:

- Para especificar a funcionalidade normal dos botões do mouse, na área **Selecione seu botão principal**, escolha **Esquerda** ou **Direita**.

Se selecionar Direita, agora você clica com o botão direito do mouse para selecionar um item e clica com o esquerdo para exibir um menu de atalhos.

> ✓ **DICA** Essa configuração é útil para quem é canhoto, machucou a mão direita ou quer trocar o mouse de mão para aliviar o pulso.

- Para configurar a distância rolada quando você gira a roda do mouse, na lista **Girar a roda do mouse para rolar**, selecione **Várias linhas por vez** ou **Uma tela de cada vez**. Quando seleciona Várias linhas por vez, você pode arrastar o controle deslizante para especificar quantas linhas rolar por vez.

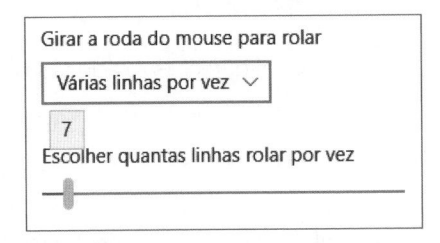

Configure o número de linhas roladas por vez

Arrastar o controle deslizante exibe o número de linhas em uma caixinha acima do controle. Esse número é aproximado e varia com a posição e a formatação do texto.

- Para rolar uma janela inativa quando aponta para ela, clique no botão de alternância **Rolar janelas inativas...** para que fique **Ativado**.

Para alterar configurações adicionais de botões do mouse

1. Na parte inferior da página **Mouse e touchpad**, clique em **Opções adicionais de mouse** para abrir a caixa de diálogo **Propriedades de Mouse**, com a guia **Botões** ativa.

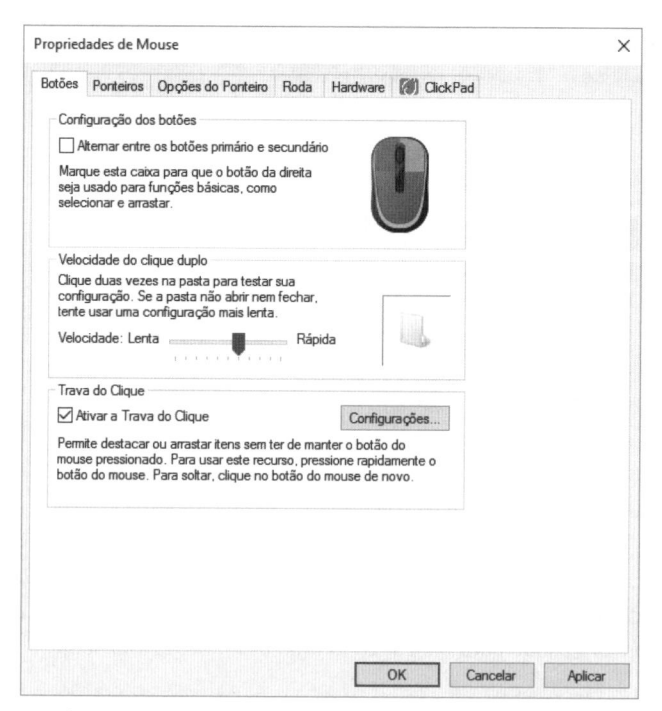

Configurações de botões do mouse no Painel de Controle

2. Siga um destes passos:

    - Teste a velocidade com a qual o Windows registra o duplo clique. A seguir, se necessário, na área **Velocidade do clique duplo**, arraste o controle deslizante **Velocidade** para ajustá-la. (Se você alterou o botão principal padrão, use o botão direito do mouse para clicar duas vezes na pasta e arrastar o controle deslizante.)

    - Para arrastar sem segurar o botão do mouse, na área **Trava do Clique**, marque a caixa de seleção **Ativar a Trava do Clique**.

3. Clique em **Aplicar** para aplicar as alterações sem fechar a caixa de diálogo ou clique em **OK** para aplicar as alterações e fechar a caixa de diálogo **Propriedades de Mouse**.

Para alterar a aparência de todo o conjunto de ponteiros do mouse

1 Na caixa de diálogo **Propriedades de Mouse**, clique na guia **Ponteiros**.

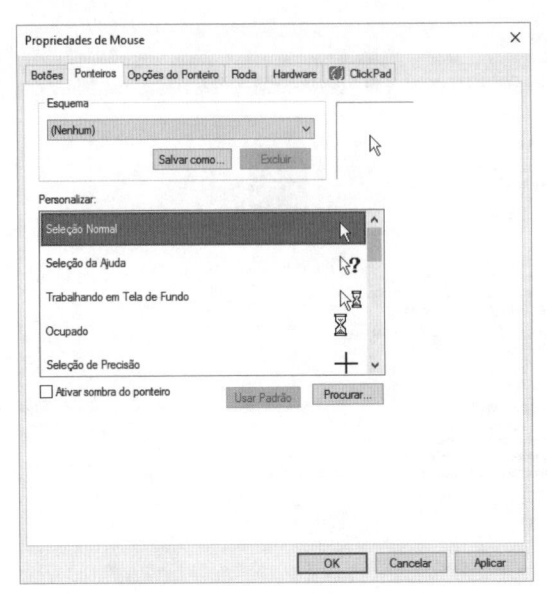

Na guia Ponteiros, você pode alterar o esquema de ponteiros, além do ícone de ponteiro usado para indicar cada uma das funções individuais

2. Na lista **Esquema**, selecione um esquema diferente para exibir o conjunto de ponteiros associado a ele.

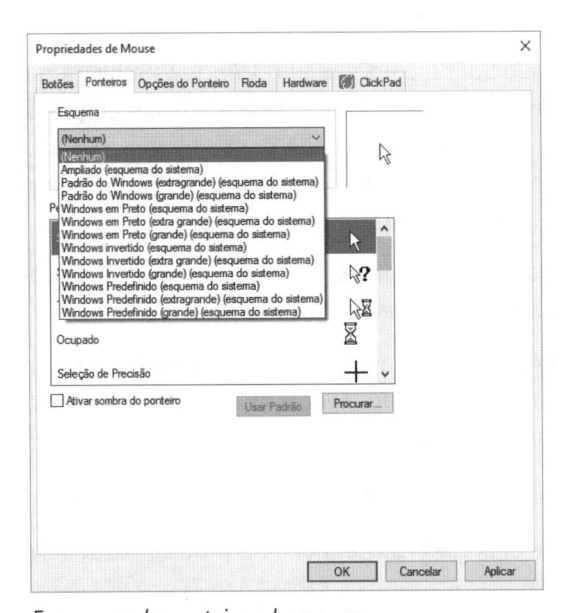

Esquemas de ponteiros do mouse

3. Clique em **Aplicar** para aplicar as alterações sem fechar a caixa de diálogo ou clique em **OK** para aplicar as alterações e fechar a caixa de diálogo Propriedades de Mouse.

CAPÍTULO 6   Gerenciamento de dispositivos periféricos   269

Para alterar um ícone de ponteiro individual

1. Na caixa de diálogo **Propriedades de Mouse**, exiba a guia **Ponteiros**.

2. Na lista **Personalizar**, clique em qualquer ícone de ponteiro e então clique em **Procurar**.

   A caixa de diálogo Procurar se abre, exibindo o conteúdo da pasta Cursors. (*Cursor* é outro nome para ponteiro.)

3. Na caixa de diálogo **Procurar**, clique duas vezes em qualquer ícone de ponteiro para substituir aquele que selecionou na lista Personalizar.

> **DICA** Você pode restaurar o ponteiro selecionado para o padrão do esquema original sempre que quiser clicando em Usar Padrão.

4. Se deseja adicionar sombreamento aos ponteiros, marque a caixa de seleção **Ativar sombra do ponteiro**.

5. Clique em **Aplicar** para aplicar as alterações sem fechar a caixa de diálogo ou clique em **OK** para aplicar as alterações e fechar a caixa de diálogo Propriedades de Mouse.

Para alterar o modo como o ponteiro do mouse funciona

1. Na caixa de diálogo **Propriedades de Mouse**, clique na guia **Opções do Ponteiro**.

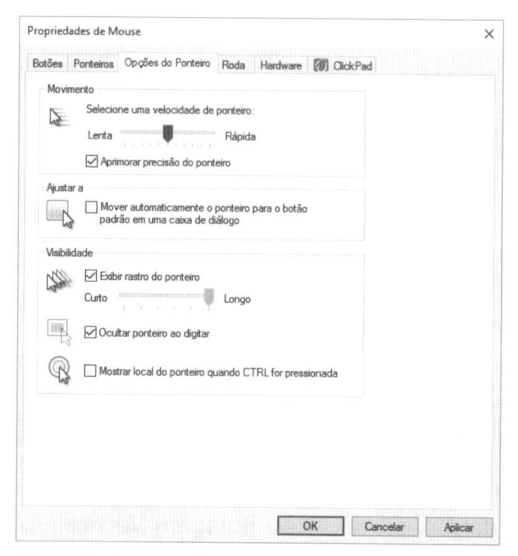

Na guia Opções do Ponteiro, você pode configurar a velocidade, movimento e visibilidade do ponteiro

2. Realize qualquer uma das alterações a seguir:

   - Para alterar a velocidade do ponteiro, na seção **Movimento**, arraste o controle deslizante.

   - Para acelerar as operações em caixas de diálogo, na seção **Ajustar a**, selecione **Mover automaticamente o ponteiro para o botão padrão em uma caixa de diálogo**.

   - Para tornar o ponteiro mais visível na tela, na seção **Visibilidade**, marque ou desmarque qualquer uma das três caixas de seleção.

3. Clique em **Aplicar** para aplicar as alterações sem fechar a caixa de diálogo ou clique em **OK** para aplicar as alterações e fechar a caixa de diálogo Propriedades de Mouse.

Para alterar o modo como a roda do mouse funciona

1. Na caixa de diálogo **Propriedades de Mouse**, clique na guia **Roda**.

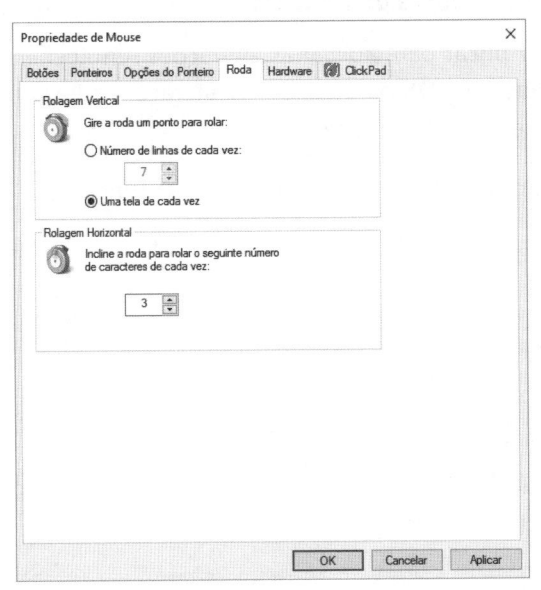

Na guia Roda, é possível ajustar a rolagem vertical e horizontal

Aqui você pode configurar a distância da rolagem da mesma forma que fez na janela Configurações. Se alterar a configuração em um local, a mudança será refletida no outro assim que abrir o segundo local.

2. Para controlar quanto a tela rolará com cada clique do botão de rolagem (roda) do mouse, na seção **Rolagem Vertical**, execute uma das ações a seguir:

- Clique em **Número de linhas de cada vez** e então insira o número ou use as setas para selecionar quantas linhas deseja rolar.

- Clique em **Uma tela de cada vez**.

> **DICA** Você pode avançar e voltar entre páginas Web visitadas pressionando a tecla Shift e então girando a roda.

3. Caso seu mouse suporte rolagem horizontal, na caixa **Incline a roda para rolar o seguinte número de caracteres de cada vez**, insira ou selecione o número de caracteres que deseja rolar horizontalmente quando inclina a roda do mouse para a direita ou para a esquerda.

4. Clique em **Aplicar** para aplicar as alterações sem fechar a caixa de diálogo ou clique em **OK** para aplicar as alterações e fechar a caixa de diálogo Propriedades de Mouse.

Altere o modo como o seu teclado funciona

Independentemente do tipo de teclado que possui, todos os teclados funcionam da mesma maneira geral: Apertar uma tecla ou combinação de teclas gera um código exclusivo que informa ao seu computador o que fazer. Pressionar uma tecla ou combinação de teclas que equivale a um comando sempre faz com que esse comando seja executado.

Você pode alterar as informações que o Windows recebe de um teclado para aquelas de outro idioma. No Capítulo 9, revisamos os procedimentos para instalar idiomas e alternar entre os teclados instalados.

No painel Digitação da página Dispositivos, você pode alterar as configurações que controlam os recursos de entrada de texto:

- **Verificação Ortográfica** Escolha se quer corrigir automaticamente as palavras com erros de ortografia e realçar as palavras com erros.

- **Digitação** Mostre sugestões de texto enquanto digita, adicione um espaço quando inserir texto sugerido e adicione um ponto quando inserir dois espaços.

- **Teclado virtual** Reproduza sons de teclas enquanto digita, transforme em maiúscula a primeira letra de cada frase, ative o Caps Lock quando tocar duas vezes na tecla Shift, adicione o layout do teclado padrão como opção de teclado virtual e exiba automaticamente o teclado virtual em aplicativos no modo de janela quando seu dispositivo não possui um teclado conectado.

Você pode configurar as opções na guia Velocidade da caixa de diálogo Propriedades de Teclado, acessada no Painel de Controle ou por pesquisa, para alterar a velocidade com a qual deve pressionar e soltar uma tecla para inserir cada caractere.

Para configurar a entrada de texto

1. Abra a janela **Configurações**.

2. Na janela **Configurações**, clique em **Dispositivos** e então clique em **Digitação** para exibir as opções de verificação ortográfica, digitação e teclado virtual.

3. Posicione cada botão de alternância como **Ativado** ou **Desativado** para deixar as configurações como deseja.

Para alterar a taxa e o intervalo de repetição das teclas

1. Exiba uma visualização de ícones do Painel de Controle e então clique em **Teclado** para abrir a caixa de diálogo Propriedades de Teclado.

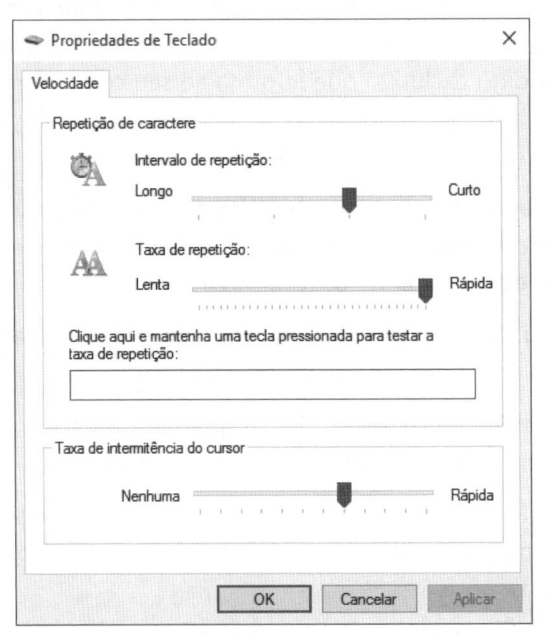

Um cursor piscante no canto inferior esquerdo informa a taxa de repetição atual do cursor

2. Para ajustar por quanto tempo você pode manter uma tecla pressionada antes do Windows repetir seu caractere, arraste o controle deslizante **Intervalo de repetição**.

3. Para ajustar a taxa à qual o Windows repete um caractere enquanto você mantém sua tecla pressionada, arraste o controle deslizante **Taxa de repetição**.

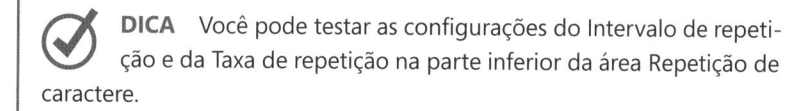

> ✓ **DICA** Você pode testar as configurações do Intervalo de repetição e da Taxa de repetição na parte inferior da área Repetição de caractere.

4. Para ajustar a velocidade com a qual o cursor pisca, arraste o controle deslizante **Taxa de intermitência do cursor**.

5. Clique em **Aplicar** ou **OK**.

Gerencie conexões de impressoras

Nas edições anteriores deste livro, tínhamos várias páginas de informações sobre como conectar impressoras ao seu computador e sobre como conectar seu computador a impressoras. A boa notícia é que as conexões de impressoras modernas são incrivelmente simples de fazer.

Se você tem apenas um computador e uma impressora, pode conectá-los diretamente, usando um cabo físico ou através da rede. Quando faz isso, o Windows procura o driver da impressora. Se tem um disco de instalação para a sua impressora, você pode instalar os drivers a partir do disco. Contudo, o disco de instalação pode conter drivers desatualizados. A opção mais confiável é deixar o Windows baixar a lista atualizada de impressoras suportadas que possuem drivers disponíveis através do Windows Update. Você pode escolher a impressora na lista e imediatamente instalar o driver mais novo. Os discos de drivers de impressoras muitas vezes incluem aplicativos de gerenciamento do dispositivo que fornecem uma interface para as informações sobre a impressora; você também pode obter essas informações inserindo o endereço IP e a porta à qual a impressora está conectada em uma janela do navegador.

Você pode gerenciar as impressoras instaladas a partir de diversos locais. O painel Impressoras e Scanners da página Dispositivos é um destes. Mais informações estão disponíveis na página Dispositivos e Impressoras, que atualmente é o melhor lugar para gerenciar as configurações de impressoras.

Sua rede pode incluir uma ou mais impressoras conectadas diretamente à rede através de uma conexão com ou sem fio, chamadas de *impressoras de rede*. As impressoras de rede não ficam conectadas a nenhum computador específico e estão disponíveis na rede sempre que estiverem ligadas.

> **CONSULTE TAMBÉM** Para informações sobre como compartilhar impressoras e outros recursos com um grupo doméstico, consulte "Compartilhe arquivos na sua rede" no Capítulo 7.

Para instalar uma impressora Plug and Play local

1. Na janela **Configurações**, clique em **Dispositivos** e então clique em **Impressoras e scanners** para exibir a página Adicionar impressoras e scanners. A seção Impressoras exibe uma lista das impressoras instaladas atualmente.

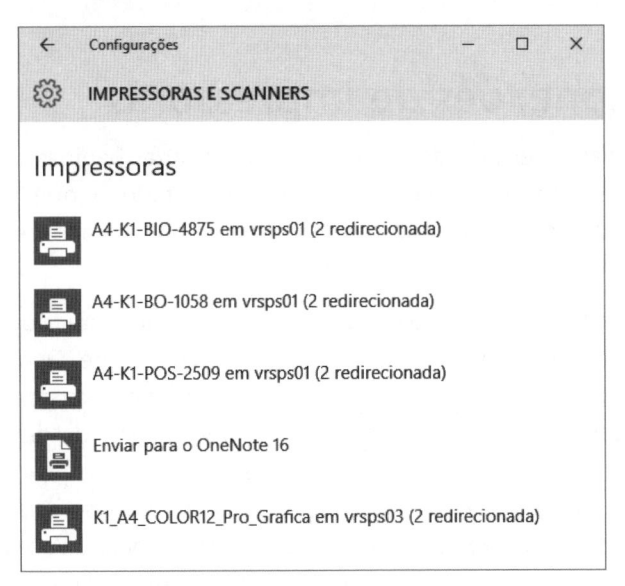

Impressoras físicas, impressoras virtuais (aquelas que imprimem em um arquivo, não no papel), serviços de impressão e serviços de fax aparecem na área Impressoras da página Impressoras e scanners

CAPÍTULO 6   Gerenciamento de dispositivos periféricos   **275**

2. Conecte a impressora à porta apropriada do seu computador.

3. Se necessário, conecte a impressora a uma tomada e ligue-a. O Windows 10 localiza a instala o driver de dispositivo apropriado enquanto mostra uma barra de progresso na área Impressoras. Se a impressora aparecer na área Impressoras da página Impressoras e scanners, isso significa que a impressora foi instalada e está pronta para ser utilizada.

> ⚠️ **IMPORTANTE** Se a impressora não for reconhecida ou os drivers não forem instalados corretamente, continue com o próximo procedimento.

Para instalar manualmente uma impressora local

1. Na janela **Configurações**, clique em **Dispositivos**.

2. No painel **Impressoras e scanners** da página **Dispositivos**, clique em **Adicionar uma impressora ou scanner**. O Windows procura impressoras disponíveis que não estejam instaladas no seu computador.

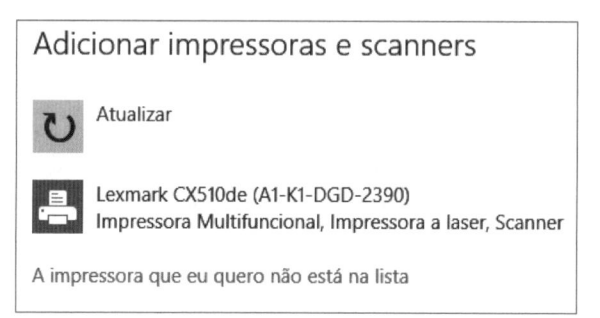

```
Adicionar impressoras e scanners

 ↻  Atualizar

 🖨  Lexmark CX510de (A1-K1-DGD-2390)
     Impressora Multifuncional, Impressora a laser, Scanner

 A impressora que eu quero não está na lista
```

As impressoras disponíveis são listadas abaixo do link para pesquisar manualmente a impressora a ser adicionada

3. Se a lista inclui a impressora que você deseja instalar, clique nela. O Windows instala a impressora como descrito no passo 3 do procedimento "Para instalar uma impressora Plug and Play local", apresentado anteriormente neste tópico.

4. Se a pesquisa não localizar a impressora que você deseja adicionar, clique em **A impressora que eu quero não está na lista** para iniciar o assistente Adicionar Impressora.

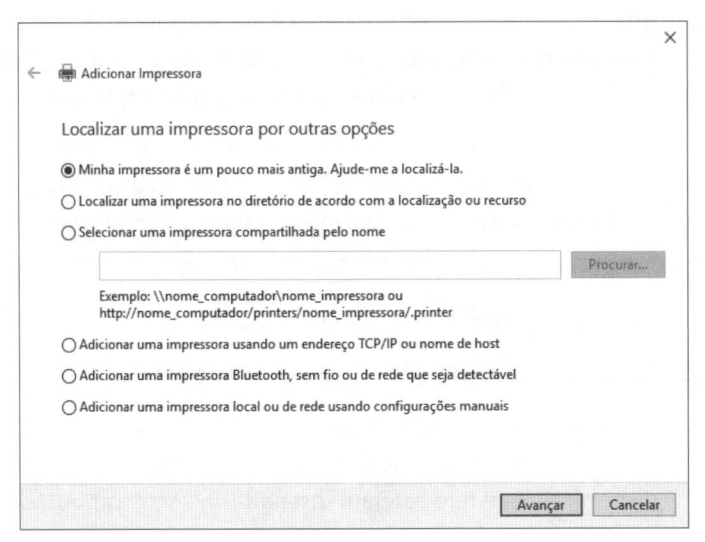

A primeira página do assistente Adicionar Impressora oferece diversas opções

> **DICA** Uma impressora conectada diretamente ao seu computador é chamada de *impressora local*. Uma impressora disponível para você através da sua rede é chamada de *impressora remota*.

5. Na primeira página do assistente **Adicionar Impressora**, clique em **Adicionar uma impressora local ou impressora de rede usando configurações manuais** e então clique **Próximo**.

6. Na página **Escolher uma porta de impressora**, selecione a porta à qual sua impressora está conectada a partir da lista **Usar uma porta existente**. Se a impressora está conectada a uma porta USB, mas não foi instalada automaticamente, escolha **USB001 (Porta de impressora virtual para USB)**. A seguir, clique em **Avançar** para exibir a página Instalar o Driver de Impressora.

> **IMPORTANTE** É provável que a porta correta já esteja selecionada. Caso o contrário, as instruções de instalação fornecidas pelo fabricante da sua impressora informarão qual porta usar. Alguns fabricantes fornecem ilustrações que ajudam a guiá-lo.

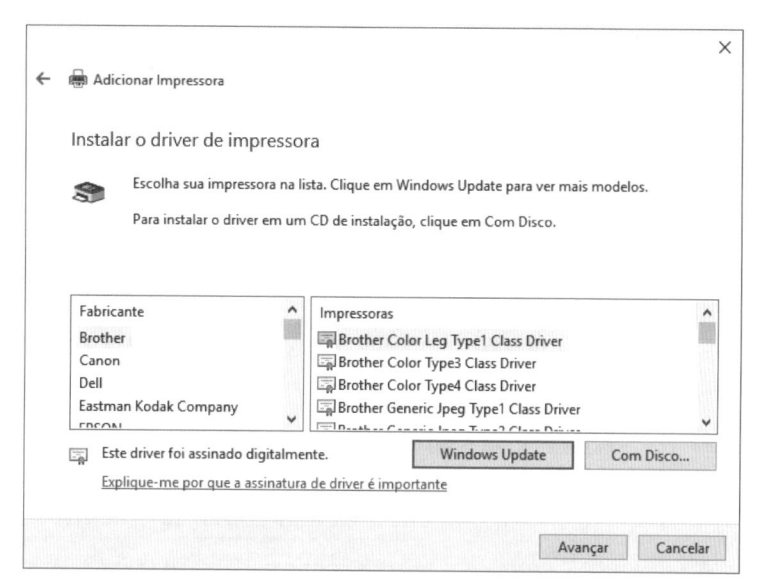

Com o assistente Adicionar impressora, você pode escolher uma impressora não Plug and Play da lista, deixar o Windows Update atualizar a lista ou instalá-la a partir do disco fornecido pelo fabricante

7. Se o modelo da sua impressora está listado, selecione-o.

    Ou

    Clique em **Windows Update**. O Windows Update recupera um conjunto atualizado de drivers de impressora para Windows 10 de seu banco de dados online e atualiza as listas Fabricante e Impressoras. Existem muitos drivers de impressora, então o processo pode demorar alguns minutos. Na lista atualizada, selecione sua impressora.

8. Clique em **Próximo** para exibir a página Digite um Nome de Impressora.

    > **IMPORTANTE** A lista Impressoras é, na verdade, uma lista de drivers, não de impressoras. Muitos drivers de impressora suportam múltiplas impressoras e as impressoras suportadas podem não estar todas na lista Impressoras. Se a lista não inclui o seu modelo de impressora específico, selecione um modelo com um nome parecido. Outra opção é fazer download dos drivers necessários do site do fabricante, voltar à página Instalar o Driver de Impressora e clicar em Tenho um Disco para instalar a impressora manualmente.

9. Na página **Digite o nome de uma impressora**, altere o nome da impressora, caso deseje, ou aceite o nome sugerido. A seguir, clique em **Avançar**.

Uma barra de progresso indica o status da instalação do driver. Quando a instalação está completa, a página Compartilhamento de Impressoras aparece.

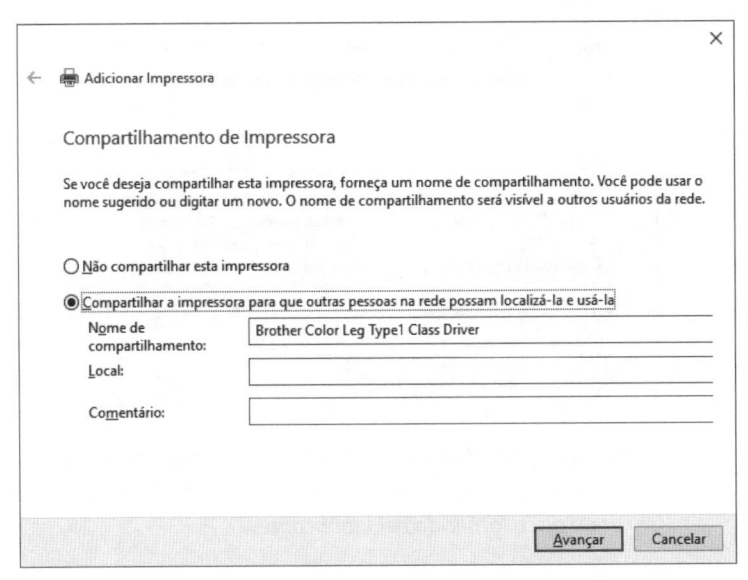

Durante o processo, o assistente Adicionar Impressora lhe dá a opção de compartilhar a impressora

10. Na página **Compartilhamento de Impressora**, clique em **Não compartilhar esta impressora**, depois clique em **Avançar**.

> **DICA** Para compartilhar uma impressora com outros usuários da rede, as configurações de Descoberta de Rede e Compartilhamento de Arquivos e Impressoras devem ser ativadas para o perfil de rede atual. Para mais informações, consulte "Compartilhe arquivos na sua rede" no Capítulo 7.

O assistente Adicionar Impressora confirma que você conseguiu adicionar a impressora. Se escolheu compartilhar a impressora, agora ela está disponível para outros usuários da rede.

11. Na última página do assistente **Adicionar Impressora**, clique em **Imprimir página de teste**.

Sua impressora pode precisar de um passo adicional ou dois neste ponto para imprimir a página. Depois que o Windows 10 envia a página de teste para a impressora, uma caixa de mensagem de confirmação aparece.

CAPÍTULO 6   Gerenciamento de dispositivos periféricos   279

12. Na caixa de mensagem de confirmação, clique em **Fechar**. A seguir, no assistente **Adicionar Impressora**, clique em **Concluir**.

Um ícone para a impressora local recém-instalada aparece na área Impressoras da janela Impressoras e scanners.

Para abrir informações sobre o status da impressora

1. Abra a página **Impressoras e Scanners** da janela **Configurações** e, na parte inferior da página, clique em **Dispositivos e impressoras**.

2. Na janela **Dispositivos e Impressoras**, clique no ícone da sua impressora.

A parte inferior da janela exibe informações sobre o status da impressora e tarefas relacionadas.

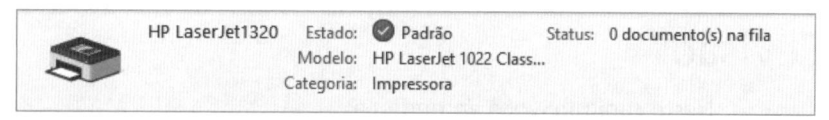

Você pode exibir as informações de status na janela Dispositivos e Impressoras

Para gerenciar uma impressora

1. Na janela **Dispositivos e Impressoras**, clique duas vezes no ícone da impressora para abrir uma janela que contém a fila de impressão. Clicando uma vez, ficará visível na parte superior da janela uma barra com opções de gerenciamento da impressora.

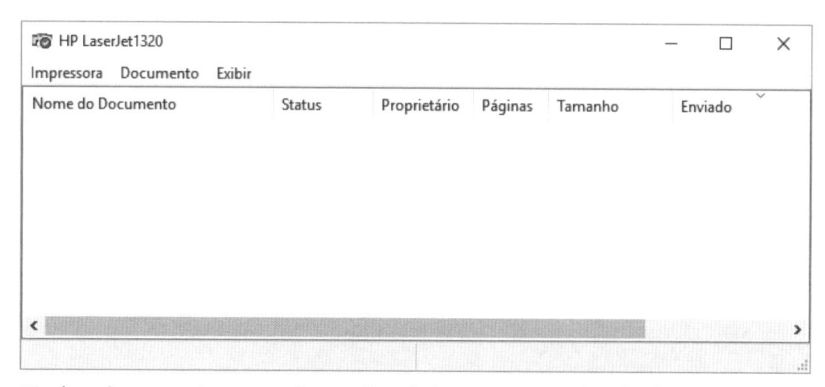

Você pode gerenciar as configurações da impressora na janela da impressora

Para desconectar um dispositivo do seu computador

1. Na janela **Configurações**, clique em **Dispositivos** e então clique na categoria do dispositivo que deseja desconectar para exibir o painel dessa categoria.

2. No painel, localize o dispositivo. Clique no dispositivo e então clique no botão **Remover dispositivo** que apareceu.

Ou

1. Na área de notificação da barra de tarefas, clique no botão **Mostrar ícones ocultos**.

2. Clique no ícone **Remover Hardware e Ejetar Mídia com Segurança** (rotulado com uma marca de seleção em um círculo verde sobre um conector USB) e então clique no dispositivo que deseja remover.

Agora você pode desconectar fisicamente o dispositivo sem deixar informações soltas ou portas abertas para trás ou danificar o dispositivo.

Revisão

Neste capítulo, você aprendeu a:

- Entender dispositivos periféricos
- Localizar as informações do dispositivo
- Exibir sua área de trabalho em múltiplos vídeos
- Configurar dispositivos de áudio
- Alterar o modo como o seu mouse funciona
- Alterar o modo como o seu teclado funciona
- Gerenciar conexões de impressoras

Impressoras virtuais

Alguns aplicativos instalam drivers de impressora que você pode usar para "imprimir" conteúdo para seu tipo de arquivo padrão. Em especial, os drivers de impressora virtual permitem que você imprima para um arquivo PDF, um arquivo de texto, um arquivo XPS ou para o Microsoft OneNote. Quando você instala um aplicativo que tem essa capacidade, ele normalmente instala o driver apropriado e adiciona a impressora virtual à lista de impressoras.

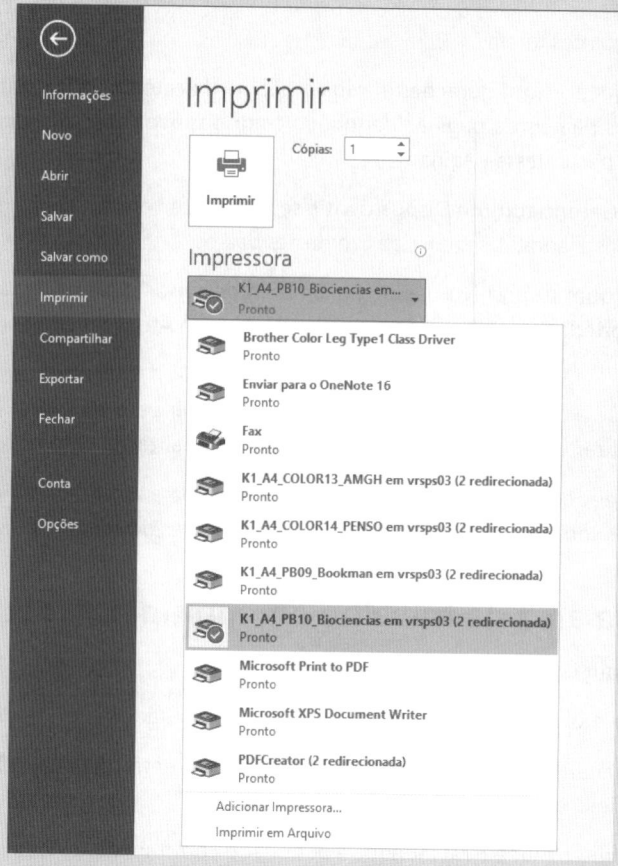

Cinco impressoras virtuais e cinco impressoras reais na lista de impressoras do Word

Você pode imprimir usando uma impressora virtual da mesma maneira que faria com uma impressora real. As impressoras virtuais estão disponíveis nos aplicativos nos mesmos locais que as outras impressoras.

Tarefas práticas

Nenhum arquivo de prática será necessário para concluir as tarefas práticas deste capítulo.

Entenda os dispositivos periféricos

Não há tarefas práticas para este tópico.

Localize as informações do dispositivo

Realize as seguintes tarefas:

1. Abra a janela **Configurações** e exiba a página da categoria **Dispositivos**. Revise todos os painéis da página. Identifique os dispositivos que você poderia configurar a partir dessa página.

2. Abra o **Gerenciador de Dispositivos** e se familiarize com as categorias de dispositivos instalados. A seguir, siga um destes passos:

   - Se algum dispositivo possui um símbolo de aviso, abra sua caixa de diálogo **Propriedades** e, na guia **Driver**, clique no botão **Atualizar Driver** para pesquisar um novo driver de dispositivo.
   - Clique em cada uma das opções no menu **Exibir** para ver outras maneiras de localizar dispositivos. A seguir, volte para a visualização Dispositivos por tipo.

3. Se quiser, abra a janela **Informações do Sistema** para localizar mais informações técnicas sobre o hardware, software e componentes do seu computador.

Exiba sua área de trabalho em múltiplos vídeos

Realize as seguintes tarefas:

1. Se tiver múltiplos vídeos conectados ao seu computador, siga um destes passos:

   - Na janela **Configurações**, clique em **Sistema** e então clique em **Tela**. No painel **Tela**, identifique os monitores por número.
   - Se quiser, mude qual monitor é designado como sendo o vídeo primário.
   - Experimente estender e duplicar o vídeo. Considere as circunstâncias nas quais poderia querer usar essas configurações.
   - Se a sua área de trabalho está estendida entre múltiplos vídeos, ajuste a posição relativa dos vídeos e então mova o cursor entre eles para observar o efeito.

- Abra a caixa de diálogo **Propriedades da Barra de Tarefas e do Menu Iniciar** e experimente cada uma das configurações da barra de tarefas para múltiplos vídeos. Escolha a que mais gosta e então clique em **OK**.

Configure dispositivos de áudio

Realize as seguintes tarefas:

1. Abra a caixa de diálogo **Som**.
2. Configure o dispositivo de reprodução que deseja usar, manualmente ou usando o assistente.
3. Configure o dispositivo de gravação que deseja usar, manualmente ou usando o assistente.

Altere o modo como o seu mouse funciona

Realize as seguintes tarefas:

1. Na janela **Configurações**, clique em **Dispositivos** e então clique em **Mouse e touchpad**. Revise as configurações que pode gerenciar nesse painel e altere-as como desejar.
2. Na parte inferior do painel **Mouse e touchpad**, clique em **Opções adicionais de mouse**. Na caixa de diálogo **Propriedades de Mouse**, revise as configurações que pode gerenciar e altere-as como desejar. A seguir, clique em **Aplicar**.
3. Compare as configurações no painel **Mouse e touchpad** com aquelas na caixa de diálogo **Propriedades de Mouse**. A seguir, feche a caixa de diálogo.

Altere o modo como o seu teclado funciona

Siga um destes passos:

1. Na janela **Configurações**, clique em **Dispositivos** e então clique em **Digitação**. Revise as configurações que pode gerenciar nesse painel e altere-as como desejar.
2. No Painel de Controle, abra a caixa de diálogo **Propriedades de Teclado**. Revise as configurações que pode gerenciar nessa caixa de diálogo e altere-as como desejar. A seguir, clique em **Aplicar**.
3. Compare as configurações no painel **Digitação** com aquelas na caixa de diálogo **Propriedades de Teclado**. A seguir, feche a caixa de diálogo.

Gerencie conexões de impressoras

Siga um destes passos:

1. Abra a janela **Dispositivos e Impressoras** e revise os dispositivos disponíveis na janela.

2. Se tem uma impressora instalada, clique no ícone da impressora para exibir opções de configuração e gerenciamento específicas da impressora. Revise as opções disponíveis e configure-as como desejar. A seguir, feche a janela.

Gerenciamento de recursos de rede e de armazenamento

7

Quando a Microsoft estava começando, Bill Gates imaginou um futuro com "um computador em cada mesa e em cada casa". Hoje, o mundo dos negócios não teria como funcionar sem computadores, e surgiram termos como "profissionais da informação" para descrever pessoas que passam a maior parte do dia trabalhando neles. Os computadores permitem que um número cada vez maior de pessoas tenha pequenos negócios bem-sucedidos com presenças significativas, maximize sua produtividade trabalhando de casa, tenha recursos de aprendizagem na ponta dos dedos (literalmente) e permaneça conectado a informações o tempo todo, em qualquer lugar.

À medida que mais aplicativos são disponibilizados como serviços online, a conexão com a Internet vai se tornando mais importante para a experiência de uso do computador. Seu computador se conecta com a Internet através de uma rede que fornece e protege a conexão. O Windows 10 usa perfis de segurança de conexão de rede para gerenciar o modo como seu computador interage com outros computadores e dispositivos na rede. Em uma rede local, você pode se conectar diretamente a outros computadores ou gerenciar a conexão através de um grupo doméstico, um grupo de segurança protegido por senha que define o compartilhamento de informações e dispositivos específicos com outros computadores que pertencem ao grupo.

Este capítulo apresenta os procedimentos relacionados a gerenciar conexões de rede, gerenciar conexões de grupos domésticos e compartilhar arquivos na sua rede.

Neste capítulo

- Gerencie conexões de rede
- Gerencie conexões de um grupo doméstico
- Compartilhe arquivos na sua rede

Arquivos de prática

Para este capítulo, use os arquivos de prática da pasta Win10PAP\Cap07. Para obter instruções sobre como baixar arquivos de prática, consulte a introdução.

Gerencie conexões de rede

Uma rede é um grupo de computadores conectados uns aos outros através de uma conexão com ou sem fio. Uma rede pode ter apenas dois computadores ou ser tão grande quanto a própria Internet. No contexto deste livro, usamos o termo "rede" para se referir principalmente à conexão entre computadores no mesmo espaço físico que estão conectados um ao outro e à Internet através de um roteador de rede.

> ⚠️ **IMPORTANTE** Este capítulo pressupõe que você está conectado a uma rede existente e funcional. O capítulo não inclui instruções sobre como montar ou configurar hardware de rede. Quando for instalar uma infraestrutura de rede, lembre-se de seguir as instruções fornecidas pelo fabricante do hardware.

Conecte-se a uma rede

Se está usando um computador desktop, você provavelmente o conectará a apenas uma rede: sua rede doméstica ou corporativa. Contudo, você pode conectar seu laptop ou dispositivos móveis a redes em diversos locais para conectá-lo à Internet: em casa, no escritório, na casa de amigos ou parentes, na biblioteca pública, em um café... até alguns paradouros em rodovias têm acesso grátis à Internet! Você não pode conectar seu computador diretamente à Internet, então sempre quiser acessar a Web, antes vai precisar se conectar a uma rede.

Conectar seu computador a uma rede exige duas coisas:

- Seu computador deve ter um adaptador de rede ativo. Este geralmente é uma placa de interface de rede que integra os sistemas internos do computador, mas também é possível comprar adaptadores de rede externos que se conectam a uma porta USB no seu computador. Um adaptador de rede pode ser usado em redes com ou sem fio. Muitos laptops e computadores desktop possuem ambos. Se um computador possui um adaptador de rede com fio, ele possui uma porta Ethernet externa no qual você encaixa o conector do cabo, parecida com uma porta de cabo telefônico maior.

- O ambiente em que se encontra precisa ter uma rede. Esta pode ser uma rede com fio, ao qual você se conecta diretamente ou através de um switch, uma rede sem fio à qual se conecta através de um roteador ou uma conexão de rede sem fio compartilhada de um telefone ou outro dispositivo que se conecta a uma rede celular.

Se o seu computador possui um adaptador de rede ativado, esteja ele conectado ativamente a uma rede ou não, um ícone de conexão aparece na área de notificação na extremidade direita da barra de tarefas do Windows. O ícone de conexão indica se seu adaptador de rede é um adaptador Ethernet ou sem fio.

O ícone de conexão indica o tipo de adaptador e o status da conexão

As barras no ícone de conexão sem fio indicam a potência do sinal da rede sem fio à qual o computador está conectado atualmente. Quando o computador está configurado para uma conexão, mas não conectado a uma rede, versões diferentes do ícone de conexão de rede básico indicam o status da rede. São elas:

- Um asterisco branco (ou *estrela branca*) indica que uma conexão está disponível.

- Um X branco sobre um fundo vermelho indica que não há redes disponíveis.

Clicar no ícone de conexão de rede exibe informações sobre o status da conexão de rede atual e de quaisquer outras redes disponíveis.

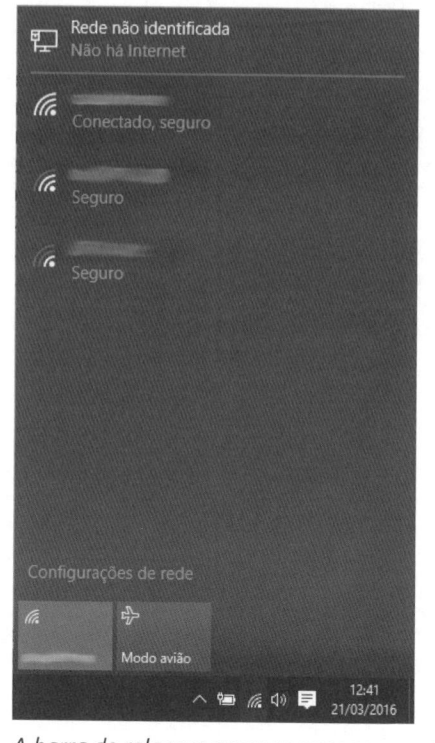

A barra de rolagem aparece apenas quando você aponta para o painel

Cada conexão de rede tem um nome, que pode ser um nome genérico fornecido pelo roteador da rede ou um nome específico escolhido pelo proprietário da rede. O ícone à esquerda do nome da rede indica o tipo de conexão e, para conexões sem fio, a potência do sinal. As palavras abaixo do nome da rede fornecem informações adicionais sobre ela.

Clicar com o botão direito do mouse no ícone de conexão na área de notificação exibe um menu de atalho com comandos que você pode usar para abrir a Central de Rede e Compartilhamento e diagnosticar problemas de conexão de rede.

Quando você conecta seu computador fisicamente a uma rede usando um cabo Ethernet, o Windows 10 cria a conexão de rede automaticamente. Para se conectar a uma rede sem fio pela primeira vez, você precisa efetuar a conexão.

Conexões de rede *versus* Internet

Conectar um computador a uma rede não o conecta automaticamente à Internet, mas sim a um hub ou roteador de rede que fica entre o computador e a Internet. Pode ser necessário executar ações adicionais para conectar o computador à Internet.

Por exemplo, quando você se conecta a uma rede corporativa, ele pode consultar as configurações de segurança do seu computador e exigir que instale atualizações antes de permitir a conexão. Quando isso acontece, a conexão é marcada como Limitada e você precisa desconectá-lo, executar a ação exigida e então se reconectar.

Quando se conecta a uma rede pública gratuita, cobrada por uso ou por assinatura (como a de um aeroporto, restaurante, café, biblioteca ou hotel), você pode ter acesso imediato à Internet. Muitas vezes, no entanto, você precisa fornecer informações, credenciais ou dados de pagamento para se conectar à Internet a partir da rede pública. A rede pode solicitar que você forneça essas informações quando a conexão for estabelecida. Se você se conectar a uma rede, mas descobrir que não consegue se conectar à Internet, abra uma nova instância do navegador para exibir a página de conexão da organização e então forneça as informações exigidas (pode ser necessário atualizar a página para forçar a exibição da página de entrada).

O objetivo de conectar um computador a uma rede geralmente é ir além dela e se conectar à Internet, mas também pode ser o acesso a dispositivos (como impressoras) ou informações (como arquivos) em outros computadores conectados à mesma rede. Em um computador com Windows 10, conectar um computador a uma rede não dá aos usuários acesso automático às pastas em outros computadores da rede. Se quiser esse acesso, antes é preciso ativar a descoberta de rede. O recurso de descoberta de rede permite que o computador "veja e seja visto" por outros computadores na rede que também ativaram esse recurso. Simplesmente ligar a descoberta de rede não expõe automaticamente as informações armazenadas no seu computador aos outros computadores na rede; você pode configurar o compartilhamento de pastas específicas e das pastas Públicas individualmente em cada computador. Isso ajuda a garantir que você não vai compartilhar acidentalmente informações que não pretendia.

> **CONSULTE TAMBÉM** Para informações sobre compartilhamento de pastas e de pastas públicas, consulte "Compartilhe arquivos na sua rede" mais adiante neste capítulo.

Para se conectar a uma rede com fio disponível

1. Conecte uma ponta do cabo Ethernet na porta do roteador de rede ou switch conectado ao roteador.
2. Conecte a outra ponta do cabo na porta Ethernet do seu computador.

Para se conectar a uma rede sem fio disponível

1. Na área de notificação da barra de tarefas, clique no ícone de conexão de rede sem fio para exibir uma lista das conexões disponíveis.
2. Na lista de conexões, clique na rede à qual deseja se conectar.

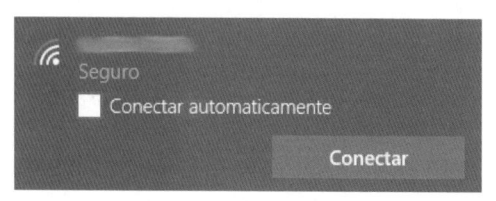

Opções de conexão

3. Se deseja que seu computador se conecte automaticamente a essa rede quando ela estiver disponível, marque a caixa de seleção **Conectar automaticamente**.

> **DICA** A conexão automática é apropriada quando você está se conectando a uma rede doméstica ou outra rede na qual confia. Mas não é tão apropriada quando você está se conectando a uma rede pública que possui uma página de acesso. Se seu computador estabelece uma conexão, pode parecer que você tem acesso à Internet quando isso não é verdade. E você pode não perceber que não tem uma conexão até visualizar uma dúzia de mensagens não enviadas na sua caixa de saída.

4. Clique no botão **Conectar**. Se a rede pedir que você insira credenciais ou uma senha (como uma chave de criptografia WEP ou uma senha WPA), siga a instrução.

> **DICA** O Wired Equivalent Privacy (WEP), o Wi-Fi Protected Access (WPA) e o Wi-Fi Protected Access II (WPA2) são protocolos de segurança que regem as credenciais passadas de um computador para uma rede sem fio durante o estabelecimento de uma conexão. O WPA2 é o mais atual dos três.

Para ligar a descoberta de rede

1. Abra o Explorador de Arquivos.
2. No painel **Navegação**, clique em **Rede**. Se a descoberta de rede está desligada, o Windows apresenta essa informação em uma faixa abaixo da faixa de opções.

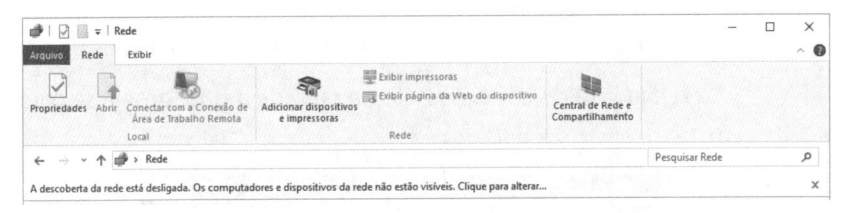

A lista de Redes fica vazia até você ligar a descoberta de redes

3. Clique na faixa para exibir a caixa de mensagem Descoberta de Rede e Compartilhamento de Arquivos. Como o Windows 10 designa automaticamente novas conexões como redes Públicas, é preciso especificar se quer permitir a descoberta de rede em todas as redes Públicas.

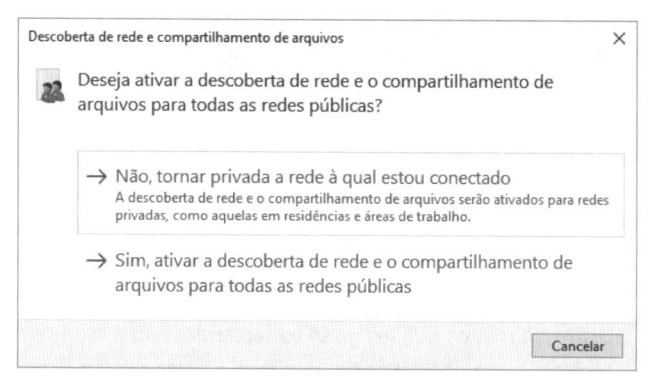

Você pode ligar a descoberta de rede rapidamente no Explorador de Arquivos

> ⚠️ **IMPORTANTE** É quase certo que você NÃO quer clicar na opção Sim nessa caixa de diálogo, pois isso manteria a conexão de rede como Pública e permitiria que computadores em outras conexões de rede Públicas tivessem acesso ao seu computador.

4. A menos que deseje especificamente permitir que computadores em redes Públicas se conectem ao seu computador, clique em **Não, tornar privada a rede à qual estou conectado** para alterar o tipo de conexão de rede para Privada (Particular) e ligar o compartilhamento de rede.

Para se desconectar de uma rede com fio

1. Siga um destes passos:
   - Remova o cabo da porta Ethernet do seu computador ou do ponto de conexão de rede.
   - Desabilite o adaptador de rede.

> 🔍 **CONSULTE TAMBÉM** Para informações sobre como desabilitar adaptadores de rede, consulte "Solucione problemas das conexões de rede", mais adiante neste tópico.

Para se desconectar de uma rede sem fio

1. Na área de notificação da barra de tarefas, clique no ícone da conexão sem fio.

2. No topo da lista de conexões de rede, clique na rede designada como Conectado.

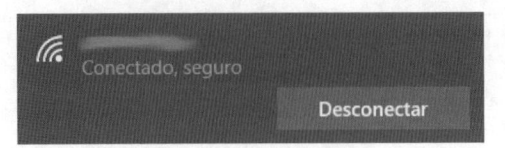

Desconectar de uma rede sem fio

3. Clique no botão **Desconectar**.

> **DICA** A menos que esteja se conectando a uma rede sem fio que acessa a Internet através de uma rede celular, sair do alcance da difusão (broadcast) da rede vai desconectá-lo automaticamente.

Exiba informações sobre redes e conexões

Após se conectar a uma rede, você pode exibir informações como quais computadores, impressoras e outros dispositivos estão conectados a ela. No Explorador de Arquivos, a janela Rede exibe dispositivos na sua rede cujas configurações do perfil de segurança Público ou Particular (rede privada) atual permitem que o computador detecte e os dispositivos que suportam a infraestrutura da rede, como o roteador de rede.

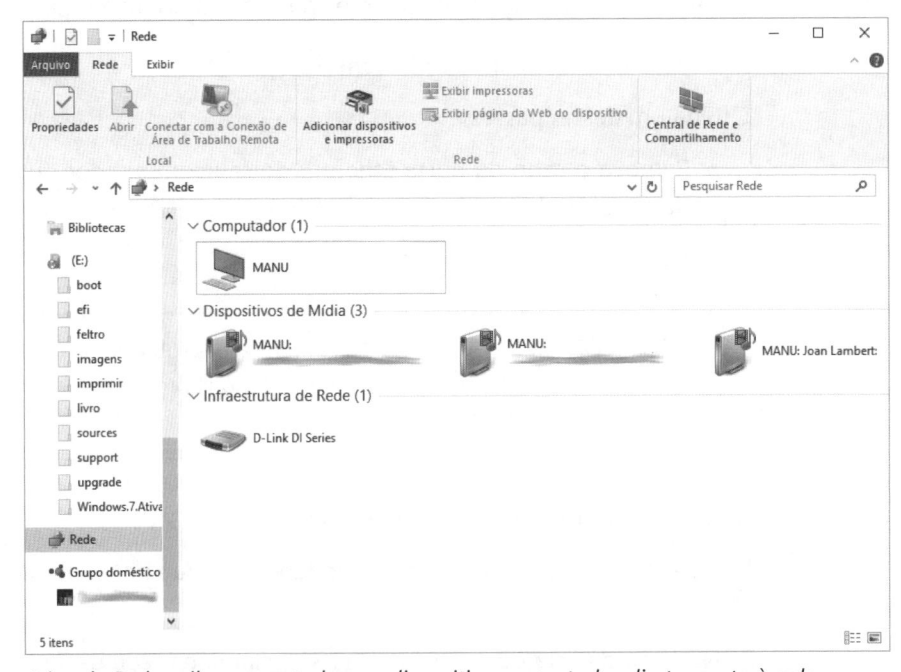

A janela Rede exibe computadores e dispositivos conectados diretamente à rede

CAPÍTULO 7   Gerenciamento de recursos de rede e de armazenamento   293

> **DICA**   Sua janela Rede mostra os dispositivos na sua rede, não aqueles mostrados nas imagens deste livro.

Na janela Rede, você pode acessar informações e dispositivos de diversas maneiras. Por exemplo:

- Na lista Computador, clique duas vezes em um computador para exibir a lista de pastas que são compartilhadas com você naquele computador. Clique com o botão direito do mouse para exibir o menu de atalho, que tem opções para exibir conteúdo ou iniciar a Conexão de Área de Trabalho Remota.

> **CONSULTE TAMBÉM**   Para informações sobre compartilhamento de arquivos e pastas em uma rede, consulte "Compartilhe arquivos na sua rede" mais adiante neste capítulo.

- Na lista Dispositivos de Mídia, clique duas vezes em um dispositivo para exibir a interface de mídia padrão para ele, que pode ser o Windows Media Player ou um aplicativo proprietário para o sistema operacional instalado no dispositivo.

- Na lista Infraestrutura de Rede, clique duas vezes em um roteador para exibir sua interface de gerenciamento web em seu navegador padrão.

- Na lista Outros Dispositivos, clique duas vezes em um dispositivo para exibir propriedades como fabricante, modelo, página Web, número de série, endereço de controle de acesso à mídia (MAC, Media Access Control), GUID e endereço IP.

- Na lista Impressoras ou Scanners, clique duas vezes em um dispositivo para exibir sua interface de gerenciamento Web, caso possua uma, em seu navegador padrão.

A maioria dos menus de atalho dos dispositivos incluem opções para exibir as propriedades ou páginas Web dos dispositivos. Você pode alterar a exibição de dispositivos na janela Rede a partir da guia Exibir. No modo de exibição Detalhes, você pode exibir propriedades como método de descoberta, endereço MAC e endereço IP.

> **CONSULTE TAMBÉM**   Para mais informações sobre como trabalhar com modos de exibição no Explorador de Arquivos, consulte "Altere as opções de exibição do Explorador de Arquivos" no Capítulo 3.

No Painel de Controle, a Central de Rede e Compartilhamento exibe informações sobre a rede (ou redes) à qual seu computador está conectado e o status da Internet de cada conexão.

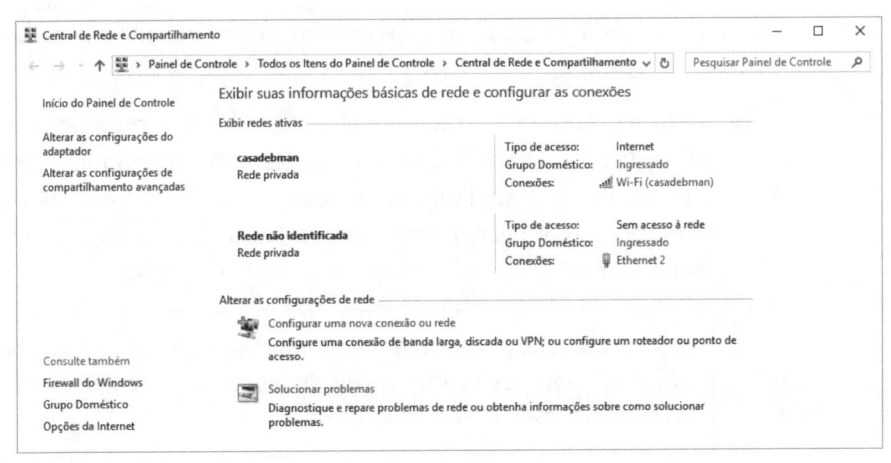

A Central de Rede e Compartilhamento tem links para ferramentas que você pode usar para gerenciar conexões de rede

Além das informações gerais sobre conexões de rede, você também pode exibir informações uteis sobre a velocidade de conexão e a transferência de dados de e para o computador. Cada conexão está ligada a um adaptador de rede, então você pode exibir as informações sobre a conexão ao exibir as informações sobre o adaptador.

A velocidade varia com a qualidade do sinal, mas também depende de outros fatores

CAPÍTULO 7   Gerenciamento de recursos de rede e de armazenamento   295

Novas fontes de informação no Windows 10 incluem informações sobre a quantidade de transferência de dados por cada aplicativo no computador nos últimos 30 dias.

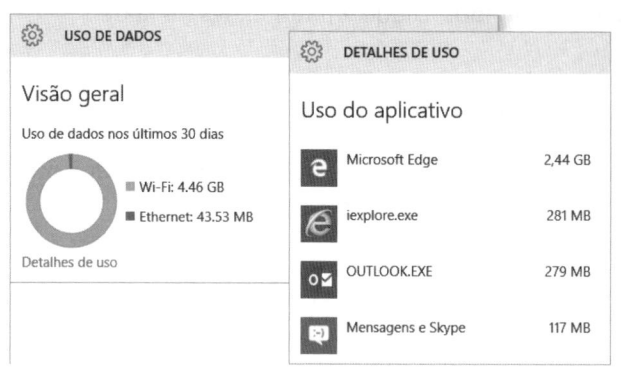

Os painéis Detalhes de Uso e Uso de Dados mostram o uso por aplicativos individuais e pelo sistema operacional

Para exibir informações de dispositivos de rede na janela Rede

1. Inicie o Explorador de Arquivos.

2. No painel **Navegação**, clique em **Rede**.

> **DICA** Se a descoberta de rede está desligada, uma mensagem de erro aparece quando você clica em Rede. Para mais informações sobre isso, consulte "Configure a segurança da conexão de rede", mais adiante neste tópico.

Para exibir informações sobre conexões de rede na Central de Rede e Compartilhamento

1. Siga um destes passos:

   - Na área de notificação da barra de tarefas, clique com o botão direito do mouse no ícone da rede e então clique em **Abrir a Central de Rede e Compartilhamento**.

   - No painel de conexões de rede, clique em **Configurações de rede**. Role até o final do painel que se abre e então clique em **Central de Rede e Compartilhamento**.

   - Abra o Painel de Controle no modo de exibição de Categoria. Na categoria **Rede e Internet**, clique em **Exibir o status e as tarefas da rede**.

   - Abra o Painel de Controle no modo de exibição de Ícones e então clique em **Central de Rede e Compartilhamento**.

Para exibir o status de todos os adaptadores de rede na janela Conexões de Rede

1. Clique com o botão direito do mouse no botão **Iniciar** e depois, no menu de **Links Rápidos**, clique em **Conexões de Rede**.

Ou

1. Abra a Central de Rede e Compartilhamento.
2. No painel esquerdo da Central de Rede e Compartilhamento, clique em **Alterar as configurações do adaptador**.

Ou

1. Abra a janela **Configurações**.
2. Exiba a categoria **Rede e Internet** e então o painel **Wi-Fi** ou o painel **Ethernet**.
3. Role até a parte inferior do painel. Na seção **Configurações relacionadas**, clique em **Alterar opções de adaptador** para abrir a janela **Conexões de Rede**.

Para exibir informações sobre transferência de dados e velocidade da conexão de rede

1. Abra a Central de Rede e Compartilhamento.
2. Na seção **Exibir redes ativas**, à direita de **Conexões**, clique no nome do adaptador de rede.

Ou

1. Abra a janela **Conexões de Rede**.
2. Siga um destes passos:
   - Clique duas vezes no adaptador de rede para o qual deseja exibir informações.
   - Clique no adaptador de rede para ativar os botões da barra de ferramentas. Na barra de ferramentas, clique em **Exibir o status desta conexão**.

> **DICA** Se a janela Conexões de Rede não for larga o suficiente para exibir todos os botões relacionados ao adaptador selecionado na barra de ferramentas, aparecerão setas na extremidade direita da barra de ferramentas. Clique nas setas para exibir os comandos restantes.

Para exibir o uso de dados por aplicativo

1. Na janela **Configurações**, clique em **Rede e Internet**.

2. Clique em **Uso de dados** para exibir a quantidade total de dados transferida nos últimos 30 dias, dividida por tipo de conexão.

3. No painel **Uso de dados**, clique em **Detalhes de uso** para exibir a quantidade de dados transferida por cada aplicativo.

Configure a segurança da conexão de rede

Cada vez que seu computador se conecta a uma rede à qual não se conectou anteriormente, o Windows 10 associa a conexão de rede com um de dois perfis de segurança, Particular ou Público, e então designa as configurações de segurança determinadas para aquele perfil para a conexão de rede.

> **DICA** Versões anteriores do Windows pedia que você designasse se a rede era corporativa, doméstica ou em um espaço público para determinar as configurações de segurança apropriadas para o ambiente. O Windows 10 possui apenas perfis de segurança de rede Particular e Público.

Os perfis de segurança de rede incluem as seguintes configurações:

- **Descoberta de rede** Determina se o computador pode ver e ser visto por outros computadores conectados à rede.

- **Compartilhamento de arquivos e impressoras** Determina se os usuários da rede têm acesso a pastas e impressoras que você configura para compartilhamento a partir do computador.

- **Conexões do Grupo Doméstico** Determina se credenciais de conta de usuário são necessárias para se conectar a computadores que ingressaram no seu grupo doméstico. Disponível apenas para o perfil de segurança de rede Particular.

- **Compartilhamento de pasta pública** Determina se os usuários da rede podem acessar arquivos armazenados nas pastas da conta pública no seu computador.

- **Compartilhamento de mídia** Determina se os usuários da rede podem acessar músicas, vídeos e imagens armazenadas na sua biblioteca de mídia.

- **Conexões de compartilhamento de arquivos** Determina os requisitos de segurança para dispositivos que se conectam às conexões de compartilhamento de arquivos do seu computador.

■ **Compartilhamento protegido por senha** Determina se os arquivos compartilhados estão disponíveis para qualquer usuário da rede ou apenas para aqueles com contas de usuário no seu computador.

Você pode revisar e alterar as configurações para os perfis de rede individuais e as configurações de segurança que se aplicam a todas as conexões de rede na janela de Configurações de Compartilhamento Avançadas. A janela tem três seções de configuração: Particular, Convidado ou Público e Todas as Redes. Você pode expandir ou ocultar cada seção separadamente.

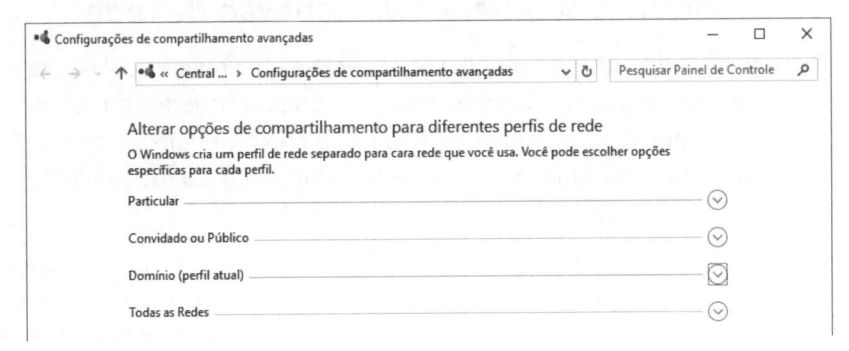

Você pode alterar as configurações de cada perfil de rede

As configurações que são aplicadas a todas as conexões de rede estão disponíveis na seção Todas as Redes na parte inferior da janela. Estas incluem configurações para o compartilhamento de pastas públicas, compartilhamento de mídia, proteção de conexões de compartilhamento de arquivos e a especificação dos tipos de credenciais exigidos para acessar o computador a partir de outro computador na rede.

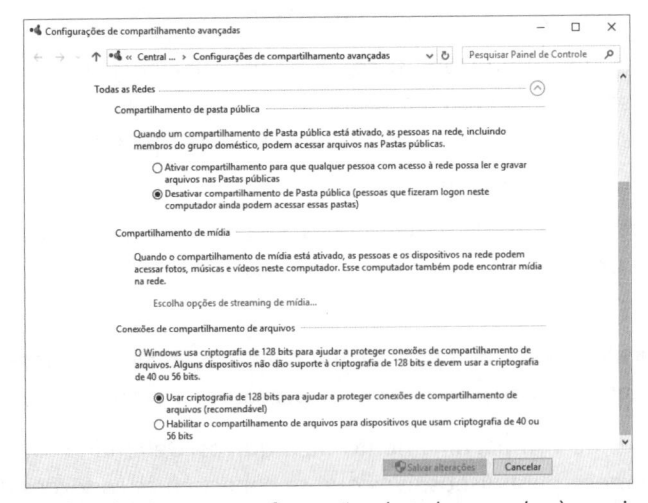

Você pode alterar as configurações de todas as redes às quais se conecta

As configurações que são aplicadas às redes com perfil Convidado ou Público são destinadas aos tipos de rede às quais você se conectaria em um espaço público, como um aeroporto ou café, apenas para conectar seu computador à Internet. Você não precisa ter acesso às informações em outros computadores conectados a uma rede pública e não é uma boa ideia permitir que esses outros computadores tenham acesso às informações no seu. Quando você se conecta a qualquer rede na qual não confia explicitamente, configure a conexão como sendo a de uma rede pública para proteger sua privacidade.

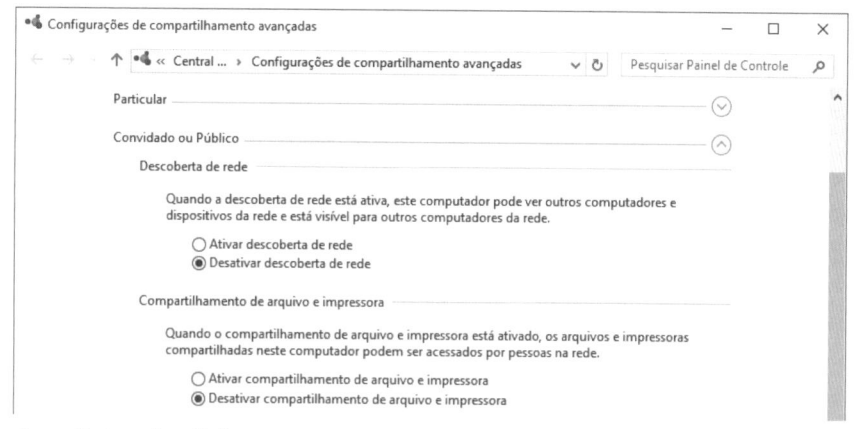

O perfil de rede público conecta seu computador à rede sem expô-lo a outros usuários da rede

O Windows 10 pressupõe que todas as redes às quais você se conecta são Públicas até que você diga o contrário. Antes que você possa acessar os recursos de rede de ou no computador através da rede, antes é preciso alterar o tipo de conexão de rede de Pública para Particular e ligar a descoberta de rede ou criar um grupo doméstico.

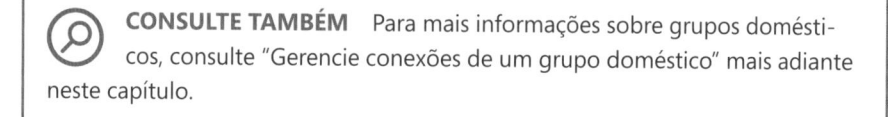

> **CONSULTE TAMBÉM** Para mais informações sobre grupos domésticos, consulte "Gerencie conexões de um grupo doméstico" mais adiante neste capítulo.

As configurações aplicadas a redes particulares são destinadas a redes como aquelas na sua casa ou pequena empresa. Se você conecta computadores e dispositivos que apenas você usa e controla a rede e quer compartilhar informações entre os computadores (por exemplo, quer inserir uma imagem armazenada em um computador em um documento que está criando em um computador diferente), então o perfil de segurança de rede Particular é o certo para você.

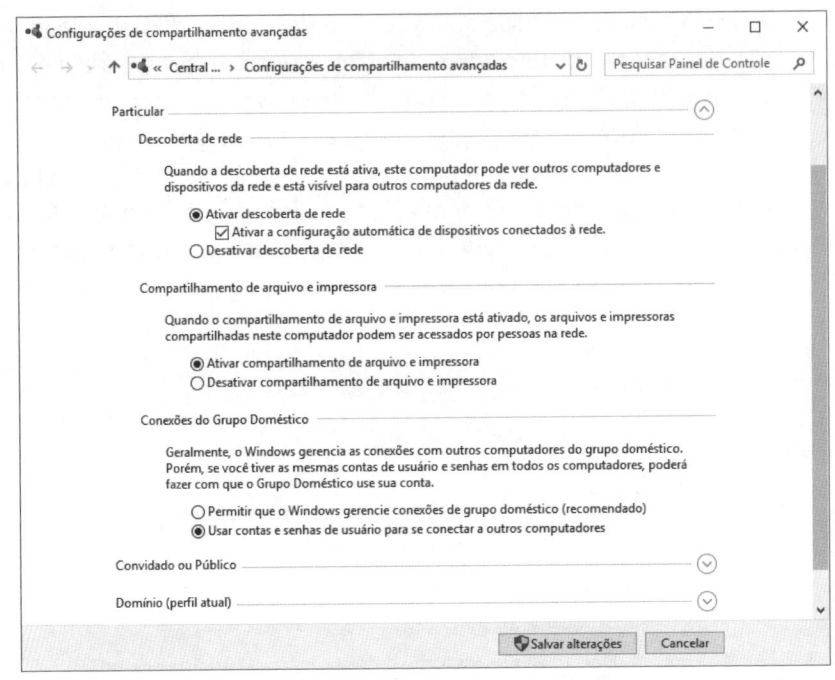

As configurações do Grupo Doméstico estão disponíveis apenas para conexões de rede Particulares

Se compartilhar suas credenciais de rede com pessoas que visitam sua casa para que possam conectar seus laptops ou dispositivos móveis à Internet através da sua rede, lembre-se que designar um perfil de segurança de rede Particular para um computador expõe todas as informações que você escolhe compartilhar a partir daquele computador a qualquer pessoa que tiver suas credenciais de rede, caso ela decida sair procurando o que você compartilhou.

> **CONSULTE TAMBÉM** Para mais informações sobre compartilhar recursos de rede com outras pessoas, consulte o quadro "Segurança da rede sem fio", mais adiante neste tópico.

O perfil de segurança de rede Particular conecta seu computador à rede e configura o perfil de rede para incluir descoberta de rede, compartilhamento de arquivos e impressoras, compartilhamento de pasta pública, compartilhamento (*streaming*) de mídia e compartilhamento protegido por senha. Seu computador fica visível para outros computadores na rede. Você não tem necessariamente permissão para acessar esses computadores ou dispositivos, mas sabe que estão conectados à rede, e os outros membros da rede sabem que seu computador também está conectado.

CAPÍTULO 7 Gerenciamento de recursos de rede e de armazenamento

> **DICA** Se você está rodando o Windows 10 em um computador em um ambiente corporativo, o computador e suas configurações de rede provavelmente são gerenciados pelo departamento de TI e você não precisa se preocupar com essas configurações. É mais provável que encontre essa situação quando conecta um laptop ou dispositivo móvel a uma rede ou se tem múltiplos computadores em uma rede doméstica.

Você pode alterar as configurações para o perfil de segurança Particular, o perfil de segurança Público ou Todas as Redes. Quando faz isso, o Windows aplica as novas configurações automaticamente a todas as conexões de rede.

A descoberta de rede é controlada pelo perfil de segurança de rede: desligada em redes públicas e ligada em redes particulares. Na janela Configurações, você pode alterar o perfil de segurança para uma rede específica à qual esteja conectado. O título e o texto que precedem o botão de alternância não explicam isso com clareza, mas o botão de alternância altera o perfil de segurança em vez de simplesmente ligar ou desligar a descoberta de rede.

WI-FI

Tornar este computador detectável

Permitir que seu computador seja descoberto por outros computadores e dispositivos nesta rede. Recomendamos ativar essa opção para redes privadas na residência ou no trabalho, mas desativá-la para redes públicas para ajudar a proteger seu conteúdo.

Ativado

Altere uma rede de Pública para Privada

> **DICA** No momento da finalização deste livro, a maioria dos controles de configuração da rede se encontravam no Painel de Controle, mas nossa expectativa é que em atualizações futuras do sistema operacional mais controles sejam transferidos para a janela Configurações.

Haverá casos em que você vai querer alterar o perfil de segurança designado a uma conexão de rede específica. Por exemplo, se você se conecta a uma rede sem fio na casa de um amigo e quer que seu amigo possa copiar arquivos do seu computador através da rede, você pode alterar a conexão de rede de Pública para Privada (Particular). (E, quando terminar, pode alterá-la de volta para que da próxima vez que se conectar à rede suas pastas compartilhadas estejam protegidas.)

Segurança da rede sem fio

Se você tem um roteador de rede sem fio, é importante que proteja a rede corretamente para impedir que usuários não autorizados se conectem a ela e obtenham acesso aos computadores na sua rede.

Quando você instalar seu roteador sem fio, lembre-se de seguir as instruções que o acompanham. Para a instalação inicial, normalmente você precisa conectar o roteador diretamente a um computador (usando um cabo Ethernet) e rodar um programa de instalação. Depois que o roteador está instalado, você normalmente se conecta a ele sem usar um cabo, usando apenas o endereço IP dele na sua rede. Durante o processo de instalação, você tem várias opções para aumentar a segurança da sua rede sem fio, como:

- Altere a senha administrativa em relação à senha padrão compartilhada por todos os roteadores daquele tipo para uma senha forte exclusiva (alguns fabricantes usam a mesma senha para todos os roteadores, outros usam senhas em branco).

- Proteja a rede com um nível apropriado de criptografia. Estabeleça uma chave WEP ou senha WPA para impedir que usuários não autorizados se conectem à sua rede sem fio.

A configuração do seu roteador pode oferecer múltiplos níveis de criptografia WEP, controlada pelo comprimento da chave WEP. Uma chave WEP de 10 caracteres oferecer criptografia de 64 bits, uma chave de 26 caracteres oferece criptografia de 128 bits.

A criptografia WPA é um padrão criptográfico muito mais seguro do que a WEP. Se você tem um roteador de rede gigabit (que transmite dados a 1.000 quilobytes por segundo (KBps), em oposição ao padrão de 100 KBps), você deveria usar a criptografia WPA, que suporta a transmissão de dados em gigabit, ao contrário da criptografia WEP.

Quando criar uma senha ou chave de segurança, use uma combinação de letras e números que você conseguirá lembrar, como uma série de aniversários ou seu endereço. Se a chave foi especialmente longa ou difícil, pode ser útil manter uma cópia impressa à mão quando um visitante quiser conectar seu computador móvel a sua rede sem fio. Melhor ainda, instale uma rede para Convidados isolada da rede à qual conecta seu computadores. Com ela, os convidados podem acessar a Internet sem, ao mesmo tempo, poderem localizar ou tentar acessar os computadores em sua rede usual.

CAPÍTULO 7 Gerenciamento de recursos de rede e de armazenamento

Para abrir a janela de Configurações de Compartilhamento Avançadas

1. Abra a Central de Rede e Compartilhamento.
2. No painel esquerdo, clique em **Alterar as configurações de compartilhamento avançadas**.

Ou

1. Abra a janela **Configurações**.
2. Exiba a categoria **Rede e Internet** e então o painel **Wi-Fi** ou o painel **Ethernet**.
3. Role até a parte inferior do painel. Na seção **Configurações relacionadas**, clique em **Alterar opções avançadas de compartilhamento** para abrir a janela **Configurações de compartilhamento avançadas**.

Para identificar o perfil de segurança designado à conexão atual

1. Abra a janela **Configurações de compartilhamento avançadas**.
2. Revise os três títulos de perfil de segurança. A expressão *perfil atual* aparece entre parênteses após o nome do perfil de segurança ativo.

Para exibir ou ocultar as configurações de um perfil de segurança específico

1. Clique na seta na extremidade direita do título do perfil de segurança.

Todas as Redes ⌄

A seta inverte sua direção quando o perfil é expandido

Para modificar as configurações para um perfil de segurança de rede

1. Abra a janela **Configurações de compartilhamento avançadas**.
2. Expanda o perfil de segurança que deseja alterar.
3. Faça suas alterações e depois, na parte inferior da janela, clique no botão **Salvar alterações**. Se entrou com uma conta de usuário padrão, o Windows pedirá que forneça suas credenciais administrativas.
4. Se a caixa de diálogo **Controle de Conta de Usuário** se abrir, selecione uma conta de usuário administrativo e insira sua senha ou peça ao proprietário da conta para fazer isso por você.

Para alterar o perfil de segurança designado a uma conexão de rede

1. Abra a janela **Configurações**.

2. Exiba a categoria **Rede e Internet** e então o painel do adaptador que deseja configurar.

3. Role até a parte inferior do painel e então clique em **Opções avançadas**.

4. Na seção **Tornar este computador detectável**, clique no botão de alternância para ativar ou desativar a configuração.

> **DICA** Computadores rodando o Windows 10 podem coexistir facilmente em uma rede com computadores rodando versões anteriores do Windows. Os outros computadores e dispositivos na rede não afetam os perfis de segurança de rede disponíveis ou suas configurações. Contudo, os perfis de segurança de rede e grupos domésticos não estão disponíveis em computadores rodando versões anteriores ao Windows 7.

Solucione problemas das conexões de rede

Independente do tamanho, uma rede inclui diversos componentes que afetam a conexão. Sua rede pode incluir um ou mais roteadores com fio, roteadores sem fio, hubs ou switches. Esses dispositivos de hardware, os cabos que os conectam e a conexão externa ao seu provedor de serviços de Internet (ISP) podem todos apresentar problemas ou simplesmente parar de funcionar. Uma organização de grande porte geralmente possui um ou mais técnicos de rede (ou até um departamento de TI inteiro) fazendo a manutenção do hardware da organização e mantendo as conexões de rede internas e externas no melhor estado possível. Em organizações de pequeno e médio porte, ou em uma residência, é bom saber o suficiente sobre a sua rede para poder ser o próprio técnico de rede. Neste livro, fornecemos informações especificamente sobre como gerenciar as conexões de rede em um computador com Windows 10.

Como mencionado anteriormente neste tópico, o adaptador de rede é o hardware que representa o seu computador em uma conexão de rede. Os computadores normalmente têm um ou dois adaptadores de rede. Você pode monitorar e gerenciar os adaptadores de rede e suas conexões atuais a partir da janela Conexões de Rede do Painel de Controle. Essa janela exibe informações de conectividade para cada adaptador de rede e para cada conexão de rede virtual privada (VPN) ou discada no seu computador. Um X

CAPÍTULO 7 Gerenciamento de recursos de rede e de armazenamento

vermelho sobre um ícone de adaptador indica que este está desabilitado ou desconectado.

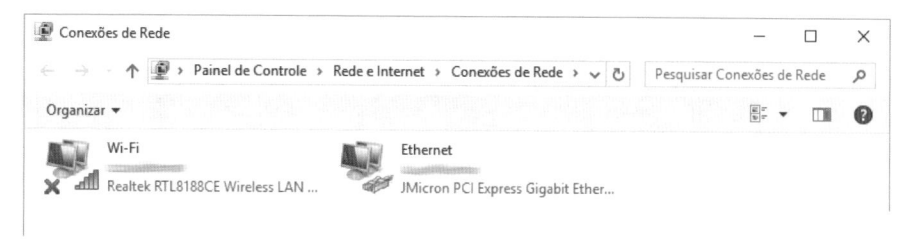

Selecione um adaptador para exibir os comandos aplicáveis na barra de ferramentas

Se você tiver problemas de conectividade, o processo de resolvê-los pode ser simplesmente reiniciar o adaptador.

Quando você sofre um problema com a rede ou com a conexão com a Internet, o primeiro passo é determinar se o problema ocorre apenas no seu computador ou se também está acontecendo em outros computadores na sua rede. Muitas vezes, é fácil resolver os problemas de conexão com uma das ações a seguir:

- Se o problema ocorre em apenas um computador, reinicie o adaptador de rede ou o computador.
- Se os computadores se conectam à rede, mas não à Internet, reinicie o roteador que conecta sua rede ao provedor.

Quando você sofre um problema de conexão que vai além desses casos simples, seja na conexão com a Internet, seja a outro computador na sua rede, é possível usar uma das ferramentas de solução de problemas incluídas no Windows 10. Essas ferramentas (chamadas de *Soluções de Problemas*) podem ajudá-lo a identificar e resolver problemas. As Soluções de Problemas estão disponíveis no Painel de Controle. Links para categorias específicas de Solução de Problemas estão disponíveis nos locais em que provavelmente estará trabalhando quando enfrentar uma dificuldade.

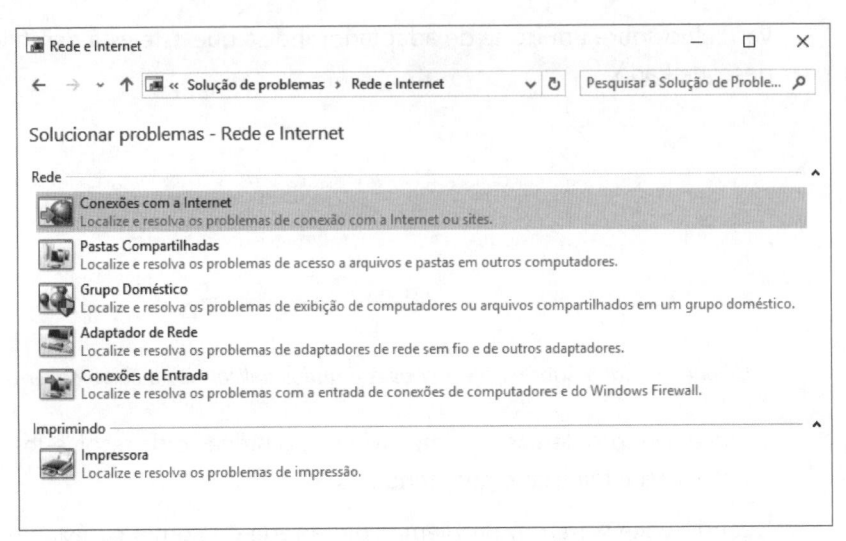

A Solução de Problemas pode identificar e resolver problemas

> ⚠️ **IMPORTANTE** Os procedimentos a seguir exigem permissão administrativa.

Para desabilitar um adaptador de rede

1. Abra a janela **Conexões de Rede**.

2. Clique no adaptador que deseja desabilitar.

3. Na barra de ferramentas, clique em **Desativar este dispositivo de rede**. O ícone e as palavras que representam o adaptador desabilitado mudam de cor, passando para uma escala de cinza, e a palavra *Desativada* aparece abaixo do nome do adaptador.

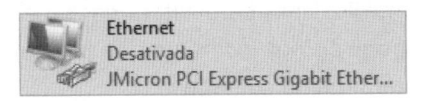

Um adaptador de rede desabilitado

Para habilitar um adaptador de rede

1. Na janela **Conexões de Rede**, clique no adaptador que deseja habilitar.

2. Na barra de ferramentas, clique em **Ativar este dispositivo de rede**. O ícone e as palavras que representam o adaptador desabilitado passam de uma escala de cinza para o colorido. Se o adaptador está configurado para se conectar automaticamente a uma rede, é o que ele faz.

CAPÍTULO 7 Gerenciamento de recursos de rede e de armazenamento

Para reiniciar um adaptador de rede

1. Na janela **Conexões de Rede**, desabilite o adaptador.
2. Depois que o processo de desabilitar o adaptador é concluído, habilite o adaptador.

Para exibir ferramentas de solução de problemas de rede

1. Abra a Central de Rede e Compartilhamento.
2. Na parte inferior do painel direito, clique no link **Solucionar problemas** para exibir a página **Solucionar problemas – Rede e Internet** do Painel de Controle.

Para executar uma Solução de Problemas

1. Na página **Solução de problemas** relevante, clique na Solução de Problemas que deseja executar e então clique em **Avançar**. A Solução de Problemas inicia, analisa seu sistema e o guia através de um processo de diagnóstico.

   Se a Solução de Problemas encontra algo de errado, ela aplica soluções conhecidas para o problema e informa seu progresso.

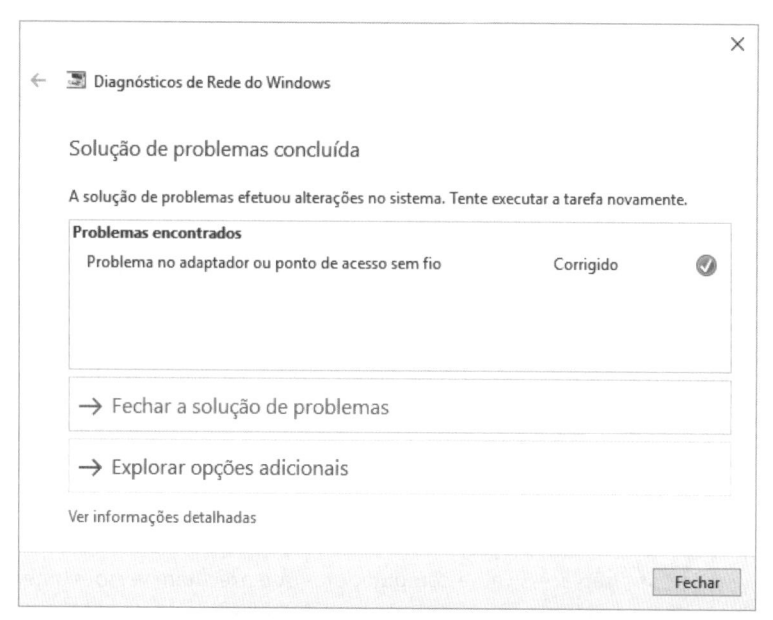

A Solução de Problemas identifica e resolve problemas ou oferece recursos adicionais

Se a Solução de Problemas não identifica nenhum problema específico, ela lhe oferece a oportunidade de explorar opções adicionais.

2. Clique em **Fechar a solução de problemas** para encerrar o processo ou clique em **Explorar opções adicionais** para exibir uma lista de recursos pertinentes.

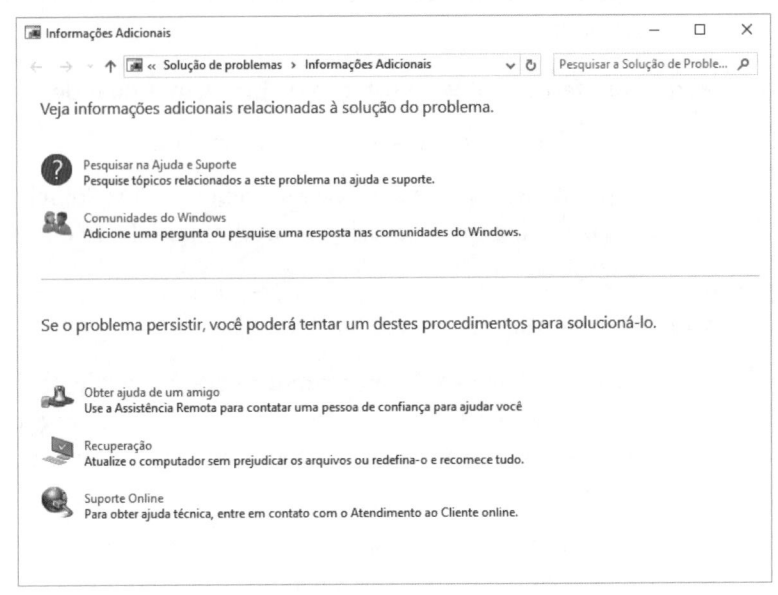

Páginas de Informações Adicionais são específicas ao tipo de Solução de Problemas

Gerencie conexões de um grupo doméstico

Quando seu computador está conectado a uma rede Privada (Particular), os usuários podem se conectar a recursos de outros computadores através da rede ou de um grupo doméstico. Pense no grupo doméstico como uma rede privada que permite acesso seguro a recursos específicos, como arquivos e impressoras, armazenados em computadores conectados a ele. Apenas um grupo doméstico pode existir em cada rede local, e ele existe enquanto tiver pelo menos um membro (se o seu ambiente possui múltiplas redes, cada uma pode ter um grupo doméstico). O grupo doméstico não tem um nome, um administrador designado ou uma interface de gerenciamento.

> **DICA** Os grupos domésticos foram introduzidos no Windows 7 e não são acessíveis a computadores que executam versões anteriores do Windows ou um sistema operacional não Windows.

Quando um grupo doméstico existe em uma rede privada, os outros computadores na rede podem ingressar no grupo doméstico. A única informação necessária para ingressar no grupo doméstico é a sua senha, que o Windows gera aleatoriamente quando o grupo doméstico é criado. Se a senha do grupo doméstico não estiver imediatamente disponível, ela é bastante simples de localizar.

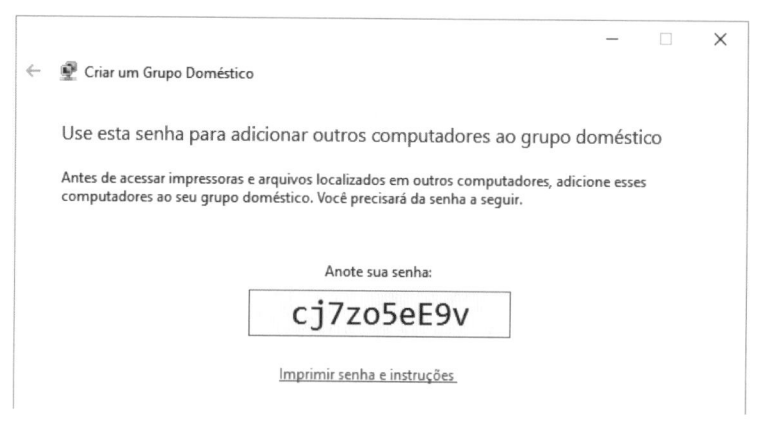

Você pode alterar a senha aleatória para algo mais fácil de lembrar

Se quiser alterar a senha, é melhor fazê-lo imediatamente após criar o grupo doméstico, pois mudar a senha desconecta imediatamente todos os computadores que ingressaram usando a senha original. Por outro lado, você pode usar suas credenciais de conta de usuário para fazer com que o Windows valide sua identidade quando coloca múltiplos computadores no grupo doméstico.

Você pode criar e gerenciar as conexões de um grupo doméstico a partir de dois locais diferentes:

- A janela do Grupo Doméstico do Painel de Controle, que exibe comandos na forma de links
- O nó Grupo Doméstico no Explorador de Arquivos, que exibe comandos em uma faixa de opções

Você pode criar ou se juntar a um grupo doméstico tanto quando entra com uma conta de usuário padrão ou com um administrador. Quando inicia o processo de conectar um computador a um grupo doméstico, o Windows 10 lhe diz se já existe um grupo doméstico na rede.

A participação no grupo doméstico funciona com base no computador, não no usuário (em outras palavras, é o computador que ingressa no grupo doméstico, não o usuário). Quando um usuário de um computador que possui múltiplas contas de usuário coloca o computador em um grupo doméstico, este ingressa no grupo doméstico em nome de todos os seus usuários. Contudo, cada usuário controla os recursos que compartilha com os outros membros do grupo doméstico.

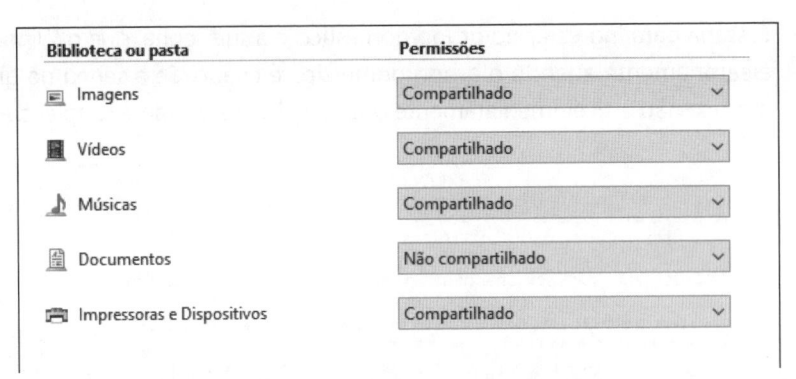

Biblioteca ou pasta	Permissões
Imagens	Compartilhado
Vídeos	Compartilhado
Músicas	Compartilhado
Documentos	Não compartilhado
Impressoras e Dispositivos	Compartilhado

Por padrão, todas as bibliotecas, menos a biblioteca Documentos, ficam selecionadas para compartilhamento

> **CONSULTE TAMBÉM** Para informações sobre bibliotecas, consulte "Entenda os arquivos, as pastas e as bibliotecas" no Capítulo 3. Para informações sobre como alterar os recursos compartilhados com o seu grupo doméstico, consulte "Compartilhe arquivos na sua rede" mais adiante neste capítulo.

Em um computador com múltiplos usuários, se outro usuário faz com que o seu computador ingresse em um grupo doméstico, ele não compartilha nenhuma de suas pastas de conta de usuário. Você pode especificar suas configurações de compartilhamento de recursos no grupo doméstico sempre que quiser na janela do grupo doméstico. Quando outro usuário compartilhou o computador, uma mensagem aparece na janela do grupo doméstico.

> ⚠ _____ ingressou seu computador em um grupo doméstico. Você não compartilhou bibliotecas com o seu grupo doméstico. Clique no link abaixo para alterar o conteúdo compartilhado. Não desligue nem reinicie o computador até o compartilhamento terminar.

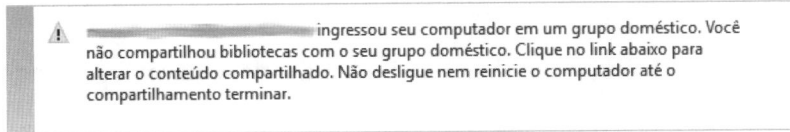

Cada usuário define configurações de compartilhamento individuais

A única configuração de compartilhamento de recurso comum a todas as contas de um computador membro do grupo doméstico é a de Impressoras e Dispositivos, que controla o acesso à pasta Dispositivos e Impressoras. Quando um usuário compartilha ou exclui essa pasta dos recursos compartilhados do grupo doméstico, a impressora é compartilhada ou excluída em nome do computador, não do usuário.

Se em algum momento você decidir que não quer mais compartilhar recursos com outros membros do grupo doméstico, você pode remover seu computador do grupo doméstico sem nenhum efeito negativo. Não é necessário se

CAPÍTULO 7   Gerenciamento de recursos de rede e de armazenamento

desconectar da rede. Se você tiver algum problema com o grupo doméstico, o Windows 10 possui uma ferramenta nativa de solução de problemas que pode ajudá-lo a diagnosticar e resolver os problemas do grupo doméstico.

> **CONSULTE TAMBÉM**   Para mais informações sobre Soluções de Problemas, consulte "Gerencie conexões de um grupo doméstico" anteriormente neste capítulo.

Para abrir a janela do Grupo Doméstico no Explorador de Arquivos

1. No painel **Navegação** do Explorador de Arquivos, clique no nó **Grupo Doméstico**. Se já existe um grupo doméstico na rede, a janela contém um botão **Ingressar agora**. Se ainda não existe um grupo doméstico, a janela contém um botão **Criar um grupo doméstico**.

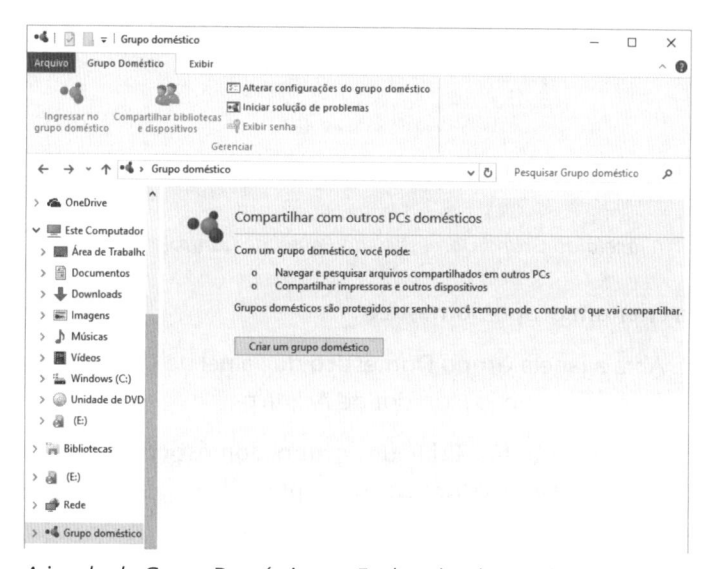

A janela do Grupo Doméstico no Explorador de Arquivos

Para abrir a janela do Grupo Doméstico do Painel de Controle

1. Siga um destes passos:

    - No modo de exibição de Categoria no Painel de Controle, sob **Rede e Internet**, clique em **Escolher opções de grupo doméstico e de compartilhamento**.

    - No modo de exibição de Ícones Grandes ou de Ícones Pequenos do Painel de Controle, clique em **Grupo Doméstico**.

- No Explorador de Arquivos, clique com o botão direito do mouse no nó **Grupo Doméstico** e então clique em **Alterar configurações do Grupo Doméstico**.

- No Explorador de Arquivos, abra a janela do **Grupo Doméstico**. Na guia **Grupo Doméstico**, clique em **Alterar configurações do Grupo Doméstico**.

Se já existe um grupo doméstico na rede, a janela contém um botão Ingressar agora. Se ainda não existe um grupo doméstico, a janela contém um botão Criar um grupo doméstico.

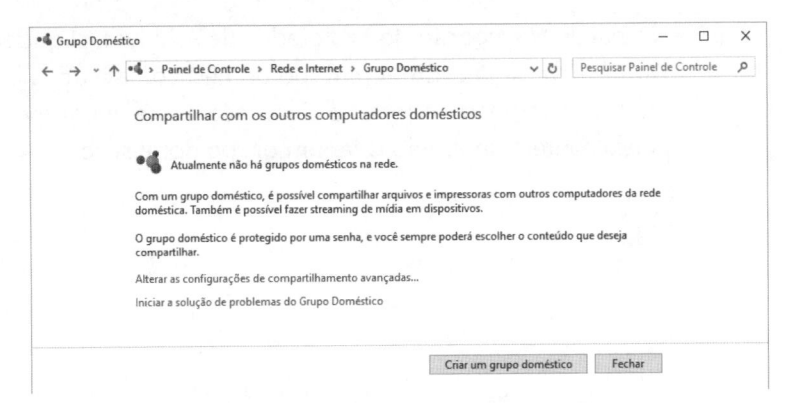

A janela do Grupo Doméstico do Painel de Controle

Para criar um grupo doméstico

1. Abra a janela **Grupo Doméstico** do Painel de Controle ou a janela **Grupo Doméstico** no Explorador de Arquivos.

2. Clique no botão **Criar um grupo doméstico** para iniciar o assistente **Criar um Grupo Doméstico**. Na primeira página do assistente, clique em **Avançar**.

3. Na página **Compartilhar com outros membros do grupo doméstico** do assistente, faça o seguinte para cada uma das pastas ou bibliotecas:

   - Se deseja compartilhar o recurso, clique em **Compartilhado** na lista **Permissões** adjacente a ele.

   - Se deseja manter o recurso privado, clique em **Não compartilhado** na lista **Permissões** adjacente a ele.

> **CONSULTE TAMBÉM** Para informações sobre como alterar os recursos que compartilha através de um grupo doméstico, consulte "Compartilhe arquivos na sua rede" mais adiante neste capítulo.

CAPÍTULO 7   Gerenciamento de recursos de rede e de armazenamento   **313**

4. Clique em **Avançar** para criar um grupo doméstico e exibir a senha do grupo doméstico.

5. Se deseja imprimir a senha, faça o seguinte:

   a. Na página **Use esta senha para adicionar outros computadores ao grupo doméstico** do assistente, clique em **Imprimir senha e instruções**.

   b. Na página **Exibir e imprimir a senha do grupo doméstico** do assistente, clique no botão **Imprimir esta página**.

   c. Na caixa de diálogo **Imprimir**, selecione uma impressora e então clique em **Imprimir**.

6. Se não deseja imprimir a senha, grave-a manualmente em um local conveniente (anote-a no papel ou salve um recorte de tela no OneNote).

7. Clique em **Concluir** para exibir suas configurações de compartilhamento de recursos do grupo doméstico e opções para trabalhar com o grupo doméstico.

Para exibir a senha para um grupo doméstico existente

1. Entre em um computador que já ingressou no grupo doméstico.

   > **DICA** Talvez seja necessário pedir que outra pessoa entre em um computador conectado ao grupo doméstico e recupere a senha para você.

2. Siga um destes passos:

   - Abra a janela **Grupo Doméstico** do Painel de Controle e então clique no link **Exibir ou imprimir a senha do grupo doméstico**.

   - No Explorador de Arquivos, clique com o botão direito do mouse no nó **Grupo Doméstico** e então clique em **Exibir a senha do Grupo Doméstico**.

   - No Explorador de Arquivos, abra a janela do **Grupo Doméstico**. Na guia **Grupo Doméstico**, clique no botão **Exibir senha**.

   > **IMPORTANTE** Você somente pode realizar o procedimento a seguir se possui múltiplos computadores em uma rede privada e um grupo doméstico foi criado a partir de outro computador na rede.

Para descartar o requisito de senha para um grupo doméstico

1. Abra a Central de Rede e Compartilhamento.

2. No painel esquerdo, clique em **Alterar as configurações de compartilhamento avançadas**.

3. Na janela **Configurações de compartilhamento avançadas**, expanda o **Perfil de segurança Particular**.

4. Na seção **Conexões do Grupo Doméstico** do perfil, clique em **Usar contas e senhas de usuário para se conectar a outros computadores**.

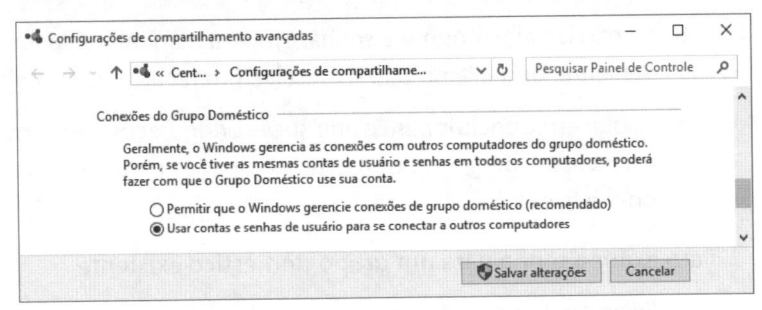

Altere as configurações padrão de senha do grupo doméstico apenas se necessário

5. Clique em **Salvar Alterações** e então saia do Windows para aplicar suas alterações ao grupo doméstico.

Para fazer com que um computador ingresse em um grupo doméstico existente

1. Se você ainda não ingressou um computador no grupo doméstico quando conectado com sua conta de usuário atual, obtenha a senha do grupo doméstico.

> **DICA** O grupo doméstico não exige que um usuário existente insira a senha quando for ingressar computadores adicionais no grupo doméstico.

2. Siga um destes passos:

   - Abra a janela **Grupo Doméstico** do Painel de Controle.
   - Abra a janela do **Grupo Doméstico** no Explorador de Arquivos.

3. Clique no botão **Ingressar agora** para iniciar o assistente **Ingressar em um Grupo Doméstico**. Na primeira página do assistente, clique em **Avançar**.

CAPÍTULO 7   Gerenciamento de recursos de rede e de armazenamento   **315**

4. Na página **Compartilhar com outros membros do grupo doméstico** do assistente, designe cada pasta ou biblioteca como **Compartilhado** ou **Não compartilhado** e então clique em **Avançar**.

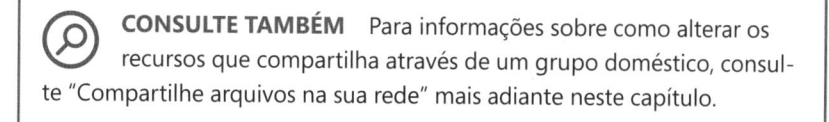

> **CONSULTE TAMBÉM**   Para informações sobre como alterar os recursos que compartilha através de um grupo doméstico, consulte "Compartilhe arquivos na sua rede" mais adiante neste capítulo.

5. Se o assistente exibir a página **Digite a senha do grupo doméstico**, insira a senha que obteve no passo 1 e então clique em **Avançar**.

6. Na página **Você ingressou no grupo doméstico** do assistente, clique em **Concluir**.

Para se conectar a recursos do grupo doméstico

1. No painel **Navegação** do Explorador de Arquivos, expanda o nó **Grupo Doméstico** para exibir as contas de usuário que compartilharam recursos através do grupo doméstico.

2. Expanda cada conta de usuário para exibir os computadores ou dispositivos dos quais o usuário compartilhou recursos.

3. Expanda cada computador ou dispositivo para exibir as pastas, bibliotecas e dispositivos compartilhados específicos. Os dispositivos offline ou suspensos não são mostrados.

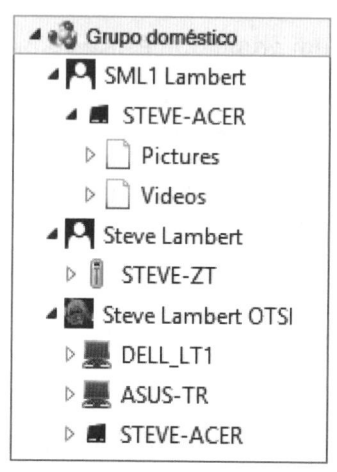

Diretório de usuários e computadores do Grupo Doméstico

4. Clique em qualquer conta de usuário, dispositivo ou item compartilhado para exibir seu conteúdo no Explorador de Arquivos.

Para desconectar todos os outros computadores de um grupo doméstico

1. Altere a senha do grupo doméstico.

Para alterar a senha do grupo doméstico

1. Na janela **Grupo Doméstico** do Painel de Controle, na seção **Outras ações do grupo doméstico**, clique em **Alterar a senha** para iniciar o assistente de **Alterar a Senha do Grupo Doméstico**. Se tiver feito logon como um usuário padrão, forneça as credenciais de uma conta de administrador quando solicitado.

> **DICA** Você não pode alterar a senha a partir da janela Grupo Doméstico no Explorador de Arquivos.

2. Na página **A alteração da senha do grupo doméstico desconectará todos**, leia o aviso e preste atenção nele. Assim que tiver preparado todos os computadores que são membros do grupo doméstico, clique em **Alterar a senha**.

3. Na página **Digite uma nova senha pra o seu grupo doméstico** do assistente, insira a nova senha (ou aceite a senha gerada aleatoriamente) e então clique em **Avançar**.

4. Na página **A senha do grupo doméstico foi alterada com êxito** do assistente, clique em **Concluir**.

Para reconectar computadores a um grupo doméstico após alterar a senha

1. Em cada computador, exiba a janela **Grupo Doméstico** do Painel de Controle ou a janela **Grupo Doméstico** no Explorador de Arquivos.

2. Clique no botão **Digitar a nova senha** para iniciar o assistente de **Atualizar a Senha do Grupo Doméstico**.

3. Insira a nova senha, clique em **Avançar** e então clique em **Concluir**.

Para remover um computador de um grupo doméstico

1. Abra a Central de Rede e Compartilhamento.

2. Na seção **Exibir redes ativas, clique no link Ingressado**, à direita de Grupo Doméstico.

CAPÍTULO 7   Gerenciamento de recursos de rede e de armazenamento   **317**

> ✓ **DICA**   O link Escolher Opções de Grupo Doméstico e Compartilhamento está disponível apenas quando o computador ingressou em um grupo doméstico.

3. Na janela **Grupo Doméstico** do Painel de Controle, clique em **Sair do grupo doméstico** para iniciar o assistente de **Sair do grupo doméstico**.

4. Na primeira página do assistente, clique em **Sair do grupo doméstico**.

5. Quando o assistente confirmar que o computador foi removido com sucesso do grupo doméstico, clique em **Concluir**.

> ✓ **DICA**   Alterar o perfil de segurança de rede para uma conexão de Particular para Pública também remove o computador do grupo doméstico. Se usar esse método e depois alterar o tipo de conexão de volta para Particular, seu computador reingressará automaticamente no grupo doméstico.

Para excluir um grupo doméstico

1. Remova todos os computadores membros de um grupo doméstico.

Para executar a Solução de problemas do Grupo Doméstico

1. Siga um destes passos:

   - Abra a janela **Grupo Doméstico** do Painel de Controle e então, na seção **Outras ações do grupo doméstico**, clique no link **Iniciar a solução de problemas do Grupo Doméstico**.

   - No Explorador de Arquivos, clique com o botão direito do mouse no nó **Grupo Doméstico** e então clique em **Iniciar a Solução de problemas de Grupo Doméstico**.

   - No Explorador de Arquivos, abra a janela do **Grupo Doméstico**. Na guia **Grupo Doméstico**, clique no botão **Iniciar solução de problemas**.

Compartilhe arquivos na sua rede

Se tem mais de um computador na sua organização, você pode decidir que seria conveniente compartilhar arquivos e locais de armazenamento com outros indivíduos na sua rede. E se tem mais de um computador na residência, você pode querer compartilhar recursos com seus familiares, tenha seu computador ingressado em um grupo doméstico ou não. Por exemplo, você poderia:

- Compartilhar arquivos relacionados a um projeto com membros específicos da equipe.
- Do seu laptop, trabalhar em um arquivo armazenado no seu computador desktop.
- Compartilhar seus documentos de administração da casa com seus familiares.
- Reunir todas as suas fotos de família no mesmo lugar, pedindo que seus familiares salvem suas fotos digitais em um disco rígido externo compartilhado.

Existem várias maneiras de compartilhar arquivos com usuários (incluindo você mesmo) logados em outros computadores da rede. Para compartilhar arquivos usando qualquer um desses métodos, antes é preciso confirmar que a descoberta de rede e o compartilhamento de arquivos e impressoras estão habilitados para que seu computador e os recursos que escolher compartilhar estejam visíveis para os outros computadores e dispositivos da rede. A descoberta e o compartilhamento de arquivos e impressoras ficam habilitados por padrão para conexões de rede Particulares.

> **DICA** Quando a descoberta de rede está habilitada, seu computador fica visível no painel Navegação do Explorador de Arquivos e na janela Rede. Quando o compartilhamento de arquivos e impressoras está habilitado, todos os recursos que escolher compartilhar a partir do seu computador também ficam visíveis na janela Rede.

Você somente pode configurar as opções de compartilhamento de arquivos quando a descoberta de rede, o compartilhamento de arquivos e o compartilhamento de impressoras estão habilitados.

Quando compartilha uma pasta, você pode especificar as pessoas (na forma de contas de usuários ou grupos de usuários) com as quais quer compartilhar a pasta e o que cada pessoa (ou grupo) pode fazer com o conteúdo da pasta. As opções de nível de permissão são:

- **Leitura** O usuário pode abrir um arquivo contido na pasta compartilhada, mas não pode salvar nenhuma alteração feita no arquivo na pasta compartilhada.
- **Leitura/Gravação** O usuário pode abrir e editar um arquivo e salvar as alterações no arquivo contido na pasta compartilhada.

O nível de permissão padrão é Leitura. Se deseja permitir que um usuário da rede ou um grupo de usuários modifique seus arquivos compartilhados, é preciso designar explicitamente o nível de permissão Leitura/Gravação.

> **DICA** Os arquivos e impressoras que você compartilha estão disponíveis apenas quando o computador está ligado e não quando está em modo de suspensão.

Os arquivos que você armazena nas pastas públicas (Documentos Públicos, Downloads Públicos, Músicas Públicas, Imagens Públicas e Vídeos Públicos) ficam acessíveis para qualquer usuário logado no seu computador. Se escolher compartilhar as pastas públicas do seu computador com os outros computadores da rede, o conteúdo destas fica visível para qualquer usuário conectado à sua rede. O compartilhamento de pastas públicas com outros usuários da rede é habilitado por padrão para conexões de rede Particulares e Públicas.

Se você se conecta com frequência a redes públicas, pense bem se quer compartilhar o conteúdo das pastas públicas do seu computador com estranhos. Se não quiser, é fácil desabilitar esse recurso para proteger sua privacidade.

Quando seu computador é membro de um grupo doméstico, você pode compartilhar arquivos com os outros membros do grupo ao mesmo tempo que esconde os arquivos de quem não é membro do grupo doméstico (lembre-se que são os computadores, não os usuários, que são membros do grupo doméstico). Quando cria ou ingressa originalmente em um grupo doméstico, você tem a opção de compartilhar as bibliotecas nativas de Documentos, Imagens, Música e/ou Vídeos. As escolhas que faz nesse momento não são eternas; você pode alterar as bibliotecas selecionadas quando quiser. Você pode adicionar ou remover bibliotecas dos recursos compartilhados com o grupo doméstico a qualquer momento. Arquivos armazenados em uma biblioteca que você compartilha com seu grupo doméstico, estejam elas em pastas pessoais ou nas pastas públicas, podem ser acessadas por qualquer usuário logado em um computador que é membro do grupo doméstico.

Independentemente do seu computador ser membro de um grupo doméstico ou não, você pode compartilhar uma pasta ou uma biblioteca nativa ou personalizada com os usuários de outros computadores da sua rede. Você pode controlar o acesso à pasta ou biblioteca compartilhada especificando as contas de usuário ou grupos de usuários que podem acessar o recurso compartilhado e designar um nível de acesso específico para cada grupo ou conta de usuário.

Você pode compartilhar uma unidade de armazenamento inteira, seja ela um disco rígido interno do seu computador ou um dispositivo de armazenamento interno ou externo, como um disco rígido externo ou uma unidade flash USB. Por exemplo, você poderia compartilhar um disco rígido interno no qual armazena apenas recursos relacionados a projetos com todos os computadores da sua rede de trabalho para que seus colegas tenham acesso a ele, ou então poderia compartilhar um disco rígido externo com todos os computadores na sua rede doméstica para que seus familiares possam guardar suas fotos digitais no mesmo lugar.

Para configurar seu computador para compartilhar arquivos com outros usuários de computadores da rede

1. Abra a Central de Rede e Compartilhamento.
2. No painel esquerdo, clique em **Alterar as configurações de compartilhamento avançadas**.
3. Na janela **Configurações de compartilhamento avançadas**, expanda o perfil **Particular** e então faça o seguinte.
   - Na seção **Descoberta de rede**, clique em **Ativar a descoberta de rede**.
   - Na seção **Compartilhamento de arquivo e impressora**, clique em **Ativar compartilhamento de arquivo e impressora**.

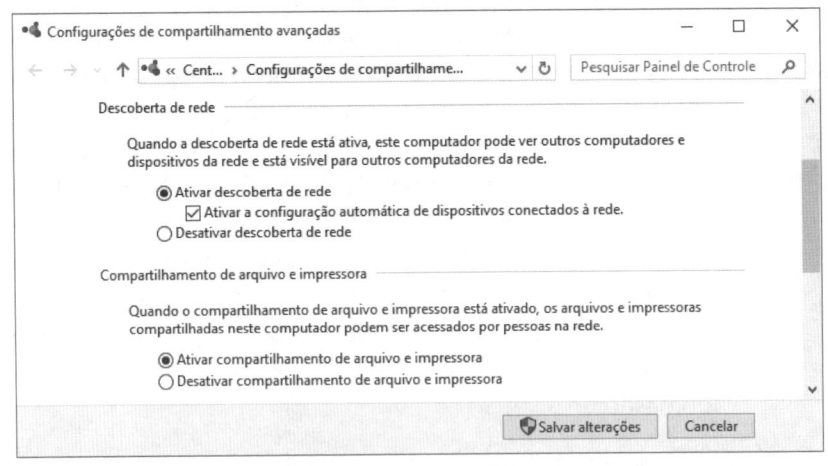

As configurações necessárias para compartilhar arquivos e impressoras com outros usuários de computadores da rede

4. Na parte inferior da janela **Configurações de Compartilhamento Avançadas**, clique em **Salvar Alterações** (se não fez nenhuma alteração, clique em **Cancelar**).

CAPÍTULO 7 Gerenciamento de recursos de rede e de armazenamento

Para impedir que usuários da rede acessem suas pastas públicas

1. No painel esquerdo da Central de Rede e Compartilhamento, clique em **Alterar as configurações de compartilhamento avançadas**.

2. Na janela **Configurações de compartilhamento avançadas**, expanda o perfil **Todas as Redes**.

3. Na seção **Compartilhamento de pasta pública** do perfil, clique em **Desativar compartilhamento de Pasta pública**.

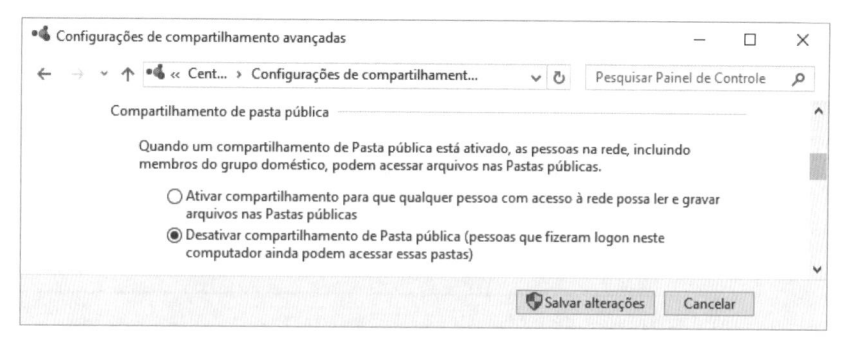

Com essa configuração desativada, as pastas da conta Pública no seu computador somente podem ser acessadas do seu computador e não da rede

4. Na parte inferior da janela **Configurações de Compartilhamento Avançadas**, clique em **Salvar Alterações**.

> **CONSULTE TAMBÉM** Para mais informações sobre as pastas públicas, consulte o Capítulo 3. Para informações sobre a Central de Rede e Compartilhamento, consulte a seção "Conecte-se a uma rede" no tópico "Gerencie conexões de rede", anteriormente neste capítulo.

Para alterar os recursos que está compartilhando com um grupo doméstico

1. Siga um destes passos para iniciar o assistente **Alterar as Configurações de Compartilhamento do Grupo Doméstico**:

    - Exiba a janela **Grupo Doméstico** do Painel de Controle e então clique em **Altere o que você compartilha com o grupo doméstico**.

    - Exiba a janela do **Grupo Doméstico** no Explorador de Arquivos. Na guia **Grupo Doméstico**, clique no botão **Compartilhar bibliotecas e dispositivos**.

2. Na página **Compartilhar com outros membros do grupo doméstico** do assistente, faça o seguinte para cada uma das pastas ou bibliotecas e então clique em **Avançar**:

   - Se deseja compartilhar o recurso, clique em **Compartilhado** na lista **Permissões** adjacente a ele.

   - Se deseja manter o recurso privado, clique em **Não compartilhado** na lista **Permissões** adjacente a ele.

3. Na página **Suas configurações de compartilhamento foram atualizadas** do assistente, clique em **Concluir**.

> **CONSULTE TAMBÉM** Para mais informações sobre grupos domésticos, consulte "Gerencie conexões de um grupo doméstico", anteriormente neste capítulo.

> **DICA** As bibliotecas personalizadas que você cria no seu computador não estão entre aquelas listadas no assistente. Você pode compartilhar uma biblioteca personalizada seguindo o procedimento para compartilhar pastas e bibliotecas individuais.

Para compartilhar uma pasta ou biblioteca através de um grupo doméstico

1. Siga um destes passos para exibir um menu com contas de usuário de computadores conectados à rede e outras opções de compartilhamento:

   - No Explorador de Arquivos, clique com o botão direito do mouse na pasta ou biblioteca que deseja compartilhar e então clique em **Compartilhar com**.

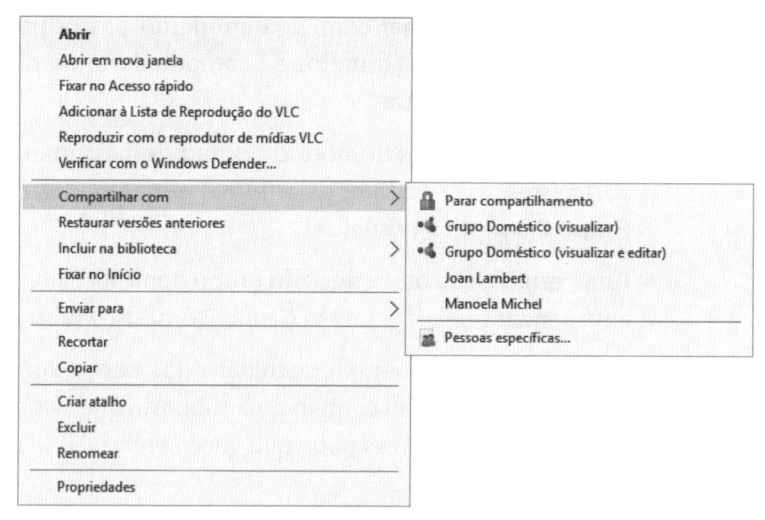

CAPÍTULO 7   Gerenciamento de recursos de rede e de armazenamento   323

Opções de compartilhamento do menu de atalho da pasta

> ✓ **DICA** A seta de Compartilhar com aponta para a direita, mas o menu Compartilhar com abrirá para o lado onde houver espaço em tela.

- No Explorador de Arquivos, exiba a pasta ou biblioteca que deseja compartilhar. Na guia **Compartilhar**, clique no botão **Mais** na parte inferior da barra de rolagem da galeria **Compartilhar com**.

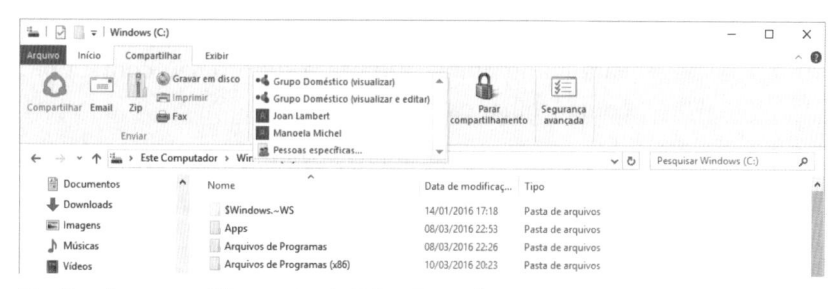

Opções de compartilhamento da faixa de opções

> ✓ **DICA** Se o computador não ingressou em um grupo doméstico, o menu Compartilhar com tem uma opção Criar ou Ingressar em um Grupo Doméstico em vez das opções de Grupo Doméstico.

2. Na galeria **Compartilhar com**, siga um destes passos para selecionar o nível de acesso que os usuários de computadores membros do grupo doméstico terão à pasta:

- Para permitir que os usuários do grupo doméstico exibam a pasta e abram (mas não editem) os arquivos armazenados nela, clique em **Grupo Doméstico (visualizar)**.

- Para permitir que os usuários do grupo doméstico editem os arquivos armazenados nela, clique em **Grupo Doméstico (visualizar e editar)**.

Se a pasta que você quer compartilhar exige permissão do administrador para ser acessada ou contém uma subpasta que exige permissões de administrador, o Windows pede que você confirme que deseja compartilhar os itens restritos.

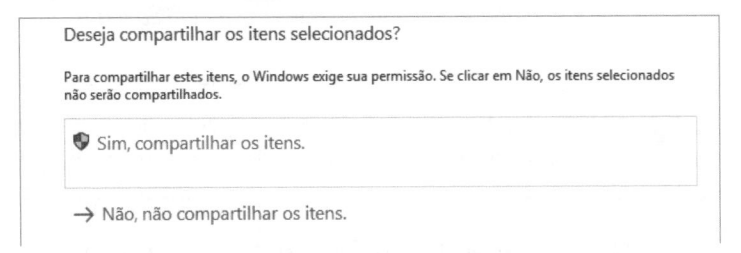

```
Deseja compartilhar os itens selecionados?
Para compartilhar estes itens, o Windows exige sua permissão. Se clicar em Não, os itens selecionados
não serão compartilhados.

   Sim, compartilhar os itens.

→ Não, não compartilhar os itens.
```

Itens restritos somente são compartilhados se você dá permissão explícita para tanto

3. Na caixa de diálogo **Compartilhamento de Arquivos**, siga um destes passos:

- Para compartilhar a pasta e todo o seu conteúdo, clique em **Sim, compartilhar os itens**.

- Para compartilhar apenas os itens não restritos da pasta, clique em **Não, não compartilhar os itens**.

- Para cancelar o processo de compartilhamento para que você possa revisar os itens restritos, clique no botão **Cancelar**.

Para compartilhar uma pasta ou biblioteca com uma pessoa

1. Exiba o menu **Compartilhar com** para a pasta e então clique no nome da conta de usuário ou endereço de email da pessoa com a qual deseja compartilhar a pasta.

Para compartilhar uma pasta ou biblioteca com todos na sua rede

1. Exiba o menu **Compartilhar com** para a pasta e então clique em **Pessoas específicas...** para abrir a janela **Compartilhamento de Arquivos**.

CAPÍTULO 7   Gerenciamento de recursos de rede e de armazenamento   325

2. Na janela **Compartilhamento de Arquivos**, clique na seta na extremidade direita da caixa vazia para exibir uma lista que inclui as pessoas e os grupos com os quais pode compartilhar a pasta.

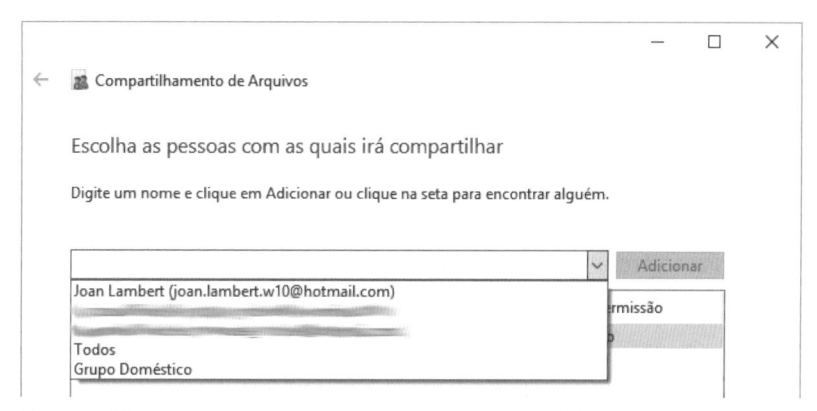

Compartilhe a pasta com uma pessoa ou grupo específico

3. Na lista, clique em **Todos**. A seguir, clique no botão **Adicionar**.

4. Se você quer permitir que os usuários da rede editem os arquivos armazenados na pasta, clique na seta na coluna **Nível de Permissão** adjacente a **Todos** e então clique em **Leitura/Gravação**.

5. Na janela **Compartilhamento de Arquivos**, clique no botão **Compartilhar**. Após compartilhar a pasta, a janela exibe as informações da pasta compartilhada.

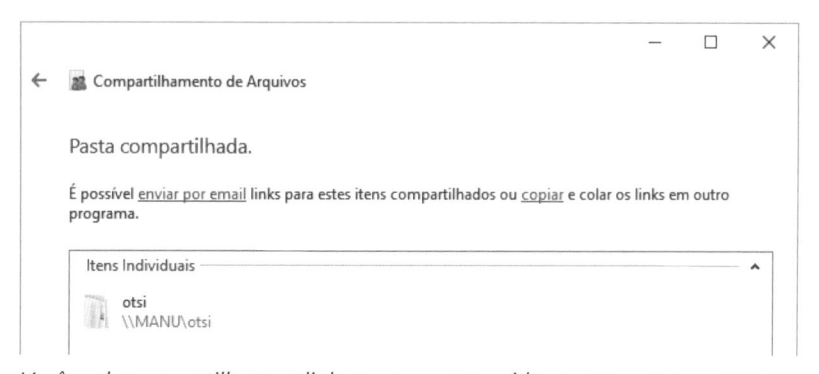

Você pode compartilhar um link para a pasta rapidamente com outras pessoas

> **DICA** Quando seleciona um arquivo ou pasta compartilhada no Explorador de Arquivos, o painel Detalhes exibe uma lista das pessoas ou grupos com os quais a pasta está compartilhada.

Para interromper o compartilhamento de uma pasta ou biblioteca

1. Siga um destes passos:

   - No Explorador de Arquivos, clique com o botão direito do mouse na pasta, clique em **Compartilhar com** e então clique em **Parar compartilhamento**.

   - No Explorador de Arquivos, exiba a pasta ou biblioteca que deseja parar de compartilhar. Na guia **Compartilhar**, no grupo **Compartilhar com**, clique no botão **Parar compartilhamento**.

Para tornar recursos compartilhados disponíveis para pessoas que não têm contas de usuário no seu computador

1. No painel esquerdo da Central de Rede e Compartilhamento, clique em **Alterar as configurações de compartilhamento avançadas**.

2. Na janela **Configurações de compartilhamento avançadas**, expanda o perfil **Todas as Redes**.

3. Na seção **Compartilhamento protegido por senha**, clique em **Desativar compartilhamento protegido por senha**.

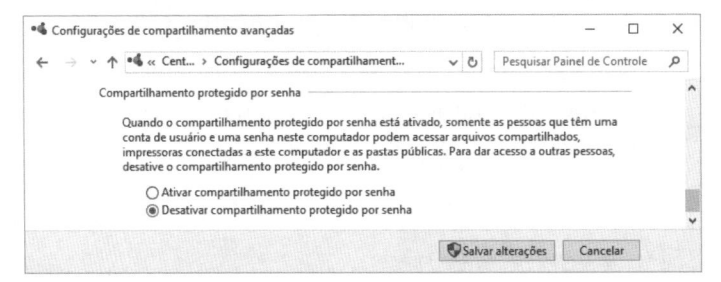

Desligue essa configuração para permitir que qualquer usuário da rede acesse seus arquivos e impressoras compartilhados

4. Na parte inferior da janela **Configurações de Compartilhamento Avançadas**, clique no botão **Salvar Alterações**.

> **DICA** Se você colabora com uma equipe em um documento, trabalhar com um documento em uma pasta compartilhada corre o risco de permitir que uma pessoa sobrescreva as alterações de outra, mesmo que você restrinja o acesso à pasta. Para eliminar esse risco, é preciso usar um sistema de controle de versão. Se sua organização usa o SharePoint, você pode armazenar o documento em uma biblioteca de documentos para que apenas uma pessoa de cada vez possa retirá-lo e trabalhar com ele.

CAPÍTULO 7   Gerenciamento de recursos de rede e de armazenamento   327

Para compartilhar uma unidade

1. No Explorador de Arquivos, siga um destes passos:

   - Exiba a unidade que deseja compartilhar. Na guia **Compartilhar**, na galeria **Compartilhar com**, clique em **Compartilhamento avançado**....

   - Clique com o botão direito do mouse na unidade que deseja compartilhar e então clique em **Propriedades**.

   - Clique com o botão direito do mouse na unidade que deseja compartilhar, clique em **Compartilhar com** e então clique em **Compartilhamento avançado**....

Opções de compartilhamento para uma unidade

> **DICA**   Lembre que se uma unidade compartilhada é removível, ela só será compartilhada até ser removida.

2. Na caixa de diálogo **Propriedades** da unidade, clique na guia **Compartilhamento** e então clique no botão **Compartilhamento Avançado**. Se o Windows lhe pedir credenciais administrativas, forneça-as.

3. Na caixa de diálogo **Compartilhamento Avançado**, marque a caixa de seleção **Compartilhar a pasta**.

4. A caixa **Nome do compartilhamento** exibe a letra da unidade que você está compartilhando. Se deseja substituir a letra da unidade por um nome mais amigável para diferenciá-la das outras unidades da rede, insira o nome nessa caixa.

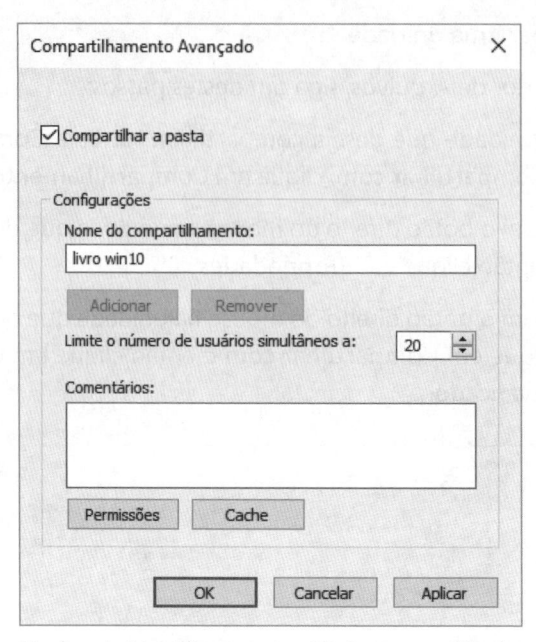

Você pode identificar uma unidade compartilhada pela letra da unidade ou designar um nome para ela

5. Clique no botão **Permissões** para exibir as permissões de compartilhamento para a unidade.

6. Se o nome de usuário ou grupo que você deseja compartilhar não está listado na caixa **Nome de grupo ou de usuário**, clique no botão **Adicionar** e então faça o seguinte:

    a. Na caixa de diálogo **Selecionar Usuários ou Grupos**, insira o nome da conta de usuário ou computador com o qual você deseja compartilhar a unidade e então clique no botão **Verificar Nomes**.

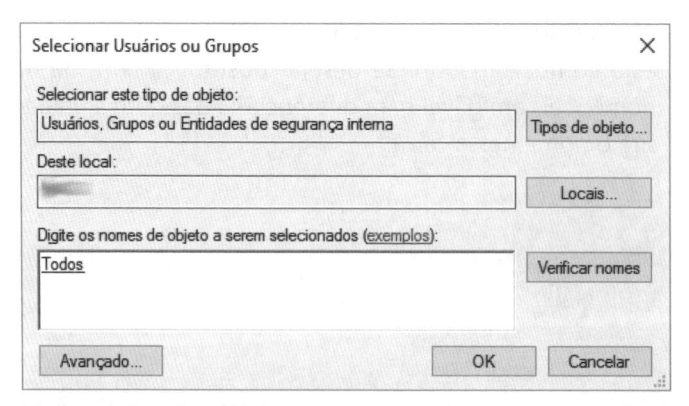

Você pode inserir múltiplos nomes, separados por pontos e vírgulas

CAPÍTULO 7   Gerenciamento de recursos de rede e de armazenamento   329

> **DICA**   Para exibir uma lista de usuários e grupos válidos, clique no botão Avançado e depois, na caixa de diálogo secundária Selecionar Usuários ou Grupos, clique em Localizar Agora.

   b. Depois que o Windows sublinha um nome para indicar que ele é válido, clique em **OK** para voltar à caixa de diálogo **Permissões**.

7. Na caixa **Nomes de grupo ou de usuário**, selecione a conta de usuário ou grupo com o qual deseja compartilhar a unidade.

8. Na lista **Permissões para**, selecione as caixas de seleção dos níveis de permissão que deseja conceder à conta de usuário ou grupo.

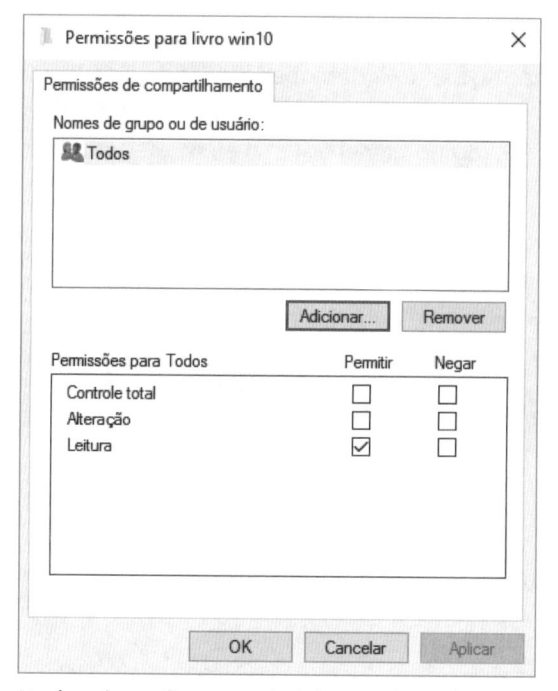

Você pode configurar o nível de permissão para cada grupo ou conta de usuário

9. Na caixa de diálogo **Permissões**, clique em **Aplicar** para aplicar as permissões selecionadas.

10. Clique em **OK** na caixa de diálogo **Permissões** e na caixa de diálogo **Compartilhamento Avançado**. A seguir, feche a caixa de diálogo **Propriedades** da unidade.

Revisão

Neste capítulo, você aprendeu a:

- Gerenciar conexões de rede
- Gerenciar conexões de grupo doméstico
- Compartilhar arquivos na sua rede

Altere o nome do computador

Quando seu computador foi montado originalmente pelo fabricante (OEM, original equipment manufacturer), ele recebeu um nome padrão, provavelmente baseado na sua marca ou modelo. Nossos computadores de teste para o Windows 10, assim como milhares de outros, foram batizados de *acer*. Quando a descoberta de rede está ligada, o nome do computador é exibido para os outros usuários da rede. No seu computador, o nome é exibido no painel Sistema e na categoria de configurações Sistema.

Durante o processo de instalar ou atualizar para o Windows 10, o assistente de instalação pode sugerir outro nome, talvez com base no seu nome de conta, algo como *Steve-PC*.

O nome não é importante, desde que seja único em sua rede local. Contudo, você pode querer dar um nome que facilite a identificação do computador para você e os outros usuários da rede, como *PCdoEscritório*, *LaptopConvidado*, *TesteBeta* ou *PCdeJogos*, ou que siga uma convenção de nomes para a sua rede, como *Hibisco*, *Pluméria* e *Jerivá* em uma rede chamada de *Paraíso*.

IMPORTANTE Você precisa estar logado com uma conta Administrador para renomear seu computador.

Para renomear seu computador, siga os passos abaixo:

1. Na janela **Configurações**, clique em **Sistema** e então clique em **Sobre**. O painel Sobre exibe o nome atual do seu computador, organização, versão do sistema operacional e ID do produto além de informações de hardware.

CAPÍTULO 7   Gerenciamento de recursos de rede e de armazenamento   **331**

> ⚙ **SOBRE**
>
> Nome do PC
>
> [Renomear o computador]

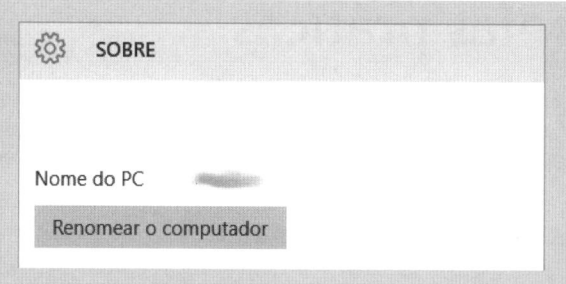

Sobre o seu computador

2. No painel **Sobre**, abaixo do nome atual do seu computador, clique no botão **Renomear o computador** para abrir a caixa de diálogo **Renomear o computador**.

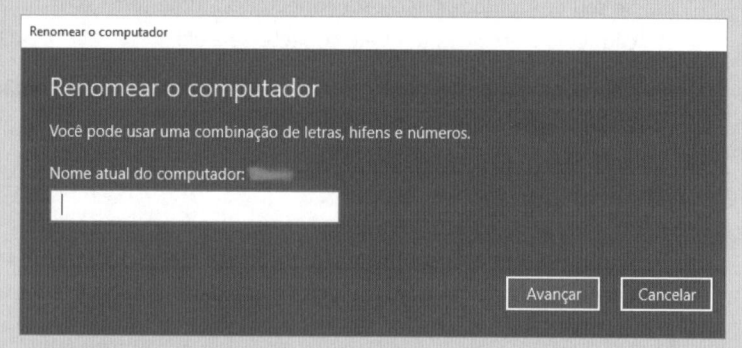

> **Renomear o computador**
>
> Você pode usar uma combinação de letras, hifens e números.
>
> Nome atual do computador:
>
> [   ]
>
> [Avançar] [Cancelar]

Renomeie seu computador

3. Na caixa de entrada de dados abaixo do nome atual do computador, insira o novo nome. O nome pode incluir letras maiúsculas e minúsculas, números (0-9) e hifens, mas não outros símbolos. A seguir, clique em **Avançar**.

   IMPORTANTE Clicar em *Avançar* o compromete irrevogavelmente com o novo nome. Você não pode alterar o nome de novo até reiniciar o computador.

   Após um breve processo, a caixa de diálogo exibe um aviso de reinicialização. Você pode reiniciar o computador agora ou depois; a mudança de nome entra em vigor após o computador reiniciar.

Tarefas práticas

Os arquivos de prática para estas tarefas se encontram na pasta Win10PAP\Cap07. Algumas das tarefas práticas exigem que você tenha acesso a todas as credenciais que possam ser exigidas para uma conexão de rede.

Gerencie conexões de rede

Realize as seguintes tarefas:

1. Na área de notificação da barra de tarefas, aponte para o ícone de rede para exibir informações sobre o status da sua conexão de rede atual.

2. Clique no ícone de rede para exibir uma lista de redes disponíveis.

3. Se seu computador não está conectado a uma rede, e há uma rede disponível, clique no nome dessa rede e conecte-se a ela.

4. Clique com o botão direito do mouse no ícone da rede e então clique em **Central de Rede e Compartilhamento**.

5. Na **Central de Rede e Compartilhamento**, revise as informações sobre sua conexão de rede ativa.

6. Clique no nome da conexão para exibir seu status. Observe as informações sobre a velocidade de conexão, duração e atividade. A seguir, feche a caixa de diálogo **Status**.

7. No painel esquerdo, clique em **Alterar as configurações do adaptador** para exibir os adaptadores de rede disponíveis para o seu computador. Observe quais tipos de adaptador que estão disponíveis e se estão habilitados, desabilitados ou conectados.

8. Clique em qualquer adaptador para selecioná-lo. Observe que os botões de barra de ferramentas se ativam e que você pode habilitar ou desabilitar os adaptadores e diagnosticar, renomear ou alterar as configurações da conexão atual.

9. Volte para a **Central de Rede e Compartilhamento**. No painel esquerdo, clique em **Alterar as configurações de compartilhamento avançadas** para exibir as opções de compartilhamento para os diversos perfis de rede.

10. Observe o tipo de rede ao qual seu computador está conectado atualmente. Revise as configurações para esse perfil de segurança de rede.

11. Volte para a **Central de Rede e Compartilhamento**. Clique no link **Solucionar problemas** para exibir as ferramentas de solução de problemas de rede. Execute qualquer solução de problemas que lhe interessar.

12. No menu **Iniciar**, clique em **Configurações** para abrir a janela Configurações. Clique na categoria **Rede e Internet** e então exiba o painel **Uso de dados**.

CAPÍTULO 7   Gerenciamento de recursos de rede e de armazenamento   **333**

13. Revise as informações históricas sobre transferências de dados por tipo de conexão.

14. No painel **Uso de dados**, clique em **Detalhes de uso** para exibir a quantidade de dados transferida por cada aplicativo.

15. Quando terminar, feche as janelas abertas.

Gerencie conexões de grupo doméstico

Realize as seguintes tarefas:

1. Abra a janela **Grupo Doméstico** do Painel de Controle.

2. Determine se seu computador faz ou não parte de um grupo doméstico. Se não faz, determine se há um grupo doméstico disponível para ele ingressar.

3. Se seu computador não está conectado a um grupo doméstico, siga um destes passos:

    - Se não há um grupo doméstico disponível, crie um.
    - Se um grupo doméstico está disponível, ingresse nele.

    Ou

    Se seu computador está conectado a um grupo doméstico, execute qualquer uma das ações a seguir que lhe interessar:

    - Exiba a senha do grupo doméstico.
    - Exiba os recursos do grupo doméstico no Explorador de Arquivos.
    - Desconecte-se do grupo doméstico.

Compartilhe arquivos na sua rede

Realize as seguintes tarefas:

1. Exiba a **Central de Rede e Compartilhamento** e então abra a janela **Configurações de Compartilhamento Avançadas**.

2. Revise as configurações do perfil de segurança **Particular** e confirme que a descoberta de rede e o compartilhamento de arquivos e impressoras estão ativados para que seu computador possa detectar e se conectar a outros computadores em redes privadas.

3. Na janela **Configurações de compartilhamento avançadas**, expanda o perfil **Todas as Redes**.

4. Na seção **Compartilhamento de pasta pública** do perfil, ative ou desative o compartilhamento das pastas públicas do seu computador (escolha a opção que preferir).

5. Salve suas alterações e feche a janela **Configurações de Compartilhamento Avançadas**.

6. Inicie o Explorador de Arquivos e localize a pasta de arquivos de prática deste livro.

7. Clique na pasta **Cap07** para selecioná-la. Na guia **Compartilhar**, observe suas opções para compartilhar a pasta com outras pessoas. Se desejar, siga o procedimento para compartilhar a pasta com todos os membros da sua rede.

8. Se tiver acesso a outro computador na rede, confirme que a pasta está disponível a partir daquele computador.

9. No seu computador, pare de compartilhar a pasta **Cap07**.

10. Quando terminar, feche a janela do Explorador de Arquivos.

PARTE III

Nos bastidores

CAPÍTULO 8
Gerenciamento de contas de usuário e configurações 337

CAPÍTULO 9
Gerenciamento das configurações do computador 377

CAPÍTULO 10
Gerenciamento de opções de acesso e energia 416

CAPÍTULO 11
Trabalho com mais eficiência 453

CAPÍTULO 12
Proteção do computador e de dados 500

Gerenciamento de contas de usuário e configurações

8

Os computadores se tornaram uma parte essencial de nossas vidas. Nós os usamos para armazenar informações pessoais e profissionais e para acessar informações financeiras e sociais on-line. Essas informações podem estar protegidas por senhas, mas a senha pode ser acessada facilmente por qualquer pessoa que esteja usando o seu computador. Para proteger sua privacidade e a integridade das informações, é importante controlar quem pode entrar no seu computador ou tablet e o que eles podem fazer após entrarem.

O acesso ao computador é gerenciado através das contas de usuário. Todos os usuários individuais do computador, independentemente de idade, devem entrar com sua própria conta. Cada conta de usuário tem acesso a uma área de armazenamento de arquivos privada e a personalizações da interface do usuário, além de uma área de armazenamento de arquivos compartilhada. As contas designadas como contas de criança têm proteções adicionais, feitas para proteger os usuários de conteúdos impróprios para a sua idade.

Quando entra no seu computador, você tem inúmeras opções de como fazê-lo. As contas de usuário podem ser protegidas por senhas, mas os usuários podem escolher credenciais de entrada alternativas, como PINs, senhas com imagem e identificação biométrica.

Este capítulo apresenta os procedimentos relacionados a criar e gerenciar contas de usuário, gerenciar imagens e senhas de conta e personalizar suas opções de entrada.

Neste capítulo

- Entenda contas de usuário e permissões
- Crie e gerencie contas de usuário
- Gerencie imagens e senhas de conta
- Personalize suas opções de entrada

Arquivos de prática

Para este capítulo, use os arquivos de prática da pasta Win10PAP\Cap08. Para obter instruções sobre como baixar arquivos de prática, consulte a introdução.

Entenda contas de usuário e permissões

O Windows 10 exige pelo menos uma conta de usuário. Você especifica essa conta quando completa os procedimentos de instalação ou na primeira vez que o computador inicia depois que o Windows 10 foi instalado. O Windows 10 designa essa primeira conta como sendo a de administrador para que a conta possa ser usada para gerenciar o computador. Não é possível fazer logon no computador sem uma conta de usuário.

As palavras "usuário" e "conta" são usadas de muitas maneiras neste livro, especialmente neste capítulo. Abaixo, apresentamos um resumo dos usos desses termos:

- O *usuário* é a pessoa que está usando o computador.
- A *conta de usuário* é a conta que a pessoa usa para entrar no computador.
- conta de usuário pode ser:
- Uma *conta da Microsoft*, que é um endereço de email que foi registrado com o serviço de contas da Microsoft; ou
- Uma *conta local* que existe apenas em um computador e que não está associada com um endereço de email específico

Você pode utilizar sua conta da Microsoft para entrar em múltiplos computadores, sites e serviços usando o mesmo endereço de email e senha. Entrar com suas credenciais de conta da Microsoft permite que você compartilhe configurações e arquivos entre todos os seus dispositivos. Em qualquer dispositivo no qual você entrar com essa conta poderá ter acesso às mesmas configurações e informações. Entrar com uma conta local limita os aplicativos que você pode adquirir ou baixar da Loja e pode limitar seu acesso ao OneDrive. Como praticamente todas as contas de email também podem ser configuradas para atuarem como conta da Microsoft, é uma boa ideia aproveitar os benefícios adicionais que esse recurso oferece.

Todas as contas de usuário também são classificadas como:

- Uma *conta Administrador*
- Uma *conta de usuário padrão*

Essa classificação oferece um nível de permissão específico para gerenciar ações de sistema no computador. Na próxima seção deste tópico, explicamos o que cada um desses tipos de conta pode fazer.

CAPÍTULO 8   Gerenciamento de contas de usuário e configurações

Uma conta de usuário também pode ser:

- Uma *conta da criança* que é monitorada usando a Proteção para a Família

- Uma *conta de adulto* que pode gerenciar configurações de Proteção para a Família para contas de criança

Essas são designações opcionais que tornam o portador da conta de usuário parte do seu grupo familiar. Explicamos a Proteção para a Família no quadro "Gerencie e monitore configurações de segurança para a família" mais adiante neste capítulo.

> ⚠ **IMPORTANTE**   As informações neste capítulo se aplicam às contas de usuário do computador (também chamadas de contas de usuário locais) e não a contas de usuário de domínio.

Perfis de usuário

O Windows oferece a capacidade de compartilhar um computador entre múltiplos usuários, ou então que um usuário tenha múltiplas contas para diversos fins. Para tanto, cada conta de usuário (seja ela conta da Microsoft ou conta local) está associada com um perfil de usuário que descreve a aparência e operação do ambiente do computador (a interface do usuário) para aquele usuário. Essa informação inclui elementos simples, como a tela de fundo da área de trabalho, conteúdo da área de trabalho e esquema de cores do Windows. Ela também inclui informações pessoais e confidenciais, como senhas salvas e seu histórico de navegação na Internet.

Cada perfil de usuário inclui uma pasta pessoal, geralmente não acessível por outras pessoas que usem o computador, na qual você pode armazenar documentos, imagens, mídias e outros arquivos que você quer manter privados.

O sistema de perfis de usuário do Windows 10 permite que mais de uma pessoa use o mesmo computador, mas ao mesmo tempo oferece as seguintes proteções:

- **As informações de cada usuário são armazenadas separadamente**   Você impede que Usuários Padrão leiam ou alterem seus documentos, imagens, músicas e outros arquivos ao armazená-los em subpastas instaladas automaticamente na sua pasta da conta de usuário. Por exemplo, se você administra os registros financeiros da família em um computador doméstico que seus filhos usam para fazer os deveres, as crianças entram com contas separadas e não têm acesso a informações confidenciais ou a possibilidade de alterar seus arquivos. Os administradores conseguem acessar todas as contas de usuário.

- **O ambiente de trabalho de cada usuário é protegido** Você pode personalizar seu ambiente de diversas maneiras, sem se preocupar com outras pessoas alterando suas configurações pessoais.

- **O uso de aplicativos de cada usuário é exclusivo** Cada usuário executa instâncias separadas de cada aplicativo no computador. Por exemplo, você configura o Outlook para se conectar às suas contas e outros usuários do computador podem configurar o Outlook para se conectar às contas deles, mas não podem se conectar também às suas contas. Os dados de cada usuário são armazenados e gerenciados separadamente.

Permissões de conta de usuário

As ações do sistema que um usuário pode realizar são regidas pelo tipo de conta com o qual ele entra. Uma conta de administrador tem permissões de mais alto nível que uma conta de usuário padrão, o que significa que o proprietário de uma conta de administrador pode realizar tarefas no seu computador que o proprietário de uma conta de usuário padrão não consegue.

As credenciais da conta de usuário padrão permitem que o usuário faça ações que afetam apenas sua própria conta, incluindo:

- Alterar ou remover a senha.
- Alterar a imagem da conta do usuário.
- Alterar o tema e as configurações da área de trabalho.
- Visualizar arquivos armazenados em suas pastas e arquivos pessoais nas pastas públicas.

As credenciais da conta Administrador são necessárias para realizar ações como:

- Criar, alterar e excluir contas.
- Alterar configurações que afetam todos os usuários do computador.
- Alterar configurações relativas à segurança.
- Instalar e remover aplicativos.
- Acessar arquivos de sistema e arquivos nos perfis das contas de outros usuários.

As tarefas que exigem a permissão de administrador são indicadas em janelas e caixas de diálogo pelo ícone de segurança do Windows.

Contas de Usuário
🛡 Alterar o tipo de conta

O ícone de segurança do Windows tem o formato de um escudo.

Se você tem uma conta de administrador, mesmo que seja a única pessoa que vai usar o computador, seria uma boa ideia criar e utilizar uma conta de usuário padrão para as suas atividades cotidianas. Há muito mais risco de danificar gravemente o sistema de um computador caso um malware se infiltre nele (ou uma pessoa mal-intencionada obtenha controle sobre o sistema) quando você entra como administrador do que quando entra como usuário padrão. Através de uma conta de administrador, a pessoa ou aplicativo tem acesso a todos os arquivos e configurações do sistema, enquanto a conta de usuário padrão não tem acesso a determinadas funções que poderiam danificar o sistema permanentemente.

Contas familiares

Muitas crianças usam computador para fins educativos ou de entretenimento. Cada uma delas deve possuir uma conta da Microsoft exclusiva que você designa como conta de criança. Para cada conta de criança, você (e outros adultos que designar como familiares) pode fazer o seguinte:

- Monitorar o histórico de navegação, uso de aplicativos e uso de jogos.
- Bloquear sites que contêm conteúdo adulto ou permitir que crianças pequenas visitem apenas sites específicos.
- Restringir o uso de aplicativos e jogos apenas àqueles que atendem classificações etárias específicas.
- Monitorar o tempo de tela e restringir o uso do computador apenas a horários específicos ou a um determinado número de horas por dia.
- Gerenciar as opções de pagamento e monitorar compras na Windows Store e na Xbox Store.

Você pode monitorar as atividades das crianças em todos os computadores ou dispositivos nos quais elas entrarem com suas contas da Microsoft.

Você pode conferir o uso recente do computador pelo seu filho na página Família do seu site da conta da Microsoft (em *account.microsoft.com*) sempre que quiser, além de optar por receber relatórios semanais resumindo o uso do computador pelo seu filho.

> **CONSULTE TAMBÉM** Para mais informações sobre monitorar e gerenciar as atividades das crianças no computador, consulte o quadro "Gerencie e monitore configurações de segurança para a família" mais adiante neste capítulo.

Controle de Conta de Usuário

O Controle de Conta de Usuário (UAC, User Account Control) exige que um administrador dê permissão explícita para certos tipos de mudança de modo a proteger seu computador de mudanças nas configurações do sistema do Windows. Cada área da interface do Windows que exige permissão de administrador é marcada com um ícone de segurança. Quando você tenta acessar ou alterar configurações protegidas do Windows, uma caixa de diálogo do Controle de Conta de Usuário aparece e pede sua confirmação para que o Windows continue com a operação.

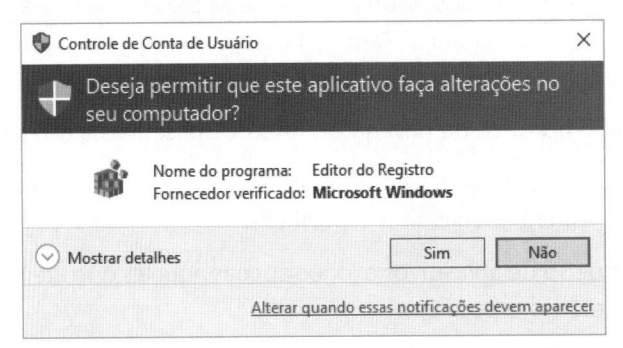

A caixa de mensagem do Controle de Conta de Usuário varia de acordo com a conta e a ação

Se você entrou com uma conta de administrador, basta clicar no botão Sim para continuar a operação. Se entrou com uma conta de usuário padrão, a caixa de mensagem exibe a lista das contas de administrador do computador. Para continuar com a operação, você pode clicar em uma das contas de administrador, inserir sua senha na caixa que aparece e então clicar em Sim.

> **DICA** Se uma conta de administrador não possui uma senha associada, você pode simplesmente clicar naquela conta e depois clicar em Sim para continuar a operação. Este é um dos motivos pelos quais é importante que cada conta de administrador no computador possua uma senha.

O Windows não salva as credenciais que você insere na caixa de mensagem do Controle de Conta de Usuário; elas são válidas apenas para essa operação. Qualquer pessoa que não tenha acesso às credenciais administrativas não pode realizar a operação, o que, na prática, impede que os não administradores realizem alterações não autorizadas.

O UAC possui quatro níveis de controle. Apenas os primeiros dois estão disponíveis quando você entra com uma conta de usuário padrão, mesmo que tenha acesso a credenciais administrativas:

- **Sempre me notificar** É a configuração padrão para uma conta de usuário padrão. Quando um usuário ou aplicativo inicia uma alteração que exige credenciais administrativas, a área de trabalho se esmaece e a caixa de mensagem do Controle de Conta de Usuário se abre. É preciso responder a essa caixa de mensagem antes de poder realizar qualquer outra ação.

- **Notificar-me somente quando os aplicativos tentarem fazer alterações no meu computador** Essa é a configuração padrão para uma conta de administrador. Quando um aplicativo inicia uma alteração que exige credenciais administrativas, a área de trabalho se esmaece e a caixa de mensagem do Controle de Conta de Usuário se abre. É preciso responder a essa caixa de diálogo antes de poder continuar.

- **Notificar-me somente quando os aplicativos tentarem fazer alterações no meu computador (não esmaecer a área de trabalho)** Quando um aplicativo inicia uma ação restrita, a caixa de mensagem do Controle de Conta de Usuário se abre. A ação restrita não será realizada até você responder à caixa de diálogo, mas você pode realizar outras tarefas enquanto a caixa de mensagem está aberta.

- **Nunca me notificar** É o equivalente a desligar o UAC. Qualquer usuário ou aplicativo pode realizar qualquer alteração no computador, sem restrições.

Com a configuração padrão, o Windows 10 solicita credenciais administrativas quando um usuário ou aplicativo inicia uma ação que modificará os arquivos de sistema. Não há por que alterar as configurações do Controle de Conta de Usuário, mas você pode.

Para alterar a configuração de Controle de Conta de Usuário

1. Na barra de tarefas ou na janela **Configurações**, insira **UAC** na caixa de pesquisa e então clique em **Alterar configurações de Controle de Conta de Usuário** nos resultados da pesquisa.

> ✓ **DICA** O ícone de segurança à esquerda do comando indica que credenciais administrativas são necessárias para completar a operação.

A janela Configurações de Controle de Conta de Usuário se abre.

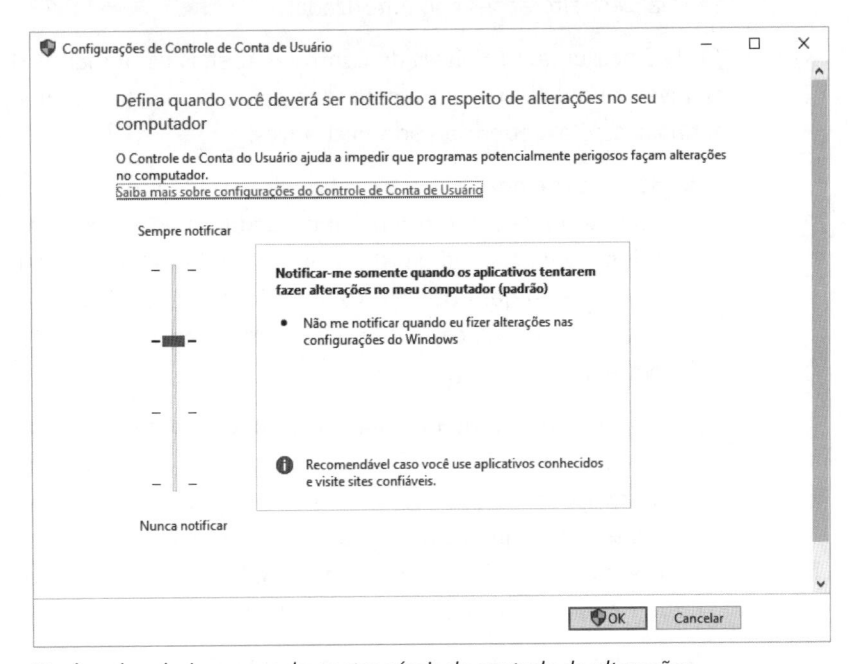

Você pode selecionar um de quatro níveis de controle de alterações

2. Clique acima ou abaixo do controle deslizante ou arraste-o para configurar o UAC como desejar e então clique em **OK**.

3. Na caixa de mensagem do **Controle de Conta de Usuário** que aparece, insira as credenciais administrativas, se necessário, e então clique em **OK**.

> ✓ **DICA** Você precisa ter entrado com uma conta de administrador para selecionar qualquer uma das configurações mais baixas. Se selecionar a configuração Nunca Notificar, vai ser preciso reiniciar o computador para completar o processo de desligar o UAC.

Crie e gerencie contas de usuário

Um administrador pode dar a outras pessoas acesso ao computador usando uma de três maneiras:

- Criar uma conta de usuário ligada a uma conta da Microsoft existente.
- Criar uma conta de usuário ligada a um endereço de email e registrar essa conta como sendo uma conta da Microsoft.
- Criar uma conta local que não está ligada a uma conta da Microsoft.

Toda conta de usuário possui um nome de conta de usuário associado e pode ter uma imagem da conta e uma senha. Qualquer usuário pode alterar os seguintes detalhes da sua conta:

- **Nome da conta** Você pode alterar o nome de exibição que aparece na tela de boas-vindas e menu Iniciar.
- **Imagem da conta** Você pode alterar a imagem que o identifica na tela de boas-vindas e menu Iniciar.
- **Senha** Você pode criar ou alterar a senha.

Se tiver credenciais administrativas, você pode alterar essas propriedades para qualquer conta de usuário. Você também pode alterar o tipo de conta, de Administrador para Usuário Padrão (desde que o computador continue a ter pelo menos uma conta de administrador) ou vice-versa.

Você cria contas no computador e designa níveis de permissão no painel Família e Outros Usuários da página da categoria Contas da janela Configurações.

> **IMPORTANTE** Todos os tipos de conta de usuário ficam visíveis no painel Família e Outros Usuários. Contudo, os processos para gerenciar contas familiares e contas não familiares são diferentes, então eles serão trabalhados separadamente nas seções a seguir para evitar confusões.

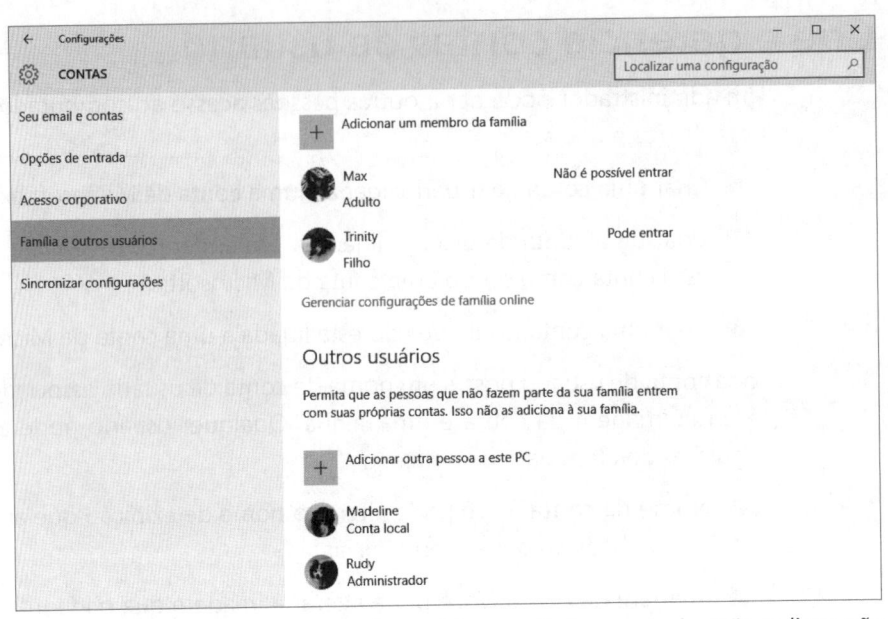

Você pode gerenciar outras contas de usuário a partir desse painel, então as listas não incluem a sua conta

Apenas administradores podem criar contas de usuário; caso tenha entrado com uma conta de usuário padrão, você não tem a opção de fazê-lo. Quando cria uma conta de usuário, você precisa designar se o usuário é ou não parte do seu grupo familiar.

Quando você adiciona uma conta de usuário pela primeira vez, ela é identificada nas listas pelo seu endereço de email ou pelo nome que você dá a ela. Você pode alterar o nome da conta de usuário (e excluir contas de usuário) a partir do nó Usuários do console Gerenciamento do Computador.

Se uma pessoa não vai mais entrar em um computador específico, seria uma boa ideia excluir sua conta de usuário. Isso limpa as listas de contas de usuário e recupera o espaço no disco rígido ocupado pelos dados desse usuário. Se não quiser excluir os dados da conta de usuário, você pode desabilitá-la em vez de excluí-la.

Gerencie contas de usuário no console Gerenciamento do computador

Algumas tarefas de gerenciamento de contas podem ser completadas a partir do painel de configurações Família e Outros Usuários, mas outras devem ser realizadas no nó Usuários do console Gerenciamento do Computador.

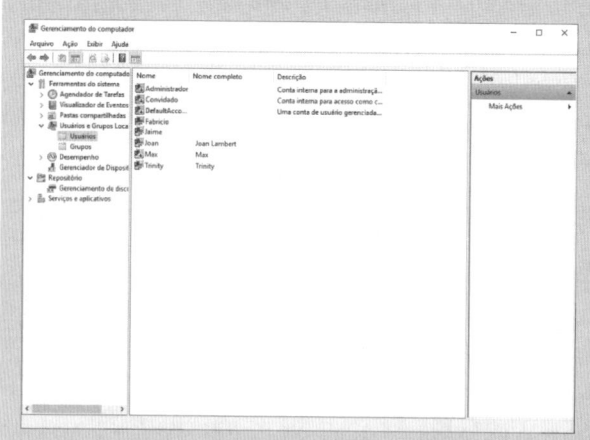

Alguns aspectos das contas de usuário não podem ser gerenciados a partir da janela Configurações

Para abrir o console Gerenciamento do computador, siga um destes passos:

- Clique com o botão direito do mouse no botão **Iniciar** e então clique em **Gerenciamento do Computador**.

- No menu **Iniciar**, clique em **Todos os aplicativos**. Na lista **Todos os Aplicativos**, expanda a pasta **Ferramentas Administrativas do Windows** e então clique em **Gerenciamento do Computador**.

- Digite gerenciamento do computador na caixa de pesquisa da barra de tarefas. Na seção **Aplicativos** dos resultados da pesquisa, clique em **Gerenciamento do Computador**.

Para abrir o nó Usuários, siga os passos abaixo no painel esquerdo do console:

1. Expanda a pasta **Ferramentas do Sistema**.
2. Expanda a pasta **Usuários e Grupos Locais**.
3. Clique na pasta **Usuários**.

Gerencie e monitore configurações de segurança para a família

A Microsoft Proteção para a Família é um sistema incrível que protege seus familiares mais jovens de acessarem acidentalmente conteúdos impróprios na Internet. Ela permite que você coloque restrições no uso do computador e fornece relatórios que você pode usar para identificar problemas. A Proteção para a Família foi introduzida com o Windows 7 e evoluiu com cada versão subsequente do sistema operacional. Se você já a utilizou no passado, seria uma boa ideia repassá-la agora para garantir que as configurações estão atualizadas e correspondem ao modo como seus filhos usam o computador.

Originalmente, a Proteção para a Família era um aplicativo no qual você podia registrar contas de usuário do computador específicas. Era necessário registrar uma criança em cada computador que ela usava e a Proteção para a Família fornecia relatórios separados para cada conta local. Desde então, a Proteção para a Família evoluiu e se transformou em um serviço online que monitora as atividades do seu filho em todos os dispositivos rodando o Windows nos quais ele entra.

O segredo do uso bem-sucedido da Proteção para a Família é que cada criança entre em computadores e dispositivos Windows 10 usando sua própria conta da Microsoft e que os pais designem essa conta como sendo uma conta de criança. A Proteção para a Família monitora e fornece relatórios sobre os sites que as crianças visitam, os aplicativos que usam, os jogos que jogam e o tempo que passam no computador após entrarem.

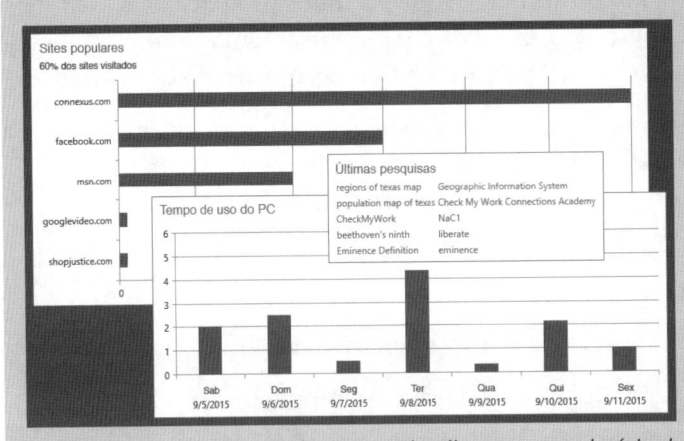

Você pode analisar as estatísticas em detalhes em um relatório de proteção para a família

> Você pode revisar o uso e modificar as configurações na página Família do seu site da Conta da Microsoft, ou diretamente através do site *familysafety.microsoft.com*, e optar por receber relatórios de atividades semanais por email. Na página Família, você pode escolher bloquear ou permitir sites ou conteúdos específicos, classificando-os para que as crianças tenham acesso apenas a informações apropriadas para a sua faixa etária.

Crie e gerencie contas de usuário familiar

Você pode designar uma conta de usuário como pertencendo a um familiar. Quando faz isso, a conta é adicionada ao seu grupo familiar. Os adultos do grupo familiar podem gerenciar as configurações de segurança da família online.

Para garantir a segurança dos seus filhos, todas as contas de usuário de familiares devem estar associadas a contas da Microsoft. Você não pode criar uma conta local no grupo Sua Família ou uma conta ligada a um endereço de email que ainda não está registrado como conta da Microsoft.

> ⚠ **IMPORTANTE** É preciso entrar no computador com uma conta de administrador para realizar qualquer um dos procedimentos a seguir.

Para criar uma conta de usuário familiar

1. Na janela **Configurações**, clique em **Contas** e então clique em **Família e outros usuários**.

2. No painel de configurações **Família e outros usuários**, clique em **Adicionar um membro da família** para iniciar o assistente.

3. Na página **Adicionar uma criança ou um adulto**, clique em **Adicionar uma criança** ou **Adicionar um adulto** e então insira o endereço da conta da Microsoft dessa pessoa na caixa **Insira os endereços de email deles**. Se a pessoa não tem um endereço de email, ou tem um endereço de email que ainda não foi registrado como uma conta da Microsoft, clique em **A pessoa que eu desejo adicionar não tem um endereço de email** e então pule para o procedimento "Para criar ou registrar uma conta da Microsoft" na seção "Gerencie configurações para qualquer conta de usuário" deste tópico.

4. Depois de inserir o endereço de email, clique em **Avançar**. O assistente pesquisa o banco de dados de contas da Microsoft em busca do endereço de email.

5. Se a conta de email já está registrada como uma conta da Microsoft, clique em **Confirmar** na página **Adicionar esta pessoa?** para adicioná-la ao grupo familiar e criar uma conta de usuário para ela no computador.

Ou

Se a conta de email ainda não está registrada como uma conta da Microsoft, o assistente exibe um aviso.

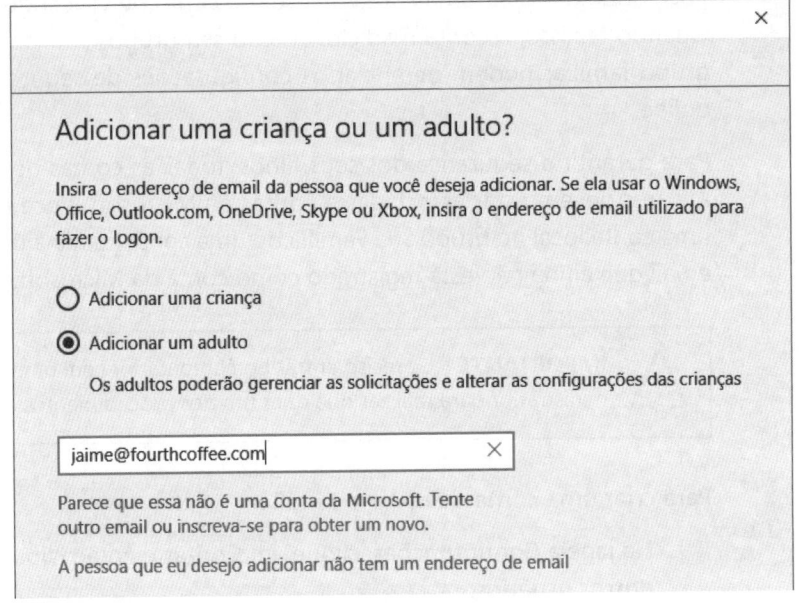

Toda conta familiar deve estar ligada a uma conta da Microsoft válida

Se o aviso aparecer, siga um destes passos:

- Insira um endereço de email registrado, clique em **Avançar** e então clique em **Confirmar** para criar a conta.

- Clique em **Inscreva-se para obter um novo** e então pule para o procedimento "Para criar ou registrar uma conta da Microsoft" na seção "Gerencie configurações para qualquer conta de usuário" deste tópico.

6. Quando você registra uma conta familiar de adulto, a pessoa recebe uma mensagem de email e precisa clicar em um link na mensagem e então entrar na sua conta da Microsoft para confirmar sua participação no grupo familiar.

O destinatário deve entrar para aceitar o convite

A pessoa poderá entrar no computador até a participação na família ser confirmada, mas o status da sua conta aparece como *Adulto, Pendente*.

Para alterar o nome de exibição de uma conta de usuário familiar

1. Exiba o nó **Usuários** do console **Gerenciamento do Computador**.

> **CONSULTE TAMBÉM** As instruções sobre como navegar até o nó Usuário do console Gerenciamento do Computador se encontram no quadro "Gerencie contas de usuário no console Gerenciamento do computador", anteriormente neste capítulo.

2. Siga um destes passos:

    - Para alterar o nome completo que aparece nas listas de contas de usuário, clique duas vez no nome da conta para abrir a caixa de diálogo **Propriedades**. A seguir, insira ou atualize o nome na caixa **Nome completo** e então clique em **Aplicar** ou **OK** para efetuar a alteração.

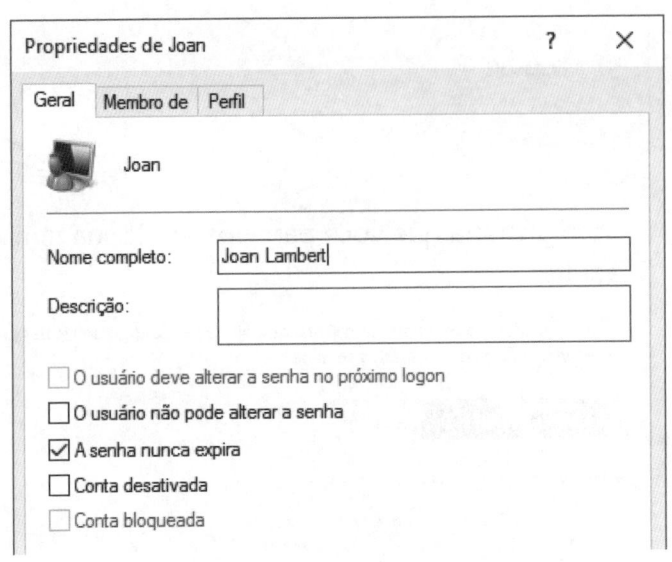

Você pode alterar o nome de exibição de uma conta de usuário familiar para usar algo que não seja o endereço de email da pessoa

- Para alterar o nome curto pelo qual o Windows identifica a conta, clique com o botão direito do mouse no nome da conta na lista **Usuários** e clique em **Renomear** para ativar o nome para edição. Insira o nome curto que deseja e pressione **Enter** para completar a alteração.

Para desabilitar uma conta de usuário familiar

1. Na página **Contas** da janela **Configurações**, clique em **Família e outros usuários**.

2. Na seção **Família** do painel **Família e outros usuários**, clique na conta que deseja desabilitar para exibir as opções para gerenciar a conta.

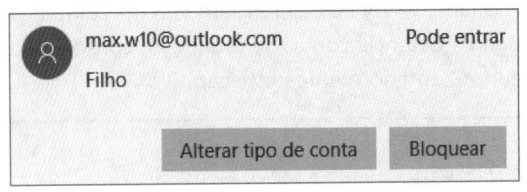

Se o usuário é um membro da família, você tem a opção de bloquear a conta

3. No bloco da conta, clique em **Bloquear**. O Windows exibe um pedido de confirmação.

4. Na caixa **Bloquear a entrada desta pessoa?**, clique em **Bloquear**.

Para habilitar uma conta de usuário familiar desabilitada

1. Na página **Contas** da janela **Configurações**, clique em **Família e outros usuários**.

2. Na seção **Família** do painel **Família e outros usuários**, clique na conta que deseja habilitar para exibir as opções para gerenciar a conta.

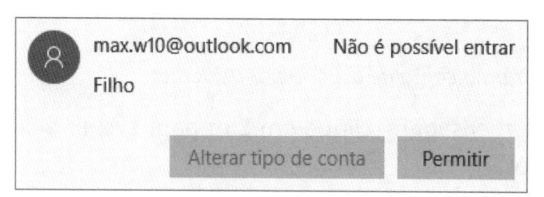

O botão Alterar Tipo de Conta esmaecido é um indicador rápido de que a conta foi desabilitada

3. No título da conta, clique em **Permitir**. O Windows exibe um pedido de confirmação.

4. Na caixa **Permitir a entrada desta pessoa?**, clique em **Permitir**.

Para excluir uma conta de usuário familiar

1. Confirme que o usuário moveu ou copiou arquivos pessoais das pastas da conta de usuário e desinstalou ou desativou quaisquer aplicativos que exijam essa ação para liberar a licença do usuário.

> **IMPORTANTE** Para preservar arquivos salvos nas pastas da conta de usuário, faça backup da pasta C:\Usuários\[NomedoUsuário] (onde [NomedoUsuário] é o nome da conta do usuário).

2. Exiba o nó **Usuários** do console **Gerenciamento do Computador**.

> **CONSULTE TAMBÉM** As instruções sobre como navegar até o nó Usuário do console Gerenciamento do Computador se encontram no quadro "Gerencie contas de usuário no console Gerenciamento do computador", anteriormente neste capítulo.

3. Clique com o botão direito do mouse na conta de usuário que deseja excluir e então clique em **Excluir**. Uma caixa de mensagem exibe um aviso.

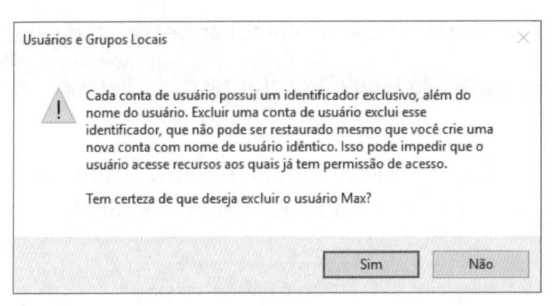

É difícil excluir uma conta de usuário por acidente

4. Na caixa de mensagem, clique em **Sim** para excluir a conta e todos os seus arquivos.

Crie e gerencie contas de usuário que não são parte da família

As contas no grupo Outros Usuários não estão associadas com seu grupo de proteção para a família. Essas contas podem pertencer a membros da sua família, é claro, mas não devem fazer parte do grupo que efetua as configurações de proteção para a família. As contas locais do computador somente podem ser criadas no grupo Outros Usuários.

> **IMPORTANTE** É preciso entrar no computador com uma conta de administrador para realizar qualquer um dos procedimentos a seguir.

Para criar uma conta de usuário que não é um familiar ligada a uma conta da Microsoft existente

1. Na janela **Configurações**, clique em **Contas** e então clique em **Família e outros usuários**.

2. Na seção **Outros usuários** do painel, clique em **Adicionar outra pessoa a este PC** para iniciar o assistente.

3. Na página **Como essa pessoa fará logon?**, insira o endereço da conta da Microsoft na caixa **Email ou telefone** e clique em **Próximo**.

   O assistente confirma que o endereço de email é uma conta da Microsoft registrada.

O usuário deve fornecer a senha da conta da Microsoft para entrar

CAPÍTULO 8   Gerenciamento de contas de usuário e configurações   **355**

4. Clique em **Concluir** para completar o processo.

Para criar uma conta de usuário local

1. Na página **Contas** da janela **Configurações**, clique em **Família e outros usuários**.

2. Na seção **Outros usuários** do painel, clique em **Adicionar outra pessoa a este PC** para iniciar o assistente.

3. Na parte inferior da página **Como essa pessoa fará logon?**, clique em **Não tenho as informações de entrada dessa pessoa**.

4. Na parte inferior da página **Vamos criar sua conta**, clique em **Adicionar um usuário sem uma conta da Microsoft** para abrir a interface para criar uma conta local.

Criar uma conta para este computador

Se você quiser usar uma senha, escolha algo que seja fácil de lembrar, mas difícil para outras pessoas adivinharem.

Quem usará este computador?

| Rudy |

Proteja-a.

| •••••••• |

| •••••••• |

| Minha palavra favorita | ✕ |

A dica de senha aparece na página inicial caso você não consiga lembrar sua senha

5. Insira um nome de usuário. Se não quiser criar uma senha para a conta local, deixe o resto das caixas em branco. Caso contrário, insira a senha (duas vezes) e uma dica de senha opcional. A seguir, clique em **Avançar** para criar a conta.

> ⚠ **IMPORTANTE** Se você não implementar uma senha, qualquer um poderá entrar no seu computador selecionando esta conta de usuário e clicando em Entrar. Os dados ficarão especialmente vulneráveis se costuma viajar com seu computador ou usá-lo em lugares públicos.

Para desabilitar uma conta de usuário que não é um familiar

1. Exiba o nó **Usuários** do console **Gerenciamento do Computador**.

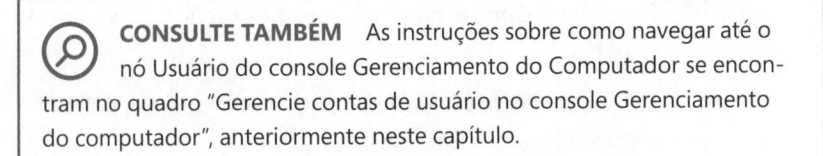

> **CONSULTE TAMBÉM** As instruções sobre como navegar até o nó Usuário do console Gerenciamento do Computador se encontram no quadro "Gerencie contas de usuário no console Gerenciamento do computador", anteriormente neste capítulo.

2. Clique duas vezes na conta que deseja desabilitar.
3. Na caixa de diálogo **Propriedades**, marque a caixa de seleção **Conta desativada**. A seguir, clique em **OK**.

Para habilitar uma conta de usuário não familiar desabilitada

1. Exiba o nó **Usuários** do console **Gerenciamento do Computador**.
2. Clique duas vezes na conta que deseja habilitar.
3. Na caixa de diálogo **Propriedades**, desmarque a caixa de seleção **Conta desativada**. A seguir, clique em **OK**.

Para excluir uma conta de usuário não familiar

1. Confirme que o usuário moveu ou copiou arquivos pessoais das pastas da conta de usuário e desinstalou ou desativou quaisquer aplicativos que exijam essa ação para liberar a licença do usuário.

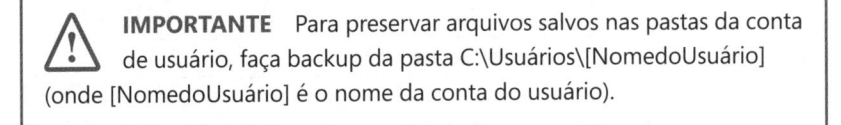

> **IMPORTANTE** Para preservar arquivos salvos nas pastas da conta de usuário, faça backup da pasta C:\Usuários\[NomedoUsuário] (onde [NomedoUsuário] é o nome da conta do usuário).

2. Exiba a janela **Configurações**, clique em **Contas** e então clique em **Família e outros usuários**.
3. Na seção **Outros usuários** do painel **Família e outros usuários**, clique na conta que deseja excluir para exibir as opções para gerenciar a conta.

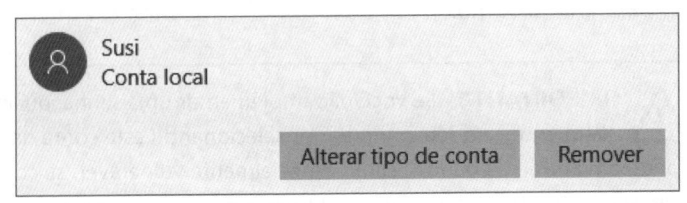

Você pode remover contas de usuários que não são familiares diretamente no painel Família e Outros Usuários

4. No bloco da conta, clique em **Remover**. O Windows exibe um pedido de confirmação.

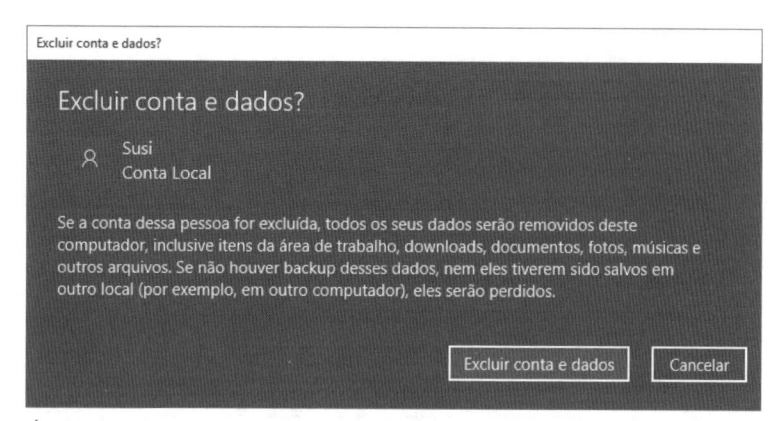

É preciso confirmar que você entende que está excluindo dados

5. Na caixa de mensagem, clique em **Excluir conta e dados**.

O Windows exclui a conta e então volta ao painel Outros Usuários.

Gerencie configurações para qualquer conta de usuário

O Windows 10 possui duas contas internas, Administrador e Convidado, às quais não há uma senha designada. Quando o Windows cria a primeira conta de administrador específica de um usuário, ele desabilita a conta Administrador padrão. A conta Convidado é inativa por padrão (e desabilitada em computadores que pertencem a um domínio). Você pode ativar a conta Convidado para dar a alguém acesso temporário e limitado ao seu computador sem ter que criar uma conta de usuário para a pessoa.

Outro método de dar a alguém acesso limitado é restringir a conta de modo que ela só possa acessar um aplicativo. A restrição de acesso funciona apenas com aplicativos da loja que já estejam instalados no seu computador.

Quando cria uma conta de usuário familiar ou não familiar, caso você não forneça um endereço de email, o assistente exibe uma página na qual você pode criar um novo endereço de email Outlook.com ou registrar um endereço de email existente como conta da Microsoft. O endereço de email fornecido receberá uma mensagem de confirmação e deve responder a ela para ativar a conta.

É fácil registrar um endereço de email como conta da Microsoft

Para ativar a conta Convidado interna

1. Exiba o nó **Usuários** do console **Gerenciamento do Computador**.

2. Clique duas vezes na conta **Convidado** desabilitada.

3. Na caixa de diálogo **Propriedades**, desmarque a caixa de seleção **Conta desativada**. A seguir, clique em **Aplicar** ou **OK**.

Para conceder permissões administrativas para uma conta

1. Na janela **Configurações**, clique em **Contas** e então clique em **Família e outros usuários**.

2. Clique na conta que deseja alterar para exibir suas opções, depois clique em **Alterar tipo de conta**.

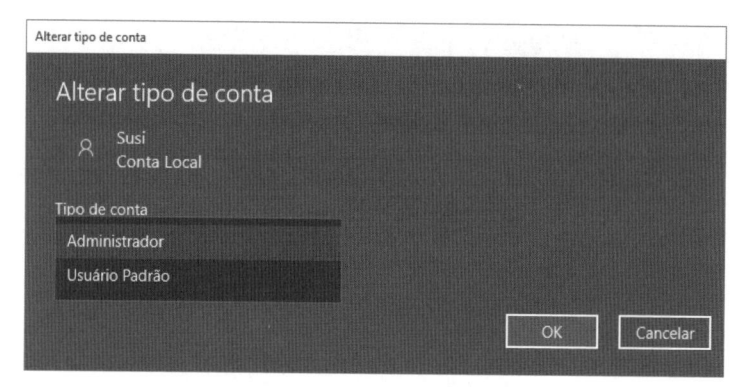

Qualquer conta pode ser uma conta de administrador

3. Na lista **Tipo de conta**, clique em **Administrador**. A seguir, clique em **OK**.

Para revogar permissões administrativas

1. Na categoria **Contas**, em Configurações, exiba o painel **Família e outros usuários**.

2. Clique na conta, depois clique em **Alterar tipo de conta**.

3. Na lista **Tipo de conta**, clique em **Usuário Padrão**. A seguir, clique em **OK**.

Para restringir uma conta a um aplicativo da Loja

1. Na categoria **Contas**, em Configurações, exiba o painel **Família e outros usuários**.

2. Na parte inferior do painel, clique em **Configurar acesso atribuído**.

3. Na área **Escolha qual conta terá acesso atribuído**, clique em **Escolha uma conta** (ou, caso o painel já exiba uma conta restrita, clique na conta).

4. Na área **Escolha qual aplicativo esta conta pode acessar**, clique em **Escolha um aplicativo** (ou clique no aplicativo selecionado atualmente). No painel **Escolha um aplicativo**, clique no aplicativo que deseja atribuir (ou clique em **Não inicie um aplicativo quando a conta é acessada** para remover o acesso atribuído).

5. Reinicie o computador para completar o processo de atribuição de acesso.

> **DICA** Quando entra no Windows 10 usando uma conta de acesso atribuído, você só pode acessar o aplicativo atribuído. Para sair de uma conta de acesso atribuído, pressione Ctrl+Alt+Del.

Para criar ou registrar uma conta da Microsoft

1. Na página **Vamos criar sua conta**, forneça as informações solicitadas e então clique em **Próximo**.

2. Se desejar, desmarque as caixas de seleção que permitem que a Microsoft envie e rastreie informações para fins de marketing. A seguir, clique em **Próximo**.

3. Na última página do assistente, clique em **Concluir**.

Para alternar de uma conta da Microsoft para uma conta local

1. Na janela **Configurações**, clique em **Conta** e então clique em **Seu email e contas**.

2. No painel de configurações **Seu email e contas**, clique em **Entrar com uma conta local**.

3. Na janela **Alternar para uma conta local**, insira sua senha da conta da Microsoft para confirmar sua identidade e então clique em **Avançar**.

4. Forneça um nome para a conta de usuário para a conta local. Se não quiser usar uma senha, deixe o resto dos espaços em branco. Caso o contrário, preencha as entradas de senha e dica de senha.

5. Clique em **Avançar** e então clique em **Sair e concluir**.

Para conectar uma conta local a uma conta da Microsoft

1. Exiba o painel de configurações **Seu email e contas** e clique em **Entrar com uma conta da Microsoft**.

2. Na página **Torne-a sua**, insira o endereço de email e a senha da sua conta da Microsoft e clique em **Entrar**.

3. Na página **Insira sua senha antiga uma última vez**, insira a senha da conta de usuário local que você está conectando à sua conta da Microsoft (se a conta de usuário local não tinha senha, deixe essa caixa em branco). A seguir, clique em Avançar.

4. Insira sua senha da conta local para confirmar sua identidade e depois clique em **Avançar**.

5. Insira seu email da conta da Microsoft e então clique em **Avançar**.

   Um código será enviado ao endereço de email, ou então você pode abrir a lista abaixo da pergunta sobre como deseja obter o código e optar por recebê-lo em uma mensagem de texto. Após receber o código, retorne a esse processo e insira-o na caixa apropriado. A seguir, clique em **Concluir**.

   > **DICA** O código de verificação chega rapidamente e somente é válido por um breve período, então confira sua caixa de entrada ou mensagens de texto para obter o código e conclua o processo de criação da conta rapidamente. Se o código expirar antes de você completar o processo, clique no botão Voltar na página do código e solicite um novo código.

6. Clique em **Sair e concluir** para voltar ao seu perfil, onde poderá adicionar uma imagem da conta à sua conta local.

Gerencie imagens e senhas de conta

Como discutido anteriormente, você pode entrar no Windows 10 usando uma conta da Microsoft ou uma conta local.

Cada conta de usuário possui uma imagem da conta de usuário associada exibida na tela de boas-vindas, no alto do menu Iniciar, nas barras de título de aplicativos e janelas de navegador nos quais você entrou e em outros lugares. Se você entra no Windows usando suas credenciais de conta da Microsoft, o Windows exibe a imagem da conta de usuário associada à conta. Se entra usando uma conta local, você pode associar uma imagem com a conta no computador. Até associar uma imagem com qualquer um dos tipos de conta, a conta do computador exibe uma imagem de conta temporária (um ícone de cabeça e ombros) onde quer que a imagem da conta apareceria normalmente.

PARTE III   Nos bastidores

Imagem de conta de usuário ── Joan Lambert ── Botão de conta do usuário

Alterar configurações da conta
Bloquear
Sair

── Imagem de conta temporária

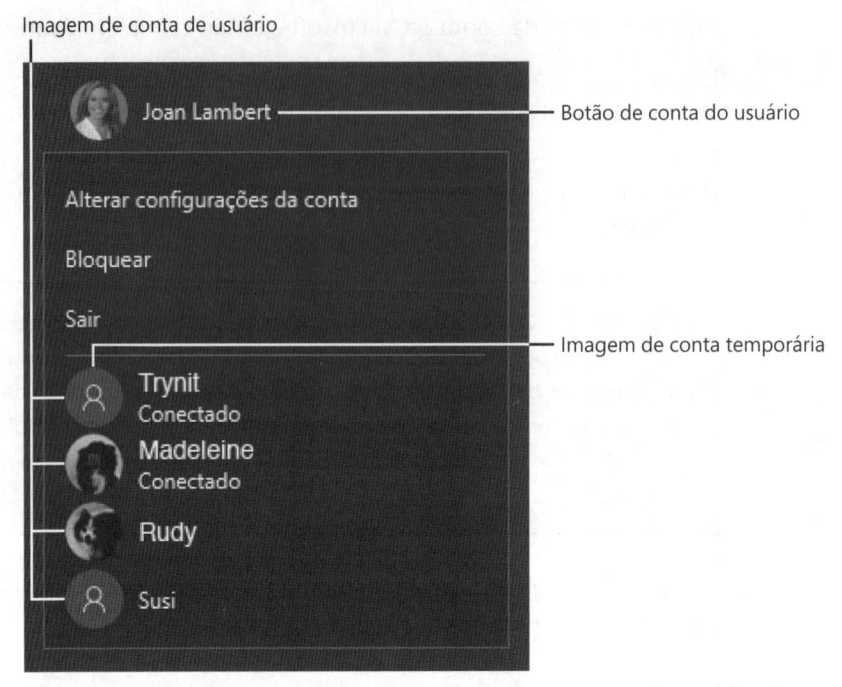

Trynit
Conectado

Madeleine
Conectado

Rudy

Susi

Clicar no botão da sua conta de usuário exibe todas as contas de usuário ativas

É fácil adicionar ou alterar a imagem da conta, independentemente de você ter entrado com uma conta da Microsoft ou uma conta local, em qualquer computador no qual entrar.

Versões anteriores do Windows forneciam diversas opções padrão para serem usadas como imagem da conta de usuário, representando diversos animais, esportes e interesses. O Windows 10 não fornece nenhuma imagem de conta, mas oferece a opção de tirar uma foto caso o computador possua uma webcam. Você pode usar arquivos .bmp, .gif, .jpg ou .png como imagens de conta de usuário. A imagem original pode ter qualquer tamanho ou formato, mas o Windows 10 a exibe como um círculo, então quando for selecioná-la, mantenha em mente que ela será recortada em formato quadrado e depois perderá seus cantos.

> ⚠ **IMPORTANTE** A transformação das imagens de conta de usuário de quadradas para circulares foi fortemente rejeitada por usuários do Windows 10 e de dispositivos móveis com Windows 10, em parte porque os cantos são retirados das imagens, mas também parte porque ícones circulares não se organizam lado a lado facilmente na tela. Quando você for ler este livro, talvez imagens quadradas sejam o novo padrão, ou pelo menos uma opção para os usuários.

Todas as contas da Microsoft têm senhas. Se você entra no Windows ou em qualquer site usando suas credenciais da conta da Microsoft, precisa usar a mesma senha sempre que faz logon (o nome da conta de usuário e a senha, juntos, são chamados de *credenciais*). As contas locais podem ou não ter senhas. Se você não armazena ou acessa informações pessoais no seu computador, a senha não é essencial. Contudo, nunca é uma má ideia ter uma senha. Você pode adicionar uma senha (e uma dica de senha opcional) a uma conta local ou alterar a senha, e também pode alterar sua senha da Microsoft. Alterar sua senha da conta da Microsoft a altera em todos os computadores, sites e serviços.

Se vai se dar ao trabalho de proteger sua conta de usuário com uma senha, escolha algo que seja difícil de adivinhar. Uma senha forte tem pelo menos oito caracteres, não contém nomes ou palavras que poderiam estar no dicionário e contém pelo menos um caractere maiúsculo, um minúsculo, um número e um sinal de pontuação.

> **IMPORTANTE** Se alterar sua senha de conta da Microsoft e então entrar em um computador que não conseguiu se conectar ao banco de dados de contas da Microsoft desde antes de você alterá-la, o computador não conseguirá confirmar sua nova senha e pedirá que entre com a última senha que usou nele.

Quando atribui uma senha a uma conta de usuário local, você também pode salvar uma dica de senha. O Windows exibe a dica de senha na tela de boas-vindas depois que você insere uma senha incorreta.

Cada usuário do computador gerencia sua própria imagem da conta e senha. As informações nesta seção pressupõem que você está trabalhando com a própria conta.

Para exibir o painel de configurações Seu Email e Contas

1. Siga um destes passos:

    - Na parte superior do menu **Iniciar**, clique no botão da conta de usuário e então clique em **Alterar configurações da conta**.

    - Na janela **Configurações**, clique em **Contas** e então clique em **Seu email e contas**.

    O conteúdo do painel Seu Email e Contas varia com base em você ter entrado com uma conta da Microsoft ou uma conta de usuário local e quais imagens foram associadas com a conta no computador.

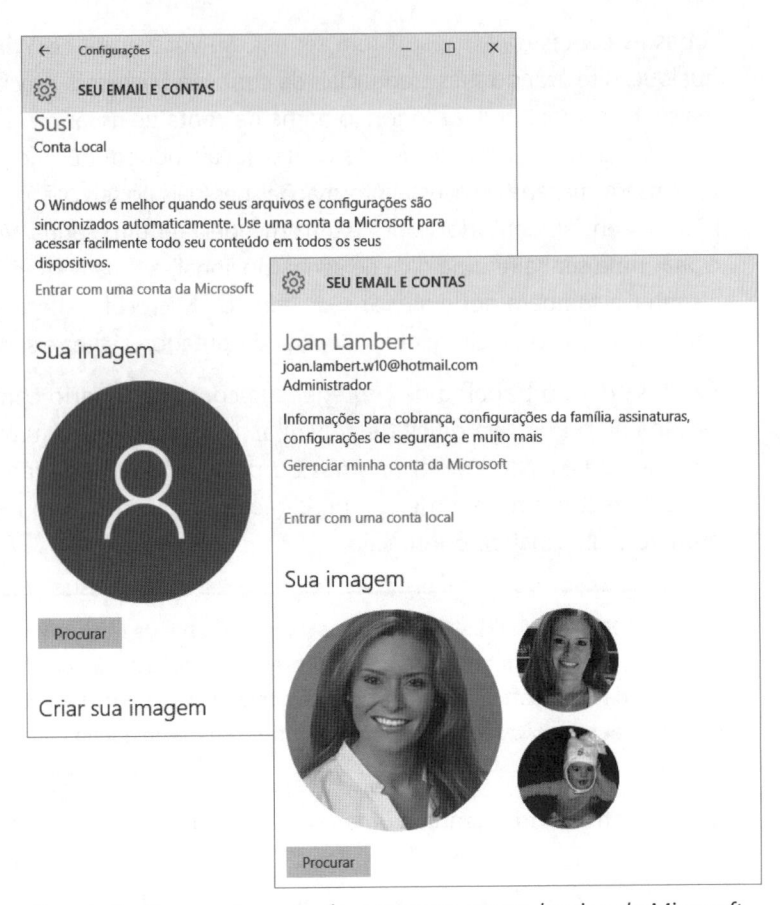

Os painéis de gerenciamento de conta para contas locais e da Microsoft

Para definir ou alterar a imagem da sua conta de usuário

1. Se planeja usar uma imagem existente, considere a possibilidade de revisá-la e editá-la antes de proceder para confirmar que ela será exibida corretamente no espaço disponível.
2. Exiba o painel de configurações **Seu email e contas**.

3. Siga um destes passos:

- Se deseja selecionar uma imagem usada anteriormente, clique na imagem na seção **Sua imagem**.

- Se deseja selecionar uma imagem não mostrada na seção **Sua imagem**, clique no botão **Procurar**. A seguir, na caixa de diálogo **Abrir**, localize e selecione a imagem que deseja usar e clique no botão **Escolher imagem**.

> ⚠️ **IMPORTANTE** Na época da redação deste livro, não era possível modificar a parte da foto que o Windows seleciona. Os usuários do Windows têm solicitado esse recurso, então talvez seja possível modificar a seleção quando você estiver lendo este livro.

- Se quer capturar uma imagem, na seção **Criar sua imagem**, clique no botão **Câmera**. (Se o aplicativo Câmera do Windows perguntar se você permite que ele acesse seu local, clique em **Sim** ou em **Não**.) Ajuste a câmera, você mesmo e o fundo como achar necessário e então clique no ícone da câmera para tirar a foto.

Para definir ou alterar a imagem da sua conta da Microsoft

1. Exiba o painel de configurações **Seu email e contas**.

2. Clique em **Gerenciar minha conta da Microsoft** para exibir sua home page da conta da Microsoft.

3. Clique em **Suas informações** na barra de menus ou clique na sua imagem da conta.

4. Na página **Suas informações**, siga um destes passos:

    - Para configurar a imagem inicialmente, clique em **Nova imagem**.

    - Para alterar a imagem existente, clique em **Alterar imagem**. Na próxima página, clique no botão **Nova imagem**.

5. Na caixa de diálogo **Abrir**, localize e selecione a imagem que deseja utilizar e então clique em **Abrir**.

6. Na página **Suas informações**, arraste qualquer uma das alças da figura para redimensionar o círculo e arraste o círculo para alterar a parte da imagem exibida. O alvo marca o centro da imagem.

Para adicionar uma senha para uma conta de usuário local

1. Na janela **Configurações**, clique em **Contas** e então clique em **Opções de entrada**.

2. Na seção **Senha**, clique em **Adicionar**.

3. Na página **Criar uma senha**, insira e reinsira a senha que deseja utilizar. Insira uma dica de senha se quiser ser capaz de ver uma na página inicial e então clique em **Próximo**.

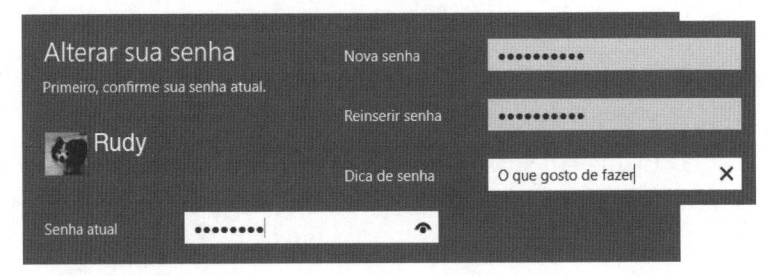

4. Clique em **Concluir**.

Para alterar a senha da conta de usuário local

1. Na janela **Configurações**, clique em **Contas** e então clique em **Opções de entrada**.

2. Na seção **Senha**, clique em **Alterar**.

3. Na página **Alterar sua senha**, insira sua senha atual e então clique em **Próximo**.

4. Na segunda página **Alterar sua senha**, insira e reinsira a senha que deseja utilizar. Insira uma dica de senha se quiser ser capaz de ver uma na página inicial e então clique em **Próximo**.

Não há restrições sobre a reutilização de senhas locais

5. Na última página **Alterar sua senha**, clique em **Concluir**.

Para alterar a senha de conta da Microsoft

1. Exiba a página de configurações **Opções de entrada**.

2. Na seção **Senha**, clique em **Alterar**.

3. Na página **Insira a senha novamente** que exibe seu nome da conta da Microsoft, insira a senha atual da conta da Microsoft e clique em **Entrar**.

4. Na página **Alterar sua senha da conta da Microsoft**, insira sua senha atual e depois insira e reinsira a nova senha.

> ⚠️ **IMPORTANTE** A nova senha não pode ter sido usada antes. O sistema de redefinição de senha não permite que você insira uma senha usada anteriormente.

Se não tiver certeza que inseriu a senha corretamente, pressione e mantenha pressionado o ícone do olho na extremidade direita da caixa de entrada para exibir a senha temporariamente.

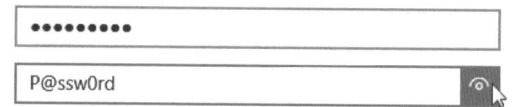

```
•••••••••
```
```
P@ssw0rd                    👁
```

Mantenha pressionado o ícone do olho para exibir a senha

5. Quando estiver satisfeito com a nova senha, clique em **Avançar**.
6. Na página de confirmação da alteração da senha, clique em **Concluir**.

Além da confirmação na tela, a Microsoft envia um email de confirmação para o endereço de email da sua conta da Microsoft e para todos os endereços que você forneceu como contatos secundários para a conta.

Personalize suas opções de entrada

Cada usuário gerencia as opções de senha e entrada de sua própria conta. Este tópico trabalha as ações que você pode realizar com a sua conta de usuário, não com as contas de usuário de outras pessoas.

Se (e apenas se) sua conta de entrada possui uma senha, você pode criar opções de entrada alternativas em cada computador no qual faz logon. Essas opções de entrada incluem:

- **Número de identificação pessoal (PIN, Personal Identification Number)** Um número (de pelo menos quatro dígitos) que você insere no lugar da senha.
- **Senha com imagem** Uma imagem que você escolhe e na qual pode realizar uma combinação de gestos específica. O Windows divide a imagem em uma grade de 100x100 e analisa seu padrão de gestos selecionado nas coordenadas de grade apropriadas. Você pode realizar os gestos diretamente em uma tela sensível ao toque ou usando um mouse.

> ⚠️ **IMPORTANTE** Alguns críticos afirmam que a senha com imagem não é muito segura, pois as pessoas tendem a fazer o óbvio em qualquer imagem. Por exemplo, na imagem de uma pessoa, as pessoas tocam nos olhos e desenham uma linha sobre a boca. Quando criar uma senha baseada em gestos, é importante que você tente fazer algo menos óbvio.

- **Windows Hello** Identificação biométrica através de impressões digitais, facial ou reconhecimento da íris. Esse recurso somente está disponível em computadores com hardware de identificação biométrica, como um leitor de impressão digital externo ou interno.

Depois que criou uma opção de entrada com PIN ou senha com imagem, a página inicial muda para oferecer sua nova opção por padrão. Também há um link Opções de Entrada na página, então se esquecer seu PIN ou os gestos específicos da sua senha com imagem, você sempre pode entrar usando sua senha.

Além de controlar as opções de entrada, cada usuário que entra com credenciais de conta da Microsoft pode escolher sincronizar suas configurações em todos os computadores em que entra com essas credenciais. É um recurso muito legal depois que você o configura e se acostuma com ele. Você pode sincronizar os seguintes grupos de configurações:

- **Tema** Tela de fundo da área de trabalho, cores e sons
- **Configurações do navegador da web** Sites favoritos e pesquisas recentes
- **Senhas** Senhas que você salvou para sites específicos
- **Preferências de idioma** Pacotes de idiomas instalados, configurações de data e hora regionais e idioma do teclado
- **Configurações de Facilidade de Acesso** Narrador e outras ferramentas de acessibilidade
- **Outras configurações do Windows** A configuração da sua tela inicial e diversas outras configurações para as quais não encontramos uma descrição clara e simples

Quando você possui um leitor de impressão digital ou outro hardware biométrico instalado no seu computador, o painel das configurações de Opções de Entrada inclui a categoria Windows Hello. Na época da redação deste livro, era preciso criar um PIN antes de poder configurar o método de autenticação *Windows Hello*.

CAPÍTULO 8   Gerenciamento de contas de usuário e configurações   369

Senha

Altere a senha de sua conta

[Alterar]

PIN

Você pode usar este PIN para entrar no Windows, em aplicativos e em serviços.

[Alterar]   Esqueci meu PIN

Windows Hello

Entrar no Windows, nos aplicativos e nos serviços usando

Impressão digital

[Adicionar outra]   [Remover]

A categoria Windows Hello lista os leitores biométricos instalados no seu computador

> ⚠ **IMPORTANTE** Na época da redação deste livro, os leitores biométricos não eram muito comuns em computadores pessoais e de empresas, mas nossa expectativa é que esse cenário mude com o desenvolvimento de novos hardwares criados especificamente para o Windows 10. Nós documentamos os procedimentos atuais para configurar uma senha com impressão digital, mas os procedimentos do Windows Hello podem ser alterados junto com o hardware.

Quando você possui múltiplas opções de entrada configuradas para a sua conta, a tela de boas-vindas exibe a opção de entrada configurada mais recentemente por padrão. Você pode alternar entre as diversas opções de entrada na tela de boas-vindas.

> ⚠ **IMPORTANTE** Você pode realizar os procedimentos a seguir apenas para a própria conta (ou a conta que está logada no momento).

Para criar um PIN

1. Abra a janela **Configurações**, clique em **Contas** e então clique em **Opções de entrada**.

2. No painel de configurações **Opções de entrada**, na seção **PIN**, clique no botão **Adicionar**.

3. Na janela **Insira a senha novamente**, insira a senha da sua conta e clique em **Entrar** para abrir a janela **Configurar um PIN**.

4. Insira um número de identificação pessoal com pelo menos quatro dígitos nas caixas **Novo PIN** e **Confirmar PIN**.

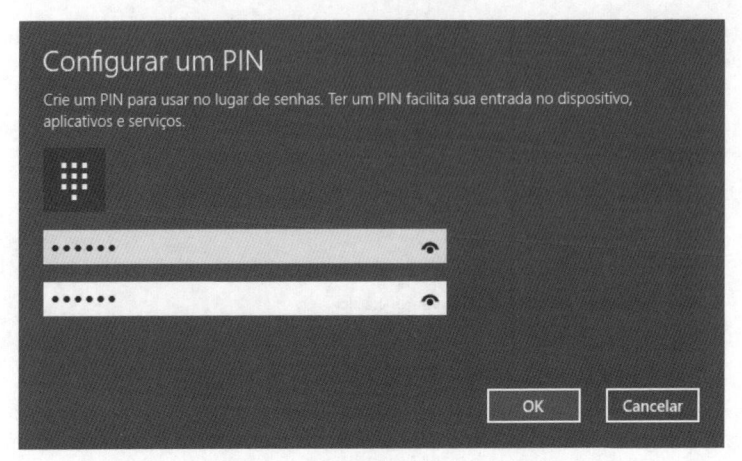

Você pode clicar no ícone do olho para verificar suas entradas

5. Na janela **Configurar um PIN**, clique em **OK** para criar seu PIN e disponibilizar a opção de entrada por PIN na tela de boas-vindas.

Para alterar um PIN

1. No painel de configurações **Opções de entrada**, na seção **PIN**, clique no botão **Alterar**.

2. Na caixa **PIN**, insira seu PIN atual para validar suas credenciais.

3. Insira o novo número de identificação pessoal (mínimo de quatro dígitos) nas caixas **Novo PIN** e **Confirmar PIN** e clique em **OK**.

Para configurar a autenticação por impressão digital do Windows Hello

1. Crie um PIN.

2. No painel de configurações **Opções de entrada**, na seção **Windows Hello**, clique no botão **Adicionar** para iniciar o assistente de configuração do Windows Hello e então clique em **Iniciar**.

> **DICA** O título Windows Hello aparece apenas se o seu sistema de computador inclui um leitor biométrico compatível.

3. Posicione a parte que vai da ponta à primeira articulação de qualquer dedo sobre o leitor de impressão digital. Mantenha o dedo firme, fazendo uma leve pressão, e movimente-o para a esquerda e a direita sem

CAPÍTULO 8   Gerenciamento de contas de usuário e configurações

movê-lo de lugar, para que o leitor consiga visualizar uma área maior do dedo.

Depois que o leitor detecta uma impressão digital utilizável, ele pede que você repita o procedimento, usando o mesmo dedo, até obter cerca de quatro boas leituras.

Você precisa confirmar o método de autenticação várias vezes

4. Depois que o Windows registra a impressão digital, você pode adicionar outra impressão digital imediatamente clicando em **Adicionar outra** e repetindo o passo 3.

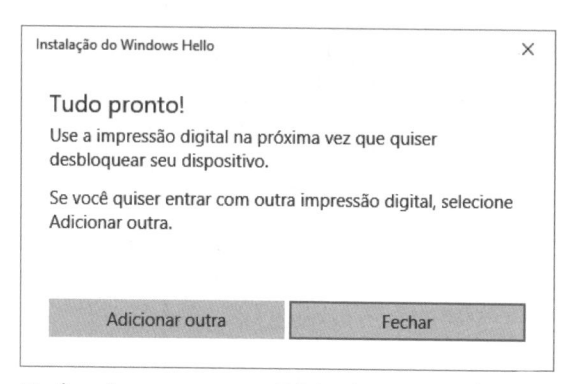

Você pode armazenar múltiplas impressões digitais e entrar com qualquer uma delas

Para criar uma senha com imagem

1. No painel **Opções de entrada**, na seção **Senha com imagem**, clique no botão **Adicionar** para iniciar o assistente Senha com Imagem. O assistente possui uma imagem de tela de fundo de flores roxas sobre um campo verde.

2. Na caixa de diálogo **Criar uma senha com imagem**, insira sua senha da conta e clique em **OK** para confirmar sua identidade.

3. O assistente demonstra três gestos permitidos contra a tela de fundo florida. Depois de se familiarizar com os gestos, clique no botão **Escolher imagem**.

4. Na caixa de diálogo **Abrir**, navegue e selecione a imagem que deseja utilizar e então clique em **Abrir** para substituir a imagem da tela de fundo do assistente. Arraste a imagem para ajustá-la no espaço disponível e depois clique em **Usar esta imagem**.

5. Decida uma combinação de três toques, linhas e círculos que será capaz de lembrar de forma consistente e então faça-as na imagem. O assistente altera o número no painel esquerdo à medida que você realiza cada gesto.

Escolha uma imagem que inclui objetos que podem ser usados para posicionar corretamente seus gestos

6. Repita os três gestos quando o assistente lhe pedir e então clique no botão **Concluir**.

CAPÍTULO 8 Gerenciamento de contas de usuário e configurações **373**

Para alterar os métodos de autenticação na tela de boas-vindas

1. Na tela de boas-vindas que exibe o nome da sua conta de usuário, clique no link **Opções de entrada** para exibir um ícone para cada método de entrada que você configurou.
2. Clique no ícone do método de entrada que deseja usar.

Para configurar a sincronização de configurações entre computadores

1. Na janela **Configurações**, clique em **Contas** e então em **Sincronizar configurações**.
2. No painel de configurações **Sincronizar configurações**, coloque o botão de alternância **Configurações de sincronização** na posição **Ativado**.

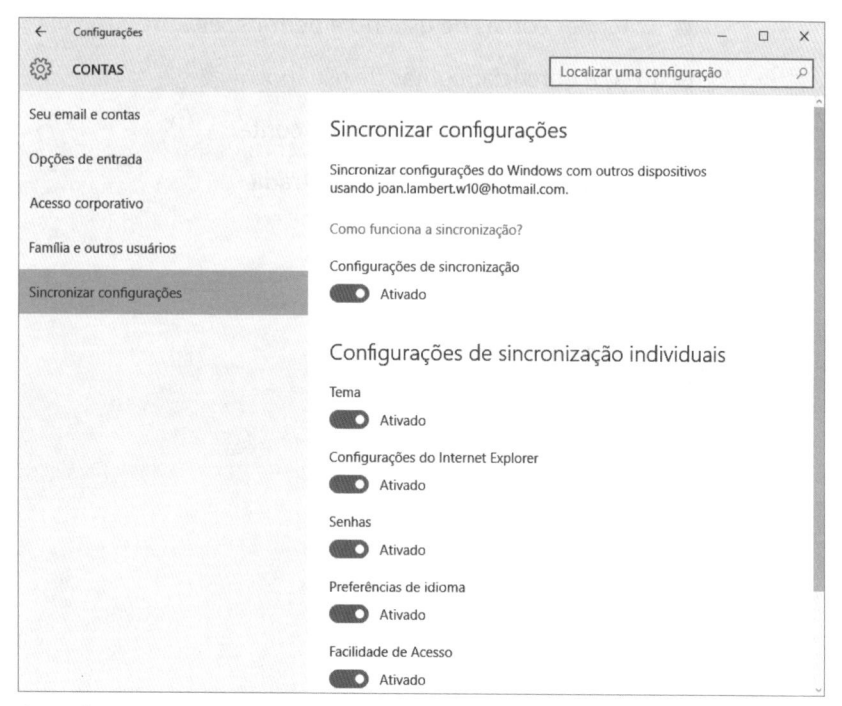

Quando a sincronização está ativada, todos os elementos são sincronizados por padrão

3. Considere os computadores nos quais entra com as credenciais da sua conta da Microsoft atual. A seguir, na seção **Configurações de sincronização individuais**, faça o seguinte:

  - Coloque o botão de alternância na posição **Ativado** para cada configuração que deseja sincronizar com este computador e a partir dele.

  - Coloque o botão de alternância na posição **Desativado** para cada configuração que deseja manter independente neste computador.

Revisão

Neste capítulo, você aprendeu a:

- Entender contas de usuário e permissões
- Criar e gerenciar contas de usuário
- Gerenciar imagens e senhas de conta
- Personalizar suas opções de entrada

Tarefas práticas

Os arquivos de prática para estas tarefas se encontram na pasta Win10PAP\Cap08.

Entenda contas de usuário e permissões

Não há tarefas práticas para este tópico.

Crie e gerencie contas de usuário

Exiba o painel de configurações Família e outros usuários e então realize as seguintes tarefas:

1. Crie uma conta de usuário local com o nome **Duke** que não é parte do seu grupo familiar.
2. Desabilite a conta e confirme que ela não aparece mais no painel de configurações Família e outros usuários.
3. Ative a conta interna **Convidado**.
4. Habilite a conta **Duke** para uso na próxima tarefa prática.
5. Confirme que as contas **Duke** e **Convidado** aparecem no painel de configurações Família e outros usuários.
6. Verifique as permissões da conta **Duke** e confirme que ela é uma conta de **Usuário Padrão**.

Gerencie imagens e senhas de conta

Realize as seguintes tarefas:

1. Do menu de conta de usuário no topo do menu **Iniciar**, troque para a conta **Duke** e entre no computador.
2. Abra a janela **Configurações**, clique em **Contas** e então clique em **Seu email e contas** para exibir os dados da conta do Duke.
3. Adicione uma imagem de conta à conta Duke. Escolha uma das imagens de **conta** na pasta dos arquivos de prática.
4. Adicione uma senha à conta do Duke.
5. Bloqueie o computador e entre como Duke, usando a senha.

Personalize suas opções de entrada

Realize as seguintes tarefas:

1. Entre usando a conta Duke criada na tarefa anterior ou, caso deseje configurar suas próprias opções de entrada, entre usando sua conta.

2. Abra a janela **Configurações**, clique em **Contas** e então clique em **Opções de entrada** para exibir as opções de entrada disponíveis para a conta.

3. Crie um PIN para usar em vez da senha atual para entrar no computador.

4. Bloqueie o computador.

5. Remova a tela de bloqueio e então entre usando o PIN.

6. Se o seu computador possui um sistema de identificação biométrica compatível com o Windows Hello, crie uma autenticação de entrada do Windows Hello. A seguir, bloqueie o computador, remova a tela de bloqueio e entre usando o Windows Hello.

7. Crie uma senha com imagem para você usar para entrar no computador. Use uma das imagens de **senha** na pasta dos arquivos de prática.

8. Bloqueie o computador.

9. Remova a tela de bloqueio. Na tela de boas-vindas, clique no link **Opções de entrada** e observe os ícones que representam os métodos de autenticação disponíveis.

10. Entre usando a senha com imagem. Se desejar, altere a senha com imagem para usar uma das suas próprias imagens.

11. Exiba o painel **Sincronizar configurações**. Revise os elementos que pode sincronizar entre os computadores e considere quais deles seriam ou não úteis (se entrou como Duke, você não poderá modificar as configurações de sincronização, pois esta é uma conta local).

12. Se tem uma conta da Microsoft e deseja modificar as configurações de sincronização da conta, entre usando sua própria conta, volte ao painel **Sincronizar configurações** e modifique as configurações para adaptá-las às suas necessidades.

Gerenciamento das configurações do computador 9

No Windows 10, o gerenciamento das configurações do computador está migrando gradualmente do Painel de Controle, mais complexo, para a janela Configurações, de aparência mais simples. Essa migração apoia o desenvolvimento do Windows 10 como um sistema de plataforma cruzada que opera igualmente bem em telas grandes e pequenas. A janela Configurações organiza páginas específicas para cada função em nove categorias que, devido à simplificação dos títulos das categorias, nem sempre são autoexplicativas. A organização não é totalmente diferente daquela encontrada no Windows 8.1, Windows 7 e versões anteriores do Windows, mas é diferente o suficiente para que os usuários de versões anteriores do Windows precisem de um pouco de tempo para se acostumar. Os usuários devem conferir a janela Configurações antes; se a configuração desejada não estiver ali, provavelmente será fornecido um link para o seu local no Painel de Controle.

> **DICA** Pressupomos que as configurações continuarão a migrar durante as próximas atualizações do Windows, até que a janela Configurações seja a interface principal para gerenciar configurações de dispositivos desktop ou móveis.

Em capítulos anteriores, trabalhamos com as configurações da interface do usuário. Neste capítulo, trabalhamos com configurações que controlam o comportamento fundamental do computador.

Este capítulo apresenta os procedimentos relacionados a gerenciar configurações de data e hora, configurações regionais e de idioma e de fala, além de personalizar a exibição do conteúdo na tela.

Neste capítulo

- Gerencie configurações de data e hora
- Gerencie configurações regionais e de idioma
- Gerencie configurações de fala
- Personalize as configurações de exibição do dispositivo

Arquivos de prática

Nenhum arquivo de prática será necessário para concluir as tarefas práticas deste capítulo.

Gerencie configurações de data e hora

Seu sistema de computador possui um relógio interno que controla a data e a hora (no nível de incrementos contados em nanossegundos), mesmo quando o computador está desligado. Por padrão, o Windows 10 exibe a data e a hora do sistema na área de notificação na extremidade direita da barra de tarefas, e a maioria dos usuários consulta essas informações com frequência.

O relógio da barra de tarefas não exibe a hora até o último nanossegundo. Programaticamente, no entanto, quando uma ferramenta ou aplicativo do sistema captura o tempo ou a duração, ele normalmente é preciso entre 1 milissegundo e 100 nanossegundos, dependendo da plataforma de hardware e da linguagem de programação. Essa precisão pode ser muito importante em alguns casos. Programas de comunicação e calendário se coordenam com o relógio interno para nos mantermos dentro do horário e concentrados em nossas tarefas, mas, acima de tudo, aplicativos e ferramentas de sistema usam esse relógio para monitorar e gerenciar eventos no seu computador.

Para ajudar a manter a precisão da data e da hora usadas no computador, o relógio fica configurado para sincronizar automaticamente com um servidor de horário da Internet a cada sete dias. Os servidores de horário na Internet transmitem o Tempo Universal Coordenado atual para o seu computador. Esse tempo é conhecido pela sigla *UTC*, um acrônimo baseado em um meio-termo entre o nome francês e o inglês. O UTC é um padrão baseado no Tempo Atômico Internacional que corresponde à hora no Observatório Real em Greenwich, Inglaterra. O UTC tem no máximo um segundo de diferença da Hora Média de Greenwich (GMT). Se o seu computador não está localizado no fuso horário UTC/GMT, é preciso alterar a configuração de fuso horário para que ele exiba a hora correta. Se o seu computador está em uma região que participa do horário de verão, também é preciso indicar esse fato para que ele alterne entre a hora padrão e o horário de verão nos dias apropriados.

> **DICA** Se seu computador está conectado a uma rede com um domínio, o servidor do domínio sincroniza com um servidor de horário e seu computador sincroniza com o servidor do domínio.

Quando você instala o Windows 10, ele pede que selecione um fuso horário. Caso se mude ou viaje com seu computador, é fácil mudar o fuso horário. Se quiser acompanhar a hora em um fuso horário diferente, é possível configurar o Windows para exibir até três relógios; por exemplo, se trabalha em um escritório regional, talvez você queira saber a hora na matriz. A barra de tarefas

CAPÍTULO 9   Gerenciamento das configurações do computador

exibe o relógio primário, enquanto os relógios adicionais podem ser exibidos em uma Dica de Tela ou no painel calendário.

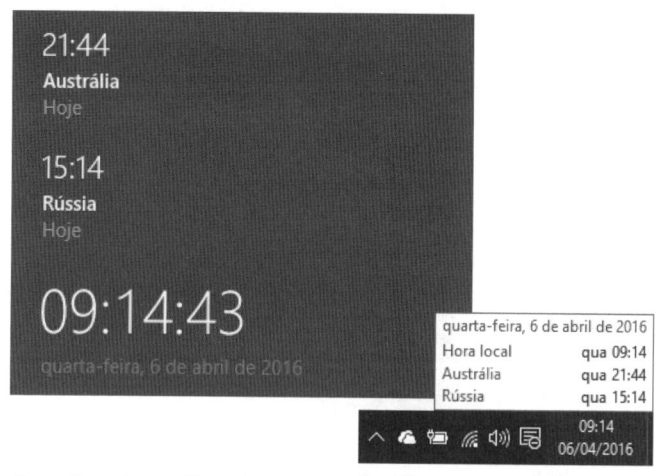

Consulte a hora, dia e data em outros locais rapidamente

Se precisar exibir o horário de mais de três locais, você pode fazer isso na página Relógio Mundial do aplicativo interno Alarmes e Relógio.

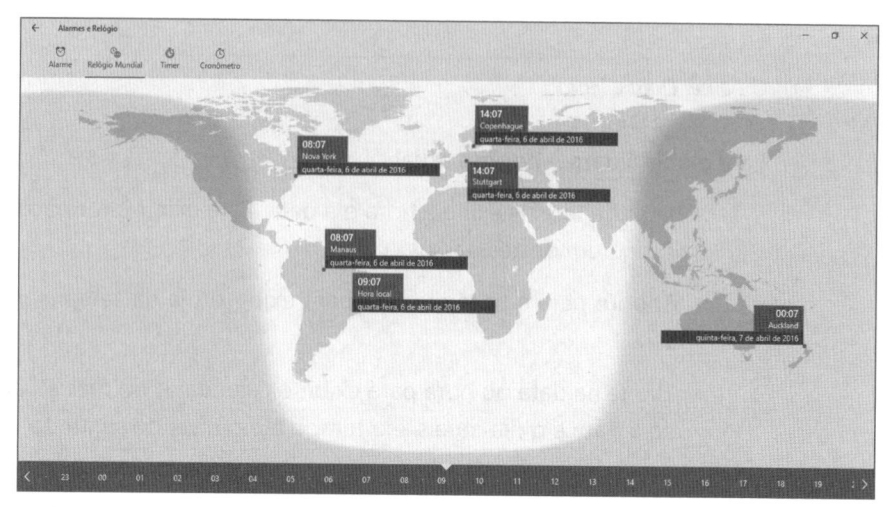

Assista o mundo girar no aplicativo Alarmes e Relógio

Você pode gerenciar a data, hora, fuso horário, horário de verão e formatos de data e hora no painel Data e Hora da janela Configurações.

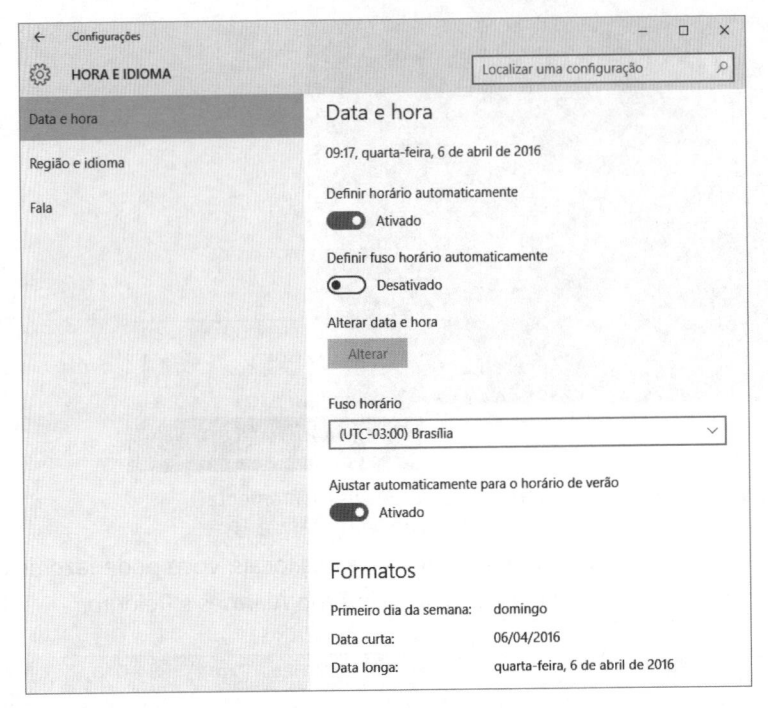

O painel Data e Hora

Para exibir a data e horário atual

1. A barra de tarefas exibe a hora e a data. Para exibir informações adicionais, siga um destes passos:

   - Aponte para a hora ou data para exibir o dia da semana, mês, dia e ano.

   - Clique na data ou hora para exibir o calendário do mês atual, incluindo a data e o dia atuais, e o tempo até o nível do segundo.

CAPÍTULO 9 Gerenciamento das configurações do computador

Sua configuração de Primeiro Dia da Semana determina a primeira coluna

Para exibir o painel de configurações Data e Hora

1. Siga um destes passos:

   - Na barra de tarefas, exiba o calendário e depois, na parte inferior do calendário, clique em **Configurações de data e hora**.

   - Na janela **Configurações**, clique em **Hora e idioma** e então clique em **Data e hora**.

Para configurar a data e hora do sistema manualmente

1. Exiba o painel de configurações **Data e hora**.

2. Para impedir que o computador sincronize com um servidor de horário, coloque o botão de alternância **Definir horário automaticamente** na posição **Desativado**.

3. Clique no botão **Alterar** para exibir o painel Alterar Data e Hora.

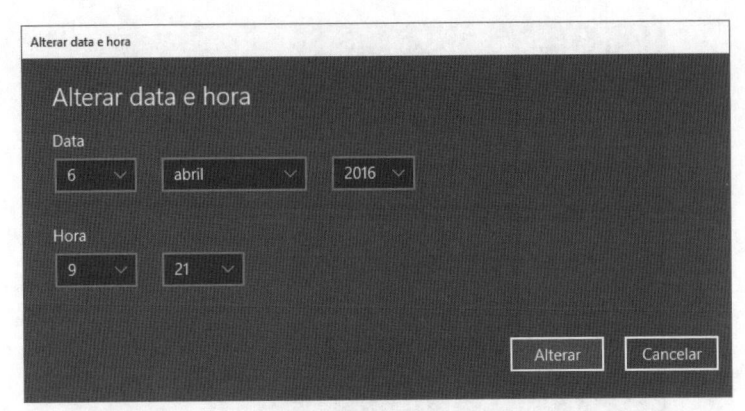

Você pode definir a hora manualmente se não puder sincronizar com um servidor

4. No painel **Alterar data e hora**, altere a data e a hora para os valores desejados e então clique em **Alterar** para aplicar suas alterações.

Para sincronizar com um servidor de horário na Internet

1. Abra o Painel de Controle e então siga um destes passos para abrir a caixa de diálogo Data e Hora:

    - No modo de exibição de Categoria, clique em **Relógio, Idioma e Região** e então clique em **Data e Hora**.

    - Nos modos de exibição de Ícones Pequenos ou Ícones Grandes, clique em **Data e Hora**.

2. Na caixa de diálogo **Data e Hora**, clique na guia **Horário na Internet** e então clique no botão **Alterar configurações** para abrir a caixa de diálogo Configurações de Horário na Internet.

3. Marque a caixa de seleção **Sincronizar com um servidor de horário na Internet** e então clique na lista **Servidor** para exibir os servidores disponíveis.

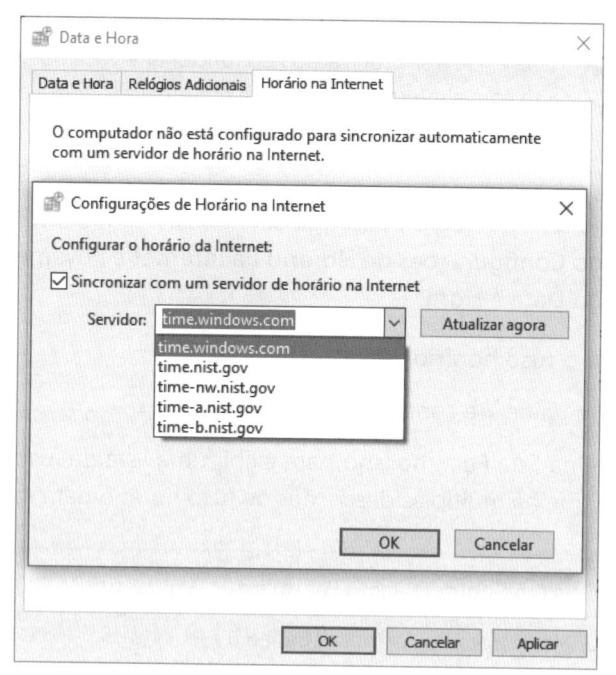

CAPÍTULO 9   Gerenciamento das configurações do computador

Opções de servidor de horário

> ✓ **DICA**   Cinco servidores de horário da Internet estão disponíveis na lista Servidor. O servidor padrão é o time.windows.com, mantido pela Microsoft. Os quatro servidores com *nist* no nome são mantidos pelo National Institute of Standards and Technology (NIST) em diversos locais dentro dos Estados Unidos. O servidor time.nist.gov fica no National Center for Atmospheric Research em Boulder, Colorado; o time-nw.nist.gov na Microsoft, em Redmond, Washington; o time-a.nist.gov e o time-b.nist.gov no NIST em Gaithersburg, Maryland.

4. Na lista **Servidor**, clique no servidor com o qual deseja sincronizar e então clique no botão **Atualizar agora** para tentar se conectar ao servidor e atualizar a hora do sistema. Uma mensagem abaixo da lista de servidores o informa se o relógio foi ou não sincronizado com sucesso.

> ✓ **DICA** Se a sincronização não funcionar e você possui uma conexão com a Internet ativa, clique em Atualizar Agora novamente para reenviar o pedido de sincronização ao servidor.

5. Depois que o relógio conseguir sincronizar, clique em **OK** na caixa de diálogo **Configurações de Horário na Internet** e novamente na caixa de diálogo **Data e Hora**.

Para alterar o fuso horário

1. Exiba o painel de configurações **Data e hora**.
2. Clique na lista **Fuso horário** para exibir uma lista de fusos horários. Observe que há múltiplas descrições de fuso horário para cada um deles.

```
(UTC-04:00) Georgetown, La Paz, Manaus, San Juan
(UTC-04:00) Hora do Atlântico (Canadá)
(UTC-03:30) Newfoundland
(UTC-03:00) Brasília
(UTC-03:00) Caiena, Fortaleza
(UTC-03:00) Cidade de Buenos Aires
(UTC-03:00) Groenlândia
(UTC-03:00) Montevidéu
(UTC-03:00) Salvador
(UTC-03:00) Santiago
```

Escolha qualquer opção que corresponda ao seu fuso horário UTC; a descrição não importa

CAPÍTULO 9 Gerenciamento das configurações do computador

3. Na lista **Fuso horário**, clique em qualquer fuso horário que corresponda à variação da sua região em relação ao UTC. A seguir, observe o relógio da barra de tarefas para confirmar que o horário do sistema foi alterado.

4. Se a sua região participa do horário de verão, coloque o botão de alternância **Ajustar automaticamente para o horário de verão** na posição **Ativado**.

Para alterar formatos de data e hora

1. Exiba o painel de configurações **Data e hora**. A área Formatos exibe a configuração atual para o primeiro dia da semana, data curta, data longa, hora curta e hora longa.

2. Na área **Formatos**, clique em **Alterar formatos de data e hora** para exibir o painel Alterar Formatos de Data e Hora.

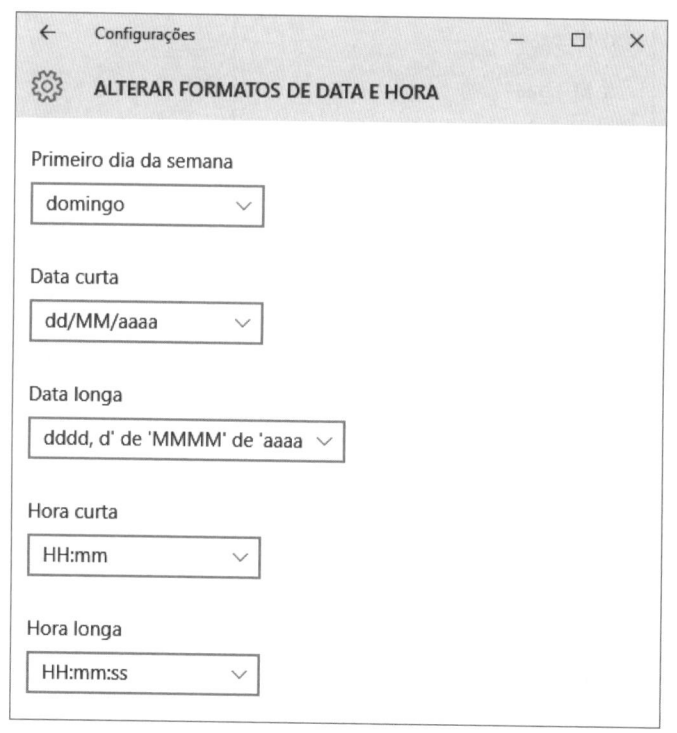

O painel Alterar Formatos de Data e Hora exibe listas de opções para cada configuração

As opções de Primeiro Dia da Semana, que controlam a exibição de calendários semanais e mensais, são simplesmente os dias da semana. As outras listas usam abreviaturas para representar diferentes expressões de dia, mês, ano, hora, minuto, segundo e notação de tempo de 12 horas.

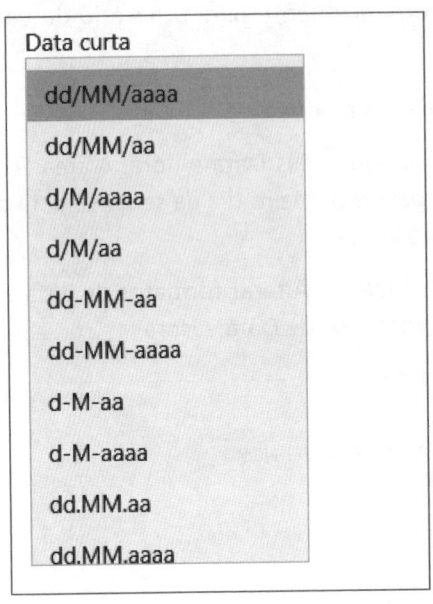

```
Data curta
  dd/MM/aaaa
  dd/MM/aa
  d/M/aaaa
  d/M/aa
  dd-MM-aa
  dd-MM-aaaa
  d-M-aa
  d-M-aaaa
  dd.MM.aa
  dd.MM.aaaa
```

As abreviações representam versões numéricas e alfabéticas dos elementos de data e hora

3. No painel **Alterar Formatos de Data e Hora**, clique na configuração que deseja usar para o primeiro dia da semana, as expressões de data curta e longa e as expressões de hora curta e longa.

As mudanças na Hora Curta e na Data Curta se refletem imediatamente na barra de tarefas. As mudanças na Data Longa se refletem na Dica de Tela que aparece quando você aponta para a data ou hora da barra de tarefas.

> **CONSULTE TAMBÉM** Para informações sobre como alterar os formatos de data e hora para aqueles de uma região ou idioma específico, consulte "Gerencie configurações regionais e de idioma" mais adiante neste capítulo.

CAPÍTULO 9   Gerenciamento das configurações do computador   **387**

Para configurar o Windows para exibir múltiplos relógios

1. Exiba o painel de configurações **Data e hora**. Na parte inferior do painel, clique em **Adicionar relógios para diferentes fusos horários** para exibir a guia Relógios Adicionais da caixa de diálogo Data e Hora.

2. Para cada relógio adicional que deseja exibir, marque a caixa de seleção **Mostrar este relógio**, selecione um fuso horário na lista correspondente e então insira um nome de exibição para identificar a hora nos calendários.

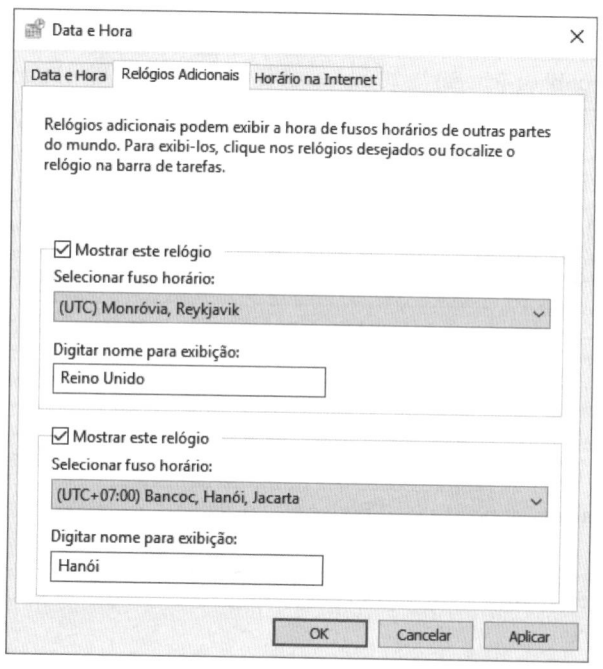

Sempre saiba o horário onde seus clientes ou amigos se encontram

3. Clique em **OK** na caixa de diálogo **Data e Hora** para implementar suas alterações.

Para exibir relógios secundários

1. Siga um destes passos:

    - Aponte para o relógio da barra de tarefas para exibir os relógios adicionais em uma Dica de Tela.

    - Clique no relógio da barra de tarefas para exibir o painel calendário com informações para os fusos horários adicionais no alto.

Gerencie configurações regionais e de idioma

O Windows 10 foi lançado inicialmente em 190 países/regiões e 111 idiomas. Na época da redação deste livro, o sistema operacional estava "totalmente localizado" em 39 variações de idioma específicas de locais, como vemos na tabela a seguir.

Árabe (Arábia Saudita)	Búlgaro (Bulgária)	Chinês (Simplificado, China)
Chinês (Hong Kong)	Chinês (Tradicional, Taiwan)	Croata (Croácia)
Tcheco (República Tcheca)	Dinamarquês (Dinamarca)	Holandês (Holanda)
Inglês (Grã-Bretanha)	Inglês (Estados Unidos)	Estoniano (Estônia)
Finlandês (Finlândia)	Francês (França)	Francês (Canadá)
Alemão (Alemanha)	Grego (Grécia)	Hebraico (Israel)
Húngaro (Hungria)	Italiano (Itália)	Japonês (Japão)
Coreano (Coreia)	Letão (Letônia)	Lituano (Lituânia)
Norueguês, Bokmål (Noruega)	Polonês (Polônia)	Português (Brasil)
Português (Portugal)	Romeno (Romênia)	Russo (Rússia)
Sérvio (alfabeto latino, Sérvia)	Eslovaco (Eslováquia)	Esloveno (Eslovênia)
Espanhol (Espanha, Internacional)	Espanhol (México)	Sueco (Suécia)
Tailandês (Tailândia)	Turco (Turquia)	Ucraniano (Ucrânia)

Variações regionais desses idiomas estão disponíveis na forma de Pacotes de Idiomas, que fornecem versões traduzidas das caixas de diálogo, itens de menu e conteúdo de ajuda mais utilizados.

O idioma de exibição do Windows é usado pelo sistema operacional para rotular elementos da interface do usuário (como as configurações e nomes de botão). Quando você atualiza para o Windows 10, o idioma de exibição padrão do Windows permanece o mesmo que era antes da atualização. Se deseja ou precisa trabalhar com recursos em uma língua que não o idioma de exibição do Windows atual, você pode alterar o idioma do sistema, alternar entre idiomas ou simplesmente instalar o outro idioma para que seus recursos estejam disponíveis no computador. Outros aplicativos podem verificar o idioma do sistema e usar recursos instalados com ele. Por exemplo, instalar um idioma que usa caracteres diferentes daqueles usados pelo idioma padrão leva à instalação de fontes que suportam esses caracteres; depois disso, você pode usar essas fontes quando cria documentos no Microsoft Word. O Windows e os aplicativos instalados buscam conteúdos com base nas suas configurações de região e idioma.

> **IMPORTANTE** Na época da redação deste livro, o serviço interativo Cortana estava disponível em sete países/regiões (EUA, China, Grã-Bretanha, França, Alemanha, Itália e Espanha), mas podia traduzir expressões em 40 idiomas. Quando a Cortana não fala o idioma do sistema, o recurso fica desabilitado automaticamente. O recurso de pesquisa padrão fica disponível quando a Cortana não pode ser usada. O suporte à Cortana é indicado no painel Aplicativos e recursos da página Sistema da janela Configurações, através do link Gerenciar Recursos Opcionais.

Instalar um idioma disponibiliza o layout do teclado para aquele idioma. Se você conecta um teclado físico com o layout e o conjunto de caracteres usados normalmente com o idioma, alterar o idioma do teclado faz com que os caracteres corretos sejam inseridos quando você pressiona as teclas. Se você não tem um teclado físico configurado para um idioma, alterar o idioma do teclado faz com que seu teclado existente funcione como se os rótulos estivessem no idioma selecionado. Além disso, o teclado virtual fica disponível nesse idioma.

> **DICA** Para exibir o ícone do teclado virtual na barra de tarefas, clique com o botão direito do mouse ou pressione e mantenha pressionado uma área em branco da barra de tarefas e então clique em Botão Mostrar teclado virtual. Apesar do nome original do teclado virtual ser "touch keyboard", ou "teclado de toque", você também pode usar o mouse para clicar nas teclas.

Você pode gerenciar o país ou região de registro e o idioma do sistema no painel Região e idioma da janela Configurações.

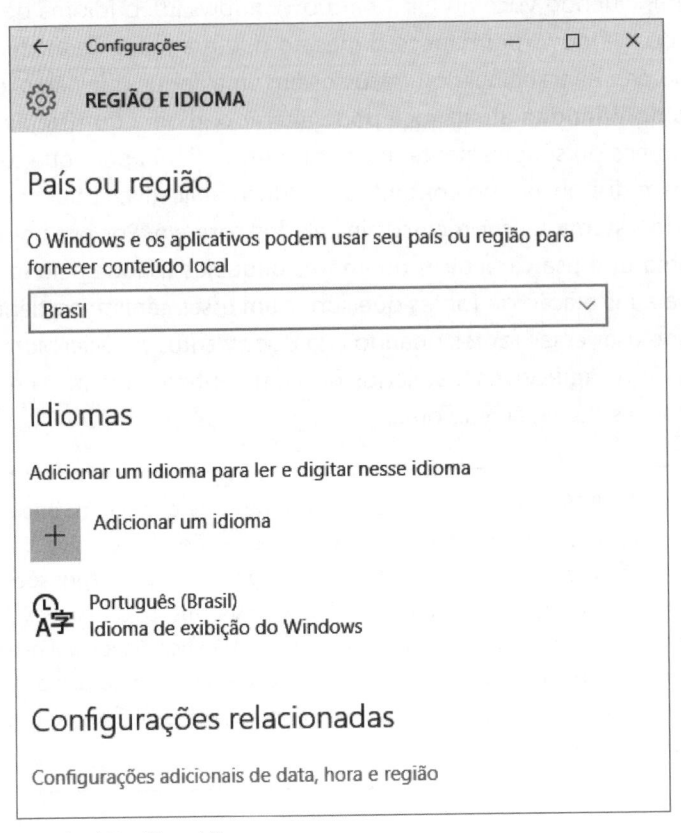

O painel Região e idioma

Para exibir o painel de configurações Região e idioma

1. Na janela **Configurações**, clique em **Hora e Idioma** e então clique em **Região e idioma**.

Para especificar seu país ou região para conteúdos locais

1. Exiba o painel de configurações **Região e idioma**.
2. Clique na lista **País ou região** e então clique no local que deseja que o Windows e os aplicativos instalados considerem que você está.

> **DICA** Muitos sites descobrem seu local com base no endereço IP da sua conexão com a Internet. O local que você seleciona no painel Região e idioma não afeta o local informado pelo endereço IP.

Para instalar um idioma adicional do sistema

1. Exiba o painel de configurações **Região e idioma**. A área Idiomas exibe os idiomas instalados atualmente (apenas um até você adicionar um idioma).

2. Na área **Idiomas**, clique em **Adicionar um idioma** para exibir a lista dos idiomas que você pode instalar. O nome de cada um é exibido no idioma correspondente e no idioma do sistema atual.

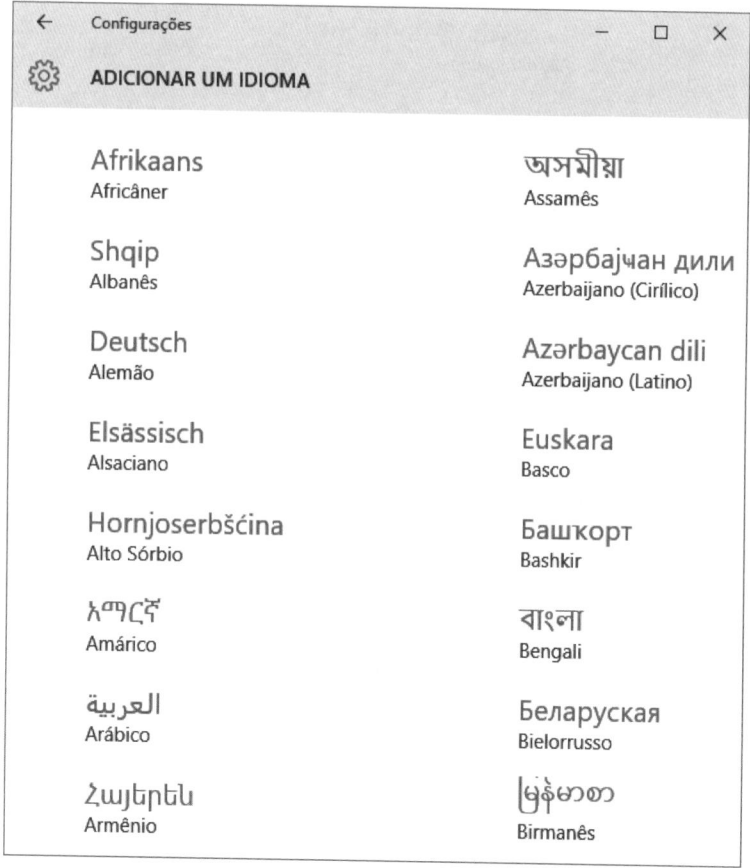

O Windows oferece uma incrível variedade de idiomas do sistema

> **DICA** Na época da redação deste livro, estavam disponíveis 141 idiomas, mais dialetos. Ao contrário da maioria dos painéis, o painel Adicionar um Idioma rola horizontalmente para melhor acomodar a lista.

3. Role pela lista e clique no idioma que deseja instalar. Caso o Windows disponibilize múltiplos dialetos do idioma, clique no dialeto que deseja.

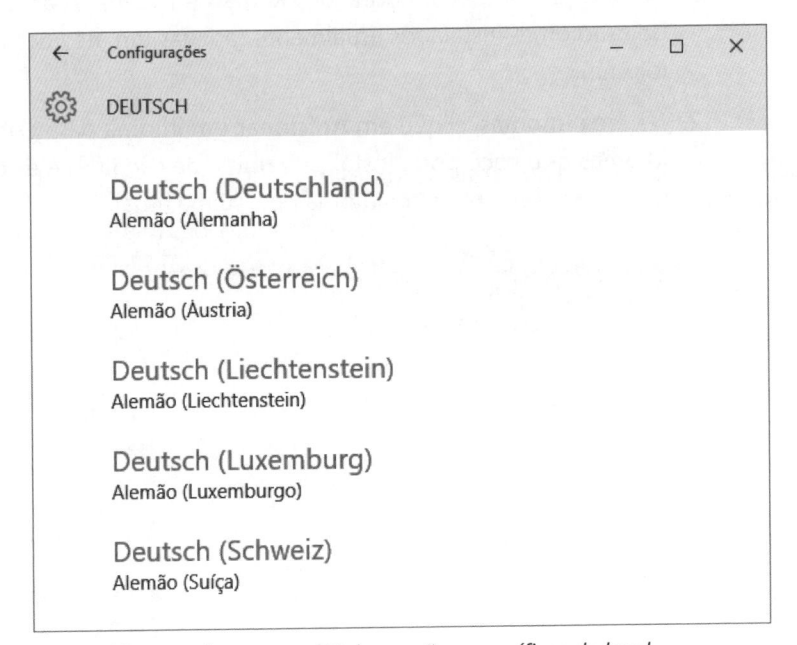

```
← Configurações                                    —  □  ×
⚙ DEUTSCH

    Deutsch (Deutschland)
    Alemão (Alemanha)

    Deutsch (Österreich)
    Alemão (Áustria)

    Deutsch (Liechtenstein)
    Alemão (Liechtenstein)

    Deutsch (Luxemburg)
    Alemão (Luxemburgo)

    Deutsch (Schweiz)
    Alemão (Suíça)
```

Alguns idiomas oferecem múltiplas opções específicas de local

O Windows exibe uma notificação e instala o idioma a partir do Windows Update ou adiciona um idioma à lista e o notifica que será preciso instalar um pacote de idiomas.

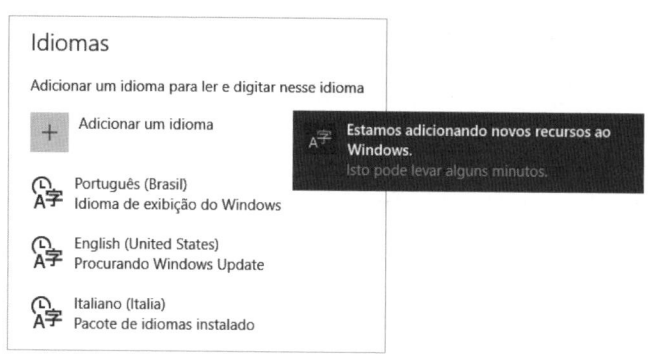

CAPÍTULO 9   Gerenciamento das configurações do computador   **393**

O Windows permite que você trabalhe com vários alfabetos

Para instalar um pacote de idiomas

1. Na área **Idiomas** do painel de configurações **Região e idioma**, clique em um idioma que possui um pacote de idiomas disponível.

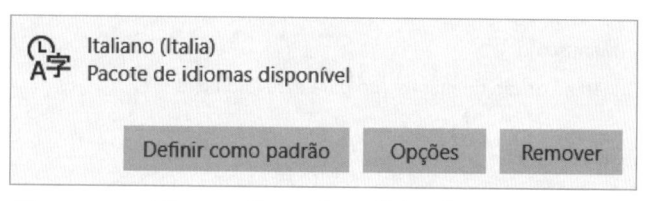

Clicar em um idioma exibe opções adicionais

2. No painel que se expande, clique em **Opções** para exibir o painel Opções de Idioma.

3. No alto do painel **Opções de idioma**, na área **Fazer download do pacote de idiomas**, clique no botão **Baixar** para baixar e instalar o pacote de idiomas.

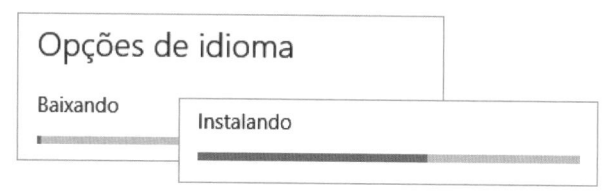

Baixar e instalar o pacote de idiomas é um processo rápido

Para configurar as opções de idioma

> ✓ **DICA** As opções disponíveis para cada idioma variam.

1. Na área **Idiomas** do painel de configurações **Região e idioma**, clique em um idioma e, no painel que se expande, clique em **Opções** para exibir o painel Opções de Idioma.

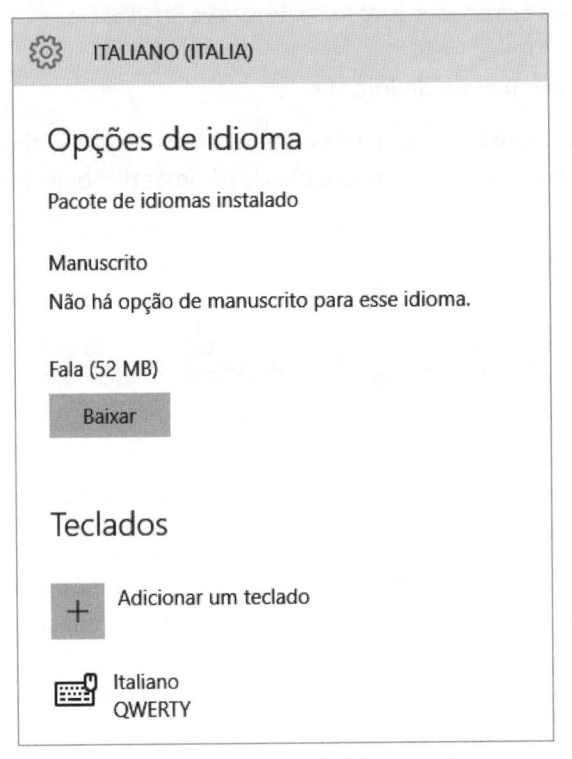

```
⚙ ITALIANO (ITALIA)

Opções de idioma

Pacote de idiomas instalado

Manuscrito
Não há opção de manuscrito para esse idioma.

Fala (52 MB)
[ Baixar ]

Teclados

[+] Adicionar um teclado

[⌨] Italiano
    QWERTY
```

As opções disponíveis para cada idioma variam

2. Consulte as opções disponíveis e baixe ou configure a que quiser usar.

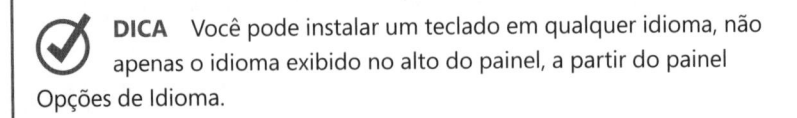

> ✓ **DICA** Você pode instalar um teclado em qualquer idioma, não apenas o idioma exibido no alto do painel, a partir do painel Opções de Idioma.

Instale recursos de fonte suplementares

Alguns idiomas do sistema incluem recursos avançados específicos a um idioma, como verificação ortográfica, predição de texto, fontes específicas do alfabeto, reconhecimento de manuscrito, reconhecimento óptico de caracteres, reconhecimento de fala, conversão de texto em fala e suporte para a Cortana. Quando instala um idioma do sistema que inclui recursos suplementares como estes, você pode precisar reiniciar seu computador para completar a instalação dos recursos.

Se o Windows exibe uma faixa pedindo ajuda, clicar na faixa abre o painel Aplicativos e recursos.

Por ora, o Windows não indica que tipo de ajuda precisa, mas se você instalou uma fonte recentemente, clique no link Gerenciar recursos opcionais no alto do painel para verificar recursos que precisam da sua atenção.

Para completar a instalação, pode ser necessário reiniciar o computador e a faixa de ajuda provavelmente se refere a isto. Você pode reiniciar quando quiser, mas os recursos de idioma opcionais não vão funcionar corretamente até depois da reinicialização se você receber esta informação. Esse processo pode demorar um pouco mais do que o normal caso os recursos de fonte adicionais sejam complexos.

Para alterar o idioma de exibição do Windows

1. Na área **Idiomas** do painel de configurações **Região e idioma**, clique em um idioma que não está rotulado como *Idioma de exibição do Windows*. No painel que se expande, clique em **Definir como padrão**.

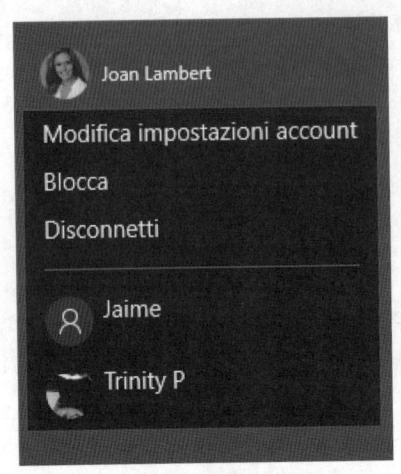

A alteração entra em vigor imediatamente em algumas áreas do sistema

2. Saia do Windows e então entre novamente para implementar completamente a alteração do idioma de exibição.

Para remover um idioma do sistema

1. Na área **Idiomas** do painel de configurações **Região e idioma**, clique no idioma que deseja remover e então, no painel que se expande, clique em **Remover**.

Para alterar o idioma do teclado

1. Instale o idioma do sistema do teclado que deseja utilizar.
2. Na barra de tarefas, à esquerda do relógio, clique no botão de idioma do teclado para expandir a lista de teclados disponíveis.

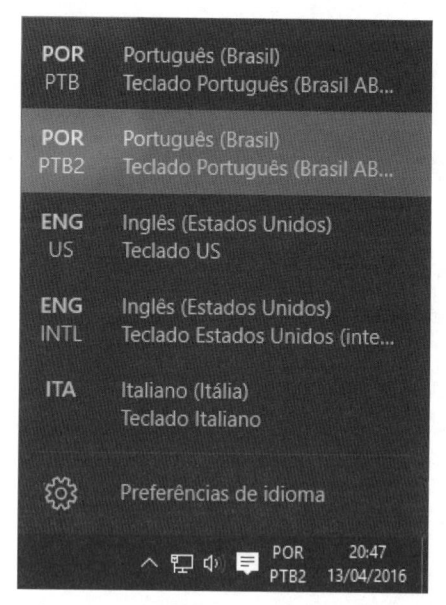

A barra de tarefas disponibiliza teclados de idiomas alternativos

Ou

1. Pressione **Win+Barra de espaços** para alternar entre os teclados de idiomas instalados.

Para alterar os formatos de data e hora para aqueles de uma região específica

1. Exiba o painel de configurações **Data e hora**.

2. Na área **Configurações relacionadas**, clique em **Configurações adicionais de data, hora e região** para exibir a categoria Relógio, Idioma e Região do Painel de Controle.

3. Na categoria **Região**, clique em **Alterar formatos de data, hora ou número** para exibir a guia Formatos da caixa de diálogo Região. O formato padrão é *Coincidir com idioma do Windows*.

4. Clique na lista **Formato** e então clique no idioma e país ou região que deseja usar para os formatos padrão de data e hora.

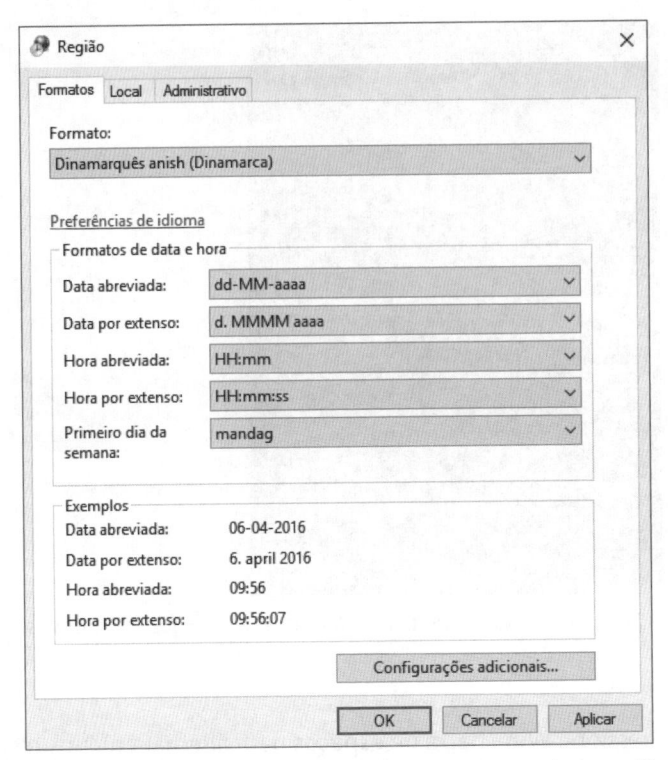

Você pode usar formatos de data e hora para um país ou região que não usa seu idioma padrão

> **DICA** Você pode alterar os formatos de data e hora clicando no botão Configurações Adicionais. Você pode redefinir configurações personalizadas de volta para o padrão do idioma e país ou região sempre que quiser.

5. Na caixa de diálogo **Região**, clique em **OK** para aplicar suas alterações e fechar a caixa de diálogo.

Para copiar as configurações regionais para as telas de sistema do Windows e novas contas de usuário

1. Exiba a caixa de diálogo **Região** e então clique na guia **Administrativo**.
2. Na seção **Tela de boas-vindas e novas contas de usuário** da guia, clique no botão **Copiar configurações** para exibir as configurações atuais.

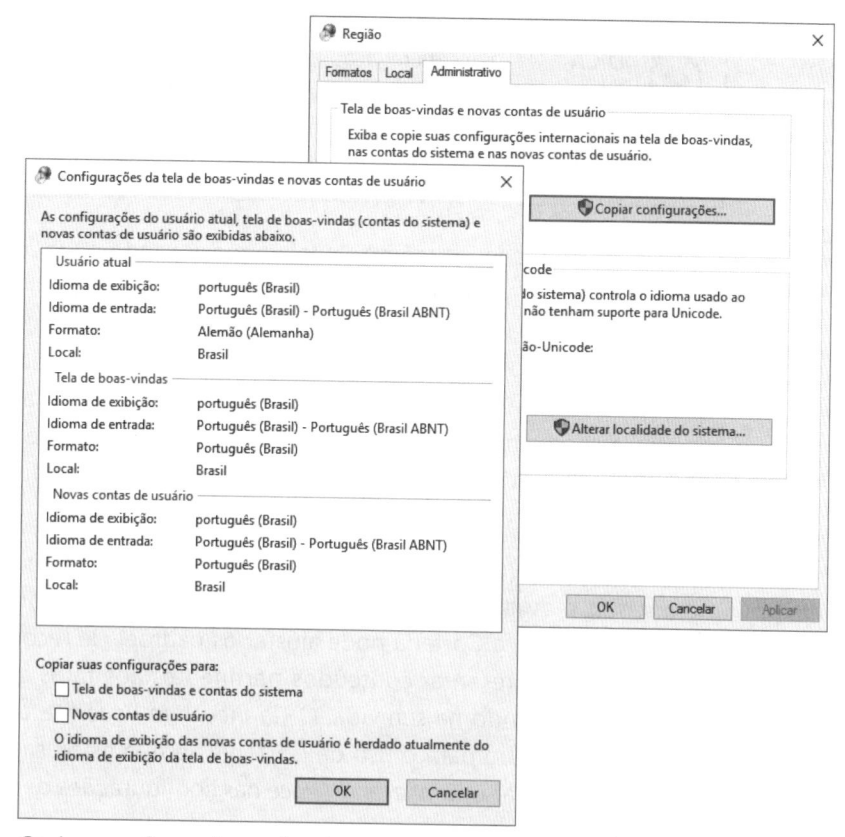

Copie as configurações regionais para novas contas de usuário no seu computador

3. Na parte inferior da caixa de diálogo Configurações da **tela de boas- -vindas e novas contas de usuário**, marque uma ou ambas as caixas de seleção para especificar as configurações que deseja alterar. A seguir, clique em **OK**.

4. Reinicie o computador para implementar as mudanças.

Gerencie configurações de fala

Muita gente conversa com o seu computador, mas finalmente chegou a época em que essa prática representa mais eficiência do que excentricidade. Se o seu computador com Windows 10 está configurado para rodar um dos idiomas do sistema que suporta o reconhecimento de fala, agora você pode trabalhar ainda mais falando com o seu computador através da interface do usuário da Cortana. Você também pode configurar seu computador para responder a comandos verbais e pode ditar conteúdo para aplicativos.

> **DICA** Na época da redação deste livro, o reconhecimento de fala estava disponível apenas para os seguintes idiomas: inglês (Estados Unidos e Grã-Bretanha), francês, alemão, japonês, mandarim (chinês simplificado e chinês tradicional) e espanhol.

O potencial do reconhecimento de fala é maximizado quando você tem um microfone de alta qualidade. A maioria dos computadores e dispositivos possui microfones internos, mas você também pode comprar um fone de ouvido com microfone a preços acessíveis que mantém uma distância constante entre o microfone e a sua boca e bloqueia interferências externas. Eles também tendem a captar menos ruídos de teclado e mouse do que os microfones internos que ficam mais próximos a esses elementos de interface.

Enquanto interage com a Cortana, o Windows 10 usa um recurso chamado *Conhecendo Você (Getting to know you)*, que monitora suas entradas faladas, manuscritas e digitadas, além de suas mensagens e compromissos. Usando essas informações, a Cortana pode ajustar os padrões de reconhecimento de fala e também apresentar conteúdos pertinentes aos fatos que ela detecta estarem acontecendo na sua vida. O *Conhecendo Você* fica ativado por padrão e é obrigatório para o uso da Cortana. Se não está usando a Cortana, você pode desativar o *Conhecendo Você* nas configurações de privacidade do Windows 10.

> **CONSULTE TAMBÉM** Para obter mais informações sobre a Cortana, consulte "Obtenha assistência da Cortana" no Capítulo 11.

Seu computador também responde para você. Usando a tecnologia de conversão de texto em fala, ele pode ler conteúdo impresso em voz alta ou oferecer indicações verbais para os aspectos visuais da interface do usuário (por exemplo, ler rótulos de botões ou opções de caixas de diálogo para você). Em inglês, o Windows 10 possui duas vozes padrão: uma feminina, identificada como Zira (pronuncia-se parecido com "Sarah") e uma masculina identificada como Mark (em português, as vozes são Maria e Daniel, respectivamente). Seu computador ou dispositivo pode ter outras vozes ao seu dispor.

Sob condições ideais, essa tecnologia é incrível e quase se parece com uma inteligência artificial. Sob as piores, ela é uma piada ruim. Entre esses extremos, ela muitas vezes é ligeiramente útil ou ligeiramente incômoda.

Você pode gerenciar as configurações de idioma de fala, conversão de texto em fala e microfone no painel Fala da janela Configurações e ativar ou desativar o recurso Conhecendo Você na página de configurações Privacidade.

Para exibir o painel de configurações Fala

1. Na janela **Configurações**, clique em **Hora e Idioma** e então clique em **Fala**.

Para configurar o computador para reconhecer a sua voz

1. Exiba o painel de configurações **Fala**. No momento de produção deste livro, algumas configurações de fala ainda não estavam disponíveis para língua portuguesa. Por isso, as janelas e nomes desta seção foram mantidas em inglês.

2. Na seção **Idioma de fala (Speech language)**, clique na lista **Escolha o idioma que você fala com o dispositivo (Choose the language you speak with your device)** e então clique no idioma no qual vai falar e quer que o computador reconheça.

> ✓ **DICA** A lista inclui apenas os idiomas de sistema instalados no seu computador que suportam reconhecimento de fala. Para disponibilizar um desses idiomas que não é o seu padrão, antes é preciso instalar o pacote de idiomas. Para mais informações, consulte "Gerencie configurações regionais e de idioma", anteriormente neste capítulo.

```
Speech language

Choose the language you speak with your device

[ English (United States)  ∨ ]

[ ] Recognize non-native accents for this language
```

A seção Idioma de Fala do painel Fala

3. Para melhorar a capacidade do computador de entendê-lo, marque a caixa de seleção **Reconhecer sotaques não nativos deste idioma (Recognize non-native accents for this language)**.

4. Prepare seu microfone:

    - Se você tem um fone de ouvido com microfone, coloque-o e ajuste o microfone para que fique diretamente na frente da sua boca, com um espaço de dois ou três dedos entre os seus lábios e o microfone.

    - Se você tem um microfone de pedestal, posicione-o para que fique na sua frente quando está olhando para a tela do computador.

    - Feche a porta e desligue ou remova qualquer coisa que faça barulhos altos na área.

5. Na seção **Microfone** do painel **Fala**, clique no botão **Introdução** para iniciar o assistente Set up your mic. O assistente indica qual microfone está monitorando, então confirme que esse é o microfone que você está usando.

Confirme que o assistente está monitorando o microfone que está usando

> **DICA** Se o assistente indica um microfone que não aquele que você deseja usar, é preciso alterar o microfone padrão. Para informações sobre como configurar um microfone como padrão, consulte "Configure dispositivos de áudio" no Capítulo 6.

6. Após confirmar o microfone, clique em **Next** na primeira página do assistente. O assistente fornece uma frase para você falar em voz alta.

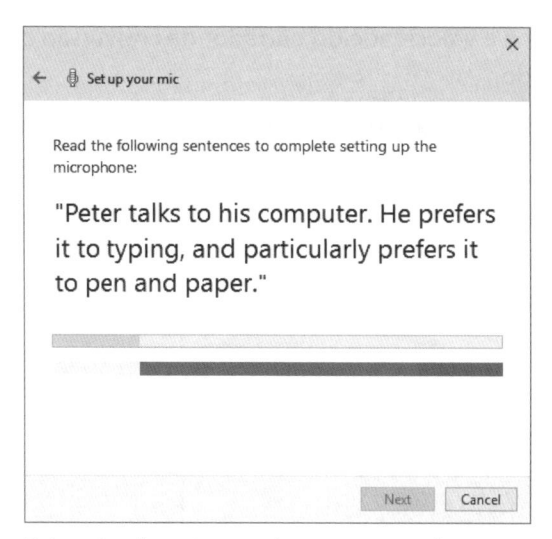

CAPÍTULO 9 Gerenciamento das configurações do computador

Fale naturalmente para dar ao computador uma amostra realista da sua voz

7. Comece a falar na voz que usaria normalmente para ditar textos, dar comandos verbais ou falar com a Cortana. Quando o assistente tiver uma amostra suficiente para ajustar corretamente os níveis do microfone, o botão **Next** se ativa.

8. Clique no botão **Next** e então clique em **Finish** para completar e sair do assistente.

> **DICA** Ferramentas adicionais de configurações de fala estão disponíveis na página Reconhecimento de Fala do Painel de Controle. Se pretende ditar conteúdos em um aplicativo que tenha este suporte, vale a pena investir tempo no tutorial de fala e no treinamento de voz do reconhecimento de fala. Se usa um microfone de boa qualidade e tem boa dicção, o reconhecimento de fala pode funcionar muito bem. Ele não é mais veloz do que um datilógrafo rápido e preciso, mas se você "cata milho" no teclado, o recurso pode ajudá-lo a, por exemplo, terminar seu próximo romance.

Para exibir ferramentas de configuração adicionais de fala

1. Siga um destes passos:
   - Exiba o Painel de Controle no modo de exibição Categoria. Clique na categoria **Facilidade de Acesso** e então clique em **Reconhecimento de Fala**.
   - Exiba o Painel de Controle no modo de exibição Ícones Grandes ou Ícones Pequenos e então clique em **Reconhecimento de fala**.

Para alterar a voz e a velocidade do narrador da conversão de texto em fala do computador

1. Exiba o painel de configurações **Fala**.

2. Na área **Conversão de texto em fala**, clique na lista **Voz** para exibir as vozes disponíveis.

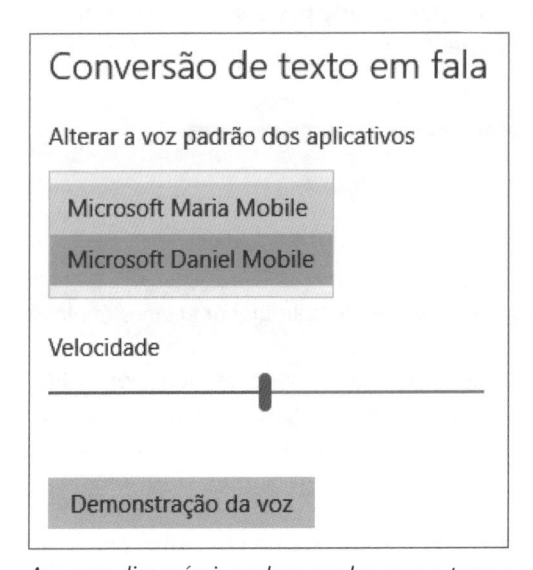

> Conversão de texto em fala
>
> Alterar a voz padrão dos aplicativos
>
> Microsoft Maria Mobile
> Microsoft Daniel Mobile
>
> Velocidade
>
> Demonstração da voz

As vozes disponíveis podem mudar com o tempo ou por idioma

3. Na lista **Voz**, clique na voz que deseja configurar como a padrão.

4. No controle deslizante **Velocidade**, configure a velocidade com a qual você fica confortável (o controle deslizante representa velocidades de muito lenta à esquerda a muito rápida à direita.)

5. Coloque seus alto-falantes em um nível confortável e então clique no botão **Demonstração da voz**.

6. Ajuste seus configurações como achar necessário até que a mensagem de voz da demonstração esteja em uma velocidade na qual você entende o que é dito.

Para desligar o recurso Conhecendo Você

1. Siga um destes passos para exibir o painel de configurações de privacidade **de fala, escrita à tinta e digitação**:

    - Exiba o painel de configurações **Fala**. Na área **Configurações relacionadas**, clique no link **Configurações de privacidade de fala, escrita à tinta e digitação**.

- Na janela **Configurações**, clique em **Privacidade** e então clique em **Fala, escrita à tinta e digitação**.

2. Leia a descrição do recurso e confirme que não quer usar o ditado ou os recursos da Cortana (você ainda pode usar o aplicativo de Conversão de texto em fala da Facilidade de Acesso).

> **Conhecendo você**
>
> O Windows e a Cortana podem conhecer sua voz e sua escrita para fazer melhores sugestões para você. Coletaremos informações como contatos, eventos recentes de calendário, padrões de fala e manuscrito, além do histórico de digitação.
>
> Desativar esta opção também desativa o ditado e a Cortana, além de apagar o que o dispositivo sabe sobre você.
>
> **Parar de acessar minhas informações**

Se estiver preocupado com a sua privacidade, você pode impedir que a Cortana aprenda mais sobre você

3. Clique no botão **Parar de acessar minhas informações**.

Personalize as configurações de exibição do dispositivo

O Windows 10 foi projetado para rodar em uma ampla variedade de dispositivos, em telas de muitos tamanhos, formatos e orientações diferentes.

Quando você compra um monitor, computador all-in-one, laptop ou dispositivo de mão, um dos elementos que considera é o tamanho, ou área de tela, que é medido como a tela de um televisor: diagonalmente em polegadas. Tão importante quanto o tamanho físico, no entanto, é a resolução da tela suportada pelo monitor, medida em pixels e expressa como o número de pixels de largura pelo número de pixels de altura. Os pixels são os pontos individuais que compõem a imagem exibida na sua tela. Cada pixel exibe apenas uma cor; dependendo da resolução da tela, as imagens mostradas podem variar de 500.000 a vários milhões de pontos de cor individuais.

Quando os PCs começaram a se popularizar, a maioria dos monitores era capaz de exibir apenas 640 pixels horizontalmente e 480 pixels verticalmente (uma resolução da tela de 640 × 480). Hoje, quase todas as telas suportam uma resolução de no mínimo 1024 × 768 pixels, e algumas telas disponíveis comercialmente suportam uma resolução de 3840 × 2160 pixels (ou talvez, quando este livro for publicado, maiores ainda). Na prática, à medida que a resolução da tela aumenta, o tamanho de cada pixel diminui e mais informações podem ser mostradas na mesma área. Em outras palavras, à medida que a resolução da tela aumenta, a quantidade de informações mostrada na tela também aumenta, mas em tamanho menor.

> **DICA** A resolução máxima é a menor entre a maior resolução suportada pelo seu monitor e a maior suportada pela placa de vídeo instalada no seu computador.

A maioria dos sistemas de computador oferece a escolha entre pelo menos duas resoluções de tela, mas você pode ter muito mais opções ao seu dispor. Algumas pessoas preferem trabalhar com uma resolução de tela menor para que tudo pareça maior; outras preferem encaixar tantas informações quanto puderem na tela. Estatísticas recentes indicam que mais de 95% dos usuários da Internet têm sua resolução configurada para 1024 × 768 ou maior. Na época da redação deste livro, a resolução de tela mais usada do mundo era 1366 × 768 pixels.

Originalmente, a maioria dos monitores usava uma taxa de proporção de 4:3, na qual a tela tem 4 unidades de largura e 3 unidades de altura. Essas telas 4:3 hoje são chamadas de *telas standard*. Atualmente, muitos monitores têm *telas widescreen*, com o objetivo de melhorar a experiência de assistir filmes no computador, exibindo-os com uma taxa de proporção de 16:9, mesmo padrão de televisores de alta definição e ultra-alta definição. Essas resoluções podem estar disponíveis no seu computador independentemente da taxa de proporção do seu monitor real. A resolução popular de 1366 × 768 é uma tela widescreen.

> **DICA** Para garantir a exibição clara da tela de fundo da área de trabalho oficial, a Microsoft fornece nove versões de alta resolução da imagem em diferentes tamanhos de orientação vertical e horizontal. Os arquivos estão disponíveis na pasta C:\Windows\Web.

CAPÍTULO 9 Gerenciamento das configurações do computador

Comparação entre taxas de proporção de tela

Em versões anteriores do Windows, as configurações de resolução de tela eram fáceis de acessar. No Windows 10, a resolução da tela é uma configuração de vídeo "avançada", provavelmente porque a maioria das pessoas gosta de defini-la e então esquecê-la. Você pode modificar a resolução da tela a partir do painel Configurações de vídeo avançadas.

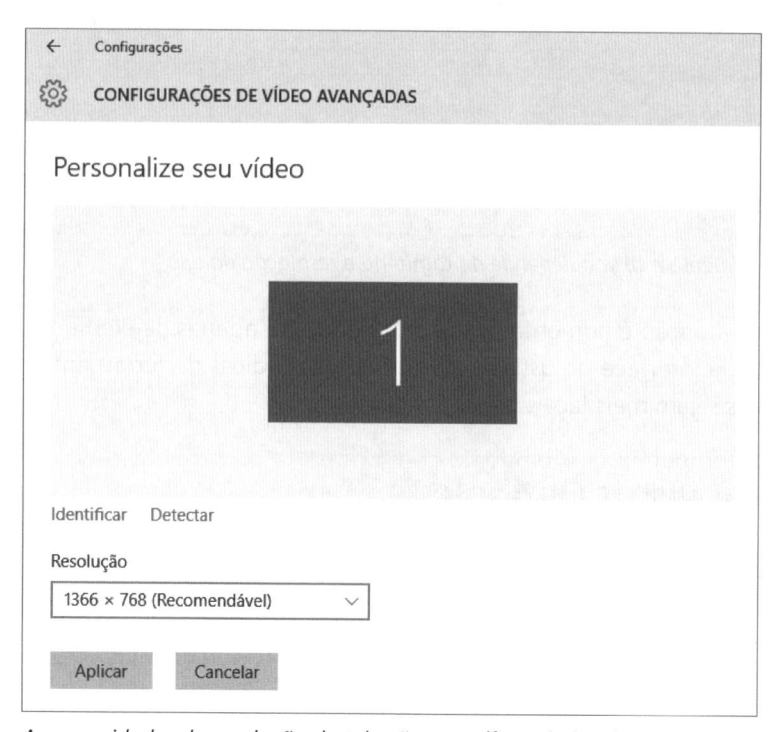

As capacidades de resolução da tela são específicas do hardware

O Windows 10 oferece uma opção diferente para aumentar o tamanho dos elementos da interface do usuário. Em vez de alterar o tamanho de tudo na tela (ao alterar a resolução da tela), você pode alterar o tamanho no qual o Windows exibe os elementos da interface do usuário. A configuração padrão é 100%, que você pode aumentar em incrementos de 25%.

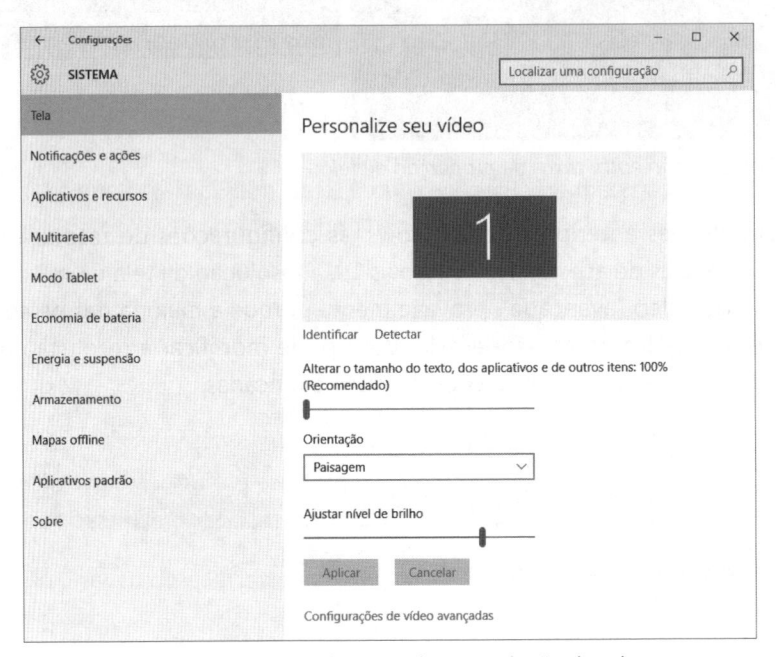

O aumento máximo depende do tamanho e resolução da tela

Outra opção é aumentar o tamanho do texto apenas de elementos específicos da interface do usuário, como títulos ou dicas de ferramentas, para que estes sejam mais fáceis de ler.

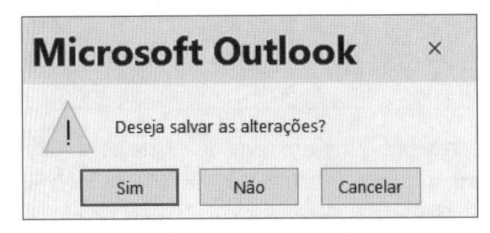

Altere o tamanho ou espessura do texto

Você pode ampliar temporariamente parte ou todo o conteúdo da tela usando a ferramenta Lupa. Para informações sobre a Lupa, consulte "Configure os recursos de acessibilidade do Windows" no Capítulo 10.

> **CONSULTE TAMBÉM** Para informações sobre como configurar seu computador para exibir conteúdo em múltiplos monitores, consulte "Exiba sua área de trabalho em múltiplos vídeos" no Capítulo 6.

A maioria dos dispositivos de mão menores foi projetada para suportar a rotação do conteúdo da tela quando o dispositivo é girado, mas essa capacidade normalmente não existe em monitores de laptops ou computadores desktop. Se você possui um sistema que suporta a rotação do monitor ou dispositivo, é fácil configurar o Windows 10 para alterar a orientação do conteúdo da tela. A orientação padrão é Paisagem (com a tela mais larga do que alta). As outras opções incluem Retrato, Paisagem (virado) e Retrato (virado).

Para exibir o painel de configurações Tela

1. Siga um destes passos:

    - Abra a janela **Configurações**. Clique em **Sistema** e então clique em **Tela**.

    - Clique com o botão direito do mouse em uma área vazia da área de trabalho e então clique em **Configurações de exibição**.

Para alterar o tamanho dos elementos da interface do usuário

1. Exiba o painel de configurações **Tela**.

2. Na seção **Alterar o tamanho do texto, dos aplicativos e de outros itens**, arraste ou clique no controle deslizante para aumentar ou diminuir a configuração em incrementos de 25%.

3. Na parte inferior do painel, clique no botão **Aplicar** para alterar o tamanho de diversos elementos da tela.

4. Para completar o processo, saia do Windows e entre de novo.

> **DICA** É possível configurar um nível de escala personalizado, mas isso não é recomendado. Se estiver interessado na ideia, clique no link Dimensionamento avançado de texto e outros itens no painel Configurações de vídeo avançadas e depois, no parágrafo descritivo, clique em Defina um nível de escala personalizado.

Para alterar o tamanho do texto para elementos da interface do usuário específicos

1. Siga um destes passos para abrir a janela Vídeo do Painel de Controle:

    - Na parte inferior do painel **Configurações de Vídeo Avançadas**, clique no link **Dimensionamento Avançado de Texto e Outros Itens**.

    - No modo de exibição Categoria do Painel de Controle, clique em **Aparência e Personalização** e depois clique em **Vídeo**.

    - No modo de exibição de Ícones Grandes ou de Ícones Pequenos do Painel de Controle, clique no ícone **Vídeo**.

2. Na área **Alterar somente o tamanho de texto**, clique na lista à extrema esquerda para exibir os elementos da interface cujo tamanho do texto você pode alterar.

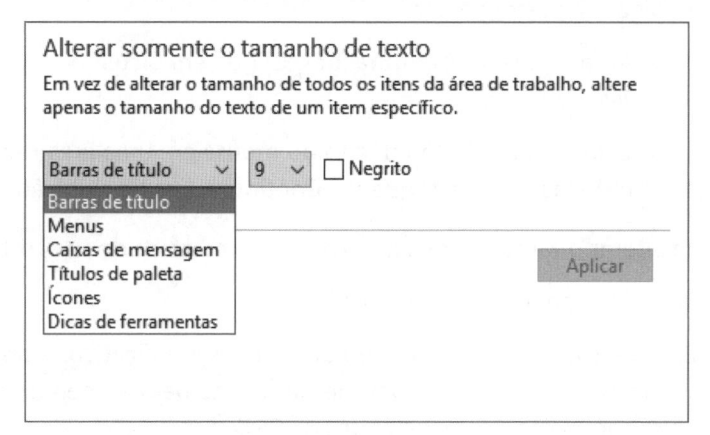

Você pode determinar o tamanho do texto para tipos específicos de elementos da interface do usuário

3. Clique no elemento que deseja alterar. Depois, na lista da direita, clique em um tamanho de fonte de **6** a **24** pontos.

4. Se deseja enfatizar o texto da interface ainda mais, marque a caixa de seleção **Negrito**. A seguir, clique em **Aplicar** para aplicar as alterações.

> ⚠️ **IMPORTANTE** O Windows exibe uma tela *Um Momento* enquanto aplica as mudanças. O processo pode ser um pouco demorado (cerca de 15 segundos).

CAPÍTULO 9   Gerenciamento das configurações do computador   **411**

Para alterar a orientação do conteúdo na tela

1. No painel de configurações **Tela**, clique na lista **Orientação** e então clique em **Paisagem**, **Retrato**, **Paisagem (virado)** ou **Retrato (virado)**.

2. Clique em **Aplicar** para alterar temporariamente a orientação da tela. O Windows exibe uma caixa de mensagem Manter Estas Configurações de Tela?

3. Se gostou da nova orientação da tela, clique em **Manter Alterações**. Se não, clique em **Reverter** para voltar à orientação anterior.

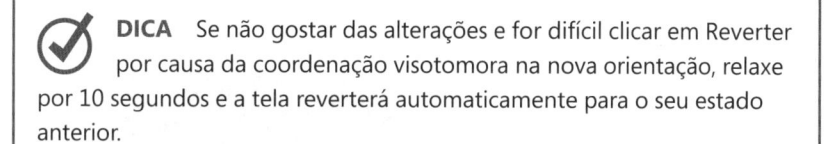

> ✓ **DICA**   Se não gostar das alterações e for difícil clicar em Reverter por causa da coordenação visotomora na nova orientação, relaxe por 10 segundos e a tela reverterá automaticamente para o seu estado anterior.

Para alterar o brilho da tela

1. No painel de configurações **Tela**, arrastre o controle deslizante Ajustar **nível de brilho** ou clique em um dos lados do controle deslizante para ajustar o brilho da tela até uma porcentagem do nível máximo configurado para ela.

   O brilho muda imediatamente, então você pode mover o controle deslizante aos poucos até a tela ter exatamente o brilho que você quer nas suas condições de iluminação atuais.

Ou

1. Exiba o painel Central de Ações e expanda a seção **Ação rápida**. Clique no ícone Brilho para ajustar o brilho da tela para o próximo múltiplo de 25% e então em incrementos de 25%.

> ✓ **DICA**   O brilho da tela também é parte das Opções de Energia que ainda são configuradas no Painel de Controle.

Para alterar a resolução da tela

1. Na parte inferior do painel de configurações **Tela**, clique no link **Configurações de Vídeo Avançadas**. O painel Configurações de Vídeo Avançadas exibe uma visualização dos monitores conectados ao seu computador, com cada monitor representado por uma caixa.

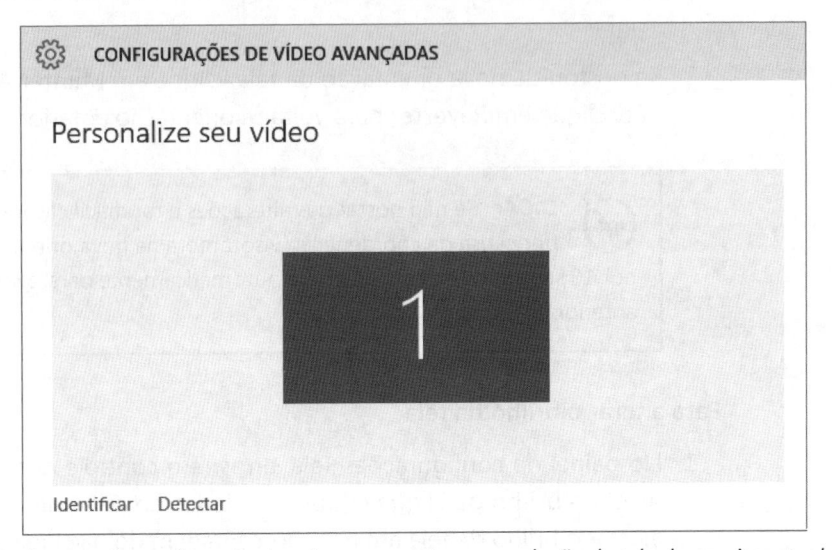

O tamanho e o formato da caixa representam a resolução da tela do monitor atual

> ✓ **DICA** Quando você tem múltiplos monitores conectados ao seu computador, a visualização exibe cada monitor em relação aos outros. Para informações sobre como trabalhar com múltiplos monitores, consulte "Exiba sua área de trabalho em múltiplos vídeos" no Capítulo 6.

2. No painel **Configurações de Vídeo Avançadas**, clique na lista **Resolução** para exibir as resoluções de tela suportadas pela placa de vídeo e pelo monitor do seu computador.

> ✓ **DICA** Quando alterar a resolução da tela, tente escolher uma que possua a mesma taxa de proporção que o seu monitor real. Se *(Recomendado)* aparece ao lado de uma resolução, esta é a maior resolução possível para a taxa de proporção interna. As caixas de visualização devem ser o suficiente para que você defina a taxa de proporção de cada resolução; se não, faça os cálculos necessários para identificar qual é a taxa de proporção.

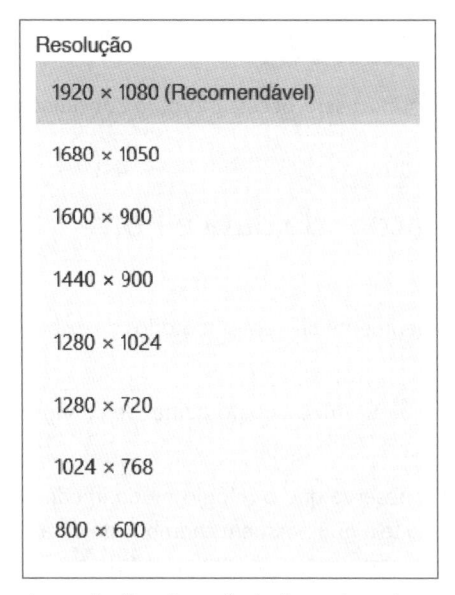

Resolução
1920 × 1080 (Recomendável)
1680 × 1050
1600 × 900
1440 × 900
1280 × 1024
1280 × 720
1024 × 768
800 × 600

As resoluções disponíveis dependem da sua placa de vídeo e monitor

3. Na lista, clique na resolução de tela que deseja. A representação do monitor na área de visualização se atualiza para refletir a nova configuração.

4. Se gostar da visualização, clique em **Aplicar** para aplicar temporariamente a configuração. O Windows exibe uma caixa de mensagem Manter Estas Configurações de Tela?

5. Se gostou da nova configuração da tela, clique em **Manter Alterações**. Se não, clique em **Reverter** para voltar à configuração anterior.

Revisão

Neste capítulo, você aprendeu a:

- Gerenciar configurações de data e hora
- Gerenciar configurações regionais e de idioma
- Gerenciar configurações de fala
- Personalizar as configurações de exibição do dispositivo

Tarefas práticas

Nenhum arquivo de prática será necessário para concluir as tarefas práticas deste capítulo.

Gerencie configurações de data e hora

Realize as seguintes tarefas:

1. Na barra de tarefas, experimente diferentes métodos de exibição de data e hora atuais.

2. Exiba o calendário e, a partir dele, exiba o painel de configurações de **data e hora**.

3. Altere o fuso horário e observe que o relógio muda imediatamente. Examine outros conteúdos na sua tela que possuem carimbos de data/hora, como mensagens de email, e determine como a mudança de fuso horário afeta esse conteúdo. Depois, configure o seu fuso horário correto.

4. Configure o Windows para exibir informações de data e hora para um segundo fuso horário. Escolha um fuso horário muito distante do seu, de preferência no outro lado da linha de data. Depois, experimente os diversos métodos de exibição do relógio secundário.

5. Configure o Windows para exibir os relógios que você quer que estejam disponíveis.

Gerencie configurações regionais e de idioma

Exiba o painel de configurações Região e idioma e então realize as seguintes tarefas:

1. Verifique que o país ou região correto está especificado para conteúdo local.

2. Se quiser, instale um idioma do sistema adicional. Se o idioma exige um pacote de idiomas, instale-o.

3. Se instalar um idioma adicional, observe que o botão idioma aparece na área de notificação da barra de tarefas. Clique no botão para exibir as opções de idioma do teclado. Experimente com o outro teclado se desejar e tente identificar teclas que inserem caracteres diferentes daqueles marcados no seu teclado físico.

4. Experimente outros recursos que lhe interessem entre aqueles discutidos no tópico "Gerencie configurações regionais e de idioma". Quando terminar, defina as configurações do seu computador para que estejam no modo como você deseja trabalhar.

Gerencie configurações de fala

Exiba o painel de configurações Fala e então realize as seguintes tarefas:

1. Ouça uma prévia das vozes disponíveis no seu computador para o narrador da conversão de texto em fala. Escolha a voz que prefere e então ajuste sua velocidade para melhor entendê-la.

2. Complete o processo de configurar o computador para reconhecer a sua voz, se disponível.

3. Consulte ferramentas de configuração adicionais de fala. Se estiver interessado em configurar mais precisamente o seu computador para reconhecimento de fala, complete pelo menos um dos processos de configuração que estiverem disponíveis no seu idioma.

Personalize as configurações de exibição do dispositivo

Exiba o painel de configurações Tela e então realize as seguintes tarefas:

1. Experimente o controle deslizante **Alterar o tamanho do texto, dos aplicativos e de outros itens** para determinar a maior ampliação possível que você pode aplicar à tela usando esse recurso. Se desejar, aplique a configuração **125%** e então saia do seu computador e entre novamente para observar o efeito completo da configuração.

2. Ajuste o brilho da tela para se adaptar ao seu ambiente de trabalho atual.

3. Exiba o painel **Configurações de Vídeo Avançadas** e clique na lista **Resolução** para exibir as opções de resolução de tela suportadas pelo seu computador. Se desejar, aplique temporariamente uma resolução de tela diferente e observe o efeito. Se encontrar outra resolução de tela que considere melhor, mantenha a configuração.

4. Abra a janela **Vídeo** do Painel de Controle. Exiba a lista **Alterar somente o tamanho de texto**. Se desejar, complete o processo de alterar o tamanho do texto para um ou mais elementos da interface do usuário.

10 Gerenciamento de opções de acesso e energia

Neste capítulo

- Configure as opções de energia
- Personalize a tela de bloqueio
- Configure os recursos de acessibilidade do Windows

Arquivos de prática

Para este capítulo, use os arquivos de prática da pasta Win10PAP\Cap10. Para obter instruções sobre como baixar arquivos de prática, consulte a introdução.

Suas configurações de energia determinam quanto tempo seu computador ficará ocioso antes de desligar a tela ou entrar em modo de suspensão para reduzir o consumo de energia. Você pode gerenciar essas configurações de forma independente ou como parte de um plano de energia.

Quando seu computador sai do modo de suspensão (e entre sessões), o Windows exibe a tela de bloqueio. Por padrão, a tela de bloqueio exibe a hora atual, a data, o status da conexão de rede e a carga da bateria (para dispositivos consumindo energia da bateria). Contudo, ela pode ser configurada para exibir muito mais informações, incluindo atualizações de status de até oito aplicativos. Ela também pode funcionar como moldura de imagem eletrônica e mostrar uma apresentação de slides das fotos armazenadas em múltiplas pastas no seu computador e na nuvem.

A Microsoft leva a acessibilidade muito a sério, como fica evidente pelo compromisso contínuo e histórico da empresa com os recursos de Facilidade de Acesso do Windows, que oferecem métodos alternativos para entrada e saída de informações. Qualquer um pode usar esses recursos para aprimorar sua experiência de uso.

Este capítulo o apresenta os procedimentos relativos a configurar as opções de energia para computadores desktop e portáteis, personalizar a tela de bloqueio e configurar os recursos de acessibilidade do Windows.

Configure as opções de energia

Obviamente, reduzir o consumo de energia é uma prioridade maior se o seu dispositivo usa a energia da bateria. Em dispositivos com bateria, como laptops, você pode definir configurações que são aplicadas quando o dispositivo está ligado na tomada e outras que são aplicadas enquanto ele consome a energia da bateria.

O brilho da tela pode ter um efeito significativo na duração da carga da bateria que alimenta o computador. Você pode gerenciar o brilho da tela como parte de um plano de energia ou ajustá-lo independentemente sempre que desejar (por exemplo, se está trabalhando em uma sala escura, uma tela mais clara pode cansar mais seus olhos do que uma tela mais escura).

Cada computador com Windows 10 possui um conjunto de planos de energia que definem três configurações:

- Quando desligar o vídeo
- Quando suspender o computador
- O nível de brilho do vídeo

Os planos de energia variam com base no tipo e fabricante do computador, mas normalmente incluem os seguintes:

- **Economia de Energia** Este plano de energia prioriza a conservação de energia em relação ao desempenho. A tela tem menos brilho e os processos se desligam após um tempo menor.

- **Alto Desempenho** Este plano de energia prioriza a experiência do usuário em relação à conservação de energia. A tela tem mais brilho e os processos se desligam após um tempo ocioso maior.

- **Equilibrado** Este plano de energia tem menos eficiência energética do que o Alto Desempenho e melhores valores de desempenho do que o plano Economia de Energia.

Você pode escolher um plano de energia pré-configurado, modificar elementos individuais de um plano existente ou criar o seu próprio. Criar um plano personalizado é semelhante a editar um plano existente, mas você nomeia e salva o novo plano para que possa aplicá-lo facilmente sempre que quiser. Se decidir que não precisa mais de um plano de energia personalizado, você pode deletá-lo.

Para alterar o brilho da tela sem afetar as configurações de gerenciamento de energia

1. Exiba o painel Central de Ações com uma das ações a seguir:
   - Próximo à extremidade direita da barra de tarefas, clique no ícone do painel Central de Ações.
   - Pressione **Win+A**.
2. Se os botões de configuração não estão todos visíveis na parte inferior do **painel Central de Ações**, clique em **Expandir** para exibi-los. O botão Brilho tem um sol no seu canto superior esquerdo.

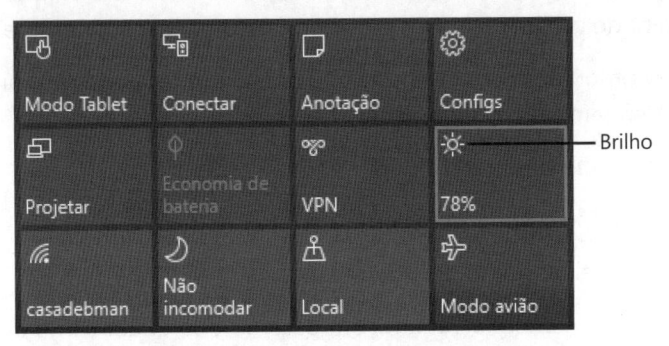

Os botões de configurações variam entre os sistemas

3. Vá clicando no botão **Brilho** para alternar entre as configurações de brilho de tela disponíveis.

Ou

1. Abra a janela **Configurações**. Clique em **Sistema** e então clique em **Tela**.
2. No painel de configurações **Tela**, mova o controle deslizante Ajustar **nível de brilho** para ajustar o brilho da tela. As alterações são aplicadas imediatamente e não é necessário clicar no botão Aplicar.

Para alterar as configurações de gerenciamento de energia

1. Na janela **Configurações**, clique em **Sistema** e então clique em **Energia e Suspensão**. O painel Energia e Suspensão exibe o período de inatividade atual que você quer que seu computador espere antes de desligar a tela e de suspender.

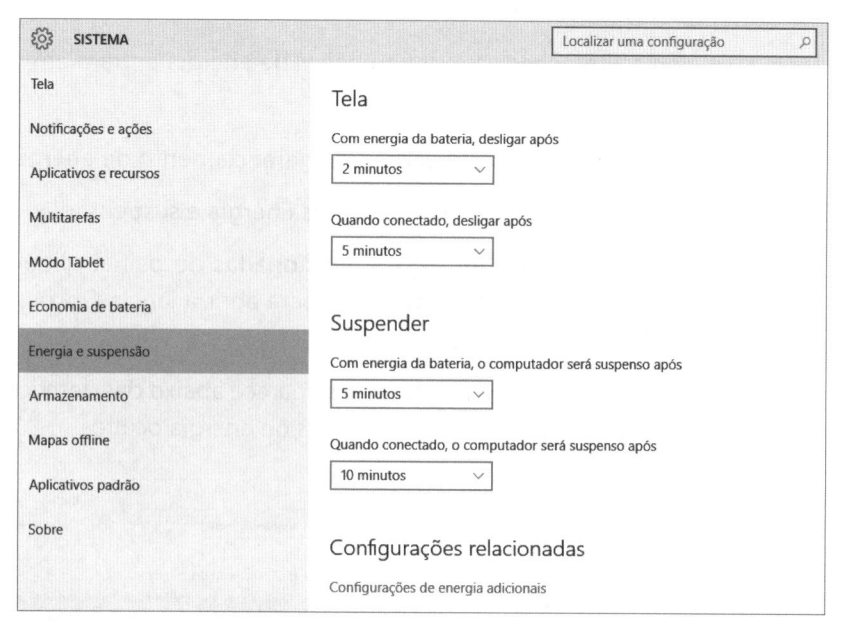

Opções de tempo separadas estão disponíveis para cada fonte de energia disponível

2. Na seção **Tela** do painel **Energia e suspensão**, clique em cada lista disponível e então clique em um tempo de **1 minuto** a **5 horas** ou **Nunca** para indicar o período de inatividade após o qual você quer que a tela se desligue (mas o computador continue ligado).

> **DICA** Pode ser necessário mover o ponteiro do mouse até a lista para exibir sua barra de rolagem.

3. Na seção **Suspender** do painel **Energia e suspensão**, clique em cada lista disponível e então clique em um tempo de **1 minuto** a **5 horas** ou **Nunca** para indicar o período de inatividade após o qual você quer que o computador entre em modo de Suspensão.

> **DICA** O tempo limite de Suspensão deve ser igual ou maior ao tempo limite da tela. Configurar o valor de Suspensão para menos que o valor da tela reduz o valor de tela para que um corresponda ao outro; configurar o valor da Tela para mais do que o valor de Suspensão eleva o valor do segundo da mesma forma.

As alterações nas configurações de energia entram em vigor imediatamente.

Para escolher um plano padrão de gerenciamento de energia

1. Exiba o painel de configurações **Energia e suspensão**.
2. Na seção **Configurações relacionadas** do painel, clique em **Configurações de energia adicionais** para abrir a janela Opções de Energia do Painel de Controle.
3. Se **Mostrar planos adicionais** aparece abaixo das descrições dos planos, clique nele para exibir os planos de energia ocultos.

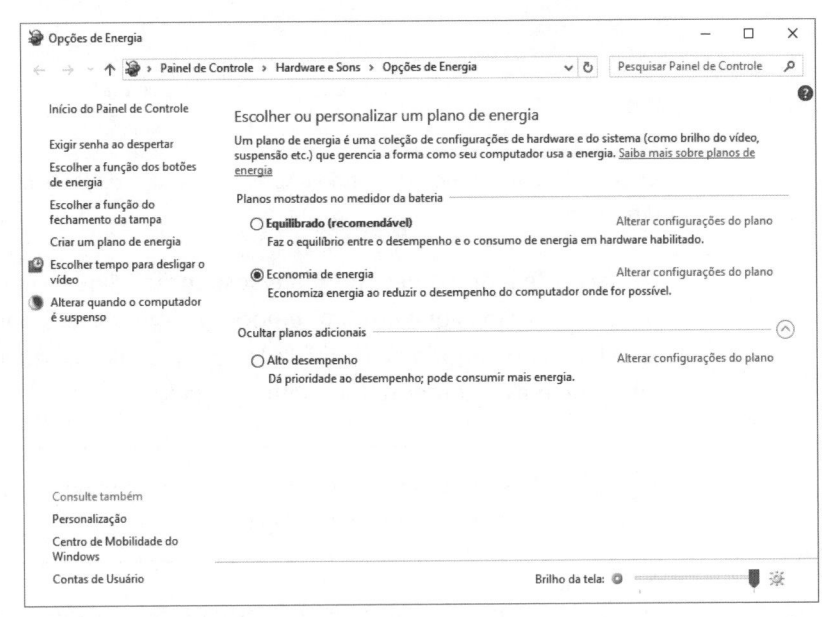

Os planos de energia disponível variam entre tipos e fabricantes de computadores

4. Para comparar as configurações dos planos, clique no link **Alterar configurações do plano** à direita de cada nome de plano, consulte as configurações e clique no botão **Cancelar** para retornar à janela Opções de Energia.

5. Na janela **Opções de Energia**, clique na opção de energia pré-configurada que deseja.

Para modificar um plano de energia existente

1. Abra a janela **Opções de Energia** do Painel de Controle.
2. Clique em **Alterar configurações do plano** à direita do nome do plano que deseja modificar para abrir a janela Editar Configurações do Plano apropriada.

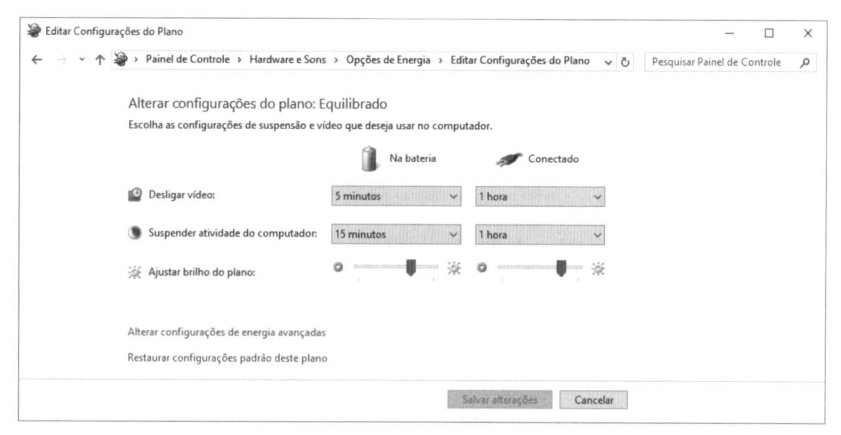

Os computadores desktop somente tem configurações do tipo Conectado

3. Para cada fonte de energia disponível, faça o seguinte:
   - À direita de **Desligar vídeo**, selecione um tempo de **1 minuto** a **5 horas**, ou **Nunca**, para indicar o período de inatividade após o qual você quer que a tela se desligue quando o computador está usando essa fonte de energia.
   - À direita de **Suspender atividade do computador**, selecione um tempo de **1 minuto** a **5 horas**, ou **Nunca**, para indicar o período de inatividade após o qual você quer que o computador entre em modo de suspensão quando está usando essa fonte de energia.
   - À direita de **Ajustar brilho do plano**, mova o controle deslizante para indicar o nível de brilho que quer quando o computador está usando essa fonte de energia.
4. Na janela **Editar Configurações do Plano**, clique em **Salvar alterações** para aplicar suas alterações no plano de energia e voltar à janela Opções de Energia. Se modificou o plano que está ativo no momento, as alterações no brilho são imediatamente evidentes.

> **DICA** Se decidir que não gostou do brilho da tela configura, você pode alterá-lo na parte inferior da janela Opções de Energia. A alteração será aplicada ao plano atual e salva automaticamente.

Para criar um plano de energia personalizado

1. Abra a janela **Opções de Energia** do Painel de Controle.

2. No painel esquerdo, clique em **Criar um plano de energia** para abrir a janela Criar um Plano de Energia.

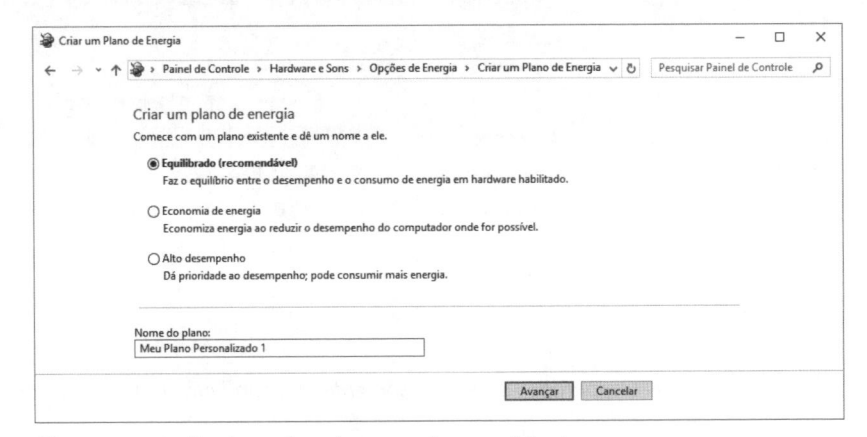

Planos personalizados se baseiam em planos existentes

3. Selecione um dos planos padrão como ponto de partida para o seu novo plano e dê um nome a ele. A seguir, clique em **Avançar** para exibir a janela Editar Configurações do Plano.

4. Para cada fonte de energia disponível, faça o seguinte:

   - À direita de **Desligar vídeo**, selecione um tempo de **1 minuto** a **5 horas**, ou **Nunca**, para indicar o período de inatividade após o qual você quer que a tela se desligue quando o computador está usando essa fonte de energia.

   - À direita de **Suspender atividade do computador**, selecione um tempo de **1 minuto** a **5 horas**, ou **Nunca**, para indicar o período de inatividade após o qual você quer que o computador entre em modo de suspensão quando está usando essa fonte de energia.

   - À direita de **Ajustar brilho do plano**, mova o controle deslizante para indicar o nível de brilho que quer quando o computador está usando essa fonte de energia.

CAPÍTULO 10   Gerenciamento de opções de acesso e energia   **423**

5. Na janela **Editar Configurações do Plano**, clique em **Criar** para criar o plano de energia personalizado e voltar à janela Opções de Energia.

Para editar as configurações avançadas de um plano de energia existente

1. Abra a janela **Opções de Energia** do Painel de Controle.

2. Clique em **Alterar configurações do plano** à direita do nome do plano que deseja modificar.

3. Na parte inferior da janela **Editar Configurações do Plano**, clique em **Alterar configurações de energia avançadas** para abrir a caixa de diálogo Opções de Energia.

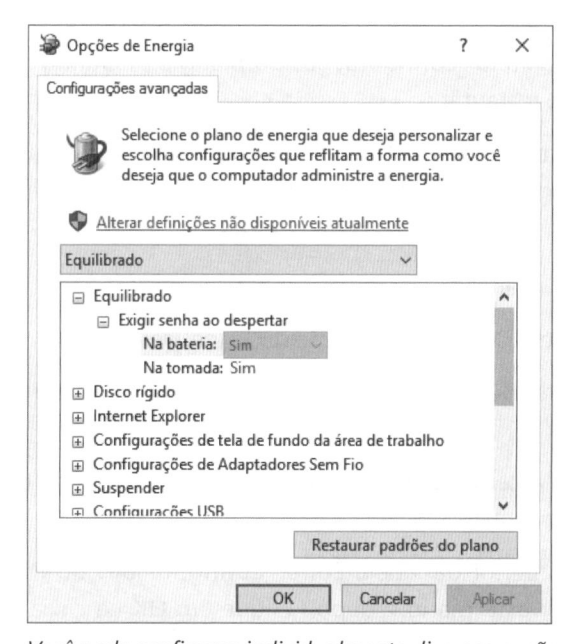

Você pode configurar individualmente diversas opções de energia

4. Se o plano exibido no topo da caixa de diálogo **Opções de Energia** não é aquele que deseja modificar, clique no plano atual e, na lista, clique no plano que deseja personalizar.

5. Role pelas configurações disponíveis e clique no botão expandir (+) para expandir qualquer categoria que lhe interesse.

6. Se as configurações que deseja alterar estão desabilitadas (esmaecidas), você pode clicar no link **Alterar definições não disponíveis atualmente** acima da lista e fornecer permissão de administrar, se necessário, para realizar as alterações.

7. Se alterar as configurações, clique em **Aplicar** ou **OK** para aplicar as alterações.

Para restaurar um plano de energia ao seu padrão

1. Abra a janela **Opções de Energia** do Painel de Controle.

2. Clique em **Alterar configurações do plano** à direita do nome do plano que deseja restaurar.

3. Na parte inferior da janela **Editar Configurações do Plano**, clique no link **Restaurar configurações padrão deste plano** e depois clique em **Sim** na caixa de mensagem **Opções de Energia** que se abre.

Para excluir um plano de energia personalizado

1. Abra a janela **Opções de Energia** do Painel de Controle.

2. Aplique qualquer plano de energia que não aquele que você deseja excluir.

3. Clique em **Alterar configurações do plano** à direita do nome do plano que deseja excluir.

4. Na parte inferior da janela **Editar Configurações do Plano**, clique no link **Excluir este plano** e depois clique em **OK** na caixa de mensagem **Opções de Energia** que se abre.

> **DICA** Você somente pode excluir os planos de energia personalizados, não os nativos/internos.

Configurações de energia do sistema

O Windows 10 possui comportamentos padrão para entrar em modo de suspensão, acordar e se desligar. Se decidir que esses padrões não são ideais para você, é possível alterar as opções (as alterações precisam ser aprovadas por uma conta Administrador).

Existem três conjuntos de configurações que você pode alterar:

- **Gatilhos de ação de desligamento** Esses gatilhos são relativos aos botões de Energia e Suspensão (os botões físicos) do seu computador. Nem todos os computadores têm botões de Suspensão, mas muitos têm; eles geralmente ficam no teclado e são rotulados com algo que indica sono, como "zzz" ou uma lua. Em um laptop, é possível especificar o que acontece quando você fecha a tampa. A tabela a seguir descreve as ações de desligamento que podem ocorrer quando você pressiona o botão de Energia ou Suspensão ou fecha a tampa do laptop.

Ação de desligamento	Botão de energia	Botão de suspensão	Fechar a tampa
Não fazer nada	S	S	S
Desligar o vídeo	S	S	Não é opcional
Suspender	S	Padrão	S
Hibernar	S	S	S
Desligar	Padrão	N	S

- **Exigência de senha** Por padrão, quando seu computador sai do modo de suspensão, o Windows exibe a tela de bloqueio. Os usuários cuja conta é protegida por senha devem inserir sua senha para entrarem. Você pode desativar essa exigência.

- **Configurações de desligamento** Essa categoria é meio que um "saco de gatos". Você pode controlar se o menu de Energia inclui os comandos Suspender e Hibernar e se o menu da conta do usuário inclui o comando Bloquear.

Em geral, se a situação atual está funcionando bem para você, é melhor deixar tudo como está. Se quiser realizar alterações, no entanto, você pode fazê-las na página Configurações do Sistema do Painel de Controle. No modo de exibição Categorias, clique em Hardware e Sons e depois, no grupo Opções de Energia, clique em Alterar a função dos Botões de Energia. A maioria das opções fica indisponível até você clicar em Alterar Configurações Não Disponíveis no Momento e fornecer as credenciais da conta de administrador.

Faça sua bateria durar mais tempo

O recurso Economia de Bateria é uma novidade do Windows 10 e está disponível apenas em dispositivos com bateria (por exemplo, laptops). A Economia de Bateria conserva a energia da bateria (e, logo, estende sua duração) regulando as atividades em segundo plano e as configurações de hardware. O Windows liga automaticamente o recurso Economia de Bateria quando a carga da bateria fica abaixo de 20%, mas você também tem a opção de ativar o recurso sempre que o dispositivo estiver consumindo a energia da bateria.

Para exibir as informações sobre a duração da bateria atual, abra a janela Configurações, clique em Sistema e então clique em Economia de Bateria.

DICA O painel de Economia de Bateria somente fica visível em dispositivos alimentados por bateria.

> Duração da bateria restante:
> 98%
>
> Tempo restante estimado:
> 2 horas e 12 minutos
>
> Uso de bateria

Estimativas de vida útil da bateria e opções de Economia de Bateria

Para ativar a Economia de Bateria, abra o painel Economia de Bateria e então coloque o botão de alternância A Economia de Bateria Atual É De na posição Ativado.

Para modificar o nível de carga da bateria no qual o recurso Economia de Bateria é ativado, ou ações permitidas enquanto a Economia de Bateria está ativada, exiba o painel Economia de Bateria, clique no link Configurações de Economia de Bateria e então altere as configurações.

> ☑ Ativar a economia de bateria automaticamente se minha bateria estiver abaixo de:
>
> 15% ────●────────────
>
> ☑ Permitir notificações por push de qualquer aplicativo em economia de bateria
> ☑ Reduzir brilho da tela no modo de economia de bateria

Você pode optar por permitir as notificações por push e que aplicativos específicos podem enviar dados

Personalize a tela de bloqueio

Por padrão, a tela de bloqueio é exibida quando você inicia ou bloqueia seu computador e quando o computador sai do modo de suspensão.

A tela de bloqueio tem três objetivos principais:

- Exibir informações dos aplicativos selecionados quando a sessão do computador não está ativa.
- Exibir uma única foto, ou uma ou mais pastas de fotos (o Windows 10 pode exibir fotos de múltiplas pastas).
- Impedir entradas acidentais em dispositivos de toque.

Para a maioria de nós, a tela de bloqueio é apenas uma breve pausa a caminho da tela de entrada, mas ela também pode funcionar como um porta retrato eletrônico. Além disso, você pode usá-la para exibir informações úteis.

A tela de bloqueio sempre exibe a data, a hora e o ícone de rede. Se o seu dispositivo opera com energia da bateria, a tela de bloqueio também exibe o ícone da bateria para que você possa consultar rapidamente quanto ainda há de carga.

Defina o fundo da tela de bloqueio

Em uma instalação limpa do Windows 10, a tela de bloqueio é configurada para exibir uma das imagens do tema do Windows 10. Você pode escolher qualquer foto ou uma apresentação de slides de fotos contidas em uma ou mais pastas. A segunda opção exibe mais do que uma simples apresentação de slides: ela exibe de uma a cinco imagens ao mesmo tempo e mistura as fotos das pastas selecionadas.

Se o seu computador usa o Windows 10 Home, você também tem as opções de exibir:

- Um fundo da tela de bloqueio do Destaque do Windows com belas imagens extraídas do bing.com e informações sobre o Windows 10
- Dicas e truques do Windows

> **DICA** É possível desabilitar a tela de bloqueio editando o registro ou as Políticas de Grupo, mas essas atividades não devem ser realizadas levianamente e estão além do escopo de um livro da série *Passo a Passo*.

Para exibir uma imagem na tela de bloqueio

1. Abra a janela **Configurações**.

2. Clique em **Personalização** e depois em **Tela de Bloqueio**. A seção Visualização do painel de configurações Tela de Bloqueio exibe seu fundo da tela de bloqueio atual. Se o fundo atual for uma única imagem, o painel mostra miniaturas de outras imagens de tela de fundo recentes (ou opções de tela de fundo do tema atual) para que você possa selecioná-las rapidamente. Se a tela de fundo for uma apresentação de slides, o painel mostra as pastas que contêm as fotos da apresentação de slides.

O conteúdo do painel varia com base na seleção atual

3. No painel **Tela de bloqueio**, clique na lista **Tela de fundo** e depois clique em **Imagem**.

4. Selecione a imagem da tela de fundo com uma das ações a seguir:

    - Se a seção **Escolher sua imagem** inclui uma miniatura da imagem que deseja usar, clique na miniatura.

    - Se a seção **Escolher sua imagem** não exibe a imagem que deseja usar, clique no botão **Procurar**. Na caixa de diálogo **Abrir**, procure a imagem que deseja usar e então clique no botão **Escolher imagem**.

> ✓ **DICA** As belas imagens fornecidas com o Windows 10 ficam armazenadas em C:\Windows\Web\Screen e também são incluídas no tema do Windows 10. Você pode baixar imagens semelhantes no endereço *windows.microsoft.com/en-US/windows/wallpaper*.

Sua seleção é exibida na seção Visualização. Se a imagem selecionada não tiver a mesma taxa de proporção que a tela, o Windows preenche a tela com a imagem, o que pode cortar parte do que você deseja ver quando a imagem é exibida.

5. Pressione **Win+L** para bloquear o computador e verifique que a tela de fundo tem a aparência que você deseja.

Ou

1. Abra o aplicativo Fotos.
2. Localize a foto que deseja exibir na tela de bloqueio e abra-a para edição.
3. Na extremidade direita da barra de menus do aplicativo **Fotos**, clique no botão **Veja mais** (...) e então clique em **Definir como e depois clique em Definir como tela de bloqueio**.

Para exibir uma série de imagens na tela de bloqueio

1. Identifique uma ou mais pastas que contêm imagens que você quer exibir em uma apresentação de slides. Se quiser usar apenas algumas fotos de cada pasta, crie uma nova pasta e copie as fotos para ela.
2. Exiba o painel de configurações **Tela de bloqueio**.
3. Na lista **Tela de fundo**, clique em **Apresentação de Slides**. A seção Escolher Álbuns para Apresentação de Slides exibe sua pasta Imagens ou quaisquer pastas selecionadas anteriormente para uma apresentação de slides.

> **DICA** As configurações avançadas da apresentação de slides podem ser configuradas para incluir a pasta Imagens da Câmera do seu computador e do OneDrive, sem exibir as pastas na seção Escolher Álbuns, e incluir fotos que não cabem perfeitamente na tela. Seria uma boa ideia definir especificamente as configurações do jeito que você as quer.

4. Siga um destes passos:
   - Para adicionar uma pasta à apresentação de slides, clique no botão **Adicionar uma pasta**, navegue até a pasta que deseja adicionar, selecione a pasta e então clique no botão **Escolha esta pasta**.
   - Para remover uma pasta do álbum de apresentação de slides, clique na pasta para exibir seus controles e então clique no botão **Remover**.

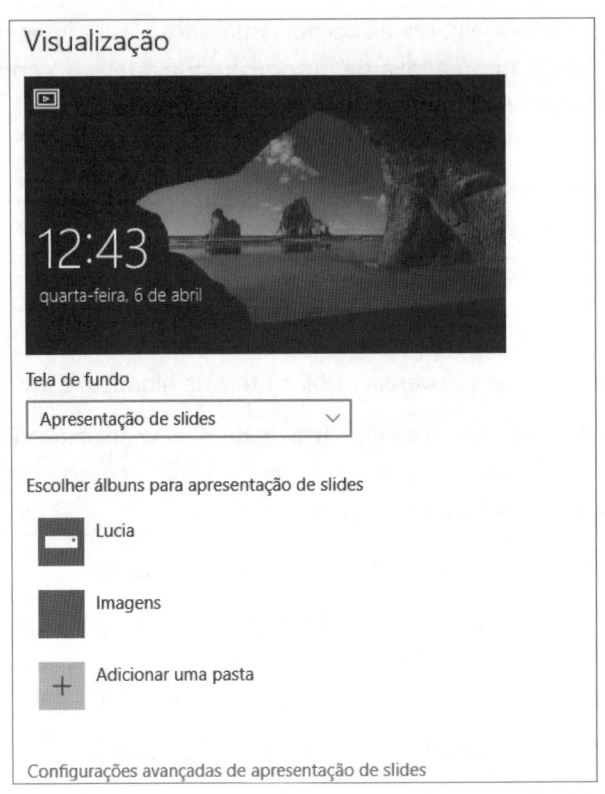

Configure uma apresentação de slides para ser exibida na sua tela de bloqueio

Para exibir a tela de bloqueio do Destaque do Windows

> ⚠️ **IMPORTANTE** Na época da redação deste livro, o Destaque do Windows estava disponível no Windows 10 Home, mas não no Windows 10 Pro.

1. Exiba o painel de configurações **Tela de bloqueio**.
2. Na lista **Tela de fundo**, clique em **Destaque do Windows**. Uma prévia da tela de fundo atual do Destaque aparece no alto do painel Tela de Bloqueio.

> ✓ **DICA** Na tela de bloqueio do Destaque do Windows, você pode votar em telas de fundo que gosta e o Windows selecionará telas de fundo futuras que reflitam suas preferências. Para votar a favor ou contra uma tela de fundo, clique em *Gosta do que Vê? ou Que tal esta? (conforme mostrar a sua versão do sistema)* e então clique em *Gostei / I want more!* ou *Não gostei / Não gosto muito*.

CAPÍTULO 10   Gerenciamento de opções de acesso e energia   431

Para exibir dicas e truques na tela de bloqueio

> ⚠️ **IMPORTANTE** Na época da redação deste livro, os fatos divertidos na tela de bloqueio estavam disponíveis no Windows 10 Home, mas não no Windows 10 Pro.

1. Configure a tela de bloqueio para exibir uma imagem ou apresentação de slides.

2. No painel de configurações **Tela de bloqueio**, abaixo da seção **Escolher sua imagem** ou **Escolher álbuns**, coloque o botão de alternância **Receba fatos divertidos, dicas, truques e muito mais na tela de bloqueio** na posição **Ativado**.

Para definir as configurações avançadas de apresentação de slides

1. Exiba o painel de configurações **Tela de bloqueio**.

2. Abaixo da seção **Escolher sua imagem** ou **Escolher álbuns**, clique no link **Configurações avançadas de apresentação de slides** para exibir o painel **Configurações avançadas de apresentação de slides**.

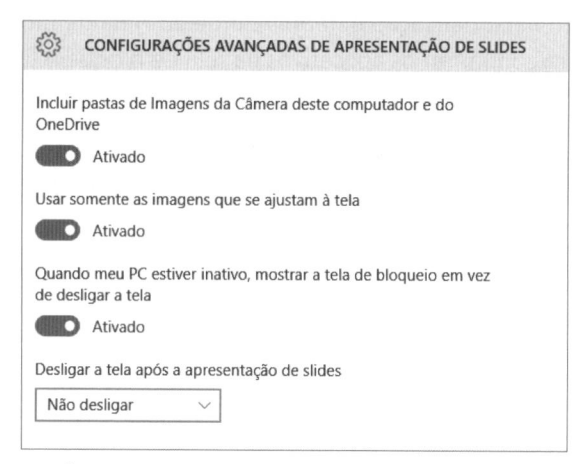

⚙️ CONFIGURAÇÕES AVANÇADAS DE APRESENTAÇÃO DE SLIDES

Incluir pastas de Imagens da Câmera deste computador e do OneDrive
🔘 Ativado

Usar somente as imagens que se ajustam à tela
🔘 Ativado

Quando meu PC estiver inativo, mostrar a tela de bloqueio em vez de desligar a tela
🔘 Ativado

Desligar a tela após a apresentação de slides
[Não desligar ⌄]

Configurações avançadas de apresentação de slides para a tela de bloqueio

3. Defina as configurações avançadas como quer que funcionem para a sua apresentação de slides.

Exiba informações de status do aplicativo na tela de bloqueio

Além de foto (ou fotos) da tela de fundo e informações sobre horário, data, rede e bateria, você pode escolher exibir informações de status detalhadas de um aplicativo da Loja que suporte o recurso e informações de status rápidas de até sete aplicativos da Loja. Os aplicativos adicionais não são exibidos como blocos, como acontece com o conteúdo dinâmico tradicional; eles aparecem como um ícone com um texto extremamente curto. O objetivo principal dessa visualização é fornecer informações rápidas e básicas sobre um tema, como o número de novos emails ou uma reunião que está prestes a começar.

Os aplicativos disponíveis para você dependem dos aplicativos instalados no computador. Execute cada aplicativo pelo menos uma vez para definir as configurações necessárias (por exemplo, para especificar o local que deseja que o aplicativo Clima monitore), assim as atualizações serão exibidas na parte inferior da tela de bloqueio.

Exiba informações de aplicativos na tela de bloqueio

1. Abra a janela **Configurações**.
2. Clique em **Personalização** e depois clique em **Tela de bloqueio**. Os controles para configurar os aplicativos da tela de bloqueio ficam abaixo das configurações da tela de fundo.
3. Na seção **Escolher um aplicativo para mostrar o status detalhado**, clique na caixa para exibir uma lista dos aplicativos que podem exibir informações de status na tela de bloqueio.

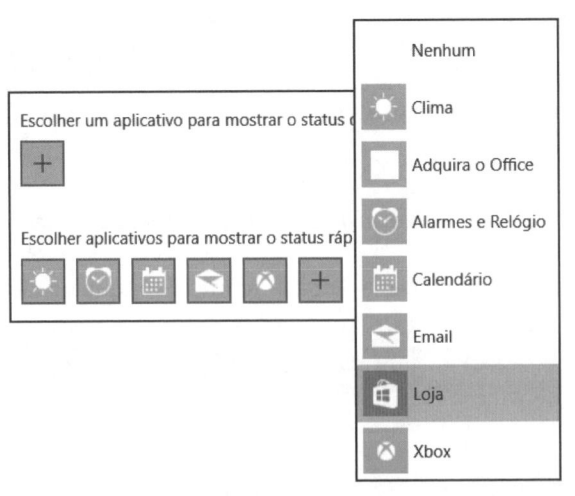

Obtenha informações diretamente na sua tela de bloqueio

4. Na lista de aplicativos, clique em um aplicativo para exibir atualizações de status detalhadas na tela de bloqueio.

5. Na seção **Escolher aplicativos para mostrar o status rápido**, clique em qualquer caixa e então clique no aplicativo desejado na lista. Repita o processo até selecionar todos os aplicativos que deseja (no máximo sete).

> **DICA** A ordem dos aplicativos na lista determina a ordem das atualizações de status na tela de bloqueio. Você pode escolher deixar qualquer um dos blocos vazio. Um bloco vazio aparece como um espaço em branco entre as atualizações de status dos aplicativos ao seu redor.

Configure uma proteção de tela

As proteções de tela são telas em branco ou imagens móveis que aparecem na sua tela após um determinado período de inatividade. Originalmente, as proteções de tela eram usadas para impedir que uma imagem estática ficasse marcada permanentemente na tela de um monitor que ficara ligado por tempo demais (isso acontecia na Era das Trevas da computação, quando os monitores disparavam um feixe de elétrons contra o fundo de uma tela de plasma ou de CRT [tubo de raios catódicos] para criar pequenos pontos brancos que se combinavam para exibir textos legíveis no lado da frente). Os monitores modernos não são suscetíveis a esse tipo de dano, então as proteções de tela atual servem principalmente como forma de entretenimento visual.

A proteção de tela original era um aplicativo simples que deixava a tela em branco após um período de inatividade. Criada por John Socha, seu código foi publicado na edição de dezembro de 1983 da revista *Softalk*.

O Windows 10 possui seis opções internas de proteção de tela:

- **Texto 3D** Exibe uma versão circular do texto que você especificar. Se não especificar texto nenhum, exibe as palavras "Windows 10".

- **Em branco** Apaga o conteúdo da tela.

- **Bolhas** Exibe bolhas redondas coloridas que ficam quicando pela tela.

- **Polígonos** Mostra linhas repetidas coloridas que formam padrões curvos e geométricos.

- **Fotos** Exibe uma apresentação de slides dos arquivos de qualquer pasta que você especificar. Se não especificar uma pasta, exibe o conteúdo da sua pasta Imagens.
- **Faixas** Exibe faixas coloridas que dançam pela tela.

Quando seleciona uma proteção de tela, você pode visualizar o efeito, configurar o intervalo de inatividade antes dela ser exibida e especificar se uma senha será necessária para interromper a proteção de tela depois de iniciada. Para algumas proteções de tela, é possível configurar opções como tamanho, estilo e padrão de movimentos.

Para configurar uma proteção de tela, siga os passos abaixo:

1. Abra a janela **Configurações**. Clique em **Personalização** e então clique em **Tela de bloqueio**.

2. Na parte inferior do painel de configurações **Tela de bloqueio**, clique em **Configurações de proteção de tela** para abrir a caixa de diálogo Configurações de proteção de tela.

3. Na lista **Proteção de tela**, clique na proteção de tela que deseja utilizar. A caixa de diálogo exibe uma visualização da proteção de tela.

4. Se a proteção de tela que você selecionar tiver opções, o botão Configuração se ativa. Para configurar opções não padrão, clique no botão **Configurações** e forneça as informações solicitadas.

5. Se quiser uma prévia da proteção de tela em tela inteira, clique no botão **Visualizar**. A prévia termina assim que você move o mouse ou faz alguma ação semelhante.

6. Na caixa **Aguardar**, defina o número de minutos de inatividade após o qual você quer que a proteção de tela inicie.

7. Se quiser que o Windows exiba sua tela de bloqueio quando a proteção de tela for interrompida, marque a caixa de seleção **Ao reiniciar, exibir tela de logon**.

    DICA O termo "tela de logon" na caixa de diálogo Configurações de Proteção de Tela é um resquício de uma versão anterior do Windows, mas se refere à tela de bloqueio do Windows 10.

8. Na caixa de diálogo **Configurações da Proteção de Tela**, clique em **OK**.

Configure os recursos de acessibilidade do Windows

As palavras na tela estão pequenas demais e difíceis de ler? Você queria que os ícones fossem maiores? Você demora para localizar o ponto de inserção, de tão fino que ele é? O Windows 10 possui recursos de acessibilidade para que seja mais fácil obter informações do computador (recursos de saída) e outros recursos para que seja mais fácil inserir informações no computador (recursos de entrada).

O Windows 10 inclui um grupo de utilitários (chamados coletivamente de *Recursos de Facilidade de Acesso*) projetados especificamente para ajudar os usuários a interagir com o computador, tornando o conteúdo mais fácil de acessar e fornecendo métodos alternativos de entrada e saída. Os utilitários incluem:

- **Legendas ocultas** Narrações textuais de conteúdo de áudio exibidas enquanto os vídeos são reproduzidos.

- **Alto Contraste** Esquemas de cores que fazem com que os elementos individuais da interface do usuário se destaquem na tela.

> **CONSULTE TAMBÉM** Para informações sobre temas de alto-contraste, consulte "Aplique e gerencie temas" no Capítulo 2.

- **Lupa** Um painel que amplia a tela sob o ponteiro do mouse até nove vezes. Você pode mover e redimensionar o painel de ampliação.

- **Narrador** Uma ferramenta de conversão de texto em fala que lê em voz alta comandos de menu, opções de caixas de diálogo e outros recursos da tela, informando-o quais opções estão disponíveis e como utilizá-las. Ele também lê quais teclas você pressionou enquanto está digitando e informa a localização do ponteiro enquanto você move o mouse.

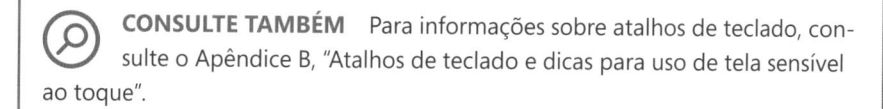

> **CONSULTE TAMBÉM** Para informações sobre atalhos de teclado, consulte o Apêndice B, "Atalhos de teclado e dicas para uso de tela sensível ao toque".

Você pode ativar os recursos de Alto Contraste, Lupa, Narrador, Teclado Virtual, Teclas de Aderência ou Teclas Filtragem a partir da tela de boas-vindas, antes de entrar no Windows. Após entrar no Windows 10, você pode gerenciar a maioria dos recursos de acessibilidade na página da categoria Facilidade de Acesso da janela Configurações.

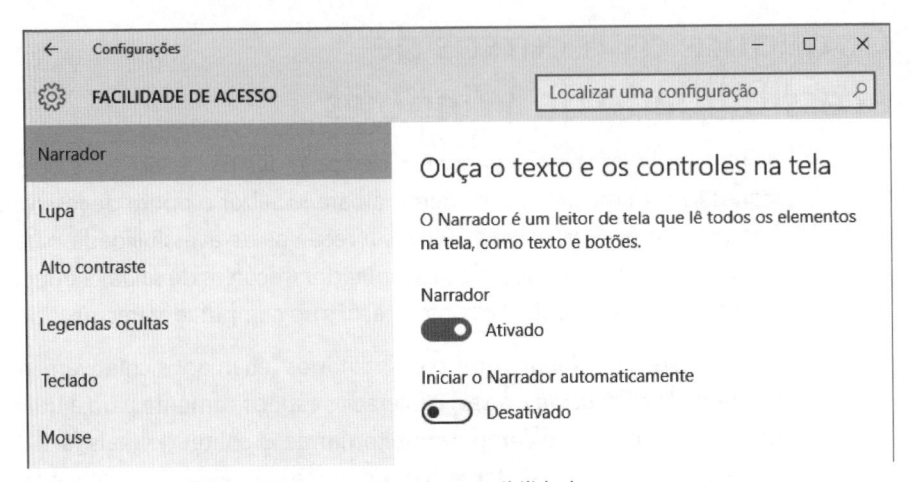

O Windows 10 oferece diversas opções de acessibilidade

Os recursos de acessibilidade também estão disponíveis a partir da Central de Facilidade de Acesso no Painel de Controle. Se não tiver certeza sobre quais recursos poderiam ser úteis, você pode responder uma série de perguntas e o Windows recomenda as configurações de acessibilidade com base nas suas respostas.

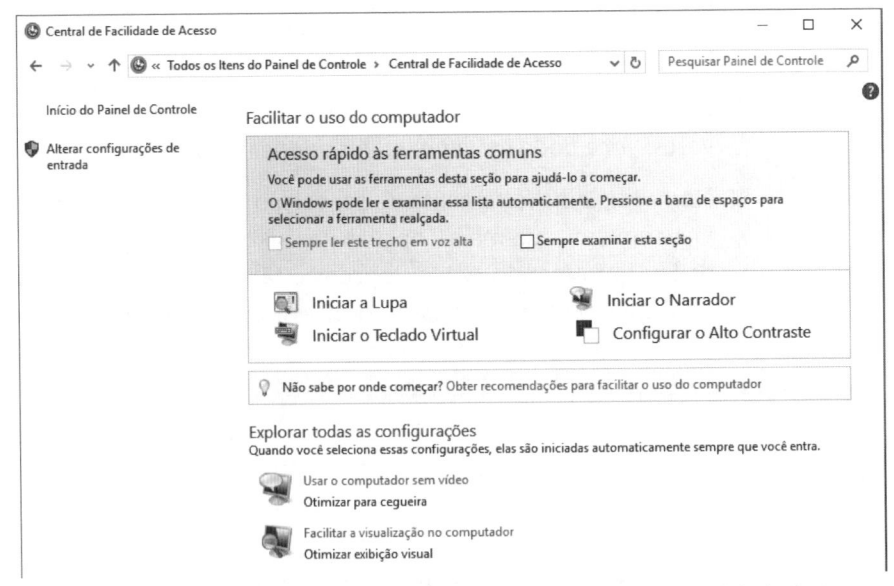

Algumas das interfaces de configuração disponíveis na Central de Facilidade de Acesso

Quando você ativa um recurso de acessibilidade, ele permanece ativado até você desativá-lo.

Se você entra em múltiplos computadores usando suas credenciais de conta da Microsoft, você pode definir as configurações de acessibilidade em uma máquina e fazer com que o Windows 10 sincronize as configurações em todos os computadores.

> **CONSULTE TAMBÉM** Para informações sobre como sincronizar as configurações de Facilidade de Acesso entre dispositivos, consulte "Personalize suas opções de entrada" no Capítulo 8.

Muitos dos recursos de acessibilidade têm atalhos de teclado, mas estes não são muito úteis quando se trabalha com um dispositivo que não tem um teclado externo. Para simplificar o processo para usuários de tablets e outros dispositivos de mão com Windows 10, você pode configurar o Windows 10 para iniciar a Lupa, Narrador ou Teclado Virtual quando pressiona o botão Windows externo e o botão de Aumentar o Volume nesses dispositivos.

Para exibir as configurações de Facilidade de Acesso

1. Para exibir a página de categoria das configurações de Facilidade de Acesso, abra a janela **Configurações** e então clique em **Facilidade de Acesso**.

2. Para exibir a Central de Facilidade de Acesso, siga um destes passos:
   - Exiba o Painel de Controle no modo de exibição Categoria, clique na categoria **Facilidade de Acesso** e então clique na **Central de Facilidade de Acesso**.
   - Pressione **Win+U**.

Para que o Windows recomende configurações de acessibilidade

1. Exiba a Central de Facilidade de Acesso.

2. Clique no link **Obter recomendações para facilitar o uso do computador**.

3. Nas páginas **Visão**, **Destreza**, **Audição**, **Fala** e **Raciocínio**, marque a caixa de seleção referente a cada afirmação que se aplica a você e então clique em **Avançar**.

4. Na página **Configurações recomendadas**, revise as opções de acessibilidade que o Windows recomendou em resposta às suas seleções. Marque ou desmarque as caixas de seleção adicionais que desejar e então clique em **Aplicar** ou **OK** para aplicar suas alterações.

Para configurar o atalho de hardware em um dispositivo para uma ferramenta de acessibilidade

1. Exiba a Central de Facilidade de Acesso.

2. Na seção **Explorar Todas as Configurações**, clique em **Facilitar o uso de toques e tablets**.

3. Na seção **Iniciando ferramentas comuns**, clique na lista suspensa e então clique na ferramenta de acessibilidade que deseja iniciar quando pressiona o botão Windows e o botão de Aumentar o Volume do seu dispositivo.

4. Na janela **Facilitar o uso de toques e tablets**, clique em **Aplicar** ou **OK** para implementar a alteração.

Configurações de alto-contraste

Um tema de alto-contraste exibe cores de tela de fundo e texto mais fáceis de enxergar e que cansam menos os olhos. Quando você aplica um tema de alto-contraste, ele afeta todo o conteúdo exibido na tela. Alguns conteúdos, como imagens de páginas Web mais fortes, não ficam visíveis quando um tema de alto-contraste é aplicado.

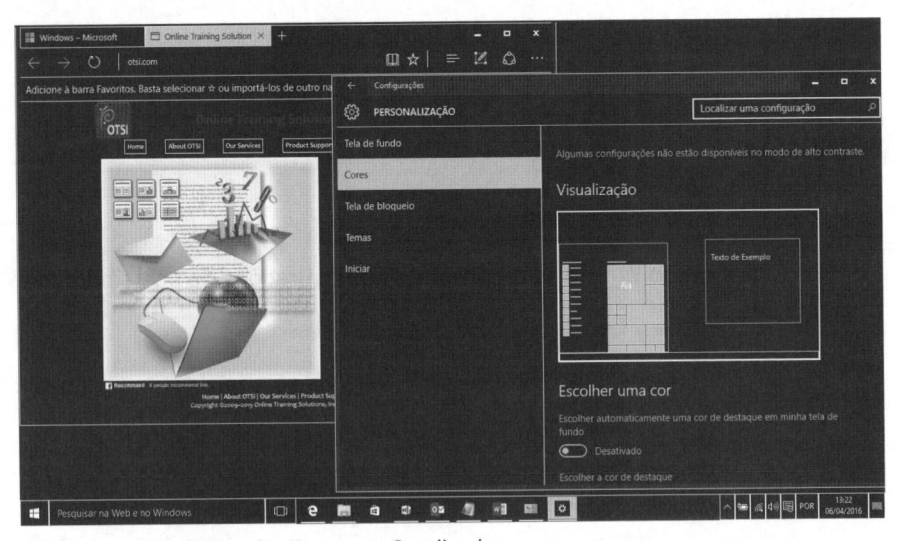

Uma tela com o tema Alto Contraste 2 aplicado

O Windows possui quatro temas de alto-ontraste, que apresentamos em "Aplique e gerencie temas" no Capítulo 2.

O Windows demora um pouco mais (cerca de 10 segundos) para aplicar um tema de alto-contraste do que para fazer outras alterações. O Windows exibe uma tela *Um Momento* enquanto aplica o tema.

Para aplicar um tema de alto-contraste

1. Siga um destes passos:

    - Abra a janela **Personalização** do Painel de Controle. Na seção **Temas de Alto Contraste** da janela **Personalização**, clique no tema de alto-
    -contraste que deseja aplicar.

    - Para reaplicar o tema de alto-contraste mais recente (ou aplicar o tema Alto Contraste N°1 caso ainda não tenha aplicado um tema de alto-contraste), pressione **Alt esquerdo+Shift esquerdo+Print Screen** e então clique em **Sim** na caixa de mensagem que aparece.

Ou

1. Na página da categoria de configurações **Facilidade de Acesso**, clique em **Alto Contraste**.

2. No painel de configurações **Alto contraste**, clique na caixa sob **Escolha um tema** e então clique em um dos quatro temas de alto-contraste para visualizar as cores do tema atribuídas à tela de fundo, texto, hiperlinks, texto desabilitado, texto selecionado e texto do botão.

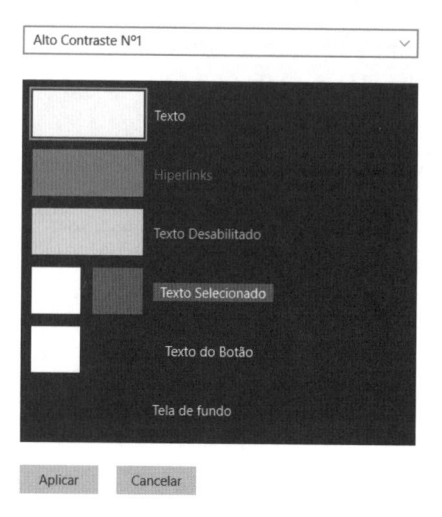

Você pode visualizar todos os temas de alto-contraste antes de aplicar um deles

3. Quando identificar o tema que deseja, selecione-o na lista e então clique no botão **Aplicar** para aplicar o tema ao computador.

Para reverter para um tema de contraste normal

1. Siga um destes passos:

    - Pressione **Alt esquerdo+Shift esquerdo+Print Screen**.

    - No painel de configurações **Alto Contraste**, clique em **Nenhum** na lista **Escolha um tema** e então clique em **Aplicar**.

    - Abra a janela **Personalização** do Painel de Controle e então clique no tema que deseja aplicar.

    O Windows exibe uma tela *Um Momento* enquanto aplica o tema.

Configurações da Lupa

Você pode usar a ferramenta Lupa para tornar elementos da tela, como texto e ícones, maiores do que o normal para que sejam mais fáceis de enxergar. Quando você liga a Lupa pela primeira vez, ela está em modo de tela inteira e não enfoca uma área específica da tela nem aplica nenhuma ampliação específica. É preciso escolher uma ampliação; você também pode escolher um modo de exibição.

A Lupa tem três modos de exibição de ampliação:

- **Tela Inteira** Amplia a tela inteira
- **Lente** Amplia uma porção retangular da tela na área sob o cursor
- **Ancorado** Amplia o conteúdo sob o cursor em um painel separado, encaixado em uma das bordas da tela

> Use o OneNote Online para uma angariação de fundos? ensamentos. Está organizando
> usque inspiração na Internet e crie
> listas de tarefas. Depois com ções com seus amigos para
> exibição ou edição.

Você pode definir o tamanho da Lente e movê-la pela tela

CAPÍTULO 10 Gerenciamento de opções de acesso e energia   **441**

> ✓ **DICA** Quando usa o modo de tela inteira, clique no menu Modos de Exibição e então clique em Visualizar Tela Inteira para localizar o cursor e alterar seu local.

Quando a Lupa está ativa, você controla as suas configurações na janela Lupa que aparece quando clica no ícone da lupa.

Para ligar a Lupa

1. Siga um destes passos:

    - Pressione **Win+Sinal de Adição**.

    - Na página da categoria de configurações **Facilidade de Acesso**, clique em **Lupa**. A seguir, na página de configurações **Lupa**, coloque o botão de alternância **Lupa** na posição **Ativado**.

    - Na Central de Facilidade de Acesso, na seção **Acesso rápido às ferramentas comuns**, clique em **Iniciar a Lupa**.

    Uma lupa que representa a janela Lupa aparece na tela.

Uma lupa oculta a janela Lupa

Para alterar a área da tela ampliada

1. Aponte para a lupa. Quando as setas aparecem nela, clique nelas para exibir a barra de menus Lupa.

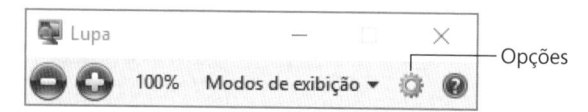

Os comandos da Lupa estão disponíveis nessa barra de menus

2. Na barra de menus **Lupa**, clique em **Modos de Exibição** e então clique em **Tela Inteira**, **Lente** ou **Ancorado**.

Ou

Pressione qualquer um dos atalhos de teclado a seguir:

- Para exibir o modo de exibição Tela Inteira da Lupa, pressione **Ctrl+Alt+F**.
- Para exibir o modo de exibição Lente da Lupa, pressione **Ctrl+Alt+L**.
- Para exibir o modo de exibição Ancorado da Lupa, pressione **Ctrl+Alt+D**.

Para alterar o nível de ampliação

1. Ligue a Lupa e então siga um destes passos:

    - Pressione **Win+Sinal de Adição** ou **Tecla do Logotipo do Windows+Sinal de Subtração**.
    - Na barra de menus **Lupa**, clique no **Sinal de Adição** (+) ou no **Sinal de Subtração** (-).

    A ampliação aumenta ou diminui em incrementos configurados na caixa de diálogo Opções de Lupa.

Para configurar as opções da Lupa

1. Na barra de menus **Lupa**, clique no botão **Opções** para abrir a caixa de diálogo Opções de Lupa.

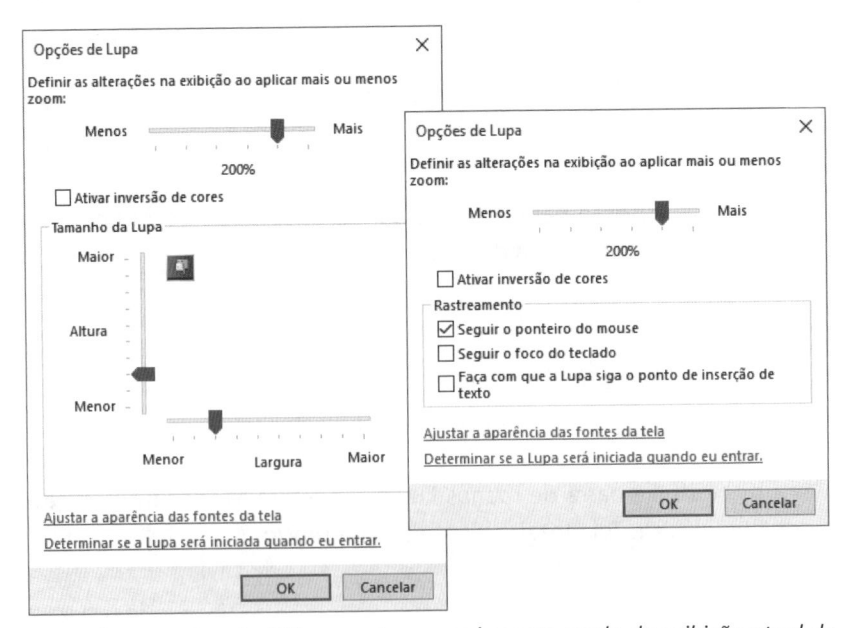

As opções na caixa de diálogo variam com base no modo de exibição atual da Lupa

2. Siga um destes passos:

- Defina os incrementos de ampliação da Lupa em um controle deslizante que vai de 25 a 400%.

- Para inverter as cores na área ampliada, marque a caixa de seleção **Ativar inversão de cores**.

- Se a Lupa está no modo de exibição Lente, configure o tamanho da Lente da Lupa para uma altura e uma largura proporcionais ao tamanho da tela.

- Se a Lupa está no modo de exibição Tela Inteira ou Ancorado, selecione a opção de rastreamento que deseja.

3. Clique em **OK** para fechar a caixa de diálogo e aplicar as alterações.

Ou

1. No painel de configurações **Lupa**, altere a posição de qualquer um dos botões de alternância a seguir:

- Para inverter as cores na área ampliada, coloque o botão de alternância **Inverter cores** na posição **Ativado**.

- Na seção **Acompanhamento**, configure as opções de acompanhamento que desejar.

Para inverter as cores da área ampliada para seus opostos no espectro de cores

1. Siga um destes passos:

- Abra a caixa de diálogo **Opções de Lupa**, marque a caixa de seleção **Ativar inversão de cores** e então clique em **OK**.

- No painel de configurações **Lupa**, coloque o botão de alternância **Inverter cores** na posição **Ativado**.

Para desligar a Lupa

1. Siga um destes passos:

- Pressione **Win+Esc**.

- No painel de configurações **Lupa**, coloque o botão de alternância **Lupa** na posição **Desativado**.

Configurações de narrador e descrição de áudio

O Windows 10 inclui dois utilitários que fornecem descrições de conteúdo visual: Narrador e Descrições de Áudio.

O Narrador lê em voz alta os rótulos, descrições e instruções dos elementos da tela. Por exemplo, quando você seleciona uma categoria na janela Configurações, o Narrador pode informar o nome da categoria, quantas opções há na categoria e que você pode clicar duas vezes para abrir a categoria. Você pode selecionar uma de várias vozes para o Narrador e ajustar a velocidade da voz para corresponder à velocidade da sua audição. Você também pode especificar os itens da interface que gostaria que o Narrador identificasse.

Para pessoas que entram em múltiplos computadores com contas da Microsoft e sincronizam as configurações entre eles, um aviso: ativar o Narrador em um computador o ativa em todos os computadores, o que significa que seria preciso desativá-lo individualmente em cada um deles. Isso pode ser exatamente o que você quer, mas prepare-se: se você entrou em quatro computadores diferentes na sua casa, o resultado pode ser meio barulhento. Se quiser ativar o Narrador (ou qualquer outra ferramenta de Facilidade de Acesso) em apenas um computador, antes desative a sincronização das configurações de Facilidade de Acesso.

> **CONSULTE TAMBÉM** Para informações sobre como sincronizar as configurações em vários computadores, consulte "Personalize suas opções de entrada" no Capítulo 8.

Descrições de Áudio são descrições faladas de conteúdo de vídeo fornecidas com o próprio vídeo. Na indústria cinematográfica, essas trilhas de áudio complementares (também chamadas de *descrições de vídeo*) muitas vezes são fornecidas com versões especiais dos filmes, chamadas de versões de Descriptive Video Service (DVS). Às vezes, o áudio é fornecido por artistas profissionais que leem roteiros com descrições das atividades do filme, enquanto em outras é simplesmente uma gravação dos atores e diretor assistindo o filme e comentando o que acontece.

No Windows 10, você pode ligar o recurso de Descrição de Áudio e, caso um vídeo possua uma descrição de áudio, ela é reproduzida junto com ele. Nenhuma configuração adicional é possível.

Para ligar o Narrador

1. Na página da categoria de configurações **Facilidade de Acesso**, clique em **Narrador**.

2. No painel de configurações **Narrador**, coloque o botão de alternância **Narrador** na posição **Ativado**.

3. Na Central de Facilidade de Acesso, clique no link **Facilitar a visualização no computador**. Depois, na seção **Ouvir texto e descrições em voz alta**, marque a caixa de seleção **Ativar o Narrador**. Uma caixa azul aparece na tela. O Narrador lê o conteúdo da caixa em voz alta.

4. Na seção **Voz** do painel **Narrador**, selecione a voz que você quer que represente o Narrador. A seguir, configure a velocidade e a densidade da voz.

> ✓ **DICA** Você pode configurar a voz do Narrador independentemente da voz da conversão de texto em fala, de modo que alterar um não afeta o outro. Para mais informações sobre como definir as configurações da conversão de texto em fala, consulte "Gerencie configurações de fala" no Capítulo 9.

Ou

1. Na Central de Facilidade de Acesso, na seção **Acesso rápido às ferramentas comuns**, clique em **Iniciar o Narrador**.

Para configurar as opções de narração de áudio

1. Exiba o painel de configurações **Narrador** e role até a seção **Os sons que você ouve**.

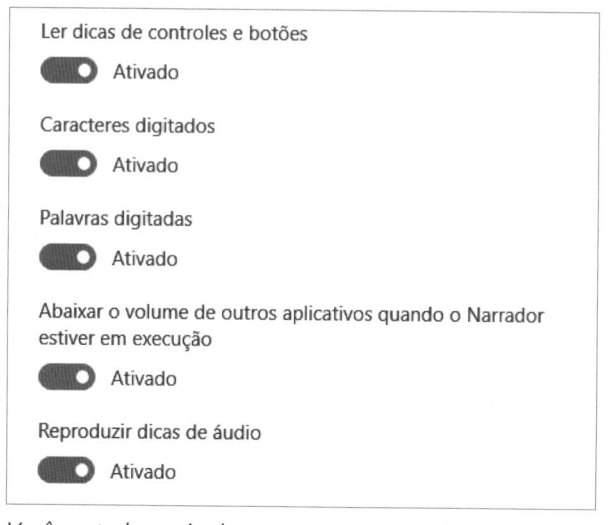

Ler dicas de controles e botões
● Ativado

Caracteres digitados
● Ativado

Palavras digitadas
● Ativado

Abaixar o volume de outros aplicativos quando o Narrador estiver em execução
● Ativado

Reproduzir dicas de áudio
● Ativado

Você controla quais elementos o Narrador lê em voz alta

2. Coloque o botão de alternância na posição **Ativado** para os recursos que deseja que o Narrador leia em voz alta.

Para configurar as opções de narração visual

1. Exiba o painel de configurações **Narrador** e role até a seção **Cursor e teclas**.

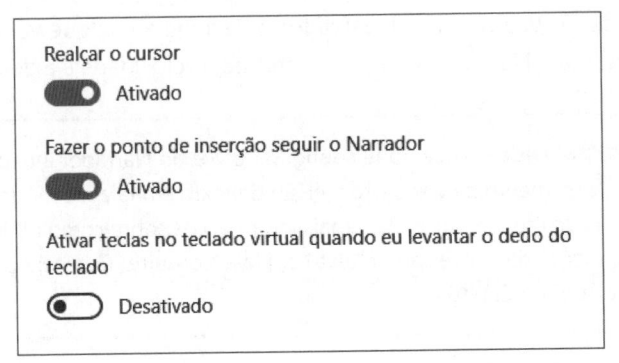

> Realçar o cursor
> ● Ativado
>
> Fazer o ponto de inserção seguir o Narrador
> ● Ativado
>
> Ativar teclas no teclado virtual quando eu levantar o dedo do teclado
> ○ Desativado

Torne o cursor, ponto de inserção e teclado virtual mais fáceis de acessar

2. Coloque o botão de alternância na posição **Ativado** para os recursos que deseja que o Narrador exiba.

Para ligar a Descrição de Áudio

1. Na Central de Facilidade de Acesso, clique no link **Facilitar a visualização no computador**.

2. Na seção **Ouvir texto e descrições em voz alta**, marque a caixa de seleção **Ativar a Descrição de Áudio**. A seguir, clique em **Aplicar** ou **OK** para aplicar a alteração.

Configurações de teclado e mouse

O método tradicional para inserir texto em um aplicativo ou outra interface do computador é digitando em um teclado externo. Contudo, problemas de mobilidade podem dificultar a digitação. O Windows 10 inclui diversas ferramentas para ajudá-lo a inserir texto, incluindo:

- **Teclas de Filtragem** Faz com que o Windows ignore pressionamentos breves ou repetidos de teclas ou desacelera a taxa de repetição.

- **Teclas do Mouse** Permite que você mova o curso na tela pressionando as teclas de direção do teclado numérico.

- **Teclado Virtual** Exibe uma representação visual do teclado na qual você pode pressionar teclas individuais usando seu dedo, caneta do tablet ou outro dispositivo apontador.

- **Reconhecimento de Fala** Permite que você controle o Windows e aplicativos e dite texto falando no microfone.

> **CONSULTE TAMBÉM** Para informações sobre o reconhecimento de fala, consulte "Gerencie configurações de fala" no Capítulo 9.

- **Teclas de Aderência** Facilita o uso do teclado com uma mão ao fazer com que as teclas Ctrl, Shift e Alt "grudem" até você pressionar a próxima tecla.

- **Teclas de Alternância** Soa um sinal de áudio quando você pressiona a tecla Caps Lock, Num Lock ou Scroll Lock. Um som agudo toca quando as teclas são ativadas e um som grave toca quando são desativadas.

O mouse é uma parte essencial da experiência na maioria dos computadores desktop. Por padrão, o ponteiro do mouse é representado por uma setinha que se move na tela à mesma velocidade em que você move o mouse, e às vezes desaparece quando o mouse fica parado. Pode ser difícil encontrar o ponteiro ou mesmo acompanhar seu progresso pela tela. Se estiver trabalhando em uma situação de apresentação de telas (por exemplo, compartilhando sua tela em uma reunião online ou apresentando conteúdos na tela grande de uma sala de conferências), sua plateia tem ainda mais dificuldade em seguir os movimentos, pois não é ela que controla o mouse.

Você pode simplificar a situação para si e para os outros ampliando o ponteiro e alterando sua cor. Se tiver dificuldade em mover o mouse, você pode optar por controlar o ponteiro usando o teclado numérico.

Além desses recursos de Facilidade de Acesso, você pode configurar outros recursos úteis para o mouse, como "rastros do mouse", que podem ser bastante úteis. Para informações sobre opções de configuração do mouse e do teclado não relacionadas a recursos de Facilidade de acesso, consulte o Capítulo 6.

Para ligar os recursos de acessibilidade do teclado

1. Na janela **Configurações**, clique em **Facilidade de Acesso** e então clique em **Teclado**.

2. No painel de configurações **Teclado**, coloque o botão de alternância na posição **Ativado** para qualquer uma das opções a seguir:

- Teclado Virtual
- Teclas de Aderência
- Teclas de Alternância
- Teclas de Filtragem

> **DICA** Você também pode exibir um ícone da barra de tarefas para o teclado virtual quando clica com o botão direito do mouse na barra de tarefas e depois clica em Botão Mostrar Teclado Virtual. Com isso, você pode clicar no ícone para exibir o teclado quando necessário.

3. Na seção **Outras Configurações** do painel **Teclado**, configure os botões de alternância que controlam as opções de acessibilidade para os atalhos de teclado.

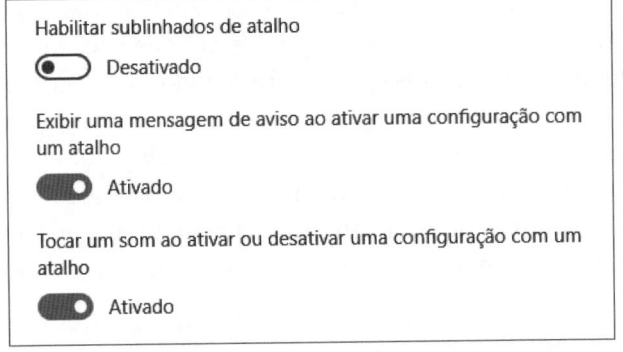

```
Habilitar sublinhados de atalho
⊙   Desativado

Exibir uma mensagem de aviso ao ativar uma configuração com um atalho
◉   Ativado

Tocar um som ao ativar ou desativar uma configuração com um atalho
◉   Ativado
```

Opções na seção Outras Configurações do painel de configurações Teclado

Para configurar os recursos de acessibilidade do mouse

1. Na janela **Configurações**, clique em **Facilidade de Acesso** e então clique em **Mouse**.

2. No painel de configurações **Mouse**, execute as ações a seguir para implementar imediatamente as alterações:

- Clique no tamanho de ponteiro que deseja.
- Clique na cor de ponteiro que deseja.

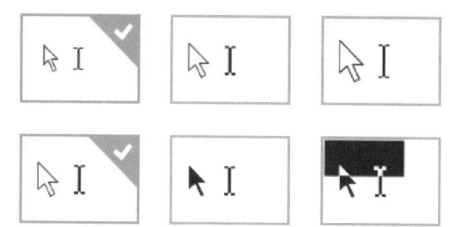

Opções de cor e tamanho de ponteiro

3. Para ativar as Teclas do Mouse, coloque o botão de alternância **Usar o teclado numérico para mover o mouse pela tela** na posição **Ativado**.

4. Quando as Teclas do Mouse estão ativadas, configure as opções **Manter pressionada a tecla Ctrl para acelerar e a tecla Shift para desacelerar** e **Usar teclas do mouse quando Num Lock estiver ligada** como **Ativado** ou **Desativado**.

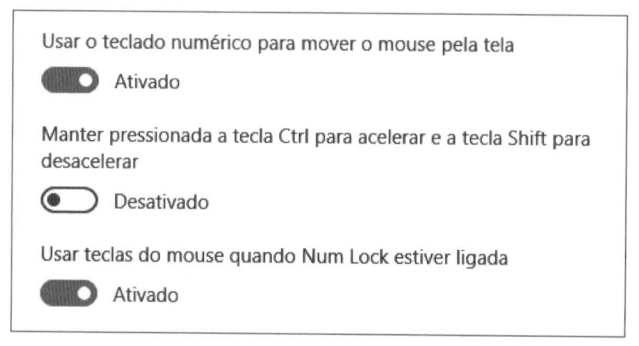

As opções de Teclas do Mouse para facilidade de acesso

Revisão

Neste capítulo, você aprendeu a:

- Configurar as opções de energia
- Personalizar a tela de bloqueio
- Configurar os recursos de acessibilidade do Windows

Tarefas práticas

Os arquivos de prática para estas tarefas se encontram na pasta Win10PAP\Cap10.

Configure as opções de energia

Realize as seguintes tarefas:

1. Exiba o painel Central de Ações e então teste diversas alterações de brilho.
2. Exiba o painel de configurações **Energia e suspensão** e configure a tela e os tempos de suspensão que desejar. Caso o seu computador esteja consumindo energia de bateria, defina suas configurações para quando o computador está conectado e quando está usando a energia da bateria.
3. Abra a janela **Opções de Energia** do Painel de Controle. Se **Mostrar planos adicionais** aparece próximo à parte inferior da janela, clique nele para exibir planos de gerenciamento de energia ocultos.
4. Exiba as configurações para cada plano no seu computador e considere qual deles é melhor para você.
5. Modifique um plano de energia padrão, depois restaure o plano ao seu padrão.
6. Se nenhum dos planos de gerenciamento de energia se adapta às suas necessidades, crie um plano personalizado. Caso o contrário, aplique um plano padrão.

Personalize a tela de bloqueio

> **DICA** Se não baixou os arquivos de prática, use qualquer pasta com suas próprias imagens para completar a tarefa prática a seguir.

Exiba a janela de configurações Tela de Bloqueio e então realize as seguintes tarefas:

1. Configure a tela de bloqueio para exibir uma apresentação de slides das imagens na pasta dos arquivos de prática.
2. Bloqueie seu computador e observe a apresentação de slides. Observe que o layout das imagens muda de uma única foto para múltiplas fotos.
3. Desbloqueie seu computador e então exiba as configurações avançadas de apresentação de slides. Ative a opção de exibir fotos da pasta Imagens da Câmera no seu computador e no OneDrive. A seguir, bloqueie seu computador e observe as possíveis alterações em relação à apresentação de slides anterior na tela de bloqueio.

4. Desbloqueie seu computador e então configure e a tela de bloqueio para exibir qualquer imagem da pasta de arquivos de prática. Se o painel de configurações **Tela de bloqueio** inclui a opção de exibir dicas e truques, selecione essa opção.

5. Bloqueie seu computador e observe a tela de bloqueio.

6. Desbloqueie seu computador. Se as opções da tela de fundo da tela de bloqueio incluem o Destaque do Windows, selecione esse como o fundo da tela de bloqueio.

7. Selecione um aplicativo para exibir informações detalhadas na tela de bloqueio e pelo menos um aplicativo para exibir informações de status rápidas. Se ainda não fez isso, inicie e configure cada um dos aplicativos selecionados. A seguir, bloqueie seu computador e observe a tela de bloqueio. Observe as informações dos aplicativos na parte inferior da tela. Se tiver a opção de fazer isso, indique se gostou ou não da tela de fundo atual do Destaque do Windows.

8. Desbloqueie seu computador e então configure a tela de bloqueio para exibir as informações que deseja.

Configure os recursos de acessibilidade do Windows

Exiba o painel de configurações Facilidade de Acesso e a janela Central de Facilidade de Acesso e então realize as seguintes tarefas:

1. Complete o assistente **Obter recomendações para facilitar o uso do computador** para se familiarizar com as situações nas quais você poderia se beneficiar com o uso das diversas ferramentas de acessibilidade.

2. Localize uma página Web que contenha elementos gráficos e texto e exiba-a no seu navegador padrão.

3. Aplique um tema de alto-contraste. Procure diferenças nos elementos da interface do usuário e no conteúdo da página Web.

4. Inicie o Narrador e então configure o Narrador para usar a voz e cadência de fala que preferir.

5. Para obter experiência com as informações fornecidas pelo Narrador, exiba a página Web, a tela **Inicial**, a janela **Configurações**, qualquer página de categoria e depois qualquer arquivo ou aplicativo que desejar (Todas as vezes, aguarde enquanto o Narrador fornece as informações).

> ⚠ **IMPORTANTE** Para clicar um botão quando o Narrador está ativado, primeiro é preciso clicar uma vez para ler a descrição e depois duas vezes para efetivar o clique.

6. Saia do Narrador e volte à Central de Facilidade de Acesso.

7. Inicie a Lupa e experimente a ferramenta para visualizar diferentes telas e documentos, depois saia da Lupa.

8. Exiba o teclado virtual e experimente navegar pelo Windows e inserir texto sem usar um teclado externo, depois feche o teclado virtual.

9. No painel de configurações Facilidade de Acesso explore outras configurações que lhe interessem. Clique nos links e experimente os recursos a seguir:

    - Ative as **Teclas de Aderência** e experimente usar o recurso para inserir texto que contenha letras em maiúscula.
    - Ative as **Teclas do Mouse** e treine usá-las para mover o cursor pela tela.
    - Ative as **Teclas de Filtragem** e experimente o recurso no aplicativo que preferir.

10. Saia de todas as ferramentas de acessibilidade que possam estar em execução.

Trabalho com mais eficiência 11

Vários recursos novos ou melhorados no Windows 10 foram projetados para ajudá-lo a executar tarefas com mais rapidez e eficiência ou, em alguns casos, para que elas sejam feitas para você.

O mais incrível desses recursos é a Cortana (não disponível em língua portuguesa quando da produção deste livro). Intitulada "sua assistente pessoal", a Cortana pode monitorar suas atividades online diárias e apresentar lembretes úteis. Ela interage com as suas pesquisas no Bing para localizar informações e também permite que você faça pesquisas e realize tarefas no seu computador com o uso de comandos verbais.

A nova Central de Ações é um ponto central para revisar notificações. Ela também contém botões de ação que funcionam como atalhos para as configurações que você acessaria com mais frequência. Outra novidade interessante é a área de trabalho virtual, que oferece aos adeptos da multitarefa uma maneira de organizar os aplicativos em modos de exibição separados da área de trabalho. Não é um recurso que será utilizado por todos os usuários do Windows 10, mas certamente é útil para quem deseja compartimentalizar as tarefas.

Dois outros tópicos discutidos neste capítulo são como configurar seu sistema para que os arquivos sempre sejam abertos no aplicativo que você prefere e como localizar informações úteis no Gerenciador de Tarefas.

Este capítulo apresenta os procedimentos relativos a configurar botões de Ação Rápida, receber auxílio da Cortana, pesquisar no seu computador e na Web, especificar aplicativos padrão, organizar aplicativos em múltiplas áreas de trabalho e gerenciar tarefas do sistema.

Neste capítulo

- Configure os botões de Ação Rápida
- Obtenha assistência da Cortana
- Pesquise em seu computador e na Web
- Especifique aplicativos padrão
- Organize aplicativos em múltiplas áreas de trabalho
- Monitore tarefas do sistema

Arquivos de prática

Nenhum arquivo de prática será necessário para concluir as tarefas práticas deste capítulo.

Configure os botões de Ação Rápida

O Windows 8.1 e versões anteriores do Windows possuíam uma janela do Painel de Controle chamada Central de Ações, na qual era possível revisar as configurações atuais de segurança e manutenção e todos os problemas que exigiam alguma ação. Ela ficava disponível na área de notificação da barra de tarefas e era representada por uma bandeira branca, que mudava para alertá-lo quando algo precisava da sua atenção.

Além do nome e da posição do botão da barra de tarefas, a Central de Ações do Windows 10 em quase nada se aparece com seu predecessor. No Windows 10, a Central de Ações é um painel da altura da tela que desliza do lado direito quando você clica em um ícone na barra de tarefas. Depois que o Windows exibe notificação sobre eventos recentes no seu computador, como a chega de mensagens de email, alertas de segurança e manutenção e atualizações, essas notificações ficam disponíveis para você revisar na Central de Ações.

Além das notificações, a Central de Ações também mostra várias linhas de blocos de comando de Ação Rápida na parte inferior do painel. A linha superior sempre fica visível quando o painel está aberto, mas você pode expandir ou recolher as linhas restantes.

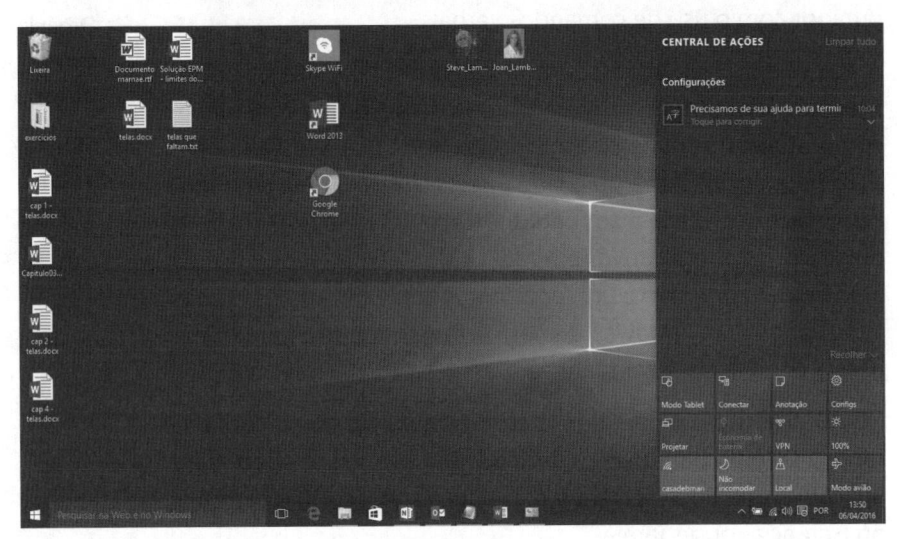

A Central de Ações na área de trabalho do Windows

No Capítulo 1, revisamos os procedimentos para visualizar, abrir e remover mensagens na Central de Ações. No Capítulo 2, revisamos procedimentos para gerenciar a cor e a transparência do painel da Central de Ações. No

Capítulo 4, revisamos os procedimentos para configurar as notificações de aplicativos que aparecem na Central de Ações e para desativar temporariamente as notificações com o uso do Período de silêncio.

Neste tópico, discutimos os botões de ação disponíveis na parte inferior do painel da Central de Ações. Por padrão, essa seção fica recolhida e mostra apenas quatro botões.

Os quatro botões de Ação Rápida estão sempre disponíveis

Esses quatro são os *botões de Ação Rápida*. Você pode escolher quais dos botões de ação são designados como botões de Ação Rápida (e estão disponíveis quando os outros botões de ação estão ocultos).

Quando expandida, a seção contém um número variável de botões, que mudam com base nas funções disponíveis no seu computador ou dispositivo.

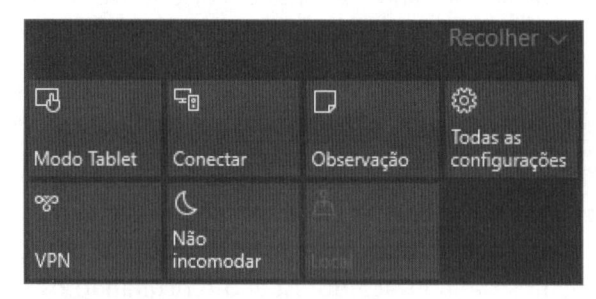

A área de botões de ação expandida

Os botões de ação oferecem acesso rápido às seguintes ferramentas e configurações do Windows 10:

- **Modo avião** Disponível apenas em computadores portáteis e tablets, o modo avião desliga todas as conexões sem fio do seu dispositivo, incluindo Wi-Fi, Bluetooth e dados da rede celular, caso tenha esse serviço. O botão de ação desliga ou liga esse recurso.
- **Configs** Abre a janela Configurações.
- **Economia de Bateria** Disponível apenas em computadores e dispositivos com baterias, a Economia de Bateria é um recurso introduzido no Windows 10 que reduz as atividades em segundo plano para estender o tem-

po que o dispositivo consegue funcionar usando a energia da bateria. Você pode ativar a Economia de Bateria sempre que quiser; o Windows a ativa automaticamente quando a carga da bateria fica abaixo de 20% ou do valor que você configurar. O botão de ação ativa ou desativa esse recurso.

- **Bluetooth** Liga ou desliga a conexão Bluetooth.

- **Conectar** Pesquisa dispositivos de áudio e vídeo sem fio (incluindo aqueles que suportam conexões Miracast e WiDi).

- **Local** Disponível apenas em dispositivos com GPS integrado, este botão liga ou desliga os serviços de localização. Você pode configurar esses serviços na página Privacidade da janela Configurações.

- **Anotação** Inicia o Microsoft OneNote e exibe a seção Notas Rápidas.

- **Projetar** Controla a exibição do conteúdo da área de trabalho em múltiplas telas. Você pode escolher entre Tela do Computador Somente, Duplicar, Estender e Segunda Tela Somente.

- **Não incomodar** Liga ou desliga o recurso de período de silêncio, que desabilita temporariamente as notificações de som e de faixa.

- **Bloqueio de rotação** Disponível apenas em dispositivos móveis, o bloqueio de rotação permite ou impede a rotação da tela quando um dispositivo móvel com Windows 10 é girado fisicamente.

- **Brilho da Tela** (marcado um sol) Alterna entre configurações de brilho de tela de 25, 50, 75 e 100%.

- **Modo Tablet** Disponível apenas em dispositivos touchscreen, o modo Tablet torna a interface do dispositivo mais fácil de usar por toque, ampliando elementos da interface do usuário e ocultando os botões da barra de tarefas. Você pode definir as configurações do modo Tablet a partir da página Sistema da janela Configurações.

- **VPN** Inicia uma conexão de rede virtual privada (VPN) ou o guia através da configuração de uma conexão caso uma ainda não exista.

- **WiFi** Disponível apenas em dispositivos e computadores portáteis. Liga e desliga a conexão de rede sem fio.

Os botões que representam recursos simplesmente ligados ou desligados têm uma cor diferente (quando o recurso está ligado) daqueles que abrem aplicativos ou alteram configurações.

CAPÍTULO 11   Trabalho com mais eficiência

> **CONSULTE TAMBÉM**   Para mais informações sobre a janela Configurações, consulte "Explore as configurações do computador" no Capítulo 1. Para mais informações sobre o recurso Período de silêncio, consulte "Gerencie notificações de aplicativo" no Capítulo 4. Para mais informações sobre o brilho de tela, consulte "Personalize as configurações de exibição do dispositivo" no Capítulo 9, e "Configure as opções de energia" no Capítulo 10. Para mais informações sobre a Economia de Bateria, consulte o quadro "Faça sua bateria durar mais tempo", também no Capítulo 10.

Uma última observação sobre a Central de Ações: você pode ocultar o ícone da barra de tarefas caso queira abrir espaço nela (ou sempre usa o atalho de teclado). A Central de Ações está sempre disponível, independentemente do ícone da barra de tarefas estar visível ou não.

Para mostrar o painel da Central de Ações

1. Siga um destes passos:

   - Na área de notificação da barra de tarefas, clique no ícone da **Central de Ações**.

   O ícone Central de ações fica preenchido quando novas notificações estão disponíveis

   - Pressione **Win+A**.
   - Em um dispositivo touchscreen, deslize o dedo a partir da borda direita da tela.

Para exibir todos os botões de ação disponíveis

1. Exiba o painel da **Central de Ações**.
2. Na parte inferior do painel, clique em **Expandir**.

Para designar os botões de Ação Rápida

1. Abra a janela **Configurações**.
2. Na janela **Configurações**, clique em **Sistema** e então clique em **Notificações e ações**.

3. Na seção **Ações rápidas** do painel **Notificações e ações**, abaixo de **Escolha suas ações rápidas**, clique em um dos quatro botões de Ação Rápida para selecionar essa posição de botão e exibir uma lista dos botões de ação disponíveis no seu computador. O botão de Ação Rápida na posição selecionada atualmente é destacado na lista.

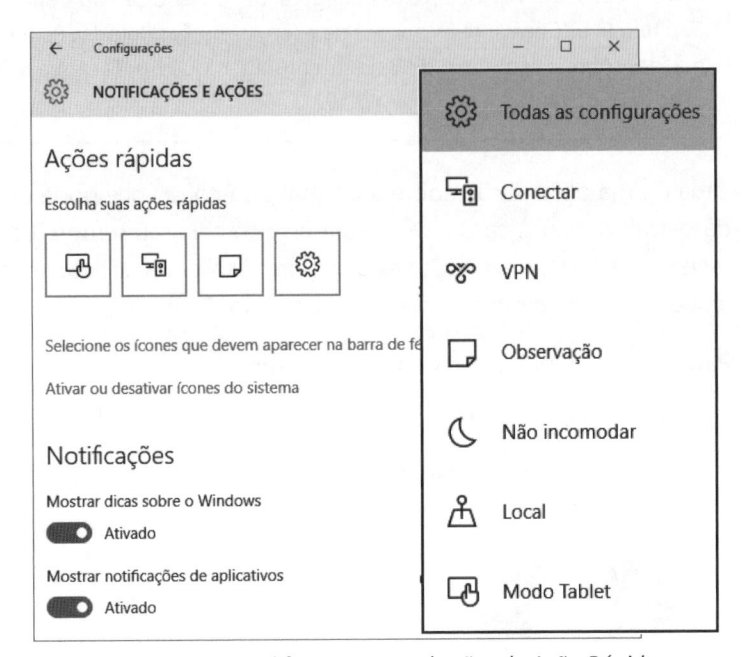

Designe quatro botões diferentes como botões de Ação Rápida

4. Na lista, clique no botão que deseja exibir na posição selecionada.

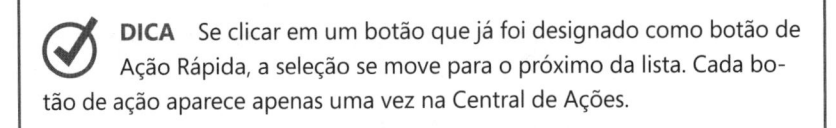

> **DICA** Se clicar em um botão que já foi designado como botão de Ação Rápida, a seleção se move para o próximo da lista. Cada botão de ação aparece apenas uma vez na Central de Ações.

5. Repita o passo anterior para as três outras posições.

Para exibir ou ocultar o ícone da barra de tarefas da Central de Ações

1. Na janela **Configurações**, clique em **Sistema** e então clique em **Notificações e ações**.

2. Na seção **Ações rápidas** do painel **Notificações e ações**, clique em **Ativar ou desativar ícones do sistema**.

3. Coloque o botão de alternância **Central de Ações** na posição **Ativado** para exibir o ícone da barra de tarefas ou **Desativado** para ocultá-lo.

Obtenha assistência da Cortana

A Cortana foi apresentada no quadro "Hey, Cortana!", no Capítulo 1. Se está usando há algum tempo o Windows 10 em inglês ou outro idioma suportado, provavelmente já experimentou usar a Cortana como interface verbal do seu computador. É uma técnica muito conveniente e, após se acostumar a usá-la, provavelmente vai encontrar muitas utilidades para ela.

Na época da redação deste livro, a Cortana estava disponível nos seguintes países ou regiões e idiomas.

País/região	Idioma
China	Chinês (simplificado)
França	Francês
Alemanha	Alemão
Itália	Italiano
Espanha	Espanhol
Grã-Bretanha	Inglês (Grã-Bretanha)
Estados Unidos	Inglês (Estados Unidos)

Para usar a Cortana, seu computador ou dispositivo deve estar configurado para que o país ou região, idioma do dispositivo e idioma de fala se correspondam entre si, como mostrado na tabela. Nas próximas seções, mostraremos a interface de um computador configurado para o idioma inglês.

> ✓ **DICA** Quando a Cortana não está disponível, você ainda pode usar o recurso de pesquisa da barra de tarefas, que funciona em todos os locais e idiomas. Para mais informações sobre a pesquisa na barra de tarefas, consulte "Pesquise em seu computador e na Web" mais adiante neste capítulo.

Inicialize a Cortana

Até você realizar as tarefas de configuração inicial da Cortana, a caixa de pesquisa da barra de tarefas contém as palavras *Pesquisar na Web e no Windows*. Depois de configurar a Cortana, o texto da caixa de pesquisa muda para *Ask me anything* para indicar que você está falando com a Cortana, não simplesmente fazendo uma pesquisa.

Configurar a Cortana é um processo simples: basta permitir que ela colete informações pessoais e fornecer um nome para a Cortana usar quando fala com você (caso esteja se perguntando, o nome da Cortana é pronunciado "Cor-TÔN-ã", não "Cor-TÃN-a"; depois que treiná-la para reconhecer sua voz, no entanto, ela vai responder à pronúncia que você preferir).

Para configurar a Cortana inicialmente

1. Clique na caixa de pesquisa. A Cortana se apresenta e fornece informações para ajudá-lo a decidir se quer completar o processo de configuração. Você tem a opção de clicar em Not interested para ignorar a solicitação de configuração.

A Cortana oferece exemplos de informações que pode lhe fornecer

> **DICA** Se fechar o processo de configuração, você pode completá-lo posteriormente clicando na caixa de pesquisa, clicando no botão Configurações e depois, no painel Configuração, colocando o botão de alternância Cortana Pode Oferecer Sugestões, Ideias, Lembretes, Alertas e Mais na posição Ativado.

2. Para continuar, clique em **Next**. A seguir, leia a descrição das informações coletadas para uso pela Cortana e clique em **I agree**.

Você pode ser simples e usar seu nome, ou então pode se divertir com as opções

3. Dê à Cortana um nome ou apelido para usar quando falar com você e então clique em **Next**.

   Essas são todas as informações pessoais que você fornece para poder começar. A Cortana faz uma breve apresentação das informações que pode fornecer e onde armazena as informações. E agora, pronto! É só começar.

O texto da caixa de pesquisa reflete o fato de que a Cortana foi configurada

Para configurar a Cortana para responder a indicações verbais

1. Se planejar usar um microfone externo ou fone de ouvido com microfone, conecte-o ao computador e configure-o como dispositivo de gravação padrão.

   > **CONSULTE TAMBÉM** Para informações sobre como configurar um microfone no Windows 10, consulte "Configure dispositivos de áudio" no Capítulo 6.

2. Clique na caixa de pesquisa para exibir os controles de menu da Cortana no lado esquerdo do painel de pesquisa.

CAPÍTULO 11   Trabalho com mais eficiência   **463**

3. Clique no botão **Notebook** ou clique no botão de menu para expandir o menu da Cortana e então clique em **Notebook** para exibir os menus dos quais pode definir suas preferências.

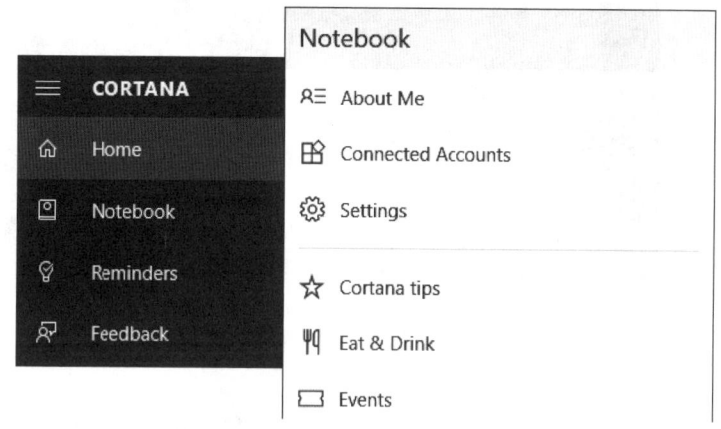

A Cortana pode sugerir eventos e restaurantes locais

4. Clique em **Settings** para exibir o painel de configurações.

5. Próximo ao topo do painel **Settings**, coloque o botão de alternância **Hey Cortana** na posição **On**.

6. Se você quer treinar a Cortana para reconhecer e responder especificamente à sua voz, faça o seguinte:

   - Na seção **Respond best** do painel **Settings**, clique no botão **Learn my voice** para iniciar o assistente de reconhecimento de voz específico da Cortana, que dá início a um exercício rápido de seis frases.

   - Quando estiver pronto para falar as frases, clique no botão **Start**. A Cortana pede que você fale a primeira frase. Após entendê-lo, ela passa para a frase seguinte

> **DICA** Em vez de falar a frase imediatamente depois que a Cortana solicitar, espere que o sinal de áudio toque e o ícone da Cortana pisque antes de começar. Caso contrário, vai precisar repetir a frase.

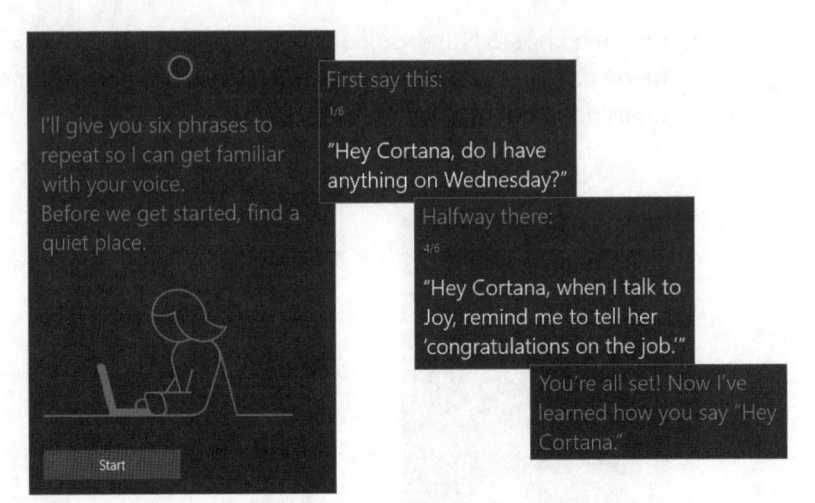

A Cortana só escuta você depois que diz "Hey, Cortana"

7. Quando terminar, feche o painel da Cortana e então diga **Hey Cortana** para testar se isso ativa a caixa de pesquisa.

Defina as configurações da Cortana

O Notebook é o portal de informações central da Cortana e também onde você define suas configurações da Cortana.

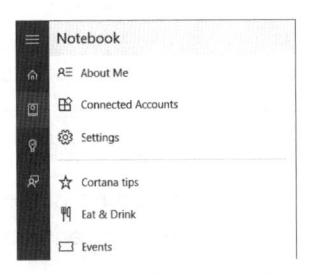

Você pode definir as configurações da Cortana a partir do Notebook

Duas das primeiras ações que você provavelmente vai querer realizar depois de instalar a Cortana são:

- Configurar a Cortana para entrada de áudio.
- Revisar e modificar as informações que a Cortana acompanha para você.

O Notebook da Cortana é dividido em duas seções; a seção superior contém esses três menus nos quais você pode configurar suas informações pessoais:

- **About me** Altere o nome ou apelido pelo qual a Cortana lhe chama e salve locais favoritos (como sua casa ou o escritório) que a Cortana usa quando fornece informações.

- **Connected Accounts** Conecte a Cortana à sua conta do Office 365.

- **Settings** Ative ou desative sugestões, dicas verbais, rastreamento de informações e "dicas" da barra de tarefas; gerencie as informações que a Cortana armazenou sobre você e as configurações da Pesquisa Segura; e acesse as configurações de privacidade do Windows 10.

A seção inferior contém as categorias de informação descritas na tabela a seguir. Cada painel de categoria contém opções para configurar a Cortana e fazer com que rastreie informações nessa categoria.

Categoria	Opcional
Cortana tips	Ativado/desativado: Cartões de dica
Eat & Drink	Ativado/desativado: Cartões de Onde Comer, Principais recomendações do Foursquare, Recomendações de restaurantes
	Configurar: Faixa de preço, Ambiente, Frequência com a qual você come fora, Distância, Preferência de culinária
Events	Ativado/desativado: Cartões de evento
Finance	Ativado/desativado: Cartões de finanças
	Configurar: Ações que está acompanhando
Getting around	Ativado/desativado: Trânsito, tempo e notificações de rota
	Ativado/desativado quando está dirigindo: Atualizações sobre trânsito aos eventos do calendário, Notificar quando está na hora de ir para os eventos do calendário, Atualizações de trânsito até meus lugares favoritos, Notificar quando está na hora de ir para o trabalho ou voltar para casa
	Ativado/desativado quando usando transporte público: Atualizações sobre transporte público aos eventos do calendário, Notificar quando está na hora de ir para os eventos do calendário, Atualizações de transporte público até meus lugares favoritos, Notificar quando está na hora de ir para o trabalho ou voltar para casa, Notificar quando o último veículo está saindo
	Configurar: Suas preferências de deslocamento

Categoria	Opcional
Meetings & reminders	Ativado/desativado: Notificações e cartões de lembretes e reuniões, Preparação para reuniões, Agenda diária, Documentos relacionados, Mostrar lembretes na home da Cortana
Movies & TV	Ativado/desativado: Cartões de Filmes e programas de TV, Obter horários das salas de cinema próximas, Assistir trailers recentes
News	Ativado/desativado: Cartões de notícias, Notícias locais - Histórias acontecendo perto de você, Manchetes - As principais notícias do dia, Histórias recomendadas - Notícias baseadas nos seus interesses, Cartões de tópicos de notícias, Cartões de categorias de notícias, Popular agora - História que as pessoas estão procurando Configurar: Categorias de notícias que você está acompanhando, Tópicos de notícias que você está acompanhando
Packages	Ativado/desativado: Cartões de rastreamento de pacotes Configurar: Pacotes que está rastreando
Sports	Ativado/desativado: Todos os cartões e notificações de esportes, Atualizações de placares do seu time, Mostrar próximos jogos e partidas Configurar: Times que está acompanhando
Travel	Ativado/desativado: Notificações e cartões de viagem, Voos, Plano de Viagem
Weather	Ativado/desativado: Cartões e notificações de clima, Previsão do Tempo nas Proximidades, Notificar quando houver incidentes climáticos, Previsão do tempo para as suas cidades Configurar: Unidades, Cidades que está acompanhando

> **IMPORTANTE** Quando altera uma opção, você precisa clicar em Salvar na parte inferior do painel da categoria para salvar suas alterações.

Um dos recursos úteis e divertidos da Cortana é que você pode dar ordens verbalmente. Você pode clicar no microfone na extremidade direita da caixa de pesquisa para ativar a escuta ou configurar a Cortana para prestar atenção no sinal verbal "Hey, Cortana". Quando você fornece uma entrada verbal para a Cortana, a caixa de pesquisa exibe a entrada detectada, depois avalia e refina o resultado para corresponder a pesquisas e comandos lógicos. A entrada e o recálculo são exibidos na caixa de pesquisa. É muito interessante observar a revisão lógica da entrada captada.

CAPÍTULO 11   Trabalho com mais eficiência   **467**

A interface de entrada da Cortana pode ser escondida, ou ficar oculta na barra de tarefas, de duas maneiras diferentes: como o ícone da Cortana ou como a caixa de pesqauisa. Na forma de uma caixa de pesquisa, o ícone da Cortana à esquerda indica que a Cortana está configurada, enquanto um ícone de microfone na extremidade direita indica que a Cortana está configurada para aceitar entradas de áudio.

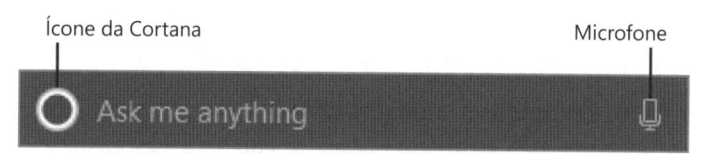

O ícone da Cortana é dois círculos aninhados que ficam animados quando você interage com a Cortana

Para configurar suas preferências de informação da Cortana

1. Clique na caixa de pesquisa para exibir os controles de menu da Cortana e depois clique no botão **Notebook**.

2. Na seção inferior do painel **Notebook**, clique na categoria que deseja configurar.

3. No painel da categoria, coloque cada botão de alternância na posição **On** ou **Off**. Quando configurações individuais estão disponíveis, clique no nome da configuração ou no link **Add**, quando apropriado, e então forneça as informações solicitadas.

   A maioria das opções permite apenas uma escolha, mas algumas permitem múltiplas escolhas.

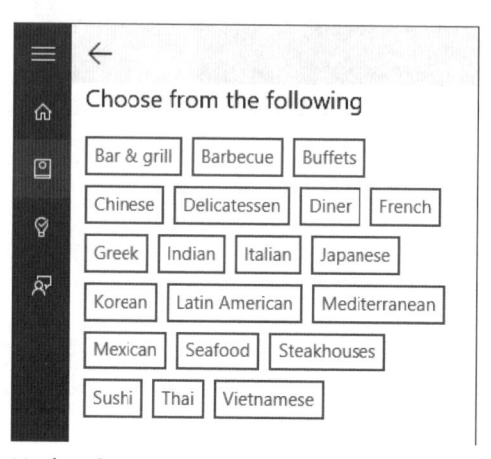

Você pode escolher múltiplas opções para algumas configurações, como Preferência de Culinária

4. Se fizer alterações em uma categoria, clique no botão **Save** na parte inferior do painel da categoria antes de sair do painel.

5. Clique na seta **Back** no canto superior esquerdo do painel para voltar ao Notebook, onde pode selecionar uma categoria diferente.

Para exibir ou ocultar a Cortana na barra de tarefas

1. Clique com o botão direito do mouse em uma área em branco da barra de tarefas ou na caixa de pesquisa da barra de tarefas.

2. No menu de atalho, clique em **Cortana** e depois clique em **Ocultar**, **Mostrar ícone da Cortana** ou **Mostrar caixa de pesquisa**.

> ## Adicione lembretes
>
> A Cortana pode lembrá-lo sobre compromissos e planos de viagem que encontrar nas suas informações eletrônicas, mas você também pode criar lembretes específicos. Isso é especialmente conveniente se você não usa a Cortana só nos seus computadores, mas também no seu smartphone, pois assim recebe os lembretes onde quer que esteja.
>
> *Se usa a Cortana em um smartphone, você pode criar lembretes baseados no seu local*
>
> Você pode ligar cada lembrete a um horário, local ou indivíduo específico e então filtrar os lembretes por essa propriedade. Para ligar um lembrete a uma pessoa, esta deve estar presente na sua lista de contatos.

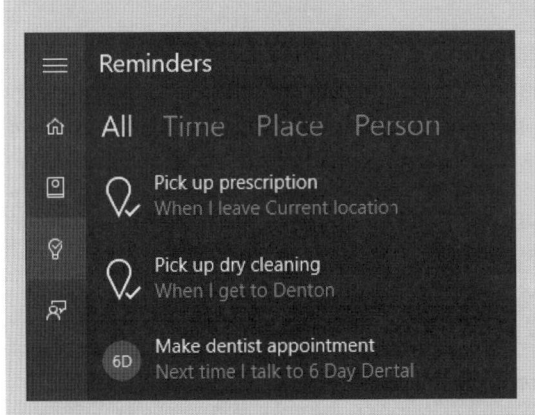

Você adiciona lembretes através do painel Lembretes da Cortana, ou então pode simplesmente dizer "Hey, Cortana" e pedir que ela crie um lembrete. A Cortana interpreta seu pedido na forma de um lembrete.

A Cortana interpreta sua solicitação em formato de lembrete

A Cortana pergunta pelas informações que possam estar faltando e depois pede que aprove o lembrete. Você pode dizer *Yes* ou clicar em Remind para criar o lembrete ou dizer *No* ou clicar em Cancel para cancelar o lembrete, ou editar as informações do lembrete no painel e então completar o processo.

Pesquise em seu computador e na Web

A tecnologia por trás das pesquisas rápidas em quantidades gigantescas de informações avançou muito nos últimos anos. Essa tecnologia, que provavelmente existe graças à computação em nuvem e à proliferação dos data centers gigantes, hoje alcança o nível do PC individual.

No Capítulo 1, revisamos procedimentos para pesquisar configurações na caixa de pesquisa da janela Configurações. No Capítulo 3, revisamos os procedimentos para pesquisar arquivos usando a caixa de pesquisa do Explorador de Arquivos. Ambos os processos pesquisam o conteúdo no seu computador (ou local de armazenamento exibido no Explorador de Arquivos). Para acelerar esses processos de pesquisa, o Windows indexa informações no disco rígido do seu computador e processos complexos nas informações do índice de nuvem da Microsoft nas suas pastas de armazenamento do OneDrive. Você pode refinar os parâmetros de indexação para incluir ou excluir locais de armazenamento específicos.

Pesquise em locais de armazenamento e na Web

Quando pesquisa por uma gama mais ampla de informações, você pode usar a caixa de pesquisa da barra de tarefas (com e sem a Cortana ativada). O Windows 10 usa o mecanismo de pesquisa Bing para localizar rapidamente itens no seu computador, em locais de armazenamento conectados e na Web.

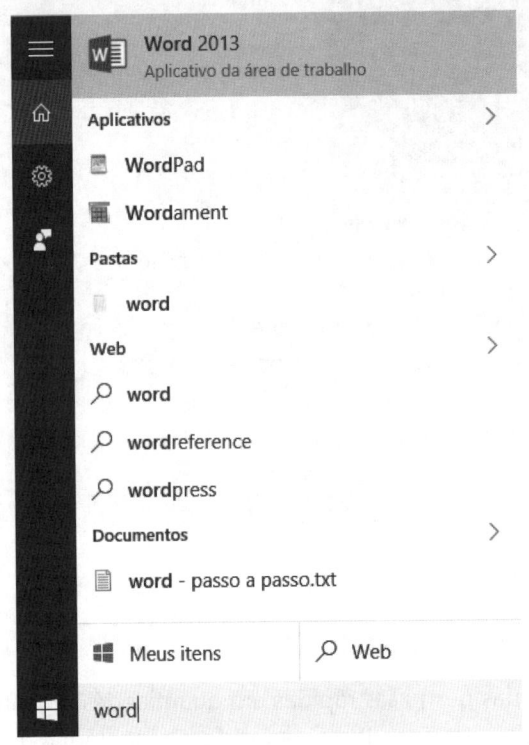

O Windows pesquisa seu computador, locais de armazenamento conectados e a Web, e organiza os resultados por categoria

> **DICA** Para mover rapidamente o cursor para a caixa de pesquisa da barra de tarefas sem abrir a tela inicial, pressione Win+S.

Nos resultados da pesquisa, clique em qualquer título de categoria para exibir resultados apenas nessa categoria. As categorias incluem Aplicativos, Documentos, Pastas, Música, Fotos, Configurações, Loja, Vídeos e Web (você não pode filtrar pelo título Melhor Correspondência). Quando sua pesquisa localizar o item, aplicativo ou informação que deseja, clique no resultado da pesquisa para abrir, iniciar ou exibir o elemento desejado.

Você pode refinar os resultados da pesquisa rapidamente para exibir apenas resultados em locais de armazenamento locais e conectados, clicando no botão Meus itens (acima da caixa de pesquisa).

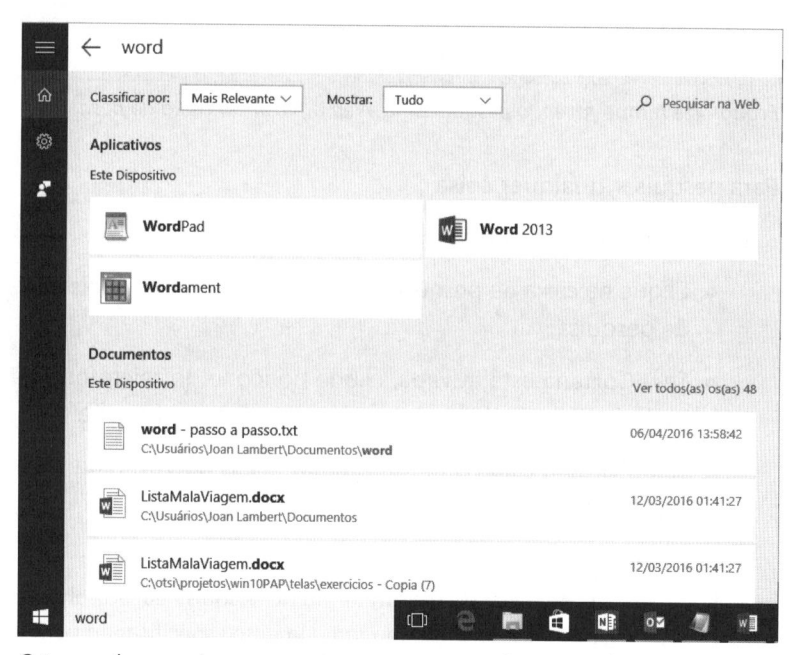

O termo da pesquisa se encontra no canto superior esquerdo

Nos resultados da pesquisa Meus itens, você pode ordenar o conteúdo por ordem de relevância (o que funciona melhor em pesquisas com múltiplas palavras) ou data e pode filtrar os resultados por categoria.

Se estiver procurando resultados de pesquisa online, como os que obteria se pesquisasse diretamente no navegador, clique no botão Web (acima da caixa de pesquisa) para exibir os resultados da pesquisa usando o Bing no seu navegador padrão.

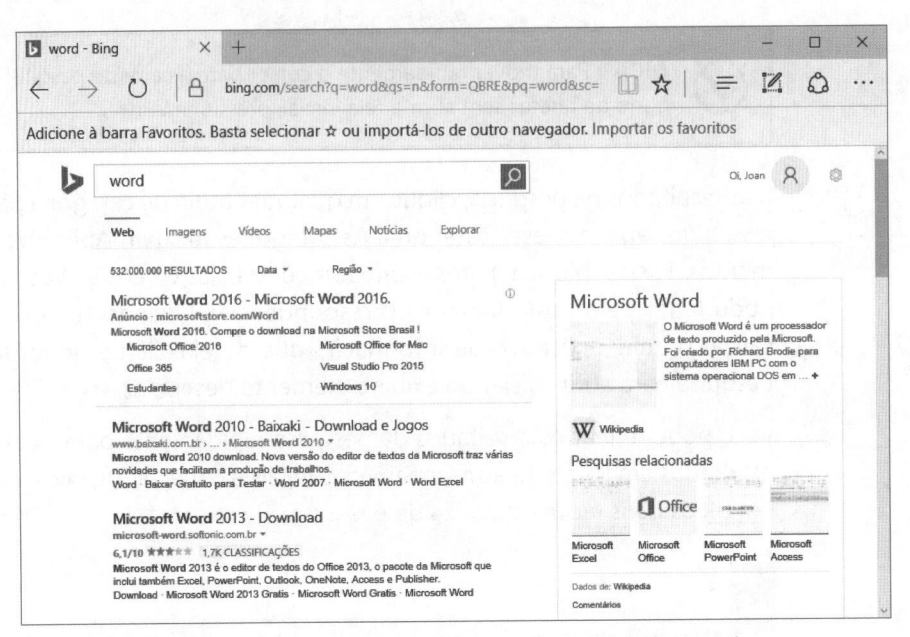

Economize tempo fazendo pesquisas na Web a partir da caixa de pesquisa

Para pesquisar qualquer coisa

1. Siga um destes passos:

   - Clique na caixa de pesquisa da barra de tarefas e depois insira o termo de pesquisa.

   - Se a Cortana está ativada, clique no ícone do microfone na caixa de pesquisa e então fale o termo de pesquisa em voz alta.

   - Se a Cortana está configurada para dicas de voz, diga **Hey, Cortana**, seguido pela solicitação de pesquisa.

> **DICA** Quando diz um termo de pesquisa em voz alta, você pode filtrar o conteúdo rapidamente especificando parâmetros como conteúdo e tipo de arquivo. Por exemplo, "find word documents that contain Trinity and drill team". Os resultados da pesquisa incluem um retrato instantâneo dos conteúdos que contêm seus termos de pesquisa especificados.

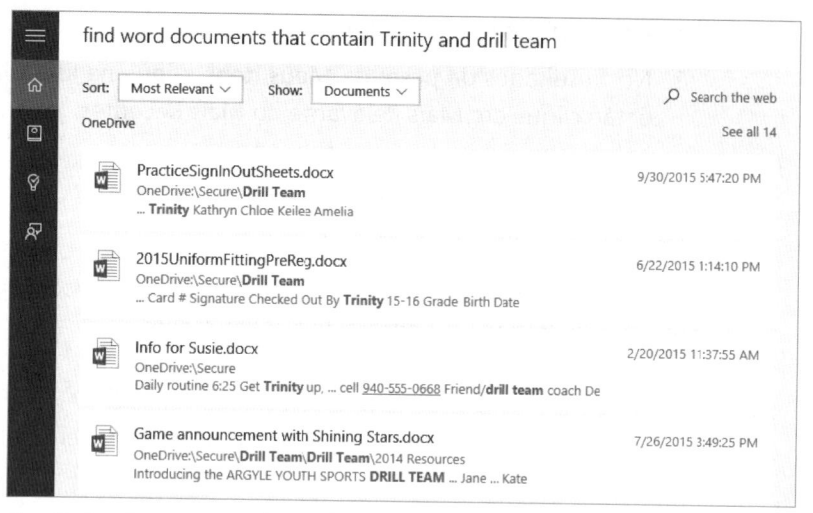

Resultados de uma pesquisa verbal

Para filtrar os resultados da pesquisa

1. No painel dos resultados da pesquisa, siga um destes passos:

   - Para exibir apenas as ferramentas de configuração do dispositivo, clique no título de categoria **Configurações**.

   - Para exibir apenas os aplicativos instalados no seu computador, clique no título de categoria **Aplicativos**.

   - Para exibir apenas uma categoria específica de arquivos, clique no título de categoria **Documentos**, **Pastas**, **Músicas**, **Fotos** ou **Vídeos**.

   - Para exibir apenas os resultados de pesquisa localizados em locais de armazenamento locais e conectados, clique no botão **Meus itens** (acima da caixa de pesquisa).

   - Para exibir apenas os resultados da pesquisa na web usando o Bing, clique no título de categoria **Web** ou no botão **Web** (acima da caixa de pesquisa).

Ou

1. Nos resultados da pesquisa **Meus itens**, clique na lista **Mostrar** e então clique em **Documentos**, **Pastas**, **Aplicativos**, **Configurações**, **Fotos**, **Vídeos** ou **Músicas**.

Para ordenar os resultados da pesquisa local

1. Nos resultados da pesquisa **Meus itens**, clique na lista **Classificar** por e então clique em **Mais Relevante** ou **Mais Recentes**.

Gerencie filtros de conteúdo do Bing

Se está recebendo resultados de pesquisa que considera ofensivos, você pode definir as configurações da Pesquisa Segura para controlar o nível de "conteúdo adulto" filtrado ou permitido nos resultados.

Para definir as configurações da Pesquisa Segura Bing

1. Clique na caixa de pesquisa da barra de tarefas e então siga um destes passos para exibir o painel Configurações:

    - Se a Cortana está ativada, clique no ícone **Notebook** e depois clique em **Settings**.

    - Se a Cortana não está ativada, clique em **Configurações**.

2. Abaixo de Configurações, clique em Configurações de Cortana e Pesquisa. Próximo à parte inferior do painel **Configurações**, clique em **Configurações de Pesquisa Segura** do Bing para exibir a página de Configurações do Bing no seu navegador padrão. A seção Pesquisa Segura da página Configurações possui três opções para filtrar o conteúdo.

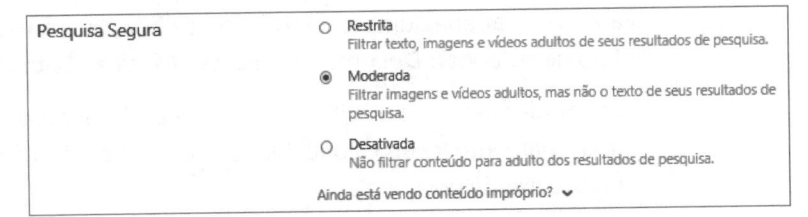

Pesquisa Segura	
	○ Restrita Filtrar texto, imagens e vídeos adultos de seus resultados de pesquisa.
	◉ Moderada Filtrar imagens e vídeos adultos, mas não o texto de seus resultados de pesquisa.
	○ Desativada Não filtrar conteúdo para adulto dos resultados de pesquisa.
	Ainda está vendo conteúdo impróprio? ⌄

Escolha seu nível de filtragem

3. Clique em **Restrita** para filtrar textos, imagens e vídeos marcados como "conteúdo adulto" e removê-los das suas pesquisas na Web; **Moderada** para filtrar imagens e vídeos, mas não textos; ou **Desativada** para não filtrar conteúdo adulto. Depois, na parte inferior da página, clique em **Salvar**.

Gerencie os processos de pesquisa do Explorador de Arquivos

Pesquisar muitas vezes é o jeito mais rápido de localizar um arquivo ou painel de configurações no seu computador, principalmente porque você está pesquisando apenas no índice, não em todos os conteúdos e metadados disponíveis.

O mecanismo de pesquisa é rápido, mas você pode tornar sua pesquisa ainda mais eficiente se aplicar um pouco de lógica e precaução. A seguir, apresentamos algumas dicas para ajudá-lo a localizar rapidamente os arquivos de que precisa:

- O índice de pesquisa inclui todos os locais comuns nos quais os usuários armazenam arquivos. Se quiser melhorar o tempo de pesquisa em outros locais, você pode adicioná-los aos locais indexados ou às Bibliotecas, que são incluídas automaticamente no índice.

- Quando realiza pesquisas no Explorador de Arquivos, selecione uma pasta específica para iniciar sua pesquisa ou limite a pesquisa a locais prováveis, como as Bibliotecas.

- Se uma pesquisa simples na janela do Explorador de Arquivos não localiza o item que está procurando, você pode realizar pesquisas mais avançadas na pasta Resultados da Pesquisa. Seus critérios de pesquisa podem incluir a data na qual o arquivo foi criado, seu tamanho, parte do nome ou título, autor e todas as marcações que pode ter listado como propriedades do arquivo.

> **CONSULTE TAMBÉM** Para informações sobre propriedades de arquivos, consulte "Trabalhe com propriedades de pasta e arquivo" no Capítulo 3.

Se os processos de pesquisa não apresentam todos os resultados pertinentes ou apresentam resultados antigos que não levam mais ao local correto, pode ser necessário fazer uma pequena manutenção. Você pode alterar alguns parâmetros de pesquisa básicos e ajustar as opções de indexação e os locais indexados para aumentar a eficiência das suas pesquisas.

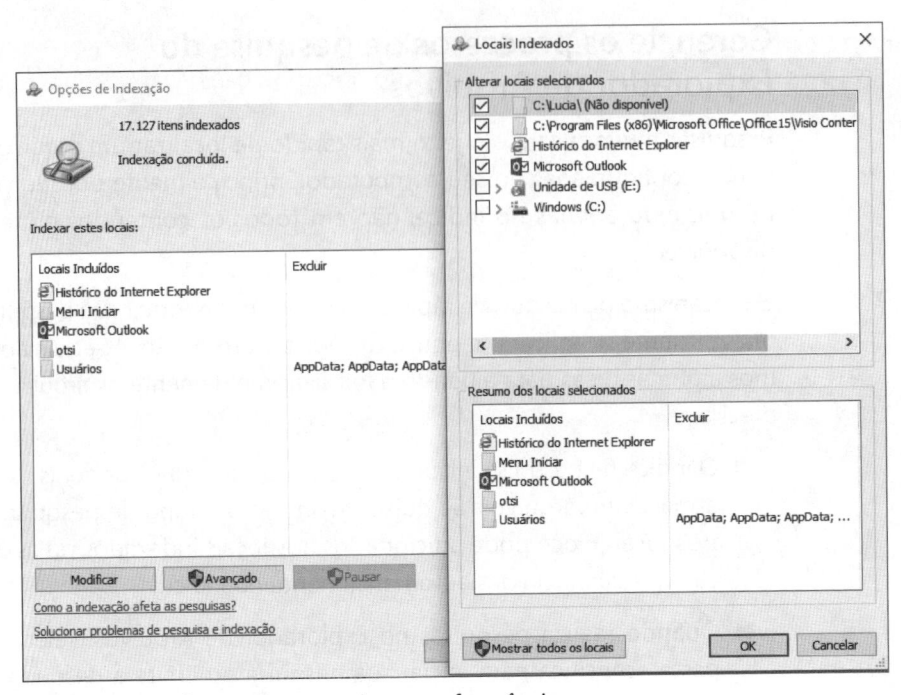

Inclua locais onde armazena arquivos com frequência

Na caixa de diálogo Opções Avançadas, você também pode realizar as seguintes ações, que exigem permissão de administrador:

- Incluir arquivos criptografados no índice.
- Adicionar um tipo de arquivo ao índice.
- Alterar o nível de indexação para um tipo de arquivo.
- Alterar o local do arquivo de índice.
- Restaurar as configurações padrão.
- Recriar o índice de arquivos do zero.

Se continuar a ter dificuldades, você pode executar a solução de problemas de indexação para identificar os problemas e recomendar soluções.

Para filtrar os resultados da pesquisa no Explorador de Arquivos

1. Realize uma pesquisa.
2. Na guia de ferramentas **Pesquisar**, clique em um dos seguintes:
   - **Tipo** Na lista que aparece, clique no tipo apropriado, se este estiver listado.

CAPÍTULO 11 Trabalho com mais eficiência **477**

- **Outras propriedades** Clique em uma das opções: Nome é uma boa escolha caso saiba parte do nome. Se tiver certeza sobre o início do nome, insira esse dado. Se tiver certeza apenas de alguns caracteres em alguma parte do nome, insira ~= e os caracteres. Por exemplo, se o termo da pesquisa é *nome:~=cachorro*, a pesquisa apresentará todos os arquivos com as letras "cachorro" em algum lugar no nome.

- **Data da Modificação e Tamanho** Você pode especificar parâmetros para qualquer uma dessas opções, caso saiba essa informação.

Para configurar as opções de pesquisa do Explorador de Arquivos

1. No Explorador de Arquivos, na extremidade direita da guia **Exibir**, clique em **Opções**.

2. Na caixa de diálogo **Opções de Pasta**, clique na guia **Pesquisar**. A guia oferece poucas opções, mas suas configurações podem impactar no tempo necessário para realizar uma pesquisa no Explorador de Arquivos.

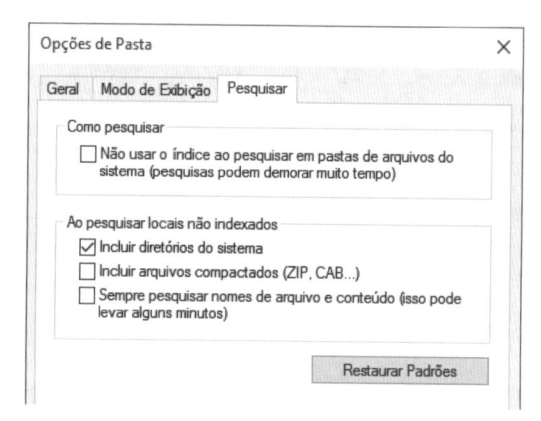

Opções para locais indexados e não indexados

3. Faça todas as alterações que desejar e então clique em **OK**.

Para alterar os locais que estão sendo indexados

1. Realize uma pesquisa.

2. Na guia de ferramentas **Pesquisar**, no grupo **Opções**, clique no botão **Opções avançadas** e então em **Alterar locais indexados**.

3. Na caixa de diálogo **Opções de Indexação**, clique no botão Modificar. Na caixa de diálogo Locais Indexados, marque ou desmarque as caixas de seleção para adicionar ou excluir pastas específicas. Quando estiver satisfeito, clique em OK e depois em **Fechar**.

Para alterar opções de indexação avançadas

1. Realize uma pesquisa.
2. Na guia de ferramentas **Pesquisar**, no grupo **Opções**, clique no botão **Opções avançadas** e então em **Alterar locais indexados**.
3. Na caixa de diálogo **Opções de Indexação**, clique no botão **Avançado**.
4. Na caixa de diálogo **Opções Avançadas**, configure as opções nas guias **Configurações de Indexação** e **Tipos de Arquivo**.

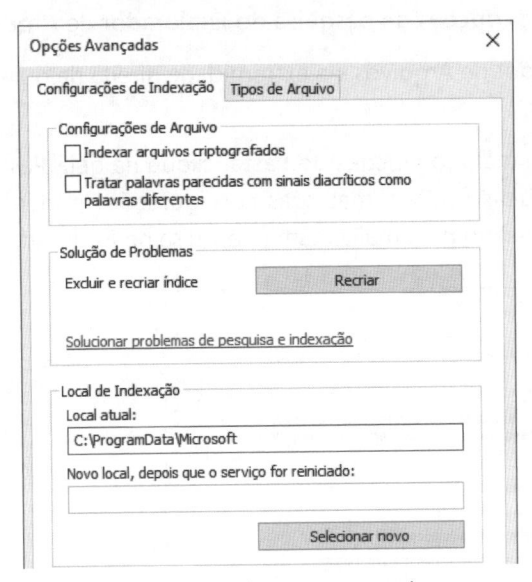

Altere as opções de indexação avançadas

5. Clique em **OK** e depois em **Fechar** para voltar ao Explorador de Arquivos.

Para recriar o índice

1. Realize uma pesquisa.
2. Na guia de ferramentas **Pesquisar**, no grupo **Opções**, clique no botão **Opções avançadas** e então em **Alterar locais indexados**.
3. Na caixa de diálogo **Opções de Indexação**, clique no botão **Avançado**.
4. Na caixa de diálogo **Opções Avançadas**, clique no botão **Recriar**. A seguir, na caixa de mensagem **Recriar Índice**, clique em **OK**.

> **IMPORTANTE** Recriar o índice pode demorar bastante tempo. Pode ser melhor adiar essa tarefa até não precisar da atenção total do seu computador por algumas horas.

Especifique aplicativos padrão

Quando você abre um arquivo usando qualquer um dos métodos padrão, o Windows o abre no aplicativo padrão para o seu respectivo tipo de arquivo (especificado pela extensão do nome do arquivo). O aplicativo padrão pode ser definido quando você instala um aplicativo ou pelas configurações do Windows, independentemente do aplicativo.

Quando arquivos são exibidos no Explorador de Arquivos, o aplicativo padrão muitas vezes fica evidente pelo ícone associado ao arquivo.

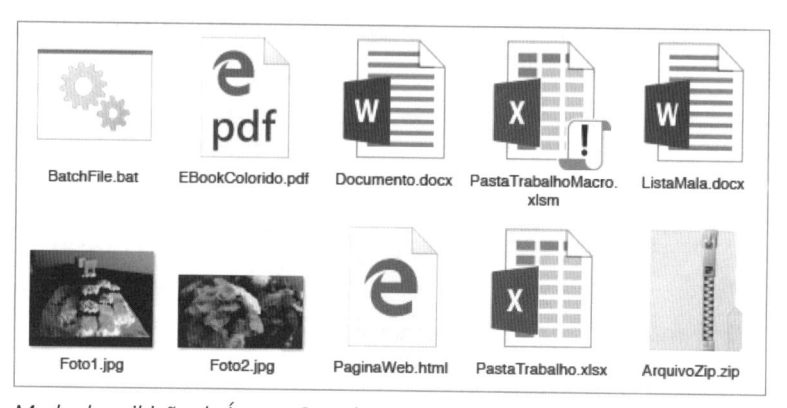

Modo de exibição de Ícones Grandes no Explorador de Arquivos

Se você desinstala o aplicativo configurado como padrão para um tipo de arquivo, ou se não tem um aplicativo associado a tal tipo de arquivo, o Windows pede que você escolha o aplicativo que deseja utilizar para abrir o arquivo. Você pode selecionar um aplicativo instalado ou então instalar um novo aplicativo da Loja.

> **DICA** Em alguns casos, você tem a opção de procurar um arquivo executável de aplicativo. Essa opção somente é necessária se o aplicativo não forneceu uma lista de extensões de arquivo às quais pode ser associado ou se um problema impede que o Windows detecte a associação de tipo de arquivo/aplicativo.

Uma instalação limpa do Windows 10 detecta automaticamente diversos padrões para você. Em se tratando de configurar aplicativos padrão, se a Microsoft possui um aplicativo que abre um tipo ou classe de arquivo, este geralmente é atribuído como aplicativo padrão.

Durante uma atualização de versões anteriores do Windows, o Windows 10 pode manter os padrões configurados anteriormente ou, caso haja uma alteração nos aplicativos (por exemplo, a transição do Internet Explorer para o Edge como navegador padrão da Microsoft), o padrão pode ser alterado.

O Windows 10 fornece diversas maneiras para você alterar essas configurações padrão. Você pode associar categorias a aplicativos, aplicativos a tipos de arquivo ou tipos de arquivo a aplicativos. Assim como muitos outros processos de configuração do Windows, existem maneiras simples e complexas de fazer tudo isso, oferecendo diversos níveis de controle ao usuário.

O método mais simples de atribuir aplicativos padrão é por categoria. No painel Aplicativos Padrão, você pode escolher um aplicativo de email padrão, aplicativo de mapas, player de música, visualizador de fotos, player de vídeo e navegador Web.

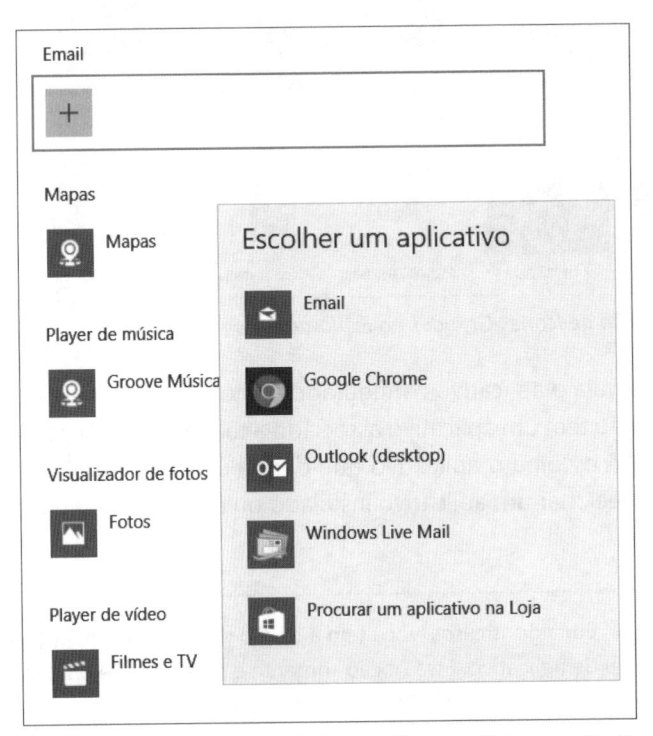

Escolha um aplicativo instalado ou exiba uma lista de aplicativos da Loja que você pode instalar

CAPÍTULO 11   Trabalho com mais eficiência   **481**

Cada uma das categorias está associada a um conjunto específico de tipos de arquivo, mas você não interage com eles diretamente.

Outra maneira de atribuir aplicativos padrão é por tipo de arquivo. O painel Escolha os Aplicativos Padrão por Tipo de Arquivo exibe uma longa lista de extensões de arquivo, e você pode definir o aplicativo padrão para cada um deles. A lista não se baseia nos arquivos instalados no seu computador (alguns desses tipos de arquivo você talvez nunca encontre). Esse método é útil se você configurou o aplicativo padrão para uma categoria, como um visualizador de fotos, e deseja especificar um aplicativo padrão diferente para um único tipo de arquivo de foto.

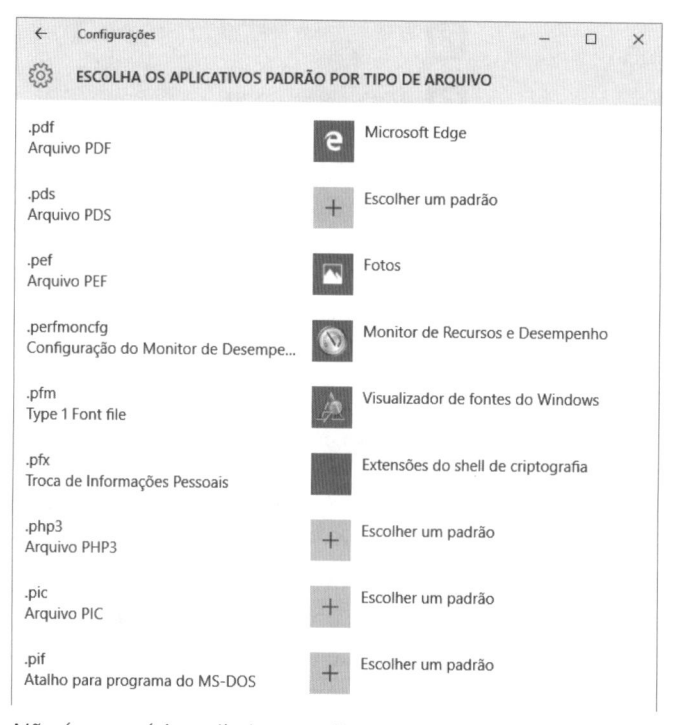

Não é necessário atribuir um aplicativo padrão para cada tipo de arquivo

A lista Escolha os Aplicativos Padrão por Tipo de Arquivo é ordenada alfabeticamente por extensão de arquivo. Não é possível ordená-la por aplicativo padrão (o que poderia ser útil).

Outra maneira de atribuir aplicativos padrão é por protocolo. Protocolos não são algo que a maioria de nós considera com muita frequência (ou alguma vez), mas a palavra pode ser conhecida da expressão *Protocolo de Transferência de Hipertexto*, o nome completo do protocolo HTTP usado para se conectar à maioria dos sites. O painel Escolha os Aplicativos Padrão por Protocolo exibe uma longa lista de protocolos. Ao contrário da lista de extensões de arquivo, cada protocolo é atribuído a um aplicativo padrão.

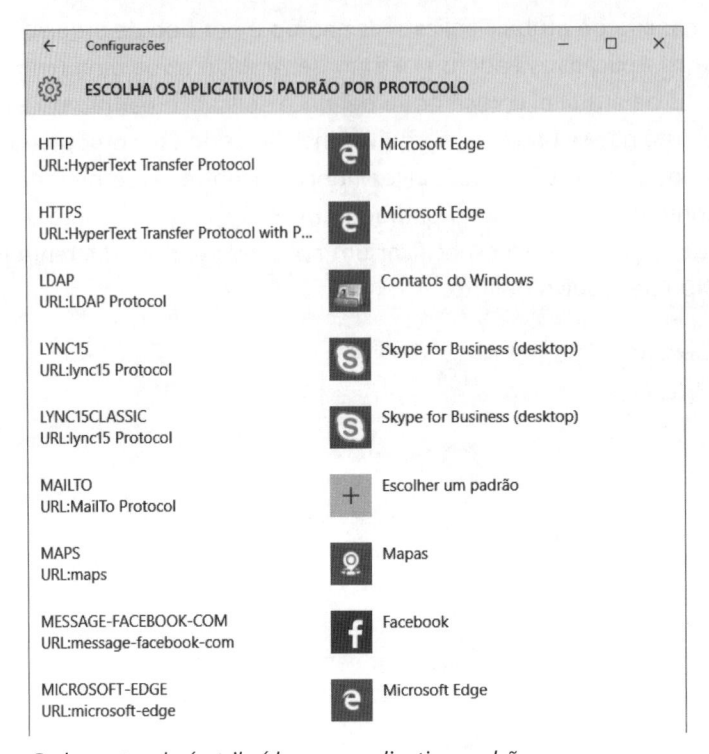

Cada protocolo é atribuído a um aplicativo padrão

A partir da lista de protocolos, é possível atribuir aplicativos padrão a diferentes protocolos associados ao mesmo tipo de arquivo geral. Isso cria uma relação entre o protocolo e o aplicativo no Registro do Windows. Um tipo de arquivo também é associado com um protocolo. Quando você clica duas vezes em um arquivo, o Windows pode obter o protocolo do arquivo e então localizar o aplicativo padrão a partir do registro.

Outra maneira de atribuir um aplicativo padrão é quando você abre um arquivo. É possível especificar um aplicativo não padrão para abrir o arquivo e, nesse momento, especificar também se deseja configurar o aplicativo não padrão para ser o novo padrão para aquele tipo de arquivo. Usando esse método, você está configurando aplicativos padrão para tipos de arquivo com os quais certamente trabalha.

Existe outra maneira de configurar aplicativos padrão, que é selecionar os tipos de arquivo e protocolos para um aplicativo. Para tanto, você deve ir até a janela Definir Programas Padrão do Painel de Controle.

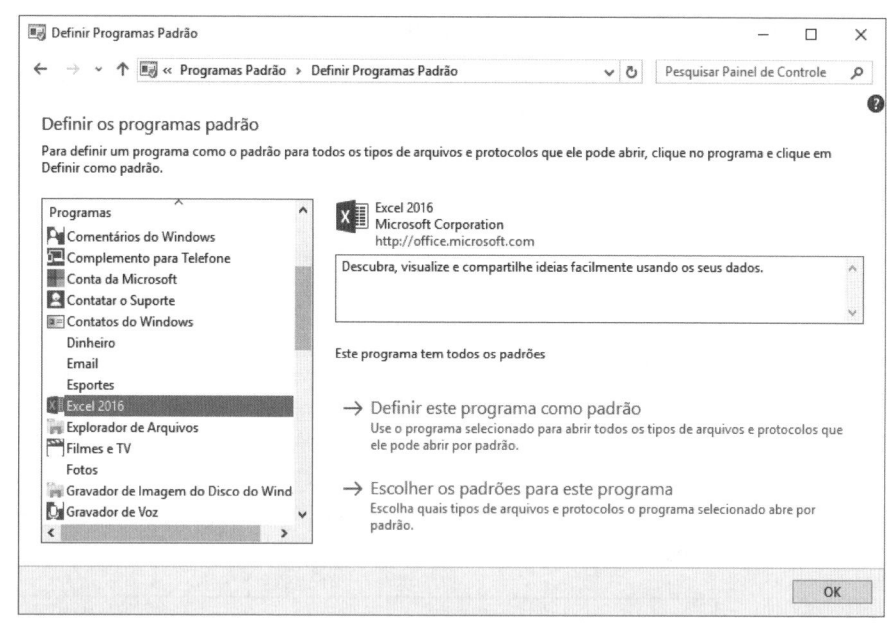

Configure um aplicativo como o padrão para alguns ou todos os tipos de arquivo que consegue abrir

Para abrir um arquivo no aplicativo padrão

1. No Explorador de Arquivos, siga um destes passos:

    - Clique duas vezes no arquivo.

    - Clique com o botão direito do mouse no arquivo e então clique em **Abrir**.

    - Clique no arquivo. A seguir, na guia **Início**, no grupo **Abrir**, clique no botão **Abrir**.

Para abrir um arquivo em um aplicativo que não o aplicativo padrão

1. No Explorador de Arquivos, siga um destes passos:

    - Clique com o botão direito do mouse no arquivo. No menu, clique em **Abrir com** e então clique no aplicativo que deseja.

    - Clique no arquivo. A seguir, na guia **Início**, no grupo **Abrir**, clique na seta ao lado de **Abrir** e, na lista, clique no aplicativo que deseja.

Ou

1. Inicie o aplicativo.
2. Dentro do aplicativo, procure e abra o arquivo.

Para especificar o aplicativo padrão para um tipo de arquivo

1. No Explorador de Arquivos, clique com o botão direito do mouse no arquivo e então clique em **Abrir com** para exibir uma lista de aplicativos que conseguem abrir o arquivo.

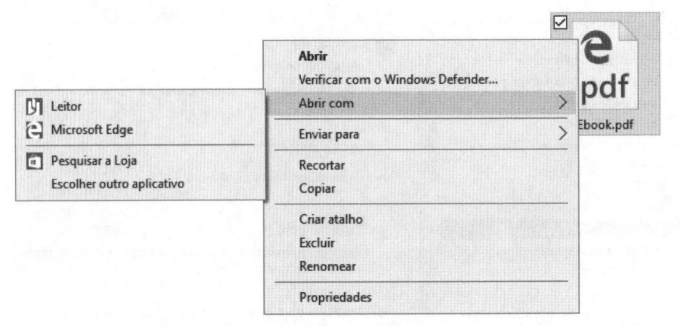

Os tipos de arquivo disponíveis dependem dos aplicativos instalados no seu computador

> **IMPORTANTE** Na época da redação deste livro, alguns tipos de arquivo exibem o menu de atalho no formato azul e branco mostrado após o próximo passo. Mostramos ambos os formatos neste procedimento para que você não se surpreenda ao encontrar um ou outro.

2. Clique em **Escolher outro aplicativo** para exibir opções adicionais e em **Mais aplicativos** para expandir a lista caso o aplicativo que deseja não estiver aparecendo na lista.

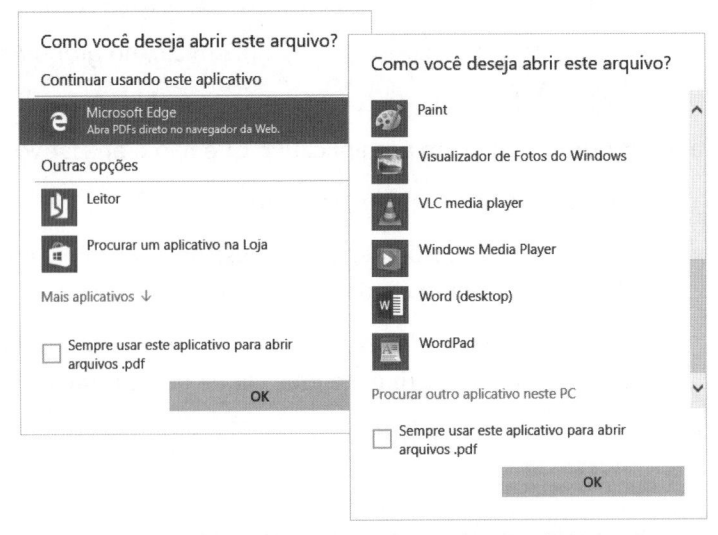

Ao final da lista Mais Aplicativos, você tem a opção de procurar um aplicativo

3. Clique no aplicativo que deseja usar para abrir o tipo de arquivo selecionado.

4. Marque a caixa de seleção **Sempre usar este aplicativo para abrir arquivos...** (o rótulo inclui a extensão do arquivo que você está abrindo) e então clique em **OK** para abrir o arquivo e definir o aplicativo padrão para o tipo de arquivo.

Para especificar o aplicativo padrão para um tipo de arquivo

1. Abra a janela **Configurações**. Clique em **Sistema** e então clique em **Aplicativos padrão**.

2. Na parte inferior do painel, clique em **Escolha os aplicativos padrão por tipo de arquivo** para exibir uma longa lista de extensões de tipo de arquivo.

3. Localize a extensão do tipo de arquivo para o qual você quer alterar o aplicativo padrão.

> ✓ **DICA** Múltiplas extensões de arquivo são associadas a cada categoria de arquivo. Por exemplo, se deseja definir um aplicativo padrão para *todos* os tipos de imagens, é preciso definir o padrão para arquivos .bmp, .gif, .jpeg, .jpg, .png, .tif e todos os outros tipos de arquivo de imagem. É possível atribuir um aplicativo padrão diferente para cada tipo, se tiver aplicativos que lidam com cada um de maneira diferente.

4. Clique no ícone à direita da extensão e então siga um destes passos:
   - Clique no aplicativo instalado que você deseja usar.
   - Clique em **Procurar um aplicativo na Loja** para abrir a Loja e exibir uma lista de aplicativos que podem abrir arquivos desse tipo. Instale um aplicativo da loja e então volte ao painel **Escolha os aplicativos padrão por tipo de arquivo** e selecione esse aplicativo como o padrão para o tipo de arquivo.

Para especificar o aplicativo padrão para uma categoria

1. Exiba o painel **Aplicativos padrão**.

2. No painel **Aplicativos padrão**, clique em cada tarefa e então siga um destes passos:
   - Clique no aplicativo instalado que você deseja usar.

- Clique em **Procurar um aplicativo na Loja** para abrir a Loja e exibir uma lista de aplicativos que podem abrir arquivos desse tipo. Instale um aplicativo da loja e então volte ao painel **Aplicativos padrão** e selecione esse aplicativo como o padrão para a categoria.

Para escolher aplicativos padrão por protocolo

1. Exiba o painel **Aplicativos Padrão**. Na parte inferior do painel, clique em **Escolha os aplicativos padrão por protocolo** para exibir a lista de protocolos.

2. Localize o protocolo para o qual deseja alterar o aplicativo padrão.

3. Clique no aplicativo padrão atual e então siga um destes passos:

    - Clique no aplicativo instalado que você deseja usar.

    - Clique em **Procurar um aplicativo na Loja** para abrir a Loja e exibir uma lista de aplicativos que podem lidar com o protocolo. Instale um aplicativo da loja e então volte ao painel **Escolha os aplicativos padrão por protocolo** e selecione esse aplicativo como o padrão para o protocolo.

Para configurar os protocolos e tipos de arquivo para um aplicativo específico

1. Exiba o painel **Aplicativos Padrão**. Na parte inferior do painel, clique em **Definir padrões por aplicativo** para abrir a janela Definir Programas Padrão do Painel de Controle.

2. Na lista **Programas**, clique no aplicativo para o qual deseja especificar os protocolos e tipos de arquivo.

3. No painel direito, siga um destes passos:

    - Clique em **Definir este programa como padrão** para defini-lo como o aplicativo padrão para todos os tipos de arquivo e protocolos que pode abrir.

    - Clique em **Escolher os padrões para este programa** para abrir a janela Definir as Associações para um Programa, exibindo os tipos de arquivo e protocolos que o aplicativo selecionado consegue manipular.

Escolha protocolos e tipos de arquivo específicos

4. Marque as caixas de seleção para os tipos de arquivo e protocolos que deseja que o aplicativo manipule e desmarque as caixas de seleção para aqueles que não deseja alterar em relação aos padrões atuais. A seguir, clique em **Salvar** para definir as associações e voltar à janela Definir Programas Padrão.

5. Na janela **Definir Programas Padrão**, clique em **OK** para completar o processo.

Organize aplicativos em múltiplas áreas de trabalho

As áreas de trabalho virtuais são um novo recurso do Windows 10, um daqueles que você nem imagina como vai usar até mergulhar de cabeça. Uma área de trabalho virtual é como um segundo monitor, ou um segundo computador: um local no qual você pode colocar alguns dos aplicativos ou arquivos com os quais está trabalhando para manter seu espaço de trabalho organizado. Um exemplo básico seria ter uma área de trabalho dedicada à sua vida profissional, na qual executa o Outlook e o Word, e uma área de trabalho pessoal, na qual monitora o Facebook e o Twitter. Se você costuma trabalhar com várias janelas de aplicativos abertas ao mesmo tempo, organizá-las em áreas de trabalho virtuais pode ser uma ótima maneira de organizar a bagunça e ajudá-lo a se concentrar em apenas um conjunto de aplicativos e tarefas de cada vez.

Você pode criar e gerenciar as áreas de trabalho virtuais a partir da visão de tarefas da área de trabalho do Windows 10 ou usando atalhos de teclado. A área de trabalho original é a número 1. Quando você adiciona mais áreas de trabalho, elas são numeradas consecutivamente.

Gerencie aplicativos em múltiplas áreas de trabalho

Após criar uma área de trabalho, você pode arrastar aplicativos abertos para ela ou abrir novos aplicativos diretamente na nova área de trabalho. Você somente pode exibir ou trabalhar em uma área de trabalho virtual de cada vez, mas é fácil alternar entre elas usando a visão de tarefas, ou até mais rapidamente usando um atalho de teclado.

Cada área de trabalho possui uma barra de tarefas. Cada barra de tarefas exibe os mesmos aplicativos fixos, mas apenas os aplicativos que estão ativos na área de trabalho atual têm botões ativos na barra de tarefas daquela área de trabalho.

> **DICA** Se você possui múltiplas instâncias de um aplicativo aberto em diferentes áreas de trabalho, o botão do aplicativo ficará ativo em ambas as áreas de trabalho, mas quando passar o mouse sobre ele, apenas as instâncias daquela área de trabalho serão exibidas.

Você abre um arquivo ou inicia um aplicativo em uma área de trabalho virtual usando os mesmos métodos que usaria na área de trabalho padrão. Você não pode ter a mesma instância de um aplicativo (por exemplo, o mesmo arquivo) aberta em mais de uma área de trabalho, mas pode mover a instância do aplicativo de uma área de trabalho para a outra.

Você pode executar múltiplas instâncias de alguns aplicativos (como os aplicativos da área de trabalho do Internet Explorer, Google Chrome e Microsoft Word) na mesma área de trabalho ou em múltiplas áreas de trabalho. A partir da barra de tarefas de cada área de trabalho, é possível exibir miniaturas das instâncias do aplicativo sendo executadas naquela área de trabalho específica.

Os aplicativos da Loja que experimentamos suportam apenas uma instância, seja ela em uma área de trabalho ou em múltiplas. Se você tenta abrir um desses aplicativos em uma área de trabalho virtual diferente, o Windows alterna para a área de trabalho na qual o aplicativo já está sendo executado.

Quando terminar o que está fazendo em uma área de trabalho, você pode fechá-la para liberar recursos do sistema. Se você fecha uma área de trabalho que contém aplicativos abertos, estes são movidos para a área de trabalho imediatamente à esquerda.

Para exibir áreas de trabalho na visão de tarefas

1. Siga um destes passos:

    - Na barra de tarefas, à direita da caixa de pesquisa, clique no botão **Visão de tarefas**.

    - Pressione **Win+Tab**.

    - Em um dispositivo touchscreen, deslize o dedo a partir da borda esquerda da tela.

    As áreas de trabalho são mostradas na parte inferior da tela.

Para criar uma área de trabalho virtual

1. Siga um destes passos:

    - Exiba a visão de tarefas da sua área de trabalho e então, no canto inferior direito da tela, clique em **Nova área de trabalho**.

    - Pressione **Win+Ctrl+D**.

    O Windows cria uma nova área de trabalho virtual à direita das áreas de trabalho existentes, usando o próximo número na sequência. A nova área de trabalho passa a ser a área de trabalho ativa.

Para se mover entre áreas de trabalho

1. Siga um destes passos:

    - Exiba a visão de tarefas da sua área de trabalho e então, no parte inferior da tela, clique na área de trabalho para a qual deseja passar.

    - Pressione **Win+Ctrl+Seta para a Direita** ou **Win+Ctrl+Seta para a Esquerda** para mover a área de trabalho na direção da seta.

Para abrir uma nova instância de um aplicativo sendo executado

1. Pressione **Win+Shift**+clique no botão da barra de tarefas.

Para mover um aplicativo para uma área de trabalho diferente

1. Exiba a visão de tarefas da sua área de trabalho. As áreas de trabalho disponíveis na parte inferior da tela.

2. Aponte (ou passe o mouse sobre) para a área de trabalho que contém o aplicativo que deseja mover para exibir todos os aplicativos que estão abertos nela na área de miniaturas de aplicativos da visão de tarefas.

Mover aplicativos entre áreas de trabalho

3. Siga um destes passos:

   - Clique com o botão direito do mouse na miniatura do aplicativo que deseja mover. Clique em **Mover para** e então clique na área de trabalho para a qual deseja mover o aplicativo.

   > **DICA** Uma das opções Mover Para é Nova Área de Trabalho. Você pode criar uma nova área de trabalho e mover o aplicativo para ela ao mesmo tempo quando clica nessa opção.

   - Arraste a miniatura (não o título acima dela) para a área de trabalho de destino.

Para fechar a área de trabalho atual

1. Pressione **Win+Ctrl+F4**.

Para fechar as áreas de trabalho selecionadas

1. Exiba a visão de tarefas da sua área de trabalho.
2. Aponte ára a área de trabalho que deseja fechar. Quando um botão de Fechar (X) aparecer no canto superior direito do bloco da área de trabalho, clique nele.

> **DICA** Para mover rapidamente todas as janelas abertas e aplicativos em execução para uma área de trabalho, exiba a visão de tarefas e então feche todas as áreas de trabalho virtuais que não a Área de Trabalho 1.

Monitore tarefas do sistema

O Windows 10 e os aplicativos e serviços que rodam nele estão sempre executando uma dança incrivelmente complexa que segue o compasso relativamente tedioso do clock do seu computador.

Todo computador possui uma unidade de processamento central (CPU) e toda CPU possui uma velocidade de clock, geralmente na faixa de 1 GHz (giga-hertz) a 4 GHz. Simplificando bastante, uma CPU de 2 GHz pode realizar dois bilhões de instruções por segundo. Parece um número enorme de instruções, até você perceber que uma tarefa extremamente simples, como digitar uma letra em um documento do Word, pode exigir milhares de instruções. A velocidade da CPU não é o único fator para avaliar a potência e eficiência do seu computador, mas é um deles, e um daqueles que você pode monitorar no Gerenciador de Tarefas.

Uma maneira de monitorar o fluxo em tempo real das atividades do seu computador é usando o Gerenciador de Tarefas. O Gerenciador de Tarefas possui dois modos de exibição: Menos Detalhes e Mais Detalhes. O modo de exibição Menos Detalhes exibe uma lista dos aplicativos que estão sendo executados atualmente no seu computador.

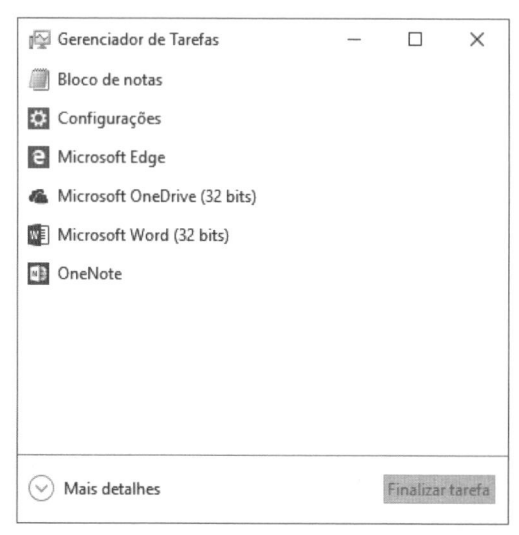

Se o aplicativo está tendo problemas, o Gerenciador de Tarefas indica o fato nessa tela

O modo de exibição Mais Detalhes exibe uma lista de todos os aplicativos e processos em segundo plano que estão sendo executados no seu computador, além de estatísticas de quantos recursos do computador os aplicativos e processos estão usando. As estatísticas de recursos do computador incluem CPU, memória, disco e uso da rede.

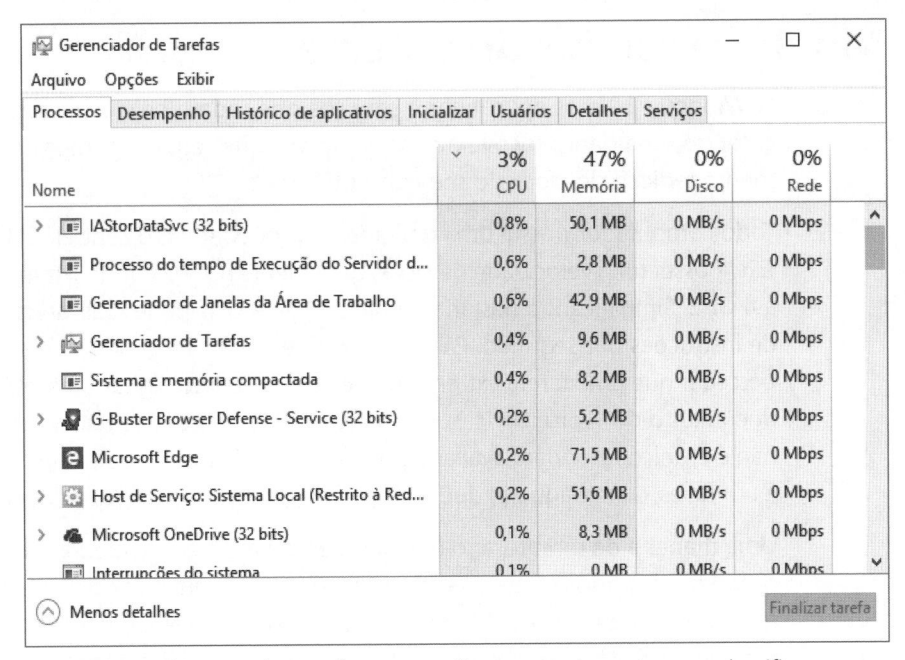

Nome	3% CPU	47% Memória	0% Disco	0% Rede
IAStorDataSvc (32 bits)	0,8%	50,1 MB	0 MB/s	0 Mbps
Processo do tempo de Execução do Servidor d...	0,6%	2,8 MB	0 MB/s	0 Mbps
Gerenciador de Janelas da Área de Trabalho	0,6%	42,9 MB	0 MB/s	0 Mbps
Gerenciador de Tarefas	0,4%	9,6 MB	0 MB/s	0 Mbps
Sistema e memória compactada	0,4%	8,2 MB	0 MB/s	0 Mbps
G-Buster Browser Defense - Service (32 bits)	0,2%	5,2 MB	0 MB/s	0 Mbps
Microsoft Edge	0,2%	71,5 MB	0 MB/s	0 Mbps
Host de Serviço: Sistema Local (Restrito à Red...	0,2%	51,6 MB	0 MB/s	0 Mbps
Microsoft OneDrive (32 bits)	0,1%	8,3 MB	0 MB/s	0 Mbps
Interrupções do sistema	0,1%	0 MB	0 MB/s	0 Mbps

O modo de exibição Mais Detalhes se atualiza constantemente para classificar os processos por uso de recurso

O Gerenciador de Tarefas lembra o último modo de exibição que você usou e abre novamente no mesmo modo.

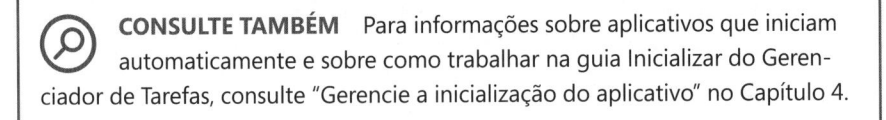

> **CONSULTE TAMBÉM** Para informações sobre aplicativos que iniciam automaticamente e sobre como trabalhar na guia Inicializar do Gerenciador de Tarefas, consulte "Gerencie a inicialização do aplicativo" no Capítulo 4.

Para iniciar o Gerenciador de Tarefas

1. Siga um destes passos:
   - Clique com o botão direito do mouse em uma área vazia da barra de tarefas e então clique em **Gerenciador de Tarefas**.
   - Pressione **Ctrl+Shift+Esc**.

- Pressione **Ctrl+Alt+Del** e então, na lista, clique em **Gerenciador de Tarefas**.

> **DICA** Para encerrar um aplicativo que não está respondendo, clique no aplicativo e então clique no botão Finalizar Tarefa no canto inferior direito da janela.

Alternar entre os modos de exibição Menos Detalhes e Mais Detalhes

1. Abra o **Gerenciador de Tarefas** e então siga um destes passos:

    - Se o Gerenciador de Tarefas exibe apenas uma lista dos aplicativos em execução, o Gerenciador de Tarefas está no modo de exibição Menos Detalhes. Clique em **Mais detalhes** na parte inferior do painel para alternar entre os dois modos de exibição.

    - Se o Gerenciador de Tarefas exibe os aplicativos e processos em segundo plano e múltiplas guias, o Gerenciador de Tarefas está no modo de exibição Mais Detalhes. Clique em **Menos detalhes** na parte inferior do painel para alternar entre os dois modos de exibição.

Para exibir aplicativos ativos e que não estão respondendo

1. Abra o **Gerenciador de Tarefas** no modo de exibição Menos Detalhes. Os aplicativos que não estão respondendo são rotulados como *Não respondendo*.

Para exibir aplicativos e processos ativos e que não estão respondendo

1. Abra o **Gerenciador de Tarefas** no modo de exibição Mais Detalhes e então clique na guia **Processos** para exibir todos os processos em execução. Os aplicativos e processos que não estão respondendo são rotulados como *Não respondendo*.

Para classificar os processos por uso do recurso

1. Abra o **Gerenciador de Tarefas** no modo de exibição Mais Detalhes.
2. Na guia **Processos**, clique no título **CPU**, **Memória**, **Disco** ou **Rede** para classificar os aplicativos e processos pelos dados da respectiva coluna. Clique no mesmo título novamente para inverter a ordem da classificação.

Para exibir informações de desempenho

1. Abra o **Gerenciador de Tarefas** no modo de exibição Mais Detalhes e então clique na guia **Desempenho**.

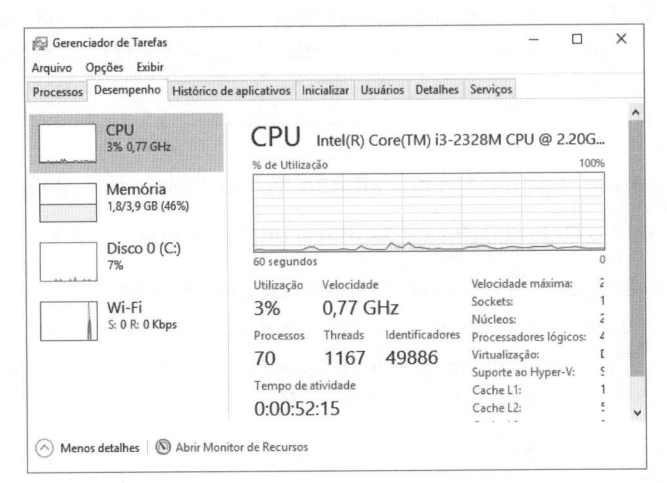

Dados de desempenho históricos e em tempo real estão disponíveis

Para identificar aplicativos e processos com uso intensivo de recursos

1. Clique na caixa de pesquisa da barra de tarefas e digite Monitor. Na lista de resultados, clique em **Monitor de Recursos**.

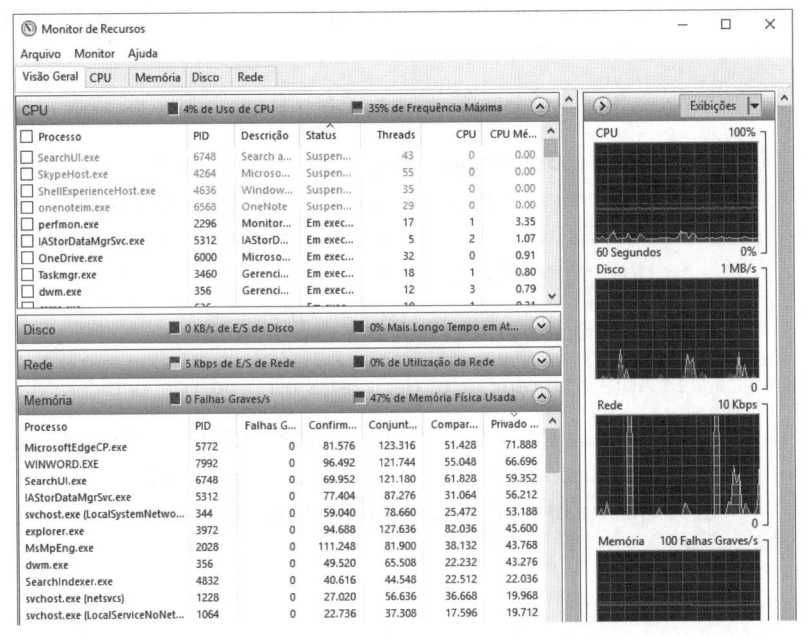

Você pode analisar a CPU, memória, disco, e uso da rede no Monitor de Recursos

Para exibir informações de uso de recursos

1. Abra o **Gerenciador de Tarefas** no modo de exibição Mais Detalhes e então clique na guia **Histórico de Aplicativos**.

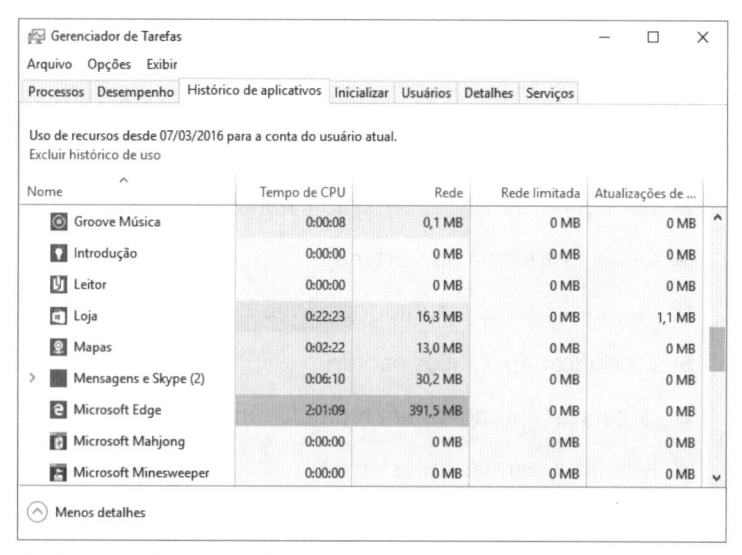

Revise o uso do recurso durante as duas últimas semanas

Para gerenciar serviços

1. Abra o **Gerenciador de Tarefas** no modo de exibição Mais Detalhes e então clique na guia **Serviços**.

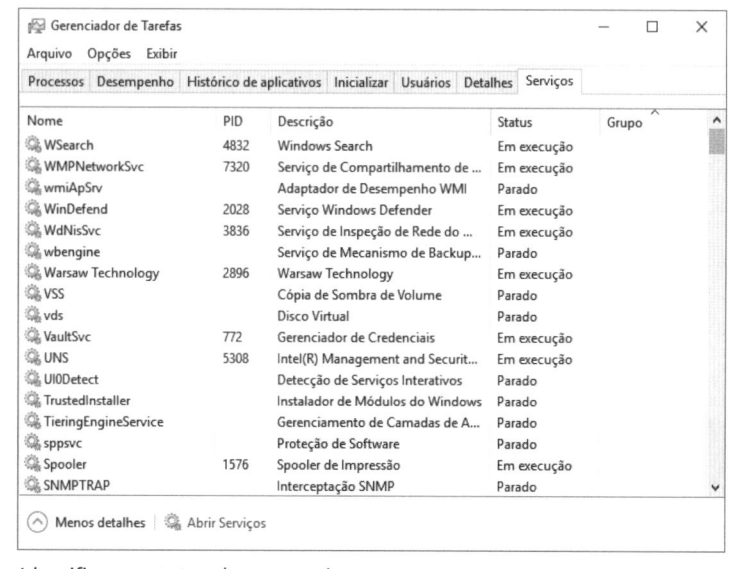

Identifique o status de um serviço

> **DICA** Para abrir o console Serviços, no qual você pode gerenciar todos os serviços, clique no link Abrir Serviços na parte inferior da guia.

Revisão

Neste capítulo, você aprendeu a:

- Configurar os botões de Ação Rápida
- Obter assistência da Cortana
- Pesquisar seu computador e a Web
- Especificar aplicativos padrão
- Organizar aplicativos em múltiplas áreas de trabalho
- Monitorar tarefas do sistema

Tarefas práticas

Nenhum arquivo de prática será necessário para concluir as tarefas práticas deste capítulo.

Configure os botões de Ação Rápida

Realize as seguintes tarefas:

1. Exiba o painel da **Central de Ações** e identifique os botões de Ação Rápida.

2. Expanda a área dos botões de ação para exibir todos os botões de ação disponíveis. Revise os botões de ação que estão disponíveis no seu computador e analise quais você usaria. Observe se algum botão tem uma cor diferente e identifique o que isso significa.

3. Clique no botão de ação **Configs** para abrir a janela Configurações. Clique em **Sistema** e então clique em **Notificações e ações**.

4. No painel **Notificações e ações**, selecione os quatro botões de ação que vai usar com mais frequência e atribua-os às quatro posições de botões de Ação Rápida.

5. Abra o painel da **Central de Ações**, recolha a área dos botões de ação e confirme que os botões de Ação Rápida que você selecionou estão visíveis.

Obtenha assistência da Cortana

Se o seu computador suporta a Cortana e você deseja usá-la, realize as seguintes tarefas:

1. Se ainda não fez isso, ative a Cortana, concorde com a coleta de informações e forneça seu nome.

2. Configure a Cortana para responder a indicações verbais. Em seguida, experimente dar à Cortana comandos como "Hey, Cortana! Start Word" e fazer perguntas como "Hey, Cortana! What's the weather?"

3. Configure suas preferências de informação da Cortana, depois revise as informações mostradas no painel padrão da Cortana.

4. Teste os diferentes modos como a Cortana pode ser representada na barra de tarefas e escolha qual prefere.

Pesquise em seu computador e na Web

Realize as seguintes tarefas:

1. Usando a caixa de pesquisa da barra de tarefas, pesquisa uma palavra, expressão simples ou seu primeiro nome (qualquer coisa que vá gerar muitos resultados de pesquisa).

2. Role o painel dos resultados de busca e observe os tipos de resultados de pesquisa apresentados. Clique em qualquer título de categoria para exibir apenas os resultados dessa categoria.

3. Realize outra pesquisa. No painel dos resultados da pesquisa, clique em **Meus itens** para limitar os resultados apenas às informações no seu computador.

4. Na lista **Mostrar**, filtre os resultados para exibir apenas um tipo de arquivo. A seguir, exiba os resultados de pesquisa remanescentes em ordem de data.

5. Exiba as configurações da **Pesquisa Segura**. Observe as outras configurações que você pode determinar nesta página.

6. Inicie o Explorador de Arquivos e abra a caixa de diálogo **Opções de Indexação**. Observe o número de itens indexados e os locais incluídos. Se você armazena arquivos em um local que não está sendo indexado, modifique as opções para incluir esse local. A seguir, feche a caixa de diálogo.

Especifique aplicativos padrão

Inicie o Explorador de Arquivos e então realize as seguintes tarefas:

1. Localize um tipo de arquivo com o qual trabalha frequentemente.

2. Exiba a lista de aplicativos que pode usar para abrir o arquivo.

3. Exiba aplicativos da Loja que poderia instalar e usar para abrir o arquivo.

4. Se desejar, altere o aplicativo padrão para o arquivo.

5. Exiba o painel **Aplicativos padrão** e revise as opções para configurar os aplicativos padrão por categoria, por tipo de arquivo e por protocolo. Se desejar, altere os aplicativos padrão para que se ajustem às suas preferências.

Organize aplicativos em múltiplas áreas de trabalho

Realize as seguintes tarefas:

1. Exiba a visão de tarefas da sua área de trabalho e então crie uma área de trabalho virtual.

2. Na Área de Trabalho 2, inicie dois aplicativos que já não estejam sendo executados.

3. Alterne entre as duas áreas de trabalho e observe sinais de itens na outra área de trabalho.

4. Mova um dos aplicativos da Área de Trabalho 2 para a Área de Trabalho 1 e confirme que o aplicativo está aberto na Área de Trabalho 1.

5. Feche a Área de Trabalho 2 e confirme que o aplicativo restante daquela área de trabalho foi movido para a Área de Trabalho 1.

6. Feche todos os aplicativos que não estiver usando.

Monitore tarefas do sistema

Realize as seguintes tarefas:

1. Abra o **Gerenciador de Tarefas**. Observe as informações que estão disponíveis no modo de exibição Menos Detalhes.

2. Alterne para o modo de exibição Mais Detalhes e faça o seguinte:

    - Exiba cada guia e revise as informações disponíveis em cada uma delas.

    - Observe como as informações se alteram à medida que seu computador realiza processamentos em segundo plano.

    - Considere como e quando as informações serão úteis para você.

3. Quando terminar de revisar as informações, feche o **Gerenciador de Tarefas**.

12 Proteção do computador e de dados

Neste capítulo

- Configure as opções de atualização
- Defina as configurações de privacidade
- Restaure a funcionalidade do computador
- Faça backup dos dados para o OneDrive
- Faça backup dos dados usando o Histórico de Arquivos
- Faça backup e restaure seu sistema

Arquivos de prática

Nenhum arquivo de prática será necessário para concluir as tarefas práticas deste capítulo.

Para muita gente, computadores e outros dispositivos "inteligentes" se tornaram uma parte essencial de suas vidas. Mesmo que não dependa totalmente deles, a falta de um ou mais deles seria, no mínimo, inconveniente.

A potência dos laptops e tablets modernos permitem que você carregue suas informações consigo e possa acessá-las facilmente para trabalhar ou se divertir. Por outro lado, dispositivos móveis são mais fáceis de perder ou de serem roubados do que o computador desktop que você abandonou. Se uma dessas coisas acontece, você pode perder informações valiosas que ainda correm o risco de serem mal utilizadas por terceiros.

Este capítulo apresenta informações sobre os diversos métodos que o Windows 10 oferece para proteger seu computador e os dados nele contidos, recuperar esses dados caso algo de ruim aconteça com o computador e impedir que outros acessem seus dados caso o computador seja roubado.

Este capítulo apresenta os procedimentos relativos a configurar as opções de atualização, definir configurações de privacidade, restaurar a funcionalidade do computador, fazer backup de dados para o OneDrive, fazer backup de dados usando o Histórico de Arquivos e fazer backup e restaurar seu sistema.

Configure as opções de atualização

Em geral, o código por trás dos sistemas operacionais está em estado de mudança constante. Pode ser que seja para oferecer uma nova funcionalidade ou resolver problemas internos ou externos, como ameaças de novos vírus ou a necessidade de melhorar ou criar drivers para os dispositivos que você conecta ao computador.

Ao contrário de versões anteriores do Windows, o Windows 10 procura e instala automaticamente as atualizações para garantir que as medidas de segurança do seu computador estão atualizadas. Dependendo das configurações de opções avançadas, se as atualizações estiverem disponíveis para o Windows, o computador vai instalá-las silenciosamente enquanto você não está usando-o ou pedir que você inicie a instalação.

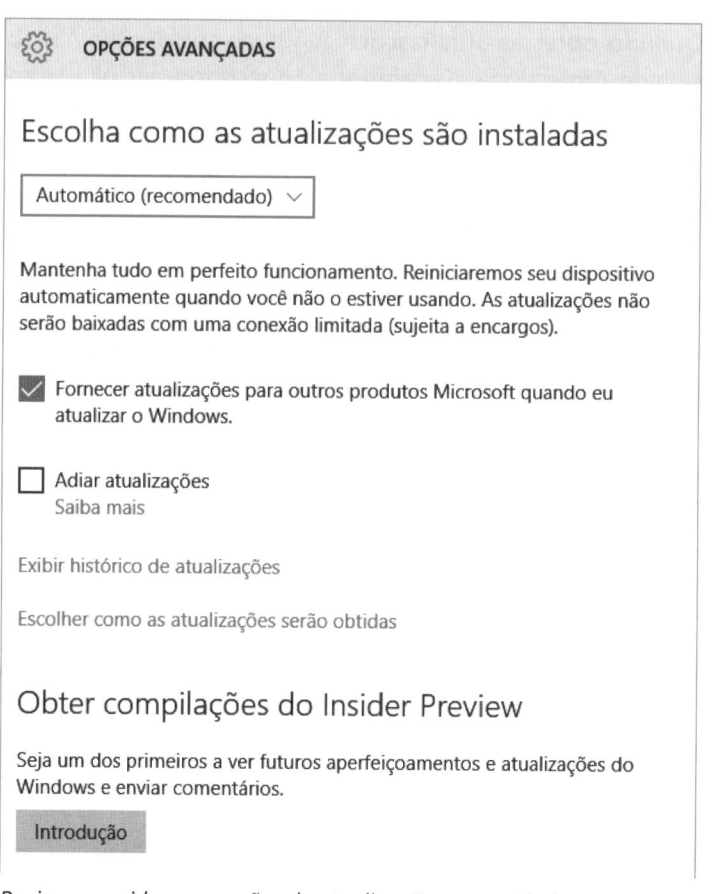

Revise e considere as opções de atualização com cuidado

Você pode configurar as seguintes opções avançadas para o Windows Update:

- **Como as atualizações são instaladas** As opções são Automático e Avisar Antes de Agendar Reinicialização. Em ambos os casos, as atualizações serão baixadas e instaladas, mas você terá a opção de escolher quando reiniciar seu computador caso uma reinicialização seja necessária. Se escolher a primeira opção, o computador reiniciará automaticamente após a instalação. Se escolher a segunda, o computador instala as atualizações, mas será solicitado que você agende a reinicialização.

- **Para quais produtos obter atualizações** Além de atualizar os arquivos e drivers do sistema operacional, você pode atualizar outros produtos e aplicativos de destaque da Microsoft através do Windows Update. É uma boa ideia selecionar essa opção, pois muitos aplicativos e utilitários não se atualizam automaticamente.

- **Quando obter as atualizações** Algumas edições do Windows 10, incluindo Professional, Enterprise e Education (mas não Home), permitem que você adie as atualizações do seu computador. Quando você adia as atualizações, os novos recursos do Windows não são baixados ou instalados por até vários meses depois de disponibilizados. Adiar as atualizações não adia as atualizações de segurança, mas impede que você obtenha os mais novos recursos do Windows assim que eles são disponibilizados.

- **Como as atualizações são obtidas** Este é um novo recurso do Windows 10, muito interessante. Se você possui vários computadores Windows 10 na sua rede e habilita essa opção, um computador faz o download, guarda os arquivos no cache da rede e então envia os arquivos para os outros computadores. Isso pode reduzir significativa o consumo de banda durante o mês.

  Também há a opção de permitir que seus computadores locais repassem atualizações de e para computadores em sua rede local e computadores desconhecidos através da Internet. Esse é o modelo de distribuição de atualizações padrão do Windows 10 Home e do Windows 10 Professional (as edições Enterprise e Education do Windows 10 são configuradas para repassar atualizações apenas de e para computadores da rede local). Esse processo ajuda a distribuir as atualizações de segurança com mais rapidez, mas pode aumentar seu consumo de banda. Se quiser mais informações sobre isso, clique no link Saiba Mais.

- **Obter compilações do Programa Windows Insider** Você pode se inscrever no Programa Windows Insider para receber versões prévias do Windows 10. Essas compilações foram testadas pela equipe de produtos, mas ainda não foram lançadas para o público em geral. Você terá acesso prévio a novos recursos, mas talvez também precise lidar com problemas nesses recursos. A Microsoft sugere que você não instale versões prévias em computadores que são críticos para a sua felicidade ou para o seu negócio. Se houver um erro grave em uma versão prévia, você pode acabar sendo forçado a reformatar e reinstalar o Windows do zero.

> **IMPORTANTE** Se decidir obter versões prévias do Programa Windows Insider, lembre-se de ler a seção "Faça backup e restaure seu sistema" mais adiante neste capítulo.

O Windows escolhe um momento em que você provavelmente não estará online para instalar as atualizações. Você pode procurar novas atualizações em qualquer momento e instalar as atualizações disponíveis mais cedo se quiser.

Para exibir o status do Windows Update

1. Na janela **Configurações**, clique em **Atualização e segurança** e então clique em **Windows Update**.

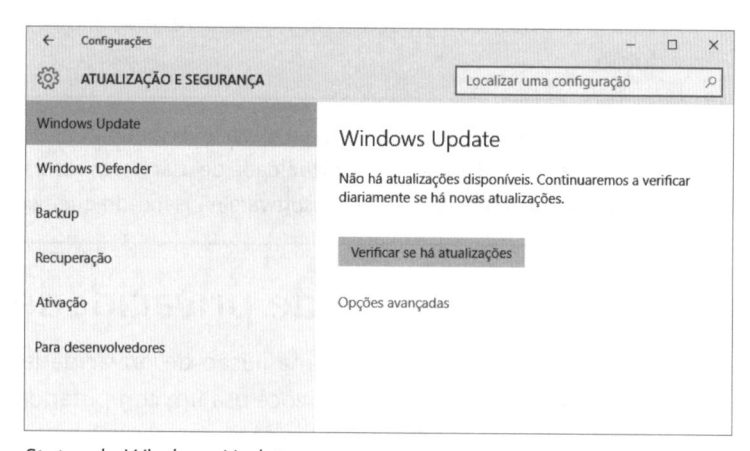

Status do Windows Update

O painel direito exibe um botão Instalar Agora ou um botão Verificar Se Há Atualizações. Se o botão Instalar Agora estiver presentes, há atualizações disponíveis para serem instaladas.

Para verificar se há atualizações

1. No painel do **Windows Update**, clique no botão **Verificar se há atualizações**.

Para instalar as atualizações disponíveis

1. No painel do **Windows Update**, clique no botão **Instalar agora**.

Para configurar as opções de instalação das atualizações

1. No painel do **Windows Update**, clique no link **Opções avançadas**.

2. No painel **Opções Avançadas**, siga um destes passos:

    - Na lista **Escolha como as atualizações são instaladas**, selecione **Automático (recomendado)** ou **Avisar Antes de Agendar Reinicialização**.

    - Marque ou desmarque a caixa de seleção **Fornecer atualizações para outros produtos Microsoft quando eu atualizar o Windows**.

    - Se disponível, marque ou desmarque a caixa de seleção **Adiar atualizações**.

    - Clique no link **Escolher como as atualizações serão obtidas** e coloque o botão de alternância **Atualizações de mais de um local** na posição **Ativado** ou **Desativado**.

Para obter compilações do Programa Windows Insider

1. No painel do **Windows Update**, clique no link **Opções avançadas**.

2. Na seção **Obter compilações do Insider Preview**, clique no botão **Introdução**.

> ⚠️ **IMPORTANTE** Inscrever-se para receber versões prévias do Programa Windows Insider lhe dá a oportunidade de usar novos recursos mais cedo, mas também expõe seu computador a software não lançado que pode ser instável.

Defina as configurações de privacidade

A privacidade, ou pelo menos alguma ilusão de privacidade, é importante para a maioria das pessoas. Quando você usa um computador regularmente, boa parte da sua vida acontece dentro daquela caixa. O sistema operacional, os aplicativos que usa e os sites que visita todos têm acesso a informações sobre você. As configurações de privacidade do Windows 10 podem limitar quanto dessas informações os aplicativos e dispositivos conectados ao seu computador enxergam e, até certo ponto, para que os aplicativos e dispositivos podem usar essas informações.

Boa parte da ênfase das configurações de privacidade está em como a Microsoft e outras empresas podem usar as informações que coletam para apresentar anúncios teoricamente mais pertinentes ao seu estilo de vida do que seriam anúncios aleatórios. Do ponto de vista delas, como você já vai ver anúncios de qualquer jeito, você aparentemente se beneficia em encontrar anúncios mais relacionado aos seus interesses.

CAPÍTULO 12   Proteção do computador e de dados

No final das contas, você precisa considerar os benefícios, ou prejuízos, de compartilhar suas informações.

> **DICA** A veiculação de anúncios em sites oferece uma maneira de custear a oferta de informações gratuitas. Se o site é útil para você e os anúncios não são uma distração grande demais, então a prática pode ser aceitável. Mas muitos sites que aparecem em pesquisas na Web existem apenas para inundar os usuários com anúncios. Seu navegador pode bloquear anúncios pop-up, mas não pode bloquear automaticamente anúncios embutidos. Se está cansado de esperar que esses anúncios carreguem antes de começar a ler a página, procure "remover anúncios do navegador" na Internet e consulte os resultados. Algumas das opções são incríveis.

No Windows 10, você pode definir configurações para 13 categorias de informação. Cada categoria contém um link para a declaração de privacidade online da Microsoft, que tem cerca de 50 páginas, e algumas categorias têm links para um ou mais tópicos online adicionais.

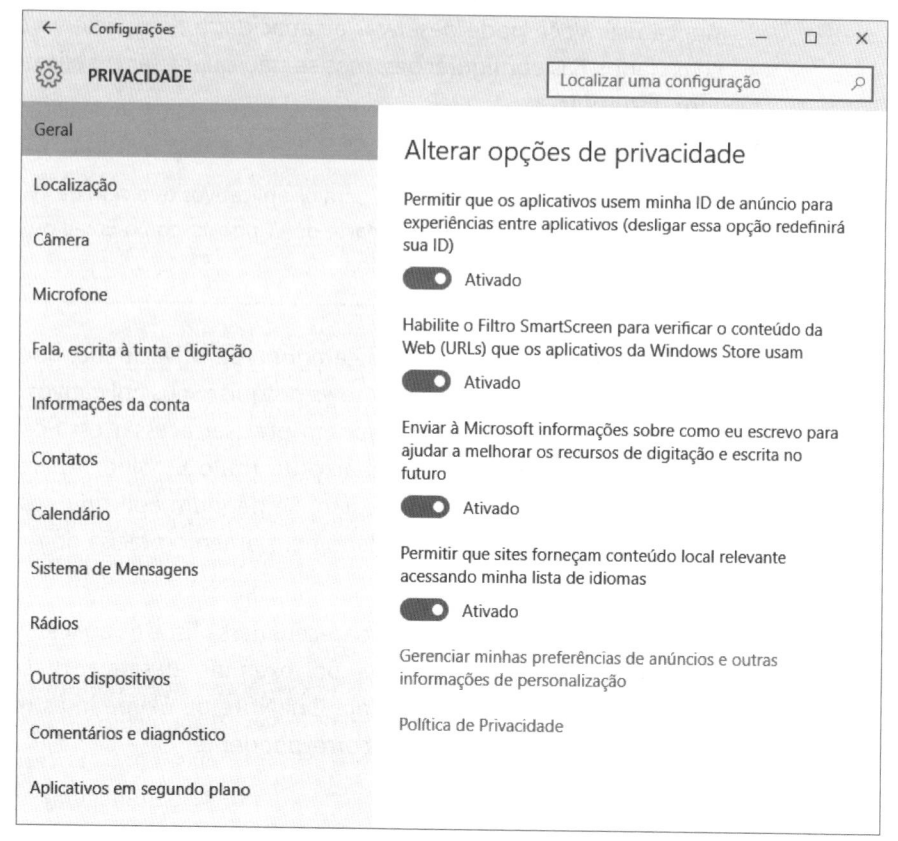

Reserve algum tempo para revisar e definir as configurações de Privacidade

Não vamos entrar em muitos detalhes sobre todas essas configurações de privacidade. Em vez disso, vamos fazer um tour rápido e deixá-lo para explorar as áreas que mais lhe interessam. Compartilhar algumas dessas informações pode ser benéfico para você, e a maioria delas não é prejudicial. A seguir, algumas informações que podem ser úteis.

- Seu *ID de anúncio* é um ID exclusivo conectado ao endereço de email que você usa para entrar no Windows 10. Se você usa uma conta da Microsoft para entrar no OneDrive, Office 365, email e outros computadores, a Microsoft acumula informações de todas as fontes sob esse único ID.

- Apesar do Windows oferecer a opção de ligar ou desligar o Filtro SmartScreen, este é uma ferramenta de segurança, então pense muito bem antes de desligá-lo. Você também pode ligá-lo e desligá-lo no Microsoft Edge, mas os dois botões de alternância são independentes, então você pode deixar um ativado e o outro desativado.

- Muitas configurações se referem a aplicativos que podem usar suas informações. O Windows 10 pré-instala muitos aplicativos que você talvez nunca use. Você pode desativar a capacidade do aplicativo de acessar seus dados nas configurações, mas se não quer usar o aplicativo, é melhor desinstalá-lo.

> **DICA** Isso só funciona para os aplicativos que vêm da Windows Store. Se o aplicativo é parte do Windows, como Email ou Mapas, você não tem como desinstalá-lo.

- Depois que você clica em uma categoria de privacidade, normalmente há uma pausa enquanto o Windows pesquisa seus aplicativos instalados para identificar aqueles que podem precisar acessar essa categoria. A seguir, o Windows lista eles abaixo do título Escolher Aplicativos que Podem... usar ou acessar o recurso. Se nenhum aplicativo está listado, então nenhum aplicativo instalado no momento precisa do recurso nessa categoria.

Apenas os aplicativos da Loja aparecem nessa lista; os aplicativos da área de trabalho, não. Você poderia, por exemplo, desativar o acesso à câmera para os aplicativos da Loja OneNote ou Skype, mas não para o aplicativo da área de trabalho correspondente.

Escolher aplicativos que podem usar sua localização	
Câmera	Desativado
Clima	Desativado
Conector de aplicativos	Desativado
Email e Calendário	Desativado
Mapas Usa o histórico de localização	Ativado
Mensagens e Skype	Desativado
Microsoft Edge Os sites ainda precisam de permissão	Desativado
Notícias	Desativado
Pesquisar Usa o histórico de localização	Desativado

Muitos aplicativos querem usar as suas informações

- Alguns recursos de localização se aplicam apenas se você instalou aplicativos que os utilizam.

- Controle por voz, escrita à tinta e digitação incluem recursos que permitem que o Windows e a Cortana "o conheçam melhor". Se planeja usar a Cortana, não desative o recurso Conhecendo Você.

Configurações adicionais relativas à privacidade e à publicidade em produtos Microsoft estão disponíveis em *choice.microsoft.com/pt-br/opt-out*. A página também inclui links para mais informações sobre como a Microsoft poderia utilizar suas informações.

Se você usa o computador para gerenciar sua vida, especialmente se o computador é portátil, deixar muitas das configurações de privacidade habilitadas faz sentido. Pode ser útil que seu computador (e a Cortana) saiba onde você está, quais reuniões agendou e com quem você está trocando emails. E compartilhar informações sobre digitação, reconhecimento de voz e outras atividades com a Microsoft certamente pode ajudar a empresa a melhorar o Windows e seus aplicativos no futuro. Pense um pouco sobre o que vale e o que não vale a pena compartilhar.

Para gerenciar as configurações de privacidade

1. Na janela **Configurações**, clique em **Privacidade**.
2. Revise as opções de cada painel. Considere como cada uma poderia afetá-lo.
3. Clique nos botões de alternância de cada opção que deseja ligar ou desligar.

Restaure a funcionalidade do computador

Os computadores modernos são razoavelmente robustos, mas a única garantia absoluta que se pode esperar de qualquer dispositivo de hardware é que se você usá-lo por tempo o suficiente, ele vai falhar.

O software tende a ser atualizado com frequência, na tentativa de melhorar sua operação, introduzir novos recursos ou aumentar a segurança, mas toda atualização é também uma oportunidade para que novos bugs apareçam e causem problemas.

A Internet é um recurso maravilhoso, mas também expõem seu computador a vírus, hackers e outros possíveis agentes nocivos.

Uma falha de hardware grave pode deixá-lo na mão em um ponto crítico de um projeto de trabalho ou incapaz de acessar as informações de que precisa na Internet.

Configure e use pontos de restauração

Se o seu computador começa a ter mau desempenho, especialmente se isso ocorre logo depois de realizar atualizações ou talvez depois de baixar algo que instalou um adware nojento que parece impossível de excluir, você pode restaurar o Windows para seu estado em um momento anterior, chamado de *ponto de restauração*. Isso não muda seus arquivos pessoais, mas pode remover aplicativos e drivers recém-instalados (o que pode ser bom, caso eles sejam a causa do problema).

Os pontos de restauração do sistema são adicionados automaticamente antes da realização de mudanças significativas, mas se você está prestes a fazer algo que o deixa nervoso, não há nenhum mal em configurar um novo ponto manualmente.

Você pode criar pontos de restauração a partir da guia Proteção do Sistema na caixa de diálogo Propriedades de Sistema.

CAPÍTULO 12 Proteção do computador e de dados

> **DICA** Em geral, você só precisa criar um ponto de restauração para a sua unidade do sistema.

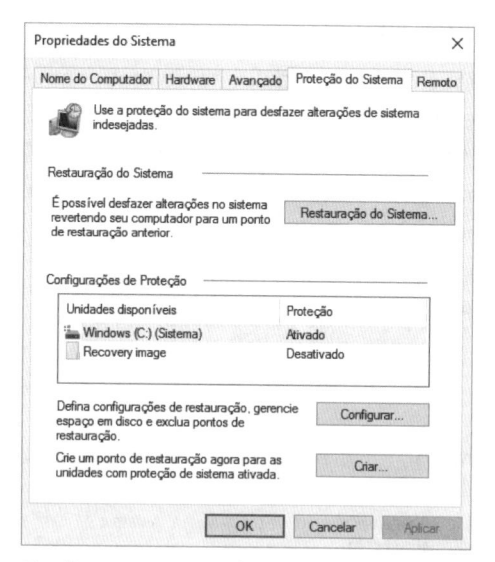

Configure um ponto de restauração do sistema

Quando deseja restaurar seu computador a um ponto de restauração anterior, abra a caixa de diálogo Propriedades do Sistema e exiba a guia Proteção do Sistema. A partir dali, clique no botão Restauração do Sistema para iniciar o assistente Restauração do Sistema.

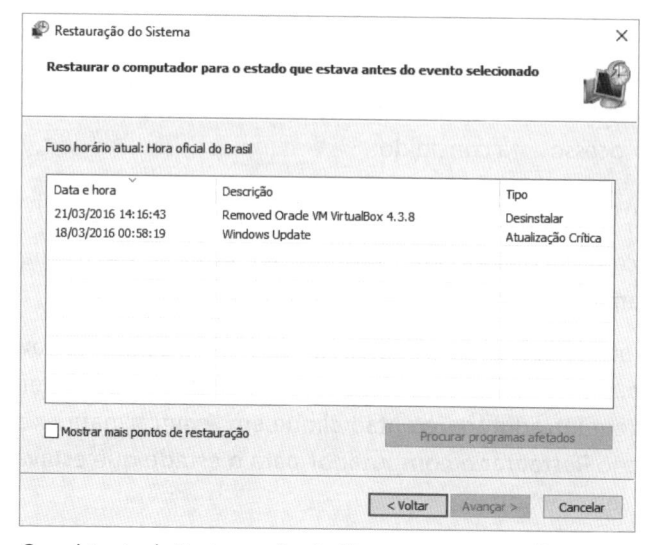

O assistente de Restauração do Sistema mostra os últimos pontos de restauração

Apenas os últimos pontos de restauração são exibidos. Você pode marcar a caixa de seleção Mostrar Mais Pontos de Restauração para ver, caso haja mais algum.

Para criar um ponto de restauração

1. Abra o **Explorador de Arquivos**.

2. No painel esquerdo, clique com o botão direito do mouse em **Este Computador** e então clique em Propriedades para abrir a janela Sistema do Painel de Controle. Na lista da esquerda, clique em **Proteção do Sistema** para abrir a caixa de diálogo **Propriedades do Sistema** com a guia **Proteção do Sistema** exibida.

3. No grupo **Configurações de Proteção**, clique no botão **Criar...** para exibir a caixa de diálogo **Criar ponto de restauração**.

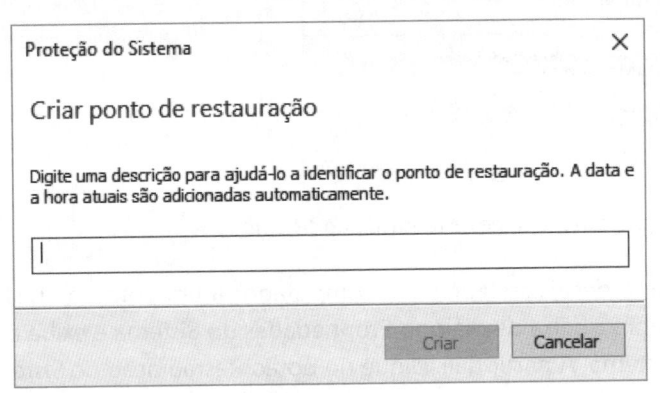

Insira uma descrição significativa para ajudá-lo a escolher um ponto de restauração posteriormente

4. Insira uma descrição e então clique no botão **Criar**. O Windows adiciona a data e a hora atuais, cria o ponto de restauração e o informa depois que o processo está concluído.

Para reverter seu computador para um ponto de restauração salvo

1. Abra a caixa de diálogo **Propriedades do Sistema** com a guia **Proteção do Sistema** selecionada.

2. No grupo **Restauração do Sistema**, clique no botão **Restauração do Sistema...** para iniciar o assistente de **Restauração do Sistema**. Leia a mensagem introdutória e então clique em **Avançar** para exibir a caixa de diálogo **Restaurar o computador para o estado que estava antes do evento selecionado**.

3. Clique em um ponto de restauração na lista ou, caso o ponto de restauração que deseja usar não esteja listado, clique na caixa de seleção **Mostrar mais pontos de restauração** e então selecione um ponto de restauração.

4. Clique no botão **Procurar programas afetados** para que o assistente busque e exiba uma lista de programas e drivers que serão afetados. Anote quais programas ou drivers você precisará reinstalar depois de restaurar seu computador. Clique no botão **Fechar** para voltar ao assistente.

5. Clique em **Avançar** para restaurar seu computador ao ponto de restauração selecionado.

Restaurar ou reiniciar seu computador

A capacidade de restaurar ou reiniciar seu computador foi introduzida com o Windows 8 e se mostrou um bom método de recuperação, menos trabalhoso do que formatar o computador, reinstalar o Windows e todos os seus aplicativos e recuperar todos os seus dados.

Restaurar o seu computador é uma ação mais grave do que reverter para um ponto de restauração salvo; é como atualizar para uma versão nova do Windows 10. Isso é o que acontece quando você atualiza seu computador:

- Você mantém seus arquivos pessoais (armazenados na pasta Meus Documentos).

- As configurações do seu computador voltam todas para o padrão.

- Seus aplicativos da Loja permanecem instalados e seus aplicativos da área de trabalho são desinstalados. Os aplicativos da área de trabalho que foram instalados pelo fabricante do computador podem ser reinstalados. Uma lista dos aplicativos removidos é salva como um arquivo na sua área de trabalho.

Reiniciar seu computador reinstala o Windows e exclui todos os aplicativos que não estavam incluídos na instalação original. É uma ação drástica. Se planeja continuar a usar esse computador, é melhor fazer backup de todos os arquivos para outro local e garantir que tem os arquivos de instalação de todos os aplicativos da área de trabalho que pretende reinstalar.

Seu computador deve reiniciar e então demorar algum tempo (de 10 minutos a várias horas, dependendo de diversos fatores) para completar a reinicialização. Depois do processo terminar, você precisará recriar sua conta e reinstalar os aplicativos que possam estar faltando.

Se estiver tendo problemas com seu computador, primeiro tente restaurá-lo a um ponto anterior. Se isso não resolver o problema, você pode tentar restaurar o PC e só então reiniciá-lo.

Para atualizar seu computador

1. Na janela **Configurações**, clique em **Atualização e segurança** e então clique em **Recuperação**.

2. Na seção **Restaurar o PC**, clique em **Introdução** para exibir suas opções de restauração.

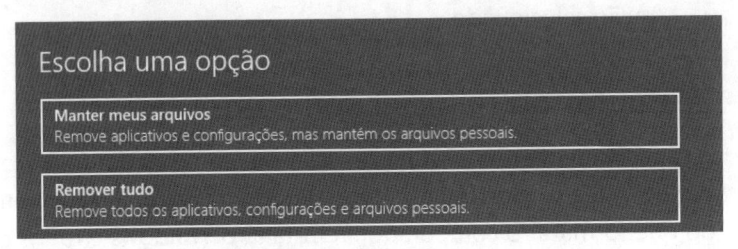

Escolha restaurar ou reiniciar seu computador

3. Clique em **Manter meus arquivos** para exibir uma lista dos aplicativos que serão desinstalados.

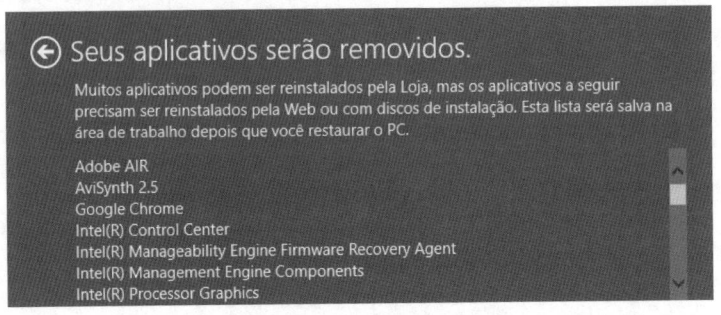

A lista também é salva como um arquivo na sua área de trabalho

4. Clique em **Avançar**. Se você atualizou o Windows 10 nos últimos 30 dias, o assistente pode avisá-lo que restaurar seu computador vai impedi-lo de voltar à versão anterior do Windows.

5. Clique em **Avançar** e então clique em **Reiniciar**.

Seu computador deve reiniciar e então demorar algum tempo (de 10 minutos a várias horas, dependendo de diversos fatores) para completar a restauração.

Para reiniciar seu computador

1. Na janela **Configurações**, clique em **Atualização e segurança** e então clique em **Recuperação**.

2. Na seção **Restaurar o PC**, clique em **Introdução** para exibir suas opções de restauração.

3. Clique em **Remover tudo** e então clique em **Avançar**. Se você atualizou o Windows 10 nos últimos 30 dias, o assistente pode avisá-lo que reiniciar seu computador vai impedi-lo de voltar à versão anterior do Windows.

4. Clique em **Avançar** e então clique em **Reiniciar**.

Faça backup dos dados para o OneDrive

Gostaríamos de acreditar que todo computador "de última geração" que compramos será o último do qual vamos precisar, mas a realidade é que seu computador vai sofrer uma pane, se quebrar, ser roubado ou ser esquecido em um aeroporto internacional (e você nunca vai recuperá-lo).

Se mantém um backup recente dos seus dados e tem uma unidade de recuperação do sistema, você vai se recuperar do desastre muito mais rápido, e perdendo muito menos dados, do que uma pessoa despreparada.

Seu computador, sistema operacional e aplicativos são importantes, mas todos podem ser substituídos com um pouco de dinheiro. Seus arquivos pessoais dentro do computador, ou seja, os documentos que escreveu, as fotos que tirou, outros dados, estes são mais difíceis de substituir. Eles podem valer muitas vezes o preço de um computador novo. É irônico que fazer backup dos dados seja tão fácil, mas tão poucas pessoas o façam de maneira consistente.

O OneDrive é um serviço de armazenamento online gratuito que acompanha sua conta da Microsoft. Se você possui uma conta da Microsoft e a utiliza para entrar no computador, um link para o armazenamento na nuvem do OneDrive é criado automaticamente em C:\Usuários\[sua conta]\OneDrive.

> **DICA** Na época da redação deste livro, a Microsoft oferecia 15 GB de armazenamento gratuito no OneDrive com sua conta da Microsoft, ou 1 terabyte (TB) para assinantes do Office 365. Mas a Microsoft oferece diversas maneiras de acumular mais espaço de armazenamento. Visite *onedrive.live.com/about/pt-br/* e clique em Planos para ver os planos disponíveis para a sua região.

Um atalho para sua pasta do OneDrive está disponível no painel de navegação do Explorador de Arquivos para facilitar seu acesso.

O OneDrive é mais do que um local de armazenamento; ele é um local de armazenamento que você pode usar para sincronizar o acesso a seus arquivos de todo computador no qual entra com sua conta da Microsoft e do qual pode compartilhar arquivos com outras pessoas.

Você também pode entrar com sua conta da web no OneDrive e, de lá, se conectar ao disco rígido de qualquer outro computador com Windows 10 no qual entra com a mesma conta e no qual o OneDrive está configurado corretamente.

Você pode se conectar com sua conta da nuvem no OneDrive abrindo o navegador e indo ao endereço *onedrive.live.com*. Você entra no OneDrive usando as credenciais da sua conta da Microsoft.

> **DICA** Você pode acessar rapidamente sua conta do OneDrive clicando com o botão direito do mouse no ícone do OneDrive no grupo de ícones da barra de tarefas e então clicando em Exibir online.

Daqui, você pode usar sua conta da Microsoft para visualizar e compartilhar os arquivos que foram salvos no OneDrive a partir dos computadores no qual entra com sua conta.

Todos os computadores nos quais você entra usando as credenciais da sua conta da Microsoft devem exibir automaticamente sua pasta OneDrive no Explorador de Arquivos e manter seus arquivos sincronizados com aqueles em outros dispositivos.

Você também pode acessar seus arquivos no OneDrive de praticamente qualquer outro dispositivo, incluindo sistemas Windows, Android, Mac OSX, iOS, Windows Phone e Xbox. Tudo que precisa fazer é baixar o aplicativo OneDrive (ou OneDrive for Business, caso tenha uma conta desse tipo) da loja de aplicativos apropriada.

Se trabalha com múltiplos computadores, você pode arrastar todos os seus arquivos para o OneDrive para ter acesso às versões mais atualizadas de qualquer dispositivo. Se armazena seus arquivos localmente nos computadores, o OneDrive pode ajudá-lo a acessar esses arquivos, caso precise, usando o recurso Buscar. Buscar arquivos é um método de acessar remotamente um computador com Windows 10 a partir de outro computador usando sua conta do OneDrive. É preciso habilitar a busca de arquivos no computador que pretende acessar remotamente, que por sua vez precisa estar ligado e conectado à Internet.

Para armazenar arquivos no OneDrive

1. Arraste, ou copie e cole, arquivos de outros locais no seu disco rígido para a pasta OneDrive no Explorador de Arquivos.

   Você pode colocar seus arquivos de trabalho originais, como documentos do Microsoft Word, no OneDrive, e acessá-los e editá-los ali mesmo. Ou você pode querer trabalhar com seus arquivos em outro local do disco rígido e salvar uma cópia no deles no OneDrive de tempos em tempos.

Para gerenciar as configurações do OneDrive

1. Na área de notificação da barra de tarefas, clique no botão **Mostrar ícones ocultos** e então clique com o botão direito do mouse no ícone do **OneDrive**.

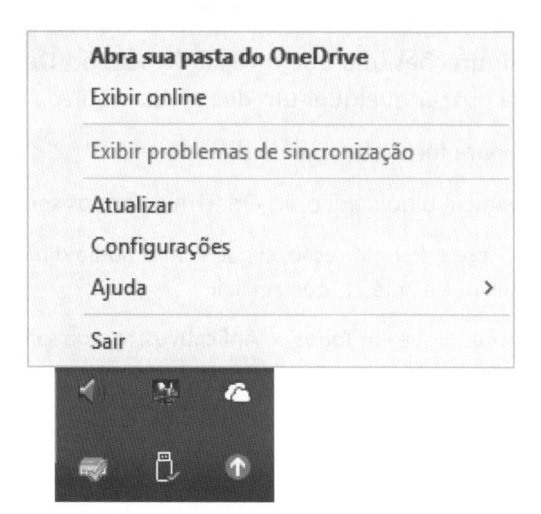

Clique com o botão direito do mouse nos ícones de notificação para exibir as opções

2. No menu de atalho OneDrive, clique em **Configurações** para abrir a caixa de diálogo Microsoft OneDrive.

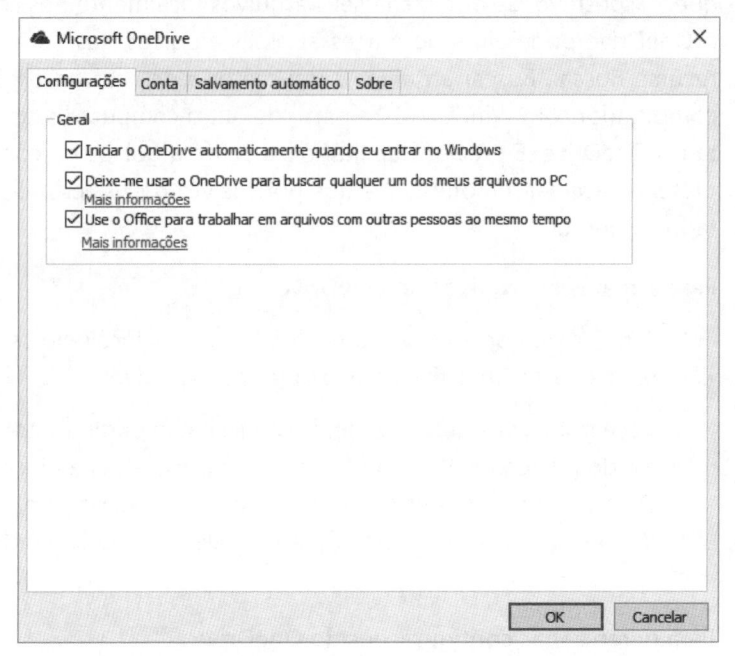

Defina as configurações do OneDrive para o seu computador

Para habilitar a busca de arquivos de um computador

1. Abra a caixa de diálogo **Microsoft OneDrive**.

2. Na guia **Configurações**, marque a caixa de seleção **Deixe-me usar o OneDrive para buscar qualquer um dos meus arquivos no PC**.

3. Clique em **OK** para fechar a caixa de diálogo.

4. Saia e então reinicie o aplicativo do OneDrive com os seguintes passos:

    a. Na área dos ícones de notificação, clique com o botão direito do mouse no ícone do **OneDrive** e então clique em **Sair**.

    b. No menu **Iniciar**, clique em **Todos os Aplicativos**, role ou salte para a entrada **OneDrive** e clique nela.

Para especificar as pastas que deseja sincronizar com um computador

1. Abra a caixa de diálogo **Microsoft OneDrive**.

2. Na guia **Conta**, clique no botão **Escolher pastas** para exibir uma lista das pastas no seu site do OneDrive, a quantidade de dados armazenada em cada pasta e a quantidade de espaço de armazenamento disponível no seu computador.

3. Na lista de pastas, marque as caixas de seleção para as pastas que deseja sincronizar com o computador e desmarque as caixas de seleção para as pastas que não quer sincronizar. Enquanto muda suas seleções, o OneDrive altera os requisitos de espaço de armazenamento.

Você pode sincronizar seus arquivos seletivamente para economizar espaço

4. Clique em **OK** em cada uma das caixas de diálogo abertas para implementar suas mudanças.

> ✓ **DICA** Você pode configura a sincronização de pastas de forma independente em cada computador no qual se conecta ao OneDrive e pode fazer seleções diferentes em cada computador. Por exemplo, você pode querer sincronizar sua pasta Imagens no seu laptop pessoal, mas não no seu computador de trabalho.

Para acessar as opções de armazenamento do OneDrive

1. Na área de notificação da barra de tarefas, clique no botão **Mostrar ícones ocultos**, clique com o botão direito do mouse no ícone do **OneDrive** e então clique em **Configurações**. Na guia **Conta**, veja as informações atuais de armazenamento (total dos arquivos armazenados e espaço total disponível). Clique em **Comprar mais armazenamento** se quiser exibir a página Gerenciar Armazenamento do Onedrive.

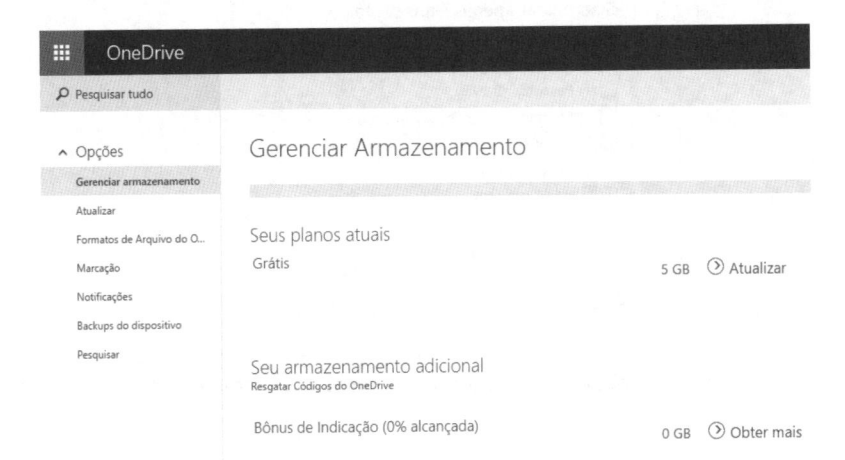

Muitos programas da Microsoft oferecem armazenamento adicional no OneDrive

2. A partir desta página, você pode exibir o armazenamento que tem com sua conta da Microsoft e com quaisquer outros programas dos quais participe. Você também pode adquirir espaço de armazenamento adicional.

CAPÍTULO 12   Proteção do computador e de dados   519

Para buscar arquivos remotamente

1. Na área de notificação da barra de tarefas, clique no botão **Mostrar ícones ocultos**, clique com o botão direito do mouse no ícone do **OneDrive** e então clique em **Exibir online** para exibir a home page da sua conta do OneDrive.

2. No painel esquerdo, expanda o menu **PCs** e então clique no nome do computador com o qual deseja se conectar. Insira suas credenciais caso solicitado.

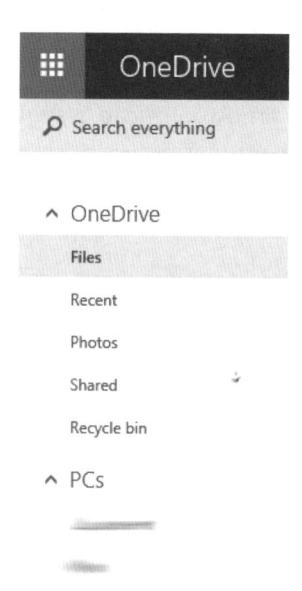

Buscar arquivos de um computador remoto usando OneDrive

3. Depois que as pastas do computador são mostradas, navegue até o arquivo que precisa, clique com o botão direito do mouse nele e então clique em Download.

Seria uma boa ideia realizar esse processo algumas vezes em casa para se familiarizar com ele em um momento em que não está sob pressão.

Faça backup dos dados usando o Histórico de Arquivos

Se usa sua conta da Microsoft para entrar no Windows 10, você pode usar o OneDrive para fazer backup de arquivos na nuvem e compartilhá-lo entre seus computadores. Mas também é bom ter um backup offline que mantém versões e permite que você restaure versões anteriores. O recurso Histórico de Arquivos do Gerenciador de Arquivos vai ajudá-lo com essa tarefa.

O Histórico de Arquivos pode fazer backup automaticamente de cada versão dos arquivos nas suas bibliotecas, contatos, favoritos e área de trabalho. Se você tem arquivos ou pastas em outros locais dos quais deseja fazer backup, você pode movê-los para uma de suas bibliotecas existentes ou criar uma nova biblioteca. Se possui uma conta do OneDrive associada com suas informações de logon, ela tecnicamente está incluída sob sua conta de usuário, de modo que também está incluída no backup do Histórico de Arquivos.

Para ativar o Histórico de Arquivos

1. Na janela **Configurações**, clique em **Atualização e segurança** e então clique em **Backup** para exibir os controles do Histórico de Arquivos. Na primeira vez que trabalhar com o Histórico de Arquivos, o painel exibe um botão Adicionar uma Unidade.

2. Para começar a usar o Histórico de Arquivos, clique em **Adicionar uma unidade**. O Windows pesquisa seu computador e exibe uma lista de unidades que você pode usar para fazer backup dos seus arquivos usando o Histórico de Arquivos.

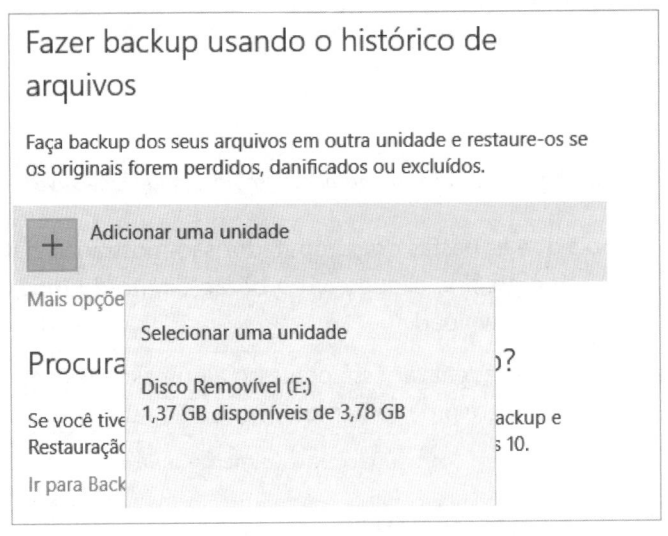

Você precisa ter acesso a uma unidade de backup adequada

3. Clique na unidade que deseja usar para fazer backup. Depois de selecionar uma unidade, o botão Adicionar uma Unidade se transforma em um botão de alternância na posição Ativado.

4. No painel **Backup**, clique no link **Mais opções** para exibir as configurações de escopo e frequência do backup.

5. No painel **Opções de backup**, revise a lista **Fazer backup dessas pastas**. Se você quiser excluir alguma dessas pastas do backup, clique na pasta e então clique em **Remover**.

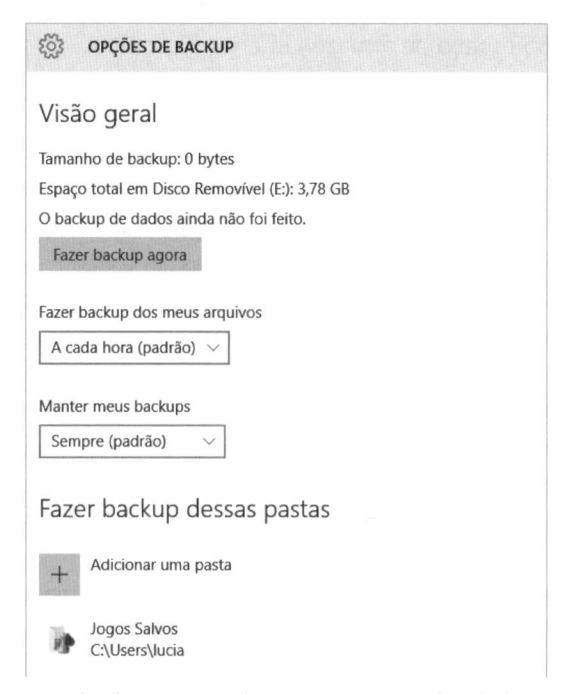

Faça backup apenas das pastas que contêm dados importantes ou exclusivos

6. Para adicionar uma pasta à lista **Fazer backup dessas pastas**, clique no botão **Adicionar uma pasta**. Na caixa de diálogo **Selecionar Pasta**, navegue e selecione a pasta e então clique em **Escolher esta pasta**.

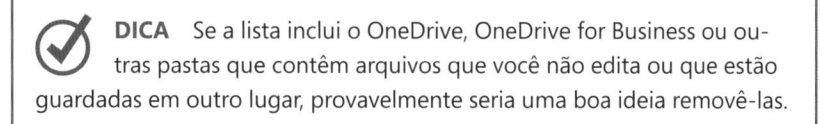

> **DICA** Se a lista inclui o OneDrive, OneDrive for Business ou outras pastas que contêm arquivos que você não edita ou que estão guardadas em outro lugar, provavelmente seria uma boa ideia removê-las.

7. Se você quer excluir especificamente uma pasta (por exemplo, uma subpasta) do backup, role até a seção **Excluir essas pastas** próximo à parte inferior do painel **Opções de backup** e clique no botão **Adicionar uma pasta**. Na caixa de diálogo **Selecionar Pasta**, navegue e selecione a pasta e então clique em **Escolher esta pasta**.

8. No topo do painel **Opções de backup**, clique na lista **Fazer backup dos meus arquivos** e então clique em uma frequência entre **A cada 10 minutos** e **Diariamente**.

9. Clique na lista **Manter meus backups** e então clique em um período de retenção entre **1 mês** e **Sempre** ou clique em **Até haver necessidade de espaço** para que o Histórico de Arquivos gerencie o período de retenção com base no espaço de armazenamento disponível.

10. Para começar a usar o Histórico de Arquivos, clique em **Fazer backup agora**.

> **DICA** Você também pode configurar e gerenciar o Histórico de Arquivos a partir do Painel de Controle. Algumas das configurações avançadas ainda não estão disponíveis na janela Configurações.

Para ver versões de um arquivo que foi salvo

1. No Explorador de Arquivos, navegue e selecione um arquivo do qual você fez backup anteriormente.

2. Na guia **Início**, no grupo **Abrir**, clique em **Histórico**.

   Um visualizador de arquivos exibe a versão de backup mais recente do arquivo. O dia, data e hora da versão do arquivo e o número de versões são mostrados no topo da janela.

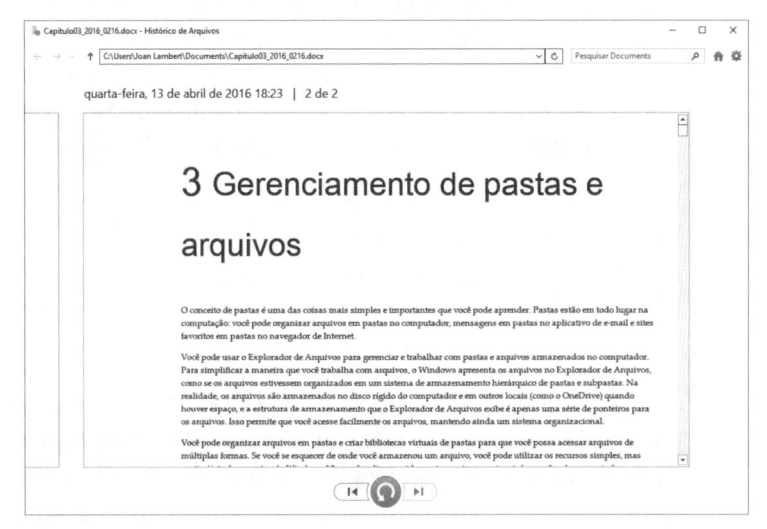

Você pode navegar através do backup do arquivo no visualizador do Histórico de Arquivos

3. Você pode executar qualquer uma das ações a seguir:

- Clique no botão **Restaurar no local original** (a seta circular no círculo verde) para restaurar essa versão do arquivo ao seu local original.

- Clique no botão **Versão anterior** ou **Próxima versão** (à esquerda e à direita do botão Restaurar) para exibir uma versão diferente do arquivo.

Para gerenciar versões de arquivos

1. No Explorador de Arquivos, selecione um arquivo do qual fez backup anteriormente. A seguir, clique com o botão direito do mouse no arquivo, clique em **Restaurar versões anteriores** para abrir a caixa de diálogo Propriedades do arquivo e mostrar a guia **Versões Anteriores**.

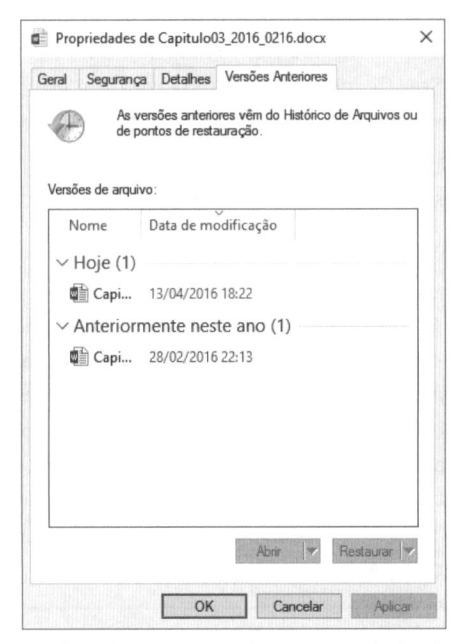

Você pode navegar pelas versões de backup de um arquivo e abrir ou restaurar qualquer versão específica

2. Clique em uma versão de arquivo para habilitar os botões Abrir e Restaurar.

3. Siga um destes passos:

- Clique no botão **Abrir** para abrir uma versão somente leitura do arquivo em seu aplicativo padrão.

- Na lista **Abrir**, clique em **Abrir no Histórico de Arquivos** para exibir as versões no visualizador do Histórico de Arquivos.

- Clique no botão **Restaurar** para restaurar a versão selecionada ao local original do arquivo.
- Na lista **Restaurar**, clique em **Restaurar em** para selecionar um local diferente.

Faça backup e restaure seu sistema

Você pode fazer backup de toda uma unidade (ou mais de uma) em uma imagem do sistema contendo todos os arquivos de usuários e do sistema operacional, informações de configuração e aplicativos. A imagem do sistema inclui tudo que é necessário para restaurar a unidade ao estado no qual capturou a imagem. É uma restauração completa ao ponto da imagem, ao contrário das restaurações permitidas pelo Histórico de Arquivos, pontos de restauração ou Reiniciar Seu Computador, que trazem de volta partes específicas das informações armazenadas no seu disco rígido. Se criar uma imagem do sistema logo antes do seu disco rígido sofrer uma pane, você pode instalar um novo disco rígido, restaurar essa imagem e trabalhar imediatamente com todos os aplicativos e dados que salvou com aquela imagem.

> ⚠️ **IMPORTANTE** Como uma imagem do sistema normalmente só é necessária em caso de pane do disco rígido e de você não conseguir inicializar o computador, sua utilidade depende de ter os arquivos da imagem disponíveis em alguma forma de mídia externa. Se o disco rígido antigo ainda funciona, você pode restaurar a imagem do sistema para ele para que volte ao estado em que estava no momento da criação da imagem. Se o disco rígido não funciona mais, pode não ser prático instalar um novo disco rígido e restaurar a imagem nele. Consulte um especialista para tomar sua decisão.

Você pode escolher criar imagens do sistema periódicas para garantir que sempre tem uma recente disponível. Quando faz isso, a primeira imagem que cria é uma imagem completa da unidade, enquanto cada imagem subsequente armazena apenas as mudanças em relação à imagem anterior. Devido a esse modelo de armazenamento em camadas, é possível restaurar a imagem mais recente ou uma anterior. Dessa forma, restaurar uma imagem do sistema é semelhante a restaurar um ponto de restauração.

As imagens de backup protegem seus dados em caso de falha de sistema, mas você precisa conseguir inicializar seu computador depois de formatar o disco rígido. Você pode iniciar seu computador a partir de um DVD inicializável que contenha arquivos de instalação. Você pode ter recebido um DVD do fabricante quando comprou seu computador. Se não recebeu, vai ser preciso criar alguma forma de mídia de inicialização. O Windows 10 permite que você crie uma unidade de recuperação USB inicializável.

É fácil e rápido criar uma unidade de recuperação que você pode usar para inicializar e solucionar problemas com o seu computador. As informações de recuperação ficam armazenadas em uma unidade USB. A unidade precisa ter pelo menos 8 GB de capacidade, mas pode precisar de até 16 GB ou 32 GB. O Windows analisa seu computador no início do processo de criação da imagem e informa o tamanho da unidade necessária. A unidade não precisa estar vazia, mas o processo de criar a imagem de inicialização reformata a unidade e exclui seus conteúdos, então lembre-se de fazer backup de tudo que estiver nela.

> **IMPORTANTE** Uma unidade de recuperação inicializável precisa ser criada no mesmo tipo de sistema operacional (32 bits ou 64 bits) que será usado posteriormente para a inicialização. O ideal é que você a crie no mesmo sistema operacional do qual fez backup.

Se um dia for necessário que você realize uma restauração a partir de uma imagem do sistema, o processo dependerá do seu computador ainda conseguir iniciar o Windows.

- Se o computador consegue iniciar o Windows, siga o processo descrito em "Para restaurar uma imagem do sistema de dentro do Windows 10", posteriormente neste tópico.

- Se o computador não consegue inicializar a partir do disco rígido e você criou uma unidade de recuperação USB, como descrito no procedimento "Para criar uma unidade de recuperação USB inicializável", você deve ser capaz de inicializar a partir dela; contudo, o processo dá um certo trabalho e varia de computador para computador.

- Se o computador não consegue inicializar o Windows, siga o processo descrito em "Para inicializar a partir de um disco ou unidade de recuperação", posteriormente neste tópico.

> **DICA** Se está usando um teclado sem fio ou USB, sua capacidade de entrar na BIOS vai depender da ordem em que os drivers para ele são carregados. Depois de entrar, os controles de toque e o mouse provavelmente não vão funcionar.

Para criar um backup da imagem do sistema

1. Abra o Painel de Controle e então siga um destes passos:

    - No modo de exibição **Categoria**, na área **Sistema e Segurança**, clique em **Backup e Restauração**.

    - No modo de exibição **Ícones Grandes** ou **Ícones Pequenos**, clique em **Backup e Restauração**.

2. No painel esquerdo, clique em **Criar uma imagem do sistema** para iniciar o assistente Criar uma Imagem do Sistema. O assistente analisa seu sistema em busca de dispositivos de armazenamento que atendam aos requisitos.

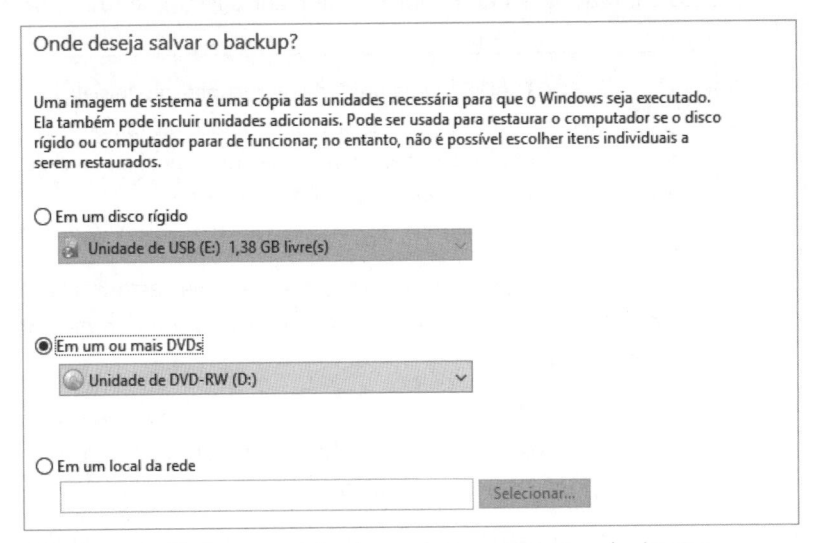

Selecione a unidade na qual deseja armazenar a imagem de sistema

3. Selecione o local para a imagem. Se criou imagens anteriores, o melhor é usar o mesmo local, caso haja espaço, para que todas as imagens fiquem no mesmo lugar. A seguir, clique em **Avançar** para exibir as configurações de backup.

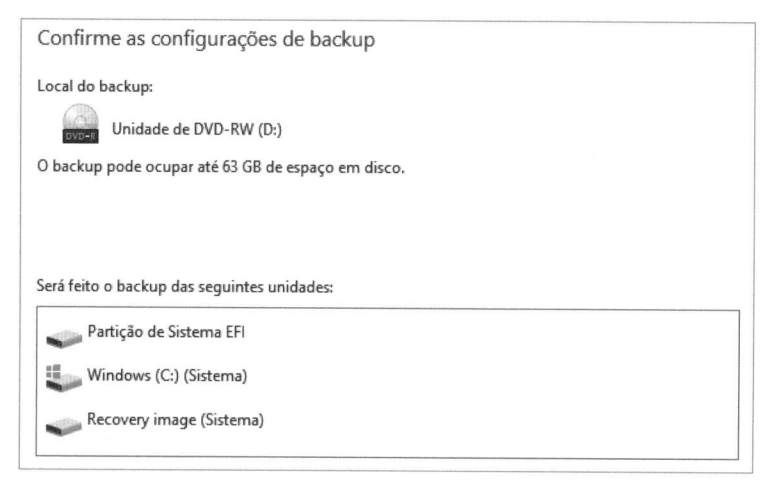

```
Confirme as configurações de backup

Local do backup:
    [DVD] Unidade de DVD-RW (D:)
O backup pode ocupar até 63 GB de espaço em disco.


Será feito o backup das seguintes unidades:
    [—] Partição de Sistema EFI
    [🪟] Windows (C:) (Sistema)
    [—] Recovery image (Sistema)
```

Confirme o que será salvo e que há espaço para esses dados na mídia de armazenamento

4. Revise e confirme as configurações de backup e então clique em **Avançar** para iniciar o backup. O Windows exibe uma barra de progresso durante o processo de backup. Você pode interromper o processo a partir da barra de progresso, caso seja necessário.

   Depois que o backup termina, o assistente pergunta se você deseja criar um disco de reparação do sistema.

   > ✓ **DICA** Criar um disco de reparo do sistema é uma boa ideia. Você pode inicializar seu computador a partir dele e o disco ainda contém ferramentas de recuperação do sistema do Windows que você pode usar para restaurar seu computador a partir de uma imagem do sistema.

5. Clique em **Sim**, insira um disco em branco na sua unidade de CD/DVD drive e então clique em **Criar disco**.

6. Depois que o disco está completo, clique em **Fechar** e então clique em **OK** para encerrar o processo.

   > ✓ **DICA** Seu primeiro backup vai demorar bastante tempo, mas os backups subsequentes no mesmo local serão menos demorados.

Para restaurar uma imagem de sistema de dentro do Windows 10

1. Feche todos os aplicativos em execução.

2. Siga um destes passos para reiniciar o computador em modo de solução de problemas:

   - No menu **Iniciar**, clique em **Ligar/Desligar**. A seguir, mantenha a tecla **Shift** pressionada e clique em **Reiniciar**.

   - Na janela **Configurações**, clique em **Atualização e segurança**, clique em **Recuperação** e então, na seção **Inicialização avançada**, clique no botão **Reiniciar agora**.

3. Na tela **Escolha uma opção**, clique em **Solução de problemas**.

4. Na tela **Solução de problemas**, clique em **Opções avançadas**.

5. Na tela **Opções avançadas**, clique em **Recuperação da Imagem do Sistema**. Sua tela vai ficar em branco por um instante e então exibir a mensagem que o Windows está preparando a Recuperação da Imagem do Sistema.

6. Se o computador está configurado com contas de usuário para mais de uma conta da Microsoft, a Recuperação da Imagem do Sistema pede que você selecione sua conta e insira a senha.

7. O sistema localiza e exibe as unidades que contêm arquivos de imagem. Selecione a imagem que deseja usar, clique em **Avançar** e então continue até o fim do assistente.

Para criar uma unidade de recuperação USB inicializável

1. Na barra de tarefas ou na janela **Configurações**, insira **recuperação** na caixa de pesquisa e então clique em **Criar uma unidade de recuperação** nos resultados da pesquisa.

2. Uma caixa de mensagem do Controle de Conta de Usuário se abre. Concorde com a solicitação de permitir que o Criador de Mídia de Recuperação faça alterações no seu computador. O assistente de Unidade de Recuperação tem início.

Criar uma unidade de recuperação

Mesmo se não for possível iniciar o computador, você poderá usar uma unidade de recuperação para restaurá-lo ou solucionar problemas. Se fizer backup dos arquivos do sistema nessa unidade, você também poderá usá-la para reinstalar o Windows.

☑ Faça backup dos arquivos do sistema na unidade de recuperação.

Crie uma unidade de recuperação USB inicializável

Se você quer inicializar a partir de uma unidade flash USB, desmarque a caixa de seleção **Faça backup dos arquivos do sistema na unidade de recuperação**.

3. Se ainda não fez isso, insira a unidade flash em uma porta USB, espere até ela ser reconhecida e então clique em **Avançar**.

```
Selecione a unidade flash USB

A unidade deve conter ao menos 512 MB, e tudo na unidade será excluído.

Unidade(s) Disponível(eis)
    E:\ (COPIAS)
```

Selecione a unidade flash USB

4. Se múltiplas unidades estão disponíveis, selecione aquela que deseja usar e então clique em **Avançar**.

> **IMPORTANTE** Todo o conteúdo da unidade que você selecionar será excluído. Se você faz backups rotineiros usando um disco rígido USB externo, este pode estar entre as unidades USB listadas. Se selecionar o dispositivo errado, todos os seus backups serão apagados.

5. Leia e preste atenção no aviso de que tudo na unidade será excluído. Confirme que é isso que pretende fazer. A seguir, clique em **Criar** para iniciar o processo. Uma barra de progresso informa o progresso.

6. Depois que o processo terminar, clique em **Concluir** para fechar a janela.

> **DICA** Você pode seguir os primeiros passos no processo de recuperação para confirmar que deseja inicializar o computador a partir dessa unidade.

Para inicializar a partir de um disco ou unidade de recuperação

1. Desligue totalmente o seu computador e então ligue-o de volta.

2. Se o processo de inicialização avançar o suficiente para mostrar a tecla a ser pressionada para entrar nas Configurações, pressione-a. A tecla pode ser F8, Del ou alguma outra.

> ⚠️ **IMPORTANTE** Leia as instruções na tela, leia a documentação do computador e pesquise na web mais informações antes de realizar qualquer alteração nas Configurações. Realizar mudanças que você não entende completamente pode causar problemas.

3. No Utilitário de Configuração da BIOS, pressione as teclas de seta do teclado para selecionar uma opção como Opções de Inicialização, Ordem de Inicialização ou qualquer outra coisa que inclua a palavra *Inicialização*.

> ⚠️ **IMPORTANTE** O Utilitário de Configuração da BIOS varia entre as marcas e modelos de computador, por isso as instruções são necessariamente vagas. As instruções básicas geralmente estão incluídas na tela de configuração da BIOS. Se tiver problemas, pesquisa na web mais informações específicas do seu computador.

4. Na seção **Ordem de Inicialização** (ou algo parecido), selecione **1º Dispositivo de Inicialização** e pressione **Enter** para exibir uma lista de dispositivos.

5. Selecione **Dispositivo Removível** ou **CD&DVD**, dependendo de onde você quer inicializar, e então pressione **Enter**.

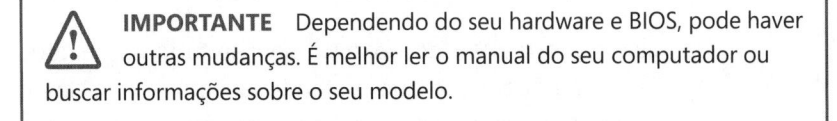

> ⚠️ **IMPORTANTE** Dependendo do seu hardware e BIOS, pode haver outras mudanças. É melhor ler o manual do seu computador ou buscar informações sobre o seu modelo.

6. Após realizar as alterações, pressione **F10** para salvar e sair.

7. Agora seu computador deve inicializar a partir da unidade USB e exibir a tela Opções que aparece no passo 1 do procedimento "Para restaurar uma imagem do sistema de dentro do Windows 10". Siga as instruções daquele procedimento a partir de agora.

Revisão

Neste capítulo, você aprendeu a:

- Configurar as opções de atualização
- Definir as configurações de privacidade
- Restaurar a funcionalidade do computador
- Fazer backup dos dados para o OneDrive
- Fazer backup dos dados usando o Histórico de Arquivos
- Fazer backup e restaurar seu sistema

Autenticação de dois fatores

Nos últimos anos, a Microsoft tem oferecido a verificação de identidade em dois passos como método de proteger o acesso a informações sensíveis associadas à sua conta da Microsoft.

Se você tenta entrar na sua conta de um computador desconhecido, ou acessa informações sensíveis, como configurações de segurança avançadas, o sistema pede que você confirme sua identidade. Inicialmente, você pode fazer isso inserindo um código enviado por email, telefone ou mensagem de texto. Mais recentemente, a Microsoft introduziu a habilidade de confirmar sua identidade usando um aplicativo de autenticação no seu smartphone.

Se está usando o aplicativo, quando você tenta acessar uma página da web que exige verificação, seu smartphone apita e, quando você entra no aplicativo, mostra o código de segurança e um botão Aceitar. Aperte o botão e, pronto, você terminou.

Se está em um local onde o acesso a dados de celular não está disponível, você pode usar o aplicativo para gerar um código que posteriormente pode inserir na página da web que está solicitando a verificação.

A partir do Windows 10, a Microsoft oferece o mesmo processo de verificação para ser usado quando você faz logon no seu computador ou outros dispositivos. Se escolher habilitar esse recurso em um dispositivo, todas as vezes que entrar, você precisará usar um dos métodos de verificação para completar a ação.

Pode parecer uma complicação desnecessária para um computador desktop em um local seguro (apesar de, na realidade, esses locais serem muito raros), mas parece uma ideia excelente para laptops e tablets, que às vezes parecem criar pernas.

Além dos métodos de verificação que estão disponíveis há algum tempo, a Microsoft planeja aceitar informações biométricas, como o reconhecimento facial, impressões digitais e identificação pela íris, para acessar seu dispositivo com Windows. Essa opção é gerenciada pelo recurso de entrada biométrica, o Windows Hello.

Infelizmente, essa tecnologia depende de hardware que poucas pessoas possuíam no momento da redação deste livro. Você pode verificar o status atual desse serviço e encontrar listas de hardware compatível com uma pesquisa por Windows 10 Hello.

Tarefas práticas

Nenhum arquivo de prática será necessário para concluir as tarefas práticas deste capítulo.

Configure as opções de atualização

Realize as seguintes tarefas:

1. Exiba o painel **Windows Update**.
2. Verifique se há atualização ou, caso haja atualizações à espera, instale-as.
3. Exiba as opções de instalação da atualização e configure o modo como as deseja.

Defina as configurações de privacidade

Realize as seguintes tarefas:

1. Exiba a página **Privacidade** da janela **Configurações**.
2. Revise as configurações em cada painel. Considere as consequências de compartilhar essas informações e defina as configurações do modo que desejar.

Restaure a funcionalidade do computador

Realize as seguintes tarefas:

1. Crie um ponto de restauração.
2. Na janela **Configurações**, clique em **Atualização e segurança**, clique em **Recuperação** e então, na seção **Inicialização avançada**, clique no botão **Reiniciar agora** para exibir a tela de Solução de problemas. Investigue as opções disponíveis nessa tela para que esteja familiarizado com elas caso seja necessário no futuro.
3. Na janela **Configurações**, clique em **Atualização e segurança** e então clique em **Recuperação**. Explore as opções de restaurar ou reiniciar seu computador, mas não complete o processo.

Faça backup dos dados para o OneDrive

Realize as seguintes tarefas:

1. Na área de notificação da barra de tarefas, clique no botão **Mostrar ícones ocultos** e localize o ícone do **OneDrive**.
2. No menu de atalho **OneDrive**, abra a caixa de diálogo **Microsoft OneDrive**. Consulte cada uma das guias e considere as opções disponíveis.

3. Revise as pastas que estão sincronizadas com esse computador e configure o OneDrive para sincronizar apenas as pastas que deseja.

4. Se trabalha em múltiplos computadores e quer ser capaz de buscar arquivos deste computador, ative o recurso. (Não se esqueça de sair e reiniciar o aplicativo do OneDrive.)

5. Abra o OneDrive a partir do ícone de notificação e revise as opções do site, que mudam de tempos em tempos e podem ser diferentes daquelas mostradas neste livro.

Faça backup dos dados usando o Histórico de Arquivos

Realize as seguintes tarefas:

1. Exiba o painel **Histórico de Arquivos**.

2. Se o Histórico de Arquivos ainda não foi configurado, pesquise o sistema do seu computador em busca de uma unidade de armazenamento. Se o Histórico de Arquivos localizar uma unidade apropriada, faça o seguinte:

   a. Adicione a unidade de armazenamento ao Histórico de Arquivos.

   b. Exiba as opções do Histórico de Arquivos. Revise a lista de pastas das quais o Histórico de Arquivos faz backup. Modifique a lista quando necessário para incluir as pastas das quais deseja fazer backup e exclua as pastas das quais não quer fazer backup.

   c. Defina a frequência do backup e especifique por quanto tempo quer manter cada versão.

   d. Inicie o processo de backup do Histórico de Arquivos.

3. Se o Histórico de Arquivos já foi configurado anteriormente, faça o seguinte:

   a. Exiba as opções do Histórico de Arquivos. Revise a lista de pastas das quais o Histórico de Arquivos faz backup e modifique a lista, se necessário.

   b. Revise a frequência de backup e por quanto tempo o Histórico de Arquivos mantém cada versão. Modifique-os, se necessário.

   c. Abra uma das pastas das quais o Histórico de Arquivos faz backup e exiba uma versão anterior de um dos arquivos.

Faça backup e restaure seu sistema

Não há tarefas práticas para este tópico.

Apêndice A

Instalação ou atualização para o Windows 10

A Microsoft generosamente oferece atualizações gratuitas das edições Home e Professional do Windows 7 com o Service Pack 1 (SP1) e o Windows 8.1 para as mesmas edições do Windows 10. No momento da redação deste livro, a oferta de atualização gratuita era válida por um ano a partir da data oficial de lançamento do Windows 10, em 29 de julho de 2015. Mais informações sobre a oferta de atualização estão disponíveis em *www.microsoft.com/pt-br/ windows/windows-10-upgrade*.

Se seu computador tiver uma cópia licenciada do Windows 7 SP1 ou Windows 8.1 com todas as atualizações disponíveis instaladas no sistema, será possível instalar esta atualização gratuitamente.

Há quatro edições do Windows 10: Windows 10 Home e Windows 10 Pro para o mercado consumidor, Windows 10 Enterprise para clientes de licenciamento por volume e Windows 10 Education para escolas. A tabela a seguir mostra os caminhos de atualização gratuita para os consumidores.

Atualização gratuita para o Windows 10 Home	Atualização gratuita para o Windows 10 Pro
Windows 7 Starter	Windows 7 Professional
Windows 7 Home Basic	Windows 7 Ultimate
Windows 7 Home Premium	Windows 8.1 Pro
Windows 8.1	Windows 8.1 Pro para estudantes

> **DICA** A atualização gratuita oferecida ao consumidor padrão não está disponível para computadores com o Windows 7 Enterprise, Windows 8.1 Enterprise ou Windows RT. Os clientes corporativos atualizam por meio de seus programas de licenciamento, e, atualmente, não há uma versão RT do Windows 10.

O processo de atualização do sistema operacional Windows 10 é o mais simples que já vimos em nossas décadas de trabalho com computadores. Certamente algo pode dar errado com qualquer processo de atualização, portanto, oferecemos as informações neste apêndice para ajudá-lo a garantir que você e seu computador estão adequadamente preparados.

Onde obter o Windows 10

Como dito anteriormente, o Windows 10 está disponível durante o primeiro ano como uma atualização gratuita das versões de consumidor do Windows 7 ou Windows 8.1. Em diversas situações, a própria ferramenta Windows Update gerencia esse processo de atualização. Caso seu computador não ofereça esta atualização automaticamente, o site oficial da atualização do Windows *https://www.microsoft.com/pt-br/windows/windows-10-upgrade* fornece muitas informações sobre os requisitos e processo de atualização, possui links para recursos adicionais e permite iniciar a atualização diretamente por lá.

Se seu computador se qualifica para a atualização online, mas não quer utilizar esse processo, você pode criar seu próprio disco ou unidade de instalação em uma unidade flash USB ou DVD, usando a ferramenta de criação de mídia disponível em *https://www.microsoft.com/pt-br/software-download/windows10*. Caso você escolha esse caminho, não se esqueça de ler as instruções cuidadosamente antes de começar, pois deve seguir as etapas específicas para fazer a atualização sem ser necessário fornecer uma chave do produto.

> ⚠️ **IMPORTANTE** Se estiver acostumado a reformatar seu computador e começar do zero com cada nova versão do Windows, esteja ciente de que a atualização gratuita para o Windows 10 não funcionará para esse propósito; o computador já deve ter uma cópia licenciada do Windows 7 ou Windows 8.1.

Se seu computador não for elegível para a atualização gratuita ou se a oferta de atualização gratuita tiver expirado, você pode comprar o Windows 10 online na Microsoft Store em*www.microsoftstore.com*, em uma loja física da Microsoft ou nos pontos de venda habituais.

> ### Requisitos do sistema
>
> Você pode atualizar para o Windows 10 do Windows XP ou Windows Vista se seu computador atender a estes requisitos mínimos de sistema:
>
> - Processador: 1 gigahertz (GHz) ou mais rápido
> - RAM: 1 gigabyte (GB) para um sistema de 32-bit ou 2 GB para um sistema de 64 bits
> - Espaço em disco rígido: 16 GB para um sistema de 32 bits ou 20 GB para um sistema de 64 bits
> - Placa gráfica: DirectX 9 ou posterior com um driver WDDM 1.0
> - Vídeo: 800 × 600

Prepare-se para a atualização

Se seu computador se qualifica para a atualização gratuita e tem todas as atualizações necessárias instaladas, você pode receber um convite para obter o Windows 10 durante uma atualização normal. O convite adiciona um ícone branco do Windows 10 na área de notificação da barra de tarefas e exibe uma notificação de vez em quando para lembrá-lo. Se você receber esse convite, saberá que o computador cumpre os requisitos mínimos básicos para instalar o Windows 10.

Se o ícone Obter o Windows 10 não aparecer na área de notificação, há algumas coisas que você pode verificar para garantir que seu computador tenha os requisitos necessários, para depois iniciar o procedimento manualmente.

Prepare seu computador

Se seu computador tem apenas alguns anos, ele deve cumprir os requisitos básicos de hardware previstos anteriormente neste apêndice.

Abaixo, algumas coisas que você deverá fazer antes de iniciar o processo de atualização:

- Confirmar que seu computador está rodando o Windows 7 SP1 ou o Windows 8.1.

Se ele estiver rodando o Windows 8, você precisa primeiro atualizar o sistema operacional para o Windows 8.1 e fazer com que os arquivos de sistema estejam atualizados com a instalação de todos as atualizações disponíveis do

Windows. Isso pode levar várias horas e requerer várias reinicializações, e é muito mais árduo do que a atualização real para o Windows10.

Se seu computador tiver ficado offline por um tempo, você não poderá iniciar uma atualização do Windows 8 para o Windows 8.1 pela ferramenta do Windows Update. Se isso acontecer, você pode iniciar manualmente a atualização do Centro de Download da Microsoft.

- Confirme que o sistema operacional foi ativado corretamente.
- Confirme que todas as atualizações disponíveis estão instaladas. Especificamente, verifique a presença das atualizações KB3035583 e KB2952664 para o Windows 7 ou KB3035583 e KB2976978 para o Windows 8.1. Elas provavelmente estarão entre as últimas instaladas.
- Anote suas chaves de produto dos softwares atuais.

> **DICA** Você não precisa de chave de produto para a atualização; mas se algo der errado, e você precisar reinstalar o sistema operacional ou seus aplicativos, é bom ter uma lista das chaves. Existem muitos utilitários gratuitos, como o ProduKey, que pode recuperar as chaves dos softwares instaladosno seu sistema.

Também é uma boa ideia limpar seu disco rígido e registro, criar uma imagem emdisco e fazer backup de arquivos importantes para um disco rígido externo ou para uma unidade de armazenamento online. Existem utilitários gratuitos, como o CCleaner, que ajudarão com a maior parte disso.

Para determinar a edição atual do sistema operacional

1. Abra o Windows Explorer ou o Explorador de Arquivos.
2. Localize e clique com o botão direito do mouse em Computador e clique em **Propriedades** para abrir a janela Sistema do Painel de Controle.

> **DICA** O item Computador pode estar nomeado como Este PC, Meu PC ou Meu Computador, mas ele deve se parecer com um monitor de computador.

Informações sobre a edição do Windows do seu computador são exibidas na parte superior da janela.

Informações sobre a edição atualmente instalada do Windows

Para determinar se seu sistema operacional atual foi ativado

1. No Windows Explorer ou o Explorador de Arquivos, clique com o botão direito do mouse em Computador e clique em **Propriedades** para abrir a janela Sistema.

2. Role até a seção **Ativação do Windows** na parte inferior da janela **Sistema**. Se o Windows tiver sido ativado, a seção conterá a frase *Windows ativado*.

   Se o Windows não estiver ativado, pode haver um botão que você pode clicar para iniciar o processo de ativação. Provavelmente você precisará da chave de produto do Windows que deve ter vindo com seu computador ou com o sistema operacional Windows se você tiver comprado separadamente do hardware do seu computador.

> **DICA** A chave de produto do Windows é um conjunto de cinco blocos de cinco caracteres. É geralmente impressa na parte da documentação que vem com um novo computador ou fornecida na caixa ou por e-mail ao comprar uma atualização do sistema operacional. Se você não encontrar a chave, existem muitos aplicativos gratuitos que podem recuperá-la para você. Testamos alguns deles, e o ProduKey da NirSoft.net recuperou tanto uma chave OEM quanto uma chave de usuário final.

Para verificar se há atualizações necessárias

1. Inicie o **Windows Update**. No painel esquerdo, clique em **Verificar se há atualizações**.

2. Se houver atualizações pendentes, instale-as.

   Ou

   Se não houver atualização pendente, clique em **Exibir histórico de atualização** e procure por atualizaatualizaue em .

   A atualização para o Windows 10 necessita das seguintes atualizações: KB3035583e KB2952664 para o Windows 7 e KB3035583 e KB2976978 para o Windows8.1. Se você não vir o ícone branco do Windows em sua bandeja, verifique seu histórico de atualização procurando as atualizações necessárias.

> ✓ **DICA** Se o ícone Obter o Windows 10 não aparecer na barra de tarefas e suas atualizações estiverem em dia, pode haver algum outro problema. A Microsoft oferece algumas possíveis causas e soluções em *support.microsoft.com/en-us/kb/3081048* (página em inglês).

Para iniciar manualmente uma atualização do Windows 8 para o Windows 8.1

1. Inicie seu navegador Web e vá para o Microsoft Download Center em

   www.microsoft.com/pt-br/download

2. Faça o seguinte:

   - Se você tiver um computador de 32 bits, pesquise pelo ID de atualização 42327.

   - Se você tiver um computador de 64 bits, pesquise pelo ID de atualização 42335.

3. Clique no botão Baixar na página para iniciar.

Inicie o processo de instalação da sua cópia do Windows 10

O procedimento mais simples para a instalação da atualização para o Windows 10 é através do site oficial do Windows 10 (*https://www.microsoft.com/pt-br/windows/windows-10-upgrade*) onde você pode iniciar a atualização.

Instalação ou atualização para o Windows 10 **541**

Para iniciar a atualização para o Windows 10

1. Entre no site oficial do Windows 10 e clique no botão **Atualizar agora** para iniciar o download do aplicativo de instalação do Windows 10.

2. Localize o arquivo baixado (GetWindows10-Web_Default_Attr), clique duas vezes sobre ele e clique em **Executar** para iniciar a atualização.

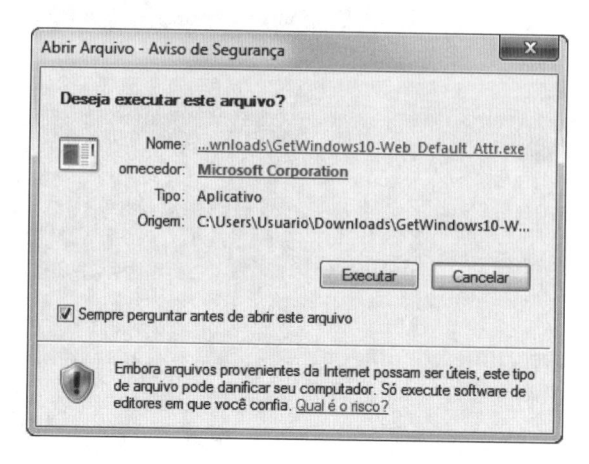

3. Durante o processo inicial, será feito download do Windows 10 e verificado o download. Também será criada uma mídia de instalação e verificado se existem atualizações a serem instaladas. Aguarde até que o processo seja finalizado.

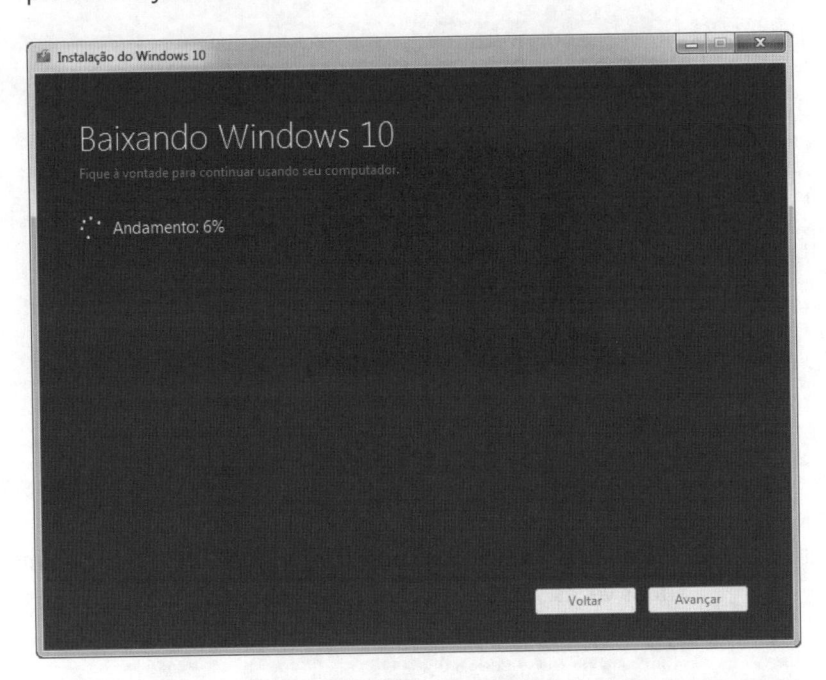

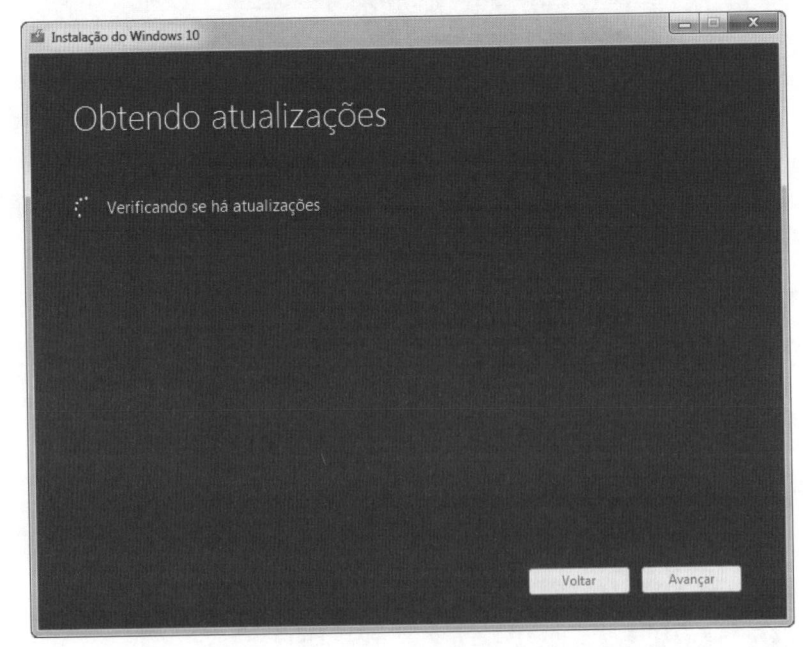

Instalação ou atualização para o Windows 10   **543**

4. Quando solicitado, clique em **Aceitar** para aceitar os Termos de Licença.

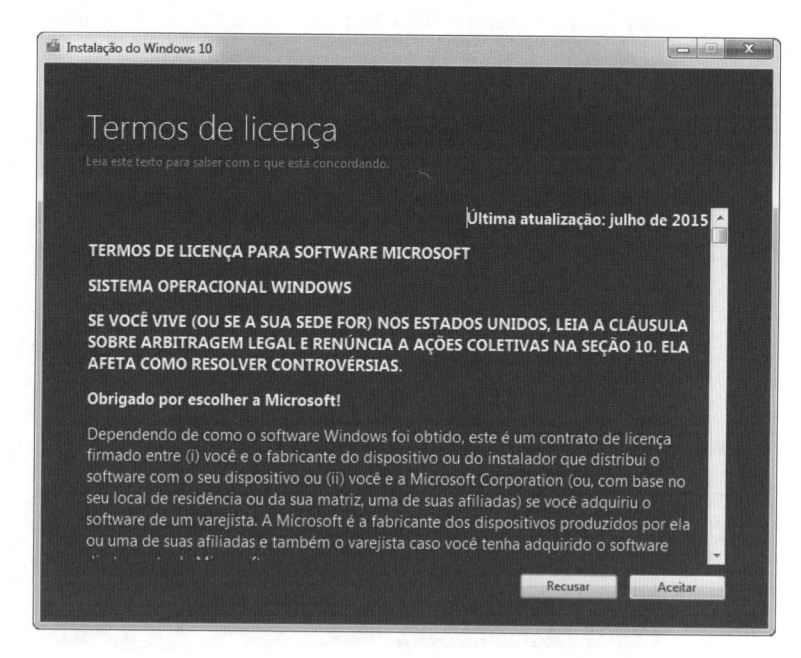

5. Aguarde nova verificação. Quando aparecer a tela abaixo, clique em **Instalar** se quiser manter todos seus aplicativos, documentos e preferências, e clique no link **Alterar o que deve ser mantido** se quiser fazer alguma alteração.

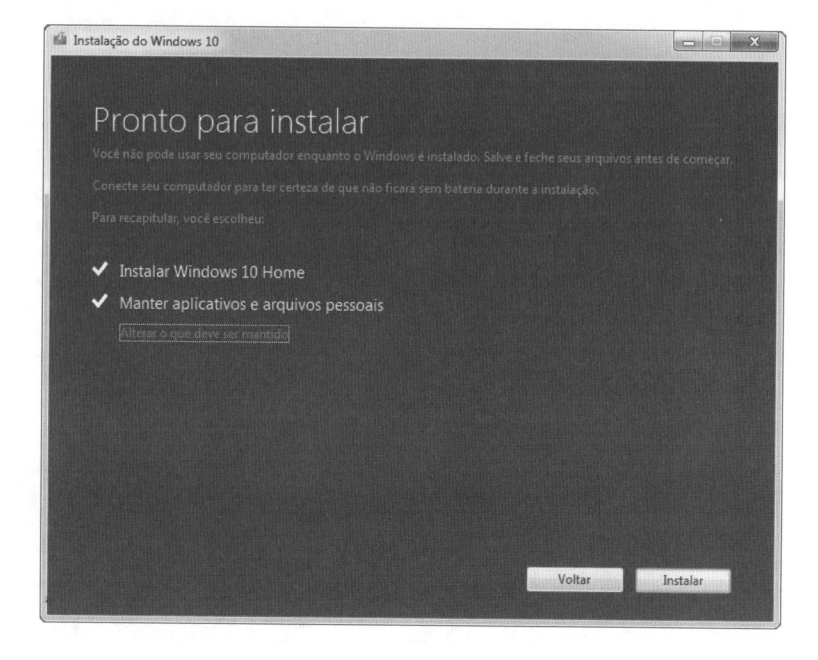

6. Marque a opção que reflete o que deseja manter. Clique em **Avançar** para dar prosseguimento ao procedimento de instalação.

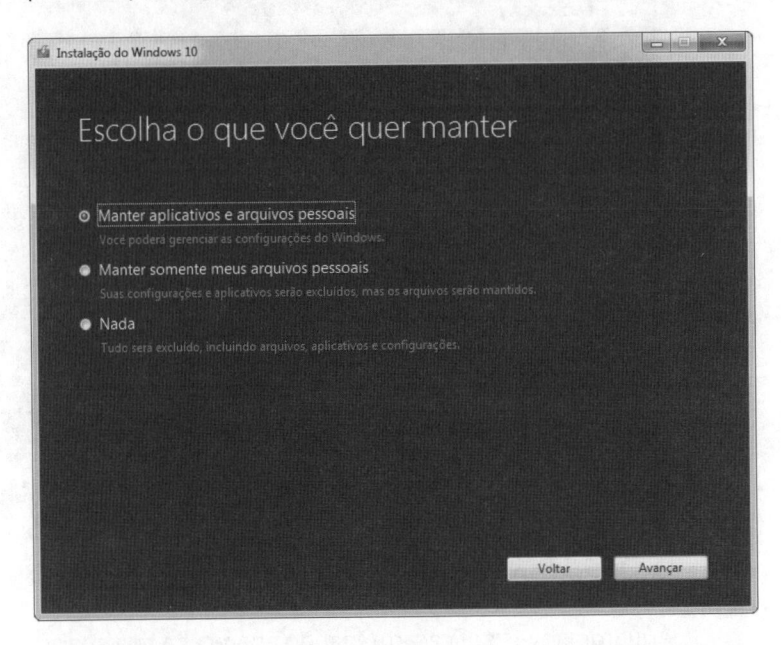

> **IMPORTANTE** Caso você decida cancelar a atualização durante alguns dos passos descritos até aqui, o aplicativo de atualização irá reverter o processo, limpando tudo o que foi feito até o momento.

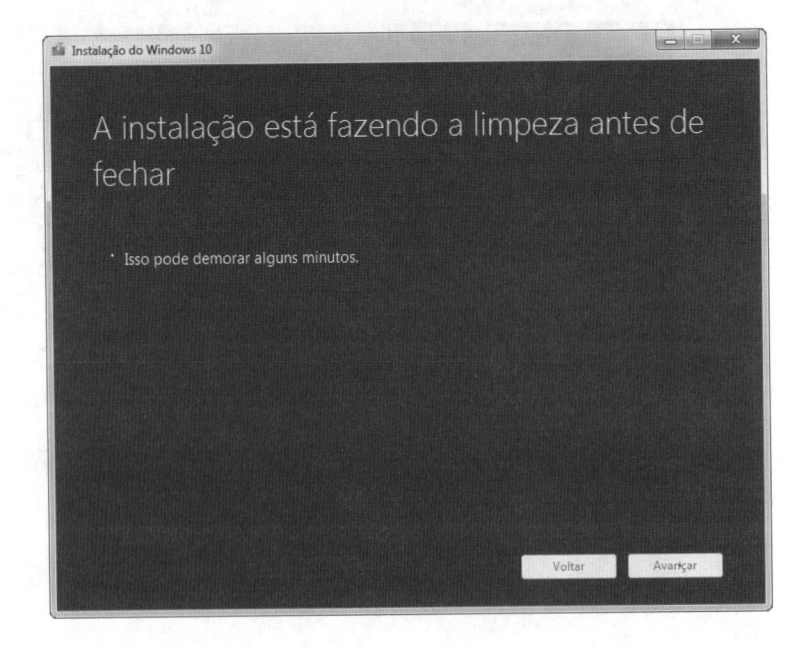

Mais informações sobre a atualização

Considere o seguinte antes de começar:

- Decida se você deseja atualizar ou executar uma instalação limpa.

- Se você resolver executar uma instalação limpa, decida qual conta (uma conta de computador local ou uma conta Microsoft) você deseja configurar como a primeira conta de administrador no computador.

- Se você optar por uma atualização, saia de todos os outros usuários e entre como administrador, ou forneça uma senha de administrador quando for solicitado durante o processo de instalação.

Se o Windows Update tiver a possibilidade de atualizar para o Windows 10, um alerta aparecerá na área de notificação e no Windows Update. Clique para iniciar o download e atualização do Windows 10.

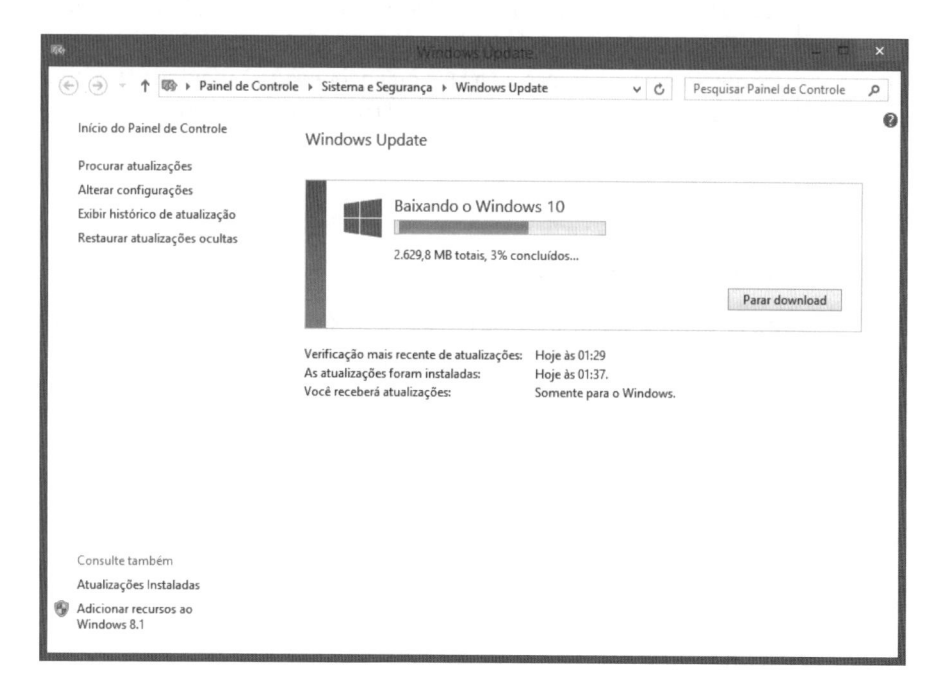

Durante a atualização do Windows 7 ou Windows 8.1, o servidor de ativação do Windows valida sua chave de produto original e gera um certificado de licença do Windows 10 (a Microsoft chama isso de "direito digital") que fica armazenado com seu ID de instalação e a versão que você ativou (doméstica ou profissional). Por causa disso, você poderá reformatar seu computador e reinstalar o Windows 10 sem reinserir a chave.

Seu computador será reiniciado durante o processo de atualização, que pode levar até algumas horas, mas não requer uma entrada adicional. A tela exibirá informações durante o processo.

> **DICA** É importante manter a segurança do seu computador. Se o computador tiver um programa antimalware de terceiros instalado, o Windows Update verificará seu status durante o processo de atualização e, se não estiver ativo no momento, irá desinstalá-lo. O Windows 10 inclui uma versão atualizada do Windows Defender, que está recebendo críticas muito boas e não requer que você compre ou assine qualquer coisa. O Windows Defender é desativado automaticamente se você habilitar um aplicativo antimalware diferente.

Após a atualização

Após a última reinicialização, você será solicitado a entrar com a conta que estava usando quando iniciou a atualização.

A primeira vez que você entrar no Windows 10, passará por um processo de configuração da sua conta de usuário. No final, a tela repetidamente percorre uma série de cores e exibe mensagens como "Estamos preparando tudo para você" ou "Não vai demorar muito", até que termine. Esse processo pode levar alguns minutos, mas é um tanto hipnotizante e, novamente, não requer coisa alguma de você.

Para terminar a atualização para o Windows 10

1. Logo após reiniciar, será sugerido o logon com o usuário que estava conectado quando o procedimento de atualização iniciou. Para continuar com este usuário, clique em Avançar. Caso deseje trocar por outro usuário, no canto inferior esquerdo existe a opção para essa troca.

2. Na tela Realizar ações mais rápido, clique no botão Usar configurações Expressas se quiser manter os padrões do Windows 10:

   - Configurar entradas de fala, digitação e escrita à tinta, permitindo envio de detalhes de contatos e calendários para a Microsoft a fim de melhorar as plataformas de sugestões e de reconhecimento.

   - Permitir que o Windows e aplicativos solicitem sua localização e acessem o histórico da localização para melhorar estes serviços.

   - Habilitar a proteção contra conteúdo da Web mal-intencionado e usar o recurso de previsão de página para melhorar a leitura, acelerar a navegação e melhorar sua experiência de navegação. Seus dados de navegação serão enviados à Microsoft.

   - Conectar-se automaticamente a redes compartilhadas e hotspots públicos, mas lembre-se de que nem todas as redes são seguras!

   - Enviar informações de erro e diagnóstico à Microsoft.

   Se quiser mudar qualquer das opções, clique no link Personalizar configurações. Se você escolher a opção de configurações personalizadas, você pode desativar algumas das configurações de privacidade padrão, mas lembre-se de que você também pode alterar essas configurações mais tarde, depois que estiver familiarizado com o Windows 10.

   > **CONSULTE TAMBÉM** Para obter mais informações sobre as configurações de privacidade, consulte "Defina as configurações de privacidade", no capítulo 12.

3. Na próxima tela, Novos aplicativos para o novo Windows, são apresentadas informações e novidades sobre alguns dos aplicativos desenvolvidos para o Windows 10 (mais especificamente Fotos, Música, Microsoft Edge e Filmes e programas de TV). Se quiser modificar os aplicativos padrão neste momento, clique no link Permitir que eu escolha meus aplicativos padrão. Clique em Avançar para dar seguimento às configurações iniciais.

4. O Windows irá apresentar uma série de telas coloridas, com mensagens como "Olá" e "Vamos começar" enquanto termina de preparar seu ambiente de trabalho. Não desligue o computador durante este procedimento. Quando o processo finalizar, o Windows exibirá sua nova área de trabalho.

Para obter mais informações sobre o que fazer depois de entrar e como fazer, leia este livro.

> **DICA** Se você testar o Windows 10 e realmente não gostar, você terá um mês da data de atualização para voltar à versão anterior do Windows. Para isso, abra a janela de Configurações, clique em Atualização e Segurança, clique em Recuperação e, em Voltar para uma versão anterior (por exemplo, Voltar para o Windows 8.1), clique no botão Introdução.

Apêndice B

Atalhos de teclado e dicas para uso de tela sensível ao toque

O método tradicional de trabalhar com conteúdo em um computador com Windows é clicando nos comandos relevantes. É possível realizar algumas tarefas mais rapidamente pressionando combinações específicas de teclas ou, em um dispositivo com tela sensível ao toque, usando gestos específicos.

Atalhos de teclado

Os atalhos de teclado fornecem uma maneira rápida de realizar ações no computador sem precisar tirar as mãos do teclado. Muitos atalhos de teclado se tornaram bastante conhecidos com os anos, tanto que chegam a realizar a mesma função em aplicativos de praticamente qualquer fornecedor. Por exemplo, os atalhos Ctrl+C, Ctrl+X e Ctrl+V são usados para copiar, recortar e colar, respectivamente, em muitos aplicativos.

Para diferenciar os atalhos de teclado que controlam o Windows dos atalhos de teclado específicos de aplicativos, muitos atalhos de teclado do Windows incluem a tecla do logotipo do Windows, localizada perto do canto inferior esquerdo do teclado, com o ícone do Windows. (Alguns teclados têm duas teclas com o logotipo do Windows, uma de cada lado da barra de espaços.) O aspecto visual do ícone varia com base na versão do Windows ativa no momento em que o teclado foi fabricado.

Variações da tecla do logotipo do Windows

O atalho de teclado mais simples do Windows 10 consiste em simplesmente pressionar e liberar a tecla do logotipo do Windows para exibir ou ocultar a Tela inicial.

> **DICA** Devido ao fato de mencionarmos muitas vezes a tecla do logotipo do Windows neste apêndice, decidimos abreviar o nome da tecla como *Win* em atalhos de teclado com várias teclas.

A maioria dos atalhos de teclado requer que o usuário mantenha pressionada uma tecla enquanto pressiona outra tecla. Esses atalhos de teclado são representados no formato *Win+C*. Alguns atalhos de teclado combinam três teclas; esses atalhos são representados no formato *Win+Shift+M*. Quando for usar um atalho de três teclas, pressione e mantenha pressionada a primeira tecla, depois pressione e mantenha pressionada a segunda tecla, pressione a terceira tecla e, por fim, libere as três teclas.

Novidades no Windows 10

Muitos dos atalhos do Windows 10 são iguais aos atalhos de versões anteriores do Windows, mas há alguns atalhos de teclado novos que simplificam as interações com recursos novos ou modificados no Windows 10. Se você estiver acostumado com os atalhos de teclado antigos e quiser conhecer apenas os novos, esta é a lista:

- **Win+A** Abrir a Central de Ações
- **Win+S** Abrir pesquisa
- **Win+C** Abrir a Cortana no modo de escuta
- **Win+Tab** Abrir a Visão de tarefas
- **Win+Ctrl+D** Adicionar uma área de trabalho virtual
- **Win+Ctrl+Seta para a direita** Alternar entre áreas de trabalho virtuais que você criou à direita
- **Win+Ctrl+Seta para a esquerda** Alternar entre áreas de trabalho virtuais que você criou à esquerda
- **Win+Ctrl+F4** Fechar a área de trabalho virtual que você está usando

Atalhos de teclado do Windows

A tabela a seguir inclui todos os atalhos de teclado válidos no Windows 10 no momento da finalização deste livro. Alguns destes atalhos de teclado funcionam apenas quando a interface do usuário do Windows está ativa (não em aplicativos individuais).

Para	Pressione
Exibir ou ocultar a Tela inicial	Tecla do logotipo do Windows
Abrir a Central de Ações	Win+A
Mover o foco para a área de notificações	Win+B
Abrir ou fechar a Cortana no modo de escuta	Win+C
Exibir a área de trabalho	Win+D
Criar uma nova área de trabalho virtual	Win+Ctrl+D
Abrir a pasta Acesso rápido no Explorador de Arquivos	Win+E
Abrir a caixa de diálogo Encontrar computadores (na qual você pesquisa computadores em um domínio)	Win+Ctrl+F
Abrir a Barra de jogos (a partir da qual é possível fazer capturas de tela e gravar videoclipes em jogos)	Win+G
Abrir o painel Compartilhar (no qual você compartilha o item usando aplicativos compatíveis com a função Compartilhar)	Win+H
Abrir a janela Configurações	Win+I
Abrir o painel Conectar (no qual você se conecta a dispositivos sem fio de áudio e exibição)	Win+K
Bloquear o computadorr	Win+L
Minimizar todas as janelas de aplicativos (mas não as janelas do sistema)	Win+M
Restaurar janelas minimizadas	Win+Shift+M
Em um dispositivo móvel, bloquear a orientação do dispositivo	Win+O
Abrir o painel Projeto e percorrer os modos de exibição de apresentação	Win+P
Ativar a caixa de pesquisa da barra de tarefas	Win+Q
Abrir a caixa de diálogo Executar	Win+R

Para	Pressione
Ativar a caixa de pesquisa da barra de tarefas	Win+S
Percorrer os botões da barra de tarefas da esquerda para a direita	Win+T
Percorrer os botões da barra de tarefas da direita para a esquerda	Win+Shift+T
Abrir a Central de Facilidade de Acesso	Win+U
Exibir o menu Link rápido	Win+X
Mostrar comandos disponíveis em um aplicativo no modo de tela inteira	Win+Z
Alternar para ou iniciar o aplicativo que está na posição da barra de tarefas indicada pelo número	Win+*número* (1-0)
Iniciar uma nova instância de um aplicativo fixado ou em execução	Win+Shift+ícone do aplicativo na barra de tarefas
Iniciar uma nova instância do aplicativo que está na posição da barra de tarefas indicada pelo número, caso esse aplicativo seja compatível com múltiplas instâncias	Win+Shift+*número* (1-0)
Iniciar como um administrador uma nova instância de um aplicativo fixado ou em execução	Win+Ctrl+Shift+ícone do aplicativo na barra de tarefas
Iniciar como um administrador uma nova instância do aplicativo que está na posição da barra de tarefas indicada pelo número, caso esse aplicativo seja compatível com múltiplas instâncias	Win+Ctrl+Shift+*número* (1-0)
Alternar para a última janela ativa do aplicativo que está na posição da barra de tarefas indicada pelo número	Win+Ctrl+*número* (1-0)
Abrir a lista de atalhos do aplicativo que está na posição da barra de tarefas indicada pelo número	Win+Alt+*número* (1-0)
Capturar uma imagem da tela atual e salvá-la na pasta Imagens\Capturas de tela	Win+Print Screen
Exibir o painel Sistema (do Painel de Controle)	Win+Pause/Break
Atalhos de teclado	
Exibir a Visão de tarefas de todas as janelas abertas	Win+Tab

Para	Pressione
Alternar para o próximo idioma de entrada e teclado (em dispositivos configurados para múltiplos idiomas ou teclados)	Win+Barra de espaços
Alternar para idioma de entrada e teclado anteriores (em dispositivos configurados para múltiplos idiomas ou teclados)	Win+Shift+Barra de espaços
Exibir ou ocultar o Narrador	Win+Enter
Aumentar a ampliação da tela usando a Lupa	Win+Sinal de adição
Reduzir a ampliação da tela quando a Lupa estiver sendo executada	Win+Sinal de subtração
Sair da Lupa	Win+Esc
Maximizar uma janela não ajustada ou Ajustar uma janela para o tamanho de meia tela no canto superior	Win+Seta para cima
Restaurar uma janela não ajustada ou Ajustar uma janela para o tamanho de meia tela no canto inferior	Win+Seta para baixo
Mover uma janela para a esquerda, para o centro e para a direita de cada tela ou Mover uma janela com tamanho de um quarto de tela para outro canto	Win+Seta para a esquerda Win+Seta para a direita
Mover uma janela aberta para uma tela diferente	Win+Shift+Seta para a direita Win+Shift+Seta para a esquerda
Minimizar ou restaurar todas as janelas exceto a janela ativa	Win+Home
Pesquisar na ajuda do Windows 10	Win+F1
Tornar transparentes todas as janelas temporariamente	Win+Vírgula
Fechar a área de trabalho virtual	Win+Ctrl+F4
Alternar para a próxima área de trabalho virtual	Win+Ctrl+Seta para a esquerda Win+Ctrl+Seta para a direita

Atalhos gerais de teclado

Os atalhos de teclado a seguir são aplicáveis em múltiplas interfaces que podem incluir janelas do sistema, janelas de aplicativos, Explorador de Arquivos, caixas de diálogo e painéis.

Para	Pressione
Percorrer as miniaturas dos aplicativos abertos	Alt+Tab
Fechar o aplicativo atual	Alt+F4
Selecionar todo o conteúdo	Ctrl+A
Copiar	Ctrl+C
Alternar para a caixa de pesquisa ou para a barra Endereços	Ctrl+E
Abrir uma nova janela do navegador	Ctrl+N
Criar uma pasta no Explorador de Arquivos	Ctrl+Shift+N
Atualizar uma janela do navegador	Ctrl+R
Colar	Ctrl+V
Fechar a janela atual do aplicativo	Ctrl+W
Recortar	Ctrl+X
Refazer	Ctrl+Y
Desfazer	Ctrl+Z
Fechar o arquivo atual ou a guia ativa do navegador	Ctrl+F4
Selecionar múltiplos itens não contíguos	Ctrl+Clique
Selecionar itens contíguos	Ctrl+Shift+Clique
Abrir o Gerenciador de Tarefas	Ctrl+Shift+Esc
Capturar uma imagem da tela atual e salvá-la na memória de curto prazo	Print Screen

Dicas para uso da tela sensível ao toque

Muitos computadores, tablets e smartphones têm interfaces com tela sensível ao toque, e alguns teclados de computador têm touchpads que permitem o uso de muitos dos mesmos tipos de interação que as telas sensíveis ao toque.

A tabela a seguir apresenta alguns termos específicos usados para descrever interações com uma tela sensível ao toque.

Termo	Ação	Equivalente com o mouse
Tocar	Tocar na tela com o dedo uma vez e afastá-lo da tela	Clicar
Tocar duas vezes (Toque duplo)	Tocar rapidamente na tela duas vezes e no mesmo local	Clicar duas vezes
Mover	Tocar com o dedo na tela e movê-lo rapidamente em uma direção especifica conforme o afasta da tela	Nenhuma ação equivalente
Pressionar e manter pressionado	Tocar na tela e aguardar por aproximadamente um segundo	Clicar com o botão direito do mouse
Pinçar	Tocar na tela com dois dedos e, em seguida, mover os dedos em direção um ao outro	Nenhuma ação equivalente
Ampliar	Tocar na tela com dois dedos e, em seguida, afastar os dedos um do outro	Nenhuma ação equivalente
Deslizar	Arrastar o dedo ou a caneta na tela	Nenhuma ação equivalente
Passar o dedo	Arrastar brevemente o dedo por um item	Nenhuma ação equivalente

Em um dispositivo sensível ao toque, é possível definir o tempo e a distância permitidos entre os toques para uma ação de toque duplo e definir o período mínimo e máximo de tempo que um item deve ser mantido pressionado até que realize a ação equivalente ao clique com o botão direito do mouse. Você pode definir essas configurações na caixa de diálogo Caneta e Toque.

Você pode usar os gestos descritos na tabela a seguir para gerenciar os elementos da interface do usuário do Windows 10 em uma tela sensível ao toque com suporte a 10 pontos de toque. Outros gestos de telas sensíveis ao toque podem estar disponíveis em seu dispositivo, dependendo do hardware e das unidades.

Ação	Gesto na tela sensível ao toque
Exibir a Visão de tarefas de todas as janelas abertas	Passar o dedo a partir da borda esquerda da tela
Exibir a Central de Ações	Passar o dedo a partir da borda direita da tela
Exibir a barra de tarefas quando ela está oculta	Tocar ou passar o dedo a partir da borda interna da tela na qual a barra de tarefas está encaixada

Você pode usar os gestos descritos na tabela a seguir para se mover na tela.

Ação	Gesto na tela sensível ao toque
Rolar	Passar o dedo para cima, para baixo, para a esquerda ou para a direita
Rolar rapidamente	Mover o dedo para cima, para baixo, para a esquerda ou para a direita e, em seguida, tocar para parar a rolagem
Ampliar	Afastar dois dedos
Reduzir	Pinçar dois dedos em direção um ao outro

Você pode usar os gestos descritos na tabela a seguir para trabalhar com o conteúdo do texto.

Ação	Gesto na tela sensível ao toque
Selecionar uma palavra	Tocar duas vezes na palavra
Selecionar um parágrafo	Tocar três vezes no parágrafo
Expandir ou diminuir uma seleção	Arrastar as alças de seleção

Glossário

.bmp Ver *bitmap*.

.gif Ver *Graphics Interchange Format*.

.png Ver *Portable Network Graphic*.

adaptador de rede Placa de expansão ou outro dispositivo usado para dar acesso de rede a um computador ou outro dispositivo, como uma impressora. Intermediário entre o computador e as mídias físicas, como o cabeamento, pelas quais a transmissão ocorre.

Ajustar Recurso do Windows que permite que os usuários exibam dois documentos lado a lado facilmente, maximizem um único documento e expandam uma janela verticalmente apenas arrastando as bordas da janela até o limite da tela.

aplicativo Ver *aplicativo de área de trabalho*; *aplicativo universal do Windows*.

aplicativo de área de trabalho Aplicativo projetado para ser executado no ambiente de área de trabalho do Windows.

aplicativo universal do Windows Aplicativo construído usando a Plataforma Universal do Windows (UWP), introduzida originalmente no Windows 8 como Tempo de Execução do Windows. Os aplicativos Universais do Windows devem poder ser executados em qualquer dispositivo com Windows 10, de um smartphone a um computador desktop.

apontar Posicionar o ponteiro do mouse sobre um elemento. Também chamado de *focalizar ou passar o mouse por cima*.

área de notificação Área na extremidade direita da barra de tarefas do Windows que exibe ícones do sistema (como os do relógio, volume, conexão de rede, energia e Central de Ações) e ícones de notificação do sistema e de aplicativos. Em computadores com Windows 10, o usuário pode controlar a exibição das notificações de aplicativos e ícones do sistema na área de notificação.

área de trabalho Área da tela do computador na qual você trabalha, onde pode organizar janelas, ícones e atalhos para aplicativos, pastas e arquivos de dados. O conteúdo da pasta Área de Trabalho do seu perfil de usuário aparece na área de trabalho. É possível controlar a aparência da área de trabalho alterando o tema ou a tela de fundo.

área de trabalho virtual Área de trabalho na tela de um computador que contém diferentes grupos de aplicativos ou conteúdo abertos e disponíveis para diferentes tarefas ou aspectos da sua vida.

arquivo executável Arquivo de computador que inicializa um aplicativo, como um processador de texto, jogo ou utilitário do Windows. Os arquivos executáveis muitas vezes podem ser identificados pela extensão de nome de arquivo *.exe*.

arrastar Mover um item na tela apontando para ele, mantendo pressionado o botão principal do mouse e então movendo o mouse.

arrastar com o botão direito Mover um item na tela apontando para sua barra de título ou alça, pressionando o botão secundário do mouse e então movendo o mouse. Um menu de atalho que exibe ações possíveis aparece quando você solta o botão do mouse.

assinatura   Ver *assinatura digital*.

assinatura digital   Assinatura eletrônica é composta de um código secreto e uma chave privada. As assinaturas digitais são usadas para ajudar a confirmar a autenticidade do arquivo. Também chamada de *identificação digital*.

assistente   Ferramenta que lhe acompanha pelos passos necessários para completar uma determinada tarefa.

atalho   Link, geralmente representado por um ícone, que abre um aplicativo, arquivo de dados ou dispositivo. Por exemplo, clicar em um atalho para o Microsoft Word inicia o Word.

atalho da área de trabalho   Ver *atalho*.

ativação   Processo de validação do software junto ao fabricante. A ativação confirma a autenticidade de um produto e que a chave do produto não está comprometida. Ela estabelece uma relação entre a chave do produto do software e uma instalação específica do software em um dispositivo.

atualizar   Substituir hardware antigo com hardware mais novo ou uma versão anterior de um aplicativo com a versão atual.

barra de endereços   No Explorador de Arquivos, uma caixa de texto no topo da janela, sob a barra de título, contendo o caminho de navegação até a pasta atual. Clicar na seta após cada nome de pasta exibe uma lista de suas subpastas. No Edge e no Internet Explorer, uma caixa de texto contendo o endereço web da página da web sendo exiba atualmente.

barra de ferramentas   Barra horizontal ou vertical que exibe botões representando comandos que podem ser usados com o conteúdo da janela atual. Quando estão disponíveis mais comandos do que cabem na barra de ferramentas, uma seta (>>) aparece na extremidade direita da barra de ferramentas; clicar na seta exibe os comandos adicionais.

Barra de Ferramentas de Acesso Rápido   Barra de ferramentas personalizável que dá acesso com um clique a comandos.

barra de informações   Barra que aparece para notificá-lo de que há um problema de segurança ou que uma janela pop-up foi bloqueada. Você pode clicar na barra para exibir um menu de ações apropriadas para a situação.

barra de menus   Barra de ferramentas da qual você pode acessar menus de comandos.

barra de progresso ou anel de progresso   Indicador visual animado da porcentagem de finalização de um processo.

barra de rolagem   Barra vertical ou horizontal que você move para mudar a posição do conteúdo dentro de uma janela.

barra de tarefas   Barra na área de trabalho que exibe botões que podem ser clicados para executar aplicativos, utilitários e comandos, além de botões que representam as janelas de aplicativos e arquivos abertos.

barra de título   Área horizontal no alto da janela que exibe o título do aplicativo ou arquivo exibido na janela, além de botões para controlar a exibição da janela.

barra Favoritos   No Edge ou no Internet Explorer, uma barra de ferramentas localizada abaixo da barra de endereços, contendo botões para armazenar locais na web a fim de facilitar acesso no futuro, obter complementos e acessar sites que correspondem ao seu histórico de navegação.

Barramento Serial Universal (USB)   Conexão que oferece capacidade de transferência de dados e alimentação de energia para periféricos. Ver também *hub USB*; *porta USB*.

biblioteca   Pasta virtual que não está fisicamente presente no disco rígido, mas que exibe o conteúdo de múltiplas pastas como se os arquivos estivessem armazenados em um mesmo local.

bitmap (.bmp)   Formato de arquivo de imagem digital não patenteado que não suporta transparência. Uma imagem em bitmap é composta de pixels em uma grade. Cada pixel é de uma cor específica; as cores na paleta de cores são regidas pelo formato específico do bitmap. Formatos comuns incluem o Bitmap Monocromático, o Bitmap de 16 Cores, o Bitmap de 256 Cores e o Bitmap de 24 bits.

bloco   Objeto móvel na tela inicial que abre aplicativos ou outros conteúdos personalizados, como sites fixos.

blog   Abreviação de *web log*, ou "diário da Web". Um diário online ou coluna de notícias/opinião. Os colaboradores postam entradas compostas de texto, gráficos ou clipes de vídeo. Quando permitido pelo proprietário do blog, os leitores podem postar comentários em resposta às entradas ou aos comentários alheios. Os blogs são muito usados para publicar informações pessoais ou corporativas de modo informal.

bloquear   Tornar sua área de trabalho do Windows inacessível para outras pessoas. A técnica é mais eficaz quando sua conta de usuário é protegida por uma senha.

botão da barra de tarefas fixado   Botão que representa um aplicativo e que aparece permanentemente na extremidade esquerda da barra de tarefas. Um botão não fixado aparece apenas quando o aplicativo está sendo executado. Ver também *botão da barra de tarefas*.

botão da barra de tarefas   Botão na barra de tarefas que representa uma janela, arquivo ou aplicativo abertos. Ver também *botão da barra de tarefas fixado*.

botão da conta de usuário   Botão no topo do menu Iniciar do Windows 10 que dá acesso aos comandos para alterar as configurações da conta do usuário, bloquear o computador ou fazer logoff do Windows.

botão de energia   Botão próximo ao botão do menu Iniciar do Windows 10 que dá acesso aos comandos para colocar o computador em modo de suspensão e desligar ou reiniciar o computador.

botão de opção   Controle padrão do Windows que você pode usar para selecionar uma de um conjunto de opções.

byte   Unidade de medida para dados; um byte normalmente contém um único caractere, como uma letra, dígito ou sinal de pontuação. Alguns caracteres podem ocupar mais de 1 byte.

cache do sistema   Área na memória do computador na qual o Windows armazena informações que pode precisar acessar rapidamente durante a sessão atual.

caixa de diálogo   Janela que aparece quando você dá um comando que exige informações adicionais. Também usada para fornecer informações ou comentários sobre o progresso.

caminho   Sequência de nomes de unidades, diretórios ou pastas, separados por barras invertidas (\), que leva a um arquivo ou pasta específico. Ver também *caminho absoluto*; *caminho relativo*.

caminho absoluto   Caminho que define a posição exata de um arquivo ou pasta em um computador ou rede. Ver também *caminho*; *caminho relativo*.

caminho relativo   Caminho que define a posição de um arquivo ou pasta em relação ao local atual. Os caminhos relativos são usados com frequência no código de navegação de sites. Ver também *caminho absoluto*; *caminho*.

caractere curinga   Em uma operação de pesquisa, um caractere do teclado, como um asterisco (*), um ponto de interrogação (?) ou um sinal de cerquinha (#), que representa um ou mais caracteres em um termo de pesquisa.

Central de Ações   A Central de Ações do Windows 10 mantém a lista atualizada de notificações do sistema que você pode examinar e resolver, se necessário. Ela também inclui botões de Ação Rápida que dão acesso a recursos comuns do Windows 10. O recurso é diferente da Central de Ações do Painel de Controle presente em versões anteriores do Windows.

Central de Rede e Compartilhamento   Janela do Painel de Controle na qual os usuários podem obter informações de status em tempo real sobre sua rede e também alterar as configurações.

chave de registro   Ver *chave do produto*.

chave do produto (Product Key) Código de registro exclusivo emitido pelo fabricante de um aplicativo. A chave deve ser fornecida durante o processo de instalação para confirmar que você possui uma licença válida para instalar e utilizar o aplicativo. Também chamada de *identificação do produto (Product ID), PID, chave de registro* ou *chave do CD.*

clicar Apontar para um elemento da interface e então pressionar o botão principal do mouse uma vez.

clicar com o botão direito do mouse Apontar para um elemento da interface e então apertar o botão secundário do mouse uma vez.

clicar duas vezes Apontar para um elemento de interface e pressionar o botão principal do mouse duas vezes rápida e sucessivamente.

comando Instrução que você dá a um computador ou aplicativo.

compactar Reduzir o tamanho de um conjunto de dados, como um arquivo ou grupo de arquivos, dentro de uma pasta compactada que pode ser armazenada em menos espaço ou transmitida com o uso de menos largura de banda.

compartilhamento de rede Pasta compartilhada em um computador em sua rede (não no seu computador local).

compartilhar Tornar arquivos ou recursos locais disponíveis para outros usuários do mesmo computador ou outros computadores em uma rede.

componente compartilhado Componente, como um arquivo DLL, usado por múltiplos aplicativos. Quando você desinstala um aplicativo que utiliza um componente compartilhado, o Windows pede sua confirmação antes de remover o componente.

computador desktop Computador projetado para uso em um só local. Um sistema típico de computador desktop inclui o gabinete que contém os componentes do computador em si, um monitor, um teclado, um mouse e alto-falantes. Ver também *dispositivo*.

Conexão de Área de Trabalho Remota Software cliente que permite que usuários se conectem a um computador remoto com o recurso de Área de Trabalho Remota habilitado ou a um servidor de área de trabalho remota.

conexão de banda larga Conexão de alta velocidade com a Internet, como aquelas oferecidas por serviços de modem DSL ou a cabo. As conexões de banda larga normalmente transferem dados a velocidades de 256 quilobytes por segundo (KBps) ou maiores.

conta Administrador Tipo de conta de usuário do Windows com acesso a todos os arquivos e configurações do sistema e permissão para realizar todas as operações. Todo computador deve ter pelo menos uma conta Administrador. Esse tipo de conta não é recomendado para uso diário. Ver também *conta de usuário padrão; conta de usuário.*

conta Convidado Conta de usuário interna do Windows que permite uso limitado do computador. Quando logado em um computador usando a conta Convidado, o usuário não pode instalar software ou hardware, alterar configurações ou criar uma senha. A conta Convidado fica desligada (indisponível) por padrão, mas pode ser ligada na janela Contas de Usuário do Painel de Controle.

conta de logon único Tipo de conta que permite que um usuário faça logon em um sistema uma vez, com um único conjunto de credenciais, para acessar múltiplos aplicativos ou serviços.

conta de usuário Em um computador com Windows, uma conta nomeada exclusiva que dá a um indivíduo acesso ao sistema e a configurações e recursos específicos. Cada conta de usuário inclui um conjunto de informações que descreve o modo como deve ser o ambiente do computador e sua operação para aquele usuário específico, além de uma pasta privada que não pode ser acessada por outras pessoas usando o computador, na qual são armazenados documentos pessoais, fotos, mídias e outros arquivos. Ver também *conta Administrador; conta de usuário padrão.*

conta de usuário padrão Tipo de conta de usuário do Windows que permite que o usuário instale software e altere configurações do sistema que não afetam os outros usuários ou a segurança do computador. Esse tipo de conta é recomendado para uso diário. Ver também *conta Administrador*; *conta de usuário*.

conta local Conta que você pode usar para entrar em um computador. Uma conta local não está conectada a uma conta da Microsoft e não é rastreada além do escopo do computador no qual existe.

Controle de Conta de Usuário (UAC) Recurso de segurança do Windows que permite ou restringe ações por parte do usuário e do sistema para impedir que aplicativos mal-intencionados danifiquem o computador.

CPU Ver *unidade de processamento central*.

credenciais Informações que fornecem prova de identificação, usadas para acessar recursos locais e de rede. Exemplos de credenciais incluem nomes de usuário e senhas, cartões inteligentes (smart cards) e certificados.

credenciais do usuário Ver *credenciais*.

cursor Imagem na tela que se move quando você move seu mouse. Também chamado de *ponteiro* ou *ponteiro do mouse*.

descoberta de rede Configuração de rede que afeta se seu computador consegue encontrar outros computadores e dispositivos na rede e se outros computadores na rede podem encontrar o seu.

Desfragmentador de Disco Ver *Otimizar Unidades*.

desligar Iniciar o processo que fecha todos os seus aplicativos e arquivos abertos, encerra sua sessão e suas conexões de rede, interrompe os processos do sistema, para o disco rígido e desliga o computador.

dica de senha Entrada que você registra quando cria ou muda sua senha para lembrá-lo dela. O Windows mostra a dica de senha caso você insira uma senha incorreta.

Dica de Tela Informações que aparecem quando você aponta para um item.

dinâmico Que muda em resposta a fatores externos.

disco de redefinição de senha Arquivo que você cria em uma unidade flash ou outra mídia removível para poder redefinir sua senha caso a esqueça.

disco do sistema Disco rígido no qual o sistema operacional está instalado.

dispositivo Equipamento, como laptop, tablet ou smartphone que executa um sistema operacional. Ver também *computador desktop*.

dispositivo apontador Dispositivo, como um mouse, que controla um ponteiro com o qual você pode selecionar objetos exibidos na tela.

dispositivo de entrada Dispositivo periférico cujo propósito é permitir que o usuário insira entradas em um sistema de computador. Exemplos de dispositivos de entrada incluem teclados, mouses, joysticks e canetas.

dispositivo periférico Dispositivo, como uma unidade de disco, impressora, modem ou joystick, conectado a um computador e controlado pelo microprocessador do computador, mas que não é necessário para a operação do computador. Ver também *periférico externo*; *periférico interno*.

domínio No Windows, um grupo lógico, não físico, de recursos (computadores, servidores e outros dispositivos de hardware) em uma rede, administrados centralmente através do Windows Server. Na Internet, um nome usado como base dos endereços de sites e de email que identifica a entidade que possui o endereço.

domínio de rede Rede cuja segurança e configurações são administradas centralmente através de um computador com Windows Server e contas de usuário.

driver Aplicativo que permite que o Windows se comunique com um aplicativo de software ou dispositivo de hardware (como uma impressora, mouse ou teclado) conectado ao seu computador. Todo dispositivo precisa de um driver para funcionar. Muitos drivers, como o driver do teclado, são integrados ao Windows.

driver de dispositivo Ver *driver*.

driver de impressora Ver *driver*.

Edge Navegador Web da Microsoft lançado com o Windows 10 que inclui recursos integrados como Escrita à tinta, Modo de Exibição de Leitura e integração com a Cortana.

endereço de IP Ver *protocolo de endereçamento IP*.

entrar Iniciar uma sessão.

Ethernet Sistema para trocar dados entre computadores em uma rede local usando cabo coaxial, fibra ótica ou par trançado.

Explorador de Arquivos Utilitário que permite que o usuário localize e abra arquivos e pastas.

extensão de nome de arquivo Caracteres acrescentados ao nome de um arquivo pelo aplicativo que o criou e separados do nome de arquivo por um ponto. Algumas extensões de nome de arquivo identificam o aplicativo que consegue abrir o arquivo, como .xlsx para pastas de trabalho do Microsoft Excel; algumas representam formatos com os quais mais de um aplicativo consegue trabalhar, como os arquivos de imagem .jpg.

extensão Ver *extensão de nome de arquivo*.

faixa de opções Área em uma janela na qual comandos e outros controles são exibidos em grupos com relação funcional. Uma faixa de opções pode ser dividida em múltiplas visualizações, chamadas de guias, e cada guia pode conter múltiplos grupos de controle. Em geral, a faixa de opções aparece no topo da janela.

Ferramenta de Captura Ferramenta do Windows usada para obter uma captura de imagem de qualquer objeto na tela e então fazer anotações, salvar ou compartilhar a imagem.

filtrar Exibir apenas itens que correspondem a determinados critérios.

Firewall do Windows Recurso de segurança usado para definir restrições ao tráfego que tem permissão para entrar na sua rede vindo da Internet.

fixar Afixar um item, como um bloco, biblioteca, filme, jogo ou aplicativo, em uma determinada área da interface do usuário de modo que esteja sempre acessível naquela área (por exemplo, fixar um aplicativo na Tela Inicial ou na barra de tarefas).

Flip Recurso que pode ser usado para visualizar rapidamente todas as janelas abertas sem clicar na barra de tarefas. Pressione alt + tab para acionar o FlipView e então alterne entre as visualizações (miniaturas). Para exibir a janela visualizada, solte ambas as teclas.

formato de arquivo JPEG (.jpg) Formato de arquivo de imagem digital projetado para compactar imagens estáticas coloridas ou em escala de cinza. O formato funciona bem com fotografias, obras de arte naturalistas e outros materiais assemelhados. As imagens salvas nesse formato usam as extensões de arquivo .jpg ou .jpeg.

gadget Tipo de aplicativo projetado para exibir informações na área de trabalho. Os gadgets foram populares no Windows Vista e Windows 7, mas foram descontinuados no Windows 10 devido a sua vulnerabilidade a ataques mal-intencionados.

GB Ver *gigabyte*.

Gbps Gigabits por segundo; uma unidade de transferência de dados igual a 1.000 Mbps (megabits por segundo).

Gerenciador de Tarefas Ferramenta que fornece informações sobre os aplicativos e processos sendo executados no computador. Usando o Gerenciador de Tarefas, você pode encerrar ou executar aplicativos, encerrar processos e exibir uma visão geral dinâmica do desempenho do seu computador.

gesto Movimento rápido do dedo ou caneta sobre a tela que o computador interpreta como um comando, em contraponto a um movimento do mouse, escrita ou desenho.

gesto multi-touch Extensão do recurso de entrada por toque convencional para que suporte gestos envolvendo múltiplos dedos tocando na tela do computador ou dispositivo ao mesmo tempo.

gigabyte (GB) 1.024 megabytes de armazenamento de dados, muitas vezes interpretado como aproximadamente 1 bilhão de bytes.

glifo Representação gráfica de um caractere, parte de um caractere ou sequência de caracteres.

Graphics Interchange Format (.gif) Formato de arquivo de imagem digital desenvolvido pela CompuServe, usado para transmitir imagens via Internet. Uma imagem nesse formato pode conter até 256 cores, incluindo uma cor transparente. O tamanho do arquivo depende do número de cores usadas de fato.

Gravador de Som Aplicativo que facilita a gravação de voz usando um microfone, além de salvar, editar, reproduzir e compartilhar os clipes de áudio gravados.

grupo de trabalho Rede de computadores ponto a ponto através da qual computadores podem compartilhar recursos, como arquivos, impressoras e conexões com a Internet.

grupo doméstico Conexão protegida por senha entre um grupo de computadores através da qual você pode compartilhar arquivos e impressoras. Um grupo doméstico somente pode existir em uma rede privada. Uma rede privada não precisa ter um grupo doméstico e não é necessário ingressar em um grupo doméstico para usar a rede privada.

GUI Ver *interface gráfica do usuário*.

guia Em uma caixa de diálogo, guias indicam páginas de configurações separadas dentro da janela da caixa de diálogo; o título da guia indica a natureza do grupo. Para exibir as configurações, clique na guia.

hardware Itens físicos, como computadores e monitores. Ver também *software*.

hiperlink Link a partir de um elemento de texto, gráfico, de áudio ou de vídeo para um local de destino no mesmo documento, outro documento ou página da Web.

Histórico de Arquivos O Windows 10 oferece duas abordagens para o histórico de arquivos. Na primeira, disponível no Gerenciador de Arquivos, é possível manter um histórico de versões dos arquivos que você edita. Na segunda, disponível através de Configurações > Atualização e Segurança, é possível fazer backup automaticamente das pastas selecionadas para uma unidade de disco rígido externa. Ambas permitem que você recupere arquivos danificados ou excluídos.

hotspot Lugar público (como um café, aeroporto ou hotel) com uma rede sem fio que você pode usar para se conectar à Internet.

HTML Ver *linguagem HTML*.

hub Dispositivo usado para conectar múltiplos dispositivos de um só tipo. Ver também hub de rede e hub USB.

hub de rede Dispositivo usado para conectar computadores em uma rede. Os computadores são conectados ao hub com cabos. O hub envia informações recebidas de um computador para todos os computadores na rede.

hub USB Dispositivo usado para conectar múltiplos dispositivos USB a uma única porta ou conectar um ou mais dispositivos USB a portas em múltiplos computadores. O segundo tipo de hub USB, chamado de hub de compartilhamento, opera como caixa de disjuntores para conceder controle dos dispositivos conectados ao hub para um computador de cada vez. Ver também *Barramento Serial Universal*; *porta USB*.

ícone Representação visual de um aplicativo, pasta, arquivo ou outro objeto ou função.

ícone de aplicativo Ver *ícone*.

ícone de programa Ver *ícone*.

IM Ver *sistema de mensagens instantâneas*.

imagem da conta do usuário Imagem que representa uma conta de usuário. As imagens das contas de usuários somente estão disponíveis para contas de usuário específicas do computador local e não em computadores que são membros de um domínio de rede.

impressora compartilhada Impressora conectada a um computador que foi compartilhada com outros computadores em uma rede. Ver também *impressora local*; *impressora de rede*; *impressora remota*.

impressora de rede Impressora conectada diretamente a uma rede através de uma conexão de rede com fio (Ethernet) ou sem fio, ou através de um servidor de impressão ou hub para impressoras. Ver também *impressora local; impressora remota; impressora compartilhada*.

impressora local Impressora conectada diretamente a uma das portas do computador. Ver também *impressora de rede; impressora remota; impressora compartilhada*.

impressora remota Impressora que não está conectada diretamente ao seu computador. Ver também *impressora local; impressora de rede; impressora compartilhada*.

impressora virtual Aplicativo que "imprime" conteúdo em um arquivo e não em papel. Quando visualizado no arquivo, o conteúdo tem a aparência que teria caso tivesse sido impresso.

interface Ver *interface do usuário*.

interface do usuário (IU) Parte de um aplicativo com a qual o usuário interage. Os tipos de interface do usuário incluem interfaces de linha de comando, interfaces de menu e interfaces gráficas do usuário.

interface gráfica do usuário (GUI) Interface do usuário que incorpora elementos visuais, como uma área de trabalho, ícones e menus, para que você possa realizar operações por meio da interação com a interface visual em vez de digitar comandos.

Internet Explorer Navegador Web da Microsoft instalado junto com o Windows 10 e disponível na pasta Acessórios do Windows no menu Todos os Aplicativos.

ISP Ver *provedor de serviços de Internet*.

janela Quadro dentro do qual seu computador executa um aplicativo ou exibe uma pasta ou arquivo. Diversas janelas podem ser abertas simultaneamente. As janelas podem ser dimensionadas, movidas, minimizadas para um botão na barra de tarefas, maximizadas para ocuparem toda a tela ou fechadas.

janela ativa Janela na qual o usuário está inserindo uma entrada ou trabalhando no momento.

janela pop-up Pequena janela do navegador web que se abre sobre (ou, às vezes, sob) a janela do navegador quando você exibe um site ou clica em um link de publicidade.

KB Ver *quilobyte*.

Kbps Kilobits por segundo; unidade de transferência de dados igual a 1.000 bits por segundo ou 125 bytes por segundo.

laptop Termo usado para computadores portáteis, em referência ao fato de serem pequenos o suficiente para serem colocados sobre o seu colo ("lap", em inglês). Também chamado de *notebook* ou *computador portátil*.

largura de banda Taxa de transferência de dados em bits por segundo.

Limpeza de Disco Reduz o número de arquivos desnecessários em suas unidades, o que pode ajudar seu computador a rodar mais rapidamente. Pode excluir arquivos temporários e arquivos do sistema, esvaziar a Lixeira e remover diversos outros itens que podem não ser mais necessários.

linguagem HTML (Hypertext Markup Language) Linguagem de marcação de texto usada para criar documentos para a web. O HTML define a estrutura e o layout de um documento da web usando uma ampla variedade de atributos e marcas.

linguagem XML (Extensible Markup Language) Linguagem de marcação de texto semelhante ao HTML usada para definir a estrutura dos dados independentemente da sua formatação, de modo que os dados possam ser usados para múltiplos fins e por múltiplos aplicativos.

lista de atalhos Recurso do Windows que oferece acesso, ao clicar com o botão direito do mouse nos botões de aplicativos da barra de tarefas, a documentos, imagens, canções ou sites que o usuário acessa com frequência.

Lixeira Pasta no seu disco rígido na qual o Windows armazena temporariamente os arquivos que você exclui. Por padrão, a Lixeira é representada por um ícone na área de trabalho. É possível recuperar arquivos excluídos da Lixeira até você esvaziá-la.

local   Localizado ou conectado ao seu computador.

Loja   Ver *Windows Store*.

Lupa   Utilitário de exibição que torna a tela do computador mais legível para pessoas com baixa acuidade visual, criando uma janela separada que exibe uma porção ampliada da tela.

malware   Software projetado para prejudicar propositalmente seu computador. Por exemplo, vírus, worms e cavalos de tróia (trojans) são malware. Também chamado de *software mal--intencionado*.

mapear uma unidade   Designar uma letra de unidade disponível para uma pasta compartilhada ou computador específico. Em geral, uma pasta localizada em outro computador na rede. Normalmente realizado para criar uma conexão constante com um compartilhamento de rede, mas também pode ser usado para manter uma conexão com um local na Internet.

marca   No Explorador de Arquivos, uma palavra-chave atribuída a um arquivo. Ver também *palavra-chave*.

maximizar   Aumentar o tamanho de uma janela para que preencha a tela completamente. Uma janela maximizada não pode ser movida ou redimensionada arrastando-se sua borda.

MB   Ver *megabyte*.

Mbps   Megabits por segundo; uma unidade de transferência de dados igual a 1.000 Kbps (quilobits por segundo).

megabyte (MB)   1.024 quilobytes ou 1.048.576 bytes de armazenamento de dados; muitas vezes interpretado como aproximadamente 1 milhão de bytes. Em referência a taxas de transferência de dados, 1.000 quilobytes.

membro do grupo doméstico   Computador que ingressou em um grupo doméstico.

memória RAM (random access memory)   Área de armazenamento de dados em um computador onde são executados aplicativos e armazenadas temporariamente informações atuais. As informações armazenadas na memória RAM são apagadas quando o computador é desligado.

menu   Lista da qual você pode dar uma instrução ao clicar em um comando.

menu de atalho   Menu exibido quando você clica em um objeto com o botão direito do mouse, exibindo uma lista de comandos relevante para o objeto.

menu Iniciar   Lista de opções exiba quando você clica no botão Iniciar. O menu Iniciar é sua ligação centralizada com todos os aplicativos instalados no seu computador, além de todas as tarefas que pode executar com o Windows 10.

metadados   Informações descritivas, incluindo palavras-chave e propriedades, sobre um arquivo ou página da web. Título, assunto, autor e tamanho são exemplos de metadados de arquivo.

mídia   Materiais nos quais dados são registrados e armazenados, como CDs, DVDs e unidades flash USB.

mídia removível   Tudo que pode ser usado para armazenamento de informações e que foi projetado para ser inserido e removido facilmente de um computador ou dispositivo portátil. Mídias removíveis comuns incluem CDs, DVDs e cartões de memória removíveis.

minimizar   Reduzir uma janela a um botão na barra de tarefas.

Miracast   Tecnologia sem fio que seu computador pode usar para projetar sua tela para TVs, projetores e reprodutores de streaming que também suportem o Miracast. Você pode usar o sistema para compartilhar o que está fazendo em seu computador, exibir uma apresentação de slides ou até jogar seu jogo favorito em uma tela maior.

modem   Dispositivo que permite que informações de um computador sejam transmitidas e recebidas através de uma linha telefônica ou através de um serviço de banda larga, como cabo ou DSL.

Modo de Exibição de Compatibilidade No Internet Explorer, um recurso que exibe um site como se você estivesse usando uma versão anterior do navegador web. O Modo de Exibição de Compatibilidade foi introduzido originalmente com o Internet Explorer 8. Atualmente, o Edge não inclui um Modo de Exibição de Compatibilidade, mas tem um link para abrir o site atual no Internet Explorer.

modo de suspensão Recurso do Windows que salva quaisquer arquivos abertos e o estado de qualquer aplicativo em execução na memória e então coloca o computador em um modo de economia de energia.

modo Hibernação Opção de desligamento semelhante ao modo de suspensão, exceto por salvar no disco rígido quaisquer arquivos que possam estar aberto e o estado de quaisquer aplicativos sendo executados em vez de na memória e então desligar totalmente o computador. Quando você religa seu computador para voltar a trabalhar, o Windows recupera as informações do disco rígido e restaura sua sessão anterior.

Mover (Flick) Movimento rápido e retilíneo de um dedo ou caneta sobre uma tela. "Mover" é reconhecido como gesto e interpretado como um comando de navegação ou edição.

multimonitor Uso de mais de um monitor ou outro dispositivo de vídeo para aumentar a superfície de trabalho para um único sistema de computador.

Narrador Recurso que lê o texto da tela em voz alta e descreve alguns eventos para os usuários.

navegação com guias Recurso do navegador web que permite que você abra e visualize múltiplas páginas ou arquivos em uma janela, exibindo-os em guias diferentes. Para exibir uma página, basta clicar na guia correspondente. Para exibir um menu de atalho com opções para trabalhar com a página, clique na guia com o botão direito do mouse.

Navegação InPrivate Modo de navegação disponível no Edge e no Internet Explorer que abre uma janela separada do navegador, na qual os locais visitados não são rastreados. As páginas e sites não aparecem na guia Histórico e os arquivos temporários e cookies não são salvos no computador.

navegador Ver *navegador Web*.

navegador Web Aplicativo de software usado para exibir páginas Web e navegar na Internet, como o Edge ou o Internet Explorer.

navegar Buscar uma pasta ou arquivo através da navegação pela estrutura de armazenamento hierárquica de um computador. Também buscar informações na Web seguindo links entre páginas.

navegar Mover-se em um documento.

nome da conta do usuário Nome exclusivo que identifica uma conta de usuário para o Windows.

OEM Ver *original equipment manufacturer*.

offline Não conectado a uma rede ou à Internet. Também usado para descrever o período em que você fica longe do computador.

OneDrive Serviço online da Microsoft que permite que os usuários acessem e compartilhem documentos, fotos e outros arquivos a partir de qualquer lugar.

online Conectado a uma rede ou à Internet. Também usado para descrever o período em que você está trabalhando no computador.

opção Um de um grupo de valores mutuamente exclusivos para uma configuração, geralmente em uma caixa de diálogo.

original equipment manufacturer (OEM) Empresa que monta um computador a partir de componentes, dá uma marca ao computador e então vende o computador para o público. A OEM também pode pré-instalar um sistema operacional e outros softwares no computador.

Otimizar Unidades Utilitário do Windows que organiza os dados fragmentados de modo que seus discos e unidades possam trabalhar mais eficientemente. O aplicativo analisa e otimiza discos e unidades seguindo um cronograma, mas também pode ser iniciado manualmente. O aplicativo está disponível na guia Ferramentas de Unidade quando você seleciona seu disco rígido no Explorador de Arquivos.

Página Inicial (home page) No Edge e no Internet Explorer, a página ou as páginas abertas automaticamente quando você inicia seu navegador Web e que são abertas ao clicar no botão Início. Para sites, a primeira página exibida quando você se conecta com um site.

painel de conteúdo No Explorador de Arquivos, o painel que exibe os arquivos e pastas armazenados na pasta ou dispositivo de armazenamento selecionado. Ver também *painel de detalhes*; *painel de navegação*; *painel de visualização*.

Painel de Controle Aplicativo do Windows que contém itens através dos quais é possível controlar recursos do sistema do computador e realizar tarefas relacionadas, incluindo configuração de hardware e software.

painel de detalhes No Explorador de Arquivos, o painel que exibe detalhes sobre a pasta ou itens selecionados. Ver também *painel de conteúdo*; *painel de navegação*; *painel de visualização*.

painel de Navegação No Explorador de Arquivos, o painel esquerdo de uma janela de pasta. Exibe os links favoritos, bibliotecas e uma lista expansível de unidades e pastas. Ver também *painel de conteúdo*; *painel de detalhes*; *painel de visualização*.

painel de tarefas Painel fixo que aparece em um lado da janela de um aplicativo, contendo opções relativas à finalização de uma tarefa específica.

painel de visualização No Explorador de Arquivos, um painel usado para mostrar uma prévia do arquivo selecionado no painel de conteúdo. Ver também *painel de conteúdo*; *painel de detalhes*; *painel de navegação*.

palavra-chave Palavra ou expressão atribuída a um arquivo ou página Web para que possa ser localizado em buscas por tal palavra ou expressão. Ver também *marca*.

partição Parte do espaço de um disco físico que funciona como se fosse um disco separado.

pasta Área de armazenamento nomeada em um computador ou dispositivo que contém arquivos e outras pastas. As pastas são usadas para organizar informações eletronicamente, da mesma maneira que pastas de verdade em um arquivo físico.

pasta compactada Pasta contendo os arquivos cujo conteúdo foi compactado. Também chamada de *arquivo zip*.

pasta compartilhada Pasta que foi disponibilizada para que outras pessoas na rede possam acessá-la.

pasta do sistema Pasta criada no disco do sistema que contém arquivos exigidos pelo Windows 10.

pasta pessoal No Windows, uma pasta de armazenamento criada pelo Windows para cada conta de usuário, contendo subpastas e informações específicas ao perfil do usuário, como Documentos e Imagens. A pasta pessoal é rotulada com o nome usado para fazer logon no computador.

pasta pública No Windows, um sistema de pastas de armazenamento criado pelo Windows e acessível a todas as contas de usuário do computador. As pastas públicas são compartilhadas por todas as contas de usuário do computador e podem ser compartilhadas com outros usuários da rede.

pasta zipada Ver *pasta compactada*.

perfil de rede Informações sobre uma conexão de rede específica, como o nome da rede, tipo e configurações.

periférico externo Dispositivo periférico instalado através da conexão com uma porta do lado de fora do computador. Exemplos incluem monitor, teclado, mouse e alto-falantes. Ver também *periférico interno*; *dispositivo periférico*.

periférico interno Dispositivo instalado dentro do gabinete do computador, como uma placa de expansão, disco rígido ou unidade de DVD. Ver também *periférico externo*; *dispositivo periférico*.

pesquisa O processo de buscar um determinado arquivo ou dados específicos. A pesquisa é realizada por um aplicativo através de uma comparação ou cálculo para determinar se há uma correspondência com algum padrão ou se algum outro critério foi atendido.

pesquisa da barra de tarefas Caixa de pesquisa da qual é possível localizar aplicativos, itens do Painel de Controle, configurações, arquivos, mensagens de email e resultados da Web contendo a cadeia de caracteres pesquisada, agrupados por categoria.

phishing Técnica usada para enganar usuários de computador para revelar informações pessoais ou financeiras. Um golpe de phishing online comum começa com uma mensagem de email que parece vir de uma fonte confiável, mas na verdade leva os destinatários a fornecer informações a um site fraudulento.

PID Ver *chave do produto*.

PIN Código de identificação numérica semelhante a uma senha que o usuário pode inserir para validar suas credenciais.

pirataria de software Reprodução e distribuição ilegal de aplicativos de software.

pixel Menor elemento usado para formar uma imagem em um monitor de computador. Os monitores de computador exibem imagens desenhando milhares de pixels organizados em colunas e linhas. Cada pixel exibe apenas uma cor. Ver também *resolução da tela*.

placa de expansão Placa de circuito impresso que, quando inserida no slot de expansão de um computador, oferece funcionalidade adicional. Existem muitos tipos de placa de expansão, incluindo placas de áudio, modems, placas de rede, placas de dispositivos de segurança, placas sintonizadoras de TV, placas de vídeo e placas de expansão de processamento de vídeo.

placa de som Hardware que permite que informações de áudio e músicas sejam gravadas, reproduzidas e escutadas em um computador.

Plug and Play Tecnologia que permite que o computador descubra e configure automaticamente um dispositivo conectado a ele através de uma conexão USB ou IEEE 1394.

ponteiro Imagem na tela que se move quando você move seu mouse. Também chamado de *cursor*.

ponto a ponto Rede, como um grupo de trabalho, na qual computadores e recursos se conectam diretamente e não são gerenciados centralmente por um servidor.

ponto de inserção Ponto no qual você pode inserir textos ou gráficos. Em geral, aparece como uma linha vertical piscante.

ponto de restauração Imagem instantânea das configurações de sistema do seu computador obtida pelo Windows em intervalos regulares e antes de grandes mudanças, como a instalação de um aplicativo ou a atualização de arquivos do sistema. Se tiver problemas com seu sistema, você pode restaurá-lo a qualquer ponto de restauração salvo sem desfazer as mudanças em seus arquivos pessoais.

porta Interface através da qual dados são transferidos entre um computador e outros dispositivos, uma rede ou uma conexão direta com outro computador.

porta paralela Conector de entrada/saída para um dispositivo de interface paralelo. Alguns tipos de impressora se conectam com o computador através de uma porta paralela.

porta USB Conexão que fornece energia e capacidade de transferência de dados para um dispositivo de hardware. Ver também *Barramento Serial Universal (USB); hub USB*.

Portable Network Graphic (.png) Formato de arquivo de imagem digital que usa compactação lossless (compactação que não perde dados) e foi criado como alternativa não patenteada ao formato de arquivo .gif.

projetor de vídeo Dispositivo que projeta um sinal de vídeo de um computador para uma tela de projeção usando um sistema de lentes.

propriedade Informações de identificação sobre um arquivo, pasta, unidade, dispositivo ou outro elemento do sistema do computador.

Algumas propriedades são fornecidas automaticamente, outras são fornecidas por você. Por exemplo, as propriedades de um arquivo incluem informações como seu nome de arquivo, tamanho, data de modificação, título, marcações e comentários. Para visualizar as propriedades de um item, clique com o botão direito do mouse nele em uma interface como o Explorador de Arquivos ou o Gerenciador de dispositivos e então clique em Propriedades.

proteção de tela   Tela em branco, imagem ou imagens móveis que o Windows exibe após um determinado período de inatividade. Uma proteção de tela pode ser usada para economizar energia ou ocultar informações enquanto você está longe da sua mesa.

Protocolo de endereçamento IP (Internet Protocol)   Endereço que identifica um computador que está conectado à Internet ou a uma rede. Existem dois tipos de endereço de IP: IP versão 4 (IPv4) e IP versão 6 (IPv6). Um endereço IPv4 normalmente é composto de quatro grupos de números separados por pontos, como 192.200.44.69. Um endereço IPv6 tem oito grupos de caracteres hexadecimais (os números 0–9 e as letras A–H) separados por dois pontos; por exemplo, 3ffe:ffff:0000:2f3b:02aa:00ff:fe28:9c5a.

protocolo WEP (Wired Equivalent Privacy)   Protocolo de segurança baseado em algorítmo projetado para uso com redes sem fio. O WEP foi o protocolo de segurança de rede sem fio original e, apesar de menos seguro do que o protocolo Wi-Fi Protected Access (WPA) mais recente, ainda é uma opção na maioria das configurações de roteadores sem fio.

provedor de pesquisa   Empresa que oferece um mecanismo de pesquisa que você pode usar para encontrar informações na Internet.

provedor de serviços de Internet (ISP)   Empresa que oferece acesso à Internet a indivíduos ou empresas. Um ISP fornece as informações de conexão necessárias para que os usuários acessem a Internet através dos computadores do ISP. Normalmente, o ISP cobra uma mensalidade ou uma taxa horária pela conexão.

quadro   Borda externa de uma janela.

quilobyte (KB)   1.024 bytes de armazenamento de dados; Em referência a taxas de transferência de dados, 1.000 bytes.

raiz   Abreviação de pasta raiz ou diretório raiz. O nível mais alto em um conjunto de informações organizado hierarquicamente. A raiz é a pasta ou diretório da qual todas as outras pastas ou diretórios se ramificam.

ReadyBoost   Ver *Windows ReadyBoost*.

reconhecimento de fala   Capacidade de interpretar comandos de voz ou converter palavras faladas em textos legível pelo computador. Os aplicativos de reconhecimento de fala permitem que você controle um aplicativo ou insira texto falando em um microfone em vez de usar um teclado.

recuperação de arquivos   Reconstruir ou restaurar arquivos perdidos ou ilegíveis em seu disco rígido.

rede   No Windows, um grupo de computadores conectados uns aos outros através de uma conexão com ou sem fio. Uma rede pode ter apenas dois computadores conectados diretamente um ao outro ou ser tão grande quanto a própria Internet.

rede corporativa   Rede à qual você se conecta usando o tipo de conexão Rede Corporativa.

rede privada   Rede que exige credenciais específicas para acesso e não está disponível para o público em geral.

rede pública   Rede que permite que qualquer um se conecte a ela e não exige credenciais específicas.

registro   Repositório de informações sobre a configuração do computador. O registro armazena configurações relativas ao hardware e software instalados no computador. As configurações de registro normalmente são atualizadas através de aplicativos e procedimentos apropriados de instalação e desinstalação. É possível atualizar manualmente o registro, mas apenas usuários experientes devem realizar essa tarefa, pois erros podem ter consequências desastrosas.

Reiniciar PC   Reiniciar um sistema operacional usando um método que restaura as configurações do computador ao padrão, mas mantém os arquivos e configurações do usuário.

resolução   Ver *resolução da tela*.

resolução da tela   O quão fino ou grosseiro é o nível de detalhamento obtido por um monitor ao produzir uma imagem, medida em pixels, expressa como o número de pixels da largura pelo número de pixels da altura. Ver também *pixel*.

Restauração   Ver *Restauração do Sistema*.

Restauração do Sistema   Ferramenta usada para restaurar seu computador a um estado anterior caso ocorra um problema, sem perda de arquivos de dados pessoais (como documentos do Microsoft Word, histórico de navegação, desenhos, favoritos ou email).

Restaurar o PC   Reiniciar um sistema operacional usando um método que remove todas as personalizações do usuário.

restaurar tamanho original   Fazer uma janela maximizada retornar a seu tamanho original.

roteador   Ver *roteador de rede*.

roteador de rede   Dispositivo de hardware que conecta computadores em uma rede ou que conecta múltiplas redes (por exemplo, conecta uma rede local a um provedor).

sair   Interromper a sessão sem afetar as sessões dos outros usuários.

senha   Medida de segurança usada para restringir o acesso às contas de usuários, sistemas de computador e recursos. A senha é uma cadeia de caracteres exclusiva que você precisa fornecer antes que o acesso seja autorizado.

senha com imagem   Método de entrada baseado em imagem que autentica o usuário verificando gestos realizados sobre uma imagem escolhida pelo usuário.

servidor de email   Computador que armazena mensagens de email.

sincronizar   Reconciliar as diferenças entre arquivos, email, compromissos e outros itens armazenados em um computador, dispositivo ou na nuvem com versões dos mesmos arquivos em outro computador, dispositivo ou na nuvem. Após as diferenças serem determinadas, ambos os conjuntos de itens são atualizados.

sistema de mensagens instantâneas (IM)   Sistema de comunicação eletrônica em tempo real que pode ser usado para "bater um papo" e interagir de outras maneiras com outros indivíduos por meio da digitação em uma janela na tela do seu computador.

sistema operacional   Programas subjacentes que dizem ao seu computador o que fazer e como fazer. O sistema operacional coordena as interações entre os componentes de sistema do computador, atua como a interface entre você e seu computador, permite que seu computador se comunique com outros computadores e periféricos e interage com os aplicativos instalados no seu computador.

Site (website)   Grupo de páginas Web inter-relacionadas, hospedadas por um servidor HTTP na World Wide Web ou em uma intranet. As páginas de um site normalmente abrangem um ou mais tópicos e são interconectadas através de hiperlinks.

slot de expansão   Slot (soquete) na placa-mãe de um computador, projetado para estabelecer o contato elétrico entre uma placa de expansão e a placa-mãe. Existem vários formatos de fábrica (dimensões físicas) e padrões para slots de expansão. Um slot de expansão aceita apenas placas de expansão do mesmo formato.

SmartScreen   Solução de filtragem de spam inteligente integrada a todas as plataformas de email da Microsoft.

software   Aplicativos que permitem que você execute tarefas usando o hardware. Ver também *hardware*.

spam   Mensagem não solicitada e normalmente indesejável, muitas vezes de natureza política ou comercial, transmitida através da Internet como mala-direta (às vezes usando um usuário ou domínio fictício) para um grande número de destinatários.

spyware Software que pode exibir anúncios (como pop-ups), coletar informações sobre você ou alterar as configurações do seu computador, normalmente sem obter seu consentimento adequadamente.

subpasta Pasta aninhada dentro de outra pasta.

surfar na Web Navegar buscando informações na Internet.

taxa de proporção Razão entre a largura de uma imagem, tela ou outro elemento visual e sua altura.

teclado virtual Representação do teclado na tela que permite que os usuários digitem usando toque, uma caneta ou outro dispositivo de entrada.

tecnologia da informação (TI) Desenvolvimento, instalação e implementação de sistemas e aplicativos em computadores.

tela de bloqueio Tela que aparece quando um usuário bloqueia o computador.

tela de boas-vindas Tela que aparece quando você liga o computador, contendo um link para cada conta de usuário ativa.

tela de fundo Em uma interface gráfica do usuário como a do Windows, um padrão ou imagem que pode ser aplicado a diversos elementos da tela, como a área de trabalho ou a tela de bloqueio. Outros elementos, como textos, ícones e aplicativos, são exibidos sobre essa tela de fundo.

tela inicial Visão sem menu que é exibida quando o botão Iniciar é clicado. Inclui a lista de itens, como aplicativos, sites e outras informações, que o usuário pode especificar e personalizar. Você pode escolher exibi-la em tela inteira ou tela parcial.

tela principal Em um sistema com múltiplos monitores, aquele que exibe a tela de boas-vindas e a barra de tarefas. A maioria das janelas de aplicativos aparece na tela principal quando abertas pela primeira vez. Ver também *tela secundária*.

tela secundária Em um sistema com múltiplos monitores, o monitor para o qual você pode expandir aplicativos para aumentar sua área de trabalho. Ver também *tela principal*.

tema Conjunto de elementos visuais e sons que aplica um visual unificado à interface do usuário do computador. O tema pode incluir uma tela de fundo da área de trabalho, proteção de tela, cores das janelas e sons. Alguns temas também incluem ícones e ponteiros do mouse.

termo de pesquisa Termo que você digita na caixa de pesquisa da barra de tarefas, janela Configurações ou qualquer janela do Explorador de Arquivos. O Windows então filtra o conteúdo dos locais de armazenamento disponíveis ou do painel de Conteúdo da janela da pasta para incluir apenas os itens que contêm o termo da pesquisa.

TI Ver *tecnologia da informação*.

toque Gesto representado por encostar um dedo ou uma caneta na tela e então erguê-lo.

UAC Ver *Controle de Conta de Usuário*.

UNC Ver *Universal Naming Convention (UNC)*.

unidade compartilhada Unidade que foi disponibilizada para que outras pessoas na rede possam acessá-la.

unidade de processamento central (CPU) Circuito principal de um computador. Realiza a maioria dos cálculos necessários para que a máquina funcione. Também chamada de *processador*.

unidade de rede Pasta ou unidade compartilhada em sua rede à qual você designa uma letra de unidade para que apareça na janela Computador como unidade nomeada.

unidade flash USB Cartão de memória flash portátil que pode ser plugado a uma porta USB de um computador. Você pode armazenar dados em uma unidade flash USB ou usar todo ou parte do espaço de disco disponível para aumentar a velocidade do sistema operacional. Ver também *Windows ReadyBoost*.

unidade flash Ver *unidade flash USB*.

Uniform Resource Locator (URL) Endereço que identifica exclusivamente a localização de um site ou página. A URL normalmente é precedida de *http://*, como em *http://www.microsoft.com*. As URLs *são usadas pelos navegadores web para localizar recursos na Internet.*

Universal Naming Convention (UNC) Sistema usado para identificar um local em uma rede com recursos compartilhados, como computadores, unidades e pastas. Um endereço UNC usa a forma \\NomedoComputador\PastaCompartilhada.

URL Ver *Uniform Resource Locator (URL)*.

USB Ver *Barramento Serial Universal (USB)*.

vídeo sem fio (WiDi) Tecnologia que permite que computadores façam streaming de vídeo, música ou outras mídias sem fio a partir de um computador para um dispositivo com WiDi habilitado, como uma televisão ou projetor.

virtual Sistema de software que atua como se fosse um sistema de hardware. Exemplos incluem pastas virtuais (chamadas de *bibliotecas*) e impressoras virtuais.

vírus Malware que se replica, normalmente infectando outros arquivos no sistema, permitindo, assim, a execução do código do malware e sua propagação quando tais arquivos são ativados.

Web Abreviatura de *World Wide Web*. Rede mundial composta de milhões de redes menores que trocam dados entre si.

web log Ver *blog*.

webcam Câmera para uso com um computador para transmitir uma imagem de vídeo.

WEP Ver *protocolo WEP*.

Wi-Di Ver *vídeo sem fio (WiDi)*.

Wi-Fi Protected Access (WPA) Método de segurança usado por redes sem fio. O WPA e o WPA2 encriptam as informações enviadas entre computadores por uma rede sem fio e autenticam usuários para ajudar a garantir que apenas pessoas autorizadas terão acesso à rede. O WPA2 é mais seguro do que o WPA.

Windows Defender Fornecido inicialmente com versões anteriores do Windows como antispyware, hoje atua como software antivírus no Windows 10.

Windows ReadyBoost Recurso introduzido com o Windows 7 que possibilita o aumento da memória do sistema disponível usando uma unidade flash USB como dispositivo de expansão de memória. Ver também *unidade flash USB*.

Windows Store A loja online na qual os usuários podem aprender e baixar aplicativos, jogos, músicas e mais para dispositivos Windows.

Windows To Go Recurso do Windows 10 Enterprise e do Windows 10 Education que fornece uma imagem pré-definida do sistema para o computador a partir de uma unidade flash USB em vez de instalar a imagem no computador.

Windows Update Recurso através do qual o Windows cataloga os componentes de hardware e software do seu computador, se comunica com o banco de dados online do Microsoft Update e identifica as atualizações que estão disponíveis para o seu sistema operacional, software ou drivers de hardware.

WPA Ver *Wi-Fi Protected Access*.

XML Paper Specification (XPS) Formato de arquivo digital para salvar documentos. O XPS se baseia em XML, preserva a formatação do documento e permite compartilhamento de arquivos. O XPS foi desenvolvido pela Microsoft, mas independe de plataforma e é isento de royalties.

XML Ver *linguagem XML*.

XPS Ver *XML Paper Specification*.

Índice

Símbolos
3D, proteção de tela de texto 433

A
About me (Notebook da Cortana) 465
abrir
   aplicativos de arquivos padrão 483
   Central de Ações 190
   console de gerenciamento do computador 347
   janela Configurações 230
   janela do Grupo Doméstico, Explorador de Arquivos 311
   janela do Grupo Doméstico, Painel de Controle 311–312
   Propriedades da Barra de Tarefas e do Menu Iniciar, caixa de diálogo 75
Abrir, menu (guia Início) 105
aceitar termos de licença 546
acessar
   conta da Microsoft, configurações 167
   Loja (Windows Store) 161–162
Acesso Rápido, nó (Explorador de Arquivos) 100
adaptadores de rede 286, 557–572
   desabilitar 306
   exibir status 296
   habilitar 306–307
adaptadores de rede ativos 286
Adicionados Recentemente, aplicativos (menu Iniciar) 24–25, 54
adicionar
   blocos da tela inicial a grupos de blocos 61
   colunas, modo de exibição Detalhes 119
   lembretes, Cortana 468–469
   pastas, menu Iniciar 56
   pastas a bibliotecas 112–113
   senhas de contas de usuários locais 366
Adicionar Impressora, assistente 276–278
Administrador, contas 338, 340–341, 357, 557–572
   Ver também contas de usuário

administradores
   alteração das propriedades da conta do usuário 345
   criação de conta de usuário 346
Adulto, conta de usuário 339
agrupamento de arquivos 122
Agrupar por, menu, guia Exibir 121
ajustar imagens (tela de fundo da área de trabalho) 65
ajustar janelas 41–43
Ajuste, recurso 557–572
Alarmes e Relógio, aplicativo 154, 379
alongar imagens (tela de fundo da área de trabalho) 65
alterar
   aparência do ponteiro do mouse 267–268
   brilho da tela 411, 418–419
   configurações de botões do mouse 267
   Controle de Conta de Usuário, configurações 344
   designação da tela principal 253
   funcionalidade da roda do mouse 270–271
   funcionalidade do ponteiro do mouse 269–270
   fusos horários 384
   home page (Edge) 211–213
   ícone de pasta de uma biblioteca 114
   ícone do ponteiro do mouse 269
   idioma de exibição do Windows 396
   idioma do teclado 396
   imagem da conta de usuário 364–365
   locais indexados 478
   mecanismo de pesquisa padrão do Edge 214–216
   métodos de autenticação, tela de boas-vindas 373
   nível de ampliação, ferramenta Lupa 442
   nome do computador 330–331
   nomes de exibição, contas familiares 351–351
   opções de indexação avançadas 478
   opções de pasta 124–126
   orientação do conteúdo na tela 411
   Pastas, modo de exibição 118
   PIN (número de identificação pessoal) 370

propriedades da conta de usuário,
 administradores 345
resolução da tela 412–413
senhas de contas da Microsoft 366–367
senhas de contas de usuário 366–367
senhas de grupo doméstico 316
tamanho ou tamanho do texto de elementos da
 interface do usuário 409–410
taxa e intervalo de repetição das teclas 272–273
alterar aparência da barra de tarefas 72–77
Alterar as Configurações de Compartilhamento do
 Grupo Doméstico, assistente 321
Alterar Ícone, caixa de diálogo 114
alternar modos de exibição (Gerenciador de Tarefas)
 493
alternar usuários, contas de usuário 26
Alto Contraste (facilidade de acesso) 435, 438–440
Alto Desempenho, plano de energia 417
alto-falantes internos 257
altura, barras de tarefas 76–77
ampliar (interação com a touchscreen) 555
análise de informações, aplicativo, Cortana 18–19
Ancorada, exibição (ferramenta Lupa) 440
anotação de páginas Web 204–205
anúncios embutidos, bloquear 506
aplicar temas 83–90
    arquivos descompactados de um tema 87
    exibir tema instalado 88
    Maravilhas Naturais, categoria 85
    personalização 87–88
    site do Windows 89
    telas de fundo panorâmicas 86
    temas nativos 84
    visualização das imagens da tela de fundo 86
aplicativos 557–572
    áreas de trabalho virtuais 487–490
    arquivos 96
    atalhos 172–184
    Email 203–204
    executar como administrador 153
    exibir, ativos e que não estão respondendo 493
    gerenciamento da inicialização 185–186
    instalar aplicativos da Loja 160–171
    Lista de Leitura 203–204
    localizar e iniciar 149–153
    nativos 154–159
    notificações 187–191
    Obter o Windows 10 541
    padrão 221, 479–487
aplicativos ativos, exibição 493
aplicativos da área de trabalho 557–572
    atalhos 178–183
    configuração dos ícones 184

definição 149
executar como administrador 153
organização de ícones 178–180
utilitários 158
aplicativos da Loja
    atualizações automáticas 167
    definição 149
    instalação 160–171
aplicativos de informações 157
aplicativos de inicialização, gerenciamento 185–
 186
aplicativos de produtividade 154–155
aplicativos de terceiros 149
aplicativos nativos 154–159
aplicativos padrão
    especificação 479–487
    gerenciar 221
aplicativos para acessório 158
aplicativos que não estão respondendo, exibir 493
apontar (mouse) 557–572
apresentação de slides
    como tela de fundo da área de trabalho 64
    na tela de bloqueio 431
área de notificação 16–17
área de trabalho 9–11, 557–572
    cores de destaque 68–71
    exibir em múltiplas telas 250–256
    Lixeira 11
    mover entre computadores 489
Área de Transferência 130
áreas de trabalho virtuais 487–490, 557–572
armazenamento na nuvem 513
armazenar arquivos no OneDrive 515, 518
arquivos
    abrir em aplicativos padrão 483
    agrupar 122
    atualizar 35–36
    classificar 123
    compactar 128–130
    compartilhar arquivos de rede 317–329
    criados por aplicativos 96
    criados por você 96
    criar e renomear 127–128
    excluir/recuperar 133–135
    exibir arquivos recentes 26
    Explorador de Arquivos Ver Explorador de
     Arquivos
    fazer backup 519–520
    gerenciar versões 523–524
    mover/copiar 130–132
    opções de exibição, Explorador de Arquivos
     115–126
    otimizar pastas para 113

pesquisas 140–142
propriedades 136–140
recuperação 557–572
remover agrupamentos 122
remover informações pessoais 140
visualizar versões em backup 522–523
arquivos de prática, baixar xii–xiii
arquivos descompactados de um tema 87
arquivos executáveis 96, 557–572
arquivos pessoais 96
arrastar
    definição 557–572
    janelas 42
arrastar com o botão direito do mouse 557–572
assinaturas 557–572
assinaturas digitais 557–572
assistência, Cortana *Ver* Cortana
assistente de configuração do microfone 262
assistentes 557–572
atalhos 557–572
    aplicativos 172–184
    barra de tarefas 15
    teclado 549–554
ativação 557–572
ativar contas Convidado nativas 358
atributo somente leitura 136
atualização do Windows 10 545–548
Atualização e Segurança, configurações 31
atualização para o Windows 10 535–548
    caminhos de atualização 535–536
    iniciar atualização manualmente 540
    preparar-se para a atualização 536–544
    realizar a atualização 545–548
    reservar cópia do Windows 10 540–544
    Windows Update, ferramenta 535–537
atualizações, 502, 557–572
    armazenamento em cache 502
    arquivos 35–36
    configuração 502–505
    desativar atualizações automáticas de aplicativo 167
    exibição do status 503
    instalação 501, 503
    quando instalar 503
    verificação de 503
atualizações automáticas de aplicativos 167
Atualizar, botão 109
autenticação
    de dois fatores 532
    tela de boas-vindas, métodos 373
autenticação no smartphone, aplicativo 532
autenticação por impressão digital 368–371

B

barra de endereços 109, 557–572
barra de ferramentas da área de trabalho (barra de tarefas) 80
Barra de Ferramentas de Acesso Rápido 557–572
barra de informações 557–572
barra de menus 557–572
barra de pesquisa e navegação (Explorador de Arquivos) 109–111
barra de tarefas 12–21
    alterar a aparência 72–77
    altura 76–77
    área de notificação 16–17
    atalhos de aplicativos 175–178
    botão Iniciar 12
    botões 557–572
    caixa de pesquisa 13–14, 557–572
    comportamento 77–78
    configurações de data e hora 17
    Cortana 18–19
    definição 557–572
    exibir botões 15, 77
    exibir ícones de gerenciamento de aplicativos 20
    exibir miniaturas de janelas de aplicativos 20
    exibir notificações 21
    exibir/gerenciar barras de ferramentas 79–83
    exibir/ocultar o botão Visão de Tarefas 77
    gerenciar notificações na Central de Ações 21
    ícone da Central de Ações 458
    informações de data e hora 378
    menu de Link rápido 13
    mover 76
    múltiplas telas 255–256
    ocultar 78
    ocultar todas as janelas abertas 21
    pesquisar conteúdo 20
    Visão de tarefas 15
Barramento Serial Universal (USB) 557–572
barras de ferramentas 79–83, 557–572
barras de ferramentas da barra de tarefas
    Área de Trabalho 80
    Endereço 79
    Links 79
barras de notificação, desligar 191
barras de progresso 557–572
barras de rolagem 557–572
barras de título 557–572
biblioteca de música 98
Bibliotecas, nó (Explorador de Arquivos) 100, 110–115
bibliotecas 98–99, 557–572
    adicionar pastas a 112–113
    alterar o ícone da pasta 114

Índice

criar 111
exibir/ocultar 111
Explorador de Arquivos *Ver* Explorador de Arquivos
ocultar 115
remover pastas de 115
bibliotecas de vínculo dinâmico (DLLs) 96
bibliotecas padrão 98
Bing (mecanismo de pesquisa) 470, 474
BIOS, acesso ao 525–526
bitmap (.bmp) 557–572
Bloco de Notas 158
Blocos, modo de exibição 118
blocos 557–572
   adicionar blocos a grupos de blocos 61
   configuração 57
   gerenciamento da tela sensível ao toque 173
   mover 59–60
   redimensionar 60
   tamanho 57–58
blogs 557–572
bloquear janelas pop-up 227–228
bloquear o computador 24, 44–45
bloqueio, definição 557–572
Bloqueio de Rotação, botão de ação 456
.bmp (bitmap) 557–572
Bolhas, proteção de tela 433
botão de ação Bluetooth 456
botão de ação VPN 456
botão de ação Wi-Fi 456
botão de energia 557–572
botão de minimização 37
botões de ação (Central de Ações) 455–456
botões de Ação Rápida, configurar 454-458
botões de opção 557–572
brilho da tela, alterar 418–419
Brilho da Tela, botão de ação 456
brilho da tela 411
buscar arquivos do OneDrive
  de computadores remotos 519
  habilitar 516
bytes 557–572

C

cache do sistema 557–572
caixa de pesquisa 13–14, 20, 109
caixas de diálogo 557–572
caixas de seleção, exibir (Explorador de Arquivos) 106
Calculadora, aplicativo 154
Calendário, aplicativo 154
Câmera, aplicativo 156
caminho absoluto 557–572
caminhos 557–572
caminhos de atualização do Windows 10 535–536
caminhos relativos 557–572
caracteres curinga 557–572
CCleaner 537–538
Central de Ações 17–18, 557–572
  abrir 190
  botões de ação 454–458
  gerenciar mensagens 21
  mostrar o painel da Central de Ações 457
  notificações de aplicativo 187
Central de Rede e Compartilhamento 288, 294–296, 557–572
certificados de licença 545–546
chaves de produto 557–572
chaves de registro 557–572
Children's Online Privacy Protection Act (COPPA) 229
classificação
  arquivos 123
  processos por uso do recurso 493–494
clicar com o botão direito do mouse 557–572
clicar duas vezes 557–572
Clima, aplicativo 157
cliques 557–572
colar itens da Área de Transferência 132
colunas, modo de exibição Detalhes
  adicionar, remover, reorganizar 119
  redimensionar 120
comandos 557–572
comentários xiv
compactação de arquivos ou pastas 128–130, 557–572
compartilhamento
  arquivos 557–572
  arquivos de rede 317–329
  impressoras 278
  informações (navegadores Web) 203–210
  páginas Web 205–206
Compartilhamento, guia, caixa de diálogo Propriedades 136
Compartilhamento Avançado, caixa de diálogo 327
Compartilhamento da Pasta Pública, configurações, perfis de segurança da rede 297
Compartilhamento de Arquivos e Impressoras, configurações, perfis de segurança da rede 297
compartilhamento de impressora 278
compartilhamento de rede 557–572
Compartilhamento protegido por senha, configurações, perfis de segurança da rede 297
Compartilhar, guia (Explorador de Arquivos) 104
Compartilhar, painel (Edge) 203
componentes compartilhados 557–572
comportamento, barras de tarefas 77–78
compromissos, lembretes da Cortana 468–469

Computador, guia 107
Computador, lista, janela Rede 293
computadores desktop 557–572
computadores portáteis, dispositivos periféricos e 256
comunicação sem fio ponto a ponto, Miracast 250
conclusão da atualização do Windows 10 546–548
Conectar, botão de ação 456
Conectar, painel 255
conectores de fone de ouvido 257
conectores de saída de áudio 257
conexão
   com redes 286–292
   contas locais a contas da Microsoft 361
Conexão de Área de Trabalho Remota 159, 557–572
Conexão de Compartilhamento de Arquivos, perfis de segurança da rede 297
conexões
   expandir capacidade 244–245
conexões com a Internet, conexões de rede *versus* 288
conexões de banda larga 557–572
conexões de impressoras 273–280
   exibir o status da impressora 279
   gerenciar as configurações da impressora 279
   impressoras de rede 274
   impressoras Plug and Play 274–275
   impressoras virtuais 281
   instalação manual de impressoras locais 275–278
conexões de rede
   compartilhar arquivos 317–329
   conectar-se a redes 286–292
   configuração de segurança 297–303
   exibir informações sobre redes 292–297
   solução de problemas 304–308
   versus conexões com a Internet 288
conexões do grupo doméstico 308–317
conexões sem fio, Miracast 250
configuração
   barra de tarefas 72–83
   botões de Ação Rápida 454–458
   computadores, compartilhamento de arquivos 320–321
   configuração da sincronização 373–374
   configurações, janela Configurações 29–31
   configurações, Painel de Controle 32–33
   configurações de privacidade 504–508
   configurações de segurança do navegador 224–228
   Cortana, configurações 462–468
   ícones do sistema 184
   menu Iniciar 51–56
   Modo de Exibição de Leitura, configurações 219
   narração visual, opções 446
   opções de energia 417–425
   opções de idioma 394–395
   opções de narração de áudio 445
   Pesquisa Segura, configuração 474
   proteções de tela 433–434
   reconhecimento de voz 401–403
   recursos de acessibilidade 435–449
   segurança da conexão de rede 297–303
   tela inicial 51–56
   Windows Hello 370–371
Configuração de vídeo, exibir o painel 252, 409
configurações
   configuração da sincronização 373–374
   Configurações, janela 27–34
   contas de usuário 357–361
   Cortana 462–468
   Edge 210–220
   energia 417–425
   exibir categorias 34
   fala 400–405
   impressoras 279
   Painel de Controle 32–33
   perfis de segurança de rede 297–301
   Pesquisa Segura 474
   recursos de acessibilidade 435–449
   região e idioma 388–399
   segurança do navegador 224–228
   sincronizar 368
   Store (Windows Store) 163–167
   tela de bloqueio 427–432
   tela de fundo e cor da área de trabalho 63–67
   telas do dispositivo 405–413
Configurações, janela (Loja) 164
Configurações, janela 27–34
   abrir 34, 249
   Cores, painel 70–71
   Data e Hora, painel 380
   Dispositivos, página 246
   Exibição, painel 252–253
   Família e outros usuários, painel 345–346
   Notificações e ações, painel 187
   recursos configuráveis 29–31
   Região e Idioma, painel 390–391
   Tela de fundo, painel 65–67
configurações avançadas
   Edge 211
   planos de energia 423–424
Configurações de Compartilhamento Avançadas, janela (Painel de Controle) 303
configurações de conexão do Grupo Doméstico, perfis de segurança da rede 297, 300
configurações de exibição do dispositivo 405–413
   brilho da tela 411
   elementos da interface do usuário, tamanho 409

elementos da interface do usuário, tamanho do texto 410
orientação do conteúdo na tela 411
resolução da tela 412–413
configurações de fala 400–405
 configuração do reconhecimento de voz 401–403
 exibir painel Fala 401
configurações de idioma 388–399
 alterar o idioma de exibição do Windows 396
 configuração das opções 394–395
 instalar idiomas do sistema adicionais 391–392
configurações de idioma e alfabetos 393
configurações de privacidade 31
 categorias 505–506
 configuração 504–508
 Cortana 507
 Filtro SmartScreen 506
 gerenciar 508
 ID de anúncio 506
configurações de segurança, Microsoft Proteção para a Família 348–349
configurações de vídeo 405–413
 brilho da tela 411
 orientação do conteúdo na tela 411
 resolução da tela 412–413
 tamanho, elementos da interface do usuário 409
 tamanho do texto, elementos da interface do usuário 410
configurações do computador 377
 energia 417–425
 fala 400–405
 recursos de acessibilidade 435–449
 região e idioma 388–399
 tela de bloqueio 427–432
 telas do dispositivo 405–413
configurações padrão, tela inicial 52
configurações padrão de notificação 188
configurações regionais 388–399
 copiar para telas de sistema do Windows 399
 formatos de data e hora 397–398
configurar
 aplicativos padrão 479–487
 cor da tela de fundo da área de trabalho 67
 cores de destaque, tela de fundo da área de trabalho 70–71
 Cortana 460–462
 dispositivos de áudio 257–264
 Explorador de Arquivos, opções de pesquisa 477
 home page, Edge 211–213
 imagem da conta de usuário 364–365
 imagem de tela de fundo da área de trabalho 65
 imagens da conta da Microsoft 365
 opções de botão e roda do mouse 265–266

configurar data e hora manualmente 381
Configure seu Microfone, assistente 402
Conhecendo Você, recurso, desligar 405
Connected Accounts (Notebook da Cortana) 465
console de gerenciamento do computador 347
contas
 locais 5
 Microsoft 4–5
 Store (Windows Store) 163–167
 usuário *Ver* contas de usuário
Contas, configurações 30
contas da Microsoft 4–5
 acessar configurações 167
 alternar para uma conta local 360
 conexão com contas locais 361
 imagens 361–363, 365
 registrar 360
 senhas 363–364, 366–367
 verificação de identidade 532
contas de usuário 557–572
 Administrador 340–341, 357
 Adulto 339
 botões 557–572
 configurações 357–361
 configurações do menu Iniciar 23–24
 Convidado 357
 Criança 339
 criar 346
 definição 338
 exibir controles 26
 família 341–342
 gerenciar 345–361
 imagens 345, 361–365, 557–572
 local 5, 338, 355, 360, 361
 Microsoft 4–5, 338, 360–361
 nomes 557–572
 opções de entrada 367–374
 padrão 338, 557–572
 perfis de usuários 339–340
 permissões 340–341, 358–359
 restringir 359–360
 sair 24
 senhas 345, 363–364
 trocar usuário 24, 26
 UAC (Controle de Conta de Usuário) 342–344
contas de usuário familiar 341–342
 criar 349–351
 gerenciar 351–354
 Proteção para a Família 348–349
contas de usuário não familiar 354–357
contas locais 5, 338–339, 557–572
 alternar para, de uma conta da Microsoft 360
 conectar a contas da Microsoft 361
 criar 355

imagens 361–363
senhas 363–364, 366
conteúdo
  blocos, tela inicial 58
  configuração do menu Iniciar 54–56
  guias do Edge 213
  menu Iniciar 23
  pesquisa 20
conteúdo da pasta
  exibir 109
  filtrar 122–124
conteúdo do grupo de pasta, Explorador de Arquivos 120–122
conteúdo na tela, orientação 411
Controle de Conta de Usuário (UAC) 342–344, 557–572
conversão de texto em fala
  alterar voz e velocidade 404–405
  Narrador, ferramenta 435
  recursos específicos a um idioma 395
Convidado, contas 357–358, 557–572
copiar arquivos e pastas 130–132
COPPA (Children's Online Privacy Protection Act) 229
cores, tela de fundo da área de trabalho 68–71
cores de destaque, área de trabalho 68–71
cores sólidas, como tela de fundo da área de trabalho 64
Cortana 18–19, 459–469
  adicionar lembretes 468–469
  configuração 460–468
  configurações de privacidade 507
  exibir/ocultar 468
  inicializar 460–464
  países e regiões 459
Cortana Tips, opções de acompanhamento de informações (Cortana) 465
CPUs (unidades de processamento central) 557–572
credenciais do usuário 557–572
Criança, contas de usuário 339, 348–349
crianças e segurança online 229
cursores 557–572

D

dados
  fazer backup usando o Histórico de Arquivos 519–524
  informações sobre transferência, exibir 296
  uso por aplicativos, exibir 296–297
data e hora
  alterar formatos 385–386
  alterar fuso horários 384
  barra de tarefas 17
  configurar manualmente 381
  exibir múltiplos relógios 387
  exibir relógios secundários 387
  sincronizar com servidores de horário da Internet 382–383
Data e hora, configurações 380–381
Data e Idioma, configurações 31
Defender, atualizações 224
Definir os Programas Padrão, janela 482–483, 486–487
desabilitar
  adaptadores de rede 306
  barra de ferramentas, sessões de Navegação InPrivate 231–232
  contas de usuário 351–353, 356
Desafixar, botão, gerenciamento dos blocos da tela sensível ao toque 173
Descoberta de Rede e Compartilhamento de Arquivos, caixa de mensagem 290
descoberta de redes 289, 557–572
  configurações, perfis de segurança de rede 297
  ligar 290–291
desconectar
  dispositivos periféricos 279–280
  redes com fio 291
  redes sem fio 291–292
Descrição de Áudio, configurações 444–446
Descriptive Video Service (DVS) 444
desempenho, Gerenciador de Tarefas 494
Desfragmentador de Disco 557–572
desinstalar aplicativos da loja 168–171
desligamento, definir configurações 425
desligamento, gatilhos de ação 425
desligar
  Conhecendo Você, recurso 405
  Filtro SmartScreen 226
  Lupa, ferramenta 443
  navegação por cursor 234
  notificações de aplicativo 189, 191
  notificações de barra e áudio 191
desligar 44, 46, 557–572
deslizar o dedo (interação com a touchscreen) 555
Destaque do Windows, tela de bloqueio 430
Detalhes, modo de exibição (Explorador de Arquivos) 117
Diário do Windows, aplicativo 158
Dica de Tela 557–572
dicas de senha 557–572
Digitação, entrada de texto, recurso 271
dimensionamento de janelas, botões 37
dinâmico, definição 557–572
Dinheiro, aplicativo 157
direitos digitais 545–546
disco de reparo do sistema 527–528

discos de redefinição de senha 557–572
discos do sistema 557–572
disposição
    ícones da área de trabalho 183
    janelas 40–43
Dispositivos, configurações
    conteúdo 246
    Impressoras e scanners, painel 273
    recursos 30
dispositivos 557–572
dispositivos apontadores 557–572
dispositivos de armazenamento removíveis 102
dispositivos de armazenamento removíveis externos 102
dispositivos de áudio 257–264
    gerenciar configurações de dispositivo de reprodução 259–260
    mudar dispositivos de gravação 261–264
    mudar dispositivos de reprodução 259–260
    notificações 258
dispositivos de entrada 557–572
dispositivos de gravação, alternar entre 261–264
Dispositivos de Mídia, lista (janela Rede) 293
Dispositivos e Impressoras, janelas 273
dispositivos externos 243
    áudio 257–264
    computadores portáteis e 256
    desconectar do computador 279–280
    exibir a área de trabalho em múltiplos vídeos 250–256
    gerenciamento do teclado 271–273
    impressoras 273–280
    instalação 245
    internos 244
    localizar informações de dispositivo 246–250
    mouses 264–271
    terminologia 244–245
dispositivos periféricos 243, 557–572
    áudio 257–264
    computadores portáteis e 256
    desconectar do computador 279–280
    exibir a área de trabalho em múltiplos vídeos 250–256
    externos 244, 557-572
    gerenciamento do teclado 271–273
    impressoras 273–280
    instalação 245
    internos 244, 557-572
    localizar informações de dispositivo 246–250
    mouses 264–271
    terminologia 244–245
dispositivos sem fio 245
DLLs (bibliotecas de vínculo dinâmico) 96

Documentos, biblioteca 98, 110
domínios de rede 557–572
domínios primários (TLDs) 222, 224
download de arquivos de prática xii–xiii
downloads de arquivos, Edge 207
Downloads e Atualizações, página 169, 171
drivers de dispositivo 245, 557–572
DVD Player do Windows, aplicativo 156
DVI, portas de monitor 244
DVS (Descriptive Video Service) 444

E

Eat & Drink, opções de acompanhamento de informações (Cortana) 465
Economia de bateria, botão de ação 456
Economia de bateria, recurso 426
Economia de Energia, plano de energia 417
Edge 198, 557–572
    alterar mecanismo de pesquisa padrão 214–216
    configuração do Modo de Exibição de Leitura 219
    configurações de segurança 224–228
    encontrar, salvar e compartilhar informações 203–210
    excluir informações salvas 218
    exibir a lista de favoritos 207
    exibir a lista de leitura 207
    exibir o histórico de navegação 207
    exibir os downloads de arquivos 207
    exibir sites 199–202
    fixar site à tela inicial 208–209
    gerenciar configurações 210–220
    gerenciar senhas 216–217
    importar listas de Favoritos para 220
    imprimir páginas Web 209–210
    leitura de artigos 208
    personalizar conteúdo 213
    salvar páginas Web na lista de favoritos 207
    salvar senhas 216–217
    solução de problemas com navegação 231–234
editar configurações avançadas, planos de energia 423–424
Editar Configurações do Plano, janela 421
elementos da interface do usuário 409–410
Email, aplicativo 154, 203–204
emular diferentes navegadores 232
Endereço, barra de ferramentas (barra de tarefas) 79
endereços de protocolo de IP 222, 557–572
endereços de sites, anatomia de 222–223
entrada de texto, recursos 271–272
entradas de formulário, Edge 216–217
entrar 9, 557–572
Equilibrado, plano de energia 417

erros, informar xiv
escolha de aplicativos padrão 481
especificar aplicativos padrão 479–487
   abrir um arquivo 482
   Definir os Programas Padrão, janela 482–483, 486–487
   por categoria 480–481, 485
   por protocolo 481–482, 486
   por tipo de arquivo 481, 484–485
espiar, função 78
Esportes, aplicativo 157
Este Computador, nó (Explorador de Arquivos) 100, 102
estender imagens (tela de fundo da área de trabalho) 65
estender vídeos 251
Ethernet 557–572
Events, opções de acompanhamento de informações (Cortana) 465
excluir
   contas de usuário 353–354, 356–357
   grupos domésticos 317
   informações salvas, Edge 218
   pastas e arquivos 133–135
   planos de energia personalizados 424
executar
   aplicativos da área de trabalho como administrador 153
   solução de problemas 307–308
   Solução de problemas de Grupo Doméstico 317
Executar como Administrador, comando, aplicativos da área de trabalho 153
Exibição Atual, grupo (guia Exibir) 106
exibição de conteúdo 118
exibir
   aplicativos ativos e que não estão respondendo 493
   área de trabalho em múltiplas telas 250–256
   área de trabalho em um só vídeo 251
   áreas de trabalho na visão de tarefas 489
   arquivos recentes 26
   barras de ferramentas da barra de tarefas 79–83
   bibliotecas, Painel de Navegação 111
   botões da barra de tarefas 77
   botões de ação 457
   caixas de diálogo Propriedades, arquivos e pastas 139
   categorias de configurações 34
   Central de Ações, ícone da barra de tarefas 458
   comprados, aplicativos/jogos 170
   configurações de fala 401
   configurações de vídeo 252, 409
   conteúdo da pasta, como ícones 118
   conteúdo da pasta, Explorador de Arquivos 109

conteúdo dinâmico, blocos de aplicativos 174
controles de conta de usuário 26
Cortana 468
Data e hora, configurações 381
data e hora atuais 380–381
downloads de arquivos, Edge 207
facilidade de acesso, configurações 437
histórico de arquivos 522–523
histórico de atualizações 36
histórico de navegação, Edge 207
ícones da área de trabalho 183
ícones de gerenciamento de aplicativos 20
imagens da tela de fundo da área de trabalho 66
informações de hardware, software e componentes 250
informações de status do aplicativo, tela de bloqueio 431–432
informações sobre dispositivos 249–250
informações sobre redes e conexões 292–297
janela Configurações 249
lista de favoritos, Edge 207
lista de leitura, Edge 207
listas de aplicativos, menu Iniciar 55
listas de atalhos 56
Mais Ações, menu 211
mensagens recentes 21
menu de atalho da barra de tarefas 74
menu de Link rápido 34
menu Iniciar 26
miniaturas 20
múltiplos relógios 387
notificações 21
Opções de Pasta, caixa de diálogo 126
painéis do Explorador de Arquivos 115–116
painel da Central de Ações 457
Painel de Controle, página inicial 34
reconhecimento de fala, ferramentas 403
região e idioma, configurações 390
relógios secundários 387
senhas de grupo doméstico 313
sites, Edge 199–202
sites no Modo de Exibição de Compatibilidade 233–234
status da impressora 279
status dos adaptadores de rede 296
tela inicial 26
temas instalados 88
Todos os Aplicativos, menu 152
Visão de tarefas, botão 77
Exibir, guia (caixa de diálogo Opções de Pasta) 125
Exibir, guia (Explorador de Arquivos) 104
Exibir área de trabalho, botão 17
Exibir ícones ocultos, botão 16
exibir itens ocultos (Explorador de Arquivos) 106

expandir
  capacidade de conexão 244–245
  computadores portáteis, dispositivos periféricos 256
  pastas 109
expansão da memória usando o ReadyBoost 247
Explorador de Arquivos 100, 557–572
  barra de pesquisa e navegação 109–111
  iniciar 109
  interface de comando de faixa de opções 102–106
  layout da janela 102–103
  nó Acesso Rápido (Painel de Navegação) 100
  nó Bibliotecas (Painel de Navegação) 100
  nó Este Computador (Painel de Navegação) 100, 102
  nó Grupo Doméstico (Painel de Navegação) 100
  nó Rede (Painel de Navegação) 100
  opções de exibição 115–126
  painel Conteúdo 103, 557–572
  Painel de Navegação 102, 557–572
  painel de visualização 103, 557–572
  painel Detalhes 103, 557–572
  pasta Bibliotecas 110–115
  pesquisar 475–479
  pesquisas 141–142
Extensible Markup Language (XML) 557–572
extensões de nome de arquivo, exibir (Explorador de Arquivos) 106
extensões de nome de arquivo 223, 557–572
extensões de tela sem fio 254–255
extrair arquivos, pastas compactadas 129–130

F

Fácil Acesso, menu, guia Início 105
facilidade de acesso, configurações 31
facilidade de acesso, recursos 435
    exibir configurações 437
    sincronizar configurações 368
Faixas, proteção de tela 433
faixas de opções 557–572
falha de sistema, inicialização de unidades de recuperação 524
Família e outros usuários, configurações 345–346
Favoritos, barra 557–572
Favoritos, listas de
  exibir 207
  importar para o Edge 220
  salvar páginas Web no 207
Fax e Scanner do Windows, aplicativo 158
fazer backup
    arquivos no OneDrive 513–517
    dados, usando o Histórico de Arquivos 519–524

sistemas de computador 524–528
unidades para imagens de sistema 524–531
fechar
  área de trabalho atual 490
  áreas de trabalho selecionadas 490
  janelas 37–40
Fechar, botão 37
Federal Trade Commission, crianças e segurança online 229
Ferramenta de Captura 158, 557–572
Filmes e programas de TV, aplicativo 155
filtrar
  conteúdo da pasta 122–124
  Explorador de Arquivos, resultados da pesquisa 477
  resultados da pesquisa da barra de tarefas 473–474
Filtro SmartScreen 225–226, 506, 557–572
filtros 557–572
  aplicar 124
  Bing 474
filtros de conteúdo, Bing 474
finalizar sessões 44–46
Finance, opções de acompanhamento de informações (Cortana) 465
Firewall do Windows 557–572
fixar, definição 557–572
fixar aplicativos
  à área de trabalho 178–183
  à barra de tarefas 177–178
  à tela inicial 172–174
fixar arquivos a uma lista de atalhos 176
fixar pastas
  à lista de Acesso Rápido 105
  a uma lista de atalhos 176
fixar sites à tela inicial 208–209
fixos, botões da barra de tarefas 557–572
FlipView, recurso 557–572
Flores, tema 84
fone de ouvido com microfone 258
fontes específicas a alfabetos 395
formatos, configurações de data e hora 385–386
fotos
  como telas de fundo da área de trabalho 64
  contas da Microsoft 365
  contas de usuário 361–365
Fotos, aplicativo 156
Fotos, proteção de tela 433
funcionalidade do computador, restaurar 508–513
    Ver também pontos de restauração
fuso horário UTC 378
fusos horários 378, 384

G

gadgets 557–572
GB (gigabyte) 128, 557–572
Geral, guia
    Opções de Pasta, caixa de diálogo 125
    Propriedades, caixa de diálogo 136
Gerenciador de Dispositivos, janela 248
Gerenciador de Tarefas 491–496, 557–572
    exibir informações de desempenho 494
    exibir informações de uso de recursos 495
    gerenciar processos de inicialização 185–186
    gerenciar serviços 495
    identificar aplicativos com uso intensivo de recursos 494
    iniciar 493
gerenciamento de informações, aplicativos 154–155
gerenciamento de mídia, aplicativos 155–156
gerenciamento de tarefas 453
    áreas de trabalho virtuais 487–490
    configurar botões de Ação Rápida 454–458
    Cortana 459–469
    especificar aplicativos padrão 479–487
    Gerenciador de Tarefas 491–496
    pesquisas 469–479
gerenciamento do mouse 264–271
    aparência do ponteiro 267–268
    configurações de botões 267
    funcionalidade da roda 270–271
    funcionalidade do ponteiro 269–270
    ícones de ponteiro 269
    opções de botão e roda 265–266
gerenciamento do teclado
    alterar taxa e intervalo de repetição das teclas 272–273
    atalhos 549–554
    configurações 446–449
    configurar a entrada de texto 272
gerenciar
    aplicativos padrão 221
    conexões de impressoras 273–280
    configurações de impressora 279
    configurações do dispositivo de reprodução de áudio 259–260
    contas de usuário 345–361
    Edge, configurações 210–220
    Edge, senhas e entradas de formulário 216–217
    grupos de blocos 61–62
    pesquisas do Explorador de Arquivos 475–479
    redes 108
    unidades de disco rígido 108
    Windows 20–21
gesto multi-touch 557–572
gestos (dicas da touchscreen) 556

Getting Around, opções de acompanhamento de informações (Cortana) 465
gigabyte (GB) 128, 557–572
glifos 557–572
GMT (Hora Média de Greenwich) 378
Graphics Interchange Format (.gif) 557–572
Gravação, guia (caixa de diálogo Som) 261
Gravador de Passos, aplicativo 159
Gravador de Som 557–572
Gravador de Voz, aplicativo 154
Groove Música, aplicativo 155
Grupo Doméstico, janela do
    Explorador de Arquivos 311
    Painel de Controle 311–312
Grupo Doméstico, nó (Explorador de Arquivos) 100
grupos de blocos, gerenciar 61–62
grupos de trabalho 557–572
grupos domésticos 557–572
    adicionar computadores a 314–315
    alterar senhas 316
    compartilhar pastas/bibliotecas 322–324
    conectar a recursos 315
    criar 312–313
    descartar requisitos de senha 313–314
    desconectar todos os computadores 315
    excluir 317
    exibir senha 313
    recursos 321–322
    remover computadores do 316–317
GUI (interface gráfica do usuário) 557–572
guias 557–572
    Edge 213
    faixa 103–106
    ferramenta 107–109
guias de faixa de opções 103–106
guias de faixa de opções padrão 103–106

H

habilitar
    adaptadores de rede 306–307
    contas de usuário desabilitadas 353, 356
hardware 557–572
HDMI, portas 244
hiperlinks 557–572
Histórico de Arquivos 557–572
    ativar 520–522
    backups 111
    exibir 105
    fazer backup de dados 519–520
    visualizar versões anteriores 522–523
home pages 211–213, 557–572
Hora Média de Greenwich (GMT) 378
horário, configurações, barra de tarefas 17

hotspots 557–572
HTML (Hypertext Markup Language) 557–572
HTTP (Hypertext Transfer Protocol) 222
hubs 244, 557–572
hubs de rede 557–572
hubs multiportas 244
Hypertext Markup Language (HTML) 557–572
Hypertext Transfer Protocol (HTTP) 222

I

ICANN (Internet Corporation for Assigned Names and Numbers) 222
Ícones, modos de exibição (Explorador de Arquivos) 117
ícones 557–572
ícones de conexão 287
ícones de gerenciamento de aplicativos, exibir 20
ícones de notificação do Windows padrão 16
Ícones extra grandes, modo de exibição (Explorador de Arquivos) 117
Ícones grandes, modo de exibição (Explorador de Arquivos) 117
Ícones médios, modo de exibição (Explorador de Arquivos) 117
Ícones pequenos, modo de exibição (Explorador de Arquivos) 117
ID de anúncio 506
identificação biométrica 368, 532
idioma do teclado, alterar 396
idiomas do sistema
  instalação 391–392
  remover 396
IM (sistema de mensagens instantâneas) 557–572
Imagem, grupo de Ferramentas (guias de ferramentas) 107
imagens
  contas da Microsoft 365
  contas de usuário 345, 361–365
  Maravilhas Naturais, temas 85
  tela de fundo, temas 86
  tela de fundo da área de trabalho 64–67
  telas de fundo panorâmicas, temas 86
Imagens, biblioteca 98
imagens centralizadas (tela de fundo da área de trabalho) 65
Imagens da câmera, biblioteca 98
imagens de backup *Ver* imagens de sistema
imagens de inicialização 525–526
imagens de sistema
  armazenar 524, 526–527
  criar backups 524–528
  periódicas 524
  restaurar a partir de 524, 527–528

imagens panorâmicas, temas 86
Imagens Salvas, biblioteca 98
importar lista de Favoritos, Edge 220
impressoras compartilhadas 557–572
impressoras de rede 274, 557–572
Impressoras e scanners, configurações 273
impressoras locais 275–278, 557–572
impressoras remotas 557–572
impressoras virtuais 281, 557–572
imprimir páginas Web 209
indicações verbais, Cortana e 462–464, 466–467
índice, pesquisa 475
  alterar locais sendo indexados 478
  alterar opções de indexação avançadas 478
  recriar 479
informações ao vivo, aplicativos 157
informações de componentes, exibir 250
Informações do Sistema, janela 249
informações pessoais, remover arquivos de 140
informar sites inseguros 226
Infraestrutura de Rede, lista, janela Rede 293
inicialização da Cortana 460–464
inicializar
  computadores apagados 524
  discos de recuperação 529–530
  DVD inicializável 524
  unidades de recuperação 529–530
iniciar
  aplicativos 149–153
  aplicativos da Loja 163
  Explorador de Arquivos 109
  Gerenciador de Tarefas 493
  Navegação InPrivate, sessões 230
  sessões 4–9
Iniciar, botão, barra de tarefas 12
Iniciar, menu 21–26, 557–572
  Adicionados Recentemente, seção 24–25
  configuração 51–56
  dados da conta do usuário 23–24
  exibir 26
  listas de atalhos 25
  Mais Usados, seção 24–25
  seções de conteúdo 23
Início, guia (Explorador de Arquivos) 104–105
instalação
  aplicativos da Loja 160–171
  atualizações 502–504
  dispositivos periféricos 245
  idiomas do sistema adicionais 391–392
  impressoras Plug and Play 274–275
  Language Interface Packs 393
  recursos de fonte suplementar 395
  Windows 10 535–548
instalação manual, impressoras locais 275–278

Instalar o Driver de Impressora, página (assistente Adicionar Impressora) 277
instruções de procedimento de múltiplos passos xiii
interface de comando de faixa de opções (Explorador de Arquivos) 102–108
interface do usuário (IU) 557–572
interface gráfica do usuário (GUI) 557–572
Internet Corporation for Assigned Names and Numbers (ICANN) 222
Internet Explorer 155, 557–572
Intervalo de repetição, configurações, teclado 273
IP (Internet Protocol), endereços 222, 557–572
ISE (Ambiente de Script Integrado) do Windows PowerShell 159
ISP (provedor de serviços de Internet) 557–572
Itens Abertos Recentemente, configurações 54
itens ocultos, exibir (Explorador de Arquivos) 106
IU (interface do usuário) 557–572

J

janelas 557–572
   arrastar 42
   disposição 40–43
   em cascata e ajustar 41
   fechar 37–40
   gerenciar na visão de tarefas 20
   mover 40–43
   ocultar 21, 37–40
   redimensionar 37–40
janelas ativas 557–572
janelas pop-up
   bloquear 227–228
   definição 557–572
.jpg (JPEG), formato de arquivo 557–572

K

KB (quilobyte) 557–572
Kbps 557–572

L

lado a lado, imagens (tela de fundo da área de trabalho) 65
Language Interface Packs 388, 393
laptops 557–572
largura de banda 557–572
layout da janela, Explorador de Arquivos 102–103
legendagem oculta (facilidade de acesso) 435
Leitura, configurações do modo de exibição (Edge), definir 219
lembretes, Cortana 468–469

Lente, modo de exibição (ferramenta Lupa) 440
ler artigos, lista de leitura do Edge 208
ligar
   Descrição de Áudio, recurso 446
   Filtro SmartScreen 226
   Lupa, ferramenta 441
   Narrador, ferramenta 445
   navegação por cursor 234–235
   notificações de aplicativo 189
   recurso de descoberta de redes 290–291
   recursos de acessibilidade do teclado 447–448
limitar notificações do sistema 191
Limpeza de Disco 557–572
Links, barra de ferramentas (barra de tarefas) 79–80
lista de Acesso Rápido 126
lista de Impressoras
   na janela Rede 293
   no assistente Adicionar Impressora 277
Lista de Leitura, aplicativo 203–204, 206
lista de leitura, Edge
   exibir 207
   leitura de artigos 208
listas de aplicativos, exibir no menu Iniciar 55
listas de atalhos 25, 557–572
   exibir 56
   menus de atalho de arquivo 176
   ocultar 56
livro eletrônico, edição xiv
Lixeira, grupo de Ferramentas (guias de ferramentas) 108
Lixeira 11, 133, 135, 557–572
locais de armazenamento, pesquisas 470–474
locais de armazenamento à lista de Acesso Rápido 126
Local, botão de ação 456
localizar
   aplicativos 149–153
   informações (navegadores Web) 203–210
   informações sobre dispositivos periféricos 246–250
   texto em uma página Web 204
logon único (SSO), contas 557–572
Loja (Windows Store) 149
   compras 160–163
   gerenciar contas e configurações 163–167
   menu da conta 164
Lupa, ferramenta 435, 557–572
   alterar nível de ampliação 442
   configuração 440–443
   desligar 443
   ligar 441
   visualizações ampliadas 440

M

Mais Ações, menu (Edge)
    exibir 211
    gerenciar configurações do Edge 210
Mais Detalhes, modo de exibição (Gerenciador de Tarefas) 491, 493
Mais usados, aplicativos, menu Iniciar 24–25, 54
malware 224, 557–572
Mapa de Caracteres, aplicativo 159
Mapas, aplicativo 155
mapear uma unidade 557–572
Maravilhas Naturais, categoria, temas 85
marcas 557–572
maximizar janelas 37, 39, 557–572
MB (megabyte) 557–572
mecanismo de pesquisa padrão do Edge, alterar 214–216
mecanismos de pesquisa, Edge 214–216
Meetings & Reminders, opções de acompanhamento de informações (Cortana) 466
megabyte (MB) 557–572
membros do grupo doméstico 557–572
Menos Detalhes, modo de exibição (Gerenciador de Tarefas) 491, 493
mensagens não lidas, exibir 21
menu Arquivo (Explorador de Arquivos) 103
menu de Link rápido 13, 34
menus 557–572
    conta da loja 164
    Todos os Aplicativos 149–153
menus de atalho 74, 557–572
menus de atalho de arquivos, listas de atalhos 176
metadados 557–572
Meu conteúdo, resultados da pesquisa 471
mexer
    definição 557–572
    interação com a touchscreen 555
microfones 258
    conectado via USB 257
    indicações verbais da Cortana 466–467
microfones boom 258
microfones de pedestal 258
Microsoft Edge *Ver* Edge
Microsoft Proteção para a Família 348–349
mídia 557–572
mídias removíveis 557–572
Minha biblioteca (Loja) 168
miniaturas, exibir 20
minimizar janelas 39, 557–572
Miracast 250, 557–572
modems 557–572
modo avião, botão de ação 455
Modo de Exibição de Compatibilidade 557–572
modo de exibição de lista (Explorador de Arquivos) 117
modo de hibernação 557–572
modo de suspensão 44–45, 557–572
Modo Tablet, botão de ação 456
monitorar tarefas de sistema 491–496
monitores, exibir a área de trabalho em múltiplos vídeos 250–256
mover
    aplicativos para áreas de trabalho diferentes 489–490
    arquivos e pastas 130–132
    barra de tarefas 76
    blocos, tela inicial 59–60
    botões da barra de tarefas 178
    entre áreas de trabalho 489
    grupos de blocos, tela inicial 62
    janelas 40–43
Movies & TV, opções de acompanhamento de informações (Cortana) 466
múltiplos dispositivos de vídeo 250–256
múltiplos monitores 557–572
Múltiplos Vídeos, configurações 75, 253
Música, aplicativo 155
Música, grupo de Ferramentas (guias de ferramentas) 107

N

Narrador (facilidade de acesso) 435
    configuração 444–446
    definição 557–572
    ligar 445
National Institute of Standards and Technology (NIST) 383
navegação 557–572
    aplicativos 162
    definição 557–572
    histórico, Edge 207
navegação com guias 557–572
Navegação InPrivate 230–231, 557–572
navegação por cursor 232–235
navegadores 557–572 *Ver* navegadores Web
navegadores da Internet *Ver* navegadores Web
navegadores Web 155, 557–572
    configurações de segurança 224–228
    Edge 198
    exibir sites no Edge 199–202
    gerenciar configurações do Edge 210–220
    privacidade 229–231
    sincronizar configurações 368
    solução de problemas 231–234
News, opções de acompanhamento de informações (Cortana) 466

NIST (National Institute of Standards and Technology) 383
níveis de controle, UAC (Controle de Conta de Usuário) 343
níveis de permissão, compartilhamento de arquivos 317–319
nome da página (endereços de sites) 223
nome da pasta (endereços de sites) 223
nome de domínio (endereços de site) 222
nome do computador, alterar 330–331
nomear grupos de blocos da tela inicial 61–62
nomes de exibição, contas familiares 351–351
Nota, botão de ação 456
Notas Autoadesivas, aplicativo 158
Notebook, definir configurações da Cortana 464–468
Notícias, aplicativo 157
notificações
  aplicativos 187–191
  dispositivos de áudio 258
  exibir 21
notificações, ícone 16–17
notificações de áudio (aplicativos), desligar 191
notificações do sistema 148
notificações e ações, configurações 187
número de identificação pessoal (PIN) 367
  alterar 370
  criar 369–370

O

Obter o Windows 10, aplicativo 541
Obter o Windows 10, ícone 536–537
ocultar
  barra de tarefas 78
  bibliotecas 111, 115
  Central de Ações, ícone da barra de tarefas 458
  conteúdo dinâmico, blocos de aplicativos 174
  Cortana 468
  ícones da área de trabalho 183
  janelas 21, 37–40
  listas de aplicativos do menu Iniciar 55
  listas de atalhos 56
  painéis do Explorador de Arquivos 115–116
  Visão de tarefas, botão 77
OEM (original equipment manufacturer) 557–572
offline 557–572
OneDrive 513, 557–572
  acesso às opções de armazenamento 518
  armazenar arquivos 515
  atalho para 513
  conexão 514
  fazer backup de arquivos no 515
  gerenciar configurações 515
  obter arquivos 516, 519
  sincronizar pastas 517–518
  tamanho do armazenamento 513
online 557–572
Opções, botão, gerenciamento dos blocos da tela sensível ao toque 173
Opções, comando 106
opções 557–572
Opções Avançadas, caixa de diálogo, pesquisas do Explorador de Arquivos 476
opções da roda, mouses 265–266, 270–271
opções de botões, mouses 265–267
opções de energia, configurar 417–425
  alterar o brilho da tela 418–419
  configurações de gerenciamento de energia 419–420
  desligamento, configurações e gatilhos 425
  Economia de bateria, recurso 426
  editar configurações avançadas 423–424
  requisitos de senha 425
  restaurar um plano de energia ao seu padrão 424
opções de entrada, contas de usuário 367–374
opções de exibição, Explorador de Arquivos
  alterar opções de pasta 124–126
  classificar e filtrar conteúdo de pasta 122–124
  conteúdo do grupo de pasta 120–122
  diferentes modos de exibição de pastas/arquivos 116–120
  exibir/ocultar painéis 115–116
opções de layout (Explorador de Arquivos) 106
Opções de Pasta, caixa de diálogo 125–126
ordem de classificação, conteúdo da pasta 122–124
orientação do conteúdo na tela 411
original equipment manufacturer (OEM) 557–572
ortografia
  entrada de texto, recurso 271
  recursos específicos a um idioma 395
Otimizar Unidades 557–572
Outros Dispositivos, lista, janela Rede 293

P

Packages, opções de acompanhamento de informações (Cortana) 466
páginas Web
  anotação 204–205
  compartilhamento 205–206
  imprimir 209
  localizar texto 204
  salvar na lista de favoritos do Edge 207
  salvar no aplicativo Lista de Leitura 206
painel de conteúdo (Explorador de Arquivos) 103, 557–572

Painel de Controle 27, 557–572
   Central de Facilidade de Acesso 436
   configuração 32–33
   exibir a home page 34
   reconhecimento de fala, página 403
painel de detalhes (Explorador de Arquivos) 103, 106, 557–572
Painel de Entrada de Expressões Matemáticas 158
painel de navegação, opções 106
painel de navegação (Explorador de Arquivos) 102, 109, 557–572
painel de tarefas 557–572
painel de visualização (Explorador de Arquivos) 103, 106, 557–572
Paint, aplicativo 158
palavras-chave 557–572
partições 557–572
passar o dedo (interação com a touchscreen) 555
Pasta Compactada, grupo de Ferramentas (guias de ferramentas) 107
pasta Pública 97, 557–572
pastas 96, 557–572
   adicionar a bibliotecas 112–113
   adicionar ao menu Iniciar 56
   agrupar conteúdo 120–122
   alterar modo de exibição 118
   alterar o ícone de uma biblioteca 114
   alterar opções 124–126
   Arquivos de Programas 96
   bibliotecas 98–99
   compactar 128–130
   criar e renomear 127–128
   excluir/recuperar 133–135
   Explorador de Arquivos *Ver* Explorador de Arquivos
   mover/copiar 130–132
   opções de exibição, Explorador de Arquivos 115–126
   otimizar para um tipo de arquivo 113
   pesquisas 140–142
   propriedades 136–140
   Público 97
   remover de uma biblioteca 115
   remover do menu Iniciar 56
   Todos os Aplicativos, menu 152
   Usuários 97
   Windows 97
pastas compactadas 128–130, 557–572
pastas compartilhadas 557–572
pastas de armazenamento de arquivos 101
pastas de sistema 557–572
pastas do Windows 97
pastas pessoais 97, 557–572
pastas zipadas *Ver* pastas compactadas

perfil de rede Público 299
perfis de rede 557–572
perfis de usuários 339–340
Período de Silêncio, botão de ação 456
período de silêncio 190
permissão de leitura 317–318
permissão de leitura e gravação 317–318
permissões
   contas de usuário 340–341, 358–359
   revogar permissões de administrador 359
Permissões, caixa de diálogo 329
personalização
   blocos, tela inicial 59
   configurações de exibição do dispositivo 405–413
   Edge, conteúdo 213
   opções de entrada 367–374
   tela de bloqueio 427–432
   temas 87–89
Personalização, configurações 30
Personalizar, guia, caixa de diálogo Propriedades 137
Pesquisa Segura (Bing), configuração 474
pesquisas 469–479, 557–572
   arquivos e pastas 140–142
   Bing, filtros de conteúdo 474
   conteúdo da Lixeira 133
   filtrar resultados 473–474, 477
   locais de armazenamento 470–474
   no Edge 203–210
   no Explorador de Arquivos 475–479
   salvar 142
   Web 470–474
pesquisas avançadas, Explorador de Arquivos 475
pesquisas da Web 203–210, 470–474
pesquisas verbais 473
phishing 225–226, 557–572
PIN (número de identificação pessoal) 367
   alterar 370
   criar 369–370
   definição 557–572
pinçar (interação com a touchscreen) 555
pixels 557–572
placas de expansão 244, 557–572
placas de interface de rede 286
placas de som 257, 557–572
planos de energia
   criar personalizados 422
   excluir personalizados 424
   modificar 421
   padrão 420
planos de energia nativos 417
planos de energia personalizados 422–424
planos de gerenciamento de energia padrão 420

Plug and Play, dispositivos 245, 274–275, 557–572
.png (Portable Network Graphic) 557–572
Polígonos, proteção de tela 433
ponteiros (mouses) 557–572
   alterar aparência 267–268
   alterar como o ponteiro funciona 269–270
   alterar ícone individual 269
ponto de imagem 524
pontos de inserção 557–572
pontos de restauração 557–572
   Ver também funcionalidade do computador, restaurar
   criar 508, 510
   definição 508
   exibir todos 510
pontos de restauração do sistema
Portable Network Graphic (.png) 557–572
portas 244, 557–572
portas de impressora, paralelas 244
portas de mouse 244
portas Ethernet 244, 286
portas Ethernet externas 286
portas IEEE 1394 244
portas paralelas 244, 557–572
portas VGA 244
PowerShell *Ver* Windows PowerShell
preços, aplicativos da Loja 162
preencher imagens (tela de fundo da área de trabalho) 65
preferências de idioma, sincronização 368
preparação do computador para atualização para o Windows 10 537–540
privacidade, navegadores 229–231
processos, classificar por uso do recurso 493–494
programas *Ver* aplicativos; aplicativos da área de trabalho; aplicativos da Loja
Projetar, botão de ação 456
projetores de vídeo 557–572
Prompt de Comando, utilitário 159
Propriedades, caixa de diálogo
   arquivos 138
   pastas 136–137
propriedades 557–572
   arquivos e pastas 136–140
   Lixeira 135
Propriedades da Barra de Tarefas e do Menu Iniciar, caixa de diálogo, abrir 75
Propriedades do Teclado, caixa de diálogo 272
proteção de tela em branco 433
Proteção para a Família 348–349
proteções, perfis de usuários 339–340
proteções de tela 433–434, 557–572
protocolo (endereços de sites) 222
protocolo HTTPS 222

provedor de pesquisa 557–572
provedor de serviços de Internet (ISP) 557–572
PS/2, portas de teclado 244

Q

quadros 557–572
quilobyte (KB) 557–572

R

raízes 557–572
random access memory (RAM) 557–572
ReadyBoost 247, 557–572
Receitas e Bebidas, aplicativo 157
recolher pastas 109
Reconhecimento de Fala, janela 262
Reconhecimento de Fala, página (Painel de Controle) 403
reconhecimento de fala 557–572
   exibir ferramentas 403
   Reconhecimento de Fala, recurso 258, 446
   recursos específicos a um idioma 395
reconhecimento de manuscrito, recursos específicos a um idioma 395
reconhecimento de voz, configuração do 401–403
reconhecimento óptico de caracteres, recursos específicos a um idioma 395
recriar o índice de pesquisa 479
recuperar pastas e arquivos 133–135
recursos compartilhados do grupo doméstico 315, 321–322
recursos de acessibilidade, configuração de 435–449
   Alto Contraste, configurações 438–440
   Lupa, configurações da 440–443
   Narrador e Descrição de Áudio, configurações 444–446
   teclado e mouse, configurações 446–449
recursos de acessibilidade do mouse 446–449
recursos de fonte suplementar, instalação 395
Rede, janela 292–293, 295
Rede, nó (Explorador de Arquivos) 100
Rede e Internet, configurações 30
redes 557–572
redes com fio, desconectar 291
redes corporativas 557–572
redes ponto a ponto 557–572
redes privadas 301, 557–572
redes públicas 301, 557–572
redes sem fio
   conectar a 289–290
   desconectar 291–292
   segurança 302–303

redimensionar
    blocos, tela inicial 60
    colunas, modo de exibição Detalhes 120
    janelas 37–40
    tela parcial, tela inicial 53
refinar as pesquisas do Explorador de Arquivos 142
Região e Idioma, configurações 390–391
registrar contas da Microsoft 360
registros 557–572
reiniciar o computador 44, 46
reinstalar aplicativos da Loja 168–171
relatar erros xiv
Relógio Internacional, página (aplicativo Alarmes e Relógio) 379
relógios 387
relógios secundários, exibir 387
remover
    agrupamentos de arquivos 122
    atalhos de aplicativos da área de trabalho 183
    atalhos de aplicativos da barra de tarefas 178
    atalhos de aplicativos da tela inicial 174
    barra de ferramentas da barra de tarefas 83
    colunas, modo de exibição Detalhes 119
    idiomas do sistema 396
    informações pessoais de arquivos 140
    pastas, bibliotecas 115
    pastas, menu Iniciar 56
    propriedades de arquivo 138–140
    temas 90
Remover Hardware e Ejetar Mídia com Segurança, ícone 280
renomear
    computador 330–331
    grupos de blocos da tela inicial 62
    pastas e arquivos 127–128
Renomear seu Computador, caixa de diálogo 331
reordenar colunas, modo de exibição Detalhes 119
Reprodução, guia (caixa de diálogo Som) 259
requisitos do sistema, atualização para Windows 10 536–537
reservar cópia do Windows 10 540–544
resolução 557–572
Resolução da tela, janela 254
resolução da tela 412–413, 557–572
Restauração do Sistema 557–572
restaurar
    imagens de sistema 524–528
    funcionalidade do computador 508–513
    itens excluídos 134
    janelas em cascata, empilhadas ou lado a lado 42–43
    janelas minimizadas 40
    para pontos de restauração 509–511
Restaurar, botão 37

restaurar o PC 511, 513, 557–572
restaurar tamanho original de janelas 557–572
restringir contas de usuário 359–360
revogar permissões administrativas 359
rolar, gesto de ação 556
roteadores de rede 557–572

S

sair 24, 44–45, 557–572
salvar
    Edge, senhas e entradas de formulário 216–217
    informações (navegadores Web) 203–220
    páginas Web, para aplicativo Lista de Leitura 206
    páginas Web na lista de favoritos do Edge 207
    pesquisas 142
    temas personalizados 89
Saúde e Bem-estar, aplicativo 157
Scanner, aplicativo 154
Scanners, lista (janela Rede) 293
segurança
    bloquear janelas pop-up 227–228
    configuração das conexões de rede 297–303
    Filtro SmartScreen 225–226, 506
    navegador, configurar 224–228
    privacidade do navegador 229–231
    Proteção para a Família 348–349
    proteções de perfil de usuário 339–340
    redes sem fio 302–303
Segurança, guia, caixa de diálogo Propriedades 137
segurança online para crianças 229
selecionar arquivos 130–131
senhas 557–572
    configurações de energia do sistema 425
    contas da Microsoft 366–367
    contas de usuário 345, 363–364
    contas locais 366
    grupos domésticos 313–314, 316
    imagem 367, 372
    salvar e gerenciar (Edge) 216–217
    sincronizar 368
senhas com imagem 367, 372, 557–572
senhas salvas (Edge), gerenciar 217
serviços, Gerenciador de Tarefas 495
servidores de email 557–572
servidores de horário da Internet 378, 382–384
sessões (computador)
    encerramento 44–46
    início 4–9
Settings (Notebook da Cortana) 465
Seu Email e Contas, configurações 363–364
Seus Aplicativos, página (Minha Biblioteca) 168
Seus Jogos, página (Minha Biblioteca) 168

Índice

sincronizar
  arquivos 557–572
  configurações 368
  data e hora, configurações, servidores de horário da Internet 382–383
  pastas do OneDrive para computadores 517–518
Sistema, configurações 30
sistema de mensagens instantâneas (IM) 557–572
sistemas do computador, fazer backup 524–531
sistemas operacionais 538–539, 557–572
sistemas virtuais 557–572
sites 557–572
  exibir no Edge 199–202
  fixar na Tela Inicial, Edge 208–209
sites inseguros, informar para a Microsoft 226
sites mal-intencionados, SmartScreen Filter 225–226
slots de expansão 557–572
software 557–572
  exibir informações 250
  pirataria 557–572
solução de problemas 307–308
  conexões de rede 304–308
  problemas com navegação 231–234
  usar unidades de recuperação 524
Solução de problemas de Grupo Doméstico 317
Som, caixa de diálogo
  Gravação, guia 261
  Reprodução, guia 259
spam 557–572
Sports, opções de acompanhamento de informações (Cortana) 466
spyware 557–572
SSDs (unidades de estado sólido) 247
SSO (logon único), contas 557–572
Streaming de mídia, configurações, perfis de segurança da rede 297
subdomínios (endereços de sites) 223
subpastas 97, 557–572
suporte xiv
surfar na Web 557–572
suspender o computador 44–45

T

tamanho
  blocos, tela inicial 58
  elementos da interface do usuário 409
  Lixeira 135
  tela inicial 52–53
tamanho da tela, configurar tela inicial 52–53
tarefas de sistema, monitorar 491–496
taxa de proporção 412, 557–572
Taxa de repetição, configurações, teclado 273
tecla do logotipo 549
teclado virtual (facilidade de acesso) 446, 557–572
teclado virtual 271, 389
Teclas de Aderência, ferramenta 447
Teclas de Alternância, ferramenta 447
Teclas de Filtragem (facilidade de acesso) 446
Teclas do Mouse (facilidade de acesso) 446
tecnologia da informação (TI) 557–572
tecnologia Wi-Fi Direct (WiDi) 250, 254–255
tela cheia, configuração, tela inicial 51
Tela Cheia, modo de exibição (ferramenta Lupa) 440
tela de bloqueio 6–8
  definição 557–572
  personalizar 427–432
tela de boas-vindas 7–8, 373, 557–572
tela inicial 21–26, 557–572
  atalhos de aplicativos 172–174
  configuração 51–56
  configurações padrão 52
  exibir 26
  gerenciamento de blocos 57–62
  tela inteira, menu Iniciar abrir 22
tela parcial, configuração, tela inicial 51
telas de fundo 557–572
  área de trabalho 10, 63–67
  tela de bloqueio, personalização 427–431
temas 83–90, 557–572
  aplicar, do site do Windows 89
  arquivos descompactados de um tema 87
  exibir tema instalado 88
  Maravilhas Naturais, categoria 85
  nativos 84
  no site do Windows 84
  personalização 87–88
  remover 90
  salvar temas personalizados 89
  sincronizar 368
  telas de fundo panorâmicas 86
  visualização das imagens da tela de fundo 86
temas criados pela comunidade 86
temas de alto-contraste 84
Tempo Atômico Internacional 378
Tempo Universal Coordenado 378
termos de pesquisa 557–572
texto
  encontrar em uma página Web 204
  previsão, recursos específicos a um idioma 395
  tamanho, elementos da interface do usuário 410
TI (tecnologia da informação) 557–572
TLDs (domínios primários) 222, 224
Todas as Configurações, botão de ação 455
Todos os Aplicativos, menu 149–153
toque (interação com a touchscreen) 555, 557–572

touchscreens
 dicas 555–556
 gerenciamento de blocos 173
Travel, opções de acompanhamento de informações (Cortana) 466

U

UAC (Controle de Conta de Usuário) 342–344, 557–572
UNC (Universal Naming Convention) 557–572
unidades, compartilhar 326–329
unidades compartilhadas 557–572
unidades de armazenamento removíveis internas 102
unidades de disco rígido externas 102
unidades de disco rígido internas 102
unidades de estado sólido (SSDs) 247
unidades de processamento central (CPUs) 557–572
unidades de recuperação
 criar 524–526
 inicializar a partir de 529–531
 USB inicializável 524–526, 528–530
unidades de rede 557–572
unidades flash 557–572
Uniform Resource Locator (URL) 557–572
Universal do Windows, aplicativo 557–572
Universal Naming Convention (UNC) 557–572
URL (Uniform Resource Locator) 557–572
USB (Barramento Serial Universal) 557–572
 hubs 557–572
 microfones conectado via 257
 portas 244, 557–572
 unidades de recuperação 528–530
 unidades flash 557–572
Uso da Rede, configurações 295
Usuários, pastas 97
Utilitário de Configuração BIOS 529–530
utilitários, aplicativos 158

V

variações de idioma específicas de locais 388
velocidade
 conexão de rede 296
 conversão de texto em fala 404–405
verificação de identidade 532
Versões Anteriores, guia, caixa de diálogo Propriedades 137

vídeo sem fio (WiDi) 557–572
Vídeos, biblioteca 98
vídeos primários 251, 253, 557–572
vídeos secundários 251, 253, 557–572
vírus 557–572
Visão de tarefas, botão 77
Visão de tarefas 15
 exibir áreas de trabalho 489
 gerenciar o Windows 20
Visualizador de XPS, aplicativo 159

W

Weather, opções de acompanhamento de informações (Cortana) 466
Web (World Wide Web) 557–572
webcams 557–572
WEP (Wired Equivalent Privacy) 557–572
WiDi, tecnologia Wi-Fi Direct 250, 254–255
Wi-Fi Protected Access (WPA) 557–572
Windows, atualização de outras versões para o Windows 10 535–548
Windows Defender 224, 557–572
Windows Hello 368–371, 532
Windows Insider, compilações 502
Windows Media Player 156
Windows PowerShell 159
Windows ReadyBoost 557–572
Windows Search 140–141
Windows Store *Ver* Loja (Windows Store)
Windows To Go 557–572
Windows Update 35–36, 535–537, 557–572
 Ver também atualizações
 configuração 502–505
 exibição do status 503
Wired Equivalent Privacy (WEP) 557–572
WordPad 158
World Wide Web (Web) 557–572
WPA (Wi-Fi Protected Access) 557–572

X

XML (Extensible Markup Language) 557–572
XML Paper Specification (XPS) 159, 557–572
XPS (XML Paper Specification) 159, 557–572

Z

zipar, pastas compactadas 128
zoom, gestos 556